Die SE & Co. KGaA als Rechtsform für Familienunternehmen

Schriftenreihe zum deutschen und europäischen Gesellschafts- und Wirtschaftsrecht

Herausgegeben von Christoph Teichmann und Florian Bien

Begründet von Günter Christian Schwarz †

Band 13

PETER LANG

Tobias Alexander Begemann

Die SE & Co. KGaA als Rechtsform für Familienunternehmen

PETER LANG

Bibliografische Information der Deutschen Nationalbibliothek
Die Deutsche Nationalbibliothek verzeichnet diese Publikation in der Deutschen Nationalbibliografie; detaillierte bibliografische Daten sind im Internet über http://dnb.d-nb.de abrufbar.

Zugl.: Bayreuth, Univ., Diss., 2017

D 703
ISSN 1614-239X
ISBN 978-3-631-74205-1 (Print)
E-ISBN 978-3-631-75401-6 (E-PDF)
E-ISBN 978-3-631-75402-3 (EPUB)
E-ISBN 978-3-631-75403-0 (MOBI)
DOI 10.3726/b13921

Peter Lang – Berlin · Bern · Bruxelles · New York ·
Oxford · Warszawa · Wien

Diese Publikation wurde begutachtet.

www.peterlang.com

Vorwort

Die Arbeit lag der Rechts- und Wirtschaftswissenschaftlichen Fakultät der Universität Bayreuth im Wintersemester 2016/2017 als Dissertation vor. Für die Veröffentlichung konnten Rechtsprechung und Literatur bis Oktober 2017 berücksichtigt werden.

Mein besonderer Dank gilt meiner Doktormutter, Frau Professorin Dr. Katharina Uffmann, die die Arbeit jederzeit mit großem Engagement und förderndem Zuspruch begleitet hat. Herrn Professor Dr. Knut Werner Lange danke ich für die überaus zügige Anfertigung seines Gutachtens. Des Weiteren habe ich Herrn Professor Dr. Christoph Teichmann für die Aufnahme der Arbeit in die Schriftenreihe zum deutschen und europäischen Gesellschafts- und Wirtschaftsrecht zu danken.

Dem Wittener Institut für Familienunternehmen gebührt mein herzlicher Dank für die großzügige Unterstützung mit einem Promotionsstipendium. Der EQUA-Stiftung danke ich für die Gewährung eines Druckkostenzuschusses. Der Dr. Stückmann und Partner Stiftung gilt mein Dank für die Auszeichnung der Arbeit mit ihrem Promotionspreis.

Meiner Mutter, Petra Begemann, danke ich für die unermüdliche Korrektur des Manuskripts. Leider konnten meine Großväter, Gustav Begemann und Franz Greil, die Fertigstellung der Arbeit nicht mehr erleben. Ihnen sei die Arbeit in Dankbarkeit gewidmet.

Berlin, im Oktober 2017 *Tobias A. Begemann*

Inhaltsverzeichnis

§ 1 Einführung

„Gesellschaftsrechtliche Randerscheinung“[1] oder „Sonderrechtsform für Wenige“[2] – trotz derartiger Attribute in der rechtswissenschaftlichen Literatur ist die Kommanditgesellschaft auf Aktien in der jüngeren Vergangenheit vermehrt in den Fokus der Gestaltungspraxis gerückt.[3] Die Kommanditgesellschaft auf Aktien[4] ist nach der Legaldefinition in § 278 Abs. 1 AktG eine Gesellschaft mit eigener Rechtspersönlichkeit, bei der mindestens ein Gesellschafter den Gesellschaftsgläubigern unbeschränkt haftet (persönlich haftender Gesellschafter), und die übrigen an dem in Aktien zerlegten Grundkapital beteiligt sind, ohne persönlich für die Verbindlichkeiten der Gesellschaft zu haften (Kommanditaktionäre). Bereits in ihrer gesetzestypischen Ausgestaltung mit einer natürlichen Person als persönlich haftendem Gesellschafter vereint die KGaA mithin Elemente des Personengesellschafts- und des Aktienrechts[5] und nimmt somit eine „Zwitterstellung“[6] zwischen einer Kommandit- und einer Aktiengesellschaft ein. Überwiegend wird die KGaA dabei als eine eigenständige Gesellschaftsform[7] und nicht als Sonderform der Aktiengesellschaft[8] gesehen.

Die KGaA fristete lange Zeit ein Schattendasein in der gesellschaftsrechtlichen Praxis. Im Jahr 1992 waren gerade einmal 30 Unternehmen in der Rechtsform der KGaA organisiert.[9] Historisch betrachtet dürfte die lange Zeit kontrovers diskutierte Frage, ob auch eine juristische Person als alleinige Komplementärin einer

1 *Sethe*, Personalistische Kapitalgesellschaft, S. 1.

2 *Claussen*, FS Heinsius, 61.

3 So sind 80 Prozent der in den Handelsregistern eingetragenen Kommanditgesellschaften auf Aktien erst in diesem Jahrtausend errichtet worden, mehr als 40 Prozent sogar erst ab 2010 entstanden, vgl. *Lieder/Hoffmann*, AG 2016, 704 (708).

4 Im Folgenden wird die Kommanditgesellschaft auf Aktien als „KGaA“ bzw. im Plural als „KGaAs“ abgekürzt. Letzteres ist zwar sprachlich ungenau, da es korrekterweise „KGenaA“ heißen müsste, erleichtert jedoch die Lesbarkeit. Ebenso: *Kessler*, GmbH & Co. KGaA, S. 31 mit Fn 50 und *Otte*, AG & Co. KGaA, S. 1 mit Fn 9.

5 *Bachmann* in Spindler/Stilz, § 278 Rn 1.

6 Vgl. *Bachmann* in Spindler/Stilz, § 278 Rn 1; *Haase*, GmbHR 1997, 917 (919).

7 BGH, NJW 1997, 1923 (1925): „keine bloße Spielart der Aktiengesellschaft“; *Assmann/Sethe* in GK-AktG, Vor § 278 Rn 1; *Perlitt* in MüKoAktG, Vor § 278 Rn. 29; *Priester*, ZHR 160, 250 (259).

8 So aber *Bachmann* in Spindler/Stilz, § 278 Rn 1; *K. Schmidt*, GesellschaftsR, § 32 I 2; *Wiesner*, ZHR 148, 56, (64 ff.); als Argument werden insbesondere die wertungsmäßige Gleichstellung von AG und KGaA im Umwandlungsrecht (§ 78 Satz 4 UmwG) und die 1937 erfolgte Herausnahme der KGaA aus dem HGB und die Einordnung in das Aktiengesetz angeführt.

9 Vgl. die Darstellung bei *Sethe*, Personalistische Kapitalgesellschaft, S. 561.

KGaA fungieren kann,[10] der Hauptgrund für ihre geringe Verbreitung gewesen sein. Nachdem der Bundesgerichtshof im Jahre 1997 in einem viel beachteten Beschluss[11] die von *Priester* mit dem Ungeheuer von Loch Ness verglichene[12] Frage der Zulässigkeit einer Kapitalgesellschaft & Co. KGaA[13] bejaht hatte,[14] wurde die KGaA als interessante Rechtsformalternative für familienkontrollierte Unternehmen, die Zugang zum Kapitalmarkt suchen, beworben.[15] Wenn sich auch die Zahl der KGaAs beständig erhöht hat, kann von dem seinerzeit viel prognostizierten Boom[16] dieser Rechtsform jedoch (immer noch) keine Rede sein. Derzeit sind in Deutschland insgesamt lediglich ca. 300 Unternehmen als KGaA organisiert,[17] von denen 13 Gesellschaften börsennotiert sind.[18] Prominentes Beispiel einer KGaA

10 Für die Zulässigkeit einer KGaA mit einer juristischen Person als persönlich haftender Gesellschafterin plädierten insbesondere *Priester*, ZHR 160, 250 (254 ff.) und *Mertens*, FS Ritter, 731 (732 ff.); hiergegen: *K. Schmidt*, ZHR 160, 265 (269 ff.) und *Binz/Sorg*, DB 1997, 313 ff. Das OLG Hamburg hatte es bereits mit Beschluss vom 5.12.1968 – 2 W 34/68 = NJW 1969, 1030 für zulässig erachtet, dass eine juristische Person als Komplementärin einer KGaA fungiert.

11 BGH, Beschluss vom 24.2.1997 – II ZB 11/96 = NJW 1997, 1923; *Hennerkes/Lorz*, DB 1997, 1388 wählen als treffende Überschrift für die Besprechung des Beschlusses: „Roma locuta causa finita".

12 *Priester*, ZHR 160, 250.

13 Fungiert eine juristische Person als Komplementärin einer KGaA, wird im Folgenden von einer „Kapitalgesellschaft & Co. KGaA" gesprochen, vgl. etwa *Bayreuther*, JuS 1999, 651; *K. Schmidt* in K. Schmidt/Lutter, § 278 Rn 15; *Kallmeyer*, DStR 1994, 977 (981); *Koch* in Hüffer/Koch, § 278 Rn 2. Teilweise wird in dieser Konstellation auch der Begriff der „kapitalistischen KGaA" (so: *Giehl*, MittBayNot 2016, 285 (296); *Hartel*, DB 1992, 2329 (2331); *Hesselmann*, BB 1989, 2344; *Schlitt*, KGaA, S. 4) oder der „atypischen KGaA" (*Assmann/Sethe* in GK-AktG, Vor § 278 Rn 119; *Herfs* in Münch Hdb AG, § 76 Rn 18; *Perlitt* in MüKoAktG, § 278 Rn 276) verwandt. Ist eine natürliche Person persönlich haftender Gesellschafter, spricht man demgegenüber von einer „gesetzestypischen KGaA", vgl. nur *Assmann/Sethe* in GK-AktG, Vor § 278 Rn 119; *Herfs* in Münch Hdb AG, § 76 Rn 18; *K. Schmidt* in K. Schmidt/Lutter, § 278 Rn 15.

14 BGH, NJW 1997, 1923 lag dabei der Fall einer Komplementär-GmbH zugrunde. Nach heute allgemeiner Meinung kann jedoch jede juristische Person und jede Personengesellschaft – einschließlich der GmbH & Co. KG – als Komplementärin einer KGaA fungieren, vgl. nur *Bachmann* in Spindler/Stilz, § 278 Rn 40; *Koch* in *Hüffer/Koch*, § 278 Rn 8; *Mertens/Cahn* in KK-AktG, § 278 Rn 16 jeweils m.w.N. Durch die Einfügung des § 279 Abs. 2 AktG mit Gesetz vom 22.6.1998 (BGBl. I S. 1474) hat auch der Gesetzgeber der Anerkennung der Kapitalgesellschaft & Co. KGaA durch die Rechtsprechung Rechnung getragen.

15 *Haase*, GmbHR 1997, 917 (923); *Hennerkes/Lorz*, DB 1997, 1388 (1393); *Herfs*, WiB 1997, 688 (690).

16 *Bayreuther*, JuS 1999, 651 (656); *Dirksen/Möhrle*, ZIP 1998, 1377.

17 *Fett/Stütz*, NZG 2017, 1121 zählen 317 KGaAs (Stand 1.9.2017).

18 Vgl. die Nachweise bei *Lieder/Hoffmann*, AG 2016, 704 (707). Ferner werden die Kommanditaktien einiger KGaAs im Freiverkehr gehandelt.

ist der Fußballverein Borussia Dortmund, der seit dem Jahr 1999 als GmbH & Co. KGaA organisiert und seit dem Jahr 2000 an der Börse notiert ist.[19] Von den 30 im Dax gelisteten Unternehmen sind lediglich vier als KGaA organisiert,[20] wobei allein die Fresenius SE & Co. KGaA die Rechtsform gewählt hat, die Gegenstand der vorliegenden Untersuchung darstellt. *Bachmann* formuliert daher treffend, dass die KGaA durch die genannte BGH-Entscheidung zwar „aus ihrem Dornröschenschlaf geweckt wurde", aber dennoch „weiter ein Aschenputtel geblieben" ist.[21]

Diese geringe quantitative Verbreitung der KGaA könnte dazu verleiten, Zweifel an der Existenzberechtigung der Rechtsform zu hegen.[22] Führt man sich jedoch vor Augen, dass das durchschnittliche Grundkapital einer KGaA mit rund EUR 20 Mio.[23] deutlich größer ist als das durchschnittliche Grundkapital einer Aktiengesellschaft,[24] wird deutlich, dass der Gesetzgeber nicht zuletzt aufgrund ihrer wirtschaftlichen Bedeutung zu Recht an der Rechtsform festgehalten hat. Außerdem ist gerade in der jüngeren Vergangenheit zu beobachten, dass weitere namhafte (Familien-) Unternehmen einen Rechtsformwechsel in eine KGaA vollzogen haben:[25] neben der

---

19 Die Attraktivität der Rechtsform der KGaA für Lizenzspielervereine ergibt sich daraus, dass nach § 8 Ziffer 2 der Satzung des Ligaverbandes ein Verein an einer Kapitalgesellschaft, in die die Profimannschaft ausgegliedert ist, grundsätzlich über 50 Prozent der Stimmenanteile zuzüglich mindestens eines weiteren Stimmenanteils in der Versammlung der Anteilseigner verfügen muss. Bei einer Kommanditgesellschaft auf Aktien ist eine solche Kapitalmehrheit nicht erforderlich und es genügt, wenn der Mutterverein oder eine vom ihm zu 100 Prozent beherrschte Tochter die Stellung des Komplementärs innehat, dem die uneingeschränkte Vertretungs- und Geschäftsführungsbefugnis zusteht. Die Satzung des Ligaverbandes ist abrufbar unter: http://www.dfb.de/fileadmin/_dfbdam/14_Satzung_Liga_DFL.pdf, letzter Abruf am 31.10.2017. So hält der Ballspielverein Borussia 09 e. V. Dortmund nur 5,53 Prozent der Anteile am Grundkapital der börsennotierten Borussia Dortmund GmbH & Co. KGaA, Quelle: http://aktie. bvb.de/BVB-Aktie/Aktionaersstruktur, letzter Abruf am 31.10.2017. Vgl. zur GmbH & Co. KGaA als Rechtsform für Proficlubs der Fußball Bundesliga: *Weber*, GmbHR 2013, 631 ff.

20 Die Fresenius SE & Co. KGaA, die Fresenius Medical Care AG & Co. KGaA, die Henkel AG & Co. KGaA als sog. Einheits-KGaA und die Merck KGaA als gesetzestypische KGaA.

21 *Bachmann*, FS K. Schmidt, S. 41 (42).

22 So etwa: *Spalcke*, KGaA, S. 89 ff., 109; hiergegen etwa: *Mertens*, FS Barz, 253 (263 ff.).

23 Vgl. die Darstellung bei *Lieder/Hoffmann*, AG 2016, 704 (712).

24 *Assmann/Sethe* in GK-AktG, Vor § 278 Rn 47; *Fett* in Bürgers/Fett, § 1 Rn 12; *Bachmann* in Spindler/Stilz, § 278 Rn 11 sieht den Grund hierfür darin, dass die KGaA seltener als Zwischenholding eingesetzt wird.

25 Demgegenüber hat die Axel Springer SE ihren geplanten Formwechsel in eine KGaA wieder abgesagt, vgl. die Pressemitteilung vom 12. Februar 2016, abrufbar unter: http://www.axelspringer.de/presse/Axel-Springer-SE-Vorstand-entscheidet-sich-gegen-Umwandlung-in-KGaA_26124072.html, letzter Abruf am 31.10.2017.

bereits genannten Fresenius SE & Co. KGaA[26] die ebenfalls börsennotierte Sto SE & Co. KGaA[27] oder die Bertelsmann SE & Co. KGaA.[28]

A. Struktur der KGaA

Aufgrund ihrer hybriden Struktur[29] unterliegt die Kommanditgesellschaft sowohl Personengesellschafts- als auch Aktienrecht. Ausgangspunkt für die Ermittlung des jeweils anwendbaren Rechts ist § 278 AktG, der insoweit als „Drehkreuz"[30] fungiert. In dem Fall einer SE & Co. KGaA sind dabei folgende Regelungsbereiche strikt voneinander zu trennen:[31]

- das Sonderrecht der Kommanditgesellschaft auf Aktien in den §§ 279 ff. AktG, welches nach dem methodisch anerkannten Grundsatz „*lex specialis derogat leges generales*" grundsätzlich vorrangig ist;
- das Rechtsverhältnis der persönlich haftenden Gesellschafter untereinander und gegenüber der Gesamtheit der Kommanditaktionäre sowie gegenüber Dritten, was sich gemäß § 278 Abs. 2 AktG nach den Vorschriften über die Kommanditgesellschaft bestimmt;
- gemäß § 278 Abs. 3 AktG finden subsidiär[32] die Vorschriften des Ersten Buches über die Aktiengesellschaft Anwendung,[33] wenn keine besondere Regelung der

26 Der Formwechsel der Fresenius SE, der mit der Umwandlung von Vorzugs- in Stammaktien im Verhältnis 1:1 verbunden wurde, ist mit der Eintragung im Handelsregister am 28. Januar 2011 wirksam geworden, vgl. die Bekanntmachung der Frankfurter Wertpapierbörse vom 28.1.2011, abrufbar unter: http://deutsche-boerse.com/INTERNET/IP/ip_beka.nsf/WebMaskenformeln/98DB319626488697C1257826004A051A/$FILE/fresenius_einstellung_einfuehrung_0128_Endfassung.pdf, letzter Abruf am 31.10.2017.

27 Der Formwechsel der Sto AG in die Sto SE & Co. KGaA ist mit der Eintragung im Handelsregister am 26. März 2014 wirksam geworden, vgl. die entsprechende Pressemitteilung, abrufbar unter: http://www.sto.de/de/service/news_detail_65408.html, letzter Abruf am 31.10.2017.

28 Der Formwechsel der Bertelsmann AG in die Bertelsmann SE & Co. KGaA ist mit der Eintragung im Handelsregister am 21. August 2012 wirksam geworden, vgl. die Pressemitteilung vom 21.8.2012, abrufbar unter: http://www.bertelsmann.de/media/news-und-media/pressemitteilungen-als-pdf/2012/pm-20120821-rechtsformwechsel-dt.pdf, letzter Abruf am 31.10.2017.

29 Vgl. nur *Bachmann*, FS K. Schmidt, 41 (42); *Fett* in Bürgers/Fett, § 3 Rn 2; *Förl/Fett* in Bürgers/Körber, § 278 Rn 3.

30 *Bachmann*, FS K. Schmidt, 41 (55); *Winzen*, Vorzugsaktie, S. 100 spricht von einer „Gebrauchsanweisung".

31 In Anlehnung an *Fett* in Bürgers/Fett, § 3 Rn 3.

32 *Herfs* in Münch Hdb AG, § 76 Rn 13; *ders.*, AG 2005, 589 (591); *Kessler*, NZG 2005, 145; *K. Schmidt* in K. Schmidt/Lutter, § 278 Rn 44.

33 Kritisch zur Beschränkung auf die §§ 1–277 AktG: *K. Schmidt* in K. Schmidt/Lutter, § 278 Rn 44 und Rn 46 ff.

§§ 279 ff. AktG einschlägig ist oder sich aus dem Fehlen eines Vorstandes anderes ergibt;

- das Recht der SE findet insoweit Anwendung, als die Binnenorganisation der Komplementärgesellschaft betroffen ist.

Es gilt damit folgende Normenhierarchie, die in drei Schritten zu ermitteln ist:[34] Zunächst ist zu prüfen, ob eine der vorrangigen speziellen aktienrechtlichen Vorschriften der §§ 279–290 AktG Anwendung findet.[35] Ist dies nicht der Fall, ist zu fragen, ob ein in § 278 Abs. 2 AktG Rechtsverhältnis betroffen ist, für das Personengesellschaftsrecht gilt. Wird dies verneint, gilt gemäß § 278 Abs. 3 AktG Aktienrecht.[36] Diese Regelungstechnik des § 278 AktG mit seinen Verweisen auf unterschiedliche Rechtsgebiete ist für den Rechtsanwender insofern kompliziert, als dass die Abgrenzung, welche Rechtsverhältnisse in der KGaA dem Personengesellschaftsrecht und welche dem Aktienrecht zuzuordnen sind, häufig nicht eindeutig ist.[37] Auch die vom BGH angewendete Faustformel, nach der sich die Führungsstruktur der KGaA nach Personengesellschafts- und die Kapitalstruktur nach Aktienrecht bestimmt,[38] führt in Zweifelsfällen nicht weiter.[39] Eine weitere Schwierigkeit kann in der Regelung des § 278 Abs. 3 AktG erblickt werden, der eine sinngemäße Anwendung der Vorschriften des Ersten Buchs über die Aktiengesellschaft anordnet, „soweit sich aus dem Fehlen eines Vorstandes nichts anderes ergibt".[40]

Diese komplexe Struktur einer KGaA mit einer Kapitalgesellschaft als Komplementärin und der deswegen erforderliche hohe Beratungsaufwand wird als der

34 Vgl. dazu: *Herfs* in Münch Hdb AG, § 76 Rn 13.

35 *Förl/Fett* in Bürgers/Körber, § 278 Rn 4 f.; *Herfs*, AG 2005, 589 (591); *Nicolas* in Henn/Frodermann/Jannott, Kapitel 17 Rn 13; *K. Schmidt* in K. Schmidt/Lutter, § 278 Rn 44.

36 So der wohl herrschende abstrakt-systematische Ansatz, der wegen der Formulierung „im Übrigen" in § 278 Abs. 3 AktG von einem Vorrang des Personengesellschaftsrechtes ausgeht, vgl. *Förl/Fett* in Bürgers/Körber, § 278 Rn 4 f.; *Herfs*, AG 2005, 589 (591); *ders.* in Münch Hdb AG, § 76 Rn 13; *Nicolas* in Henn/Frodermann/Jannott, Kapitel 17 Rn 13. Demgegenüber stehen nach einem sog. konkret-teleologischen Ansatz die Absätze 2 und 3 nicht in einem Exklusivitätsverhältnis zueinander, sondern die Anwendbarkeit von Aktien- oder Handelsrecht ist in Zweifelsfällen nach wertenden Kriterien zu bestimmen, *Bachmann* in Spindler/Stilz, § 278 Rn 24; *ders.*, FS K. Schmidt, 41 (43); *Mertens/Cahn* in KK-AktG, Vorb. § 278 Rn 13; *K. Schmidt* in K. Schmidt/Lutter, § 278 Rn 44. Die Beantwortung des in Zweifelsfällen anwendbaren Rechts soll in der vorliegenden Arbeit nicht abstrakt, sondern konkret im Rahmen der jeweiligen Problemfälle erörtert werden.

37 *Assmann/Sethe* in GK-AktG, Vor § 278 Rn 54; *Bachmann* in Spindler/Stilz, § 278 Rn 22. Exemplarisch sei die Problematik genannt, ob die Änderung personengesellschaftsrechtlicher Bestandteile nach Aktien- oder Personengesellschaftsrecht zu erfolgen hat, vgl. dazu unter § 5 A. I 2.

38 BGHZ 134, 392 (296) = NJW 1997, 1923 (1924); zustimmend: *Schlitt*, KGaA, S. 6.

39 *Bachmann* in Spindler/Stilz, § 278 Rn 22.

40 *Assmann/Sethe* in GK-AktG, Vor § 278 Rn 54.

zentrale Grund für die geringe Verbreitung der Rechtsform ausgemacht.[41] Denn bereits die KGaA verfügt mit der Komplementärgesellschaft, dem Aufsichtsrat und der Hauptversammlung der Kommanditaktionäre über mindestens drei Organe.[42] Nicht selten wird zusätzlich auf Ebene der KGaA noch ein fakultatives Organ eingerichtet.[43] Durch die Einschaltung einer SE als persönlich haftende Gesellschafterin kommen noch drei weitere Organe hinzu. In der Beratungspraxis sind somit mindestens zwei Gesellschaftsverträge und die Kompetenzen einer Vielzahl von Organen aufeinander abzustimmen.[44] Die Tatsache, dass das Recht der SE teilweise wieder auf die Vorschriften des AktG verweist, verkompliziert die Rechtsform der SE & Co. KGaA für den Rechtsanwender dabei etwa im Vergleich zur GmbH & Co. KGaA zusätzlich.[45] Hinzu kommt, dass es sich bei der erst seit dem Jahr 2004 in Deutschland geregelten SE um eine relativ junge Gesellschaftsform handelt, bei der wiederum einige Rechtsfragen noch nicht hinreichend geklärt sind.[46]

Die Rechtsanwendung wird dadurch erschwert, dass als Folge der bereits genannten geringen Verbreitung der Rechtsform auf dem Gebiet der KGaA nur wenig höchstrichterliche Rechtsprechung vorhanden ist und daher etliche Rechtsfragen nicht als mit hinreichender Sicherheit geklärt angesehen werden können.[47] Der BGH selbst hat diese Rechtsunsicherheit noch bestärkt, indem er in der bereits zitierten Grundsatzentscheidung aus dem Jahr 1997 die Frage aufgeworfen hat, ob Satzungsgestaltungen zulasten der Kommanditaktionäre bei einer Kapitalgesellschaft & Co. KGaA nur in engerem Maße zulässig sind als bei einer gesetzestypischen KGaA.[48] Er hat an dieser Stelle erwogen, die Rechtsprechungsgrundsätze über Publikumskommanditgesellschaften auf die KGaA zu übertragen und Satzungsgestaltungen zulasten der Kommanditaktionäre – etwa im Bereich der ihnen zustehenden Mit-

41 *Assmann/Sethe* in GK-AktG, Vor § 278 Rn 52; *Graf*, Kapitalgesellschaft & Co. KGaA, S. 18; *Herfs* in Münch Hdb AG, § 76 Rn 9; *Ladwig/Motte*, DStR 1996, 800 (807); *Mertens/Cahn* in KK-AktG, Vorb. § 278 Rn 8; *Müller-Michaels* in Hölters, § 278 Rn 4; *Philbert*, KGaA, S. 27; *Sethe*, Personalistische Kapitalgesellschaft, S. 252 f.

42 *Perlitt* in MüKoAktG, Vor § 278 Rn 44.

43 Hierzu unter § 6.

44 Vgl. *Otte*, AG & Co. KGaA, S. 26.

45 Dies dürfte ein Grund dafür sein, dass bis dato lediglich acht SE & Co. KGaAs existieren und die GmbH mit einem Anteil von knapp 45 Prozent die dominierende Komplementärrechtsform darstellt, vgl. die Darstellung bei *Lieder/Hoffmann*, AG 2016, 704 (710).

46 Vgl. z. B. die bislang nur unzureichend erörterte Frage bezüglich der Notwendigkeit der Durchführung eines Arbeitnehmerbeteiligungsverfahrens bei Implementierung einer SE als Komplementärgesellschaft unter § 7 A. V. 2.

47 *Bachmann*, FS K. Schmidt, 41 (42); *ders.* in Spindler/Stilz, § 278 Rn 7; *Kessler*, GmbH & Co. KGaA, S. 33 f.; *Mertens/Cahn* in KK-AktG, Vorb. § 278 Rn 8; *Schnorbus*, GS Winter, 627 (630). Auch *Fett* in Bürgers/Fett, § 1 Rn 13 räumt ein, dass seine in der Vorauflage geäußerte Erwartung, die Rechtsunsicherheit werde sich im Laufe der Zeit auf ein normales Maß relativieren, zu optimistisch gewesen sei.

48 BGH, NJW 1997, 1923 (1925).

wirkungsbefugnisse bei außergewöhnlichen Geschäften (§ 278 Abs. 2 AktG i.V.m. §§ 163 f. HGB) – einer richterlichen Inhaltskontrolle zu unterziehen. Mangels Entscheidungserheblichkeit konnte die für die Kautelarpraxis zentrale Frage, ob bzw. inwieweit bei der Kapitalgesellschaft & Co. KGaA eine Einschränkung der Satzungsautonomie geboten ist, in der Entscheidung jedoch dahinstehen.[49] Es wird darauf zurückzukommen sein, ob das Verbot der Minderheitenherrschaft erfordert, der „unersättliche[n] Gestaltungspraxis"[50] durch eine richterliche Inhaltskontrolle Schranken zu setzen.[51] An dieser Stelle soll die Feststellung genügen, dass der BGH es bedauerlicherweise verpasst hat, durch eine Stellungnahme in diesem Bereich für Klarheit zu sorgen und durch seine Aussage die bestehende Rechtsunsicherheit noch vergrößert hat, was sich wiederum reflexartig negativ auf die Bereitschaft auswirkt, die KGaA als Rechtsform zu wählen.

B. Ziel und Gang der Untersuchung

Die Komplexität der SE & Co. KGaA und die Vielzahl der noch nicht hinlänglich geklärten Rechtsfragen dieser Rechtsform fordern eine Auseinandersetzung mit ihr geradezu heraus. Ziel dieser Arbeit ist es daher, einigen dieser bislang nur unzureichend abgehandelten Fragestellungen hinsichtlich des anzuwendenden Rechts bzw. dem Verhältnis der Organe untereinander nachzugehen und erste Lösungsvorschläge für die „Verzahnungsprobleme" zu erarbeiten, die sich durch den Einsatz einer SE als Komplementärgesellschaft einer KGaA ergeben. Im Folgenden wird dabei zunächst die Eignung der Kapitalgesellschaft & Co. KGaA als Rechtsform für Familienunternehmen im Vergleich zur AG und SE dargestellt (dazu § 2). Sodann werden die einzelnen Organe einer SE & Co. KGaA – namentlich die Komplementär-SE, der Aufsichtsrat, die Hauptversammlung der Kommanditaktionäre und ein fakultatives Organ – im Hinblick auf ihre Rechte und Pflichten untersucht (§§ 3–6), wobei für Familienunternehmen spezifische Fragestellungen besondere Berücksichtigung finden. Nach der Erörterung der Probleme, die sich im Rahmen der Gründung einer SE & Co. KGaA im Wege der formwechselnden Umwandlung stellen (§ 7), werden abschließend die Besonderheiten dargestellt, die bei einer kapitalmarktfinanzierten KGaA zu beachten sind (§ 8).

C. Grundlegende Annahmen

Im Rahmen dieser Untersuchung wird davon ausgegangen, dass eine SE nach deutschem Recht als alleinige[52] Komplementärin einer KGaA fungiert, die – ent-

49 BGH, NJW 1997, 1923 (1925).

50 *K. Schmidt*, ZHR 160, 265 (285).

51 Vgl. hierzu unter § 3 D. I. 1.

52 In der Praxis verfügen fast 90 Prozent aller KGaAs über lediglich einen Komplementär, vgl. *Lieder/Hoffmann*, AG 2016, 704 (709).

sprechend der praktischen Realität[53] – über keinen eigenen Geschäftsbetrieb verfügt, sondern deren Funktion sich in der Ausübung der Geschäftsführung der KGaA und der Übernahme der persönlichen Haftung erschöpft. Eine derartige Management-SE verfügt in der Praxis typischerweise nur über wenige oder gar keine Arbeitnehmer. Außer Betracht bleiben sollen die Sonderkonstellationen einer Einmann-KGaA, bei der der einzige Komplementär zugleich einziger Kommanditaktionär der KGaA ist,[54] sowie die der Einheits-KGaA, bei der die KGaA sämtliche Anteile an der Kapitalgesellschaft hält, die ihrerseits alleiniger Komplementär der KGaA ist oder als Komplementär einer Kapitalgesellschaft & Co. fungiert.[55] Im Mittelpunkt der Untersuchung steht vielmehr eine beteiligungsverschiedene Publikums-KGaA, d. h. eine KGaA mit einem breiten Gesellschafterkreis, der neben seiner Beteiligung am Grundkapital der KGaA nicht zugleich auch in identischem Umfang an der Komplementärin beteiligt ist.[56]

---

53 Vgl. z. B. § 2 der Satzung der Bertelsmann Management SE, der Komplementärin der Bertelsmann SE & Co. KGaA.

54 *Bachmann* in Spindler/Stilz, § 280 Rn 2; *K. Schmidt* in K. Schmidt/Lutter, § 278 Rn 12; *Koch* in Hüffer/Koch, § 278 Rn 5.

55 *Bürgers* in Bürgers/Fett, § 4 Rn 23; *Perlitt* in MüKoAktG, § 278 Rn 388. Vgl. zur Zulässigkeit der Ausgestaltung als Einheits-SE & Co. KGaA: *Reichert/Ott*, 10 Jahre SE, 154 (168 ff.); allgemein zur Einheits-KGaA: *Gonnella/Mikic*, AG 1998, 508 ff.; *Otte*, AG & Co. KGaA, S. 223 ff. Teilweise ist die Einheits-KGaA auch als Rechtsform für Familienunternehmen beworben worden, vgl. *Schrick*, NZG 2000, 675 ff.; hiergegen zu Recht: *Reger* in Bürgers/Fett, § 5 Rn 30.

56 Vgl. zur beteiligungsidentischen (gesetzestypischen) KGaA etwa: *Dreisow*, DB 1977, 851 ff.

§ 2 Die KGaA als Rechtsform für Familienunternehmen im Vergleich zur AG und SE

A. Begriff des Familienunternehmens

Für die Beurteilung der Eignung einer Rechtsform für Familienunternehmen ist es zunächst erforderlich, den Begriff des Familienunternehmens selbst zu klären. Da die überwiegende Mehrheit der kleinen und mittelständischen Betriebe familiengeführt sind, wird der Begriff der Familienunternehmen häufig fälschlicherweise mit diesen gleichgesetzt.[1] Dies ist nicht zuletzt dadurch bedingt, dass dem deutschen Recht eine über den jeweiligen Anwendungsbereich eines Fachgesetzes allgemeingültige Legaldefinition des Begriffs der Familienunternehmen fremd ist,[2] was in Anbetracht der immer wieder betonten volkswirtschaftlichen Bedeutung von Familienunternehmen verwundert.[3] In der Literatur finden sich unterschiedliche Definitionsversuche, nach denen überwiegend nicht die Unternehmensgröße, sondern der Umstand, dass eine Familie unternehmerischen Einfluss ausübt, prägend für ein Familienunternehmen ist.[4] Mehrheitlich wird dabei davon ausgegangen, dass die durch eine Kapital- oder Stimmenmehrheit vermittelte Möglichkeit zur Einflussnahme ausreicht[5] und die

1 So lautet etwa der Titel des Aufsatzes von *Hasselbach/Ebbinghaus*, DB 2015, 1269 ff.: „Die KGaA als Unternehmensform für den deutschen Mittelstand", obwohl in dem Beitrag die Attraktivität der KGaA für Familien- bzw. inhabergeführte Unternehmen herausgearbeitet wird.

2 Vereinzelte Definitionen finden sich z. B. in § 1 Abs. 1 Nr. 1 des Drittelbeteiligungsgesetzes, nach dem solche Aktiengesellschaften als Familiengesellschaften gelten, deren Aktionär eine einzelne natürliche Person ist oder deren Aktionäre untereinander im Sinne von § 15 Abs. 1 Nr. 2 bis 8, Abs. 2 der Abgabenordnung verwandt oder verschwägert sind.

3 Vgl. zur Stellung der Familienunternehmen als „Rückgrat der deutschen Wirtschaft" etwa die Studie der Stiftung Familienunternehmen, Die volkswirtschaftliche Bedeutung der Familienunternehmen, verfügbar unter: http://www.familienunternehmen.de/media/public/pdf/publikationen-studien/studien/Studie_ Stiftung_Familienunternehmen_Volkswirtschaftliche-Bedeutung_Berichtsband.pdf, letzter Abruf am 31.10.2017.

4 *A. Sigle*, FS Sigle, 301 (302); *Lange*, BB 2005, 2585 (2585 f.); *ders.*, FS Hennerkes, 135 (137 f.); *Maier*, FS Sigle, 51; *Schürmann/Körfgen*, Familienunternehmen, S. 6 ff.; ähnlich: *Koeberle/Schween/May*, BB 2011, 2499. Nach *Hennerkes* in Hennerkes/Kirchdörfer, S. 2 bedarf es ferner einer subjektiven Komponente, wonach die Familienmitglieder in eigener Wertung die familiäre Verbundenheit und die von der Familie aufgestellten Prinzipien als tragendes Element ihrer unternehmerischen Tätigkeit betrachten.

5 *A. Sigle*, FS Sigle, 301 (303); *Maier*, FS Sigle, 51; *Mayer-Uellner/Otte*, NZG 2015, 737.

Familie nicht in das operative Geschäft eingebunden sein muss.[6] Der vorliegenden Arbeit soll die von einer Expertengruppe der Europäischen Kommission entwickelte Definition zugrunde gelegt werden, die die genannten Kriterien berücksichtigt und daher als Leitgedanke für die hier vorzunehmende juristische Beurteilung der Eignung einer Rechtsform für Familienunternehmen am besten geeignet ist:

> *„Ein Unternehmen beliebiger Größe ist hiernach ein Familienunternehmen, wenn sich die Mehrheit der Entscheidungsrechte im Besitz der natürlichen Person(en), die das Unternehmen gegründet hat/haben, der natürlichen Person(en), die das Gesellschaftskapital des Unternehmens erworben hat/haben oder im Besitz ihrer Ehepartner, Eltern, ihres Kindes oder der direkten Erben ihres Kindes befindet, und die Mehrheit der Entscheidungsrechte direkt oder indirekt besteht und/oder mindestens ein Vertreter der Familie oder der Angehörigen offiziell an der Leitung bzw. Kontrolle des Unternehmens beteiligt ist.“*[7]

Für die Einordnung als Familienunternehmen ist es hiernach unerheblich, ob bereits ein Generationsübergang stattgefunden hat. Börsennotierte Unternehmen sollen der Definition eines Familienunternehmens entsprechen, wenn die Person, die das Unternehmen gegründet oder das Gesellschaftskapital erworben hat oder deren Familien oder Nachfahren aufgrund ihres Anteils am Gesellschaftskapital 25 Prozent der Entscheidungsrechte halten.[8]

B. Die Wahl der „richtigen“ Rechtsform

I. Bedeutung der Rechtsformwahl im Allgemeinen

Die Wahl der Rechtsform ist eine Grundlagenentscheidung[9] und als solche für den wirtschaftlichen Erfolg eines Unternehmens und für seine Zukunftsfähigkeit von großer Bedeutung.[10] Die gewählte Rechtsform gibt die rechtlichen Rahmenbedin-

---

6 A.A. *Hennerkes/May*, DB 1988, 483 Fn 1, nach denen die Familie auch in der Unternehmensleitung vertreten sein muss, da gerade die Vereinigung von Eigentum und Unternehmensleitung in der Hand einer Familie den Charakter als Familienunternehmen ausmache.

7 Vgl. Final Report of the Expert Group, Overview of Family-Business-Relevant Issues, S. 10; Übersetzung nach: http://www.familienunternehmen.de/de/definition-familienunternehmen, letzter Abruf am 31.10.2017.

8 Vgl. Final Report of the Expert Group, Overview of Family-Business-Relevant Issues, S. 10.

9 *Jacobs/Brewi/Schubert*, Steueroptimale Rechtsform mittelständischer Unternehmen, S. 1.

10 Zu Recht weist *Schiffers* in Beck'sches Hdb PersonenG, § 1 Rn 50 darauf hin, dass die Rechtsform allein natürlich nicht den wirtschaftlichen Erfolg eines Unternehmens bewirken kann, sondern dieser in erster Linie auf anderen Faktoren, wie z.B. dem wirtschaftlichen und technischen Sachverstand oder der richtigen Einschätzung des Marktes beruht. Jedoch dürfte es unzweifelhaft sein, dass sich umgekehrt eine

gungen vor,[11] während im Gesellschaftsvertrag lediglich eine Art „Feinjustierung“ an die jeweiligen Bedürfnisse vorgenommen werden kann. Unzweifelhaft existiert nicht die eine „richtige“ Rechtsform für Familienunternehmen,[12] maßgeblich sind vielmehr die jeweils zu ermittelnden Umstände des Einzelfalls. Wichtige Faktoren bei der Wahl der Rechtsform sind neben der Größe des Unternehmens insbesondere die Zusammensetzung des Gesellschafterkreises sowie die strategische Situation und das wirtschaftliche Umfeld des Unternehmens.[13] Die Wahl der nach den jeweiligen Umständen günstigsten Rechtsform ist von besonderer Bedeutung, da ein Wechsel der Rechtsform regelmäßig mit hohem organisatorischen Aufwand und Kosten verbunden ist.[14] Da sich die maßgeblichen Umstände jedoch im Laufe der Zeit ändern können,[15] ist ein Wechsel der Rechtsform dann sinnvoll und unter Umständen sogar erforderlich,[16] wenn der jeweilige Nutzen für das Unternehmen die aufzuwendenden Transaktionskosten übersteigt. So ist dann teilweise auch vorgeschlagen worden, als Teil der strategischen Unternehmensplanung die gewählte Rechtsform in regelmäßigen Abständen (ca. 5 bis 10 Jahre) kritisch zu hinterfragen.[17]

II. Kriterien der Rechtsformwahl bei Familienunternehmen

Im Folgenden soll die KGaA im Hinblick auf die wichtigsten Entscheidungskriterien der Rechtsformwahl bei Familienunternehmen eingeordnet werden. Neben allgemein gültigen Kriterien der Rechtsformwahl – Fragen der Haftungsbeschränkung und Finanzierung sowie steuerlichen Gesichtspunkten (hierzu Punkte C – E) – ist dabei auf die Familienunternehmen spezifischen Besonderheiten einzugehen, namentlich auf den Umfang der unternehmerischen Mitbestimmung der jeweiligen Rechtsform, die Möglichkeiten zur Sicherung des Familieneinflusses bei Aufgabe der alleinigen Gesellschafterstellung sowie die Regelungen zur Unternehmensnachfolge und die Möglichkeit zur Anpassung der Satzung an die individuellen Bedürfnisse der Unternehmerfamilie (hierzu Punkte F – I).

---

ungünstige Rechtsform sehr wohl negativ auf die wirtschaftliche Situation eines Unternehmens auswirken kann.

11 *Hennerkes/Binge* in Hennerkes/Kirchdörfer, S. 34; *Schiffers* in Beck'sches Hdb PersonenG, § 1 Rn 50.

12 *Hennerkes/Binge* in Hennerkes/Kirchdörfer, S. 61; *Wälzholz* in Sudhoff, Familienunternehmen, § 3 Rn 87.

13 *Hennerkes/May*, DB 1988, 483 (484).

14 *Hennerkes/May*, DB 1988, 483.

15 So kann sich z. B. die Größe des Unternehmens verändern oder ein erhöhter Liquiditätsbedarf entstehen. Als unternehmensexterne Änderung der Rahmenbedingungen ist z. B. eine gesetzliche Reform der Besteuerung einer Rechtsform denkbar.

16 *Wilcke*, Existenzsicherung, S. 25 nennt die Unzweckmäßigkeit der Rechtsform als Ursache für Unternehmensinsolvenzen.

17 *Hennerkes/Binge* in Hennerkes/Kirchdörfer, S. 34; *Rose*, FS Meilicke, 111; *Schiffers* in Beck'sches Hdb PersonenG, § 1 Rn 51.

C. Haftung bzw. Haftungsbeschränkung

Während es früher häufig zum guten Ton von Familienunternehmern gehörte, persönlich und unbeschränkt für betrieblich begründete Verbindlichkeiten einzustehen, ist dies aufgrund der hiermit verbundenen Risiken für die persönliche Existenz des Unternehmers heutzutage zumeist praxisfern.[18] Dies gilt nicht nur aufgrund des allgemeinen unternehmerischen Risikos, sondern vor allem wegen der verschärften Anforderungen durch spezielle Haftungsrisiken, die teilweise auch nicht durch spezielle Versicherungen abgedeckt werden können.[19] Es besteht daher regelmäßig das Interesse, die Haftung auf das Gesellschaftsvermögen zu beschränken.[20] Haften die Kommanditaktionäre stets nur mit ihrer Einlage für Verbindlichkeiten der Gesellschaft (vgl. § 1 Abs. 1 S. 2 AktG), weist die gesetzestypische KGaA den zentralen Nachteil auf, dass eine natürliche Person unbeschränkt mit ihrem Privatvermögen für Verbindlichkeiten der Gesellschaft haftet (§ 278 Abs. 2 AktG i.V.m. §§ 161 Abs. 2, 128 HGB). Historisch betrachtet dürfte dieses lange Zeit angenommene Erfordernis einer natürlichen Person als persönlich haftender Gesellschafter der zentrale Grund für die geringe Verbreitung der KGaA gewesen sein.[21] Seit der Anerkennung der Zulässigkeit der Kapitalgesellschaft & Co. KGaA durch den BGH wird die KGaA dem Interesse von Familienunternehmern nach einer vollumfänglichen Haftungsbeschränkung gerecht, wenn eine Kapitalgesellschaft als (einzige) Komplementärin fungiert. Bei der weiteren Darstellung wird daher entsprechend der praktischen Relevanz[22] der Fokus auf diese Ausgestaltung der KGaA gelegt.

D. Finanzierung

Für den wirtschaftlichen Erfolg eines Unternehmens ist eine sachgerechte Unternehmensfinanzierung unabdingbar.[23] In der Vergangenheit ist dabei wiederholt die unzureichende Ausstattung von Familienunternehmen mit Eigenkapital bemängelt und als Ursache für wirtschaftlichen Misserfolg ausgemacht worden.[24] Eine (zu)

---

18 *Binz/Sorg*, BB 1988, 2041 (2043); *Hennerkes/May*, BB 1988, 483 (484).

19 *Schiffers* in Beck'sches Hdb PersonenG, § 1 Rn 56.

20 Dass dies nicht zwangsläufig der Fall ist, zeigt das Beispiel der im DAX gelisteten Merck KGaA, bei der sechs natürliche Personen als persönlich haftende Gesellschafter für die Verbindlichkeiten der Gesellschaft haften, vgl. https://www.merckgroup.com/de/company/who-we-are/management/executive-board.html, letzter Abruf am 31.10.2017.

21 Vgl. *Hennerkes/May*, DB 1988, 537 (540); *Mayer*, RWS Forum 1997, 263 (265).

22 Vgl. dazu die Darstellung bei *Lieder/Hoffmann*, AG 2016, 704 (710).

23 *Schiffers* in Beck'sches Hdb PersonenG, § 1 Rn 61.

24 *Claussen*, GmbHR 1996, 73 (73 f.); *Hoffmann-Becking/Herfs*, FS Sigle, S. 273; *Hennerkes/May*, DB 1988, 537. Nach einer Studie der Stiftung für Familienunternehmen, Die Volkswirtschaftliche Bedeutung von Familienunternehmen, S. 2. beträgt die Eigenkapitalquote familienkontrollierter Unternehmen 35 Prozent und die eigentümergeführter Unternehmen 36 Prozent.

niedrige Eigenkapitalquote wirkt sich regelmäßig auch auf die Möglichkeiten und Konditionen der Fremdfinanzierung, z.B. auf Darlehenskonditionen, aus. Einen Ausweg aus einer zu geringen Eigenkapitalquote bietet die Platzierung von Aktien an der Börse zur Eigenkapitalfinanzierung.[25] Ein Börsengang ist in Deutschland ausschließlich in den Rechtsformen der AG, der SE und der KGaA möglich, da allein diese Rechtsformen das Erfordernis der „freien Handelbarkeit" der zuzulassenden Wertpapiere erfüllen (§ 34 Nr. 1 lit. b) BörsG i.V.m. § 5 Abs. 1 BörsZulVO).[26]

I. Vorteile eines Börsenganges

Als Vorteile eines Börsenganges wird neben der besseren Fungibilität der Aktie regelmäßig genannt, dass das gewonnene Eigenkapital für Investitionen genutzt werden kann, was wiederum positive Auswirkungen auf das Unternehmenswachstum habe.[27] Zudem können die Anteile auch als „Akquisitionswährung" bei Unternehmenskäufen oder -übernahmen eingesetzt werden.[28] Die Verbesserung der Eigenkapitalbasis führt ferner zu einer gesteigerten Unabhängigkeit von Fremdkapitalgebern und damit auch zu einer besseren Verhandlungsposition bei einer beabsichtigten Fremdkapitalaufnahme.[29] Eine solche gesteigerte Bankenunabhängigkeit ist insofern von Bedeutung, da viele Banken in Folge der Finanzkrise ihre Risikoprämien erhöht haben und nunmehr strengere Eigenkapitalvorschriften verlangen.[30] Außerdem wird durch die mit einem Börsengang einhergehende mediale Aufmerksamkeit der Bekanntheitsgrad des Unternehmens sowohl bei Kunden als auch im Finanzsektor gesteigert, was sich nicht nur positiv auf den Umsatz des Unternehmens, sondern auch die Einstufung der Bonität auswirken kann.[31] Die gesteigerte Bekanntheit und die Tatsache, dass die Mitarbeiter – zu Incentivierungs- und Vergütungszwecken – in Form von sog. *Stock Option Plans* am Unternehmenserfolg beteiligt werden können, begünstigt auch die Anwerbung qualifizierter Führungskräfte.[32] Schließlich erleichtert die bessere Fungibilität börsennotierter Aktien einer Unternehmerfamilie auch ein Deinvestment, insbesondere zum Zwecke der Vermögensdiversifizierung,[33] und der Kapitalmarktzugang ermöglicht im Rahmen eines

25 *Blättchen*, FS Binz, 80; *Hoffmann-Becking/Herfs*, FS Sigle, 273 (273 f.).
26 *Singhoff/Weber* in Habersack/Mülbert/Schlitt, § 4 Rn 4; *Wälzhoff* in Sudhoff, Familienunternehmen, § 2 Rn 9; *Wieneke/Fett* in Bürgers/Fett, § 10 Rn 4.
27 *Blättchen*, FS Binz, 80 (81); *Sudmeyer* in Münch Anwaltshdb AktienR, § 47 Rn 3.
28 *Wieneke/Fett* in Bürgers/Fett, § 10 Rn 13.
29 *Blättchen*, FS Binz, 80.
30 *Blättchen*, FS Binz, 80.
31 *Blättchen*, FS Binz, 80 (81); *Sudmeyer* in Münch Anwaltshdb AktienR, § 47 Rn 5.
32 *Blättchen*, FS Binz, 80 (81); *Sudmeyer* in Münch Anwaltshdb AktienR, § 47 Rn 7; *Warburg/Kruse*, FS Binz, 791 (795); *Wieneke/Fett* in Bürgers/Fett, § 10 Rn 14.
33 *Wieneke/Fett* in Bürgers/Fett, § 10 Rn 12; vgl. auch *Blättchen*, FS Binz, 80 (85), nach dem 47 Prozent des Emissionserlöses der im Zeitraum zwischen 2003 und 2013 er-

Generationenwechsels die Abfindung von nicht in das Unternehmen einrückenden Personen ohne Beeinträchtigung der Liquidationsbasis des Unternehmens.[34]

II. Nachteile eines Börsenganges

Familienunternehmer hegen nicht selten Vorbehalte gegenüber einer Aufnahme von Investoren im Allgemeinen und einem Börsengang im Besonderen. Befürchtet wird dabei vor allem der Verlust an Einfluss auf die Gesellschaft,[35] da ein Börsengang zwangsläufig zu einer Verringerung der Beteiligung und damit grundsätzlich[36] auch zu einer geringeren Stimmrechtsquote führt. Da bei Familienunternehmen die unternehmerischen Ziele oft (auch) emotional und familienorientiert sind, während die rationalen Investorenziele nicht selten eine tendenziell schwächere Ausprägung erfahren, können sogar Bedenken wegen eines Verlustes der Unternehmensidentität nicht ausgeschlossen werden. Kritisch stehen Familienunternehmer üblicherweise auch den mit einem Börsengang verbundenen gesteigerten Publizitätspflichten gegenüber.[37] Denn neben der Pflicht zur Veröffentlichung eines Wertpapierprospekts[38] im Rahmen eines IPO („*Initial Public Offering*") sind insbesondere bei einer Zulassung zum regulierten Markt eine Vielzahl von Zulassungsfolgepflichten einzuhalten, deren Nichtbefolgung teilweise zivil- und strafrechtlichen Sanktionen unterliegt.[39] Ferner gelten gesteigerte Publizitätspflichten im Hinblick auf den Jahresabschluss:[40] Da eine kapitalmarktorientierte Gesellschaft unabhängig von den tatsächlichen Verhältnissen stets als große Kapitalgesellschaft iSv § 267 Abs. 3 HGB gilt (§ 264d HGB), muss sie ihren Jahresabschluss auch nach diesen Vorschriften erstellen, prüfen lassen und offen legen (§§ 264 ff. HGB), ohne sich auf im HGB vorgesehene größenabhängige Erleichterungen[41] berufen zu können. Dies geht nicht nur mit einem gesteigerten Organisations-, und Verwaltungsaufwand einher, der mit Kosten verbunden ist, sondern führt auch zu einer teilweise nicht erwünschten Information der Öffentlichkeit und von Wettbewerbern über die wirtschaftliche Lage des Unternehmens.[42] Nicht außer Acht gelassen werden dürfen schließlich

folgten IPOs von Familienunternehmen als Barkapitalerhöhung der Finanzierung des operativen Geschäfts und die restlichen 53 Prozent den Alteigentümern zuflossen.

34 *Lieder/Hoffmann*, AG 2016, 704 (707).

35 *Binz/Sorg*, BB 1988, 2041 (2041 f.); *Lorz*, VGR 1998, 57 (61); *Sudmeyer* in Münch Anwaltshdb AktienR, § 47 Rn 8.

36 Eine Ausnahme gilt im Fall von stimmrechtslosen Vorzugsaktien, vgl. dazu unter § 2 G. I. 2. a).

37 *Warburg/Kruse*, FS Binz, 791 (794); *Wieneke/Fett* in Bürgers/Fett, § 10 Rn 16.

38 Vgl. zum Inhalt eines Wertpapierprospektes unter § 8 B. I.

39 Vgl. dazu unter § 8 C. II.

40 *Sudmeyer* in Münch Anwaltshdb AktienR, § 47 Rn 10.

41 §§ 274 a, 276, 288, 293, 298, 326 f. HGB.

42 *Sudmeyer* in Münch Anwaltshdb AktienR, § 47 Rn 11; *Warburg/Kruse*, FS Binz, 791 (794).

die Kosten eines Börsengangs, die sich üblicherweise auf ca. 5 bis 7 Prozent des Emissionsvolumens belaufen.[43]

III. Fazit

Die KGaA bietet die Möglichkeit eines Börsenganges und wird daher als Rechtsform vor allem dann in Betracht kommen, wenn eine Unternehmerfamilie einen Börsengang (zumindest perspektivisch) in Erwägung zieht.[44] Da die KGaA insoweit in Konkurrenz zu den Rechtsformen der AG und SE tritt, beschränken sich die folgenden Ausführungen auf die Abgrenzung zu diesen Rechtsformen. Den Vorteilen eines Börsenganges stehen dabei durchaus gewichtige Nachteile gegenüber, sodass die Sinnhaftigkeit für ein Familienunternehmen eine Einzelfallentscheidung darstellt. Ob die Möglichkeit der relativ schnellen und günstigen Aufnahme von Finanzmitteln über den Kapitalmarkt die genannten Nachteile aufwiegt, wird dabei vor allem vom Kapitalbedarf des Unternehmens abhängen.[45] Für Unternehmen mit einer Marktkapitalisierung unter hundert Millionen Euro und ohne nachhaltige Wachstumsperspektive dürfte ein IPO dabei nur in Ausnahmefällen in Betracht kommen.[46] Dass ein Börsengang für ein Familienunternehmen entgegen einer weit verbreiteten Meinung kein Tabuthema darstellt, zeigt die Tatsache, dass im deutschen IPO-Markt im Zeitraum zwischen 2003 und 2013 fast die Hälfte, nämlich 48 Prozent der Emittenten, Familienunternehmen waren.[47] Die Unternehmerfamilie und das Unternehmen können dabei von steigenden Anforderungen der Börsennotierung an die Professionalität profitieren. Maßgeblichen Einfluss auf den Umfang der meist unerwünschten Publizitätspflichten hat dabei die Wahl des Börsensegments. Werden die Publizitätspflichten des regulierten Marktes als zu weitgehend empfunden, kommt der Freiverkehr als Alternative in Betracht, der auch nach der

---

43 *Sudmeyer* in Münch Anwaltshdb AktienR, § 47 Rn 12.

44 Nach *Bachmann* in Spindler/Stilz, § 278 Rn 5 bietet die KGaA Familienunternehmen, die keinen Börsengang planen, keine gesellschafts- oder steuerrechtlichen Vorteile im Vergleich zur KG; ebenso: *Gaibler*, KGaA, S. 104 f. Hingegen zeigt das Beispiel der Bertelsmann SE & Co. KGaA, dass die KGaA auch für nicht börsennotierte Gesellschaften als Rechtsform eine attraktive Alternative darstellen kann.

45 *Warburg/Kruse*, FS Binz, 791 (794).

46 Diese Grenze nennen *Warburg/Kruse*, FS Binz, 791 (794); vgl. auch *Blättchen*, FS Binz, 80 (85), nach dem die von ihm untersuchten Gesellschaften im Geschäftsjahr vor dem Börsengang einen Umsatz von 100 Millionen Euro erzielten.

47 *Blättchen*, FS Binz, 80 (85), der jedoch eine abweichende Definition von Familienunternehmen zugrunde legt: „Gesellschaften, an denen mehrheitlich durch Verwandtschaft untereinander verbundene Personen beteiligt sind", *Blättchen*, FS Binz, 80 (84 mit Fn 4). Im Schnitt reduzierten die Familien ihre Anteile von 86 Prozent auf 59 Prozent und behielten somit auch nach dem Börsengang die einfache Mehrheit. Die Eigenkapitalquote der Emittenten steigerte sich durch den Börsengang im Mittelwert von 38 Prozent auf 63 Prozent.

jüngst durch den EU-Gesetzgeber erfolgten Erweiterung der Publizitätspflichten zahlreiche Erleichterungen bietet.[48]

E. Steuerliche Erwägungen

I. Allgemeines

Da das deutsche Steuerrecht nicht rechtsformneutral ausgestaltet ist,[49] haben steuerliche Erwägungen bei der Rechtsformwahl eine herausragende Bedeutung. Regelmäßig wird durch den Unternehmer eine möglichst günstige steuerliche Behandlung angestrebt.[50] Bei Familienunternehmern tritt als zusätzlicher Aspekt das Bestreben hinzu, die bei einem Ausscheiden von Todes wegen fällig werdende Erbschaftssteuer bzw. die bei vorweggenommener Erbfolge eintretende Schenkungssteuer zu minimieren.[51] Allerdings sollte die Bedeutung der steuerlichen Erwägungen bei der Rechtsformwahl von Familienunternehmen auch nicht überschätzt bzw. als allein maßgebliches Entscheidungskriterium angesehen werden. Dies gilt zum einen schon deshalb, weil der Gesetzgeber die steuerliche Behandlung einer Rechtsform jederzeit ändern kann.[52] Weiterhin weisen Familienunternehmer gegenüber sonstigen Unternehmern besondere Interessen auf, die den Ausschlag zugunsten einer steuerlich nicht optimalen Rechtsform geben können. So ist es beispielsweise regelmäßig ein besonderes Anliegen von Familienunternehmern, den Familieneinfluss (über Generationen) zu sichern.[53] Der Familienunternehmer kann hier gewillt sein, sich eine ihm Vorteile bietende Rechtsform durch eine ungünstigere steuerliche Behandlung zu „erkaufen".

Personengesellschaften sind einkommenssteuerlich „transparent" (sog. Transparenzprinzip).[54] Sie werden zwar als Subjekt der Gewinnerzielung und Gewinnermittlung behandelt, die Besteuerung erfolgt jedoch – mit Ausnahme der Gewerbesteuer – allein auf der Ebene der Gesellschafter. Die Gewinne der Gesellschaft werden – unabhängig davon, ob sie thesauriert oder entnommen werden – den Gesellschaftern als Einkünfte aus Gewerbebetrieb zugerechnet und unterliegen

48 Vgl. zu den eingeschränkten Publizitätspflichten des Freiverkehrs unter § 8 B. I.

49 *Birk/Desens/Tappe*, SteuerR, Rn 1100; *Schiffers* in Beck'sches Hdb PersonenG, § 1 Rn 63. Auch aus Art. 3 Abs. 1 GG lässt sich kein Gebot einer rechtsformneutralen Besteuerung ableiten, vgl. BVerfG, NJW 2010, 2116.

50 *Wälzholz* in Sudhoff, Familienunternehmen, § 2 Rn 5.

51 *Hoffmann-Becking/Herfs*, FS Sigle, 273 (276).

52 Umfangreiche Änderungen beinhaltete das Unternehmenssteuerreformgesetz 2008 vom 14.8.2007 (BGBl. I 2007, 1912). So wurde beispielsweise der Körperschaftssteuersatz von 25 auf 15 Prozent (§ 23 KStG) gesenkt, die Abgeltungssteuer iHv 25 Prozent (§ 32d EStG) auf Einkünfte aus Kapitalerträgen eingeführt und das Halbeinkünfteverfahren durch das Teileinkünfteverfahren abgelöst, vgl. dazu unter E. II. 1. b). Vgl. zu den Auswirkungen der Unternehmenssteuerreform auf die einzelnen Rechtsformen etwa *Harle*, BB 2008, 2151 ff.

53 Hierzu unter § 2 G.

54 *Birk/Desens/Tappe*, SteuerR, Rn 1103.

dort der individuellen Einkommenssteuer des Gesellschafters (unter Beachtung der Einkommensteuerermäßigung für gewerbliche Einkünfte nach § 35 EStG).[55] Hingegen erfolgt die Besteuerung von Kapitalgesellschaften unabhängig von den Anteilseignern (sog. Trennungsprinzip).[56] Sowohl auf Gesellschafts- als auch auf Gesellschafterebene erfolgt eine Besteuerung: Gewinne einer Kapitalgesellschaft werden zunächst mit Körperschafts- und Gewerbesteuer besteuert und Gewinnausschüttungen an natürliche Personen unterliegen der Abgeltungssteuer (§ 32 d Abs. 1 S. 1 EStG).[57]

II. Die Besteuerung der Kapitalgesellschaft & Co. KGaA im Vergleich zur AG und SE

Aufgrund der hybriden Rechtsnatur der KGaA erfolgt die Besteuerung der KGaA konsequenterweise nach dem Transparenz- und dem Trennungsprinzip, was zahlreiche rechtsformspezifische Schwierigkeiten mit sich bringt und seit jeher Anlass für Meinungsstreitigkeiten und Reformvorschläge war.[58] Eine Erörterung sämtlicher umstrittener Rechtsfragen kann an dieser Stelle nicht erfolgen. Die folgenden Ausführungen beschränken sich daher auf die Darstellung der Grundzüge der Besteuerung der KGaA und der jeweiligen Unterschiede zur Besteuerung der AG bzw. SE, da dies für die hier vorzunehmende Abgrenzung der KGaA zu den genannten Rechtsformen ausreichend ist.

1. Ertragsteuern

Hinsichtlich der Ertragsteuern ist zwischen drei Besteuerungsebenen zu unterscheiden: der Besteuerung der KGaA (dazu unter a)), der Besteuerung der Kommanditaktionäre (dazu unter b)) und der Besteuerung einer Komplementärgesellschaft (dazu unter c)).[59]

a) Besteuerung der KGaA

aa) Körperschaftsteuer

Gemäß § 1 Abs. 1 Nr. 1, Abs. 2 KStG unterliegen sämtliche Einkünfte der KGaA der Körperschaftssteuer, wenn sich ihre Geschäftsleitung (§ 10 AO) oder ihr Sitz (§ 11 AO) in der Bundesrepublik Deutschland befindet. Was als Einkom-

55 *Birk/Desens/Tappe,* SteuerR, Rn 1103; *Rödder* in Beck'sches Hdb AG, § 13 Rn 2.
56 *Birk/Desens/Tappe,* SteuerR, Rn 1203; *Teufel* in Lüdicke/Sistermann, UnternehmenssteuerR, § 2 Rn 1.
57 *Birk/Desens/Tappe,* SteuerR, Rn 1203; *Rödder* in Beck'sches Hdb AG, § 13 Rn 3.
58 Vgl. dazu etwa *Bielinis,* DStR 2014, 769 ff.; *Wissenschaftlicher Beirat Steuern der Ernst & Young GmbH,* DB 2014, 147 ff.
59 *Engel* in Bürgers/Fett, § 9 Rn 4; *Kraft* in Münch Hdb AG, § 82 Rn 1; *Schaumburg,* DStZ 1998, 525 (533); *Schlitt,* KGaA, S. 9.

men gilt und wie das Einkommen zu ermitteln ist, bestimmt sich nach den Vorschriften des Einkommensteuergesetzes und des Körperschaftssteuergesetzes (§ 8 Abs. 1 S. 1 KStG). Ausgangspunkt ist der jeweils durch Bestandsvergleich ermittelte handelsbilanzielle Gewinn (§ 5 EStG).[60] Dividendenausschüttungen an die Kommanditaktionäre gelten als Einkommensverwendung und mindern das zu versteuernde Einkommen der KGaA nicht (§ 8 Abs. 3 KStG).[61] Insoweit besteht also kein Unterschied zur Rechtslage bei der AG bzw. SE. Eine Besonderheit ergibt sich jedoch daraus, dass gemäß § 9 Abs. 1 Nr. 1 KStG der Teil des Gewinns, der an persönlich haftende Gesellschafter auf ihre Sondereinlage iSv § 281 Abs. 2 AktG oder als Vergütung (Tantieme) für die Geschäftsführung verteilt wird, als Betriebsausgaben gewinnmindernd zu berücksichtigen ist. Über die Reichweite von § 9 Abs. 1 Nr. 1 Alt. 2 KStG besteht im Einzelnen Streit.[62] Nach h.M. fallen hierunter alle Arten von Vergütungen, also neben gewinnabhängigen auch gewinnunabhängige Geschäftsführervergütungen, Ruhegehälter und die Zuführung zu den Pensionsrückstellungen aufgrund von Pensionszusagen.[63] Auch eine an den Komplementär für seine persönliche Haftung gesondert gezahlte Vergütung (sog. Haftungsvergütung) soll nach § 9 Abs. 1 Nr. 1 KStG abzugsfähig sein, da die Übernahme der persönlichen Haftung ein Gesellschafterbeitrag darstellt, für den dem persönlich haftenden Gesellschafter ein Anteil am Gewinn zugebilligt wird.[64] Sonstige Sondervergütungen (iSv § 15 Abs. 1. S. 1 Nr. 3 EStG), die dem Komplementär für seine Tätigkeit im Dienste der Gesellschaft, für die Gewährung von Darlehen oder für die Überlassung von Wirtschaftsgütern gewährt werden, sind nach der überwiegenden Ansicht in Höhe des angemessenen Teils bereits nach allgemeinen Grundsätzen als Betriebsausgaben (§ 4 Abs. 4 EStG i.V.m. § 8 Abs. 1 KStG) abzugs-

---

60 *Engel* in Bürgers/Fett, § 9 Rn 18; *Kraft* in Münch Hdb AG, § 82 Rn 10.

61 *Engel* in Bürgers/Fett, § 9 Rn 17; *Schlitt*, KGaA, S. 9.

62 Vgl. dazu die ausführliche Darstellung bei *Bielinis*, KGaA, S. 175 ff.

63 BFH, Urteil v. 04. Mai 1965 – I 186/64 U = BStBl III 1965, 418; BFH, Urteil v. 08. Februar 1984 – I R 11/80 = BStBl II 1984, 381; BFH, Urteil v. 31. Oktober 1990 – I R 32/86 = BStBl II 1991, 253; *Brandl* in Blümich, § 9 KStG Rn 22 ff.; *Märtens* in Gosch, KStG, § 9 Rn 16; *Patt/Rasche*, DB 1993, 2400 (2402); *Hesselmann*, GmbHR 1988, 472 (477); *Engel* in Bürgers/Fett, § 9 Rn 26 f. (§ 9 Abs. 1 Nr. 1 Alt. 2 als *lex specialis* gegenüber § 4 Abs. 4 EStG). Nach einer Mindermeinung sollen von § 9 Abs. 1 Nr. 1 KStG nur die dort ausdrücklich genannten Tantiemen erfasst sein und gewinnunabhängige Vergütungen für die Geschäftsführung bereits als Betriebsausgabe zum Abzug kommen, vgl. *Bielinis*, KGaA, S. 196; *Drüen/van Heek*, DB 2012, 2184 (2185 ff.); *Fischer*, DStR 1997, 1519 (1520); *Theissen*, DB 1989, 2191 (2196); *Menzel*, DStR 1972, 594. Die Differenzierung ist nicht nur rein dogmatischer Natur, sondern hat aufgrund der mit § 9 Abs. 1 Nr. 1 KStG korrespondierenden Vorschrift des § 8 Nr. 4 GewStG auch Auswirkungen auf den Gewerbeertrag, vgl. dazu sogleich unter E. II. 1. a) bb).

64 *Assmann/Sethe* in GK-AktG, Vor § 278 Rn 126; *Märtens* in Gosch, KStG, § 9 Rn 19; *Schulte* in Erle/Sauter, KStG, § 9 Rn 22; *Brandl* in Blümich, § 9 KStG Rn 25.

fähig.[65] Das hiernach zu versteuernde Einkommen der KGaA unterliegt – wie das einer AG bzw. SE – einem Körperschaftssteuersatz von 15 Prozent (§ 23 Abs. 1 KStG) zuzüglich des Solidaritätszuschlags in Höhe von 5,5 Prozent der festgesetzten Körperschaftssteuer (§§ 3 Abs. 1 Nr. 1, 4 SolZG).[66]

bb) Gewerbesteuer

Weiterhin ist die KGaA als Kapitalgesellschaft ein Gewerbebetrieb kraft Rechtsform und daher gewerbesteuerpflichtig (§ 2 Abs. 1 S. 1, Abs. 2 S. 1 GewStG). Bemessungsgrundlage ist dabei der nach den Vorschriften des Einkommens- oder Körperschaftssteuergesetzes ermittelte Gewerbeertrag der KGaA (§ 7 GewStG), der durch Hinzurechnungen gemäß § 8 GewStG und Kürzungen gemäß § 9 GewStG modifiziert wird. Hinzuzurechnen sind über die „Reintegrationsnorm"[67] § 8 Nr. 4 GewStG die nach § 9 Abs. 1 Nr. 1 KStG aus dem Gewinn der KGaA gekürzten Gewinnanteile und Geschäftsführervergütungen des persönlich haftenden Gesellschafters. Trotz des abweichenden Wortlauts besteht Einigkeit, dass über § 8 Nr. 4 GewStG genau derjenige Betrag wieder hinzugerechnet wird, der vorher gemäß § 9 Abs. 1 Nr. 1 KStG abgezogen worden ist.[68] Nach h.M. fallen unter den Begriff der Vergütungen für die Geschäftsführung mithin auch hier wiederum gewinnunabhängige feste Tätigkeitsvergütungen, Aufwendungen für Ruhegehälter sowie Zuführungen zu Pensionsrückstellungen aufgrund von Pensionszusagen.[69] Lediglich solche Leistungen der

---

65 BFH, Urteil v. 28. November 2007 – X R 6/05 = BStBl. II 2008, 363 (364); BFH, Urteil v. 21.6.1989 – X R 14/88 = NJW 1990, 1812 (1814); nach Ansicht des BFH ist der Wortlaut des § 9 Abs. 1 Nr. 1 KStG zu „eng geraten" und die Sondervergütungen „regelmäßig als Betriebsausgaben abziehbar"; *Engel* in Bürgers/Fett, § 9 Rn 29 f.; *Fischer*, DStR 1997, 1519; *Märtens* in Gosch, KStG, § 9 Rn 18; *Schulte* in Erle/Sauter, KStG, § 9 Rn 39; *Brandl* in Blümich, § 9 KStG Rn 26; *Rohrer/Orth*, BB 2007, 1594 (1595); *Schaumburg*, DStZ 1998, 525 (533); *Hesselmann*, BB 1989, 2344 (2349); nunmehr hat auch *Mai* in Frotscher/Drüen, § 9 KStG Rn 16 seine Auffassung, nach der die Ausgaben in analoger bzw. extensiver Anwendung des § 9 Abs. 1 Nr. 1 KStG abzugsfähig sein sollen, aufgegeben und sich der vorstehenden Ansicht angeschlossen.

66 *Engel* in Bürgers/Fett, § 9 Rn 20.

67 *Engel* in Bürgers/Fett, § 9 Rn 5.

68 Vgl. BFH v. 28.11.2007, X R 6/05, BStBl II 2008, 363 (364). § 8 Nr. 4 GewStG stellt damit das „Spiegelbild" zu § 9 Abs. 1 Nr. 1 KStG dar, vgl. BFH, Urteil v. 4.5.1965 – I 186/64 U, BStBl III 1965, 418. *Bielinis*, DStR 2014, 769 (770); *Engel* in Bürgers/Fett, § 9 Rn 77 f.; *Hofmeister* in Blümich, § 8 GewStG Rn 530.

69 BFH, Urteil v. 6. Oktober 2009 – I R 102/06; BFH, Urteil v. 31. Oktober 1990 – I R 32/86 = BStBl II 1991, 253; *Engel* in Bürgers/Fett, § 9 Rn 79; *Güroff* in Glanegger/Güroff, GewStG, § 8 Nr. 4 Rn 3; *Hofmeister* in Blümich, § 8 GewStG Rn 535 f.; *Patt/Rasche*, DB 1993, 2400 (2405); *Pohl/Reichthalhammer* in NK-AktR, § 20 Rn 146; *Stäuber* in Lenski/Steinberg, GewStG, § 8 Rn 9 ff.; a.A. *Fischer*, DStR 1997, 1519 (1520 f.). Ferner sollen Vergütungen, die ein Komplementär für die Übernahme der persönlichen Haftung erhält, unter § 8 Nr. 4 GewStG fallen, vgl. *Engel* in Bürgers/Fett, § 9 Rn 79; *Güroff* in Glanegger/Güroff, GewStG, § 8 Nr. 4 Rn 3.

KGaA an den Komplementär, die Auslagen oder Aufwendungsersatz und kein Entgelt für die Geschäftsführungstätigkeit sind, sowie die in § 15 Abs. 1 Nr. 3 EStG genannten Vergütungen für die Darlehenshingabe oder Wirtschaftsgutüberlassung fallen nach h.M. nicht unter § 8 Nr. 4 GewStG.[70] Die Tatsache, dass eine Komplementärgesellschaft ihrerseits Aufwendungen zu entrichten hat, insbesondere für die Vergütung ihrer Organe, berührt die Zurechnung bei der KGaA gemäß § 8 Nr. 4 GewStG nicht.[71] Da bei der AG und der SE im Rahmen der Bemessung des Gewerbeertrages eine Hinzurechnung der gezahlten Vorstandsvergütung und von Pensionsrückstellungen unterbleibt, ist die KGaA mithin unter gewerbesteuerrechtlichen Gesichtspunkten gegenüber der AG und SE weniger attraktiv.[72] Die gewerbesteuerliche Mehrbelastung ist dabei von der Höhe der unter § 8 Nr. 4 GewStG fallenden Vergütungen und vom jeweiligen Gewerbesteuersatz der hebeberechtigten Gemeinden abhängig (§ 16 Abs. 1 GewStG).

b) Besteuerung der Kommanditaktionäre

Die ertragssteuerrechtliche Behandlung der Kommanditaktionäre ist identisch mit der Besteuerung von Aktionären einer AG bzw. SE.[73] Zu differenzieren ist zwischen Anteilen im Privat- und Anteilen im Betriebsvermögen.

aa) Anteile im Privatvermögen

Kommanditaktionäre mit Anteilen im Privatvermögen erzielen bei Ausschüttung von Dividenden Einkünfte aus Kapitalvermögen (§ 20 Abs. 1 Nr. 1 S. 1 EStG), die der Abgeltungssteuer iHv 25 Prozent (zuzüglich Solidaritätszuschlag) unterliegen (§ 32d Abs. 1 S. 1 EStG).[74] Auch verdeckte Gewinnausschüttungen an Kommanditaktionäre sind dabei zu den Einkünften aus Kapitalvermögen zu rechnen (§ 20 Abs. 1 Nr. 1 S. 2 EStG). Gewinne aus der Veräußerung von im Privatvermögen gehaltenen Aktien unterliegen ebenfalls der Abgeltungssteuer (§ 20 Abs. 2 Nr. 1 EStG).

---

70 BFH, Urteil v. 31. Oktober 1990 – I R 32/86 = BStBl II 1991, 253; *Engel* in Bürgers/Fett, § 9 Rn 80 f.; *Hofmeister* in Blümich, § 8 GewStG Rn 539; *Stäuber* in Lenski/Steinberg, GewStG, § 8 Rn 14.

71 *Kraft* in Münch Hdb AG, § 82 Rn 20; vgl. zu dieser Problematik auch unter § 2 E. II. 1. c) bb).

72 *Assmann/Sethe* in GK-AktG, Vor § 278 Rn 130; *Bachmann* in Spindler/Stilz § 278 Rn 8; *Binz/Sorg*, BB 1988, 2041 (2044); *Hasselbach/Ebbinghaus*, DB 2015, 1269 (1275).

73 *Assmann/Sethe* in GK-AktG, Vor § 278 Rn 125; *Bachmann* in Spindler/Stilz, § 278 Rn 9; *Pohl/Reichthalhammer* in NK-AktR, § 20 Rn 150; *Schlitt*, KGaA, S. 13.

74 *Engel* in Münch Hdb AG, § 82 Rn 31; *Kraft* in Münch Hdb AG, § 82 Rn 31. Ist der Aktionär zu mindestens 25 Prozent an der Kapitalgesellschaft beteiligt oder zu mindestens 1 Prozent an der Kapitalgesellschaft beteiligt und beruflich für diese tätig, kann für eine im Privatvermögen gehaltene Beteiligung an einer Kapitalgesellschaft die Besteuerung wahlweise zum allgemeinen Tarif nach dem Teileinkünfteverfahren erfolgen (§ 32d Abs. 2 Nr. 3 EStG), vgl. *Werth* in Blümich, § 32d EstG Rn 140.

Veräußerungsverluste dürfen dabei nur mit Gewinnen aus der Veräußerung von Aktien ausgeglichen werden (§ 20 Abs. 6 S. 5 EStG). War der Veräußerer innerhalb der letzten fünf Jahre am Kapital der Gesellschaft unmittelbar oder mittelbar zu mindestens 1 Prozent beteiligt, liegen gemäß § 17 Abs. 1 S. 1 EStG gewerbliche Gewinne vor und das Teileinkünfteverfahren findet Anwendung (§ 3 Nr. 40 i.V.m. § 3c Abs. 2 EstG).[75] In diesem Fall sind 40 Prozent der Einkünfte aus Kapitalvermögen steuerfrei und lediglich die restlichen 60 Prozent des erzielten Gewinns sind in den steuerpflichtigen Gewinn einzubeziehen.[76]

bb) Anteile im Betriebsvermögen

Werden die Kommanditaktien in einem gewerblichen Betriebsvermögen gehalten, sind ausgeschüttete Dividenden als Einkünfte aus Gewerbebetrieb zu erfassen (§ 20 Abs. 8 S. 1 EStG). Handelt es sich bei dem Kommanditaktionär um eine natürliche Person, kommt die Besteuerung nach dem Teileinkünfteverfahren zur Anwendung (§ 3 Nr. 40 lit. d EStG).[77] Ist eine Kapitalgesellschaft Kommanditaktionär, so sind die Bezüge aus Dividenden bei Erfüllung der Mindestbeteiligung von 10 Prozent (§ 8b Abs. 4 KStG) unter den Voraussetzungen des § 8b Abs. 1 KStG steuerfrei, allerdings gelten 5 Prozent der Dividende als nicht abzugsfähige Betriebsausgaben (§ 8b Abs. 5 KStG).[78] Eine gewerbesteuerliche Belastung der Dividenden wird auf Gesellschafterebene nur dann vermieden, wenn der Kommanditaktionär seit Beginn des Erhebungszeitraums mit mindestens 15 Prozent am Grundkapital der KGaA beteiligt ist (§ 8 Nr. 5 i.V.m. § 9 Nr. 2a GewStG).[79] Gewinne aus der Veräußerung der Aktien sind unter den Voraussetzungen des § 8b Abs. 2 KStG steuerfrei, allerdings werden 5 Prozent des Veräußerungsgewinns als nicht abzugsfähige Betriebsausgabe behandelt (§ 8b Abs. 3 S. 1 KStG).[80]

c) Besteuerung einer Komplementär-Kapitalgesellschaft

Gemäß § 15 Abs. 1 Nr. 3 EStG sind Gewinnanteile des persönlich haftenden Gesellschafters aus einer Sondereinlage und Vergütungen für eine Tätigkeit im Dienst der Gesellschaft oder für die Hingabe von Darlehen oder für die Überlassung von Wirtschaftsgütern als Einkünfte aus Gewerbebetrieb anzusehen. Der BFH spricht insoweit davon, dass „die Einkommensbesteuerung des persönlich haftenden Gesellschafters, sofern dieser nicht auch Kommanditaktionär ist, ‚an der Wurzel' von der Körperschaftsbesteuerung der KGaA abgespalten [...] und uneingeschränkt

---

75 *Kraft* in Münch Hdb AG, § 82 Rn 32; *Vogt* in Blümich, § 17 EStG Rn 6.

76 Folgerichtig dürfen Werbungskosten auch nur in Höhe von 60 Prozent in Abzug gebracht werden (§ 3c Abs. 2 EStG).

77 *Engel* in Bürgers/Fett, § 9 Rn 137; *Kraft* in Münch Hdb AG, § 82 Rn 33; *Pohl/Reichthalhammer* in NK-AktR, § 20 Rn 150.

78 *Engel* in Bürgers/Fett, § 9 Rn 137; *Kraft* in Münch Hdb AG, § 82 Rn 33.

79 *Engel* in Bürgers/Fett, § 9 Rn 137; *Kraft* in Münch Hdb AG, § 82 Rn 34.

80 *Kraft* in Münch Hdb AG, § 82 Rn 35.

gemäß § 15 Abs. 1 Nr. 3 EStG dem gewerblichen Bereich zugewiesen" wird.[81] Der persönlich haftende Gesellschafter wird mithin im Verhältnis zur KGaA wie ein Mitunternehmer besteuert, ohne solcher zu sein.[82] Ist eine natürliche Person persönlich haftender Gesellschafter, können sich hieraus im Hinblick auf die Gesamtsteuerbelastung von Gesellschaft und Gesellschaftern steuerliche Vorteile ergeben.[83] Hingegen unterliegt eine Komplementär-Kapitalgesellschaft – gleichgültig, ob es sich um eine GmbH, AG oder SE handelt – wie die KGaA der Körperschaft- (dazu unter aa)) und Gewerbesteuer (dazu unter bb)). Lebhaft umstritten ist dabei, ob im Verhältnis zwischen KGaA und der Komplementärin eine einheitliche und gesonderte Gewinnfeststellung gemäß § 180 Abs. 1 Nr. 2a AO[84] durchzuführen ist. Die instanzgerichtliche Rechtsprechung lehnt dies mit der Begründung ab, dass die KGaA ein eigenständiges, steuerrechtsfähiges Subjekt darstelle, das der Körperschaftsteuerpflicht unterliege (§ 1 Abs. 1 Nr. 1 KStG). Weiterhin liege keine gesamthänderische Beteiligung und keine gemeinsame Einkunftsquelle der Komplementäre einer KGaA vor. Außerdem seien persönlich haftende Gesellschafter keine Mitunternehmer, da sie nicht wie tatsächliche Mitunternehmer einer Personengesellschaft direkt am Betriebsergebnis beteiligt würden, sondern sie würden nur wie Mitunternehmer behandelt, indem ihre Gewinnanteile und Vergütungen als gewerbliche Einkünfte erfasst werden (§ 15 Abs. 1 S. 1 Nr. 3 EStG).[85]

---

81 BFH, NJW 1990, 1812 (1814).

82 BFH v. 21.6.1989, BStBl II 1989, 881 = NJW 1990, 1812; *Engel* in Bürgers/Fett, § 9 Rn 99; *Kraft* in Münch Hdb AG, § 82 Rn 22; *Perlitt* in MüKoAktG, Vor § 278 Rn 81a.

83 Vgl. dazu *Assmann/Sethe* in GK-AktG, Vor § 278 Rn 127.

84 Gemäß §§ 179 Abs. 2 S. 2, 180 Abs. 1 Nr. 2a AO werden die einkommensteuerpflichtigen und körperschaftsteuerpflichtigen Einkünfte und mit ihnen im Zusammenhang stehende andere Besteuerungsgrundlagen gesondert und einheitlich festgestellt, wenn an den Einkünften mehrere Personen beteiligt sind und die Einkünfte diesen Personen steuerlich zuzurechnen sind. Das Verfahren der gesonderten und einheitlichen Gewinnfeststellung soll die Gleichmäßigkeit und Vereinfachung der Besteuerung sicherstellen und widerstreitende Steuerfestsetzungen vermeiden, *Engel* in Bürgers/Fett, § 9 Rn 8.

85 FG Schleswig-Holstein, Urteil vom 12.4.2011–5 K 136/07 = DStRE 2011, 1547 (1549); FG Hamburg, Urteil v. 14.11.2002 – V 231/99 = EFG 2003, 711; FG München, Urteil v. 16.1.2003 – K 5340/01 = DStRE 2003, 692 (693). Der BFH hat die Frage der einheitlichen und gesonderten Gewinnfeststellung in seinem Grundsatzurteil zur KGaA mangels Entscheidungserheblichkeit offen gelassen, BFHE 157, 382 = BStBl II 1989, 881 (883). In einem nicht veröffentlichten Urteil hat der BFH (BFH, Urteil v. 21.7.1965 – VI 270/65, zitiert in BFHE 157, 382 = BStBl II 1989, 881 (883)) eine einheitliche und gesonderte Feststellung für den Fall bejaht, dass mehrere persönlich haftende Gesellschafter vorhanden sind. Die Finanzverwaltung vertritt keine einheitliche Auffassung zu dieser Frage, vgl. *Falter*, FS Spiegelberger, 113 (115). Die wohl überwiegende Meinung in der Literatur bejaht eine einheitliche und gesonderte Gewinnfeststellung, vgl. *Falter*, FS Spiegelberger, 113 (116 f.); *Fischer*, DStR 1997, 1519 (1522); *Kusterer*, DStR 2008, 484 (488); *Schaumburg*, DStZ 1998, 525 (534); für eine dahin

aa) Körperschaftsteuer

Die Gewinnanteile der Komplementärgesellschaft, die auf eine etwaige Sondereinlage und die Geschäftsführung entfallen, sind nach § 15 Abs. 1 Satz 1 Nr. 3 EStG i.V.m. § 8 Abs. 1, Abs. 2 KStG als Betriebseinnahmen zu erfassen und unterliegen der Körperschaftsteuer (§ 23 Abs. 1 KStG).[86] Vergütungen für die Überlassung von Wirtschaftsgütern und die Gewährung von Darlehen stellen Sondervergütungen dar, die als Sonderbetriebseinnahmen iSv § 8 Abs. 1 KStG zu qualifizieren sind.[87] Aufwendungen im Zusammenhang mit der Geschäftsführung sind als Sonderbetriebsausgaben abzugsfähig.[88]

bb) Gewerbesteuer

Eine Kapitalgesellschaft als Komplementärin unterliegt ebenso wie die KGaA der Gewerbesteuerpflicht. Damit es nicht zu einer gewerbesteuerrechtlichen Doppelbesteuerung kommt, sieht § 9 Nr. 2 lit. b) GewStG vor, dass der Gewerbeertrag der Komplementärin um die der KGaA nach § 8 Nr. 4 GewStG zugerechneten Zahlungen gekürzt wird.[89] Die gewerbesteuerrechtliche Besteuerung von Gewinnanteilen und Tätigkeitsvergütungen der Komplementärin findet damit lediglich auf Ebene der KGaA statt.[90] Die der persönlich haftenden Gesellschafterin entstehenden Aufwendungen, insbesondere die an ihre Organmitglieder zu entrichtende Vergütung, kann diese dabei als Betriebsausgaben gewinnmindernd geltend machen (§ 8 Abs. 1 KStG i.V.m. § 4 Abs. 1 und 3 EStG).[91] Da sich die Aufgabe einer Komplementärgesellschaft typischerweise in der Ausübung der Geschäftsführungsfunktion für die KGaA erschöpft, erzielt sie – abgesehen von der für die Übernahme der Haftung entrichteten Vergütung – keinen Gewinn. Die Kürzung des Gewerbeertrages nach § 9 Nr. 2 lit. b) GewStG führt bei einer reinen Verwaltungsgesellschaft daher regelmäßig zu einem jährlich steigenden Gewerbeverlust, der steuerlich nicht nutzbar ist.[92]

Um die in Folge der Zurechnung der Bezüge nach § 8 Nr. 4 GewStG bei der KGaA entstehende effektive gewerbesteuerliche Mehrbelastung zu vermeiden, sind folglich direkte Zahlungen der KGaA an die Komplementärgesellschaft so weit wie möglich zu vermeiden. Da der Großteil dieser Zahlungen üblicherweise auf die Vergütung der Leitungsorgane der Komplementärgesellschaft entfällt,

---

gehende Reform: *Bielinis*, DStR 2014, 769 (773); ablehnend: *Jünger*, DB 1988, 1969 (1972 f.); *Mahlow*, DB 2003, 1540 (1541).

86 *Engel* in Bürgers/Fett, § 9 Rn 122.

87 *Engel* in Bürgers/Fett, § 9 Rn 123.

88 *Engel* in Bürgers/Fett, § 9 Rn 125; *Schlitt*, KGaA, S. 12.

89 *Assmann/Sethe* in GK-AktG, Vor § 278 Rn 131; *Kraft* in MünchHdb AG, § 82 Rn 19; *Schaumburg*, DStZ 1998, 525 (534); *Schlitt*, KGaA, S. 12.

90 *Bielinis*, DStR 2014, 769 (770).

91 *Hasselbach/Ebbinghaus*, DB 2015, 1269 (1275 f.).

92 *Hasselbach/Ebbinghaus*, DB 2015, 1269 (1276).

wird in der Literatur empfohlen, dass diese den Anstellungsvertrag nicht mit der Komplementärgesellschaft, sondern mit der KGaA abschließen sollten (sog. Drittanstellungsvertrag),[93] um ihre Vergütung direkt von der KGaA zu erhalten.[94] Auf diese Weise lassen sich Erstattungen der KGaA an die Komplementärgesellschaft im Wesentlichen auf die Vergütung der Aufsichtsorgane der Komplementärin reduzieren, die jedoch verhältnismäßig gering ausfallen. Anders scheint dies jedoch die Oberfinanzdirektion Münster zu beurteilen, nach deren Auffassung Zahlungen der KGaA an den Geschäftsführer einer Komplementär-GmbH & Co. KG Letzterer bei einer statutarischen Kostenerstattungspflicht als gewerbliche Einkünfte gemäß § 15 Abs. 1 S. 1 Nr. 3 EStG zuzurechnen sind.[95] Sie begründet dies nachvollziehbar damit, dass gesellschaftsrechtlich allein die Komplementärgesellschaft zur Führung der Geschäfte der KGaA berufen sei und deren Geschäftsleiter daher ihre Geschäftsführertätigkeit wirtschaftlich gesehen für Rechnung der persönlich haftenden Gesellschafterin ausübe. Das unmittelbare Anstellungsverhältnis mit der KGaA stelle sich bei wirtschaftlicher Betrachtung lediglich als Abkürzung des Zahlungsweges hinsichtlich des bestehenden Aufwendungsersatzanspruches der Komplementärgesellschaft gegenüber der KGaA dar.

Bezüglich der Besteuerung von Dividendenausschüttungen der Komplementärgesellschaft an ihre Gesellschafter gelten die obigen Ausführungen über die Besteuerung der Kommanditaktionäre entsprechend.

cc) Besteuerung einer Sondereinlage des Komplementärs

Steuerliche Vorteile lassen sich erzielen, wenn bei der gesetzestypischen KGaA der persönlich haftende Gesellschafter von der Möglichkeit der Leistung einer Sondereinlage[96] nach § 281 Abs. 2 AktG Gebrauch macht. Eine Sondereinlage stellt Eigenkapital der KGaA dar, ist aber nicht Teil des Grundkapitals, sondern als ein eigener Posten anzusehen.[97] Ihre Zulässigkeit folgt aus § 278 Abs. 2 AktG i.V.m. §§ 161 Abs. 2, 105 Abs. 3 HGB i.V.m. §§ 705 ff. BGB.[98] Die Sondereinlage unterliegt daher nicht den strengen aktienrechtlichen Vorschriften über die Kapitalaufbringung und

93 Vgl. zur Zulässigkeit solcher Drittanstellungsverträge unter § 3 A. I. 3. a).

94 *Hasselbach/Ebbinghaus*, DB 2015, 1269 (1276).

95 OFD Münster, DStZ 2005, 204 – auch zum Folgenden.

96 In der Literatur wird häufig von einer „Vermögenseinlage“ gesprochen, vgl. etwa *Bachmann* in Spindler/Stilz, § 278 Rn 9. Dies ist ungenau, da nach § 281 Abs. 2 AktG eine Vermögenseinlage des persönlich haftenden Gesellschafters auch auf das Grundkapital geleistet werden kann, vgl. *Reger* in Bürgers/Fett, § 5 Rn 232. Im Folgenden werden daher nicht auf das Grundkapital geleistete Vermögenseinlagen des persönlich haftenden Gesellschafters als „Sondereinlage“ bezeichnet, vgl. zur Terminologie auch: *Otte*, AG & Co. KGaA, S. 197 mit Fn 3.

97 *Drüen/van Heek*, DStR 2012, 541 (542).

98 *Koch* in Hüffer/Koch, § 281 Rn 2; *Perlitt* in MüKoAktG, § 281 Rn 20; *Schaumburg/Schulte*, KGaA, Rn 23.

-erhaltung.[99] Sie ist in der Bilanz gesondert auszuweisen (§ 286 Abs. 2 AktG) und nach den – dispositiven – gesetzlichen Vorschriften mit 4 Prozent zu verzinsen (§ 278 Abs. 2 AktG i.V.m. § 168 Abs. 1, 121 Abs. 1 S. 1 HGB). Diese Sondereinlage wird nach den Grundsätzen der Besteuerung von Personengesellschaften behandelt.[100] Das bedeutet, dass Gewinnanteile, die ein Komplementär auf seine Sondereinlage erhält, als Einkünfte aus Gewerbebetrieb gelten (§ 15 Abs. 1 S. 1 Nr. 3 EStG), ohne dass der persönlich haftende Gesellschafter dadurch selbst gewerbesteuerpflichtig würde.[101] Er kann sie daher mit Einkünften aus anderen Einkunftsarten verrechnen, sämtliche mit diesen Einkünften im Zusammenhang gemachten Ausgaben steuerlich geltend machen und die Steuerermäßigungen für Einkünfte aus Gewerbebetrieb nach § 35 Abs. 1, 2 EStG wahrnehmen.[102]

Die genannten steuerlichen Vorteile entfallen, wenn die Sondereinlage durch eine Komplementär-Kapitalgesellschaft erbracht wird. Denn in diesem Fall unterliegt die Komplementärgesellschaft selbst der Körperschaftssteuer und Dividenden bei Ausschüttung der Abgeltungssteuer (§ 20 Abs. 1 Nr. 1 EStG). Ferner entfällt die horizontale Einkommensverrechnung ebenso wie die Geltendmachung sämtlicher im Zusammenhang mit den Einkünften getätigten Ausgaben und die Wahrnehmung des Gewerbesteuerermäßigungsbetrages.[103] Die steuerrechtlichen Vorteile einer Sondereinlage bei gleichzeitiger vollständiger Haftungsbeschränkung der KGaA lassen sich daher nur erhalten, indem eine Kapitalgesellschaft & Co. KG als Komplementärin fungiert, die eine Sondereinlage leistet und an der sich die Unternehmer als Kommanditisten beteiligen. Die Besteuerung einer solchen Kapitalgesellschaft & Co. KG richtet sich nach den Grundsätzen über die Besteuerung von Personengesellschaften, d. h. sie ist weder Einkommens- noch Körperschaftssteuersubjekt, und die Kommanditisten erzielen über ihre Kommanditanteile Mitunternehmereinkünfte aus Gewerbebetrieb (§ 15 Abs. 1 Nr. 2 EStG), die – unter Berücksichtigung der Minderung nach § 35 EStG – ihrem individuellen Einkommenssteuersatz unterliegen.[104] Es erscheint jedoch zweifelhaft, ob dieser steuerrechtliche Vorteil den rechtlichen Mehraufwand rechtfertigt. Denn durch die Einschaltung einer Kapitalgesellschaft & Co. KG als Komplementärin einer KGaA verkompliziert sich die gesellschaftsrechtliche Konstruktion weiter, da nun drei Gesellschaftsverträge bzw. Satzungen aufeinander abgestimmt werden müssen.[105]

99 *Herfs* in Münch Hdb AG, § 77 Rn 25; *Perlitt* in MüKoAktG, § 278 Rn 50; *Reger* in Bürgers/Fett, § 5 Rn 236; *Schaumburg/Schulte*, KGaA, Rn 24.

100 *Bachmann* in Spindler/Stilz, § 278 Rn 9; *Lorz*, VGR 1998, 57 (67).

101 *Bachmann* in Spindler/Stilz, § 278 Rn 8.

102 *Otte*, AG & Co. KGaA, S. 200.

103 *Gaibler*, KGaA, S. 86; *Otte*, AG & Co. KGaA, S. 200.

104 *Fischer*, DStR 1997, 1519 (1523); *Lorz*, VGR 1998, 57 (68).

105 Skeptisch bezüglich der Praktikabilität: *Assmann/Sethe* in GK-AktG, § 278 Rn 43; *Otte*, AG & Co. KGaA, S. 53; *K. Schmidt*, ZHR 160, 265 (285) spricht bezüglich einer solchen sog. doppelstöckigen Kapitalgesellschaft & Co. KGaA von einem „kompletten Frankenstein-Kabinett“ der „unersättlichen[n] Gestaltungspraxis“.

2. *Erbschaft- und Schenkungsteuer*

Die erbschaft- und schenkungsteuerliche Behandlung von Kommanditaktionären ist wiederum identisch mit derjenigen von Aktionären einer AG bzw. SE.[106] Bei nicht-börsennotierten KGaAs ist für die Bemessung der gemeine Wert maßgeblich (§ 12 Abs. 1 ErbStG i.V.m. § 11 Abs. 2 BewG). Bei Aktien einer börsennotierten KGaA ist der niedrigste am Stichtag notierte Börsenkurs maßgeblich (§ 12 Abs. 1 ErbStG i.V.m. § 11 Abs. 1 BewG). Jedoch können die Kommanditaktionäre in den Genuss der Steuerbefreiung nach §§ 13a, 13b ErbStG[107] kommen, die unter weiteren Voraussetzungen erbschaft- und schenkungsteuerrechtliche Verschonungsabschläge vorsehen, wenn der Erblasser bzw. Schenker jeweils mit mindestens 25 Prozent der Aktien (sog. Mindestbeteiligung) unmittelbar an der Gesellschaft beteiligt war (§ 13b Abs. 1 Nr. 3 S. 1 ErbStG) oder bei Unterschreiten der Mindestbeteiligung eine Poolvereinbarung mit weiteren Aktionären abgeschlossen hat, nach der der Erblasser bzw. Schenker und die weiteren Gesellschafter untereinander verpflichtet sind, über die Anteile nur einheitlich zu verfügen (§ 13b Abs. 1 Nr. 3 S. 2 ErbStG).

Fungiert eine SE als Komplementärin, gelten die vorstehenden Ausführungen im Falle des Versterbens ihrer Anteilsinhaber bzw. bei vorweggenommener Erbfolge entsprechend.

---

106 *Schlitt*, KGaA, S. 14.

107 Das BVerfG hat mit Urteil v. 17.12.2014 – 1 BvL 21/12 = DStR 2015, 31 ff. die Regelungen der §§ 13a und 13b ErbStG a.F. über die Verschonung von der Erbschaftsteuer beim Übergang betrieblichen Vermögens angesichts ihres Ausmaßes und der eröffneten Gestaltungsmöglichkeiten wegen Unvereinbarkeit mit Art. 3 Abs. 1 GG für verfassungswidrig erklärt. Das BVerfG erachtet es dabei für zulässig, dass der Gesetzgeber kleine und mittelständische Unternehmen, die in personaler Verantwortung geführt werden, zur Sicherung ihres Bestands und damit auch zur Erhaltung der Arbeitsplätze von der Erbschaftsteuer weitgehend oder vollständig freistellt. Die Privilegierung des unentgeltlichen Erwerbs betrieblichen Vermögens sei jedoch unverhältnismäßig, soweit die Verschonung über den Bereich kleiner und mittlerer Unternehmen hinausgreife, ohne eine Bedürfnisprüfung vorzusehen. Diese Rechtsprechung hat der Gesetzgeber mit dem Gesetz zur Anpassung des Erbschaftsteuer- und Schenkungsteuergesetzes an die Rechtsprechung des Bundesverfassungsgerichts vom 4. November 2016 (BGBl. I S. 2464) in §§ 13a, 13b ErbStG n.F. umgesetzt. Das Verschobungskonzept bestimmt sich nunmehr nach dem Umfang des individuellen Erwerbs. Bei einem Erwerb bis zu EUR 26 Mio. bleibt es bei dem bekannten Verschonungskonzept von Regelverschonung (85-prozentiger Verschonungsabschlag) und Optionsverschonung (100-prozentiger Verschonungsabschlag). Erforderlich sind dabei jeweils ein Erhalt des Lohnniveaus und das Einhalten sog. Behaltensfristen. Beim Erwerb von betrieblichen Vermögen mit einem Wert des begünstigten Vermögens von mehr als EUR 26 Mio. (Prüfschwelle) gibt es nunmehr ein Wahlrecht zwischen einer Verschonungsbedarfsprüfung oder einem abschmelzenden Verschonungsabschlag.

3. *Fazit*

Die Besteuerung der KGaA ist in nur wenigen Vorschriften explizit geregelt und mangels höchstrichterlicher Rechtsprechung sind zahlreiche Fragen umstritten. Das Steuerrecht berücksichtigt die hybride Rechtsform der KGaA und ist daher äußerst komplex. Die Besteuerung der Kommanditaktionäre bei Ausschüttung von Dividenden und bei Veräußerungsgewinnen ist identisch mit der Besteuerung von Aktionären einer AG bzw. SE. Gleiches gilt für die erbschaft- bzw. schenkungsteuerliche Belastung der Kommanditaktionäre und die Besteuerung der Aktionäre einer Komplementär-SE. Unter gewerbesteuerlichen Gesichtspunkten ist die KGaA der AG und der SE unterlegen. Denn während bei den letztgenannten Rechtsformen die an den Vorstand gezahlte Vergütung im Rahmen der Bemessung des Gewerbeertrages nicht hinzugerechnet wird, erhöhen bei der KGaA Zahlungen an die Komplementärgesellschaft, insbesondere für die Vergütung ihrer Organe, gemäß § 8 Nr. 4 GewStG den Gewerbeertrag der KGaA. Die entsprechende Kürzung des Gewerbeertrages der Komplementärgesellschaft nach § 9 Nr. 2b GewStG wirkt sich für diese wirtschaftlich nicht aus, wenn sie, abgesehen von der für die Übernahme der Haftung entrichteten Vergütung, keinen Gewinn erzielt.

Bedeutende ertragsteuerrechtliche Vorteile lassen sich bei der KGaA im Vergleich zur AG bzw. SE erzielen, wenn sich eine natürliche Person als persönlich haftender Gesellschafter mit einer Sondereinlage beteiligt. Die hiermit verbundene Gefahr der persönlichen Haftung wird jedoch regelmäßig nicht gewollt sein. Wird eine Sondereinlage durch eine Kapitalgesellschaft als Komplementärin erbracht, verwässern diese steuerlichen Vorteile. Durch den Einsatz einer Kapitalgesellschaft & Co. KG als Komplementärin können sie zwar aufrechterhalten werden. Allerdings wird hierdurch die ohnehin rechtlich komplexe Struktur einer KGaA noch einmal zusätzlich verkompliziert, sodass die Zweckmäßigkeit eine Frage des Einzelfalls sein dürfte.

F. Umfang der unternehmerischen Mitbestimmung

I. Bedeutung der Mitbestimmung für Familienunternehmen

Die unternehmerische Mitbestimmung soll die Beteiligung der Arbeitnehmer an grundlegenden unternehmerischen Entscheidungen sichern.[108] Da der Umfang der unternehmerischen Mitbestimmung nicht rechtsformneutral ausgestaltet ist, ist die Frage, inwieweit eine Rechtsform der unternehmerischen Mitbestimmung unterliegt, für Familienunternehmer als Entscheidungskriterium bei der Rechtsformwahl von besonderer Bedeutung. Sie fürchten eine Verwässerung ihres Einflusses, wenn die Arbeitnehmer an der Leitung „ihres" Unternehmens beteiligt werden.[109] Ferner

108 *Schiffers* in Beck'sches Hdb PersonenG, § 1 Rn 65.

109 *Götze/Winzer/Arnold*, ZIP 2009, 245; *Hennerkes/May*, DB 1988, 483 (485) sprechen gar davon, dass dem Familienpatriarchen nur „Weniges unliebsamer" ist als die unternehmerische Mitbestimmung.

wird die unternehmerische Mitbestimmung insbesondere dahin gehend kritisiert, dass sie zu einer Verzögerung dringender Unternehmensentscheidungen führen könne[110] und im internationalen Vergleich einen Standortnachteil darstelle.[111] Daher gehört die Entwicklung von Strategien zur Vermeidung der Mitbestimmung zum Alltag der Beratungspraxis[112] und die wachsende Popularität der SE[113] ist ganz wesentlich auf die Möglichkeit der flexiblen Ausgestaltung der Mitbestimmung[114] zurückzuführen.[115] Während Personengesellschaften aufgrund ihrer personalistischen Struktur und als Ausgleich für die persönliche Haftung[116] grundsätzlich[117] mitbestimmungsfrei und daher hinsichtlich dieses Kriteriums der Rechtsformwahl besonders reizvoll sind, unterliegen Kapitalgesellschaften grundsätzlich der Mitbestimmung.[118]

Die Mitbestimmung der nationalen Kapitalgesellschaften richtet sich dabei insbesondere nach dem Mitbestimmungsgesetz (MitbestG) und dem Drittelbeteiligungsgesetz (DrittelbG).[119] Der Anwendungsbereich des MitbesG ist bei

---

110 *Henssler* in Ulmer/Habersack/Henssler, § 7 MitbestG Rn 5 m.w.N.

111 *Henssler* in Ulmer/Habersack/Henssler, § 7 MitbestG Rn 11.

112 *Rieble*, BB 2006, 2018 (2019); vgl. auch die „Vermeidungsstrategien“ bei *Götze/Winzer/Arnold*, ZIP 2009, 245 ff. Die unternehmerische Mitbestimmung ist daneben auch immer wieder Gegenstand rechtspolitischer Diskussion, vgl. etwa den Entwurf des Arbeitskreises „Unternehmerische Mitbestimmung“ zur Einführung der Verhandlungslösung für die AG und die weiteren nach dem Mitbestimmungsgesetz mitbestimmten Rechtsformen in ZIP 2009, 885 ff.

113 Am 1. Juni 2011 gab es in Europa 814 SEs, von denen 87 in Deutschland operativ tätig waren und über mindestens 5 Arbeitnehmer verfügten. Am 1.7.2017 gab es 2.827 SEs in Europa, von denen 243 in Deutschland operativ tätig waren und über mindestens 5 Arbeitnehmer verfügten, vgl. https://www.boeckler.de/pdf/pb_mitbestimmung_se_2017_6.pdf, letzter Abruf am 31.10.2017.

114 Zur Mitbestimmung in der SE sogleich unter § 2 F. II. 3. a) und b).

115 So formuliert *Rieble*, BB 2006, 2018 (2019), dass die SE einen „eleganten Schutz vor Mitbestimmung“ bietet. Nach einer empirischen Studie von *Eidenmüller/Engert/Hornuf*, AG 2009, 845 (847 f.) stellen die Gestaltungsmöglichkeiten zur unternehmerischen Mitbestimmung den dritthäufigsten für die Wahl der Rechtsform der SE genannten Grund dar.

116 *Schiffers* in Beck'sches Hdb PersonenG, § 1 Rn 66.

117 Eine Ausnahme gilt lediglich für die Kapitalgesellschaft & Co. KG. Gemäß § 4 MitbestG werden die Arbeitnehmer der Kommanditgesellschaft der Komplementärin hinzugerechnet, sodass diese der Mitbestimmung unterliegt, wenn sie (i) mehr als 2000 Arbeitnehmer beschäftigt und (ii) die Mehrheit der Kommanditisten die Mehrheit der Anteile oder Stimmen der Komplementärin inne hat. Ausführlich zu § 4 MitbestG sogleich unter § 2 F. II. 2. a).

118 *Schiffers* in Beck'sches Hdb PersonenG, § 1 Rn 65.

119 Das Montanmitbestimmungsgesetz 1951 und das Mitbestimmungsergänzungsgesetz, werden im Folgenden vernachlässigt werden, da sie die Rechtsform der KGaA nicht erfassen (§ 1 Abs. 2 Montan MitbestG, § 1 Abs. 1 Montan-MitbestErgG), vgl. *Förl/Fett* in Bürgers/Körber, § 287 Rn 11; *Hecht* in Bürgers/Fett, § 5 Rn 511.

nationalen Kapitalgesellschaften mit mehr als 2000 Arbeitnehmern eröffnet (§ 1 Abs. 1 MitbestG), während die sog. Drittelmitbestimmung nach dem DrittelbG Unternehmen mit in der Regel mehr als 500 Arbeitnehmern erfasst (§ 1 Abs. 1 DrittelbG). Für die Berechnung werden die Arbeitnehmer von Tochtergesellschaften dem herrschenden Unternehmen zugerechnet (§ 5 Abs. 1 MitbestG). Bezüglich der Drittelmitbestimmung gilt dies nur, wenn ein Beherrschungsvertrag besteht oder die Tochtergesellschaft eingegliedert ist (§ 2 Abs. 2 DrittelbG). Im Geltungsbereich des DrittelbG muss – soweit nicht bereits vorhanden – ein Aufsichtsrat errichtet werden, der zu einem Drittel von Mitgliedern der Arbeitnehmer und zu zwei Dritteln von Vertretern der Anteilseigner des Unternehmens zu besetzen ist (§ 4 Abs. 1 DrittelbG). Noch weitergehende Rechtsfolgen sieht das MitbestG vor: Der Aufsichtsrat ist hier paritätisch mit Vertretern der Arbeitnehmer und Anteilseigner zu besetzen, wobei die Anzahl der jeweiligen Vertreter zwingend von der Größe des Unternehmens abhängig ist (§ 7 MitbestG). Die Position der Anteilseigner wird dadurch gesichert, dass sie den Aufsichtsratsvorsitzenden wählen (§ 27 Abs. 1, 2 MitbestG), dem im Rahmen der Beschlussfassung bei Stimmengleichheit im zweiten Beschlussgang zwei Stimmen zustehen (§§ 29 Abs. 2 S. 1, 31 Abs. 4 S. 1 MitbestG). Die wohl wichtigste Kompetenz eines derart mitbestimmten Aufsichtsrates liegt in der Mitwirkung an der Bestellung und dem Widerruf der Bestellung des gesetzlichen Vertretungsorgans (§ 31 Abs. 1 MitbestG). Auf die Zusammensetzung des gesetzlichen Vertretungsorgans des Unternehmens hat das MitbestG weiterhin insoweit Einfluss, als dass ein Arbeitsdirektor zu bestellen ist, der die gleichen Rechte und Pflichten hat wie die übrigen Organmitglieder (§ 33 Abs. 1 S. 1 MitbestG).

II. Unternehmerische Mitbestimmung in der KGaA

Im Folgenden wird der Umfang der unternehmerischen Mitbestimmung in der KGaA zur AG (dazu unter 1) und SE (dazu unter 3.) abgegrenzt, wobei auch der Frage nachzugehen ist, inwieweit eine KGaA mit einer Kapitalgesellschaft als Komplementärin der Mitbestimmung unterliegt (dazu unter 2).

1. Vergleich zur AG

Das Mitbestimmungsgesetz entfaltet bei der KGaA im Vergleich zur AG weniger einschneidende Wirkung, da zwei der für die Praxis bedeutsamsten Regelungen, nämlich die Kompetenz des mitbestimmten Aufsichtsrats zur Bestellung und Abberufung des gesetzlichen Vertretungsorgans sowie die Verpflichtung zur Benennung eines Arbeitsdirektors gem. § 31 Abs. 1 S. 2 MitbestG und § 33 Abs. 1 S. 2 MitbestG auf die KGaA nicht anwendbar sind.[120] Dem Aufsichtsrat steht die sog. Personalkompetenz zur Bestellung und Anstellung eines geschäftsführenden Organs nicht zu, da sich die Kompetenzen der Komplementärin zur Geschäftsführung gemäß § 278 Abs. 2 AktG i.V.m. §§ 161 Abs. 2, 114 ff. HGB nach

120 BGH, NJW 1997, 1923 (1925).

Personengesellschaftsrecht richten.[121] Auch die weiteren Kompetenzen des Aufsichtsrates einer KGaA sind im Vergleich zu den Befugnissen des Aufsichtsrates einer AG eingeschränkt, sodass die unternehmerischen Einwirkungsmöglichkeiten der Arbeitnehmervertreter über den Aufsichtsrat stark begrenzt sind.[122] Zwar verfügt der Aufsichtsrat über die Kompetenz zur Überwachung der Geschäftsführung (§§ 90, 111 Abs. 1 und 2 AktG) und über die sog. Ausführungs- und Vertretungskompetenz:[123] Sofern die Satzung nichts anderes bestimmt, führt der Aufsichtsrat die Beschlüsse der Kommanditaktionäre aus (§ 287 Abs. 1 AktG) und vertritt die Gesamtheit der Kommanditaktionäre[124] in Rechtsstreitigkeiten mit den persönlich haftenden Gesellschaftern (§ 287 Abs. 2 AktG). Jedoch hat der Aufsichtsrat weder die Befugnis, eine Geschäftsordnung für die Komplementäre zu erlassen, da § 283 AktG nicht auf § 77 Abs. 2 S. 1 AktG verweist,[125] noch kann er ohne entsprechende Satzungsermächtigung einen Zustimmungsvorbehalt für bestimmte Arten von Geschäften festlegen: Denn § 111 Abs. 4 S. 2 AktG findet auf die KGaA keine Anwendung, weil es sich um eine Frage der Geschäftsführung handelt, für die gemäß § 278 Abs. 2 AktG nicht Aktienrecht, sondern Handelsrecht einschlägig ist.[126] Schließlich wird der Jahresabschluss nicht wie bei der AG durch den Aufsichtsrat (§ 172 AktG), sondern gemäß § 286 Abs. 1 AktG durch die Hauptversammlung festgestellt. Der Aufsichtsrat der KGaA ist damit ein „zahnloser Tiger", der die Unternehmensleitung durch den Komplementär aufgrund der ihm zustehenden Informationsrechte zwar beurteilen, aber nicht korrigieren kann.[127] Im Vergleich zur AG ermöglicht die KGaA es mithin, die Auswirkungen der unternehmerischen Mitbestimmung gering zu halten.[128]

---

121 BGH, NJW 1997, 1923 (1924).

122 *Mertens/Cahn* in KK-AktG, Vorb. § 278 Rn 20.

123 Ausführlich zu den einzelnen Kompetenzen des Aufsichtsrates unter § 4 B.

124 Entgegen dem Wortlaut ist die Gesamtheit der Kommanditaktionäre nach heute ganz h.M. nicht parteifähig, vgl. dazu unter § 4 B. III. 1.

125 *Assmann/Sethe* in GK-AktG, § 287 Rn 40; *Bachmann* in Spindler/Stilz, § 287 Rn 9; *Kallmeyer*, ZGR 1983, 57 (67); *Mertens/Cahn* in KK-AktG, § 287 Rn 14; *Perlitt* in MüKoAktG, § 287 Rn 43; *Schlitt*, KGaA S. 175; a.A. *Ammenwerth*, KGaA, S. 82.

126 *Assmann/Sethe* in GK-AktG, Vor § 287 Rn 7; *Haase*, GmbHR 1997, 917 (920); *Hartel*, DB 1992, 2329 (2330); *Hennerkes/Lorz*, DB 1997, 1388 (1389); *Joost*, ZGR 1998, 334 (336); *Kallmeyer*, ZGR 1983, 57 (68); *Koch* in Hüffer/Koch, § 278 Rn 15; *Mertens/Cahn* in KK-AktG, Vorb. § 278 Rn 21; *Priester*, ZHR 160, 250 (253); *Schlitt*, KGaA, S. 8.

127 *Schürmann/Groh*, BB 1995, 684 (685); *Binz/Sorg*, DB 1997, 313 (315 f.); *Hennerkes/Lorz*, DB 1997, 1388 (1389), *Haase*, GmbHR 1997, 917 (920 f.).

128 *Hennerkes/May*, DB 1988, 537 (539 f.); *Hennerkes/Lorz*, DB 1997, 1388 (1389); *Haase*, GmbHR 1997, 917 (919); *Jacques*, NZG 2000, 401 (403); *Schlitt*, KGaA, S. 15; *Schlitt/Winzen*, CFL 2012, 261 (269).

2. *Mitbestimmung in der Kapitalgesellschaft & Co. KGaA*

Als Grund für die dargestellte mitbestimmungsrechtliche Privilegierung der KGaA wird vielfach das Prinzip der Unvereinbarkeit von persönlicher Haftung und Mitbestimmung der Arbeitnehmer genannt.[129] Die Möglichkeit der weitgehenden Einflussnahme auf die Unternehmensleitung stelle das Korrelat für die Übernahme der persönlichen Haftung dar.[130] Übernimmt eine Kapitalgesellschaft die Stellung einer Komplementärin in der KGaA, wird es sich bei dieser in aller Regel um eine reine Verwaltungsgesellschaft mit nur wenigen oder gar keinen Arbeitnehmern handeln, sodass sie nach den allgemeinen oben dargestellten Grundsätzen nicht der unternehmerischen Mitbestimmung unterliegt.[131] In der Literatur wird die insoweit mögliche Vermeidung der Arbeitnehmerbeteiligung an der Geschäftsführung einer solchen Kapitalgesellschaft & Co. KGaA von einigen Stimmen als nicht gerechtfertigt angesehen, da durch die Einschaltung einer Kapitalgesellschaft als Komplementärin das Substrat für die mitbestimmungsrechtliche Sonderstellung entfallen sei.[132] Mit unterschiedlichen dogmatischen Begründungsansätzen wird eine wertungsmäßige Korrektur angestrebt.[133]

a) Analoge Anwendung von § 4 MitbestG

Nach einer Literaturansicht soll der die Kapitalgesellschaft & Co. KG betreffende § 4 MitbestG analog auf die Kapitalgesellschaft & Co. KGaA anzuwenden sein.[134]

---

129 *Reuter/Körnig*, ZHR 140, 494 („*de lege lata* unumstrittener Grundsatz"); *Assmann/Sethe* in GK-AktG, Vor § 287 Rn 9; *Herfs* in Münch Hdb AG, § 79 Rn 73; *Binz/Sorg*, BB 1988, 2041 (2050); nach *Joost*, ZGR 1998, 334 (340) ist die mitbestimmungsrechtliche Privilegierung hingegen darauf zurückzuführen, dass bei der KGaA das Geschäftsführungsorgan seine Stellung durch den Gesellschaftsvertrag und nicht durch einen Bestellungsakt des Aufsichtsrates erlangt und der mitbestimmte Aufsichtsrat insoweit keine Kompetenzen haben kann. Der Gesetzgeber des MitbestG habe daher mit den §§ 31 Abs. 1 S. 2, 33 Abs. 1 S. 2 MitbestG lediglich die formalen Konsequenzen aus der vorgefundenen Struktur der KGaA gezogen.

130 *Fischer*, KGaA nach dem MitbestimmungsG, S. 134; *Sethe*, Personalistische Kapitalgesellschaft, S. 106. Es wird noch darauf einzugehen sein, inwiefern dieser Ausgangspunkt überzeugt. Ablehnend: *Graf*, Kapitalgesellschaft & Co. KGaA, S. 201 ff.; *Zacharopoulou*, KGaA und MitbestG, S. 334.

131 *Schlitt*, KGaA, S. 164.

132 *Bayreuther*, JuS 1999, 651 (656) hält diese Privilegierung der Kapitalgesellschaft & Co. KGaA für „in keiner Weise rechtfertigbar"; vgl. auch *Binz/Sorg*, BB 1988, 2041 (2050); *Reuter/Körnig*, ZHR 140, 494 (517 f.).

133 Eine sehr ausführliche Darstellung des Meinungsstandes findet sich bei *Otte*, AG & Co. KGaA, S. 69 ff.

134 Grundlegend insofern: *Steindorff*, FS Ballerstedt, S. 127 (138 f.). *Steindorff* bejaht zwar einerseits die analoge Anwendung des § 4 MitbestG auf die Kapitalgesellschaft & Co. KGaA *per argumentum a fortiori*, favorisiert dann aber letztlich doch die sogleich unter Punkt b) vorgestellte Lösung der Erweiterung der Kom-

Gemäß § 4 MitbestG sind die Arbeitnehmer der Kommanditgesellschaft der Komplementärgesellschaft hinzuzurechnen,[135] sodass diese bei Überschreiten der Grenze von 2000 Arbeitnehmern der Mitbestimmung unterliegt, wenn (i) die Mehrheit der Kommanditisten die Mehrheit der Anteile oder Stimmen in dem Unternehmen des Komplementärs innehat und (ii) sofern die persönlich haftende Gesellschafterin

---

petenzen des Aufsichtsrates der KGaA auf ein Niveau, das § 4 MitbestG erfasst. Vgl. ferner: *Arnold*, GmbH & Co. KGaA, S. 116 ff.; *Binz/Sorg*, BB 1988, 2041 (2050); *dies.*, DB 1997, 313 (315 f.); *Fischer*, KGaA nach dem MitbestimmungsG, S. 138 ff.; *Joost*, ZGR 1998, 334 (344 f.); *Koberski* in Fitting/Wlotzke/Wißmann, § 31 MitbestG Rn 51; *Knur*, FS Flume, 173 (190); *Oetker*, ZGR 2000, 19 (40); *Rehbinder*, ZGR 1979, 471 (480); *Raiser* in Raiser/Veil/Jacobs, § 31 MitbestG Rn 46; *Raiser/Veil*, KapGesR, § 31 Rn 13; *Sethe*, ZIP 1996, 2053 (2057); *ders.*, Personalistische Kapitalgesellschaft, S. 172 f.

135 Nach einer Entscheidung des LG Frankfurt a. M., Beschluss vom 16.2.2015 – 3/16 O 1/14 = NZG 2015, 683 ff. sollen bei der Berechnung der mitbestimmungsrechtlichen Schwellenwerte auch im Ausland beschäftigte Arbeitnehmer und insbesondere die Arbeitnehmer ausländischer Tochtergesellschaften zu berücksichtigen sein. Begründet wurde dies mit dem Wortlaut des MitbestG, der an keiner Stelle im Ausland Beschäftigte von der Mitbestimmung ausnehme, vgl. dazu auch OLG Zweibrücken, NZG 2014, 740. Das LG Frankfurt a. M. brach dabei mit der bislang verbreiteten Auffassung (vgl. nur *Gach* in MüKoAktG, § 3 MitbestG Rn 22; *Oetker* in Erfurter Komm ArbeitsR, § 1 MitbestG Rn 8 m.w.N.), nach der lediglich im Inland beschäftigte Arbeitnehmer zuzurechnen seien (sog. „Territorialitätsprinzip"). Auch ausweislich der Gesetzesbegründung sollen „im Ausland gelegene Tochtergesellschaften und deren Betriebe im Inland von unter das Gesetz fallenden Unternehmen [...] bei der Errechnung der maßgeblichen Arbeitnehmerzahl nicht mitzählen" (BT-Drs. 7/4845, S. 4). Der EuGH entschied mit Urteil vom 18. Juli 2017 – C-566/15 = NJW 2017, 2603, dass Art. 45 AEUV dahin gehend auszulegen sei, dass er einer Regelung eines Mitgliedstaats nicht entgegensteht, wonach die bei den inländischen Betrieben eines Konzerns beschäftigten Arbeitnehmer das aktive und passive Wahlrecht bei den Wahlen der Arbeitnehmervertreter im Aufsichtsrat der in diesem Mitgliedstaat ansässigen Muttergesellschaft des Konzerns sowie gegebenenfalls das Recht auf Ausübung oder weitere Ausübung eines Aufsichtsratsmandats verlieren, wenn sie ihre Stelle in einem solchen Betrieb aufgeben und eine Stelle bei einer in einem anderen Mitgliedstaat ansässigen Tochtergesellschaft dieses Konzerns antreten. Teile des Schrifttums folgern aus dieser Entscheidung, dass die im EU-Ausland beschäftigten Arbeitnehmer bei der Berechnung der mitbestimmungsrechtlichen Schwellenwerte nicht zu berücksichtigen sind, *Wienbracke*, NZA 2017, 1036 (1039); a.A. *Behme*, AG 2018, 1 (4 ff.). Fraglich ist, ob Leiharbeitnehmer bei der Bestimmung der mitbestimmungsrechtlichen Schwellenwerte zu berücksichtigen sind. Nach dem Beschluss des BAG v. 4.11.2015–7 ABR 41/13 = NZA 2016, 559 ff. sind auf Stammarbeitsplätzen eingesetzte wahlberechtigte Leiharbeitnehmer bei der Bestimmung der Schwellenwerte in § 9 Abs. 1, Abs. 2 MitbestG zu berücksichtigen. Es liegt daher nahe, dass dies auch für die Schwellenwerte der §§ 4, 5 MitbestG gilt, vgl. *Arnold*, ArbRAktuell 2015, 556.

nicht einen eigenen Geschäftsbetrieb mit in der Regel mehr als 500 Arbeitnehmern hat. Hat die KGaA also mehr als 2000 Arbeitnehmer, soll nach dieser Ansicht bei ihrer nicht mitbestimmten Komplementärgesellschaft ein Aufsichtsrat einzurichten sein, über den die Mitbestimmung der Arbeitnehmer erfolgt, wenn die Mehrheit der Kommanditaktionäre auch die Mehrheit der Anteile an der Komplementärgesellschaft hält. Teilweise wird bei dieser Lösung die Gefahr einer Umgehung der Mitbestimmung aufgrund der letztgenannten von § 4 MitbestG enthaltenen Voraussetzung erkannt: Da in der Praxis nur selten die Mehrheit der Kommanditaktionäre auch die Mehrheit der Anteile an der Komplementärgesellschaft hält,[136] soll bei der analogen Anwendung des § 4 MitbestG auf die Kapitalgesellschaft & Co. KGaA von dem Kriterium der Gesellschafteridentität abzusehen sein.[137]

b) Teleologische Reduktion von §§ 31 Abs. 1 S. 2, 33 Abs. 1 S. 2 MitbestG

Nach einer vor allem von *K. Schmidt* vertretenen Ansicht sollen bei der Kapitalgesellschaft & Co. KGaA aus Wertungsgründen die für die KGaA geltenden mitbestimmungsrechtlichen Privilegien (vgl. §§ 31 Abs. 1 S. 2, 33 Abs. 1 S. 2 MitbestG) teleologisch zu reduzieren sein und eine Erweiterung der Befugnisse des Aufsichtsrates der KGaA auf das Ausmaß, das er gemäß § 4 MitbestG im Aufsichtsrat der Komplementärgesellschaft haben müsste, vorgenommen werden.[138] Dem Aufsichtsrat der KGaA soll mithin insbesondere die Personalkompetenz zur Bestellung und Abberufung von Komplementären und Geschäftsleitern eingeräumt werden. Diese Ansicht wird damit begründet, dass eine analoge Anwendung von § 4 MitbestG zu einer „unsinnigen" Organisationsstruktur[139] führen würde, da sowohl auf der Ebene der KGaA als auch bei der Komplementärgesellschaft ein Aufsichtsrat errichtet werden müsse. Das angeblich rechtspolitisch nicht zu akzeptierende Mitbestimmungsdefizit der Kapitalgesellschaft & Co. KGaA ließe sich einfacher durch eine Erweiterung der Befugnisse des Aufsichtsrates der KGaA lösen, wodurch eine Verdoppelung von Aufsichtsrat und Mitbestimmung vermieden werde.

c) Anwendung von § 5 MitbestG

Eine dritte Ansicht versucht die als unbefriedigend empfundene mitbestimmungsrechtliche Privilegierung der Kapitalgesellschaft & Co. KGaA durch eine Anwendung der Konzernzurechnung nach § 5 MitbestG zu lösen.[140] Gemäß § 5 MitbestG gelten im

---

136 *Bachmann* in Spindler/Stilz, § 278 Rn 86; *Kessler*, NZG 2005, 145 (150).

137 *Steindorff*, FS Ballerstedt, 127 (139); *Ullrich*, Unternehmensmitbestimmung in der kapitalistischen KGaA, S. 167 ff.

138 *K. Schmidt*, FS Priester, 691 (710); *ders.* in Bayer/Habersack, AktienR im Wandel II, S. 1205; *ders.* in K. Schmidt/Lutter, § 287 Rn 5; vgl. ferner *Steindorff*, FS Ballerstedt, 127 (139).

139 *K. Schmidt* in Bayer/Habersack, AktienR im Wandel II, S. 1205.

140 *Bayer*, ZGR 1977, 173 (193); *Binz/Sorg*, DB 1997, 313 (315 f.); *Raiser/Veil*, KapGesR, § 31 Rn 13; *Ulmer/Habersack* in Ulmer/Habersack/Henssler, § 1 MitbestG Rn 40a.

Konzern die Arbeitnehmer der Konzernunternehmen als Arbeitnehmer des herrschenden Unternehmens, soweit dieses in einer nach § 1 Abs. 1 Nr. 1 MitbestG mitbestimmungspflichtigen Rechtsform betrieben wird. Hintergrund dieser Regelung ist die Erwägung, dass in einem Konzern die wesentlichen Unternehmensentscheidungen regelmäßig nicht in den unteren Gesellschaften, sondern in der Konzernspitze getroffen werden.[141] Bei der Kapitalgesellschaft & Co. KGaA wird der Konzerntatbestand des § 5 MitbestG mit der Begründung bejaht, dass die KGaA durch die Komplementär aufgrund von deren normtypischen Befugnissen, insbesondere der Geschäftsführungsbefugnis, regelmäßig beherrscht werde, sodass eine „einheitliche Leitung" iSv § 18 AktG anzunehmen sei. Dem Komplementär sollen daher zum Zwecke der Mitbestimmung die Arbeitnehmer der KGaA zuzurechnen und auf dieser Ebene ein mitbestimmter Aufsichtsrat einzurichten sein.

d) Die Ansicht des BGH

Der BGH ist in seiner Grundsatzentscheidung zur Zulässigkeit der Kapitalgesellschaft & Co. KGaA ebenfalls auf deren mitbestimmungsrechtliche Privilegierung eingegangen und hat den vorgestellten Lösungsvorschlägen der Literatur eine Absage erteilt.[142] Welche Gründe den Gesetzgeber zu der mitbestimmungsrechtlichen Privilegierung der KGaA bewogen haben, könne dahinstehen.

> *„Denn jedenfalls hat er zeitlich nach dem Erlass des Mitbestimmungsgesetzes durch §§ 9 Nr. 2b, 12 III Nr. 2b GewStG sowie durch die Ausgestaltung des Umwandlungsgesetzes zu erkennen gegeben, dass ihm die Existenz von KGaA mit einer GmbH als Komplementärin bekannt ist, ohne dass er sich deshalb zu Änderungen des Mitbestimmungsgesetzes veranlasst gesehen hat. Es kann nicht Aufgabe der Gerichte sein, den auf politischem Wege gefundenen Mitbestimmungskompromiss durch eine – wie auch immer geartete – Rechtsfortbildung zu korrigieren. Es ist allein Sache des Gesetzgebers, das Mitbestimmungsgesetz den neuen Gegebenheiten anzupassen, wenn er der Ansicht sein sollte, die KGaA ohne natürliche Person als persönlich haftende Gesellschafterin müsse der Mitbestimmung unterworfen werden."*[143]

e) Würdigung

Fungiert eine SE als Komplementärin einer KGaA, kommt eine Zurechnung der Arbeitnehmer der KGaA gemäß § 4 bzw. § 5 MitbestG (analog) nicht in Betracht, da die SE nicht zu den vom Mitbestimmungsgesetz erfassten Rechtsformen zählt

141 *Oetker* in Erfurter Komm ArbeitsR, § 5 MitbestG Rn 1.

142 BGH, NJW 1997, 1923 (1925). Die Ausführungen des BGH beziehen sich auf eine GmbH & Co. KGaA, können jedoch auf jede Kapitalgesellschaft & Co. KGaA übertragen werden. Ihm jüngst folgend: OLG Celle, Beschluss v. 9.10.2014 – 9 W 116/14 = ZIP 2015, 123.

143 BGH, NJW 1997, 1923 (1925).

(vgl. § 1 Abs. 1 Nr. 1 MitbestG).[144] Einer Einbeziehung der SE in den Anwendungsbereich des Mitbestimmungsgesetzes stehen § 47 Abs. 1 Nr. 1 SEBG und der zugrunde liegende Art. 13. Abs. 2 SE-RL[145] entgegen, die vorsehen, dass nationale Vorschriften in Bezug auf die Arbeitnehmermitbestimmung – und somit auch die §§ 4 f. MitbestG – keine Anwendung auf die SE finden.[146] Dies schließt nicht nur die direkte, sondern auch die analoge Anwendung einer Vorschrift aus.[147] Aber auch im Übrigen sprechen die besseren Gründe dafür, dass die mitbestimmungsrechtliche Privilegierung auch bei einer Kapitalgesellschaft & Co. KGaA gilt.

aa) Analoge Anwendung von § 4 MitbestG

Die analoge Anwendung von § 4 MitbestG auf die Kapitalgesellschaft & Co. KGaA ist mit der h.M.[148] abzulehnen, da die Voraussetzungen der Analogie – eine planwidrige Regelungslücke und die Vergleichbarkeit der Sachverhalte – nicht vorliegen.

(1) Vorliegen einer planwidrigen Regelungslücke

Bereits das Vorliegen einer planwidrigen Regelungslücke erscheint zweifelhaft. Eine planwidrige Regelungslücke liegt nach allgemeiner Meinung vor, wenn ein Gesetz eine Regelung vermissen lässt, obwohl eine solche Regelung zu erwarten gewesen wäre, um das Gesetz als sachlich erschöpfend anzusehen.[149] Obwohl die KGaA vom Anwendungsbereich des MitbestG grundsätzlich erfasst ist (§ 1 Abs. 1 Nr. 1 MitbestG), wird sie in § 4 MitbestG nicht genannt. Zwar ist zuzugeben, dass der Gesetzgeber bei der Schaffung des § 4 MitbestG im Jahr 1976 möglicherweise nicht eine Kapitalgesellschaft & Co. KGaA vor Augen hatte, da ihre Zulässigkeit erst im Jahr 1997 durch den BGH bejaht wurde.[150] Dennoch

---

144 Dies verkennen *Mayer-Uellner/Otte*, NZG 2015, 737 (738); Zutreffend hingegen: *Hasselbach/Ebbinghaus*, DB 2015, 1269 (1273); für die SE & Co. KG: *Sigle*, FS Hommelhoff, 1123 (1129); *Winter/Marx/De Decker*, NZA 2016, 334 (335).

145 Richtlinie 2001/86/EG des Rates vom 8. Oktober 2001 zur Ergänzung des Statuts der Europäischen Gesellschaft hinsichtlich der Beteiligung der Arbeitnehmer

146 *Oetker* in Erfurter Komm ArbR, § 1 MitbestG Rn 2; *Reichert/Ott*, 10 Jahre SE, 154 (188 f.); *Sigle*, FS Hommelhoff, 1123 (1129).

147 *Reichert/Ott*, 10 Jahre SE, 154 (189); vgl. auch *Hohenstatt/Müller-Bonanni* in Habersack/Drinhausen, § 18 SEBG Rn 15.

148 *Assmann/Sethe* in GK-AktG, Vor § 287 Rn 15; *Bachmann* in Spindler/Stilz, § 278 Rn 8; *Bayreuther*, JuS 1999, 651 (656); *Graf*, Kapitalgesellschaft und Co. KGaA, S. 204 ff.; *Hanau/Wackerbarth*, FS Lutter, 425 (455 ff.); *Hennerkes/Lorz*, DB 1997, 1388 (1392); *Hoffmann-Becking/Herfs*, FS Sigle, 273 (279); *Jacques*, NZG 2000, 401 (404 f.); *Kessler*, NZG 2005, 145 (149 f.); *Mertens/Cahn* in KK-AktG, Vorb § 278 Rn 20; *Perlitt* in MüKoAktG, § 278 Rn 303 ff.; *Reuter/Körnig*, ZHR 140, 494 (517); *Zacharopoulou*, KGaA nach dem MitbestG, S. 327 ff.

149 Vgl. nur *Larenz/Canaris*, Methodenlehre, S. 193.

150 *Förl/Fett* in Bürgers/Körber, § 287 Rn 14; dem hält *Winzen*, Vorzugsaktie, S. 123 wiederum entgegen, dass das OLG Hamburg, Beschluss vom 5.12.1968 – 2 W 34/68 =

dürfte heute von einer planwidrigen Regelungslücke keine Rede mehr sein, da der Gesetzgeber durch die Einfügung von § 279 Abs. 2 AktG im Jahr 1998[151] gezeigt hat, dass er von der Grundsatzentscheidung des BGH Kenntnis genommen hat.[152] Trotz der Deutlichkeit der oben zitierten Passage, die beinahe einer Aufforderung des BGH an den Gesetzgeber nach einer ggf. für notwendig erachteten gesetzlichen Neuregelung gleichkommt, hat der Gesetzgeber das MitbestG in Bezug auf die KGaA bis dato nicht geändert. Zu Recht wird außerdem an dieser Stelle angemerkt, dass der deutsche Gesetzgeber üblicherweise gerade im Bereich des Mitbestimmungsrechtes sehr genau ist.[153]

Selbst wenn man dem in Anbetracht der Tatsache, dass sich die Ausführungen des BGH allein auf die Zulässigkeit der GmbH & Co. KGaA und nicht auf die Anwendbarkeit des MitbestG auf diese Rechtsform bezogen,[154] nicht folgen will, ist das Vorliegen einer planwidrigen Regelungslücke abzulehnen. Denn der zentralen Grundannahme der Befürworter einer analogen Anwendung des § 4 MitbestG, dass die Mitbestimmungsfreiheit zwangsläufig an das Vorliegen einer natürlichen Person gekoppelt sei, kann nicht gefolgt werden. Der Anwendungsbereich des § 4 MitbestG umfasst nämlich nicht nur die Kapitalgesellschaft & Co. KG, sondern auch Gestaltungen, in denen neben der Kapitalgesellschaft weitere natürliche Personen als persönlich haftende Gesellschafter vorhanden sind.[155] Genauso wenig wie das Vorhandensein einer natürlichen Person als Komplementär damit die Mitbestimmungsfreiheit garantiert, unterliegt nicht jedes Unternehmen ohne natürliche Person als persönlich haftender Gesellschafter bei Überschreiten der Schwellenwerte der unternehmerischen Mitbestimmung. Dies zeigt schon die Tatsache, dass auch die nicht mehrheitsidentische Kapitalgesellschaft & Co. KG, die Stiftung & Co. KG und eine ausländische Kapitalgesellschaft & Co. KG, z. B. eine PLC & Co. KG,[156] nicht von der Mitbestimmung erfasst

---

NJW 1969, 1030 bereits im Jahr 1968 die Zulässigkeit einer Kapitalgesellschaft & Co. KGaA bejaht hatte. Dennoch dürfte m. E. aus einer einzigen obergerichtlichen Entscheidung nicht zwangsläufig auf die positive Kenntnis des Gesetzgebers geschlossen werden können.

151 § 279 AktG wurde durch Gesetz vom 22. 6. 1998 (BGBl. I S. 1474) neu gefasst.

152 Vgl. OLG Celle, ZIP 2015, 123; ebenso die Vorinstanz: LG Hannover, Beschluss vom 7.5.2014 – 23 O 30/13 Rn 23 – juris; *Hasselbach/Ebbinghaus*, DB 2015, 1269 (1273).

153 *Gaibler*, KGaA, S. 67 führt hier das Beispiel an, dass Deutschland bei der Kodifizierung der SE darauf drängte, deutsche Mitbestimmungsstandards einzuhalten. *Otte*, AG & Co. KGaA, S. 77 weist darauf hin, dass es seit 1997 mehrere Änderungen zum Mitbestimmungsgesetz gegeben hat. Da § 4 MitbestG jedoch nicht auf die Kapitalgesellschaft & Co. KGaA erweitert wurde, nimmt er ein „beredtes Schweigen" des Gesetzgebers an.

154 So: *Giehl*, MittBayNot 2016, 285 (287), der geltend macht, dass eine ausdrückliche Ausnahme der Kapitalgesellschaft & Co. KGaA vom Anwendungsbereich des § 4 MitbestG durch den Gesetzgeber nicht festzustellen sei.

155 *Joost*, ZGR 1998, 334 (342).

156 Vgl. dazu etwa *Götze/Winzer/Arnold*, ZIP 2009, 245 (250).

werden.[157] Somit spricht einiges dafür, bereits das Vorliegen einer planwidrigen Regelungslücke abzulehnen und davon auszugehen, dass das MitbestG an dieser Stelle bewusst keine Regelung für die Kapitalgesellschaft & Co. KGaA vorsieht.[158]

(2) Vergleichbarkeit der Interessenlage

Selbst wenn man entgegen der hier vertretenen Ansicht das Vorliegen einer planwidrigen Regelungslücke bejahen würde, fehlt es an der Vergleichbarkeit der Interessenlage. Teilweise wird im Schrifttum die Analogiefähigkeit des § 4 MitbestG pauschal unter Hinweis auf den Ausnahmecharakter der Norm abgelehnt,[159] durch die eine Abweichung von dem Grundsatz erfolgt, dass Personengesellschaften mitbestimmungsfrei bleiben.[160] Dem ist jedoch entgegenzuhalten, dass im neueren methodenwissenschaftlichen Schrifttum anerkannt ist, dass auch Ausnahmevorschriften auf einen Sachverhalt analog anwendbar sind, der zwar keine völlige, wohl aber eine strukturelle Gleichheit mit dem vom unmittelbaren Anwendungsbereich der Norm erfassten Anwendungsbereich aufweist.[161]

An einer solchen strukturellen Gleichheit der Sachverhalte fehlt es jedoch, da die KGaA anders als die KG bereits kraft Gesetzes über einen Aufsichtsrat verfügt. Zu Recht wird insoweit geltend gemacht, dass es einen Unterschied macht, ob mittels einer Anrechnungsvorschrift die Mitbestimmung – wie im Falle der Kapitalgesellschaft & Co. KG – begründet wird oder ob, wie bei der Kapitalgesellschaft & Co. KGaA, die bereits gesetzlich normierte Mitbestimmung – auf Ebene der KGaA existiert ja bereits ein (ggf. mitbestimmter) Aufsichtsrat – mit Hilfe einer Analogie ausgedehnt wird.[162] Durch die Etablierung eines Aufsichtsrates mit entsprechenden Kompetenzen auf der Ebene des Komplementärs würde in das gesellschaftsrechtliche Gefüge eingegriffen und dabei die rechtliche Selbstständigkeit

---

157 Vgl. *Ulmer/Habersack* in Ulmer/Habersack/Henssler, § 1 MitbestG Rn 31; *Otte*, AG & Co. KGaA, S. 75 f.

158 So formuliert *Lutter*, ZGR 1977, 195 (211 f.), dass das „Mitbestimmungsgesetz (...) keineswegs planwidrig unvollständig ist, sondern eine planmäßig punktuelle, wenn auch weitreichende Regelung enthält."

159 *Hecht* in Bürgers/Fett, § 5 Rn 532; *Sigle*, FS Peltzer, 539 (553); *Perlitt* in MüKoAktG, § 278 Rn 304; *Winzen*, Vorzugsaktie, S. 123; gegen eine Analogiefähigkeit von Normen des MitbestG aus „grundsätzlichen Erwägungen", *Bachmann* in Spindler/Stilz, § 278 Rn 85.

160 *Gach* in MüKoAktG, § 4 MitbestG Rn 2.

161 *Würdinger*, JuS 2008, 949; *Säcker* in MüKoBGB, Einleitung Rn 121 m.w.N.; vgl. auch BAG, NJW 1966, 1578: „Die Anwendung einer Ausnahmeregelung [ist] auch auf solche Fälle denkbar und geboten, die zwar in der Ausnahmeregelung nicht scharf angesprochen sind, für die aber bei sinngemäßer Wertung der der Ausnahmeregelung zugrunde liegenden gesetzgeberischen Gedanken die Anwendung der Ausnahmeregelung erforderlich ist."

162 *Hennerkes/May*, BB 1988, 2393 (2399); *Hanau/Wackerbarth*, FS Lutter, 425 (446 f.); *Hasselbach/Ebbinghaus*, DB 2015, 1269 (1273).

der Komplementärgesellschaft verkannt,[163] sodass einer analogen Anwendung von § 4 MitbestG konzeptionelle Bedenken entgegenstehen. Schließlich kann eine Arbeitnehmerbeteiligung in einem derart mitbestimmten Aufsichtsrat der Komplementärgesellschaft auch wertungsmäßig nicht überzeugen: Die Arbeitnehmer hätten auf diese Weise mehr Einfluss auf die Geschäftsführungsmaßnahmen und die Geschäftsführerbestellung als die Gesamtheit der Kommanditaktionäre.[164] Eine solche Kompetenzverschiebung widerspräche jedoch dem Sinn und Zweck des MitbestG. Das MitbestG dient nämlich nicht der einseitigen Durchsetzung der Arbeitnehmerinteressen im Sinne eines Arbeitnehmerschutzgesetzes, sondern soll einen möglichst ausgewogenen Ausgleich der Interessen zwischen Arbeitnehmern und Anteilseignern sicherstellen.[165]

Wie bereits gesehen, wäre der Anwendungsbereich einer analogen Anwendung von § 4 MitbestG ohnehin gering, da es etwa bei börsennotierten KGaAs regelmäßig am Tatbestandsmerkmal der Gesellschafteridentität fehlen würde. Die teilweisen Bestrebungen in der Literatur, bei der analogen Anwendung des § 4 MitbestG auf dieses einschränkende Kriterium zu verzichten, sind schon deshalb abzulehnen, da sie die Grenzen zulässiger Rechtsfortbildung überschreiten.[166] Es überzeugt nicht, bei einer – hier unterstellten – Anwendung einer Ausnahmevorschrift auf ein zentrales einschränkendes Kriterium zu verzichten. Auf diese Weise würde man eine vorgenommene gesetzgeberische Wertung völlig konterkarieren.

bb) Teleologische Reduktion der mitbestimmungsrechtlichen Privilegien

Auch die vereinzelt vertretene Ansicht, die eine teleologische Reduktion der mitbestimmungsrechtlichen Privilegien für die Kapitalgesellschaft & Co. KGaA vornehmen und dem Aufsichtsrat der KGaA die Kompetenz zur Bestellung des geschäftsführenden und vertretungsbefugten Organs einräumen möchte, ist abzulehnen, da dies einen dogmatisch nicht zu rechtfertigenden schwerwiegenden Eingriff in das Gesellschaftsrecht darstellen würde.[167] Das Mitbestimmungsgesetz enthält die Wertung, dass Eingriffe in die gesellschaftsrechtlichen Strukturen möglichst unterbleiben sollen und die Mitbestimmung in der Weise verwirklicht wird, dass der Aufsichtsrat eine andere personelle Zusammensetzung erfährt.[168] Auch dürfte § 4 MitbestG die Wertung enthalten, dass das MitbestG auf die Einführung einer kapitalistischen Führungsstruktur nicht durch Veränderungen in der unternehmensbetreibenden Gesellschaft, sondern allein durch Einbeziehung der Kom-

---

163 *K. Schmidt*, FS Priester, 691 (709 f.); *Hennerkes/May*, BB 1988, 2393 (2399).

164 *Assmann/Sethe* in GK-AktG, Vor 287 Rn 15; *Bayreuther*, JuS 1999, 651 (656); *Förl/Fett* in Bürgers/Körber, § 288 Rn 14; *Giehl*, MittBayNot 2016, S. 285 (287), *Perlitt* in MüKoAktG, § 278 Rn 304.

165 *Martens*, ZHR 148, 183 (188).

166 *Bachmann* in Spindler/Stilz, § 278 Rn 86.

167 *Perlitt* in MüKoAktG, § 278 Rn 298.

168 *Joost*, ZGR 1998, 334 (343).

plementärin in die Mitbestimmung reagiert.[169] Bestellt der Aufsichtsrat der KGaA die Führungsorgane der Komplementärin, wird – quasi spiegelbildlich – Letzterer und damit einer eigenständigen juristischen Person das Recht genommen, über ihre eigene Leitungsstruktur zu entscheiden. Ein solches Ergebnis ist bei allem Verständnis für eine als rechtspolitisch bedenklich erscheinende mitbestimmungsrechtliche Privilegierung der Kapitalgesellschaft & Co. KGaA dogmatisch nicht begründbar. Dies muss erst recht vor dem Hintergrund gelten, als dass eben diese mitbestimmungsrechtliche Privilegierung der KGaA im MitbestG ausdrücklich gesetzlich normiert ist (vgl. §§ 31 Abs. 1 S. 2, 33 Abs. 1 S. 2 MitbestG). Eine teleologische Reduktion dieser mitbestimmungsrechtlichen Privilegierungen und eine Ausdehnung der gesetzlichen Kompetenzen des Aufsichtsrates der Kapitalgesellschaft & Co. KGA würde daher die Grenzen der Rechtsfortbildung überschreiten und ist abzulehnen.

cc) Konzernmitbestimmung nach § 5 MitbestG

Auch die Anwendung der Konzernmitbestimmung nach § 5 MitbestG auf die Kapitalgesellschaft & Co. KGaA ist nach vorzugswürdiger Ansicht abzulehnen, wenn sich die Aufgabe der Komplementär-SE in der Ausübung der Geschäftsführung der KGaA erschöpft. In diesem Fall liegt zwischen der KGaA und der Komplementärgesellschaft schon kein Konzernverhältnis iSv § 18 Abs. 1 AktG vor, da Letztere kein Unternehmen iSd §§ 15 ff. AktG darstellt. Denn nach dem heute herrschenden teleologischen Unternehmensbegriff setzt dies voraus, dass die Komplementärgesellschaft neben der Beteiligung an der KGaA anderweitige wirtschaftliche Interessenbindungen aufweist, die die nach Art und Intensität ernsthafte Sorge begründen, sie könne wegen dieser Bindungen ihren aus der Mitgliedschaft folgenden Einfluss auf die KGaA nachteilig ausüben.[170] Eine derartige Gefahr besteht jedoch bei einer reinen Verwaltungsgesellschaft, deren Zweck sich in der Ausübung der Geschäftsführungs- und Vertretungsbefugnis und der Verwaltung ihrer Beteiligung an der KGaA besteht, gerade nicht.[171] Folgerichtig verneint die überwiegende Ansicht im gesellschaftsrechtlichen Schrifttum die Unternehmenseigenschaft der Komplementärgesellschaft, wenn sie neben der Ausübung ihrer Komplementärfunktion keinen anderweitigen unternehmerischen Interessenbindungen unterliegt.[172]

---

169 *Joost*, ZGR 1998, 334 (344).

170 St. Rspr., vgl. etwa BGHZ 69, 334 (336 ff.) = NJW 1978, 104; BGHZ 74, 359, 364 f. = NJW 1979, 2401; BGHZ 148, 123, 125 = NJW 2001, 2973; aus dem Schrifttum statt vieler: *Bayer* in MüKoAktG, § 15 Rn 13; *Koch* in Hüffer/Koch, § 15 Rn 10.

171 *Reichert/Ott*, 10 Jahre SE, 154 (170).

172 OLG Celle, ZIP 2015, 123; zustimmend: *Kessler*, GWR 2014, 527; ebenso die Vorinstanz: LG Hannover, Beschluss vom 7.5.2014 – 23 O 30/13 Rn 28 – juris; zustimmend: *Schultheis*, GWR 2015, 80; ferner: *Arnold*, GmbH & Co. KGaA, S. 71 f.; *Assmann/Sethe* in GK-AktG, Vor § 278 Rn 76; *Bachmann* in Spindler/Stilz, § 278 Rn 91; *Fett* in Bürgers/Fett, § 12 Rn 40; *Hasselbach/Ebbinghaus*, DB 2015, 1269 (1273); *Jaques*, NZG 2000, 401 (404); *Joost*, ZGR 1998, 334 (347 f.); *K. Schmidt*, ZHR 160, 265 (284); *Marsch-Barner*, FS Hoffmann-Becking, 777 (791); *Mertens/Cahn*

Zu einem anderen Ergebnis könnte man nur kommen, wenn man einen eigenständigen mitbestimmungsrechtlichen Konzernbegriff zugrunde legen würde, für den es nicht auf eine anderweitige unternehmerische Beteiligung, sondern allein auf die Leitungsbefugnis ankommt. Teilweise wird ein solcher eigenständiger mitbestimmungsrechtlicher Unternehmensbegriff mit der Begründung angenommen, dass das AktG und das MitbestG unterschiedliche Schutzzwecke verfolgen.[173] Während es im Aktienrecht in erster Linie um den Schutz von Gläubigern, Minderheitsaktionären und der abhängigen Gesellschaft geht, sollen durch das MitbestG die Mitbestimmungsrechte der Arbeitnehmer im Konzern dadurch gesichert werden, dass sie auf der Ebene erfolgen, auf der die wichtigen unternehmerischen Entscheidungen getroffen werden.[174]

Gegen die Annahme eines solchen eigenständigen mitbestimmungsrechtlichen Konzernbegriffs spricht jedoch, dass der Gesetzgeber in § 5 MitbestG durch seine Verweisung auf § 18 Abs. 1 AktG ausdrücklich auf den aktienrechtlichen Konzernbegriff Bezug nimmt.[175] Dieser Verweis wäre überflüssig, wenn die Begriffe des herrschenden bzw. abhängigen Unternehmens abweichend von § 18 Abs. 1 AktG zu bestimmen wären. Auch für den vergleichbaren Fall des § 2 Abs. 1 DrittelbG, der ebenfalls auf § 18 Abs. 1 AktG verweist, hat das BAG nunmehr entschieden, dass kein eigenständiger mitbestimmungsrechtlicher, sondern der allgemeine aktienrechtliche Konzernbegriff maßgeblich ist.[176] Schließlich spricht die Gesetzessystematik gegen eine derartige Betrachtungsweise. Zu Recht geht die h.M. davon aus, dass § 4 MitbestG aufgrund seiner engeren Voraussetzungen – dem Erfordernis der Mehrheitsidentität – *lex specialis* gegenüber § 5 MitbestG ist.[177] Dies ergibt sich aus einer Gesamtschau der Normen §§ 1, 4 und 5 MitbestG: Würde man annehmen, dass zwischen einer Komplementärgesellschaft und einer KGaA bzw. KG immer

---

in KK-AktG, Vor § 278 Rn 25; *Otte*, AG & Co. KGaA, S. 84; *Perlitt* in MüKoAktG, § 278 Rn 307; *Schlitt*, KGaA, S. 164; vgl. zur KG nur: *Binz/Sorg*, GmbH & Co. KG, § 14 Rn 55 m.w.N.

173 So: BayOblG, NJW-RR 1999, 332 (333); OLG Stuttgart, NJW-RR 1989, 936 (937); *Giehl*, MittBayNot 2016, 285 (289); *Krause*, GS Winter, 351 (357); *Mutter* in Münch Hdb KG, § 53 Rn 16; *Ulmer/Habersack* in Ulmer/Habersack/Henssler, § 5 Rn 9; *Reichert/Ullrich* in Reichert, GmbH & Co. KG, § 19 Rn 20; *Seibt*, ZIP 2008, 1301 (1302).

174 BayOblG, NJW-RR 1999, 332 (333).

175 *Arnold*, GmbH & Co. KGaA, S. 121; *Joost*, ZGR 1998, 334 (347); *Hasselbach/Ebbinghaus*, DB 2015, 1269 (1274).

176 BAG, NZG 2012, 754 (757).

177 OLG Celle, ZIP 2015, 123; *Arnold*, GmbH & Co. KGaA, S 121 f.; *Assmann/Sethe* in GK-AktG, Vor § 287 Rn 11; *Bachmann* in Spindler/Stilz, § 278 Rn 87; *Graf*, Kapitalgesellschaft & Co. KGaA, S. 226; *Hasselbach/Ebbinghaus*, DB 2015, 1269 (1274); *Hecht* in Bürgers/Fett, § 5 Rn 538; *Hennerkes/Lorz*, DB 1997, 1388 (1392); *Herfs* in Münch Hdb AG, § 77 Rn 59; *Hoffmann-Becking/Herfs*, FS Sigle, 273 (279); *Jacques*, NZG 2000, 401 (404); *Joost*, ZGR 1998, 334 (347); *Perlitt* in MüKoAktG, § 278 Rn 306.

ein Konzernverhältnis bestände, dann wäre jeder Fall des § 4 MitbestG gleichzeitig ein Fall des § 5 MitbestG. Auf diese Weise würden aber die strengeren Voraussetzungen des § 4 MitbestG, der einschränkend das Kriterium der Gesellschafteridentität normiert, unterlaufen und er wäre praktisch bedeutungslos.[178] Es kann jedoch nicht unterstellt werden, dass der Gesetzgeber mit § 4 MitbestG eine Norm ohne jeglichen Anwendungsbereich geschaffen hat. Es ist daher davon auszugehen, dass keine Zurechnung der Arbeitnehmer der KGaA an die Komplementärgesellschaft gemäß § 5 MitbestG erfolgt, wenn sich deren Zweck in der Ausübung der Geschäftsführungs- und Vertretungsbefugnis der KGaA erschöpft.[179]

f) Ergebnis

Mit dem BGH und der h.L. ist daher davon auszugehen, dass nicht nur die gesetzestypische KGaA, sondern auch die Kapitalgesellschaft & Co. KGaA mitbestimmungsrechtlich privilegiert ist. Eine Zurechnung der Arbeitnehmer der KGaA an die KGaA analog § 4 MitbestG ist abzulehnen, da es schon an einer planwidrigen Regelungslücke fehlen dürfte. Hierfür spricht schon die gesetzgeberische Untätigkeit seit dem Grundsatzurteil des BGH über die Zulässigkeit der Kapitalgesellschaft & Co. KGaA. Jedenfalls mangelt es an einer für eine Analogie erforderlichen Vergleichbarkeit der Interessenlage, da die Einrichtung eines mitbestimmten Aufsichtsrates auf Ebene der Komplementärgesellschaft einen unzulässigen Eingriff in deren rechtliche Selbstständigkeit darstellt. Auch eine teleologische Reduktion der mitbestimmungsrechtlichen Privilegien der KGaA ist abzulehnen, da dies eine unzulässige Rechtsfortbildung darstellen würde. Schließlich liegt zwischen der KGaA und der Komplementärgesellschaft auch kein Konzernverhältnis iSv § 18 Abs. 1 AktG vor, wenn sich deren Zweck in der Ausübung der Geschäftsführungs- und Vertretungsbefugnis der KGaA erschöpft, sodass auch eine Zurechnung der Arbeitnehmer der KGaA nach § 5 Abs. 1 MitbestG ausscheiden muss. Da sich mithin keine Besonderheiten gegenüber der Rechtslage bei einer KGaA mit einer natürlichen Person als persönlich haftender Gesellschafter ergeben, ist auch eine Kapitalgesellschaft & Co. KGaA aus Unternehmerperspektive im Hinblick auf eine angestrebte Vermeidung der mitbestimmungsrechtlichen Auswirkungen der AG überlegen.

3. Vergleich zur SE

Ein belastbarer Vergleich der Mitbestimmung zwischen der KGaA und der SE ist aufgrund der Mannigfaltigkeit der mitbestimmungsrechtlichen Ausprägungen innerhalb der SE nur schwer möglich. Das MitbestG und das DrittelbG sind auf die SE

---

178 Vgl. die Nachweise in der vorangegangenen Fußnote.

179 Vgl. zur Frage, wann bei anderweitiger Tätigkeit der Komplementärin ein herrschender Einfluss angenommen werden kann: *Assmann/Sethe* in GK-AktG, Vor § 278 Rn 79 ff.; *Perlitt* in MüKoAktG, Vor § 278 Rn 100 ff.; *Reichert/Ott*, 10 Jahre SE, 154 (171 ff.).

nicht anwendbar (Art. 13 Abs. 2 SE-RL, § 47 Abs. 1 Nr. 1 SEBG),[180] die sich hinsichtlich der Mitbestimmung durch große Flexibilität auszeichnet. Grund hierfür ist, dass eine zwischen den Gründungsgesellschaften und den Arbeitnehmervertreten ausgehandelte Lösung über den Umfang der Mitbestimmung (dazu unter a)) gegenüber den gesetzlichen Bestimmungen (dazu unter b)) vorrangig ist (§§ 22, 34 SEBG). Die fehlende Durchführung des Verfahrens zur Festlegung des Mitbestimmungsmodells stellt dabei ein Eintragungshindernis dar (Art. 12 Abs. 2 SE-VO).

a) Die Verhandlungslösung

Das Verfahren zur Festlegung des Mitbestimmungsmodells beginnt damit, dass die Leitungen der Gründungsgesellschaften die Arbeitnehmervertretungen und Sprecherausschüsse bzw. die Arbeitnehmer in den beteiligten Gesellschaften, betroffenen Tochtergesellschaften und Betrieben über das Gründungsvorhaben informieren (§ 4 Abs. 2 S. 1, 2 SEBG). Sodann werden für die in jedem Mitgliedstaat beschäftigten Arbeitnehmer der beteiligten Gesellschaften Mitglieder für das sog. Besondere Verhandlungsgremium (BVG) gewählt bzw. bestellt, das aufgrund der Regelung in § 5 Abs. 1 S. 2 SEBG und Art. 3 Abs. 2 SE-RL aus mindestens 10 Mitgliedern bestehen muss.[181] Zwischen diesem Gremium und den Leitungen der Gründungsgesellschaften[182] ist zwingend eine Vereinbarung über die betriebliche Mitbestimmung zu treffen (vgl. § 21 Abs. 1, 2 SEBG). Fakultativ kann die Vereinbarung auch Regelungen bezüglich des Umfangs der unter-nehmerischen Mitbestimmung enthalten, insbesondere über die Zahl der Mitglieder des Aufsichts- oder Verwaltungsorgans, das Recht der Arbeitnehmer, einen Teil dieser Mitglieder zu wählen bzw. zu bestellen und die Rechte dieser Mitglieder (§ 21 Abs. 3 SEBG).[183] Aufgrund der

---

180 *Austmann* in Münch Hdb AG, § 86 Rn 29; *Reichert*, ZIP 2014, 1957 (1961).

181 *Austmann* in Münch Hdb AG, § 86 Rn 34; *Hohenstatt/Müller-Bonanni* in Habersack/Drinhausen, § 5 SEBG Rn 2; *Jacobs* in MüKoAktG, § 5 SEBG Rn 2; *Oetker* in Lutter/Hommelhoff/Teichmann, § 5 SEBG Rn 6; Rechenbeispiel bei: *Krause*, BB 2005, 1221 (1224). Aus dieser Mindestanzahl wird gefolgert, dass das Verhandlungsverfahren nicht durchzuführen ist, wenn die Gründungsgesellschaften und die betroffenen Tochtergesellschaften zusammen über weniger als 10 Arbeitnehmer verfügen, da in diesem keine ordnungsgemäße Konstituierung möglich ist, vgl. dazu unter § 7 A. V. 2. a).

182 Da das SEBG keine Regelungen über die Organisation der Leitungen der Gründungsgesellschaften bei den Verhandlungen mit dem BVG enthält, sind diese insoweit frei. So können sie etwa eine Verhandlungskommission bilden oder eine Leitung mit der Führung der Verhandlungen beauftragen, vgl. *Austmann* in Münch Hdb AG, § 86 Rn 37.

183 Enthält die Vereinbarung keine Regelung über die unternehmerische Mitbestimmung, bleibt die SE mitbestimmungsfrei, da die unternehmerische Mitbestimmung nach dem Wortlaut („für den Fall") des § 21 Abs. 3 SEBG nicht zwingend vereinbart werden muss, vgl. *Austmann* in Münch Hdb AG § 86 Rn 39; *Krause*, BB 2005, 1221 (1226). Umstritten ist, ob in der Mitbestimmungsvereinbarung das

dabei geltenden Mitbestimmungsautonomie ist insoweit die ganze Bandbreite mitbestimmungsrechtlicher Möglichkeiten denkbar: von der Vereinbarung, dass das gesetzliche Mitbestimmungsniveau bzw. ein strengerer Standard gelten soll, bis hin zur vollständigen Mitbestimmungsfreiheit eines Unternehmens, das nach den nationalen Vorschriften der gesetzlichen Mitbestimmung unterliegen würde, können auch alle denkbaren Mischformen,[184] wie z. B. die Bestellung eines Arbeitsdirektors, vereinbart werden. Lediglich bei einer SE-Gründung durch Formwechsel muss die Vereinbarung in Bezug auf alle Komponenten der Arbeitnehmerbeteiligung zumindest das gleiche Ausmaß beinhalten, das in der umzuwandelnden AG besteht (§§ 21 Abs. 6, 15 Abs. 5 SEBG).[185] Im Übrigen findet eine Beteiligungsvereinbarung ihre Schranken in den zwingenden Vorgaben der SE-VO, des SEAG und des AktG.[186] Außerdem darf die Vereinbarung nur Regelungen über die Mitbestimmung im Sinne von § 2 Abs. 12 SEBG enthalten und nicht etwa Zustimmungsvorbehalte etc. zugunsten des mitbestimmten Organs vorsehen.[187]

b) Die gesetzliche Auffanglösung

Kommt es nicht zu einem Verzicht oder einem Abbruch der Verhandlungen (§ 16 SEBG)[188] und wird innerhalb einer Frist von 6 Monaten – eine einmalige Verlängerung um weitere 6 Monate ist möglich (§ 20 Abs. 2 SEBG) – keine Einigung über

---

Stimmrecht der Arbeitnehmervertreter gegenüber demjenigen der Anteilseignervertreter eingeschränkt oder ausgeschlossen werden kann. Bedeutsam wäre die Zulässigkeit einer Begrenzung etwa auf Überwachungs- und Kontrollaufgaben dabei v. a. im monistischen Leitungssystem. Nach überzeugender Ansicht ist eine solche Beschränkung jedoch wegen des Grundsatzes der Gleichberechtigung aller Mitglieder des Aufsichts- oder Verwaltungsorgans unzulässig, vgl. dazu *Jacobs* in MüKoAktG, § 21 SEBG Rn 42 m.w.N.

184 *Teichmann*, BB 2004, 53 (56).

185 *Austmann* in Münch Hdb AG, § 86 Rn 40 m.w.N. Vgl. zur Reichweite von § 21 Abs. 6 SEBG: *Teichmann*, ZIP 2014, 1049 (1050 ff.).

186 *Feuerborn* in KK-AktG, § 21 SEBG Rn 46; *Habersack*, AG 2006, 345 (348); *Jacobs* in MüKoAktG, § 21 SEBG Rn 19; *Oetker* in Lutter/Hommelhoff/Teichmann, § 21 SEBG Rn 54 m.w.N.

187 *Austmann* in Münch Hdb AG, § 86 Rn 40; *Habersack*, AG 2006, 345 (351) und (353 f.); *Jacobs* in MüKoAktG, § 21 SEBG Rn 19; *Oetker* in Lutter/Hommelhoff/Teichmann, § 21 SEBG Rn 57.

188 Hierfür ist jeweils ein Beschluss des besonderen Verhandlungsgremiums mit einer Mehrheit von zwei Dritteln der Mitglieder erforderlich, die mindestens zwei Drittel der Arbeitnehmer in mindestens zwei Mitgliedstaaten vertreten (§ 16 Abs. 1 S. 2 SEBG). In diesem Fall erhalten die Arbeitnehmer nur die in den jeweiligen Mitgliedsstaaten geltenden Unterrichtungs- und Anhörungsrechte (§ 16 Abs. 1 S. 3 SEBG) und die SE bleibt mitbestimmungsfrei, vgl. *Hohenstatt/Müller-Bonanni* in Habersack/Drinhausen, § 16 SEBG Rn 3; *Jacobs* in MüKoAktG, § 16 SEBG Rn 4; *Müller-Bonanni/Müntefering*, BB 2009, 1699 (1701). Bei der Gründung durch Formwechsel kann ein derartiger Beschluss nur gefasst werden, wenn

die Mitbestimmung getroffen,[189] gelten die §§ 22 ff. SEBG über die Beteiligung der Arbeitnehmer kraft Gesetzes. Gemäß § 22 Abs. 1 SEBG finden die Vorschriften über den SE-Betriebsrat (§§ 23 bis 33 SEBG) Anwendung. Bezüglich der unternehmerischen Mitbestimmung ist zwischen einer SE-Gründung durch Formwechsel und den anderen Gründungsformen zu differenzieren.[190] Wird die SE durch Formwechsel gegründet, bleibt die Regelung zur unternehmerischen Mitbestimmung erhalten, die in der Gesellschaft vor der Umwandlung bestanden hat (§§ 35 Abs. 1 SEBG, 34 Abs. 1 Nr. 1 SEBG). Die SE unterliegt hiernach nicht etwa dem bislang einschlägigen nationalen Mitbestimmungsgesetz, sondern der Anteil der Arbeitnehmervertreter im Aufsichts- oder Verwaltungsorgan bleibt identisch.[191] Bei den anderen Gründungsformen bemisst sich die Zahl der Arbeitnehmervertreter im Aufsichts- bzw. Verwaltungsorgan nach dem höchsten Anteil an Arbeitnehmervertretern der an der Gründung beteiligten Gesellschaften (§ 35 Abs. 2 S. 2 SEBG), wobei sich das Vorher-Nachher-Prinzip auch hier wiederum auf den proportionalen Anteil bezieht.[192]

c) Die SE in der mitbestimmungsrechtlichen Praxis

Da bei der SE – anders als bei der AG (vgl. § 7 MitbestG) – die Größe des Aufsichtsrates nicht an die Anzahl der Arbeitnehmer geknüpft ist, sondern innerhalb der in § 17 SEAG genannten Mindest- und Höchstgrenzen frei festgelegt werden kann, ist die SE in der Vergangenheit zum einen als Mittel zur Verkleinerung von als zu groß empfundenen Aufsichtsräten verwendet worden.[193] Weiterhin wird vielfach als einer

---

den Arbeitnehmern in der formwechselnden AG keine Mitbestimmungsrechte zustehen (§ 16 Abs. 3 SEBG).

189 Auf die Darstellung der Einzelheiten der Beschlussfassung im BVG wird an dieser Stelle mangels Relevanz für die Abgrenzung zur KGaA in mitbestimmungsrechtlicher Hinsicht verzichtet. Insoweit gilt § 15 SEBG. Vgl. dazu etwa *Austmann* in Münch HdB AG, § 86 Rn 42 ff.

190 *Austmann* in Münch Hdb AG, § 86 Rn 46; *Oetker* in Lutter/Hommelhoff/Teichmann, § 35 SEBG Rn 1.

191 *Austmann* in Münch Hdb AG, § 86 Rn 47; *Ege/Grzimek/Schwarzfischer*, DB 2011, 1205 (1207); *Hohenstatt/Müller-Bonanni* in Habersack/Drinhausen, § 35 SEBG Rn 2; *Oetker* in Lutter/Hommelhoff/Teichmann, § 35 SEBG Rn 8.

192 *Feuerborn* in KK-AktG, § 35 SEBG Rn 18; *Hohenstatt/Müller-Bonanni* in Habersack/Drinhausen, § 35 SEBG Rn 7; *Jacobs* in MüKoAktG, § 35 SEBG Rn 12; *Krause*, BB 2005, 1221 (1227); *Oetker* in Lutter/Hommelhoff/Teichmann, § 35 SEBG Rn 18.

193 So haben beispielsweise Allianz, BASF und E.ON ihren Aufsichtsrat im Zuge der Umwandlung in eine SE jeweils von zwanzig (§ 7 Abs. 1 Nr. 3 MitbestG) auf zwölf Mitglieder verkleinert, vgl. *Forst*, 10 Jahre SE, 50 (64). Umstritten ist dabei, ob die Größe des mitbestimmten Organs Gegenstand einer Beteiligungsvereinbarung sein kann. Die wohl überwiegende Meinung in der Literatur verneint dies, *Feuerborn* in KK-AktG, § 21 SEBG Rn 52; *Götze/Winzer/Arnold*, ZIP 2009, 245 (251); *Habersack*, ZHR 171, 613 (632 ff.); *Jacobs* in MüKoAktG, § 21 SEBG Rn 36; *Reichert/Brandes* in MüKoAktG, Art. 40 SE-VO Rn 68; a.A. *Oetker* in Lutter/Hommelhoff/

der entscheidenden Vorteile der SE aus Unternehmerperspektive – neben dem Image der Rechtsform und der Möglichkeit zur Wahl des Leitungssystems – genannt,[194] dass der vereinbarte oder gesetzlich vorgeschriebene Arbeitnehmeranteil im Aufsichtsorgan bzw. Verwaltungsrat der SE auch bei einem späteren Überschreiten der Arbeitnehmerschwellenwerte – vorbehaltlich einer vereinbarten Regelung über eine entsprechende Neuverhandlung (vgl. § 21 Abs. 1 Nr. 6 SEBG)[195] – grundsätzlich erhalten bleibt. Lediglich im Falle geplanter struktureller Änderungen, die geeignet sind, Beteiligungsrechte der Arbeitnehmer zu mindern, sind gemäß § 18 Abs. 3 S. 1 SEBG die Verhandlungen über die Beteiligungsrechte der Arbeitnehmer wieder aufzunehmen.[196] Auf diese Weise kann etwa eine drittelmitbestimmte AG, die kurz vor dem Überschreiten der Grenze von 2000 Arbeitnehmern steht, durch eine rechtzeitige formwechselnde Umwandlung den mitbestimmungsrechtlichen Status quo „einfrieren", da ein bloßes Wachstum der Arbeitnehmerzahl nach einhelliger Ansicht keinen Fall des § 18 Abs. 3 SEBG darstellt.[197] Freilich ist eine solche Zementierung der Mitbestimmung auch für die Arbeitnehmerseite nicht nur nachteilig, sondern kann bewirken, dass ein Unternehmen nicht von Expansionsplänen aufgrund einer andernfalls drohenden (weitergehenden) Mitbestimmungspflichtigkeit Abstand nimmt und somit neue Mitarbeiter einstellt.[198] Umgekehrt ist jedoch auch darauf hinzuweisen, dass das vereinbarte Mitbestimmungsniveau auch dann erhalten bleibt, wenn die Anzahl der Arbeitnehmer später unter die Schwellenwerte des DrittelbG bzw. MitbestG sinken und kein Fall des § 18 Abs. 3 SEBG vorliegen sollte.[199]

d) Bewertung

aa) Konkurrenzfähigkeit der KGaA

Aufgrund der bei der SE bestehenden Möglichkeiten der Mitbestimmungsautonomie ist ein Vergleich mit der KGaA nur schwer möglich. Die KGaA muss jedoch auch

---

Teichmann, § 21 SEBG Rn 64 f. sowie das LG Nürnberg-Fürth, NZG 2010, 547. Umfassend zum Meinungsstand: *Forst*, 10 Jahre SE, 50 (64 ff.).

194 *Habersack*, 10 Jahre SE, 9 (14 f.); *Haider-Giangreco/Polte*, BB 2014, 2947 (2948); *Lutter/Kollmorgen/Feldhaus*, BB 2007, 509; *Wiedemann/Frohnmayer*, FuS 2014, 10 (13).

195 Vgl. dazu etwa: *Ege/Grzimek/Schwarzfischer*, DB 2011, 1205 (1207).

196 Ausführlich zu § 18 Abs. 3 SEBG unter § 7 A. V. 2. b).

197 *Austmann* in Münch Hdb AG, § 86 Rn 51; *Becker/Oelmüller*, Die SE für den Mittelstand, S. 21; *Brandes*, ZIP 2008, 2193 (2194); *Ege/Grzimek/Schwarzfischer*, DB 2011, 1205 (1208 f.); *Feuerborn* in KK-AktG, § 18 SEBG Rn 23; *Hohenstatt/Müller-Bonanni* in Habersack/Drinhausen, § 18 SEBG Rn 10; *Jacobs* in MüKoAktG, § 18 SEBG Rn 19; *Oetker* in Lutter/Hommelhoff/Teichmann, § 18 SEBG Rn 23; *Reichert*, ZIP 2014, 1957 (1961).

198 *Heckschen*, FS H. P. Westermann, 999 (1014).

199 *Jacobs* in MüKoAktG, § 18 SEBG Rn 19; *Müller-Bonanni/Melot de Beauregard*, GmbHR 2005, 195 (197 f.); *Oetker* in Lutter/Hommelhoff/Teichmann, § 18 SEBG Rn 23; *Rieble*, BB 2006, 2018 (2021).

den Vergleich mit der SE nicht scheuen und erweist sich bei näherer Betrachtungsweise in mitbestimmungsrechtlicher Sicht durchaus als konkurrenzfähige Rechtsform. Denn bei den Verhandlungen über die Ausgestaltung der unternehmerischen Mitbestimmung in der SE haben die Arbeitnehmer insofern eine gute Verhandlungsposition, als dass bei einem Scheitern der Verhandlungen die gesetzliche Auffanglösung gilt. Folglich werden sie hier eine Einschränkung ihrer Rechte nur hinnehmen, wenn ihnen an anderer Stelle Vorteile gewährt werden.[200] Auch für Familienunternehmen, die an der Grenze des Überschreitens von Schwellenwerten stehen und durch die Wahl der Rechtsform der SE ihren mitbestimmungsrechtlichen Status quo einfrieren könnten, ist die KGaA eine beachtenswerte Alternative. Die Auswirkungen der Mitbestimmung auf die KGaA sind nämlich denkbar gering, da die Mitbestimmung im mit nur wenigen Rechten ausgestatteten Aufsichtsrat erfolgt, die zentralen Entscheidungen jedoch ohnehin in der mitbestimmungsfreien Komplementärgesellschaft getroffen werden. Weiterhin bleibt das Mitbestimmungsniveau nicht, wie bei der SE, erhalten, wenn die Zahl der Arbeitnehmer wieder sinkt.

Einer mitbestimmten SE mit monistischem Leitungssystem dürfte die KGaA sogar überlegen sein. Denn in der monistischen SE ist der Einfluss der Arbeitnehmervertreter über den Verwaltungsrat besonders groß, da dieses Organ nicht nur eine Überwachungsfunktion ausübt, sondern auch die Gesellschaft leitet und die Grundlinien der Tätigkeit bestimmt (§ 22 Abs. 1 SEAG).[201] Die Arbeitnehmervertreter sind sowohl in zahlreiche Fragen des laufenden Geschäfts als auch in die Strategieplanung und -umsetzung eingebunden, die in der dualistischen SE bzw. der AG allein durch den Vorstand ausgeübt wird, und haben direkten Informationszugang gegenüber den Mitarbeitern – nicht nur gegenüber dem Vorstand wie beim dualistischen System bzw. bei der AG.[202] Sollen bei einer paritätischen Mitbestimmung die geschäftsführenden Direktoren aus dem Kreis der Verwaltungsratsmitglieder bestellt werden, besteht sogar die Gefahr, dass die Arbeitnehmervertreter entgegen den Anteilseignervertretern über die Geschicke der Gesellschaft entscheiden können, da sie die Mehrheit der nicht geschäftsführenden Verwaltungsratsmitglieder stellen.[203] Zwar ist es in diesem Fall nach wohl h.M. zulässig, die Parität auf die nicht geschäftsführenden Mitglieder zu beschränken, um einen

---

200 *Kämmerer/Veil*, ZIP 2005, 369 (370); *Oetker* in Lutter/Hommelhoff, Die Europäische Gesellschaft, 277 (300). *Rose/Köstler*, Mitbestimmung in der SE, S. 16 rufen explizit dazu auf, die gesetzlichen Vorschriften über die Mitbestimmung „als Mindestanspruch und Ausgangspunkt für Verhandlungen" anzusehen. *Forst*, 10 Jahre SE, 50 (52) spricht gar plakativ davon, dass die Arbeitnehmer mit „dem Revolver auf dem Tisch" verhandeln und aufgrund der gesetzlichen Auffanglösung keine freie Willensbildung möglich sei. *Fleischer*, AcP 204, 502 (535) bezeichnet das Verhandlungsmodell daher auch als „kardinalen[n] Konstruktionsfehler".

201 Vgl. dazu *Teichmann*, BB 2004, 53 (57).

202 *Seibt*, AG 2005, 413 (425); *Becker/Oelmüller*, Die SE für den Mittelstand, S. 78.

203 *Seibt*, AG 2005, 413 (425).

solchen qualitativen Machtzuwachs der Arbeitnehmervertreter zu vermeiden.[204] Dies ändert jedoch nichts daran, dass die Wahl des monistischen Leitungssystems aus Unternehmerperspektive keine ernsthaft in Betracht kommende Alternative darstellt, wenn die SE mitbestimmt ist. So verwundert es dann auch nicht, dass in Deutschland derzeit lediglich ein operativ tätiges Unternehmen mit mindestens 5 Arbeitnehmern, der Sportartikelhersteller Puma, das monistische Leitungssystem trotz Mitbestimmung gewählt hat.[205]

bb) Optimierung mittels grenzüberschreitender Verschmelzung

Ist die KGaA nach dem Gesagten ein eleganter Weg, den Einfluss der Arbeitnehmer auf die Geschäftsleitung gering zu halten, verbleiben gegenüber der SE aus Unternehmerperspektive dennoch zwei Nachteile: Zum einen kann die Größe eines paritätisch zu besetzenden Aufsichtsrates nicht statutarisch festgelegt werden, sondern bemisst sich nach § 7 MitbestG in Abhängigkeit von der Arbeitnehmeranzahl. Weiterhin droht bei Überschreiten der gesetzlichen Schwellenwerte ein Anstieg des Mitbestimmungsniveaus, da dieses nach den nationalen Vorschriften nicht – wie bei der SE – „eingefroren" werden kann. Eine interessante Gestaltungsmöglichkeit zur Lösung dieser Problematiken bietet das Gesetz über die Mitbestimmung der Arbeitnehmer bei einer grenzüberschreitenden Verschmelzung (MgVG),[206] das gemeinsam mit den §§ 122a ff. UmwG der Umsetzung der Richtlinie über die Verschmelzung von Kapitalgesellschaften aus verschiedenen Mitgliedstaaten dient.[207]

Das MgVG gilt für eine aus einer grenzüberschreitenden Verschmelzung hervorgehende Gesellschaft mit Sitz in Deutschland (§ 3 Abs. 1 MgVG). Für die aus einer solchen Verschmelzung hervorgehende Gesellschaft gelten zwar grundsätzlich die Regelungen über die Mitbestimmung der Arbeitnehmer in den Unternehmensorganen des Mitgliedstaats, in dem diese Gesellschaft ihren Sitz hat (§ 4 MgVG). Allerdings werden die nationalen Mitbestimmungsgesetze bei einer Verschmelzung von Kapitalgesellschaften aus verschiedenen Mitgliedstaaten gemäß § 5 MgVG – vorbehaltlich des § 18 MgVG, auf den sogleich zurückzukommen sein wird – verdrängt, wenn (i) eine der verschmelzenden Gesellschaften der Mitbestimmung unterliegt, (ii) es beim übertragenden Rechtsträger zu einem Verlust von Mitbestimmungs-

---

204 *Hohenstatt/Müller-Bonanni* in Habersack/Drinhausen, § 36 Rn 12; *Jacobs* in MüKoAktG, § 21 SEBG Rn 43; *Seibt*, AG 2005, 413 (425); *Teichmann*, BB 2004, 53 (56 f.) jeweils m.w.N.; für eine strikte Parität im Verwaltungsrat: *Köstler*, ZGR 2003, 800 (804 f.); *Kämmerer/Veil*, ZIP 2005, 369 (376); *Oetker* in Lutter/Hommelhoff/Teichmann, § 35 SEBG Rn 14.

205 Vgl. https://www.boeckler.de/pdf/pb_mitbestimmung_se_2017_6.pdf, letzter Abruf am 31.10.2017.

206 Gesetz über die Mitbestimmung der Arbeitnehmer bei einer grenzüberschreitenden Verschmelzung (MgVG) vom 21. Dezember 2006 (BGBl. I S. 3332).

207 Richtlinie 2005/56/EG des Europäischen Parlaments und des Rates vom 26. Oktober 2005 über die Verschmelzung von Kapitalgesellschaften aus verschiedenen Mitgliedstaaten.

rechten oder (iii) zu einer Diskriminierung ausländischer Arbeitnehmer kommt.[208] Da im Ausland ansässige Arbeitnehmer bei der Wahl zum Aufsichtsrat aufgrund des Territorialitätsprinzips nicht stimmberechtigt sind,[209] soll bei einer Verschmelzung einer deutschen mit einer internationalen Kapitalgesellschaft stets eine derartige Diskriminierung ausländischer Arbeitnehmer anzunehmen und daher das MgVG anwendbar sein.[210]

(1) Verhandlungs- und Auffanglösung

Die bei der grenzüberschreitenden Verschmelzung geltenden mitbestimmungsrechtlichen Vorschriften orientieren sich an denjenigen des SEBG.[211] Zunächst haben die an der Verschmelzung beteiligten Gesellschaften die zuständigen Arbeitnehmervertretungen über das Verschmelzungsvorhaben zu unterrichten und zur Bildung eines BVG aufzufordern, (§§ 6 ff. MgVG), mit dem sodann vorrangig Verhandlungen zur Festlegung des Mitbestimmungsmodells zu führen sind (§§ 13 ff. MgVG). Ein Vorteil gegenüber der Rechtslage bei der SE besteht darin, dass Gegenstand der Verhandlungen allein die unternehmerische und nicht, wie bei der SE, auch die betriebliche Mitbestimmung ist.[212] Durch eine den Vorgaben des § 22 MgVG entsprechende Mitbestimmungsvereinbarung kann eine Flexibilisierung der Mitbestimmung erreicht werden, die sonst allein der SE vorbehalten ist. Führen die Verhandlungen innerhalb der gesetzlichen Frist von 6 Monaten (§ 21 Abs. 1 S. 1 MgVG) – eine einmalige Verlängerung um weitere 6 Monate ist zulässig (§ 21 Abs. 2 MgVG) – zu keinem Ergebnis, greift die gesetzliche Auffanglösung nach den §§ 23 ff. MgVG im Hinblick auf die unternehmerische Mitbestimmung. Hiernach hat der Anteil der Ar-

---

208 Das Verhältnis der einzelnen Tatbestandsvoraussetzungen zueinander ist umstritten. Nach einer Auffassung steht § 5 Nr. 1 MgVG in einem Kumulativverhältnis zu § 5 Nr. 2 und 3 MgVG, die ihrerseits in einem Alternativverhältnis zueinander stehen, *Lunk/Hinrichs*, NZA 2007, 773 (774). Demgegenüber geht die h.L. aufgrund des eindeutigen Wortlauts („oder“) zu Recht davon aus, dass die drei Varianten in einem Alternativverhältnis zueinander stehen, *Brandes*, ZIP 2008, 2193 (2195); *Nagel*, NZG 2007, 57 (57 f.); *Müller-Bonanni/Müntefering*, NJW 2009, 2347 (2349) m.w.N. Dieser h.L. hat sich nunmehr auch der EuGH, Urt. v. 20.6.2013 – C-635/11 = AG 2013, 592 angeschlossen. Ausführlich zu den einzelnen Tatbestandsvoraussetzungen des § 5 MgVG etwa: *Brandes*, ZIP 2008, 2193 (2195 f.); *Müller-Bonanni/Müntefering*, NJW 2009, 2347 (2348 ff.).

209 Vgl. dazu oben Fußnote 135.

210 Vgl. BR-Drs. 540/06, S. 42 f; *Brandes*, ZIP 2008, 2193 (2195 f.); *Thüsing/Forst* in Habersack/Drinhausen, § 5 MgVG Rn 17.

211 *Brandes*, ZIP 2008, 2193 (2194); *Götze/Winzer/Arnold*, ZIP 2009, 245 (253). Wie bei der Gründung einer SE erfolgt eine Eintragung der Verschmelzung im Register der deutschen Zielgesellschaft nur, wenn eine Regelung über die künftige Mitbestimmung der Arbeitnehmer nachgewiesen wird (vgl. § 122c Abs. 2 Nr. 10, § 122l Abs. 1 S. 2, Abs. 2 UmwG), *Götze/Winzer/Arnold*, ZIP 2009, 245 (253).

212 *Brandes*, ZIP 2008, 2193 (2194); *Müller-Bonanni/Müntefering*, BB 2009, 1699 (1700).

beitnehmervertreter im Aufsichtsrat dem höchsten Anteil der an der Verschmelzung beteiligten Gesellschaften zu entsprechen (§ 24 Abs. 1 S. 2 MgVG). Unter Geltung des MgVG kann die Größe des Aufsichtsrates dabei in der Satzung unabhängig von der Zahl der Arbeitnehmer in den Grenzen des § 95 AktG festgelegt werden.[213] Auf diese Weise kann, wie bei der SE, eine Verkleinerung von als zu groß empfundenen Aufsichtsräten erreicht werden.[214]

(2) Vorzüge der grenzüberschreitenden Verschmelzung im Vergleich zur SE

Ein sehr praxisrelevanter Vorteil im Vergleich zur Rechtslage bei der SE besteht darin, dass die an der grenzüberschreitenden Verschmelzung beteiligten Gesellschaften direkt, ohne vorhergehende beratungsintensive Verhandlungen über die Mitbestimmung für die Anwendung der gesetzlichen Auffangregelung optieren können (§ 23 Abs. 1 S. 1 Nr. 3 MgVG).[215] Hierdurch lassen sich nicht nur die Transaktionskosten, sondern auch die Transaktionsdauer gering halten.[216] Aus Unternehmerperspektive ist außerdem interessant, dass sowohl im Falle einer

---

213 Vgl. BR-Drs. 540/06, S. 60; *Brandes*, ZIP 2008, 2193 (2194), *Habersack*, ZHR 171, 613 (632 f.); *Müller-Bonanni/Müntefering*, BB 2009, 1699 (1701); *dies.*, NJW 2009, 2347 (2351).

214 Von dieser Möglichkeit machte die Fresenius SE bei ihrem Formwechsel in die Fresenius SE & Co. KGaA Gebrauch. Im Zuge des Formwechsels wurde eine nach niederländischem Recht gegründete 100 %ige Tochtergesellschaft, die über keinen eigenen Geschäftsbetrieb mehr verfügte, auf die Gesellschaft verschmolzen, um eine grundsätzlich nach dem MitbestG erforderliche obligatorische Vergrößerung des Aufsichtsrates zu vermeiden, vgl. dazu den Umwandlungsbericht der Fresenius SE, S. 43 f.

215 Nach dem Wortlaut des § 23 Abs. 1 S. 2 Nr. 2 MgVG ist in den Fällen des § 23 Abs. 1 S. 1 Nr. 3 MgVG neben dem Beschluss der Leitungen auch ein Beschluss des BVG erforderlich, wenn weniger als ein Drittel der Arbeitnehmer vor der Verschmelzung einer Form der Mitbestimmung unterlagen. Ein solcher Beschluss des BVG würde jedoch dem Zweck des § 23 Abs. 1 Nr. 3 MgVG, grenzüberschreitende Verschmelzungen zügig und ohne langwierige Verhandlungen durchzuführen, zuwiderlaufen, sodass die Vorschrift des § 23 Abs. 1 S. 2 Nr. 2 MgVG nach zutreffender Ansicht in den Fällen des § 23 Abs. 1 Nr. 3 MgVG teleologisch zu reduzieren ist, *Brandes*, ZIP 2008, 2193 (2197); *Müller-Bonanni/Müntefering*, NJW 2009, 2347 (2352); a.A. *Lunk/Hinrichs*, NZA 2007, 773 (779).

216 *Brandes*, ZIP 2008, 2193 (2194); *Ege/Grzimek/Schwarzfischer*, DB 2011, 1205 (1211); *Götze/Winzer/Arnold*, ZIP 2009, 245 (253); *Müller-Bonanni/Müntefering*, BB 2009, 1699 (1701). Wird die gesetzliche Auffanglösung gewählt, ist auch die kostenintensive Bildung des BVG nicht erforderlich, vgl. *Brandes*, ZIP 2008, 2193 (2197 f.); *Krause/Janko*, BB 2007, 2194 (2197); *Müller-Bonanni/Müntefering*, NJW 2009, 2347 (2352); *dies.*, BB 2009, 1699 (1701). Eine Information der Arbeitnehmer über das geplante Verschmelzungsvorhaben gemäß § 6 Abs. 2, Abs. 3 MgVG hat dennoch zu erfolgen, vgl. *Brandes*, ZIP 2008, 2193 (2198); a.A. *Krause/Janko*, BB 2007, 2194 (2197).

privatautonomen Vereinbarung über das Ausmaß der Mitbestimmung als auch im Falle der gesetzlichen Auffanglösung das Mitbestimmungsniveau auf dem Niveau perpetuiert wird, das bei Wirksamwerden der Verschmelzung bestand.[217] Zwar enthält das MgVG keine § 47 Abs. 1 Nr. 1 SEBG entsprechende Vorschrift, die eine Anwendung der nationalen Mitbestimmungsgesetze ausschließt. Allerdings folgt aus §§ 4, 5 MgVG, dass die nationalen Mitbestimmungsvorschriften nur dann Anwendung finden, wenn keine der Voraussetzungen des § 5 MgVG erfüllt sind.[218] Ferner regelt § 18 S. 3 MgVG, dass die nationalen Mitbestimmungsgesetze innerhalb des Anwendungsbereichs des MgVG nur zur Anwendung kommen, wenn das BVG die Nichtaufnahme oder den Abbruch der Verhandlungen beschließt. Da das BVG auf diese Weise einseitig die Geltung der nationalen Mitbestimmungsgesetze und damit auch eine Beibehaltung der bisherigen Aufsichtsratsgröße herbeiführen kann, verfügt es über eine starke Verhandlungsposition.[219] Dem können die an der Verschmelzung beteiligten Gesellschaften jedoch durch die Ausübung ihres Optierungsrechts für die gesetzliche Auffanglösung gemäß § 23 Abs. 1 Nr. 3 MgVG zuvorkommen, da das BVG in diesem Fall nicht mehr die Nichtaufnahme der Verhandlungen (§ 18 S. 1 MgVG) beschließen kann.[220]

Schließlich bietet die grenzüberschreitende Verschmelzung gegenüber der Rechtslage bei der SE den aus Unternehmerperspektive interessanten Vorteil, dass das MgVG keine § 18 Abs. 3 SEBG entsprechende Vorschrift enthält, die eine Neuverhandlung im Falle struktureller Änderungen vorschreibt.[221] Auch bei erheblichen Änderungen nach Eintragung der grenzüberschreitenden Verschmelzung besteht

---

217 *Brandes*, ZIP 2008, 2193 (2194); *Ege/Grziemek/Schwarzfischer*, DB 2011, 1205 (1210), *Götze/Winzer/Arnold*, ZIP 2009, 245 (253); *Habersack* in Ulmer/Habersack/Henssler, § 5 MgVG Rn 8.

218 *Ege/Grzimek/Schwarzfischer*, DB 2011, 1205 (1210); *Götze/Winzer/Arnold*, ZIP 2009, 245 (253). Hingegen kann durch die Verschmelzung zweier bislang nicht der Mitbestimmung unterliegender Gesellschaften die Mitbestimmungsfreiheit der Gesellschaft nicht für die Zukunft bewahrt werden, da § 5 MgVG voraussetzt, dass in mindestens einer der verschmelzungsbeteiligten Gesellschaften eine Form der Mitbestimmung besteht, *Müller-Bonanni/Müntefering*, BB 2009, 1699 (1702); zustimmend: *Ege/Grziemek/Schwarzfischer*, DB 2011, 1205 (1211).

219 *Müller-Bonanni/Müntefering*, BB 2009, 1699 (1701 f.). Insoweit besteht folglich ein weiterer Unterschied zur Rechtslage bei der SE, bei der ein Beschluss zur Nichtaufnahme oder zum Abbruch der Verhandlungen zur Mitbestimmungsfreiheit führt, vgl. oben Fußnote 183.

220 *Brandes*, ZIP 2008, 2193 (2197); *Müller-Bonanni/Müntefering*, NJW 2009, 2347 (2351).

221 *Ege/Grzimek/Schwarzfischer*, DB 2011, 1205 (1210); *Götze/Winzer/Arnold*, ZIP 2009, 245 (253); *Müller-Bonanni/Müntefering*, BB 2009, 1699 (1702 f.). Das MgVG enthält ferner auch keine § 43 SEBG entsprechende Missbrauchsklausel, *Müller-Bonanni/Müntefering*, BB 2009, 1699 (1703). Zum Missbrauchsverbot des § 43 SEBG unter § 7 A. V. 2. c).

damit nur dann eine Pflicht zur Neuverhandlung, wenn die Mitbestimmungsvereinbarung eine dahin gehende Regelung (vgl. § 22 Abs. 2 MgVG) enthält.

(3) Ergebnis

Durch die Verschmelzung einer ausländischen (Mantel-) Gesellschaft auf eine KGaA ergeben sich folglich in mitbestimmungsrechtlicher Hinsicht Gestaltungsmöglichkeiten, die den bei der SE bestehenden Optionen sogar noch überlegen sind. Insbesondere kann die gesetzliche Auffanglösung bei der grenzüberschreitenden Verschmelzung ohne Durchführung langwieriger und beratungsintensiver Verhandlungen mit den Arbeitnehmern einseitig durch die Leitungen der an der Verschmelzung beteiligten Gesellschaften gewählt werden. Ob die dargestellten Vorteile den mit einer grenzüberschreitenden Verschmelzung einhergehenden Aufwand rechtfertigen, lässt sich nicht pauschal beantworten, sondern ist eine Frage des Einzelfalls. Eine grenzüberschreitende Verschmelzung sollte jedoch vor allem dann in Erwägung gezogen werden, wenn der Aufsichtsrat einer KGaA verkleinert werden soll, da im Anwendungsbereich des MgVG die Größe des Aufsichtsrates in den Grenzen des § 95 AktG durch den Satzungsgeber festgelegt werden kann.

G. Sicherung des Familieneinflusses und Schutz vor feindlichen Übernahmen

Ein weiteres für Familienunternehmen spezifisches Kriterium der Rechtsformwahl ist die Frage der Sicherung des Familieneinflusses bei Aufgabe der alleinigen Gesellschafterstellung, etwa im Rahmen eines Börsenganges, und in diesem Kontext auch der Schutz vor feindlichen Übernahmen.[222] Es ist Familienunternehmern regelmäßig ein besonderes Anliegen, dass sie auch dann maßgeblich auf die Geschicke eines Unternehmens Einfluss nehmen können, wenn sie nicht mehr über die alleinige Anteilseignerstellung verfügen. In diesem Kontext ist auch die Möglichkeit einer ggf. zu einem späteren Zeitpunkt erforderlich werdenden weiteren Kapitalaufnahme ohne Verlust des Familieneinflusses von Bedeutung.

Bei Aufgabe der alleinigen Anteilseignerstellung kann der Familieneinfluss bei der AG bzw. SE zunächst dadurch gesichert werden, dass Aktien nur in eingeschränktem Umfang an Dritte ausgegeben werden, um eine (qualifizierte) Stimmenmehrheit[223] zu erhalten. Da jedoch beispielsweise Satzungsänderungen (§ 179 Abs. 2 S. 1 AktG) oder der Abschluss von Unternehmensverträgen (§ 293 AktG) eine Mehrheit von

---

222 Vgl. *Warburg/Kruse*, FS Binz, 791 (792).

223 *Warburg/Kruse*, FS Binz, 791 (792 f.) und *Göckeler* in Beck'sches Hdb AG, § 21 Rn 293 weisen darauf hin, dass an einer Hauptversammlung in aller Regel nicht alle Aktionäre teilnehmen, sodass die erforderliche Mehrheit von drei Vierteln der Stimmen des bei der Beschlussfassung vertretenen Grundkapitals u. U. auch bei einer geringeren Quote am Grundkapital gegeben sein kann.

drei Vierteln des bei der Beschlussfassung vertretenen Grundkapitals erfordern, ist eine Kapitalaufnahme in diesem Fall nur sehr begrenzt möglich. Allerdings stehen bei der AG bzw. zahlreiche weitere Instrumente zur Sicherung des Familieneinflusses zur Verfügung, deren Vor- und Nachteile im Folgenden dargestellt werden sollen (dazu unter A.), bevor dem anschließend die Vorzüge der Rechtsform der KGaA gegenüber gestellt werden (dazu unter B.)

I. Instrumente zur Sicherung des Familieneinflusses bei der AG und SE

Die bei der AG und SE wichtigsten präventiven[224] Instrumente zur Sicherung des Familieneinflusses lassen sich unterteilen in Maßnahmen auf der Ebene des Anteilseignerkreises (dazu unter 1.) sowie Gestaltungsmittel betreffend die Hauptversammlung, den Aufsichtsrat und den Vorstand (dazu 2.–4.).[225]

1. Maßnahmen auf der Ebene der Anteilsinhaber

a) Vinkulierung

Ein weit verbreitetes Sicherungsmittel zum Schutz vor dem Eindringen familienfremder Dritter in die AG bzw. SE und zur Aufrechterhaltung der bestehenden Beteiligungsquoten[226] ist neben der Übertragung der Anteile auf eine Holding-GmbH vor allem die Vinkulierung von in der Familie verbleibenden Namensaktien (§ 68 Abs. 2 AktG ggf. i.V.m. Art. 5 SE-VO[227]). Vinkulierte Namensaktien können – abweichend vom Grundsatz der freien Übertragbarkeit von Aktien[228] – nur mit Zustimmung der Gesellschaft übertragen werden.[229] Auf diese Weise kann der Kreis der Anteilsinhaber kontrolliert und eine Paketbildung bei unliebsamen Aktionären verhindert werden.[230] Zuständig für die Erteilung der Zustimmung ist dabei der Vorstand (§ 68 Abs. 2 S. 2 AktG) bzw. bei entsprechender Satzungsregelung der Aufsichtsrat oder die Hauptversamm-

224 Zum Squeeze-out-Verfahren nach §§ 327a ff. AktG als Mittel zur Wiedererlangung der Familiensouveränität: *Wälzholz*, DStR 2004, 819 (823).

225 Systematisierung nach *Rothärmel*, BB 2012, 716 ff.

226 *Koch* in Hüffer/Koch, § 68 Rn 10.

227 *Diekmann* in Habersack/Drinhausen, Art. 5 SE-VO Rn 23; *Fleischer* in Lutter/Hommelhoff/Teichmann, Art. 5 SE-VO Rn 10; *Oechsler/Mihaylova* in MüKoAktG, Art. 5 SE-VO Rn 36.

228 Vgl. dazu BGH, NJW 2004, 3561 (3562).

229 *Koch* in Hüffer/Koch, § 68 Rn 10; *Wieneke* in Bürgers/Körber, § 68 Rn 11. In der Vinkulierungsklausel kann geregelt werden, ob die Entscheidung mehrheitlich oder einstimmig getroffen werden muss, wobei Letzteres häufig nicht sinnvoll sein dürfte, vgl. *Scherer*, BB 2010, 323 (324).

230 *Wieneke/Fett* in Bürgers/Fett, § 10 Rn 20.

lung (§ 68 Abs. 2 S. 3 AktG).[231] Bei der Ausgestaltung der Vinkulierungsklausel besteht grundsätzlich Vertragsfreiheit, sodass z.B. Übertragungen an Mitglieder eines Familienstammes von der Vinkulierung ausgenommen werden können.[232] Gemäß § 68 Abs. 2 S. 4 AktG können in der Satzung die Gründe, aus denen die Zustimmung verweigert werden darf, näher konkretisiert werden. Auch hinsichtlich dieser statutarischen Verweigerungsgründe ist der Satzungsgeber grundsätzlich frei. Ein wichtiger Grund ist nicht erforderlich.[233] Es genügt beispielsweise auch die Nichtzugehörigkeit des Erwerbers zu einem bestimmten Familienverband.[234] Umstritten ist, ob die Satzung spiegelbildlich auch vorsehen kann, dass die Zustimmung in bestimmten Fällen, z.B. bei fehlender Familienzugehörigkeit, versagt werden muss. Die h.M. verneint dies zu Recht unter Hinweis auf den Wortlaut des § 68 Abs. 2 S. 4 AktG („ ... die Zustimmung verweigert werden *darf*" – Hervorhebung des Verfassers).[235] Liegen keine statutarischen Bestimmungen für die Verweigerung der Zustimmung vor, entscheidet das jeweils zuständige Gesellschaftsorgan über die Erteilung der Zustimmung nach pflichtgemäßem Ermessen, wobei sich die Ermessensausübung in erster Linie am Wohl der Gesellschaft zu orientieren hat, aber auch die berechtigten Interessen des betroffenen Aktionärs nicht außer Acht lassen darf.[236] Wenn es auch grundsätzlich ein legitimes Interesse darstellt, den Charakter eines Unternehmens als Familien-AG durch Verweigerung der Zustimmung zu erhalten, können im Einzelfall die Interessen des veräußerungswilligen Aktionärs, der auf den Veräußerungserlös existenziell angewiesenen ist, überwiegen und die Gesellschaft daher gehalten sein, ihre Zustimmung zu einer Verfügung an Dritte zu erteilen, wenn sie dem Aktionär

231 Nach einer von *K. Schmidt*, FS Beusch, 759 (768 ff.) im Anschluss an die Holzmüller-Entscheidung des BGH (BGHZ 83, 122 = NJW 1982, 1703) begründeten Ansicht soll darüber hinaus eine gesetzliche Zuständigkeit der Hauptversammlung auch dann anzunehmen sein, wenn durch die Übertragung der vinkulierten Namensaktien erstmalig die Schwelle zur Sperrminorität oder zur einfachen bzw. qualifizierten Mehrheit überschritten wird.

232 *Bayer* in MüKoAktG, § 68 Rn 57 f.; *Binz/Mayer*, NZG 2012, 201 (202); *Reichert*, ZIP 2014, 1957 (1962); *Scherer*, BB 2010, 323 (324); *Wieneke* in Bürgers/Körber, § 68 Rn 17.

233 *Sailer-Coceani* in Münch Hdb AG, § 14 Rn 23.

234 *Bayer* in MüKo, § 68 Rn 60; *Hennerkes/May*, DB 1988, 537 (538); *Koch* in Hüffer/Koch, § 68 Rn 14; *Sailer-Coceani* in Münch Hdb AG, § 14 Rn 23.

235 Ferner werden als Argumente der Ausnahmecharakter der Vorschrift und die Entstehungsgeschichte der Norm angeführt; *Bayer* in MüKoAktG, § 68 Rn 62; *Koch* in Hüffer/Koch, § 68 Rn 14; *Knur*, FS Flume, 173 (182); *Sailer-Coceani* in Münch Hdb AG, § 14 Rn 21a; *Wälzholz*, DStR 2004, 779 (782); *Wirth*, DB 1992, 617 (618). A.A. *Lutter/Drygala* in KK-AktG, § 68 Rn 70; *Schrötter*, DB 1977, 2265 (2268); zumindest kritisch: *Reichert*, ZIP 2014, 1957 (1962).

236 BGH, NJW 1987, 1019 (1020).

keinen anderweitigen Verkauf zu angemessenen Bedingungen an ihr genehme Nachfolger ermöglicht.[237]

Wird die Zustimmung versagt, ist eine vorgenommene Verfügung[238] ex tunc unwirksam und der Veräußerer bleibt Aktionär mit allen Rechten und Pflichten.[239] Zwar können Namensaktien nach den allgemeinen Regeln gutgläubig erworben werden, der gute Glaube kann jedoch nicht die für den Erwerb einer vinkulierten Namensaktie erforderliche Zustimmung der Gesellschaft ersetzen.[240] Eine Schwäche von Vinkulierungsklauseln besteht allerdings darin, dass sie lediglich rechtsgeschäftliche Übertragungstatbestände umfassen.[241] Erfolgt der Rechtserwerb mithin kraft Gesetzes oder im Wege der Gesamtrechtsnachfolge, z. B. durch Begründung einer ehelichen Gütergemeinschaft (§ 1416 BGB) oder durch Erbfall (§ 1922 BGB), greift eine Vinkulierungsklausel nicht.[242] Ferner ist eine Umgehung der Vinkulierungsklausel durch Treuhandvereinbarungen, Stimmrechtsvollmachten oder die Einräumung einer Unterbeteiligung möglich.[243] Auch können Vinkulierungsklauseln keinen wirksamen Schutz vor einem Eindringen Dritter aufgrund von Zwangsvollstreckung in die Aktien oder vor einer Verwertung durch den Insolvenzverwalter eines Aktionärs bieten.[244] Zwar gilt auch in diesen Fällen nach h.M. das Zustimmungserfordernis der Gesellschaft, allerdings darf die Zustimmung im Interesse der Gläubiger jedoch nur aus wichtigem Grund verweigert werden.[245] Daher wird für diese Fälle häufig neben

237 BGH, NJW 1987, 1019 (1020); der BGH weist in der Entscheidung zu Recht darauf hin, dass die anderen Gesellschafter die Aktien andernfalls auch selbst übernehmen können.

238 Nach allgemeiner Meinung betrifft die Vinkulierung nur das dingliche Verfügungsgeschäft, RGZ 132, 149 (157); *Bayer* in MüKoAktG, § 68 Rn 38; *Koch* in *Hüffer/Koch*, § 68 Rn 11; *Wieneke* in Bürgers/Körber, § 68 Rn 13. Nach h.M. ist die Pfändung vinkulierter Namensaktien in der Zwangsvollstreckung gemäß § 808 ZPO zustimmungsfrei. Dagegen ist die Verwertung des Pfändungspfandrechts bei Börsennotierung gemäß § 821 ZPO bzw. andernfalls gemäß §§ 814 ff., 825 ZPO nach heute h.M. an die Zustimmung der AG gebunden, die diese jedoch nur aus wichtigem Grund verweigern darf, vgl. dazu *Sailer-Coceani* in Münch Hdb AG, § 14 Rn 20 und *Wieneke* in Bürgers/Körber, § 68 Rn 14 jeweils m.w.N.

239 *Hennerkes/May*, DB 1988, 537 (538); *Sailer-Coceani* in Münch Hdb AG, § 14 Rn 19 m.w.N.

240 *Hennerkes/May*, DB 1988, 537 (538).

241 *Bayer* in MüKoAktG, § 68 Rn 52; *Koch* in Hüffer/Koch, § 68 Rn 11; *Laubert* in Hölters, § 68 Rn 12; *Sailer-Coceani* in Münch Hdb AG, § 14 Rn 19; *Wieneke* in Bürgers/Körber, § 68 Rn 13.

242 *Hennerkes/May*, DB 1988, 537 (538); *Sailer-Coceani* in Münch Hdb AG, § 14 Rn 19.

243 Vgl. dazu *Binz/Mayer*, NZG 2012, 201 (207 f.); *Wälzholz*, DStR 2004, 819 (820).

244 *Rothärmel*, BB 2012, 716 (716 f.); *Wälzholz*, DStR 2004, 779 (781).

245 Vgl. statt aller nur *Bayer* in MüKoAktG, § 68 Rn 112 ff. mit umfangreichen Nachweisen.

der Vinkulierungsklausel ein ergänzender Schutz durch eine statutarische Regelung über die zwangsweise Einziehung von Aktien gemäß § 237 AktG empfohlen.[246]

b) Zwangseinziehung

Da Vinkulierungsklauseln, wie gezeigt, keinen absoluten Schutz vor einem Eindringen Dritter bieten können, wird bei reinen Familiengesellschaften häufig eine Satzungsregelung empfohlen, die die Zwangseinziehung bei einem Übergang der vinkulierten Aktien auf familienfremde Personen anordnet oder gestattet (§ 237 Abs. 1 S. 2 AktG).[247] Ordnet die Satzung die zwangsweise Einziehung der Aktien an (§ 237 Abs. 1 S. 2 Alt. 1 AktG), muss die Satzung die Voraussetzungen der Zwangseinziehung dabei so genau bestimmen, dass sich die Entscheidung über die Zwangseinziehung auf eine Feststellung der Voraussetzungen durch den Vorstand beschränkt (§ 237 Abs. 6 S. 2 AktG).[248] Hierbei wird es für zulässig erachtet, eine Einziehung für den Fall anzuordnen, dass bei vinkulierten Namensaktien die zur Übertragung notwendige Zustimmung nicht erteilt wird,[249] etwa wegen fehlender Familienzugehörigkeit. Gestattet die Satzung hingegen lediglich die Einziehung von Aktien (§ 237 Abs. 1 S. 2 Alt. 2 AktG), bedarf der von der Hauptversammlung zu fassende Einziehungsbeschluss (vgl. § 237 Abs. 4 AktG) als intensivster denkbarer Eingriff in die Mitgliedschaft einer besonderen sachlichen Rechtfertigung, d.h. er muss erforderlich und verhältnismäßig sein.[250] Da die Hauptversammlung bei der Entscheidung an die Interessen der Gesellschaft – nicht an die Interessen ihrer Gesellschafter – und das Gleichbehandlungsgebot gebunden ist,[251] wird das Interesse der übrigen Familienaktionäre an der Erhaltung des Charakters der Gesellschaft als Familiengesellschaft dem regelmäßig nicht genügen.[252]

c) Ausschluss des Bezugsrechts

Im Falle einer Kapitalerhöhung ist jedem Aktionär auf sein Verlangen ein seinem Anteil an dem bisherigen Grundkapital entsprechender Teil der neuen Aktien zuzuteilen (§ 186 Abs. 1 S. 1 AktG). Dieses sog. Bezugsrecht will einen Schutz der Aktionäre vor einer Verwässerung ihrer mitgliedschaftlichen Stellung einschließlich

246 *Hennerkes/May*, DB 1988, 537 (539); *Rothärmel*, BB 2012, 716 (716 f.); *Wälzholz*, DStR 2004, 779 (781).

247 *Hennerkes/May*, DB 1988, 537 (539); *Rothärmel*, BB 2012, 716 (717); *Wälzholz*, DStR 2004, 779 (781 f.).

248 *Koch* in Hüffer/Koch, § 237 Rn 10.

249 *Assmann/Sethe* in GK-AktG, § 237 Rn 51; *Koch* in Hüffer/Koch, § 237 Rn 12; *Lutter* in KK-AktG, § 237 Rn 36; *Marsch-Barner* in Spindler/Stilz, § 237 Rn 12.

250 *Koch* in Hüffer/Koch, § 237 Rn 16; *Lutter* in KK-AktG, § 237 Rn 47; *Marsch-Barner* in Spindler/Stilz, § 237 Rn 15; *Oechsler* in MüKoAktG, § 237 Rn 45.

251 *Koch* in Hüffer/Koch, § 237 Rn 16; *Marsch-Barner* in Spindler/Stilz, § 237 Rn 15; *Oechsler* in MüKoAktG, § 237 Rn 45.

252 *Rothärmel*, BB 2012, 716 (717).

ihrer vermögensmäßigen Bezüge sicherstellen.[253] Für einen Ausschluss des Bezugsrechts bedarf es neben den formellen Voraussetzungen des § 186 Abs. 3, 4 AktG aufgrund der Schwere des Eingriffs in die Mitgliedschaft nach der Rechtsprechung einer besonderen sachlichen Rechtfertigung.[254] Hiernach muss der Bezugsrechtsausschluss einem Zweck dienen, der im Interesse der Gesellschaft liegt, zur Erreichung des beabsichtigten Zwecks geeignet und erforderlich sowie darüber hinaus verhältnismäßig sein.[255] Ein Ausschluss familienfremder Personen vom Bezugsrecht erfüllt diese strengen Voraussetzungen regelmäßig nicht.[256]

Sind neben Stamm- auch Vorzugsaktien ausgegeben, ist umstritten, ob das Bezugsrecht der Stamm- und Vorzugsaktionäre auf die jeweilige gehaltene Gattung beschränkt ist.[257] Die praktische Bedeutung des Meinungsstreites ist jedoch gering, da Einigkeit besteht, dass über einen sog. gekreuzten Bezugsrechtsausschluss, bei dem das Bezugsrecht der Stammaktionäre auf neue Vorzugsaktien und das Bezugsrecht der Vorzugsaktionäre auf neue Stammaktien gemäß § 186 Abs. 3 AktG ausgeschlossen wird, eine Ausgabe von Stamm- und Vorzugsaktien entsprechend dem bisherigen Verhältnis erzielt werden kann.[258] Ein gekreuzter Bezugsrechtsausschluss genügt dabei den Anforderungen der sachlichen Rechtfertigung, da dieser dazu dient, das bisherige Verhältnis der Gattungen zu bewahren und die fehlende Möglichkeit der Aktionäre, Aktien der jeweils anderen Gattung zu beziehen, dadurch kompensiert wird, dass auch die Aktionäre der anderen Gattung dieser Einschränkung unterliegen.[259]

---

253 *Koch* in Hüffer/Koch, § 186 Rn 2.

254 Grundlegend BGHZ 71, 40 (43 ff.) = NJW 1978, 1316 (1317) – „Kali & Salz".

255 Vgl. dazu *Koch* in Hüffer/Koch, § 186 Rn 26 ff.; *Schürnbrand* in MüKoAktG, § 186 Rn 98 ff.

256 *Rothärmel*, BB 2012, 716 (717).

257 Eine Ansicht nimmt unter Hinweis auf den Wortlaut von § 186 Abs. 1 S. 1 AktG und den aktienrechtlichen Gleichbehandlungsgrundsatz (§ 53a AktG) ein gattungsübergreifendes Mischbezugsrecht an, vgl. *Lutter* in KK-AktG, § 186 Rn 3; *Rebmann* in NK-AktR, § 186 Rn 6; *Rittig*, NZG 2012, 1292 (1293); Nach der Gegenansicht soll das Bezugsrecht im Falle einer das Verhältnis zwischen den Gattungen wahrenden Kapitalmaßnahme aus Gründen des Bestandsschutzes auf die jeweilige Gattung beschränkt sein, vgl. *Wiedemann* in GK-AktG § 186 Rn 69; *Koch* in Hüffer/Koch, § 186 Rn 4; *Marsch-Barner* in Bürgers/Körber § 186 Rn 7; *Schürnbrand* in MüKoAktG, § 186 Rn 49; *Scholz* in Münch Hdb AG, § 57 Rn 105. Für letztere Ansicht spricht der Gedanke, dass das Bezugsrecht als Instrument des Nachteilsausgleichs lediglich eine Verwässerung der bestehenden Rechtsposition verhindern, nicht jedoch eine Verbesserung der Rechtsposition gewähren soll, *May*, Sicherung des Familieneinflusses, S. 225; *Schürnbrand* in MüKoAktG, § 186 Rn 49.

258 *May*, Sicherung des Familieneinflusses, S. 224; *Scheifele*, BB 1990, 497 (499 f.); *Scholz* in Münch Hdb AG, § 57 Rn 105; *Schürnbrand* in MüKoAktG, § 186 Rn 50.

259 *Rittig*, NZG 2012, 1292 (1293 f.).

d) *Gesellschafterabreden und Poolverträge*

Da die Vereinbarung von Nebenpflichten und Sonderrechten in der Satzung einer AG bzw. SE nur in den engen Grenzen des § 55 AktG möglich ist, werden auf der Ebene der Familiengesellschafter, ergänzend zu den vorstehenden genannten aktienrechtlichen Sicherungsinstrumenten, häufig schuldrechtliche Abreden getroffen.[260] Ein beliebtes Instrument zur Interessenbündelung von Familiengesellschaftern – insbesondere vor einem Börsengang oder der Aufnahme familienfremder Investoren – stellt der Abschluss von sog. Pool- bzw. Konsortialverträgen dar.[261] Solche Poolverträge bieten den Vorteil, dass ihr Inhalt – anders als Regelungen in der Satzung – nicht der Öffentlichkeit zugänglich ist.[262] Neben Absprachen zur Veräußerungsbeschränkung, z. B. durch Andienungspflichten mit korrespondierenden Vorerwerbsrechten,[263] werden in Poolverträgen vor allem Regelungen über eine einheitliche Stimmrechtsausübung in der AG bzw. SE nach einer entsprechenden Abstimmung im Konsortium getroffen.[264] Die Zulässigkeit von Stimmbindungen durch entsprechende Vereinbarungen folgt aus der Vertragsfreiheit und aus einem Umkehrschluss aus § 136 Abs. 2 AktG.[265] Verfolgen die Vertragspartner über eine gewisse Dauer einen gemeinsamen Zweck, der in der Sicherung des Familieneinflusses auf die Gesellschaft durch eine Bündelung der Stimmen bestehen kann, entsteht zwischen ihnen eine Gesellschaft bürgerlichen Rechts.[266] Im Regelfall liegt dabei eine Innen-GbR vor, da die Gesellschafter es bei der schuldrechtlichen Abrede belassen und ihr Stimmrecht in der Gesellschaft selber ausüben.[267] Erfolgt die Stimmabgabe dabei vertragswidrig gegen einen vorangegangenen Beschluss im Konsortium, ändert dies nichts an ihrer Gültigkeit.[268] Eine noch stärkere Familienbindung lässt sich erreichen, wenn die Aktien in das Gesamthandsvermögen eingebracht werden, da ihre Übertragbarkeit hierdurch beschränkt wird (§ 719 Abs. 1 BGB)[269] und die Stimmrechtsausübung lediglich durch die geschäftsführenden Gesellschafter erfolgt.[270]

---

260 *Wälzholz*, DStR 2004, 819.

261 *Hoffmann-Becking* in Münch Hdb AG, § 39 Rn 43; vgl. *Scherer*, BB 2010, 323 (328 f.).

262 Vgl. zu dem Geheimhaltungsaspekt: *König*, ZGR 2005, 417 (419).

263 *Hoffmann-Becking* in Münch Hdb AG, § 39 Rn 44; *Scherer*, BB 2010, 323 (328).

264 *Zöllner* in KK-AktG, § 136 Rn 83; *Holzborn* in Bürgers/Körber, § 136 Rn 22; *Schröer* in MüKoAktG, § 136 Rn 60.

265 BGHZ 179, 13 (19) = NJW 2009, 669 (670) – „Schutzgemeinschaftsvertrag II".

266 BGHZ 179, 13 (19) = NJW 2009, 669 (670) – „Schutzgemeinschaftsvertrag II"; *Schröer* in MüKoAktG, § 136 Rn 60; *Hirschmann* in Hölters, § 133 Rn 38.

267 BGH, NJW 2009, 669 (670) – „Schutzgemeinschaftsvertrag II"; *Hirschmann* in Hölters, § 133 Rn 37; *Schröer* in MüKoAktG, § 136 Rn 60; *Wertenbruch*, NZG 2009, 645 (646).

268 *Hirschmann* in Hölters, § 133 Rn 37; *Spindler* in K. Schmidt/Lutter § 136 Rn 39. Der verstoßende Vertragspartner kann sich jedoch gegenüber den anderen Vertragspartnern schadensersatzpflichtig machen.

269 Vgl. *Rothärmel*, BB 2012, 716 (717); *Wälzholz*, DStR 2004, 819 (820).

270 *Schröer* in MüKoAktG, § 136 Rn 60.

Nach der Rechtsprechung des BGH können die Mitglieder des Konsortiums ihr Abstimmungsverhalten hinsichtlich sämtlicher von ihnen – bzw. der von der Außen-GbR – gehaltenen Aktien auch dann mit einfacher Mehrheit beschließen, wenn der Beschluss auf der Ebene der AG bzw. SE einer qualifizierten Mehrheit bedarf.[271]

Rein schuldrechtliche Vereinbarungen zwischen Gesellschaftern weisen die Schwäche auf, dass sie bei einer Übertragung der Aktien nicht automatisch auf den Rechtsnachfolger mit übergehen, sondern jeweils eine Vertragsübernahme erforderlich ist.[272] Demgegenüber stellen Poolverträge mit entsprechenden Regelungen über die Stimmbindung ein sinnvolles Instrument zur Sicherung des Familieneinflusses dar, wenn nicht zur Familie gehörende Fremdgesellschafter aufgenommen werden. Der Einfluss der Familie ist jedoch nur dann sichergestellt, wenn die Konsortialmitglieder zusammen über die (qualifizierte) Mehrheit in Form von Anteilen an der Gesellschaft verfügen. In diesem Fall sind die Finanzierungsmöglichkeiten wiederum eingeschränkt. Bei börsennotierten Gesellschaften sind auf eine Stimmbindung ausgerichtete Abreden ferner wegen der Zurechnungstatbestände und der damit verbundenen Meldepflichten nach dem WpHG und der Verpflichtung zur Abgabe eines Übernahmeangebotes nach dem WpÜG problematisch.[273]

2. *Maßnahmen betreffend die Hauptversammlung*

Um sicherzustellen, dass eine Unternehmerfamilie auch dann in der Hauptversammlung der AG bzw. SE eine Mehrheit innehat, wenn sie Fremdgesellschafter aufnimmt, kommen neben der Ausgabe stimmrechtsloser Vorzugsaktien (dazu unter a)) Gestaltungen zum Stimmrecht in Betracht (dazu unter b)).

a) Stimmrechtslose Vorzugsaktien

Ein weit verbreitetes Instrument bei der AG und SE zur Sicherung des Familieneinflusses in der Hauptversammlung im Falle der Aufgabe der alleinigen Anteilseignerstellung sind stimmrechtslose Vorzugsaktien.[274] Gemäß § 139 Abs. 1 S. 1 AktG (bei der SE i.V.m. Art. 5 SE-VO[275]) kann für Aktien das Stimmrecht ausgeschlossen werden, wenn diese mit einem Vorzug bei der Verteilung des Gewinns ausgestattet sind.[276] Um allgemein Gesellschaften die Eigenkapitalausstattung und im Be-

271 BGH, NJW 2009, 669 (671) – „Schutzgemeinschaftsvertrag II“.

272 *Wälzholz*, DStR 2004, 819.

273 Vgl. dazu *Hirschmann* in Hölters, § 133 Rn 36.

274 *Hennerkes/May*, DB 1988, 537 (538) *May*, Sicherung des Familieneinflusses, S. 218; *Spindler* in K. Schmidt/Lutter, § 139 Rn 2; *Hirschmann* in Hölters, § 139 Rn 2.

275 *Oechsler/Mihaylova* in MüKoAktG, Art. 5 SE-VO Rn 36.

276 Ein Stimmrechtsausschluss ohne gleichzeitige Gewährung eines Vorzuges ist nicht zulässig, vgl. nur *Schröer* in MüKoAktG § 139 Rn 8. Umstritten ist die Zulässigkeit einer Satzungsbestimmung, die die Vorzugsaktionäre auf die Vorzugsdividende begrenzt und sie im Übrigen von der Gewinnverteilung ausschließt. Teilweise (*Hefermehl* in Geßler/Hefermehl/Eckardt/Kropf, § 139 Rn 7) wird dies für zulässig

sonderen Kreditinstituten die Erfüllung regulatorischer Vorgaben zu erleichtern, wurde das Recht der Vorzugsaktie durch die Aktienrechtsreform 2016 in zweifacher Hinsicht flexibilisiert.[277] Nach der Streichung des Wortes „nachzuzahlenden" in § 139 Abs. 1 S. 1 AktG ist das Recht auf Nachzahlung des Vorzugs nicht mehr als zwingendes Ausstattungsmerkmal stimmrechtloser Vorzugsaktien anzusehen. Vielmehr steht es den Gesellschaften nunmehr frei, ob sie sich für Vorzugsaktien mit Nachzahlungsrecht oder für solche ohne Nachzahlungsrecht entscheiden.[278] Der Vorzug kann nach dem durch die Aktienrechtsreform 2016 neu eingefügten § 139 Abs. 1 S. 2 AktG insbesondere in einem auf die Aktie vorweg entfallenden Gewinnanteil (Vorabdividende) oder einem erhöhten Gewinnanteil (Mehrdividende) bestehen. Auch eine Kombination aus Vorab- und Mehrdividende ist ausweislich der Gesetzesbegründung zulässig.[279] Das bisherige Verständnis von § 139 Abs. 1 AktG, nach dem der Vorzug in einer Priorität der Vorzugsaktionäre gegenüber den Stammaktionären bei der Ausschüttung des Bilanzgewinns bestand,[280] gilt demnach nur noch für die Ausgestaltung als Vorabdividende fort.[281] Die Vereinbarung einer Mehrdividende dürfte für Vorzugsaktionäre dann attraktiver sein, wenn die Gesellschaft wirtschaftlich erfolgreich ist.[282] Vorbehaltlich einer abweichenden Satzungsbestimmung ist eine mangels hinreichenden Bilanzgewinns nicht gezahlte Vorabdividende in späteren Geschäftsjahren nachzuzahlen (§ 139 Abs. 1 S. 3 AktG n. F.).[283] Bei bestehender Nachzahlungspflicht wird man entsprechend der bisherigen Rechtslage[284] anzunehmen haben, dass die Höhe der Vorabdividende objektiv bestimmbar sein

gehalten, da das Gesetz den Stimmrechtsausschluss allein an die Gewährung eines nachzahlbaren Vorzugs bei der Gewinnverteilung knüpfe. Nach der Gegenansicht (*Zöllner* in KK-AktG, § 139 Rn 12) soll eine solche Satzungsgestaltung unzulässig sein, da die Vorzugsaktie dann ihren Charakter als Zwischentypus zwischen der mit einer festen Verzinsung ausgestatteten Obligation einerseits und der mit einer Gewinnbeteiligung und Stimmrecht ausgestatteten Stammaktie verliere und zu einer Obligation minderen Rechts verkomme.

277 § 136 Abs. 1 S. 1 AktG wurde mit Wirkung vom 31.12.2015 durch das Gesetz zur Änderung des Aktiengesetzes (Aktienrechtsnovelle) vom 22.12.2015 (BGBl. I S. 2565) geändert, die Sätze 2 und 3 angefügt.

278 Vgl. Reg. Begr. BT-Drs. 18/4349, S. 25.

279 Vgl. Reg. Begr. BT-Drs. 18/4349, S. 25; *Götze/Nartowska*, NZG 2015, 298 (303 f.).

280 *Schröer* in MüKoAktG, § 139 Rn 8: „Vorab- oder Vorzugsdividende".

281 *Koch* in Hüffer/Koch, § 139 Rn 6.

282 Vgl. Reg. Begr. BT-Drs. 18/4349, S. 26.

283 Nach BGH, NZG 2011, 75 (76) ist der Anspruch der stimmrechtslosen Vorzugsaktionäre auf die Vorzugsdividende zunächst nur ein mitgliedschaftliches Recht, das erst mit dem Gewinnverwendungsbeschluss der Hauptversammlung zu einem selbstständigen übertragbaren Anspruch erstarkt.

284 Vgl. zum bislang geltenden Erfordernis der objektiven Bestimmbarkeit des Vorzugs nur: *Bormann* in Spindler/Stilz § 139 Rn 11; *Schröer* in MüKoAktG, § 139 Rn 11 jeweils m.w.N.

muss.[285] Hingegen ist im Falle eines nicht nachzuzahlenden Vorzugs eine objektive Bestimmbarkeit nicht zwingend geboten, sodass insoweit künftig z.B. auch eine Koppelung an das Jahresergebnis zulässig ist.[286]

Vorzugsaktien ermöglichen eine (weitere) Eigenkapitalaufnahme bei der AG und SE ohne weitgehende Beeinträchtigung des unternehmerischen Einflusses der Stammaktionäre.[287] Eine Familie kann durch die Ausgabe von Vorzugsaktien eine AG oder SE schon durch eine Beteiligung von 37,5 Prozent am Grundkapital (d.h. 75 Prozent der Stammaktien + 1 Aktie) im Sinne einer qualifizierten Mehrheit beherrschen.[288] Allerdings sind die Möglichkeiten der Finanzierung unter Beibehaltung des gesicherten Familieneinflusses begrenzt, da eine Ausgabe von Vorzugsaktien nur bis zur Hälfte des Grundkapitals erfolgen darf (§ 139 Abs. 2 AktG). Diese Höchstgrenze soll verhindern, dass mittels eines geringen Anteils am Kapital ein beherrschender Einfluss auf die Gesellschaft ausgeübt werden kann, indem die Mehrzahl an Aktien als stimmrechtslose Vorzugsaktien ausgegeben wird.[289] Möchte eine Unternehmerfamilie über die einfache Mehrheit in der Hauptversammlung verfügen, kann sie ihre Beteiligung folglich nicht auf weniger als ein Viertel des Grundkapitals + 1 Aktie verringern.[290] Hat sie bereits eine derartige Reduzierung vorgenommen, kann und ist sie nicht willens oder in der Lage im Rahmen einer Kapitalerhöhung[291] ihre Beteiligungsquote aufrecht zu erhalten, kann es zu einer Blockade der Kapitalaufnahme kommen.[292]

---

285 *Koch* in Hüffer/Koch, § 139 Rn 11. Als Vorzugsdividende wird dabei in der Praxis überwiegend entweder ein fester Betrag oder ein Prozentsatz des anteiligen Betrags am Grundkapital (häufig 4–7 Prozent des Grundkapitals) vereinbart. Denkbar sind aber auch veränderliche Bezugsgrößen, wie z. B. der Basiszinssatz, vgl. *Koch* in Hüffer/Koch, § 139 Rn 11. Gegen das Erfordernis einer objektiven Bestimmbarkeit bei Pflicht zur Nachzahlung: *Herrler* in Grigoleit, § 139 Rn 17.

286 *Herrler* in Grigoleit, § 139 Rn 17; *Koch* in Hüffer/Koch, § 139 Rn 11.

287 Lediglich die in § 141 Abs. 1, Abs. 2 AktG genannten Beschlussgegenstände bedürfen der Zustimmung der Vorzugsaktionäre.

288 *Hennerkes/May*, DB 1988, 537 (538); *May*, Sicherung des Familieneinflusses, S. 219.

289 *Spindler* in K. Schmidt/Lutter, § 139 Rn 1.

290 *Hennerkes/Binge* in Hennerkes/Kirchdörfer, S. 44.

291 Die Vorzugsaktie gewährt dem Aktionär mit Ausnahme des Stimmrechts alle anderen Mitgliedschaftsrechte in Form von Verwaltungs- und Vermögensrechten (§ 140 Abs. 1 AktG). Vorzugsaktionären steht somit auch das Bezugsrecht (§ 186 AktG) zu. Dies gilt auch dann, wenn lediglich neue Stammaktien ausgegeben werden, vgl. *Bormann* in Spindler/Stilz, § 140 Rn 13; *Koch* in Hüffer/Koch, § 140 Rn 3; *Schröer/Doralt* in MüKoAktG § 140 Rn 4. Zur Sicherung des Familieneinflusses wird daher empfohlen, bei jeder Kapitalerhöhung zumindest *pari passu* neue Vorzugsaktien auszugeben und den Vorzugsaktionären ein auf diese beschränktes Bezugsrecht einzuräumen. *Hennerkes/May*, DB 1988, 537 (538); vgl. zur Zulässigkeit eines gekreuzten Bezugsrechtsausschlusses oben unter § 2 G. I. 1. c).

292 *Hasselbach/Ebbinghaus*, DB 2015, 1269 (1272).

Darüber hinaus besteht die Gefahr, dass das Stimmrecht der Vorzugsaktionäre wegen einer Nichtzahlung des Vorzugs auflebt und es zu einer Verschiebung der Machtverhältnisse kommt.[293] Bezüglich des Auflebens des Stimmrechts im Falle einer Nichtzahlung des Vorzugs differenziert § 140 Abs. 2 AktG nunmehr zwischen nachzuzahlendem und nicht nachzuzahlendem Vorzug. Ist der Vorzug nachzuzahlen, steht den Vorzugsaktionären das Stimmrecht erst zu, wenn der Vorzugsbetrag in einem Jahr zumindest teilweise nicht gezahlt wurde und der Rückstand im nächsten Jahr nicht vollständig neben dem vollen Vorzug für dieses Jahr nachgezahlt wird (§ 140 Abs. 2 S. 1 AktG). Ist der Vorzug nicht nachzuzahlen, lebt das Stimmrecht der Vorzugsaktionäre bereits dann wieder auf, wenn der Vorzugsbetrag in einem Jahr teilweise nicht gezahlt wird (§ 140 Abs. 2 S. 2 AktG). Bei einer Kombination aus einem nachzahlbaren und einem nicht nachzahlbaren Vorzug, zum Beispiel in Form einer nicht nachzahlbaren Mehr- und einer nachzahlbaren Vorabdividende, führt schon der erste teilweise Ausfall des nicht nachzahlbaren Teils zum Wiederaufleben des Stimmrechts.[294]

Ein weiterer Nachteil von Vorzugsaktien für die Gesellschaft besteht darin, dass sich die Finanzierung aufgrund des den Vorzugsaktionären zu zahlenden Vorzugs bei der Gewinnverteilung verteuert.[295] Durch die Schaffung von zwei Aktiengattungen entsteht darüber hinaus eine uneinheitliche Aktionärsstruktur, was sich negativ auf die Liquidität der Stammaktien und damit letztlich auch auf die Stellung des Unternehmens in einem Aktienindex, etwa dem DAX, auswirken kann,[296] da im DAX immer nur die liquidere Aktiengattung berücksichtigt wird.[297] Außerdem geht eine uneinheitliche Aktionärsstruktur mit einem höheren Verwaltungsaufwand und somit höheren Verwaltungskosten einher.[298] Schließlich werden Vorzugsaktien am Kapitalmarkt wegen ihres eingeschränkten Einflusses auf die Unternehmensführung in aller Regel mit einem Preisabschlag von ca. 10–20 Prozent gehandelt.[299] Ein deutlicher Bewertungsabschlag dürfte vor allem dann anzunehmen sein, wenn von der nunmehr bestehenden Möglichkeit Gebrauch gemacht wird, Vorzugsaktien ohne Nachzahlungsrecht auszugeben. Es bleibt abzuwarten, ob solche Vorzugsaktien

---

293 *Hasselbach/Ebbinghaus*, DB 2015, 1269 (1272). *Hennerkes/May*, DB 1988, 537 (538) empfehlen daher vorsorglich in der Satzung eine Streuauflage und ein Höchststimmrecht für Vorzugsaktionsaktionäre zu normieren. Zur Frage der Zulässigkeit von Höchststimmrechten für einzelne Aktiengattungen sogleich unter § 2 G. I. 2. b) bb).

294 Vgl. Reg. Begr. BT-Drs. 18/4349, S. 26.

295 *Koch* in Hüffer/Koch, § 139 Rn 3; *Schröer* in MüKoAktG, § 139 Rn 4; *Spindler* in K. Schmidt/Lutter, § 139 Rn 2.

296 *Wirth/Arnold*, ZGR 2002, 859 (861). Vgl. zu dieser Problematik den Umwandlungsbericht der Fresenius SE, S. 34.

297 Vgl. den Leitfaden zu den deutschen Aktienindizes, S. 23.

298 Vgl. *Haider-Giangreco/Polte*, BB 2014, 2947 (2952).

299 *May*, Sicherung des Familieneinflusses, S. 226; *Jung/Wachtler*, AG 2001, 513 ff.; *Pellens/Hillebrandt*, AG 2001, 57 (62 ff.); *Spindler* in K. Schmidt/Lutter, § 139 Rn 2; kritisch: *Hasselbach/Ebbinghaus*, DB 2015, 1269 (1271 f.).

ohne Nachzahlungsrecht vom Markt angenommen werden. Die seit den 80er Jahren abnehmende Bedeutung von Vorzugsaktien ist nicht zuletzt auch auf die mangelnde Bekanntheit bei ausländischen Investoren zurückzuführen.[300]

Die aufgezeigten Nachteile von Vorzugsaktien haben in der jüngeren Vergangenheit vermehrt dazu geführt, dass Unternehmen eine Umwandlung stimmrechtsloser Vorzugsaktien in Stammaktien vorgenommen haben.[301] Die Umwandlung von Vorzugsaktien in Stammaktien kann am einfachsten durch einen satzungsändernden Beschluss der Hauptversammlung erreicht werden,[302] durch den der Vorzug aufgehoben wird (vgl. § 141 Abs. 4 AktG). Der Beschluss bedarf einer Mehrheit von mindestens drei Vierteln des bei der Beschlussfassung vertretenen Grundkapitals (§ 179 Abs. 2 S. 1 AktG). Die Vorzugsaktionäre müssen der Satzungsänderung durch einen Sonderbeschluss zustimmen, der mit einer Mehrheit von mindestens drei Vierteln der abgegebenen Stimmen gefasst werden muss (§ 141 Abs. 1, Abs. 3 S. 1, 2 AktG). Eines Sonderbeschlusses der Stammaktionäre (§ 179 Abs. 3 AktG) bedarf es nicht, wenn neben den Stammaktionären keine weiteren stimmberechtigten Aktionäre vorhanden sind, da der Sonderbeschluss in diesem Fall nur eine Wiederholung des ersten Beschlusses wäre.[303] Alternativ kann die Umwandlung von Vorzugsaktien in Stammaktien auch vollzogen werden, indem die Gesellschaft die Vorzugsaktien am Kapitalmarkt erwirbt, sodann einzieht und anschließend im Wege der Kapitalerhöhung neue Stammaktien ausgegeben werden.[304] Teilweise wurden die Vorzugsaktien auch im Rahmen einer Umwandlung einer AG bzw. SE in eine KGaA abgeschafft. Auf die hierbei zu beachtenden Besonderheiten wird im Kapitel über den Weg in die SE & Co. KGaA eingegangen.[305]

b) Gestaltungen zum Stimmrecht

aa) Modifikation der Mehrheitserfordernisse

(1) Rechtslage bei der AG

Gemäß § 133 Abs. 1 AktG gilt für Beschlüsse der Hauptversammlung einer AG der Grundsatz der einfachen Stimmenmehrheit: Es genügt die Mehrheit der abgegebenen Stimmen, soweit das Gesetz oder die Satzung nicht etwas anderes vorschreibt. Das AktG sieht in zahlreichen Fällen eine qualifizierte Mehrheit von drei Vierteln

300 *Hasselbach/Ebbinghaus*, DB 2015, 1269 (122); *Schröer* in MüKoAktG, § 139 Rn 4 m.w.N.

301 So hat etwa die Fresenius SE im Rahmen des Formwechsels in eine SE & Co. KGaA eine Umwandlung von Vorzugs- in Stammaktien im Verhältnis 1 zu 1 vorgenommen. Weitere Beispiele bei *Wirth/Arnold*, ZGR 2002, 859 (861).

302 *Marsch-Barner*, GS Winter, 467 (468); eingehend hierzu: *Senger/Vogelmann*, AG 2002, 193 (193 ff.) und *Wirth/Arnold*, ZGR 2002, 859 (866 ff.).

303 *Koch* in Hüffer/Koch, § 179 Rn 45; *Marsch-Barner*, GS Winter, 467 (468); *Senger/Vogelmann*, AG 2002, 193 (195); *Wirth/Arnold*, ZGR 2002, 859 (871).

304 Vgl. hierzu eingehend: *Wirth/Arnold*, ZGR 2002, 859 (863 ff.).

305 Dazu unter § 7.

der abgegebenen Stimmen[306] bzw. des bei der Beschlussfassung vertretenen Grundkapitals[307] vor. Der Bundesgerichtshof hat das Erfordernis einer solchen Mehrheit des bei der Beschlussfassung vertretenen Grundkapitals im Wege der richterlichen Rechtsfortbildung auch auf die Fälle erweitert, in denen bei Maßnahmen des Vorstandes nach den sog. „Holzmüller-Gelatine"-Grundsätzen eine ungeschriebene Mitwirkung der Hauptversammlung erforderlich ist.[308] Durch die Satzung kann das Erfordernis der einfachen oder qualifizierten Stimmenmehrheit grundsätzlich

---

306 Im Fall der vorzeitigen Abberufung von Aufsichtsratsmitgliedern (§ 103 Abs. 1 S. 2 AktG), für die Zustimmung zu Geschäften des Vorstandes nach Zustimmungsverweigerung des Aufsichtsrates (§ 111 Abs. 4 S. 4 AktG) und für die Zustimmung der Vorzugsaktionäre in einem Beschluss über die Aufhebung oder Beschränkung des Vorzugs sowie zur Ausgabe von Vorzugsaktien, die den bestehenden Vorzugsaktien bei der Verteilung des Gewinns oder des Gesellschaftsvermögens vorgehen oder gleichstehen (§ 141 Abs. 3 S. 2 AktG).

307 Bei Beschlussfassung vertreten ist das stimmberechtigte Kapital, aus dem das Stimmrecht gültig ausgeübt worden ist, d.h. die Summe der Aktien, die mit „ja" oder mit „nein" gestimmt haben. Enthaltungen, stimmrechtlose Vorzugsaktien und Aktien, die in der konkreten Abstimmung kein Stimmrecht gewähren, bleiben also außer Betracht, vgl. *Hirschmann* in Hölters, § 133 Rn 32; *Schröer* in MüKoAktG, § 133 Rn 37; *Zöllner* in KK-AktG, § 133 Rn 72. Eine Mehrheit von drei Vierteln des bei der Beschlussfassung vertretenen Grundkapitals bedürfen z.B. Satzungsänderungen (§ 179 Abs. 2 S. 1 AktG), Kapitalherabsetzungen (§ 222 Abs. 1 AktG) und -erhöhungen (§ 182 Abs. 1 S. 1 AktG), die Auflösung der Gesellschaft (§ 262 Abs. 1 Ziffer 2 AktG). Auch die Verschmelzung (§ 65 Abs. 1 S. 1 UmwG), die Spaltung (§§ 125 S. 1 UmwG, 65 Abs. 1 S. 1 UmwG) und der Formwechsel in eine andere Kapitalgesellschaft (§ 240 Abs. 1 UmwG) erfordern eine solche qualifizierte Mehrheit.

308 BGHZ 83, 122 = NJW 1982, 870 – „Holzmüller"; BGHZ 159, 30 = NJW 2004, 1860 („Gelatine I") und BGH, NZG 2004, 575 („Gelatine II"). Nach der sog. „Holzmüller" Entscheidung des BGH bedürfen schwerwiegende Eingriffe in die Rechte und Interessen der Aktionäre einer AG, wie z.B. die Ausgliederung des wertvollsten Betriebs auf eine Tochtergesellschaft, der Zustimmung der Hauptversammlung, da der Vorstand vernünftigerweise nicht annehmen darf, die Entscheidung in eigener Verantwortung ohne Beteiligung der Hauptversammlung treffen zu können. Dogmatisch begründete der BGH dies mit einer Ermessensreduzierung des Vorstandes bezüglich seiner Möglichkeit, die Zustimmung der Hauptversammlung nach § 119 Abs. 2 AktG einzuholen, BGHZ 83, 122 (131) = NJW 1982, 870. Die Voraussetzungen des schwerwiegenden Eingriffs in die Rechte und Interessen konkretisierte der BGH in der sog. „Gelatine"-Rechtsprechung: Eine ungeschriebene Mitwirkungskompetenz der Hauptversammlung an der dem Vorstand zugewiesenen Leitung der AG ist nur dann anzunehmen, wenn die Maßnahme Veränderungen nach sich zieht, die denjenigen zumindest nahe kommen, welche allein durch eine Satzungsänderung herbeigeführt werden können. Ist die Hauptversammlung hiernach zur Mitwirkung berufen, bedarf ihre Zustimmung einer Dreiviertelmehrheit des vertretenen Grundkapitals.

weiter (und zwar bis zur Einstimmigkeit) verschärft werden.[309] Eine Erschwerung durch die Satzung ist lediglich dann nicht möglich, wenn das Gesetz die einfache Stimmenmehrheit ausdrücklich genügen lässt.[310] Eine Milderung der gesetzlichen Mehrheitserfordernisse kommt bezüglich der einfachen Stimmenmehrheit nur bei Wahlen (§ 133 Abs. 2 AktG) und bezüglich qualifizierter Mehrheiten nur in gesetzlich vorgeschriebenen Fällen in Betracht (z. B. § 179 Abs. 2 S. 2 AktG).[311]

Hinsichtlich einer Modifikation von Mehrheitserfordernissen zur Sicherung des Familieneinflusses stehen einer Unternehmerfamilie somit abhängig von ihrer Ausgangssituation und ihrer Interessenlage verschiedene Möglichkeiten offen. Hält eine Familie lediglich eine einfache und keine qualifizierte Mehrheit der Anteile an dem Unternehmen, wird sie darauf bedacht sein, gesetzlich vorgeschriebene qualifizierte Mehrheiten – soweit zulässig – abzusenken. Plant die Familie hingegen ihren Rückzug in eine Minderheitsposition, kann sie vor Veräußerung der Anteile einfache Mehrheitserfordernisse für alle oder einige Beschlussgegenstände verschärfen und auf diese Weise für die Zukunft Entscheidungen erschweren, die nicht ihrer Interessenlage entsprechen.[312]

(2) Rechtslage bei der SE

Bei der SE werden die Beschlüsse mit der Mehrheit der abgegebenen gültigen Stimmen[313] gefasst, sofern die SE-VO oder gegebenenfalls das im Sitzstaat der SE für Aktiengesellschaften maßgebliche Recht nicht eine größere Mehrheit vorschreibt

---

309 *Austmann* in Münch Hdb AG, § 40 Rn 40; *Koch* in Hüffer/Koch, § 133 Rn 15; *Rieckers* in Spindler/Stilz, § 133 Rn 43; *Schröer* in MüKoAktG, § 133 Rn 51 ff.; *Zöllner* in KK-AktG, § 133 Rn 86.

310 *Austmann* in Münch Hdb AG, § 40 Rn 40; *Koch* in Hüffer/Koch, § 133 Rn 15; *Schröer* in MüKoAktG, § 133 Rn 51 ff. Hierzu zählen die Abberufung eines Aufsichtsratsmitgliedes nach Wegfall des Entsendungsrechts (§ 103 Abs. 2 S. 2 AktG), die Herabsetzung der satzungsmäßigen Vergütung von Aufsichtsratsmitgliedern (§ 113 Abs. 1 S. 4 AktG), die Bestellung von Sonderprüfern (§ 142 Abs. 1 S. 1 AktG) und die Geltendmachung von Ersatzansprüchen der Gesellschaft, insbesondere aus der Geschäftsführung gegen die Mitglieder des Vorstands und des Aufsichtsrats (§ 147 Abs. 1 S. 1 AktG).

311 *Austmann* in Münch Hdb AG, § 40 Rn 44; *Koch* in Hüffer/Koch, § 133 Rn 15. Da das Gesetz zwischen einer Stimmenmehrheit und einer Kapitalmehrheit differenziert, muss eine Satzungsregelung in diesem Fall den Willen zur Änderung einer gesetzlich angeordneten Kapitalmehrheit hinreichend klar zum Ausdruck bringen, vgl. BGH, NJW 1975, 212 (213). Ein Formulierungsbeispiel für eine solche differenzierende Klausel findet sich bei *May*, Sicherung des Familieneinflusses, S. 194.

312 *May*, Sicherung des Familieneinflusses, S. 192; vgl. auch *Rothärmel*, BB 2012, 716 (718).

313 Eine Negativdefinition der gültigen Stimmen findet sich in Art. 58 SE-VO. Hiernach zählen zu den abgegebenen Stimmen nicht solche, die mit Aktien verbunden sind, deren Inhaber nicht an der Abstimmung teilgenommen oder sich der Stimme enthalten oder einen leeren oder ungültigen Stimmzettel abgegeben haben.

(Art. 57 SE-VO). Art. 57 SE-VO lässt somit lediglich zwingende nationale Abweichungen für größere Mehrheiten zu, während nationalgesetzliche Öffnungsklauseln zugunsten mehrheitsverschärfender Satzungsbestimmungen aufgrund des ausdrücklichen Wortlauts („vorschreibt") nicht umfasst sind.[314] Die bei der AG insoweit bestehenden Gestaltungsmöglichkeiten gelten folglich bei der SE nicht. Auch nationale Regelungen, die, wie z.B. § 133 Abs. 2 AktG eine Absenkung des Mehrheitserfordernisses zulassen, finden wegen des eindeutigen Wortlauts von Art. 57 SE-VO auf die SE keine Anwendung.[315] Für satzungsändernde Hauptversammlungsbeschlüsse schreibt Art. 59 Abs. 1 SE-VO eine qualifizierte Zweidrittelmehrheit der abgegebenen Stimmen vor, sofern die Rechtsvorschriften für Aktiengesellschaften im Sitzstaat der SE keine größere Mehrheit vorsehen oder zulassen. Die in § 179 Abs. 2 S. 1 AktG vorgesehene Kapitalmehrheit von drei Vierteln des bei der Beschlussfassung vertretenen Grundkapitals gilt daher nach der überwiegenden Ansicht als zusätzliches Beschlusserfordernis zur jeweils maßgeblichen Stimmenmehrheit.[316]

bb) Höchststimmrechte

Während Mehrstimmrechte bei der AG und SE gemäß § 12 Abs. 2 AktG (ggf. i.V.m. Art. 53 SE-VO[317]) generell unzulässig sind, kann bei nicht börsennotierten[318] Gesell-

---

314 *Bücker* in Habersack/Drinhausen, Art. 57 SE-VO Rn 29; *Eberspächer* in Spindler/Stilz, Art. 57 SE-VO Rn 4; *Kiem* in KK-AktG, Art. 57 SE-VO Rn 40; *Kubis* in MüKoAktG, Art. 57, 58 SE-VO Rn 8; *Mayer* in Manz/Mayer/Schröder, Art. 57 SE-VO Rn 14; *Spindler* in Lutter/Hommelhoff/Teichmann, Art. 57 SE-VO Rn 14; a.A. *Thümmel*, Europäische Aktiengesellschaft, Rn 260. Umstritten ist, ob die im AktG neben der erforderlichen Stimmenmehrheit normierten qualifizierten Kapitalmehrheiten von der Verweisung des Art. 57 SE-VO erfasst werden. Die wohl h.M. bejaht dies mit der Maßgabe, dass anstelle der vorgeschriebenen Kapitalmehrheit auf eine entsprechende Stimmenmehrheit abzustellen ist, *Eberspächer* in Spindler/Stilz, Art 58 SE-VO Rn 5; *Spindler* in Lutter/Hommelhoff/Teichmann, Art. 57 SE-VO Rn 13; *Kubis* in MüKoAktG, Art. 57, 58 SE-VO Rn 7; eingehend zum Streitstand: *Bücker* in Habersack/Drinhausen, Art 57 SE-VO Rn 25 ff.

315 *Bücker* in Habersack/Drinhausen, Art. 57 SE-VO Rn 16; *Eberspächer* in Spindler/Stilz, Art. 57 SE-VO Rn 4; *Spindler* in Lutter/Hommelhoff/Teichmann, Art. 57 SE-VO Rn 10.

316 *Bayer* in Lutter/Hommelhoff/Teichmann, Art. 59 SE-VO Rn 16; *Bücker* in Habersack/Drinhausen, Art. 59 SE-VO Rn 18; *Kiem* in KK-AktG, Art. 59 SE-VO Rn 16 f.; *Mayer* in Manz/Mayer/Schröder, Art. 59 SE-VO Rn 18. Nach der Gegenauffassung ist eine Dreiviertel-Stimmenmehrheit erforderlich, so *Eberspächer* in Spindler/Stilz, Art. 59 SE-VO Rn 4; *Kubis* in MüKoAktG, § 59 SE-VO Rn 6. Allerdings kann die Satzung der SE vorsehen, dass die einfache Mehrheit der abgegebenen Stimmen für Satzungsänderungen ausreicht, sofern mindestens die Hälfte des Grundkapitals vertreten ist (Art. 59 Abs. 2 SE-VO i.V.m. § 51 SEAG).

317 *Eberspächer* in Spindler/Stilz, Art. 58 SE-VO Rn 3.

318 Gemäß § 3 Abs. 2 AktG sind Gesellschaften börsennotiert, deren Aktien zu einem Markt zugelassen sind, der von staatlich anerkannten Stellen geregelt und über-

schaften eine Beschränkung des Stimmrechts in Form von Höchstbeträgen oder Abstufungen durch eine entsprechende Satzungsbestimmung normiert werden (§ 134 Abs. 1 S. 2 AktG). Ein Höchstbetrag kann sich auf einen bestimmten Nennbetrag oder einen Anteil am Grundkapital beziehen.[319] Übliche Grenzen für einen Höchstbetrag sind 5 oder 10 Prozent.[320] Als Anknüpfungskriterium für ein Höchststimmrecht kommt ausschließlich die Kapitalbeteiligung in Betracht.[321] Abstufungen erfolgen, indem nur eine begrenzte Stückzahl die volle Stimmenzahl gewährt, während auf eine weitere Stückzahl eine begrenzte Stimmenzahl entfällt.[322] Auch eine Kombination von Höchstbeträgen und Abstufungen[323] oder eine Differenzierung nach Beschlussgegenständen[324] sind möglich. Wegen des aktienrechtlichen Gleichbehandlungsgrundsatzes (§ 53a AktG) muss die Begrenzung jedoch für alle Aktionäre gleichmäßig ausgestaltet werden (§ 134 Abs. 1 S. 5 AktG).[325] Bei einem Verstoß gegen eine Höchststimmregel sind die zu Unrecht ausgeübten Stimmen ungültig und der gefasste Beschluss anfechtbar.[326] Die Ausübung des Stimmrechts stellt ferner eine Ordnungswidrigkeit dar, die mit einer Geldbuße von bis zu EUR 25.000 geahndet werden kann (§ 405 Abs. 3 Nr. 5, Abs. 4 AktG).[327]

Höchststimmrechte stellen ein Instrument zur Sicherung des Familieneinflusses dar, da mit ihrer Hilfe erreicht werden kann, dass eine Kapitalmehrheit ein

---

wacht wird, regelmäßig stattfindet und für das Publikum mittelbar oder unmittelbar zugänglich ist. Die Beschränkung des § 134 Abs. 1 S. 2 AktG auf nichtbörsennotierte Gesellschaften wurde durch das Gesetz zur Kontrolle und Transparenz im Unternehmensbereich (KonTraG) vom 27.4.1998 (BGBl. I S. 786) eingefügt.

319 *Rieckers* in Spindler/Stilz § 134 Rn 15.

320 *Koch* in Hüffer/Koch, § 134 Rn 6; *Rieckers* in Spindler/Stilz § 134 Rn 15; *Schröer* in MüKoAktG, § 134 Rn 8.

321 *Koch* in Hüffer/Koch, § 134 Rn 6; *Rieckers* in Spindler/Stilz § 134 Rn 15.

322 So kann z. B. bis zu einer Beteiligung im Nennwert von einer Million Euro das volle Stimmrecht bestehen, über eine Million Euro bis zehn Millionen Euro das halbe Stimmrecht und über 10 Millionen Euro das Stimmrecht ganz entfallen. Beispiel nach *Schröer* in MüKoAktG, § 134 Rn 10.

323 *Koch* in Hüffer/Koch, § 134 Rn 6; *Rieckers* in Spindler/Stilz § 134 Rn 16.

324 *Hirschmann* in Hölters, § 134 Rn 12; *Koch* in Hüffer/Koch, § 134 Rn 6; *Schröer* in MüKoAktG, § 134 Rn 11; enthält die Satzung keine nähere Differenzierung, gilt das Höchststimmrecht für alle Beschlussgegenstände, vgl. *Rieckers* in Spindler/Stilz § 134 Rn 17.

325 *Grundmann* in GK-AktG, § 134 Rn 68; *Hirschmann* in Hölters, § 134 Rn 10; *Koch* in Hüffer/Koch, § 134 Rn 14.

326 *Grundmann* in GK-AktG, § 134 Rn 56; *Hirschmann* in Hölters, § 134 Rn 22; *Schröer* in MüKoAktG, § 134 Rn 26.

327 Darüber hinaus macht sich der Aktionär gegenüber der Gesellschaft – nicht jedoch gegenüber anderen Aktionären – schadensersatzpflichtig, da § 405 Abs. 3 Nr. 5 AktG ein Schutzgesetz im Sinne von § 823 Abs. 2 BGB gegenüber der Gesellschaft ist, vgl. *Schröer* in MüKoAktG, § 134 Rn 26.

nur so großes Stimmgewicht hat wie eine Minderheit an Familienaktionären.[328] Auf diese Weise lassen sich etwa feindliche Übernahmen erschweren. Ausweislich der Gesetzesbegründung[329] war diese Erschwerung von Übernahmen einer der entscheidenden Gründe für die Abschaffung von Höchststimmrechten bei börsennotierten Gesellschaften. Damit ist aber auch ihr Anwendungsbereich von vornherein begrenzt und sie kommen für solche Familienunternehmen nicht in Betracht, die (perspektivisch) den Gang an die Börse anstreben. Da Stimmrechtsbeschränkungen für einzelne Aktionäre unzulässig sind und jeweils alle Aktionäre von ihnen gleichermaßen betroffen sind, kann durch sie auch keine einseitige Bevorzugung von Familienmitgliedern erreicht werden. Ein weiterer Nachteil von Höchststimmrechten ist darin zu sehen, dass sie nur bei einem Aktionär Wirkung entfalten, der über den jeweiligen Blockbesitz verfügt, bei einem Wechsel des Anteilseigners aber ggf. leerlaufen, wenn der Erwerber die normierte Schwelle nicht überschreitet.[330] Halten die Familienmitglieder eine große Anzahl an Aktien, sind primär sie von den Höchststimmrechten betroffen. Um dies zu verhindern und lediglich eine Absicherung gegen feindliche Übernahmen zu bieten, müssten demnach relativ hohe Eingriffsschwellen festgesetzt werden, die dann jedoch wiederum den Familieneinfluss bei breit gestreutem Anlegerkreis nicht hinreichend schützen können.[331] Ein befriedigendes Ergebnis lässt sich daher in diesen Fällen nur dann erreichen, wenn die Familienmitglieder und die übrigen Aktionäre im Besitz von Aktien verschiedener Gattung sind und eine Höchststimmregel für lediglich eine Aktiengattung eingeführt wird.[332] Beispielsweise kann als präventives Sicherungsmittel eine Höchststimmregel für Vorzugsaktionäre für den Fall vorgesehen werden, dass deren Stimmrecht wegen Nichtzahlung des Vorzuges wieder auflebt.[333] Zwar wird vereinzelt die Zulässigkeit einer solchen gattungsbezogenen Stimmrechtsbegrenzung verneint, wobei aus § 134 Abs. 1 S. 5 i.V.m. § 12 Abs. 2 AktG geschlossen wird, dass eine Stimmkraftbeschränkung nur entweder allgemein für alle stimm-

328 *Rothärmel*, BB 2012, 716 (718).
329 Reg. Begr. BT-Drucks 13/9712, S. 20 liSp.
330 *Grundmann* in GK-AktG, § 134 Rn 57.
331 *May*, Sicherung des Familieneinflusses, S. 212.
332 Aktien mit gleichen Rechten bilden gemäß § 11 S. 2 AktG eine Gattung. Vinkulierte Namensaktien stellen nach ganz h.M. keine eigene Aktiengattung in diesem Sinne dar, weil sie keinen Unterschied im Mitgliedschaftsrecht beinhalten, vgl. *Heider* in MüKoAktG, § 11 Rn 30; *Koch* in Hüffer/Koch, § 11 Rn 7; *Solveen* in Hölters, § 11 Rn 15; *Vatter* in Spindler/Stilz, § 11 Rn 18; a.A. *Brändel* in GK-AktG, § 11 Rn 17. Auch durch die Festlegung von Höchststimmrechten entsteht keine eigene Gattung, weil sie nicht an Mitgliedschaft, sondern die Zahl der gehaltenen Aktien anknüpfen; *Koch* in Hüffer/Koch, § 11 Rn 7; *Schröer* in MüKoAktG, § 134 Rn 13; *Solveen* in Hölters, § 11 Rn 15; *Vatter* in Spindler/Stilz, § 11 Rn 18.
333 *Hennerkes/May*, DB 1988, 537 (538) sprechen sich für eine solche Regelung in der Satzung aus.

berechtigten Aktien oder gar nicht vorgesehen werden könne.[334] Dem hält die ganz h.M.[335] jedoch zu Recht entgegen, dass das in § 134 Abs. 1 S. 5 AktG normierte Verbot sich ausdrücklich nur auf bestimmte Aktionäre und gerade nicht auf Aktiengattungen bezieht. Für diese Ansicht spricht auch der systematische Vergleich mit § 134 Abs. 2 S. 7 AktG, der sowohl Aktionäre als auch Aktiengattungen explizit erwähnt.[336] Dass der Gesetzgeber in derselben Vorschrift einmal zwischen Aktionären und Aktiengattungen differenziert und einmal nicht, kann nur schwer als Versehen eingestuft werden. Schließlich spricht auch die Entstehungsgeschichte der Norm, bei deren Beratungen ein zunächst vorgesehenes Verbot von Stimmrechtsbeschränkungen für Aktiengattungen gestrichen wurde, weil kein zwingender Grund hierfür ersichtlich sei,[337] für diese Ansicht.[338] Um § 134 Abs. 1 S. 5 AktG nicht zu verletzen, dürfen die Aktiengattungen lediglich nicht so eng definiert werden, dass sie letztlich nur auf bestimmte Personen zutreffen können.[339]

Neben der bereits genannten Beschränkung auf nicht börsennotierte Gesellschaften und dem Erfordernis eines Blockbesitzes verbleiben Höchststimmrechten zwei weitere Schwächen.[340] Zum einen bleiben gemäß § 136 Abs. 1 S. 6 AktG bei der Berechnung einer nach Gesetz oder Satzung erforderlichen Kapitalmehrheit die Beschränkungen außer Betracht, sodass etwa eine Satzungsänderung nicht gegen den Willen einer ausreichend großen Kapitalminderheit entschieden werden kann. Weiterhin besteht die Gefahr, dass die Stimmrechtsbeschränkung dadurch unterlaufen wird, dass sich der Aktionär der Möglichkeit der anonymen Vertretung für den, den es angeht, bedient. Ob die eingangs erwähnte Ahndung mit einem Bußgeld ernsthafte Übernahmeinteressenten tatsächlich davon abhält, sich solcher Methoden zu bedienen, erscheint zumindest fraglich.

3. Maßnahmen betreffend den Aufsichtsrat

Die Möglichkeiten zur Sicherung des Familieneinflusses im Organ Aufsichtsrat sind bei der AG und SE identisch mit denjenigen bei der KGaA, sodass sie an die-

---

334 *Zöllner* in KK-AktG, § 134 Rn 46 f.; einschränkend *Zöllner/Noack*, AG 1991, 117 (124).

335 *Hennerkes/May*, DB 1988, 537 (538); *Herrler* in Grigoleit, § 134 Rn 14; *Hirschmann* in Hölters, § 134 Rn 21; *Holzborn* in Bürgers/Körber, § 134 Rn 11; *Koch* in Hüffer/Koch, § 134 Rn 14; *May*, Sicherung des Familieneinflusses, S. 214; *Spindler* in K. Schmidt/Lutter, § 134 Rn 15; *Rieckers* in Spindler/Stilz, § 134 Rn 26; *Schröer* in MüKoAktG § 134 Rn 12.

336 *May*, Sicherung des Familieneinflusses, S. 214.

337 Vgl. Reg. Begr. bei Kropff, S. 192.

338 *May*, Sicherung des Familieneinflusses, S. 214 f.; *Rieckers* in Spindler/Stilz, § 134 Rn 26; *Spindler* in K. Schmidt/Lutter § 134 Rn 15.

339 *Herrler* in Grigoleit, § 134 Rn 14; *Rieckers* in Spindler/Stilz, § 134 Rn 26; *Spindler* in K. Schmidt/Lutter, § 134 Rn 15; *Schröer* in MüKoAktG § 134 Rn 12.

340 Vgl. zum Folgenden: *May*, Sicherung des Familieneinflusses, S. 216.

ser Stelle nur kurz angesprochen und bezüglich der Einzelheiten auf die dortigen Ausführungen verwiesen wird.[341] In Betracht kommen neben der bereits erörterten Bündelung von Stimmrechten durch Poolverträge im Rahmen der Aufsichtsratswahl statutarische Eignungsvoraussetzungen und vor allem Entsendungsrechte zugunsten bestimmter Aktionäre oder für die Inhaber vinkulierter Namensaktien (§ 101 Abs. 2 S. 1 AktG bzw. Art. 40 Abs. 2 S. 3 SE-VO, Art. 47 Abs. 4 SE-VO). Die Möglichkeit der Einräumung von Entsendungsrechten ist jedoch begrenzt: Sie können für maximal ein Drittel der Zahl der Aufsichtsratsmitglieder vorgesehen werden (§ 101 Abs. 2 S. 4 AktG). Durch diese Begrenzung soll verhindert werden, dass Aktionäre ohne entsprechenden Aktienbesitz den Aufsichtsrat dominieren und ein hinreichender Einfluss der Hauptversammlung auf die Zusammensetzung des Aufsichtsrates sichergestellt wird.[342] Allein durch die Einräumung von Entsendungsrechten kann ohne – ggf. durch Poolverträge abgesicherte – Hauptversammlungsmehrheit eine „Durchbesetzung" des Aufsichtsrates mithin nicht erreicht werden.[343]

4. *Maßnahmen betreffend das Leitungsorgan*

a) Einfluss auf die Besetzung

Einfluss auf die Auswahl des Vorstands kann mittelbar über eine Besetzung des Aufsichtsrats genommen werden. Bislang nicht hinreichend geklärt ist die Frage, ob bzw. inwieweit das dem Aufsichtsrat bei der Bestellung des Vorstands zustehende Auswahlermessen durch statutarische Eignungsvoraussetzungen eingeschränkt werden kann. Das Meinungsbild ist dabei recht unübersichtlich, da teilweise zwischen mitbestimmten und nicht mitbestimmten Gesellschaften differenziert wird. Nach h.L. sind bei nicht der Mitbestimmung unterliegenden Gesellschaften statutarische Eignungsvoraussetzungen zulässig, soweit diese sachbezogen und durch das Gesellschaftsinteresse legitimiert sind und das Auswahlermessen des Aufsichtsrates nicht unzulässig eingeengt wird.[344] Demnach kann die Satzung etwa ein Mindestalter[345] oder bestimmte berufliche Qualifikationen[346] für Vorstandsmitglieder vorschreiben. Demgegenüber sollen nach einer

341 Vgl. dazu unter § 4 A. II.

342 *Habersack* in MüKoAktG, § 101 Rn 53; *Koch* in Hüffer/Koch, § 101 Rn 11; *Spindler* in Spindler/Stilz, § 101 Rn 65.

343 *Reichert*, ZIP 2014, 1957 (1958).

344 *Fleischer* in Spindler/Stilz, § 76 Rn 126 ff.; *Koch* in Hüffer/Koch, § 76 Rn 60; *Kort* in GK-AktG, § 76 Rn 272; *Oltmanns* in NK-AktG, § 76 Rn 24; *Seibt* in K. Schmidt/Lutter, § 76 Rn 37; *Spindler* in MüKoAktG, § 76 Rn 110; *Thüsing* in Fleischer, Vorstands-Hdb, § 4 Rn 14; *Weber* in Hölters, § 76 Rn 76; *Wiesner* in Münch Hdb AG, § 20 Rn 6; eingehend: *May*, Sicherung des Familieneinflusses, S. 94 ff.

345 *Seibt* in K. Schmidt/Lutter, § 76 Rn 37; *Spindler* in MüKoAktG, § 76 Rn 110; *Weber* in Hölters, § 76 Rn 76.

346 *Koch* in Hüffer/Koch, § 76 Rn 60; *Seibt* in K. Schmidt/Lutter, § 76 Rn 37; *Spindler* in MüKoAktG, § 76 Rn 110; *Wiesner* in Münch Hdb AG, § 20 Rn 7.

jüngeren Gegenansicht Eignungsvoraussetzungen grundsätzlich unzulässig und nur als Auswahlrichtlinie zu verstehen sein, über die sich der Aufsichtsrat nach pflichtgemäßem Ermessen hinwegsetzen darf.[347] Für mitbestimmte Gesellschaften sollen nach der überwiegenden Ansicht weitere Einschränkungen gelten.[348] Vereinzelt wird die Zulässigkeit von bindenden statutarischen Eignungsvoraussetzungen hier gänzlich abgelehnt, weil die Wahl der Vorstandsmitglieder eine gemeinsame Angelegenheit der Anteilseigner- und Arbeitnehmerseite sei,[349] während andere die Ermessensbindung auf die Vertreter der Anteilseigner beschränken und nicht auf die der Arbeitnehmer erstrecken möchten.[350] Nach der wohl h.L. sind statutarische Regelungen auch hier zulässig, soweit die Eignungsvoraussetzungen sachbezogen sind und das Einbringen von Arbeitnehmerinteressen durch die inhaltliche Gestaltung der Vorgaben nicht gefährdet wird.[351]

Die Frage der Zulässigkeit einer statutarischen Klausel, die die Zugehörigkeit zu einer Familie vorschreibt, ist auch innerhalb der genannten Ansicht lebhaft umstritten. Während es bei nicht mitbestimmen Gesellschaften teilweise für zulässig erachtet wird, dass das Kriterium der familiären Herkunft bei gleichwertigen Bewerbern den Ausschlag geben soll,[352] wird die Zulässigkeit einer derartigen Klausel bei mitbestimmten Gesellschaften für zumindest bedenklich gehalten, weil dadurch die Auswahl des Aufsichtsrats auf von der Anteilseignerseite genehme Personen beschränkt wird, was der Intention des Mitbestimmungsrechts widerspreche.[353] Den

---

347 *Behme/Zickgraf*, AG 2015, 841 (846 f.); *Hommelhoff*, BB 1977, 322 (324 f.); *Lutter/Krieger/Verse*, Aufsichtsrat, Rn 341; *Mertens/Cahn* in KK-AktG, § 76 Rn 16.

348 Gegen eine Verschärfung des Maßstabs bei mitbestimmten Gesellschaften: *Immenga*, ZGR 1977, 249 (255); *Martens*, AG 1976, 113 (120 f.); *Weber* in Hölters, § 76 Rn 78; *Wiesner* in Münch Hdb AG, § 20 Rn 6.

349 *Säcker*, DB 1977, 1791 (1792 f.).

350 *Mertens*, ZGR 1977, 270 (287 f.).

351 *Fleischer* in Spindler/Stilz, § 76 Rn 129; *Koch* in Hüffer/Koch, § 76 Rn 60; *Kort* in GK-AktG, § 76 Rn 273; *Raiser* in Raiser/Veil/Jacobs, § 31 MitbestG Rn 9; *Seibt* in K. Schmidt/Lutter, § 76 Rn 39; *Spindler* in MüKoAktG, § 76 Rn 111; *Thüsing* in Fleischer, Vorstands-Hdb, § 4 Rn 16; *Ulmer/Habersack* in Ulmer/Habersack/Henssler, § 31 Rn 13.

352 *Ballerstedt*, ZGR 1977, 133 (156); *Fleischer* in Spindler/Stilz, § 76 Rn 128; *Kort* in GK-AktG, § 76 Rn 273; *May*, Sicherung des Familieneinflusses, S. 99 f.; *Ulmer/Habersack* in Ulmer/Habersack/Henssler, § 31 MitbestG Rn 15; *Wiesner* in Münch Hdb AG, § 20 Rn 7; wohl auch: *Spindler* in MüKoAktG, § 76 Rn 110; für eine Zulässigkeit ohne Einschränkung: *Seibt* in K. Schmidt/Lutter, § 76 Rn 37; *Thüsing* in Fleischer, Vorstands-Hdb, § 4 Rn 14; *Weber* in Hölters, § 76 Rn 76.

353 *Kort* in GK-AktG, § 76 Rn 273; *Koberski* in Wlotzke/Wißmann/Koberski/Kleinsorge, § 31 Rn 12; *Raiser* in Raiser/Veil/Jacobs, § 31 MitbestG Rn 11; *Reuter*, AcP 179, 509 (527); Für Zulässigkeit wohl: *Ballerstedt*, ZGR 1977, 133 (156); *Ulmer/Habersack* in Ulmer/Habersack/Henssler, § 31 MitbestG Rn 15.

verschiedenen Ansichten kann hier nicht im Einzelnen nachgegangen werden.[354] Vielmehr genügt es an dieser Stelle zu konstatieren, dass bei der AG und SE – insbesondere bei mitbestimmten Gesellschaften – aufgrund des uneinheitlichen Meinungsbildes in der Literatur keine rechtlich gesicherte Grundlage für eine Sicherung des Familieneinflusses auf der Ebene des Vorstandes durch entsprechende statutarische Regelungen besteht.

b) Einfluss auf die Geschäftsführung

Prägendes Element sowohl der AG als auch der dualistischen SE ist die starke Stellung des Vorstands bzw. des Leitungsorgans. Der Vorstand bzw. das Leitungsorgan nehmen die Geschäfte in eigener Verantwortung wahr (§ 76 Abs. 1 AktG bzw. Art. 39 Abs. 1 S. 1 SE-VO). Eine Begrenzung der Leitungsmacht kann durch die Normierung von Zustimmungsvorbehalten zugunsten des Aufsichtsrates in der Satzung oder durch diesen selbst erreicht werden.[355] Während dies bei der SE optional ist (Art. 48 Abs. 1 SE-VO, § 19 SEAG), besteht bei der AG sogar eine dahin gehende Verpflichtung (§ 111 Abs. 4 S. 2 AktG).[356] In quantitativer Hinsicht ist die Normierung von Zustimmungsvorbehalten dahin gehend begrenzt, dass die eigenverantwortliche Leitung der Gesellschaft durch den Vorstand bzw. das Leitungsorgan nicht unterlaufen werden darf.[357] Eine engere Bindung des operativen Tagesgeschäfts lässt sich bei der SE durch die Wahl des monistischen Leitungssystems erreichen, da bei diesem nicht nur die Normierung von Zustimmungsvorbehalten zugunsten des Verwaltungsrates möglich ist (Art. 48 Abs. 1 SE-VO), sondern die geschäftsführenden Direktoren gegenüber dem Verwaltungsrat auch weisungsgebunden sind (§ 44 Abs. 2 SEAG). Das monistische Leitungssystem kommt jedoch in der Praxis regelmäßig dann nicht in Betracht, wenn die SE mitbestimmt ist, da in diesem Fall der Einfluss der Arbeitnehmer nicht nur auf der Ebene des Kontrollorgans, sondern des Leitungsorgans verwirklicht wird.[358]

II. Die KGaA als Rechtsform zur Sicherung des Familieneinflusses

Die vorstehenden Ausführungen haben gezeigt, dass eine Sicherung des Familieneinflusses bei der AG und der SE nur in begrenztem Umfang möglich ist. Zwar lassen sich insbesondere durch eine Kumulation der einzelnen zur Verfügung stehenden Instrumente bis zu einem gewissen Grad zufriedenstellende Ergebnisse

354 Vgl. jedoch zur ähnlich gelagerten Problematik der Zulässigkeit einer Klausel, die die Familienzugehörigkeit als Eignungsvoraussetzung für Aufsichtsratsmitglieder statuiert, unter § 4 A. II. 2.

355 Vgl. *Rothärmel*, BB 2012, 716 (718).

356 *Reichert/Brandes* in MüKoAktG, Art. 48 SE-VO Rn 1.

357 *Reichert*, ZIP 2014, 1957 (1958).

358 Vgl. dazu bereits oben unter § 2 F. II. 3. d) aa).

erzählen. Allerdings ist es für eine effektive Sicherung des Familieneinflusses auf die Gesellschaft häufig erforderlich, dass die Familie über eine zumindest einfache bzw. ggf. sogar qualifizierte Kapitalmehrheit verfügt. Eine Eigenkapitalaufnahme ist damit von vornherein nur begrenzt möglich. Dies gilt auch für stimmrechtslose Vorzugsaktien, da diese nur bis zur Hälfte des Grundkapitals ausgegeben werden dürfen (§ 139 Abs. 2 AktG) und darüber hinaus aufgrund der weiteren mit ihnen verbundenen oben dargestellten Nachteile in der jüngeren Vergangenheit etwas aus der Mode gekommen sind.[359] Sind die Möglichkeiten der Eigenkapitalaufnahme durch die Ausgabe von Vorzugsaktien erschöpft und wird, etwa zur Wachstumsfinanzierung, eine Kapitalerhöhung erforderlich, droht einer Unternehmerfamilie eine Verwässerung ihres Stimmrechts und damit der Kontrollverlust über „ihr" Unternehmen, wenn sie nicht willens oder in der Lage ist, sich hieran zu beteiligen.[360] Schließlich birgt das Erfordernis einer Kapitalmehrheit den Nachteil, dass das Kapital der Familie in großem Umfang im Unternehmen gebunden ist und somit nicht zur anderweitigen Investition bzw. Risikodiversifizierung eingesetzt werden kann.[361]

Hingegen ist bei der KGaA bereits strukturell bedingt eine weitgehende Trennung von kapitalmäßiger Beteiligung und unternehmerischer Kontrolle über das Unternehmen möglich.[362] Der Einfluss der Familie auf die Leitung des Unternehmens kann unabhängig von einer Beteiligung am Grundkapital dadurch sichergestellt werden, dass sich die Familienmitglieder an der Komplementärgesellschaft der KGaA beteiligen.[363] Der persönlich haftenden Gesellschafterin wird als „geborene[m]"[364] Leitungsorgan der KGaA innerhalb dieser eine exponierte Stellung zuteil. So hat sie bereits nach der gesetzlichen Ausgestaltung die Geschäftsführungs- und Vertretungskompetenz inne, die – anders als die Stellung eines Vorstands (§ 85 AktG) – in zeitlicher Hinsicht unbeschränkt ist und nur durch gerichtliches Verfahren entzogen werden kann (§ 278 Abs. 2 AktG i.V.m. §§ 161 Abs. 2, 117 Hs. 1, 127 Hs. 1 HGB).[365] Darüber hinaus steht ihr gemäß § 285 Abs. 2 S. 1 AktG auch ein Zustimmungsrecht bei bestimmten Beschlüssen der Hauptversammlung – namentlich Satzungsänderungen, Kapitalmaßnahmen und sonstigen Grundlagengeschäften – zu.[366] Kann die Komplementärin zwar

---

359 Vgl. dazu oben unter § 2 G. I. 2. a).

360 *Hasselbach/Ebbinghaus*, DB 2015, 1269 (1270).

361 *Hasselbach/Ebbinghaus*, DB 2015, 1269.

362 Vgl. *Hasselbach/Ebbinghaus*, DB 2015, DB 1269 (1270); *Hoffmann-Becking/Herfs*, FS Sigle, 273 (275); zustimmend: *Fett/Stütz*, NZG 2017, 1121 (1123).

363 *Hoffmann-Becking/Herfs*, FS Sigle, 273 (277).

364 BGH, NJW 1997, 1923 (1924).

365 *Bachmann* in Spindler/Stilz, § 278 Rn 6; *Mayer-Uellner/Otte*, NZG 2015, 737 (738).

366 Vgl. zum Zustimmungsrecht des persönlich haftenden Gesellschafters gemäß § 285 Abs. 2 AktG unter § 5 A. II. 2.

ohne (qualifizierte) Mehrheit keine Grundlagengeschäfte beschließen,[367] können derartige Maßnahmen damit grundsätzlich[368] zumindest auch nicht gegen ihren Willen durchgeführt werden.[369] Zu Recht ist der persönlich haftende Gesellschafter als „Herr im Haus" bezeichnet worden.[370] Aufgrund des insoweit anwendbaren Personengesellschaftsrechts kann die Stellung des persönlich haftenden Gesellschafters gegenüber den Kommanditaktionären sogar noch weiter verstärkt werden. In Betracht kommen dabei insbesondere ein Ausschluss des Zustimmungsrechtes der Kommanditaktionäre zu außergewöhnlichen Geschäftsführungsmaßnahmen (§ 278 Abs. 2 AktG i.V.m. § 164 S. 1 Hs. 2 HGB)[371] sowie eine Erweiterung des Vetorechts der Komplementärin bei Beschlüssen der Hauptversammlung.[372]

Befindet sich die Komplementärgesellschaft in der Hand der Unternehmerfamilie, kann Letztere die Mitglieder der Geschäftsleitung weitgehend autonom festlegen. Denn die Bestellung der Leitungsorganmitglieder erfolgt ohne Beteiligung der Kommanditaktionäre allein nach den jeweils für die Komplementärgesellschaft geltenden Vorschriften, wobei sich Einschränkungen lediglich aus der gesellschafterlichen Treuepflicht ergeben können.[373] Ferner ist der unternehmerische Einfluss der Geschäftsführung in der Kapitalgesellschaft & Co. KGaA größer als der des Vorstands in einer AG bzw. SE.[374] Denn auf der Ebene der Komplementärgesellschaft hat, wie bereits dargestellt, nach vorzugswürdiger Ansicht regelmäßig keine Arbeitnehmerbeteiligung zu erfolgen[375] und auch die Befugnisse eines ggf. mitbestimmten Aufsichtsrates sind in der KGaA stark eingeschränkt.[376]

Ist demnach die Mehrheit in der Hauptversammlung nicht erforderlich, um maßgeblichen Einfluss auf die Leitung der KGaA auszuüben, besteht bei der KGaA auch – anders als bei der AG bzw. SE – die Möglichkeit der weiteren Eigenkapitalaufnahme durch Kapitalerhöhungen, ohne dass hiermit ein wesentlicher Machtverlust für die die Komplementärgesellschaft kontrollierende Unternehmerfamilie verbunden wäre. Dies kann insbesondere dann von Relevanz sein, wenn sich das Unternehmen kein Fremdkapital zu akzeptablen Konditionen beschaffen kann. Da der Familieneinfluss in der KGaA strukturbedingt ähnlich wie durch die Aus-

---

367 Bei Grundlagengeschäften steht den Kommanditaktionären stets ein unabdingbares Zustimmungsrecht zu, vgl. dazu unten unter § 3 D. I. 2. a).

368 In engen Grenzen kann sich eine Zustimmungspflicht der Komplementärin gemäß § 242 BGB ergeben, vgl. dazu unter § 5 A. II. 2. a) mit Fn 139.

369 *Haider-Giangreco/Polte*, BB 2014, 2947 (2952).

370 *Sethe*, Personalistische Kapitalgesellschaft, S. 203; *Kessler*, GmbH & Co. KGaA, S. 25.

371 Vgl. dazu unter § 3 D. I. 2. b).

372 Vgl. dazu unter § 5 A. II. 2. b).

373 Vgl. dazu unter § 3 A. I. 2.

374 *Mayer-Uellner/Otte*, NZG 2015, 737 (738).

375 Vgl. dazu oben unter § 2 F. II. 2.

376 Vgl. dazu ausführlich unter § 4 B.

gabe von Vorzugsaktien eingesetzt werden kann, wird sie auch als „funktionales Äquivalent“ zur Vorzugsaktie[377] bzw. als ein Instrument zur Kontrollerhaltung bei deren Abschaffung[378] angesehen. Die KGaA bietet dabei den Vorteil, dass die Eigenkapitalaufnahme nicht, wie bei Vorzugsaktien, nur begrenzt möglich ist (vgl. § 139 Abs. 2 AktG). Theoretisch können die Kommanditaktien sogar vollständig durch Dritte gezeichnet werden, ohne dass die die Komplementärgesellschaft haltende Unternehmerfamilie die Kontrolle über die KGaA verlieren würde.[379] Allerdings dürfte sich eine solche Beteiligungsstruktur negativ auf die Bewertung der Kommanditaktie auswirken.[380]

Auch im Hinblick auf einen von Familienunternehmern regelmäßig beabsichtigten Schutz vor feindlichen Übernahmen ist die KGaA eine attraktive Rechtsform. Hält eine Unternehmerfamilie einer börsennotierten AG bzw. SE nicht die Mehrheit der stimmberechtigten Aktien, besteht die Gefahr, dass ein Dritter durch den Erwerb einer entsprechenden Mehrheit von Aktien die Kontrolle über das Unternehmen erlangt. Bei der KGaA ist eine solche Gefahr aufgrund der eingeschränkten Einflussnahmemöglichkeiten der Hauptversammlung auf die Unternehmensleitung ausgeschlossen. Ein Kontrollwechsel kann bei einer komplementärdominierten KGaA vielmehr nur durch den Erwerb der Komplementärgesellschaft erreicht werden, deren Anteile jedoch regelmäßig nicht an der Börse gehandelt werden. Die KGaA bietet mithin eine übernahmeresistente Struktur und wird zu Recht als ein Instrument zur Abwehr feindlicher Übernahmeangebote eingeordnet.[381]

III. Ergebnis

Die Rechtsform der KGaA gewährleistet mithin aufgrund ihrer rechtlichen Struktur, dass der Einfluss einer die Komplementärgesellschaft kontrollierenden Familie auch dann gewahrt bleibt, wenn diese nicht mehrheitlich am Grundkapital der Gesellschaft beteiligt ist, da sie Investoren aufnimmt bzw. sich dem Kapitalmarkt öffnet. Die KGaA ist unter diesem Kriterium der Rechtsformwahl der AG und der SE deutlich überlegen. Da eine Beteiligung der Unternehmerfamilie am Grundkapital der KGaA zur Sicherung des Familieneinflusses nicht zwingend erforderlich ist, ist die Rechtsform einer (komplementärdominierten) Kapitalgesellschaft & Co. KGaA vor allem dann interessant, wenn ein erhöhter Kapitalbedarf besteht, die Unternehmerfamilie aber nicht gewillt oder in der Lage ist, sich an einer Ka-

377 *Priester*, ZHR 160, 250 (252 f.); *Schlitt/Winzen*, CFL 2012, 261 (268).
378 Vgl. *Winzen*, Vorzugsaktie, S. 114 f.
379 Vgl. *Mayer*, RWS Forum 1997, 263 (267).
380 Vgl. zur Börsenakzeptanz der KGaA unter § 8 A.
381 *Assmann/Sethe* in GK-AktG, Vor § 278 Rn 51; *Hasselbach/Ebbinghaus*, DB 2015, 1269 (1274); *Mayer-Uellner/Otte*, NZG 2015, 737 (742); *Mertens/Cahn* in KK-AktG, Vor § 278 Rn 7; *Reichert*, ZIP 2014, 1957 (1963); *Wieneke/Fett* in Bürgers/Fett, § 10 Rn 21.

pitalerhöhung zu beteiligen. Zwar können die bei der AG bzw. SE zur Sicherung des Familieneinflusses dargestellten Maßnahmen zur Sicherung des Familieneinflusses grundsätzlich auch bei der KGaA getroffen werden und z. B. Vorzugsaktien ausgegeben werden.[382] Allerdings ist dies bei einer komplementärdominierten Kapitalgesellschaft & Co. KGaA nicht unbedingt erforderlich und zumindest bei kapitalmarktfinanzierten Gesellschaften auch nicht empfehlenswert, da den Interessen der Unternehmerfamilie bereits durch die Struktur der Rechtsform hinreichend Rechnung getragen wird. Es ist mithin ausreichend, wenn auf der Ebene der Komplementärgesellschaft die zur Beschränkung der Anteilsinhaber dargestellten Maßnahmen getroffen werden.[383]

H. Unternehmensnachfolge

Neben der Sicherung des Familieneinflusses ist es ferner regelmäßig ein zentrales Anliegen von Familienunternehmern sicherzustellen, dass ihre Nachkommen das Unternehmen fortführen können. Nicht selten sollen die Kinder auch schon zu Lebzeiten des Familienpatriarchen eine Tätigkeit in dem Unternehmen ausüben und somit an ihre spätere Aufgabe herangeführt werden.[384] Diese Ziele lassen sich in der gesetzestypischen KGaA aus zwei Gründen nicht bzw. nur bedingt verwirklichen. Zum einen geht die Stellung des Komplementärs hier mit dem Risiko der persönlichen Haftung einher, was im Regelfall für die Nachkommen zu einem frühen Zeitpunkt nicht gewollt sein wird. Ein Heranführen an die Unternehmensleitung ist daher nur schwer möglich. Weiterhin besteht bei der gesetzestypischen KGaA Streit über die Rechtsfolgen bei Ausscheiden des einzigen persönlich haftenden Gesellschafters. Verstirbt dieser, scheidet er aus der Gesellschaft aus (§ 278 Abs. 2 AktG i.V.m. §§ 161 Abs. 2, 131 Abs. 3 Nr. 1 HGB) und die Gesellschaft wird – sofern die Satzung nicht anderes bestimmt – nicht mit den Erben fortgesetzt.[385] Da eine KGaA jedoch nach ihrer gesetzlichen Ausgestaltung über einen persönlich haftenden Gesellschafter verfügen muss (§ 278 Abs. 1 AktG), soll es nach der überwiegenden Ansicht zur Auflösung der KGaA kommen und diese sich sodann in Liquidation befinden.[386] Bei einer Kapitalgesellschaft & Co. KGaA

---

382 *Wieneke/Fett* in Bürgers/Fett, § 10 Rn 21.

383 Vgl. dazu oben unter § 2 G. I. 1.

384 *Wälzholz* in Sudhoff, Familienunternehmen, § 2 Rn 8.

385 *Assmann/Sethe* in GK-AktG, § 289 Rn 119.

386 *Bachmann* in Spindler/Stilz, § 289 Rn 26; *Förl/Fett* in Bürgers/Körber, § 289 Rn 8; *Herfs* in Münch Hdb AG, § 78 Rn 48; *K. Schmidt* in K. Schmidt/Lutter, § 289 Rn 15; *Kessler*, NZG 2005, 145 (146); *Koch* in *Hüffer/Koch*, § 289 Rn 9; *Mertens/Cahn* in KK-AktG, § 289 Rn 63; *Schulz* in Bürgers/Fett, § 8 Rn 28; *Schlitt*, KGaA, S. 145. Nach *Perlitt* in MüKoAktG, § 289 Rn 177 soll die Auflösung der Gesellschaft dabei erst nach Ablauf einer 3-monatigen Übergangsfrist entsprechend § 139 Abs. 3 HGB erfolgen. Nach einer anderen Ansicht soll sich die KGaA bei Ausscheiden des einzigen Komplementärs automatisch in eine AG umwandeln,

bestehen die genannten Nachteile bzw. Rechtsunsicherheiten nicht, da hier die Haftung auf das Gesellschaftsvermögen beschränkt ist und die notwendige Kontinuität dadurch gewährleistet ist, dass eine Kapitalgesellschaft nicht versterben kann.[387] Ferner bietet die Kapitalgesellschaft & Co. KGaA gegenüber einer AG bzw. SE den Vorteil, dass ein Nachfolger in der Unternehmensleitung nicht über die Hauptversammlung und ggf. gegen den Widerstand opponierender Minderheitsaktionäre bzw. ihrer Vertreter im Aufsichtsrat gewählt werden muss, sondern grundsätzlich[388] allein durch die Anteilseigner der Komplementärgesellschaft implementiert werden kann.[389]

I. Gestaltungsfreiheit

I. Überlegenheit der KGaA

Der Grundsatz der Satzungsstrenge untersagt bei der AG und SE alle Abweichungen von gesetzlichen Vorschriften, soweit dies nicht ausnahmsweise ausdrücklich für zulässig erklärt wird (§ 23 Abs. 5 S. 1 AktG). Ergänzende Regelungen in der Satzung sind nur dort zulässig, wo das Gesetz keine abschließende Regelung beinhaltet (§ 23 Abs. 5 S. 2 AktG). Diese eingeschränkte Gestaltungsfreiheit ist im Hinblick auf die regelmäßig sehr individuellen Ziele eines Familienunternehmens häufig nicht ideal.[390] So wird dann auch als der wesentliche Vorzug der KGaA im Vergleich zur AG und SE genannt, dass die Satzungsgestaltung in weitaus größerem Maße an die unternehmerischen Bedürfnisse angepasst werden kann.[391] Denn der Grundsatz der Satzungsstrenge gilt bei der KGaA lediglich bezüglich der von § 278 Abs. 3 AktG umfassten Regelungsbereiche, also insbesondere hinsichtlich der Gründung der Gesellschaft, der Durchführung ihrer Hauptversammlung, der Verwaltungs- und Vermögensrechte der Kommanditaktionäre und hinsichtlich der Grundkapitalstruktur, also der Kapitalaufbringung und -erhaltung.[392]

Kallmeyer, ZIP 1994, 1746 (1751); *Philbert*, KGaA, S. 231 ff.; nach *Assmann/Sethe* in GK-AktG, § 289 Rn 149 soll die Umwandlung erst nach Ablauf einer 3-monatigen Frist analog § 139 Abs. 3 HGB erfolgen, wenn in dieser Zeit kein neuer Komplementär in die Gesellschaft eintritt.

387 *Haase*, GmbHR 1997, 917 (922 f.); *Hennerkes/May*, BB 1988, 2393 (2398); *Priester*, ZHR 160, 250 (253).

388 Vgl. zu den Einschränkungen aufgrund der gesellschafterlichen Treuepflicht unter § 3 A. I. 2.

389 *Schlitt/Winzen*, CFL 2012, 261 (270).

390 *Wälzholz*, DStR 2004, 779.

391 *Arnold* in Henssler/Strohn, § 278 AktG Rn 2; *Assmann/Sethe* in GK-AktG, Vor § 278 Rn 51; *Bachmann* in Spindler/Stilz, § 278 Rn 2; *Herfs*, VGR 1998, 23 (27); *ders.* in Münch Hdb AG, § 76 Rn 8; *Müller-Michaels* in Hölters, § 278 Rn 3; *Raiser/Veil*, KapGesR, § 28 Rn 2; *Sethe*, Personalistische Kapitalgesellschaft, S. 108 ff.

392 *Assmann/Sethe* in GK AktG, § 278 Rn 4; *Perlitt* in MüKoAktG Vor § 278 Rn 29; vgl. auch den detaillierten Katalog bei *Assmann/Sethe* in GK-AktG, § 278 Rn 6.

Soweit hingegen über § 278 Abs. 2 AktG das weitgehend dispositive KG-Recht Anwendung findet, kann die Satzung der KGaA wie ein „Maßanzug“[393] an die individuellen Bedürfnisse ihrer Gesellschafter angepasst werden. Die Satzungsfreiheit betrifft dabei, wie bereits erwähnt, insbesondere die Führungsstruktur der KGaA, also die Befugnis der Komplementäre zur Geschäftsführung und zur Vertretung der Gesellschaft, sowie die Rechte der beiden Gesellschaftergruppen untereinander.[394]

II. Personengesellschaftsrechtliche Grenzen der Gestaltungsfreiheit[395]

Auch im Bereich des § 278 Abs. 2 AktG besteht die Gestaltungsfreiheit jedoch nicht schrankenlos, sondern es ergeben sich Einschränkungen aus den zwingenden Grenzen des Personengesellschaftsrechts, namentlich den Grundsätzen der Selbstorganschaft und Verbandssouveränität,[396] der gesellschafterlichen Treuepflicht[397] und dem Abspaltungsverbot.[398] Nach herkömmlicher Auffassung waren ferner der sog. Bestimmtheitsgrundsatz (dazu unter 1.) und die sog. Kernbereichslehre (dazu unter 2.) zu beachten.[399] Aufgrund mehrerer jüngerer BGH-Entscheidungen ist in die Diskussion um die Anwendbarkeit der beiden letztgenannten – über lange Zeit anerkannten – Grundsätze Bewegung gekommen, der im Folgenden nachgegangen werden soll, um beurteilen zu können, ob bzw. welche Anforderungen bei der Satzungsgestaltung einer KGaA zu beachten sind.

---

393 *Assmann/Sethe* in GK-AktG, Vor § 278 Rn 52.

394 BGH, NJW 1997, 1923 (1924); *Assmann/Sethe* in GK-AktG, § 278 Rn 4; *Koch* in Hüffer/Koch, § 278 Rn 18; *Perlitt* in MüKoAktG, Vor § 278 Rn 29. Vgl. ferner den Katalog bei *Assmann/Sethe* in GK-AktG, § 278 Rn. 6.

395 Zur Frage, ob Satzungsgestaltungen einer Publikums-Kapitalgesellschaft & Co. KGaA einer richterlichen Inhaltskontrolle unterliegen, unter § 3 D. I. 1.

396 Dazu unter § 6 B. II. 3. b).

397 Grundlage der gesellschafterlichen Treuepflicht ist der Gesellschaftsvertrag, der damit auch Inhalt und Umfang der Treuepflicht bestimmt, vgl. BGH, NJW 2011, 1667 (1669). Auf Grundlage der gesellschafterlichen Treuepflicht kann hiernach auch nicht in sachlich nicht unvertretbare gesellschaftsvertragliche Regelungen ändernd eingegriffen werden, nur weil dies für angemessener erachtet wird, vgl. BGH, NJW 2011, 1667 (1669); BGH, NJW 1965, 1960.

398 *Assmann/Sethe* in GK-AktG, Vor § 278 Rn 60; *Herfs*, VGR 1998, 23 (28); *ders.* in Münch Hdb AG, § 76 Rn 15; *Nicolas* in Henn/Frodermann/Jannott, § 17 Rn 19; *Perlitt* in MüKoAktG, Vor § 278 Rn 36; *Reger* in Bürgers/Fett, § 5 Rn 7 ff.; *Sethe*, Personalistische Kapitalgesellschaft, S. 115 ff.

399 Vgl. die Nachweise in der vorangegangenen Fußnote mit Ausnahme von *Reger*.

1. Keine Beschränkungen durch den Bestimmtheitsgrundsatz

Das personengesellschaftsrechtliche Erfordernis der Einstimmigkeit (§ 119 Abs. 1 HGB) erweist sich gerade bei Publikumsgesellschaften als wenig brauchbar, sodass hier eine statutarische Abbedingung zugunsten von Mehrheitsregelungen eine faktische Notwendigkeit darstellt. Hierbei war nach nunmehr überholter Auffassung der Rechtsprechung der sog. Bestimmtheitsgrundsatz zu beachten. Dieser ursprünglich vom Reichsgericht zu Beitragserhöhungen[400] entwickelte und später vom BGH[401] übernommene Grundsatz sollte den Anwendungsbereich allgemeiner Mehrheitsklauseln auf „gewöhnliche" Beschlussgegenstände beschränken. Hiervon unterschieden wurden „Vertragsänderungen und ähnliche die Grundlagen der Gesellschaft berührende oder in Rechtspositionen der Gesellschafter eingreifende Maßnahmen, welche bei der im Gesellschaftsvertrag außerhalb eines konkreten Anlasses vereinbarten Unterwerfung unter den Mehrheitswillen typischerweise nicht in ihrer vollen Tragweite erfasst werden und angesichts der Unvorhersehbarkeit späterer Entwicklungen auch regelmäßig nicht erfasst werden" könnten.[402] Diese Beschlussgegenstände sollten nur dann von einer Mehrheitsklausel erfasst sein, wenn sich ein dahin gehender Wille der Gesellschafter dem Gesellschaftsvertrag zweifelsfrei entnehmen ließe.[403] Diese von der Rechtsprechung vorgenommene restriktive Auslegung basierte dabei auf der Wertung, dass eine sämtliche Beschlussgegenstände erfassende allgemeine Mehrheitsklausel eine bedingungslose Unterwerfung der Minderheit unter den Willen der Mehrheit darstelle und daher sittenwidrig sei.[404] Obwohl

---

400 Vgl. RGZ 91, 166 (168), das Gericht erklärte eine allgemein auf Vertragsänderungen bezogene (qualifizierte) Mehrheitsklausel auf beitragserhöhende Beschlüsse für unanwendbar mit der Folge, dass der gefasste Beschluss unwirksam sei. Vgl. ferner RGZ 151, 321 (327); RGZ 163, 385 (391).

401 BGHZ 8, 35 (41 ff.) = NJW 1953, 102. *Schäfer*, ZGR 2013, 237 (239) bezeichnet diese Entscheidung als „Geburtsstunde" des Bestimmtheitsgrundsatzes.

402 BGHZ 170, 283 ff. = NJW 2007, 1685 (1696) – „OTTO" unter Verweis auf: BGHZ 85, 350 (356) = NJW 1983, 1056 (1057 f.) und BGH, NJW 1995, 194 (195).

403 Zu den außergewöhnlichen Vertragsänderungen wurden dabei in der Rechtsprechung folgende Beschlussgegenstände gezählt: Beitragserhöhungen (BGH, NJW 1953, 102 (103)), die Ausschließung einzelner Gesellschafter (BGH, NJW 1953, 102 (103)), die Fortsetzung der Gesellschaft nach Auflösung (BGH, NJW 1953, 102 (103)); die Umwandlung einer Personen- in eine Kapitalgesellschaft (BGH, NJW 1983, 1056 (1057 f.)), die Einschränkung der actio pro socio (BGH, NJW 1985, 2830 (2831)), die Gestattung einer im Gesellschaftsvertrag nicht vorgesehenen Entnahme (BGH, NJW-RR 1986, 1417 (1418)); die Herabsetzung eines bestimmten Mehrheitserfordernisses (BGH, NJW 1988, 411 (412)).

404 Vgl. RGZ 151, 321 (327); RGZ 163, 385 (391). Der BGH hat sich dabei nie ausdrücklich für einen dogmatischen Begründungsansatz entschieden. Nach einer Ansicht ist die Mehrheitsklausel als Einräumung eines Gestaltungsrechts an die Gesellschafterversammlung zu mehrheitlicher Vertragsänderung zu verstehen, *Marburger*, NJW 1984, 2252 (2253); *Mecke*, BB 1988, 2258 (2261); in diesem Sinne

der Bestimmtheitsgrundsatz in der Folge von der Rechtsprechung für Publikumsgesellschaften, eingeschränkt wurde,[405] sah er sich zunehmend Kritik der Literatur ausgesetzt. So wurde einerseits geltend gemacht, der Bestimmtheitsgrundsatz entfalte nicht die beabsichtigte Warnfunktion, da die Kautelarpraxis dazu übergegangen war, mehrheitsfähige Beschlussgegenstände katalogmäßig aufzuzählen.[406] Andererseits bestehe die Gefahr, dass die Gesellschaft bei einem nicht geregelten unvorhersehbaren Beschlussgegenstand handlungsfähig sei.[407] Gerügt wurde ferner, dass sich das Gebot der restriktiven Auslegung eindeutig abgefasster Vertragsklauseln nicht mit den allgemein für Gesellschaftsverträge geltenden Auslegungskriterien vertrage[408] und der Bestimmtheitsgrundsatz auf eine verdeckte Inhaltskontrolle hinauslaufe, ohne die entscheidenden Wertungsgrundlagen offenzulegen.[409]

Im Jahr 2007 leitete der BGH dann in der sog. „OTTO"-Entscheidung[410] die Abkehr vom Bestimmtheitsgrundsatz ein.[411] Er entschied, dass eine Mehrheitsklausel die Beschlussgegenstände, die die Rechtsstellung der Gesellschafter berührten, nicht minutiös auflisten müsse, da der Bestimmtheitsgrundsatz hierdurch zu einer Förmelei denaturiert werde. Es genüge vielmehr, wenn sich aus dem Gesellschaftsvertrag – ggf. im Wege der Auslegung – eindeutig ergebe, dass der infrage stehende Beschlussgegenstand einer Mehrheitsentscheidung unterworfen sein soll.[412] „Mit

---

BGH, NJW 1967, 2157 (2158). Nach der Lehre von der antizipierten Zustimmung beschließen die Gesellschafter bereits bei Abschluss des Gesellschaftsvertrags spätere Vertragsänderungen bzw. stimmen diesen antizipativ zu. Die eigentliche Änderung des Vertrags wird später nur von der Mehrheit rechtstechnisch ausgelöst. Eine antizipierte Zustimmung könne jedoch nur dann angenommen werden, wenn die einzelnen Beschlussgegenstände detailliert umschrieben werden, *Martens*, DB 1973, 413 (415); *Immenga*, ZGR 1974, 385 (419); in diesem Sinne: BGH, NJW 1983, 1056 (1058).

405 BGHZ 66, 82 (85 f.) = NJW 1976, 958 (959); BGHZ 69, 160 (165 f.) = NJW 1977, 2160 (2161); BGHZ 71, 53 (58 f.) = NJW 1978, 1382 (1382 f.); BGHZ 85, 350 (356 f.) = NJW 1983, 1056 (1058); BGH, NJW 1985, 972 (973); BGH, NZG 2013, 63 (64). Da viele KGaAs als Publikumsgesellschaften organisiert sind, war der Anwendungsbereich des Bestimmtheitsgrundsatzes bei der KGaA ohnehin beschränkt, *Reger* in Bürgers/Fett, § 5 Rn 16.

406 *Hennerkes/Binz*, BB 1983, 713 (714); *Mecke*, BB 1988, 2258 (2262); *Wiedemann*, ZGR 1977, 690 (694); *ders.*, JZ 1978, 612 (612 f.).

407 *Hennerkes/Binz*, BB 1983, 713 (715); *Schäfer* in MüKoBGB, § 709 Rn 87 m.w.N.

408 *Schäfer* in MüKoBGB, § 709 Rn 90.

409 *Hennerkes/Binz*, BB 1983, 713 (715); *Schäfer* in MüKoBGB, § 709 Rn 88; *Wiedemann*, ZGR 1977, 690 (694).

410 BGHZ 170, 283 ff. = NJW 2007, 1685 ff. – „OTTO".

411 Eingehend zur Rechtsentwicklung des Bestimmtheitsgrundsatzes: *Schäfer*, ZGR 2013, 237 (239 ff.).

412 BGHZ 170, 283 (287) = NJW 2007, 1685 (1686); bestätigt durch: BGHZ 179, 13 (20) = NJW 2009, 669 (671) – „Schutzgemeinschaftsvertrag II"; BGHZ 191, 293 ff. = BGH, NJW 2012, 1439 (1440).

dieser Maßgabe", so führte der BGH aus,[413] sei am Bestimmtheitsgrundsatz als Instrument des Minderheitenschutzes neben der Kernbereichslehre festzuhalten. Neben dieser formellen Legitimation habe bei mehrheitlich gefassten Beschlüssen auf einer zweiten Stufe eine inhaltliche Wirksamkeitsprüfung zu erfolgen. Hierbei sei zu prüfen, ob „trotz Zulassung der betreffenden Mehrheitsentscheidung im Gesellschaftsvertrag ein unzulässiger Eingriff in schlechthin unverzichtbare [...] oder in ‚relativ unentziehbare', das heißt in nur mit (gegebenenfalls antizipierter) Zustimmung des einzelnen Gesellschafters oder aus wichtigem Grund entziehbare Mitgliedschaftsrechte vorlieg[e]."[414] In der sog. „Schutzgemeinschaftsvertrag II"-Entscheidung stellte der BGH klar, dass eine solche materielle Prüfung im Hinblick auf die Einhaltung der gesellschafterlichen Treuepflicht allgemein bei allen Beschlussgegenständen zu erfolgen habe und nicht nur bei sog. Grundlagengeschäften und Maßnahmen, die in den Kernbereich der Mitgliedschaftsrechte bzw. in absolut oder relativ unentziehbare Rechte der Minderheit eingreifen. In den zuletzt genannten Fällen liege regelmäßig eine treupflichtwidrige Ausübung der Mehrheitsmacht vor, während in sonstigen Fällen die Minderheit den Nachweis einer treupflichtwidrigen Mehrheitsentscheidung zu führen habe.[415]

Mit Urteil vom 21.10.2014 vollzog der II. Zivilsenat des BGH den Paradigmenwechsel endgültig und gab den Bestimmtheitsgrundsatz ausdrücklich zugunsten einer materiellen Beschlusskontrolle auf,[416] nachdem dies in mehreren zwischenzeitlich ergangenen Entscheidungen bereits angeklungen war.[417] Der BGH beugt sich nunmehr der berichtigten Kritik der Literatur und konstatiert, dass die Auslegung gesellschaftsvertraglicher Mehrheitsklauseln nach den allgemeinen Regeln der §§ 133, 157 BGB zu erfolgen habe. Der Bestimmtheitsgrundsatz sei auch nicht in Gestalt einer Auslegungsregel des Inhalts zu berücksichtigen, dass allgemeine Mehrheitsklauseln restriktiv auszulegen sind oder Beschlussgegenstände, die die

---

413 BGH, NJW 2007, 1685 (1687).

414 BGH, NJW 2007, 1685 (1687).

415 BGHZ 179, 13 ff. = NJW 2009, 669 (671) – „Schutzgemeinschaftsvertrag II". Weiter führte der BGH aus, dass im Falle einer treuwidrigen Mehrheitsentscheidung nur diese, nicht aber die Mehrheitsklausel unwirksam sei.

416 BGHZ 203, 77 ff. = BGH, NJW 2015, 859 ff.: „Dem früheren Bestimmtheitsgrundsatz kommt für die formelle Legitimation einer Mehrheitsentscheidung keine Bedeutung mehr zu" (LS 2). Dazu pointiert: *Weber*, JA 2015, 147 (149): Der Bestimmtheitsgrundsatz wurde „nach einer siebenjährigen Trauerzeit noch einmal rituell beerdigt."

417 BGH, NJW 2009, 669 (671) – „Schutzgemeinschaftsvertrag II": „der früher verstandenen Bestimmtheitsgrundsatz"; vgl. auch BGH, NZG 2013, 63 (64): „Diese Entscheidung [gemeint ist BGH, NJW 1988, 411, Anmerkung des Verfassers] beruhte auf der Anwendbarkeit des so genannten Bestimmtheitsgrundsatzes, dem, wie ausgeführt, für die formelle Legitimation einer Mehrheitsentscheidung nach der neueren Rechtsprechung des Senats [...] keine Bedeutung mehr zukommt." In seiner Entscheidung BGHZ 191, 293 = NJW 2012, 1439 zur Beschlussfassung über die Auseinandersetzungsbilanz bei der Auflösung einer Publikumsgesellschaft erwähnte der Senat den Bestimmtheitsgrundsatz gar nicht mehr, *Schäfer* in MüKoBGB, § 709 Rn 86.

Grundlagen der Gesellschaft betreffen oder ungewöhnliche Geschäfte beinhalten, von allgemeinen Mehrheitsklauseln nicht erfasst werden, da sich hierfür im Gesetz keine Stütze finde.[418] Es genüge vielmehr, wenn vielmehr die subjektive – bzw. bei Publikumspersonengesellschaften die objektive[419] – Auslegung des Gesellschaftsvertrags zu dem Ergebnis führe, dass der betreffende Beschlussgegenstand von der Mehrheitsklausel erfasst sein soll.[420]

Diese von der Literatur mit Beifall aufgenommene Entscheidung[421] des BGH ist zu begrüßen, da das Gebot der restriktiven Auslegung von Mehrheitsklauseln dogmatisch nicht zu rechtfertigen war. Nach nunmehr einhelliger Meinung kann eine allgemein gefasste Mehrheitsklausel auch für Grundlagenentscheidungen und Vertragsänderungen eine hinreichende formelle Legitimationsgrundlage darstellen, sofern sich ein dahin gehender Wille der Gesellschafter feststellen lässt. Im Hinblick auf die insoweit künftig notwendig werdende Auslegung von Mehrheitsklauseln dürfte der Entstehungszeit der jeweiligen Klausel entscheidende Bedeutung zukommen. Denn wurde eine allgemeine Mehrheitsklausel vor der dargestellten Rechtsprechungsänderung in einem Gesellschaftsvertrag aufgenommen, kann ihr in Anbetracht der von der Kautelarpraxis seinerzeit praktizierten Katalogisierung der betroffenen Beschlussgegenstände nicht zwangsläufig entnommen werden, dass sie auch für Grundlagenentscheidungen und Vertragsänderungen gelten soll, solange sich ein dahin gehender Wille der Beteiligten nicht anderweitig ermitteln lässt.[422] Zur Vermeidung derartiger Auslegungsschwierigkeiten erscheint auch künftig eine dahin gehende klarstellende Regelung im Gesellschaftsvertrag empfehlenswert.[423]

2. *Relevanz der Kernbereichslehre?*

Eine weitere ungeschriebene personengesellschaftsrechtliche Schranke zum Schutz von Minderheitsgesellschaftern stellte nach bislang einhelliger Ansicht die sog. Kernbereichslehre dar. Diese zumeist[424] auf eine Entscheidung des BGH zum Stimmrechts-

---

418 BGH, NJW 2015, 859 (861) unter Verweis auf *Schäfer*, ZGR 2013, 237 (245).

419 Vgl. nur BGHZ 191, 293 = NJW 2012, 1439 (1440) m.w.N.

420 BGH, NJW 2015, 859 (862).

421 *Grunewald*, BB 2015, 328 (332): „uneingeschränkt zu begrüßen"; ebenso: *Schäfer*, NZG 2014, 1401 (1403); *Seidel/Wolf*, BB 2015, 2563 (2564); plakativ: *Ulmer*, ZIP 2015, 657 (662): dem BGH sei „dafür zu danken", dass er „der langjährigen Diskussionen um den Bestimmtheitsgrundsatz bei Mehrheitsbeschlüssen in Personengesellschaften ein Ende gesetzt und das Scheusal in die Wolfsschlucht geworfen" habe.

422 *Ulmer*, ZIP 2015, 657 (658); zustimmend: *Schöne* in BeckOK-BGB, § 709 Rn 36b.

423 *Heckschen/Bachmann*, NZG 2015, 531 (535); *Schäfer*, NZG 2014, 1401 (1404); zustimmend: *Reger* in Bürgers/Fett, § 5 Rn 18.

424 *Goette*, FS Sigle, 145 (153); *Enzinger* in MüKoHGB, § 119 Rn 64; *Schäfer*, ZGR 2013, 237 (250).

ausschluss[425] zurückgeführte Lehre definiert „mitgliedschaftliche Grundrechte“,[426] die ohne Zustimmung des Gesellschafters weder durch Gesellschaftsvertrag noch durch Mehrheitsbeschlüsse eingeschränkt werden können. Sie beruht auf der Wertung, dass eine sachlich unbegrenzte Einschränkung der wirtschaftlichen und persönlichen Freiheit eines Gesellschafters nicht gebilligt werden kann.[427] *Wiedemann* zählt die Entdeckung und Ausformung des Kernbereichs der mitgliedschaftlichen Rechte „zu den zeitlosen Leistungen des II. Zivilsenats in der 2. Hälfte des 20. Jahrhunderts.“[428]

a) Abschied von der Kernbereichslehre durch den BGH?

Hatte der BGH in der „OTTO“-Entscheidung noch ausdrücklich auf die Kernbereichslehre Bezug genommen[429] und sie in der Folgezeit sogar auf Publikumsgesellschaften ausgedehnt,[430] scheint er sich nunmehr in seinem Urteil vom 21.10.2014 von ihr verabschiedet zu haben. In dieser Entscheidung stellt der BGH im Rahmen der materiellen Wirksamkeitskontrolle nicht mehr darauf ob, „ein Eingriff in den sogenannten „Kernbereich“ gegeben ist“, sondern verweist darauf, dass „sich der Kreis der nicht ohne Weiteres durch Mehrheitsbeschluss entziehbaren Rechte nicht abstrakt und ohne Berücksichtigung der konkreten Struktur der jeweiligen Personengesellschaft und einer etwaigen Stellung des betroffenen Gesellschafters umschreiben“ lasse.[431] Bei Eingriffen in die individuelle Rechtsstellung des Gesellschafters, also in seine rechtliche und vermögensmäßige Position in der Gesellschaft, komme es maßgeblich darauf an, „ob der Eingriff im Interesse der Gesellschaft geboten und dem betroffenen Gesell-

---

425 BGHZ 20, 363 (369 f.) = NJW 1956, 1198 (1199 f.), wonach das Stimmrecht des Kommanditisten durch den Gesellschaftsvertrag nicht ausgeschlossen werden kann, soweit es sich um Beschlüsse handelt, die in die Rechtsstellung des Gesellschafters als solchen eingreifen. Vgl. aber schon: RGZ 91, 166 (168 f.): „Dazu kommt, daß die Angabe gewisser Grenzen verlangt werden muß ...; denn eine schrankenlose Unterwerfung des Schuldners unter den Willen des Gläubigers würde gegen die guten Sitten verstoßen.“ Ein klares Bekenntnis des BGH zur Kernbereichslehre erfolgte in BGH, NJW 1985, 974: „Grundsätzlich zustimmungsbedürftig sind Gesellschafterbeschlüsse, die in unentziehbare Rechte (in den Kernbereich der gesellschafterlichen Position) eines Gesellschafters eingreifen.“ Die Bezeichnung als „Kernbereichslehre“ geht dabei auf *H. P. Westermann*, Vertragsfreiheit und Typengesetzlichkeit, S. 351 zurück: „... Befugnisse, die dazu dienen, die Rechtsstellung des Gesellschafters selbst in ihrem Bestand zu erhalten. Es ist dies der Kernbereich an Gesellschafterrechten.“

426 *Enzinger* in MüKoHGB, § 119 Rn 64.

427 BGH, NJW 1956, 1198 (1200).

428 *Wiedemann*, Gesellschaftsrecht II, S. 219.

429 BGH, NJW 2007, 1685 (1687). Allerdings setzte er den Begriff „Kernbereichslehre“ in Anführungszeichen, worin man eine gewisse Distanzierung erblicken mag, vgl. *Sigle*, FS Hüffer, 973 (976).

430 BGHZ 183, 1 ff. = NJW 2010, 65 (66 f.) – „Sanieren oder Ausscheiden“.

431 BGH, NJW 2015, 859 (862) unter Verweis auf BGH, NJW 1995, 194 f.

schafter unter Berücksichtigung seiner eigenen schutzwerten Belange zumutbar" sei.[432] Dies soll lediglich nicht für unverzichtbare und daher unentziehbare Rechte gelten, deren Existenz der BGH jedoch wiederum infrage stellt.[433]

Wie die vorstehenden (nicht entscheidungserheblichen) Aussagen des BGH im Hinblick auf eine künftige Anwendbarkeit der Kernbereichslehre zu interpretieren sind, wird unterschiedlich beurteilt. Während überwiegend davon ausgegangen wird, dass der BGH mit der Entscheidung nicht nur den Bestimmtheitsgrundsatz, sondern auch die Kernbereichslehre aufgegeben hat,[434] gehen andere Stimmen in der Literatur davon aus, dass er sich nicht oder lediglich begrifflich von ihr distanziert hat, inhaltlich aber die entwickelten Grundsätze von Bedeutung bleiben.[435] Andere wollen die Aussagen über die Kernbereichslehre angesichts der Tatsache, dass sich der BGH in der genannten Entscheidung im Wesentlichen auf die formelle Legitimation beschränkt hat, nicht überbewerten.[436]

Die zitierten Passagen dürften m. E. im Kontext der vorangegangenen Entscheidungen dahin gehend zu verstehen sein, dass der BGH nicht nur den Bestimmtheitsgrundsatz, sondern auch die Kernbereichslehre zugunsten einer materiell-rechtlichen Wirksamkeitskontrolle anhand eines Verstoßes gegen die Treuepflicht aufgegeben hat. So hat der BGH bereits in der „OTTO"-Entscheidung die Kernbereichslehre lediglich im Rahmen seiner Prüfung bezüglich eines Verstoßes gegen die gesellschafterliche Treuepflicht erwähnt.[437] Im „Schutzgemeinschaftsvertrag II"-Urteil war eine Verletzung der gesellschafterlichen Treuepflicht gar alleiniger Prüfungsmaßstab.[438] In formaler Hinsicht wird dies dadurch untermauert, dass der BGH in den genannten Entscheidungen bei der Bezugnahme auf den Kernbereich der Mitgliedschaftsrechte nunmehr Anführungszeichen verwendet[439] – eine Vorgehensweise, die im Rahmen der schleichenden Verabschiedung vom Bestimmtheitsgrundsatz ebenfalls zu beobachten war.[440]

---

432 BGH, NJW 2015, 859 (862); vgl. auch BGH, NJW 1995, 194 (195); BGH, NJW-RR 2005, 1347 (1348).

433 BGH, NJW 2015, 859 (862).

434 *Altmeppen*, NJW 2015, 2065; *Priester*, EWiR 2015, 71 (72); *ders.*, NZG 2015, 529 (530); *Risse/Höfling*, NZG 2017, 1131 (1133); *Ulmer*, ZIP 2015, 657 (659); *Werthenbruch*, DB 2014, 2875 (2876).

435 *Schiffer*, BB 2015, 584 (586).

436 *Heckschen/Bachmann*, NZG 2015, 531 (534); ähnlich: *Weber*, ZfPW 2015, 123 (126), der Senat habe die „Kernbereichslehre wahrscheinlich nicht aufgegeben"; ebenso: *Schäfer*, ZIP 2015, 1313 (1315).

437 BGH, NJW 2007, 1685 (1687) – „OTTO".

438 BGH, NJW 2009, 669 (671) – „Schutzgemeinschaftsvertrag II". *Werner*, StBW 2015, 1010 (1012) geht daher davon aus, dass der BGH bereits mit dieser Entscheidung die Kernbereichslehre zur Disposition gestellt hat.

439 BGH, NJW 2007, 1685 (1687); BGH, NJW 2009, 669 (671); BGH, NJW 2015, 859 (862); anders etwa noch in BGH, NJW 1995, 194 (195); BGH; NJW 1996, 1678 (1679).

440 Vgl. BGH, NJW 2009, 669 (671) – Schutzgemeinschaftsvertrag II; anders etwa noch in BGH, NJW 1983, 1056 (1057) und BGH, NJW 1996, 1678 (1679).

b) Plädoyer für ein Festhalten an der Kernbereichslehre

Die (vermeintliche) Aufgabe der Kernbereichslehre durch den BGH vermag nicht zu überzeugen. Nach vorzugswürdiger Ansicht ist an ihr festzuhalten. Aus dogmatischer Sicht besteht keine Notwendigkeit, im Anschluss an die zu begrüßende Aufgabe des Bestimmtheitsgrundsatzes bei der Auslegung von Mehrheitsklauseln die Kernbereichslehre als materiell-rechtliche Wirksamkeitsschranke aufzugeben und durch einen Treuepflichtverstoß zu ersetzen.[441] Denn die durch Auslegung zu bestimmende Reichweite einer Mehrheitsklausel steht als formelle Legitimation erster Stufe in keinem Zusammenhang mit der materiell ausgerichteten Wirksamkeitsprüfung auf der zweiten Stufe.[442] Zwar ist teilweise für den Verzicht auf die Kernbereichslehre angeführt worden, dass durch die neue Interesse-Zumutbarkeits-Prüfung auf der zweiten Stufe der Beschlusskontrolle rein begriffliche Einzelfallentscheidungen vermieden und das Abstellen auf die Treuepflicht zu flexibleren Lösungen führen würde.[443] Dies greift jedoch zu kurz. Einer materiell-rechtlichen Wirksamkeitsprüfung kommt nach dem Abschied vom Bestimmtheitsgrundsatz in Zukunft noch größere Bedeutung zu, da der bisher durch die restriktive Auslegung von Mehrheitsklauseln verwirklichte Minderheitenschutz nach der neuen Rechtsprechung des BGH nunmehr allein auf dieser zweiten Stufe zu erfolgen hat.[444] Umso bedeutsamer sind daher an dieser Stelle hinreichend bestimmbare Kriterien, die einen vorhersehbaren Kontrollmaßstab bieten. Ein Verzicht auf die Kernbereichslehre würde aber den Minderheitenschutz verkürzen, da die Erfolgsaussichten einer Klage gegen einen Beschluss schwerer zu prognostizieren wären.[445] Zwar ist einzuräumen, dass auch der Schutzbereich der Kernbereichslehre nicht immer leicht zu bestimmen ist[446] und der Kreis mehrheitsfester Rechte nicht abstrakt von der konkreten Gesellschaftsstruktur festgelegt werden kann.[447] Allerdings betrifft dies überwiegend Grenzfälle, in denen es um besondere, die Stellung der Minderheit zusätzlich kennzeichnende Befugnisse geht, die einem analog § 35 BGB unentziehbaren Sonderrecht zumindest nahekommen.[448] Im Übrigen besteht bezüglich einer ganzen Reihe von Gesellschafterrechten Einigkeit über ihre Zugehörigkeit zum Kernbereich. Anerkannt ist dies etwa für unmittelbare Eingriffe in das Stimmrecht, Änderungen des Gewinnverteilungsschlüssels bzw. der Liquidationsfolgen und das

441 So aber: *Werner*, StBW 2015, 1010 (1012); *Wertenbruch*, DB 2014, 2875 (2877).

442 *Schäfer* ZIP 2015, 1313 (1314); *Ulmer*, ZIP 2015, 657 (659); zustimmend: *Schöne* in BeckOK-BGB, § 709 Rn 38.

443 *Wertenbruch*, DB 2014, 2875 (2877); zustimmend: *Werner*, StBW 2015, 1010 (1012).

444 *Priester*, NZG 2015, 529 (530); *Ulmer*, ZIP 2015, 657 (658 f.).

445 *Priester*, EWiR 2015, 71 (72); *ders.*, NZG 2015, 259 (230); zustimmend: *Risse/Höfling*, NZG 2017, 1131 (1132); *Schäfer*, ZIP 2015, 1313 (1316); a.A. *Werner*, StBW 2015, 1010 (1013).

446 Kritisch daher: *Reuter*, FS K. Schmidt, 1357 (1368 ff.); vgl. die Vorschläge zur Typisierung nach Gesellschaftsstruktur bei *Sigle*, FS Hüffer, 973 (976 ff.).

447 BGH, NJW 2015, 869 (862); BGH, NJW 1995, 194 (195).

448 *Ulmer*, ZIP 2015, 657 (659); zustimmend: *Priester*, NZG 2015, 529 (530).

Belastungsverbot gemäß § 707 BGB.[449] Ein Rückgriff auf die „gesellschaftsrechtliche Wunderwaffe"[450] des Treuepflichtverstoßes ist im Vergleich hierzu wesentlich konturenloser. Man mag sogar behaupten, die Treuepflicht sei „eine Leerformel, derer sich der Richter bedient, um seine Entscheidung an die Stelle der privatautonomen Regelung zu setzen."[451] Bei Verzicht auf die Kernbereichslehre besteht mithin die Gefahr, dass „am Ende richterliches Billigkeitsrecht den von den Gesellschaftern beschlossenen Gesellschaftsvertrag verdrängt und damit einen bedenklichen Eingriff in die Privatautonomie vornimmt."[452] Der BGH sollte daher künftig wieder zur Kernbereichslehre als Kontrollmaßstab für Mehrheitsbeschlüsse zurückkehren.[453] Dabei sollte die Kernbereichslehre nicht mit der Inhaltskontrolle von Mehrheitsbeschlüssen am Treuepflichtmaßstabe zu einer einheitlichen Wirksamkeitskontrolle zusammengefasst werden. Dem stehen dogmatische Bedenken gegenüber, da es einen Unterschied macht, ob ein Beschluss wegen Treuwidrigkeit lediglich fehlerhaft oder mangels Zustimmung des Betroffenen unwirksam ist.[454] So kann das Fehlen einer erforderlichen Zustimmung unabhängig von gesellschaftsvertraglich vorgesehenen Anfechtungsfristen geltend gemacht werden.[455]

c) Die antizipierte Zustimmung zu Eingriffen in den Kernbereich

Ein Gesellschafter kann grundsätzlich auf eine zum Kernbereich der Mitgliedschaft zählende Rechtsposition verzichten. Nicht disponibel und daher vom Kernbereich zu trennen sind hingegen die sog. unverzichtbaren Rechte, bei denen nicht nur eine völlige Entziehung, sondern auch eine bloße Beschränkung unzulässig und ein entsprechender Beschluss daher nichtig ist.[456] Zu den unverzichtbaren Rechten, an deren Existenz kein Zweifel besteht,[457] zählen etwa das Mindestinformationsrecht aus

---

449 Vgl. *Enzinger* in MüKoHGB, § 119 Rn 72 ff.; *K. Schmidt*, ZGR 2008, 1 (18 f.); *Schäfer*, ZGR 2013, 237 (254).

450 *Reuter*, FS K. Schmidt, 1357 (1369).

451 *Flume*, FS Rittner, 119 (129).

452 *Fischer*, LM § 114 HGB Nr. 3.

453 So auch: *Priester*, NZG 2015, 529 (531); *Schäfer*, ZIP 2015, 1313 (1315 f.); *Ulmer*, ZIP 2015, 657 (659); ebenso für Publikums-Personengesellschaften: *Klöhn*, AcP 216, 281 (308 f.), der jedoch bei Personengesellschaften mit überschaubarem Gesellschafterkreis für eine Aufgabe der Kernbereichslehre plädiert.

454 *Schäfer*, ZIP 2015, 1313 (1315 f.); vgl. auch *K. Schmidt*, ZIP 2009, 737 (739).

455 BGHZ 183, 1 ff. = BGH, NJW 2010, 65 (67).

456 *K. Schmidt*, ZGR 2008, 1 (19); *Priester*, NZG 2015, 529 (530); *Schäfer*, NZG 2014, 1401 (1404); *ders.*, ZGR 2013, 237 (257 f.); *Schöne* in BeckOK-BGB, § 709 Rn 38a; *Schiffer*, BB 2015, 584 (585 f.). Hingegen ordnet *Reger* in Bürgers/Fett, § 5 Rn 13 auch die unverzichtbaren Rechte dem Schutzbereich der Kernbereichslehre zu.

457 So zu Recht: *Schöne* in BeckOK-BGB, § 709 Rn 38a; Zweifel bei BGH, NJW 2015, 859 (862).

§ 118 Abs. 2 HGB,[458] das Antragsrechtsrecht des Komplementärs auf Auflösung der Gesellschaft (vgl. § 133 Abs. 3 HGB),[459] das Recht auf Erhebung der Kassationsklage bei rechtswidrigen Beschlüssen[460] und alle Rechte, zu deren Ausübung ein wichtiger Grund erforderlich ist, wie z. B. das Recht zur Entziehung der Geschäftsführungs- und Vertretungsbefugnis nach §§ 117, 127 HGB.[461] Hingegen darf in die zum Kernbereich zählenden sog. unentziehbaren Mitgliedschaftsrechte mit Zustimmung des Gesellschafters eingegriffen werden.[462] Unter diese auch „mehrheitsfeste Rechte"[463] genannte Rechtspositionen fallen beispielsweise satzungsmäßig eingeräumte Informationsrechte,[464] bevorzugte Rechte bei der Gewinnverteilung und des Liquidationserlöses,[465] sowie Vorzugs- und Sonderrechte, wie z. B. Entsenderechte.[466] Nach überwiegender Ansicht kann ein Gesellschafter seine Zustimmung zu einem Eingriff in den Kernbereich nicht nur ad hoc im Rahmen der Beschlussfassung, sondern unter gewissen Voraussetzungen bereits antizipiert im Gesellschaftsvertrag erklären.[467] Für den Bereich der Beitragserhöhungen hat der BGH entschieden, dass es neben der eindeutigen Einbeziehung der Beitragserhöhung in den Anwendungsbereich der Mehrheitsklausel der Angabe einer Obergrenze oder einer Festlegung sonstiger Kriterien bedarf, die das Erhöhungsrisiko eingrenzen.[468] Die Ausführungen des BGH

458 *Enzinger* in MüKoHGB, § 119 Rn 68; *Reger* in Bürgers/Fett, § 5 Rn 13; *Wertenbruch*, DB 2014, 2875 (2880).

459 *Reger* in Bürgers/Fett, § 5 Rn 13; vgl. auch: *Wertenbruch*, DB 2014, 2875 (2880).

460 *Enzinger* in MüKoHGB, § 119 Rn 68; *Priester*, NZG 2015, 529 (530); *Wertenbruch*, DB 2014, 2875 (2880).

461 *Reger* in Bürgers/Fett, § 5 Rn 13; *Sethe*, Personalistische Kapitalgesellschaft, S. 117 f.

462 Die Gruppe der unentziehbaren Rechte wird häufig synonym mit dem Kernbereich der Mitgliedschaft verwendet, *Enzinger* in MüKoHGB, § 119 Rn 71 m.w.N.

463 *Schäfer* in MüKoBGB, § 709 Rn 91; *Reger* in Bürgers/Fett, § 5 Rn 13.

464 BGH, NJW 1995, 194 (194); *Enzinger* in MüKoHGB, § 119 Rn 72; *Schäfer* in MüKoBGB, § 709 Rn 93.

465 *Enzinger* in MüKoHGB, § 119 Rn 72; *Reger* in Bürgers/Fett, § 5 Rn 13; *Schäfer* in MüKoBGB, § 709 Rn 93.

466 *Reger* in Bürgers/Fett, § 5 Rn 13.

467 BGH, NJW 2010, 65 (67); BGH, NJW 2007, 1685 (1687); *Michalski*, WiB 1997, 1 (9); *Priester*, DStR 2007, 28 (30); *Reger* in Bürgers/Fett, § 5 Rn 19; *Schäfer*, ZGR 2013, 237 (253 ff.); *ders.* in MüKoBGB, § 709 Rn 92; *Wichert*, AG 1999, 362 (364); *Mecke*, BB 1988, 2258 (2263); *Hüffer*, ZHR 151, 398 (407 f.); einschränkend: *Löffler*, NJW 1989, 2656 (2661), der die Angabe des Beschlussinhalts fordert und eine antizipierte Zustimmung bei Rechten, deren Geltendmachung einen „wichtigen Grund" voraussetzt, ablehnt; gegen die Zulässigkeit einer antizipierten Zustimmung: *Enzinger* in MüKoHGB, § 119 Rn 66; *Immenga*, ZGR 1974, 385 (425); *Martens*, DB 1973, 413 (417); *Ulmer*, ZIP 2015, 657 (659 f.) unter Verweis auf die Rechtsprechung des BGH zu den Hinauskündigungsklauseln, vgl. BGHZ 68, 212 (215) = NJW 1977, 1292 (1293).

468 St. Rspr., vgl. nur: BGHZ 66, 82 (85) = NJW 1976, NJW 1976, 958; BGH, NJW-RR 2005, 1347 (1348); BGH, NJW-RR 2006, 827 (828); BGH, NJW-RR 2007, 757 (758); BGH, NJW-RR 2009, 753 (754).

zu Beitragserhöhungen können auf andere Kernbereichseingriffe übertragen werden.[469] Damit eine wirksame antizipierte Zustimmung angenommen werden kann, muss sich eine Vertragsklausel mithin eindeutig auf einen Eingriff in den Kernbereich beziehen und Art und Ausmaß des Eingriffs exakt erkennen lassen.[470] Dem Gesellschafter muss erkennbar sein, bis zu welchem Grad er ggf. eine Verkürzung seiner Rechtsstellung hinnehmen muss. Hierin ist auch kein Widerspruch zu der oben genannten zu begrüßenden Aufgabe des Bestimmtheitsgrundsatzes zu sehen. Denn insoweit geht es nicht um die formelle Legitimation des Beschlusses, sondern um das Vorliegen einer wirksamen individuellen Zustimmung des Gesellschafters. Eine wirksame Zustimmung liegt jedoch nach den allgemeinen Grundsätzen der Rechtsgeschäftslehre nur dann vor, wenn die *essentialia negotii* festgelegt worden sind.[471] Ein ohne Zustimmung des Gesellschafters gefasster in den Kernbereich eingreifender Beschluss ist diesem gegenüber unwirksam,[472] wenn der Gesellschafter nicht ausnahmsweise aufgrund seiner gesellschafterlichen Treuepflicht dazu verpflichtet ist, seine Zustimmung zu erteilen. Eine Zustimmungspflicht kommt dann in Betracht, wenn sie mit Rücksicht auf das bestehende Gesellschaftsverhältnis oder auf die bestehenden Rechtsbeziehungen der Gesellschafter untereinander dringend erforderlich ist und die Änderung des Gesellschaftsvertrags dem Gesellschafter unter Berücksichtigung seiner eigenen Belange zumutbar ist.[473] Die Verpflichtung

---

469 *Schäfer*, ZGR 2013, 237 (253); *ders.* in MüKoBGB, § 709 Rn 92; zustimmend: *Altmeppen*, NJW 2015, 2065 (2070).

470 *Reger* in Bürgers/Fett, § 5 Rn 13; *Schäfer*, ZGR 2013, 237 (253); *ders.* in MüKoBGB, § 709 Rn 92 m.w.N.

471 *Altmeppen*, NJW 2015, 2065 (2070).

472 BGH, NJW 2015, 859 (862); zustimmend: *Wertenbruch*: DB 2014, 2875 (2878); kritisch gegenüber dieser vom BGH angenommenen relativen Unwirksamkeit von Beschlüssen: *Altmeppen*, NJW 2015, 2065 (2070) und *Ulmer*, ZIP 2015, 657 (660 ff.), der kritisiert, dass es durch hierdurch nicht nur zur nachträglichen Bildung qualitativ unterschiedlicher, ursprünglich so nicht vorgesehener Mitgliederklassen kommt und die Rechtsfigur relativ unwirksamer Gesellschafterbeschlüsse gegen die Grundsätze der Rechtsgeschäftslehre verstößt.

473 BGHZ 183, 1 ff. = BGH, NJW 2010, 65 (67) – „Sanieren oder Ausscheiden". In der Entscheidung nahm der BGH eine Zustimmungspflicht an, wenn zur Sanierung der Gesellschaft eine Kapitalerhöhung vorgesehen ist und ein nicht sanierungswilliger Gesellschafter bei Nichtleistung aus der Gesellschaft auszuscheiden hat und er im Falle des Ausscheidens finanziell nicht schlechter gestellt wird als bei Liquidierung der Gesellschaft. Hingegen wurde in BGH, NJW 2011, 1667 (1669 f.) eine Zustimmungspflicht eines zahlungsunwilligen Gesellschafters zum Ausscheiden aus der Gesellschaft für den Fall abgelehnt, in dem der Gesellschaftsvertrag vorsah, dass eine Kapitalerhöhung auch im Krisenfall nur einstimmig beschlossen werden kann und das Nichterreichen der Einstimmigkeit zur Folge hat, dass die zustimmenden Gesellschafter berechtigt sind, ihre Einlagen zu erhöhen, während die nicht zustimmenden Gesellschafter eine Verringerung ihres Beteiligungsverhältnisses hinzunehmen haben.

eines einzelnen Gesellschafters, einer notwendig gewordenen Änderung des Gesellschaftsvertrags zuzustimmen, kann daher nur angenommen werden, wenn dem schützenswerte Belange des einzelnen Gesellschafters nicht entgegenstehen.[474]

III. Fazit

Ein wesentlicher Vorzug der KGaA im Vergleich zu einer AG und SE besteht darin, dass als Folge des über § 278 Abs. 2 AktG anwendbaren dispositiven Personengesellschaftsrechts die Satzungsgestaltung in diesem Bereich individuell an die Bedürfnisse einer Unternehmerfamilie angepasst werden kann. Einschränkungen der Gestaltungsfreiheit ergeben sich insoweit aus den zwingenden Grenzen des Personengesellschaftsrechts. Nach zu begrüßender neuerer Rechtsprechung folgen dabei aus dem Bestimmtheitsgrundsatz keine Beschränkungen. Hingegen sollte der BGH wieder zur Kernbereichslehre als Schranke der Gestaltungsfreiheit zurückkehren und im Rahmen seiner materiellen Wirksamkeitsprüfung nicht allein auf einen wesentlichen konturenloseren Treuepflichtverstoß abstellen. Seine Zustimmung zu einem Eingriff in den Kernbereich kann ein Gesellschafter nach überwiegender Ansicht dabei nicht nur ad hoc im Rahmen der Beschlussfassung, sondern auch antizipiert im Gesellschaftsvertrag erklären, wenn die Vertragsklausel sich eindeutig auf den Eingriff in den Kernbereich bezieht und Art und Ausmaß des Eingriffs exakt erkennen lässt. Nicht verschwiegen werden soll, dass die Gestaltungsfreiheit die Rechtsform der KGaA zwar einerseits besonders reizvoll macht, die häufig nicht leicht zu bestimmenden Grenzen der Gestaltungsfreiheit aber andererseits – sozusagen als Kehrseite der Medaille – den zentralen Grund für die bei der KGaA bestehende Rechtsunsicherheit darstellen. Gewissermaßen ist die bei der KGaA bestehende Gestaltungsfreiheit damit ihr Fluch und Segen zugleich.

J. Zusammenfassung

Neben der AG und SE bietet in Deutschland allein die Rechtsform der KGaA die Möglichkeit einer Eigenkapitalfinanzierung in Form eines Börsenganges. Durch die Einschaltung einer Kapitalgesellschaft als Komplementärin lässt sich die bei der gesetzestypischen KGaA bestehende Problematik der Haftung einer natürlichen Person für die Verbindlichkeiten der Gesellschaft vermeiden. In diesem Fall werden jedoch die bei der gesetzestypischen KGaA durch die Leistung einer Sondereinlage erzielbaren steuerlichen Vorteile verwässert. Ferner ist eine Kapitalgesellschaft & Co. KGaA unter gewerbesteuerlichen Gesichtspunkten weniger attraktiv als eine AG bzw. SE, da die Zahlungen der KGaA an die Komplementärgesellschaft, ins-

474 St. Rspr., vgl. nur BGHZ 183, 1 ff. = BGH, NJW 2010, 65 (67) – „Sanieren oder Ausscheiden"; BGHZ 129, 136 = NJW 1995, 1739 (1743) – „Girmes"; BGHZ 98, 276 = NJW 1987, 189 (190); für eine restriktive Anwendung der Zustimmungspflicht: *Altmeppen*, NJW 2015, 2065 (2071): „krasse Ausnahme".

besondere für die Vergütung ihrer Organe, den Gewerbeertrag der KGaA gemäß § 8 Nr. 4 GewStG erhöhen. Die entsprechende Kürzung des Gewerbeertrages der Komplementärgesellschaft nach § 9 Nr. 2 lit. b) GewStG wirkt sich für diese wirtschaftlich nicht aus, wenn sie abgesehen von der für die Übernahme der Haftung entrichteten Vergütung keinen Gewinn erzielt. Mitbestimmungsrechtlich ist eine Kapitalgesellschaft & Co. KGaA hingegen privilegiert. Eine Zurechnung der Arbeitnehmer der KGaA an die Komplementärgesellschaft gemäß § 4 bzw. § 5 MitbestG zum Zwecke der Mitbestimmung erfolgt nicht. Für den Fall einer Komplementär-SE folgt dies aus § 47 Abs. 1 Nr. 1 SEBG, der der Einbeziehung einer SE in den Anwendungsbereich des Mitbestimmungsgesetzes entgegensteht. Aber auch im Übrigen fehlt es nicht nur an einer planwidrigen Regelungslücke, sondern auch an der Vergleichbarkeit der Interessenlage.

Gegenüber einer AG und SE bietet die KGaA den Vorteil, dass der Einfluss einer Unternehmerfamilie unabhängig von Kapitalmehrheiten durch eine Beteiligung an der Komplementärgesellschaft einer komplementärdominierten Kapitalgesellschaft & Co. KGaA gesichert werden kann. Ferner kann die Satzung im Bereich des § 278 Abs. 2 AktG an die individuellen Bedürfnisse der Unternehmerfamilie angepasst werden. Einschränkungen ergeben sich insoweit lediglich aus den zwingenden Grenzen des Personengesellschaftsrechts. Nach vorzugswürdiger Auffassung ist hierzu auch die Kernbereichslehre zu zählen. Als zentrale Nachteile einer Kapitalgesellschaft & Co. KGaA im Vergleich zu einer AG und SE sind nicht nur die mangels höchstrichterlicher Präzedenzentscheidungen bestehende Rechtsunsicherheit, sondern auch der aufgrund der Komplexität der Rechtsform erforderliche erhöhte Beratungsaufwand zu nennen. Die Rechtsform eignet sich daher insbesondere für Familienunternehmen mit einem großen Kapitalbedarf, die bereits an der Börse notiert sind oder einen Börsengang anstreben, aber dennoch die Kontrolle über „ihr" Unternehmen behalten wollen.

§ 3 Die Komplementärin der KGaA

Gemäß § 278 Abs. 2 AktG i.V.m. §§ 161 Abs. 2, 114 Abs. 1, 125 HGB führt der persönlich haftende Gesellschafter die Geschäfte der KGaA und vertritt diese nach außen. Der BGH bezeichnet den Komplementär aufgrund dieser ihm kraft Gesetzes und ohne zeitliche Begrenzung zustehenden Befugnisse als „geborenes“[1] Leitungsorgan der KGaA. Die Geschäftsführungskompetenz und Vertretungsmacht können dem Komplementär nur durch ein gerichtliches Verfahren entzogen werden (§ 278 Abs. 2 AktG i.V.m. §§ 161 Abs. 2, 117, 127 HGB). Neben der Übernahme der persönlichen Haftung ergeben sich weitere Pflichten aus der Regelung des § 283 AktG, der für den Komplementär einige den Vorstand einer AG betreffende Vorschriften für anwendbar erklärt.

Ferner ist der persönlich haftende Gesellschafter einer mitbestimmten oder börsennotierten[2] KGaA seit dem 1. Mai 2015 gemäß § 278 Abs. 3 i.V.m. § 76 Abs. 4 AktG[3] verpflichtet, Zielvorgaben für eine Frauenquote bei den beiden nachgeordneten Führungsebenen[4] festzulegen, da er hinsichtlich der Personalkompetenz dem Vorstand einer AG gleichsteht.[5] Eine Führungsebene iSv § 76 Abs. 4 AktG zeichnet sich dadurch aus, dass ihren Mitgliedern Personalkompetenz zusteht.[6] Da eine reine Verwaltungsgesellschaft häufig über keine weitere Führungsebene unterhalb ihrer Organe verfügt, ist fraglich, ob die Komplementärin auch Zielvorgaben für Führungsebenen treffen kann, die bei der KGaA angesiedelt sind. Dies ist zu bejahen.[7] Dem steht nicht entgegen, dass die Führungsebenen grundsätzlich gesellschaftsbezogen, also im Hinblick auf die jeweilige juristische Person, zu definieren sind.[8] Denn Adressat der Regelung ist die KGaA und § 278 Abs. 3 AktG i.V.m.

---

1 BGH, NJW 1997, 1923 (1924).

2 Gemäß § 3 Abs. 2 AktG ist eine Gesellschaft börsennotiert, wenn ihre Aktien zu einem Markt zugelassen sind, der von staatlich anerkannten Stellen geregelt und überwacht wird, regelmäßig stattfindet und für das Publikum mittelbar oder unmittelbar zugänglich ist.

3 § 76 Abs. 4 AktG wurde durch das Gesetz über die gleichberechtigte Teilhabe von Frauen und Männern an Führungspositionen in der Privatwirtschaft und im öffentlichen Dienst vom 24.4.2015 (BGBl. I S. 642) eingefügt. Zu weiteren Änderungen durch dieses Gesetz im Kapitel über den Aufsichtsrat.

4 Kritisch zur Beschränkung auf die beiden nachgeordneten Führungsebenen: *Teichmann/Rüb*, BB 2015, 259 (263).

5 BT-Drs. 18/4227, S. 22; *Grobe*, AG 2015, 289 (299); *Stüber*, DStR 2015, 947 (952); *Bachmann* in Spindler/Stilz, § 283 Rn 2 verweist ferner auf § 289a Abs. 3 HGB als Begründung zur Anwendung.

6 *Schulz/Ruf*, BB 2015, 1155 (1160).

7 So auch: *Bachmann* in Spindler/Stilz, § 283 Rn 2.

8 *Grobe*, AG 2015, 289 (298); *Stüber*, DStR 2015, 947 (953); *Schulz/Ruf*, BB 2015, 1155 (1160), die bei entsprechender Ausgestaltung der tatsächlichen Führungsstruktur

§ 76 Abs. 4 AktG weist dem persönlich haftenden Gesellschafter lediglich die Zuständigkeit für die Festsetzung zu. Hierbei steht ihm in den gesetzlichen Grenzen ein unternehmerisches Ermessen zu.[9] So sieht das Gesetz keine feste Mindestzielgröße vor.[10] Liegt der Frauenanteil bei Festlegung der Zielgrößen unter 30 Prozent, so dürfen die Zielgrößen den jeweils erreichten Anteil jedoch nicht mehr unterschreiten (§ 76 Abs. 4 S. 2 AktG, sog. „Verschlechterungsverbot"[11]). Gleichzeitig sind Fristen zur Erreichung der Zielgrößen festzulegen, die nicht länger als fünf Jahre betragen dürfen (§ 76 Abs. 4 S. 3 und 4 AktG). Die erste Erreichensfrist darf wiederum nicht länger als bis zum 30. Juni 2017 dauern (§ 25 Abs. 1 S. 2 AktG). Eine von dieser sog. „flexiblen Frauenquote"[12] betroffene KGaA ist gemäß § 289a Abs. 2 Nr. 4, Abs. 3, Abs. 4 HGB zur Veröffentlichung (i) der festgelegten Zielgrößen und Erreichenspflichten, (ii) der Angabe, ob die festgelegten Zielgrößen innerhalb des Bezugszeitraums erreicht worden sind und (iii) für den Fall der Nichteinhaltung der Fristen zur Angabe von Gründen in der Erklärung zur Unternehmensführung bzw. im Lagebericht verpflichtet. Abgesehen von dieser Pflicht zur Veröffentlichung sieht das Gesetz keine Sanktionen für einen Verstoß vor.[13] Insbesondere haben die festgelegten Zielgrößen keine absolute Bindungswirkung in dem Sinne, dass nur noch zielgrößenkonforme Personalentscheidungen zulässig wären. Sie sind allerdings durch das Organ bei einer Personalentscheidung zu berücksichtigen.[14]

Übernimmt eine Kapitalgesellschaft die Stellung als Komplementärin, wird sie zwar ein Teil der KGaA, bleibt aber rechtlich eigenständig.[15] Fungiert eine SE als Komplementärin, ist gemäß Art. 38 lit. b) SE-VO in ihrer Satzung festzulegen, ob die Gesellschaft über ein Aufsichts- und ein Leitungsorgan (dualistisches System) oder ein Verwaltungsorgan (monistisches System) verfügt. Abhängig von der Wahl des Leitungssystems der SE wird die SE & Co. KGaA dann entweder durch den Vorstand (Art. 9 Abs. 1 lit. c) ii) SE-VO i.V.m. § 78 Abs. 1 AktG) oder durch die geschäftsführenden Direktoren (§ 41 Abs. 1 S. 1 SEAG) vertreten. Im Folgenden werden die einzelnen Organe einer dualistisch (unter A.) und einer monistisch (unter B.)

---

auch eine konzernweite Festlegung der Führungsebenen im Sinne einer Übererfüllung der gesetzlichen Vorgaben für zulässig erachten.

9 *Schulz/Ruf*, BB 2015, 1155 (1161); *Stüber*, DStR 2015, 947 (953).

10 BT-Drs. 18/3784, S. 119. So haben etwa die E.ON SE, die Commerzbank AG, die Volkswagen AG und die Porsche Automobil Holding SE für den Vorstand jeweils die „Zielgröße Null" gesetzt, vgl. *v. Bullion*, Große Defizite bei der Frauenquote, Süddeutsche Zeitung vom 22. Dezember 2015, S. 1.

11 *Schulz/Ruf*, BB 2015, 1155 (1161).

12 *Stüber*, DStR 2015, 947 (951). Zur sog. „fixen Frauenquote" im Kapitel über den Aufsichtsrat unter § 4.

13 *Grobe*, AG 2015, 289 (299); *Schulz/Ruf*, BB 2015, 1155 (1162); *Stüber*, DStR 2015, 947 (954).

14 *Schulz/Ruf*, BB 2015, 1155 (1162). Vgl. dazu auch BT-Drs. 18/3784, S. 120.

15 *Friedrich*, Anlegerschutz, S. 35; *Kessler*, GmbH & Co. KGaA, S. 69; *Otte*, AG & Co. KGaA, S. 68.

organisierten Komplementär-SE vorgestellt und sodann die Rechte und Pflichten ihrer Aktionäre (unter C.) erörtert. Nach Darstellung des Umfanges der gesetzlichen Geschäftsführung der Komplementärin wird der Frage nachgegangen, inwiefern dieser statutarisch erweitert werden kann (unter D.). Abschließend wird untersucht, welche Vor- und Nachteile die SE, insbesondere in monistischer Ausgestaltung, für Familienunternehmen als Komplementärin einer KGaA im Vergleich zu einer AG und GmbH bietet (unter E.).

A. Die dualistische SE als Komplementärin einer KGaA

Das dualistische Leitungssystem der SE entspricht cum grano salis dem einer deutschen AG.[16] Grund hierfür ist, dass der Gesetzgeber von einer detaillierten Regelung des dualistischen Leitungssystems abgesehen hat, sodass über zahlreiche Verweisungsnormen (z.B. Art. 51 und Art. 52 S. 2 SE-VO) und die Generalverweisung in Art. 9 Abs. 1 lit. c) ii) SE-VO die Vorschriften des Aktiengesetzes Anwendung finden, soweit die SE-VO keine abschließende Regelung trifft.[17] Im Hinblick auf die Bezeichnung der Organe des dualistischen Leitungssystems können abweichend von den in der SE-VO verwendeten Begrifflichkeiten – „Leitungs-" bzw. „Aufsichtsorgan" – auch die aus dem AktG bekannten Bezeichnungen „Vorstand" und „Aufsichtsrat" verwendet werden.[18]

I. Das Leitungsorgan

Das Leitungsorgan vertritt die SE (Art. 9 Abs. 1 lit. c) ii) SE-VO i.V.m. § 78 Abs. 1 AktG)[19] und ist damit das Vertretungsorgan einer dualistisch organisierten SE & Co. KGaA (§ 278 Abs. 2 AktG i.V.m. §§ 161 Abs. 2, 125 Abs. 1 HGB). Vorbehaltlich einer abweichenden Satzungsbestimmung gilt dabei der Grundsatz der Gesamtvertretungsmacht (Art. 9 Abs. 1 lit. c) ii) SE-VO i.V.m. § 78 Abs. 2 S. 1 AktG).[20] Ferner führt das Leitungsorgan gemäß Art. 39 Abs. 1 S. 1 SE-VO die Geschäfte der SE und damit mittelbar die der SE & Co. KGaA in eigener Verantwortung (§ 278 Abs. 2 AktG i.V.m. §§ 161 Abs. 2, 114 Abs. 1 HGB). Trotz seiner leicht abweichenden Formulie-

---

16 Vgl. die Übersichten bei *Seibt* in Habersack/Drinhausen, Art. 39 SE-VO Rn 3 und Art. 40 SE-VO Rn 4 f. Zu Unterschieden etwa unter dem Punkt „Flexibilität der Organisationsstruktur" im Abschnitt über die Wahl der Rechtsform der Komplementärin (unten unter § 3 E. VI.).

17 *Reichert/Brandes* in MüKoAktG, Art. 39 SE-VO Rn 3; *Seibt* in Habersack/Drinhausen, Art. 39 SE-VO Rn 3.

18 *Paefgen* in KK-AktG, Art. 39 SE-VO Rn 16 m.w.N.

19 *Paefgen* in KK-AktG, Art. 39 SE-VO Rn 36; *Seibt* in Habersack/Drinhausen, Art. 39 SE-VO Rn 10.

20 *Drygala* in Lutter/Hommelhoff/Teichmann, Art. 39 SE-VO Rn 17; *Paefgen* in KK-AktG, Art. 39 SE-VO Rn 37; *Seibt* in Habersack/Drinhausen, Art. 39 SE-VO Rn 10.

rung entspricht Art. 39 SE-VO dabei funktionell § 76 Abs. 1 AktG.[21] Der Begriff der Geschäftsführung umfasst sowohl das rechtsgeschäftliche und tatsächliche Handeln für die Gesellschaft als auch die Unternehmensleitung als herausgehobenen Teil der Geschäftsführung.[22] Im Rahmen der Geschäftsführung handelt das Leitungsorgan eigenverantwortlich und grundsätzlich[23] weisungsunabhängig.[24] Da die Geschäftsführung dem Leitungsorgan gemäß Art. 39 Abs. 1 S. 1 SE-VO als Kollegium zusteht, gilt das Prinzip der Gesamtgeschäftsführung, obwohl es an einer ausdrücklichen Anordnung wie in § 77 Abs. 1. S. 1 AktG fehlt.[25] Allerdings kann das Leitungsorgan eine Geschäftsverteilung vornehmen und sich eine Geschäftsordnung geben, sofern nicht die Satzung die Kompetenz auf das Aufsichtsorgan übertragen oder das Aufsichtsorgan eine Geschäftsordnung erlassen hat (Art. 9 Abs. 1 lit. c) ii) SE-VO i.V.m. § 77 Abs. 2 AktG).[26] Im Rahmen der Willensbildung innerhalb des Leitungsorgans genügt grundsätzlich die einfache Mehrheit (Art. 50 Abs. 1 lit. b) SE-VO).[27] Wird ein Vorsitzender des Leitungsorgans ernannt (Art. 9 Abs. 1 lit. c) ii) SE-VO i.V.m. § 84 Abs. 2 AktG), hat dieser eine exponierte Stellung inne, da ihm bei Stimmengleichheit ein ausschlaggebendes Stimmrecht zusteht (Art. 50 Abs. 2 S. 1 SE-VO).[28] Ein Weisungsrecht gegenüber den weiteren Organmitgliedern kann ihm hingegen nicht eingeräumt werden, da dies mit dem in Art. 39 Abs. 1 S. 1 SE-VO verankerten Kollegialitätsprinzip nicht vereinbar wäre.[29] Hingegen ist es zulässig, dem Vorsitzenden ein Vetorecht einzuräumen, da hierdurch kein positiver Beschluss gegen eine Mehrheit der Mitglieder herbeigeführt, sondern lediglich das Zustandekommen eines Beschlusses verhindert werden kann.[30]

---

21 *Drygala* in Lutter/Hommelhoff/Teichmann, Art. 39 SE-VO Rn 8.

22 *Drygala* in Lutter/Hommelhoff/Teichmann, Art. 39 SE-VO Rn 8; *Paefgen* in KK-AktG, Art. 39 SE-VO Rn 17; *Seibt* in Habersack/Drinhausen, Art. 39 SE-VO Rn 4.

23 Eine Ausnahme gilt lediglich im Falle von abhängigen oder eingegliederten Gesellschaften (§§ 308 Abs. 1 S. 1, 323 AktG).

24 *Drygala* in Lutter/Hommelhoff/Teichmann, Art. 39 SE-VO Rn 3; *Paefgen* in KK-AktG, Art. 39 SE-VO Rn 23; *Reichert/Brandes* in MüKoAktG, Art. 39 SE-VO Rn 9. Strittig ist die dogmatische Herleitung der Weisungsunabhängigkeit des Leitungsorgans, vgl. dazu *Drygala* in Lutter/Hommelhoff/Teichmann, Art. 39 SE-VO Rn 10.

25 *Drygala* in Lutter/Hommelhoff/Teichmann, Art. 39 SE-VO Rn 18; *Paefgen* in KK-AktG, Art. 39 SE-VO Rn 25; *Reichert/Brandes* in MüKoAktG, Art. 39 SE-VO Rn 4; *Seibt* in Habersack/Drinhausen, Art. 39 SE-VO Rn 7.

26 *Drygala* in Lutter/Hommelhoff/Teichmann, Art. 39 SE-VO Rn 19; *Paefgen* in KK-AktG, Art. 39 SE-VO Rn 28; *Seibt* in Habersack/Drinhausen, Art. 39 SE-VO Rn 9.

27 *Paefgen* in KK-AktG, Art. 39 SE-VO Rn 26.

28 *Reichert/Brandes* in MüKoAktG, Art. 39 SE-VO Rn 5; *Seibt* in Habersack/Drinhausen, Art. 39 SE-VO Rn 9.

29 *Drygala* in Lutter/Hommelhoff/Teichmann, Art. 39 SE-VO Rn 20; *Paefgen* in KK-AktG, Art. 39 SE-VO Rn 32; *Reichert/Brandes* in MüKoAktG, Art. 39 SE-VO Rn 30; *Seibt* in Habersack/Drinhausen, Art. 39 SE-VO Rn 9.

30 *Drygala* in Lutter/Hommelhoff/Teichmann, Art. 39 SE-VO Rn 21; *Eberspächer* in Spindler/Stilz, Art. 50 SE-VO Rn 10; *Paefgen* in KK-AktG, Art. 39 SE-VO Rn 31;

1. *Größe und Zusammensetzung des Leitungsorgans*

Gemäß Art. 39 Abs. 4 S. 2 SE-VO i.V.m. § 16 S. 1 SEAG hat das Leitungsorgan bei einer SE mit einem Grundkapital von mehr als 3 Millionen Euro aus mindestens zwei Personen zu bestehen, es sei denn, die Satzung bestimmt, dass es aus einer Person bestehen soll. Weitere Vorgaben bezüglich einer Mindest- oder Höchstzahl an Leitungsorganmitgliedern bestehen nicht, sodass die Mitgliederzahl in der Satzung bestimmt oder durch das Aufsichtsorgan festgelegt werden kann (Art. 39 Abs. 4 S. 1 SE-VO).[31] Zwischen der Mitgliedschaft im Leitungs- und Aufsichtsorgan besteht dabei Inkompatibilität (Art. 39 Abs. 3 S. 1 SE-VO), um eine effektive Überwachung durch das Aufsichtsorgan personell zu gewährleisten.[32] Die Mitglieder des Leitungsorgans müssen ferner den persönlichen Voraussetzungen des Art. 47 Abs. 2 SE-VO entsprechen. Gemäß Art. 47 Abs. 2 lit. a) SE-VO gelten zunächst die Bestellungsverbote des § 76 Abs. 3 AktG.[33] Weiterhin dürfen gemäß Art. 47 Abs. 2 lit. b) SE-VO solche Personen nicht zu Mitgliedern des Leitungsorgans bestellt werden, denen die Mitgliedschaft in einem Leitungs-, Aufsichts- oder Verwaltungsorgan durch eine in einem Mitgliedsstaat ergangene Gerichts- oder Verwaltungsentscheidung untersagt wurde. Hiervon sind insbesondere die Fälle von § 70 StGB und § 35 GewO erfasst.[34]

2. *Bestellung*

Gemäß Art. 39 Abs. 2 UA 1 SE-VO werden die Mitglieder des Leitungsorgans vom Aufsichtsorgan bestellt und abberufen. Eine Übertragung dieser Bestellungskompetenz auf einen Ausschuss ist nicht möglich (Art. 9 Abs. 1 lit. c ii) SE-VO i.V.m. § 107 Abs. 3 S. 4 AktG).[35] Die Dauer der Amtszeit richtet sich dabei nach dem zwingend in der Satzung festgelegten Zeitraum, wobei die maximale Höchstgrenze sechs Jahre nicht überschreiten darf (Art. 46 Abs. 1 SE-VO). Dem Aufsichtsorgan steht folglich bei der Festlegung der Amtszeit kein Ermessensspielraum zu.[36] Auch eine

---

Reichert/Brandes in MüKoAktG, Art. 50 SE-VO Rn 31; *Seibt* in Habersack/Drinhausen, Art. 39 SE-VO Rn 9.

31 *Paefgen* in KK-AktG, Art. 39 SE-VO Rn 76; *Seibt* in Habersack/Drinhausen, Art. 39 SE-VO Rn 39.

32 Allerdings kann ein Mitglied des Aufsichtsorgans nach Art. 39 Abs. 3 S. 2 SE-VO und § 15 SEAG zur Wahrnehmung der Aufgaben eines Mitglieds des Leitungsorgans für einen im Voraus begrenzten Zeitraum, höchstens für ein Jahr, abgestellt werden. Während dieser Zeit ruht das Amt der betreffenden Person als Mitglied des Aufsichtsorgans (Art. 39 Abs. 3 S. 3 SE-VO).

33 *Drygala* in Lutter/Hommelhoff/Teichmann, Art. 39 SE-VO Rn 31; *Seibt* in Habersack/Drinhausen, Art. 39 SE-VO Rn 18.

34 *Drygala* in Lutter/Hommelhoff/Teichmann, Art. 39 SE-VO Rn 31.

35 *Paefgen* in KK-AktG, Art. 39 SE-VO Rn 39.

36 *Drygala* in Lutter/Hommelhoff/Teichmann, Art. 39 SE-VO Rn 32; *Paefgen* in KK-AktG, Art. 39 SE-VO Rn 51; *Reichert/Brandes* in MüKoAktG, Art. 39 SE-VO Rn 6.

Wiederbestellung von Leitungsorganmitgliedern ist vorbehaltlich in der Satzung festgelegter Einschränkungen zulässig (Art. 46 Abs. 2 SE-VO). Soll die Wiederbestellung vor Ablauf der Amtszeit erfolgen, ist über Art. 9 Abs. 1 lit. c) ii) SE-VO die Einschränkung des § 84 Abs. 1 S. 3 AktG zu beachten, nach der die Wiederbestellung frühestens ein Jahr vor Ablauf der bisherigen Amtszeit möglich ist.[37] Das Aufsichtsorgan ist dabei beschlussfähig, wenn mindestens die Hälfte seiner Mitglieder anwesend oder vertreten ist (Art. 50 Abs. 1 lit. a) SE-VO). Der Beschluss ergeht grundsätzlich mit einfacher Mehrheit der anwesenden Mitglieder (Art. 50 Abs. 1 lit. b) SE-VO),[38] wobei es jedoch – anders als im Recht der AG – möglich ist, in der Satzung einer mitbestimmungsfreien Komplementärin höhere Mehrheitserfordernisse bis hin zur Einstimmigkeit für Beschlussgegenstände festzulegen.[39]

Im Recht der GmbH bzw. AG & Co. KGaA und der GmbH & Co. KG wird vertreten, dass die Gesellschafter der Komplementär-GmbH bzw. der Aufsichtsrat der Komplementär-AG bei der Bestellung der Geschäftsführer bzw. der Bestellung des Vorstandes wegen ihrer gesellschafterlichen Treuepflicht auf die Interessen der KGaA Rücksicht zu nehmen haben.[40] Dieser Gedanke lässt sich auch auf die Bestellung der

---

Allerdings hält die wohl h.M. Satzungsklauseln für zulässig, die ohne Bestimmung einer exakten Amtszeit dem Aufsichtsorgan eine Spanne möglicher Amtsperioden vorschreiben, *Drinhausen* in Habersack/Drinhausen, Art. 46 SE-VO Rn 10 f.; *Eberspächer* in Spindler/Stilz, Art. 46 SE-VO Rn 5; *Hoffmann-Becking*, ZGR 2004, 355 (364); *Reichert/Brandes* in MüKoAktG, Art. 46 SE-VO Rn 3; *J. Schmidt*, Deutsche vs. Britische SE, S. 494; *Schwarz*, Art. 46 SE-VO Rn 13 ff.; a.A. *Austmann* in Münch Hdb AG, § 86 Rn 4; *Teichmann* in Lutter/Hommelhoff/Teichmann, Art. 46 SE-VO Rn 4; *Paefgen* in KK-AktG, Art. 39 SE-VO Rn 51. Im Regelfall wird man dabei eine Bestellung von mindestens einem Jahr verlangen müssen, damit die Unabhängigkeit des Leitungsorgans gewährleistet ist, *Reichert/Brandes* in MüKoAktG, Art. 46 SE-VO Rn 5 m.w.N.

37 *Reichert/Brandes* in MüKoAktG, Art. 46 SE-VO Rn 7.

38 *Drygala* in Lutter/Hommelhoff/Teichmann, Art. 39 SE-VO Rn 26.

39 *Drygala* in Lutter/Hommelhoff/Teichmann, Art. 39 SE-VO Rn 26; *Paefgen* in KK-AktG, Art. 39 SE-VO Rn 42; *Reichert/Brandes* in MüKoAktG, Art. 39 Rn 24; *Seibt* in Habersack/Drinhausen, Art. 39 SE-VO Rn 14.

40 Für die GmbH & Co. KGaA: BGH, NJW 1997, 1923 (1925) im Anschluss an *Priester*, ZHR 160, 250 (261); zustimmend: *Herfs* in Münch Hdb AG, § 78 Rn 30; *Ihrig/Schlitt*, ZHR Beiheft 67, 33 (52); *Ladwig/Motte*, DStR 1997, 1539 (1540); *Hennerkes/Lorz*, DB 1997, 1388 (1391); wohl auch *Arnold*, GmbH & Co. KGaA, S. 78, der aus der Treuepflicht ein Anhörungsrecht der Kommanditaktionäre bei der Geschäftsführerbestellung folgert, konkrete Einwirkungsmöglichkeiten der Kommanditaktionäre jedoch ablehnt; einschränkend: *Jacques*, NZG 2000, 401 (406 f.), nach dem die Bestellung der Geschäftsführer der Komplementär-GmbH grundsätzlich im freien Ermessen ihrer Gesellschafter liegt. Die Kommanditaktionäre seien angesichts ihrer bloßen kapitalmäßigen Beteiligung grundsätzlich auf eine Entziehung der Geschäftsführungs-/Vertretungsbefugnis aus wichtigem Grund nach §§ 117, 127 HGB beschränkt. Ein Eingriff in ihre Entscheidungskompetenz sei nur dann gerechtfertigt, wenn aus der Sicht der GmbH & Co. KGaA ein *wichtiger Grund gegen* die Berufung des Geschäftsführers vorliege. A.A. *Reger* in Bürgers/Fett, § 5 Rn 207, der in der Ausdehnung

Mitglieder des Leitungsorgans einer Komplementär-SE durch deren Aufsichtsorgan übertragen. Hiergegen spricht nicht, dass die Auswahl der Leitungsorganmitglieder dem Aufsichtsorgan obliegt, das insoweit frei in seiner Entscheidung ist.[41] Denn die gesellschafterliche Treuepflicht verpflichtet das Aufsichtsorgan nicht zur Bestellung einer bestimmten Person. Es muss lediglich die Interessen der KGaA bei der Auswahl der Leitungsorganmitglieder angemessen berücksichtigen und darf insbesondere kein Leitungsorganmitglied bestellen, gegen dessen Bestellung aus Sicht der KGaA ein wichtiger Grund spricht oder das zu einer ordnungsgemäßen Geschäftsführung nicht in der Lage ist.[42] Diese Verpflichtung des Aufsichtsorgans folgt aus dem Gesellschaftszweck der Komplementärgesellschaft, der in aller Regel ausschließlich in der Übernahme der Komplementärfunktion innerhalb der KGaA besteht,[43] was häufig sogar in der Satzung im Unternehmensgegenstand normiert wird.[44] Eine Übertragung der Kompetenz zur Bestellung der Leitungsorganmitglieder auf ein Organ der KGaA, etwa einen Beirat oder gar die Hauptversammlung der Kommanditaktionäre, kommt aufgrund der zwingenden[45] aktienrechtlichen Zuständigkeit des Aufsichtsorgans nach Art. 39 Abs. 2 SE-VO nicht in Betracht.

3. *Der Anstellungsvertrag*

Die SE-VO enthält keine Regelungen über den Anstellungsvertrag der Mitglieder des Leitungsorgans, sodass über die Verweisung des Art. 9 Abs. 1 lit. c) ii) SE-VO wiederum die Regelungen des Aktiengesetzes Anwendung finden.[46] Zuständig für den Abschluss des Anstellungsvertrages mit den Leitungsorganmitgliedern ist hiernach das Aufsichtsorgan der Komplementärin (Art. 9 Abs. 1 lit. c) ii) SE-VO i.V.m. § 112 AktG).[47] Der Anstellungsvertrag stellt einen Geschäftsbesorgungsvertrag

---

der Treuepflicht auf die Gesellschafter der Komplementärin eine Missachtung der rechtlichen Eigenständigkeit der Komplementärgesellschaft sieht. Diese Bedenken greifen vorliegend jedoch nicht, da bei einer dualistischen SE als Komplementärin einer KGaA die Bestellung der Mitglieder des Leitungsorgans nicht durch ihre Gesellschafter, sondern durch ein Organ der Gesellschaft erfolgt. Für die AG & Co. KGaA: *Otte*, AG & Co. KGaA, S. 91 f. Vgl. ferner für die GmbH & Co. KG nur: *Breitfeld* in Reichert, GmbH & Co. KG, § 16 Rn 3.

41 Vgl. zur AG: *Koch* in Hüffer/Koch, § 84 Rn 5; *Lutter/Krieger/Verse*, Aufsichtsrat, Rn 333.

42 *Herfs* in Münch Hdb AG, § 78 Rn 30.

43 Vgl. zur AG & Co. KG: *Cahn*, Der Konzern 2007, 716 (721); zur AG & Co. KGaA: *Otte*, AG & Co. KGaA, S. 91.

44 Vgl. z.B. § 2 der Satzung der Bertelsmann Management SE, der Komplementärin der Bertelsmann SE & Co. KGaA.

45 Vgl. nur *Paefgen* in KK-AktG, Art. 39 SE-VO Rn 38.

46 *Drygala* in Lutter/Hommelhoff/Teichmann, Art. 39 SE-VO Rn 35; *Paefgen* in KK-AktG, Art. 39 SE-VO Rn 84; *Seibt* in Habersack/Drinhausen, Art. 39 SE-VO Rn 28.

47 *Paefgen* in KK-AktG, Art. 39 SE-VO Rn 84; *Reichert/Brandes* in MüKoAktG, Art. 39 SE-VO Rn 40; *Seibt* in Habersack/Drinhausen, Art. 39 SE-VO Rn 29.

mit dienstvertraglichem Charakter dar.[48] Stehen das Anstellungs- und das Bestellungsverhältnis naturgemäß in einem engen rechtlichen und sachlichen Zusammenhang zueinander,[49] sind sie doch rechtlich getrennt voneinander zu beurteilen (sog. Trennungsprinzip).[50] So hat eine Abberufung grundsätzlich keinen Einfluss auf die Wirksamkeit des Anstellungsvertrages.[51] Allerdings ist es möglich, das Anstellungsverhältnis durch eine auflösende Bedingung mit dem Organverhältnis zu verknüpfen.[52] Ferner ist die Höchstlaufzeit des Anstellungsvertrages aufgrund des Gleichlaufprinzips zwischen organschaftlicher Amtszeit und schuldrechtlicher Anstellung (Art. 9 Abs. 1 lit. c) ii) SE-VO i.V.m. § 84 Abs. 1 S. 5 AktG) auf die in der Satzung für die Organbestellung vorgeschriebene Höchstlaufzeit zu beschränken.[53] Die Ausgestaltung des Anstellungsvertrages obliegt dem pflichtgemäßen Ermessen des Aufsichtsorgans, wobei bezüglich der Höhe und der Ausgestaltung der Vergütung das Angemessenheitsgebot des § 87 Abs. 1 AktG zu berücksichtigen ist.[54] Gemäß Art. 9 Abs. 1 lit. c) ii) SE-VO i.V.m. § 87 Abs. 1 S. 1 AktG hat der Aufsichtsrat bei der Festsetzung der Gesamtbezüge des einzelnen Vorstandsmitglieds dafür zu sorgen, dass diese in einem angemessenen Verhältnis zu den Aufgaben und Leistungen des Vorstandsmitglieds sowie zur Lage der Gesellschaft stehen und die übliche Vergütung nicht ohne besondere Gründe übersteigen. Zwar bleibt die Wirksamkeit des Anstellungsvertrages von einem Verstoß gegen § 87 Abs. 1 AktG unberührt, weil dieser nach h.M. kein Verbotsgesetz darstellt.[55] Jedoch machen sich die Mitglieder des Aufsichtsorgans ggf. gegenüber der Komplementär-SE schadensersatzpflichtig (Art. 51 SE-VO i.V.m. §§ 93 Abs. 2 S. 1, 116 S. 3 AktG).[56]

a) *Zulässigkeit eines Drittanstellungsvertrages*

aa) Meinungsstand

Fraglich ist, ob der Anstellungsvertrag nicht nur mit der durch das Aufsichtsorgan vertretenen Komplementär-SE, sondern auch direkt mit der KGaA geschlossen

---

48 *Theobald*, FS Raiser, 421 (425).

49 *Kort* in GK-AktG, § 84 Rn 25; *Vetter*, FS Hoffmann-Becking, 1297 (1304).

50 *Drygala* in Lutter/Hommelhoff/Teichmann, Art. 39 SE-VO Rn 36; *Paefgen* in KK-AktG, Art. 39 SE-VO Rn 85; *Seibt* in Habersack/Drinhausen, Art. 39 SE-VO Rn 28.

51 *Drygala* in Lutter/Hommelhoff/Teichmann, Art. 39 SE-VO Rn 44.

52 *Paefgen* in KK-AktG, Art. 39 SE-VO Rn 85.

53 *Paefgen* in KK-AktG, Art. 39 SE-VO Rn 86; *Reichert/Brandes* in MüKoAktG, Art. 39 SE-VO Rn 40; *Seibt* in Habersack/Drinhausen, Art. 39 SE-VO Rn 30.

54 *Seibt* in Habersack/Drinhausen, Art. 39 SE-VO Rn 30.

55 Vgl. KG, NZG 2011, 865 (866); *Kort* in GK-AktG, § 87 Rn 69; *Krieger*, FS Hoffmann-Becking, 711 (720); *Mertens/Cahn* in KK-AktG, § 87 Rn 5; *Seibt* in K. Schmidt/Lutter, § 87 Rn 17; *Spindler* in MüKoAktG, § 87 Rn 137; *Uffmann*, Interim Management, S. 342; *Weber* in Hölters, § 87 Rn 46; a.A. *Säcker/Stenzel*, JZ 2006, 1151 (1152 ff.).

56 *Fleischer* in Spindler/Stilz, § 87 Rn 57; *Krieger*, FS Hoffmann-Becking, 711 (721); *Naber/Beckmann*, BB 2015, 2367 jeweils für den Aufsichtsrat einer AG.

werden kann (sog. Drittanstellungsvertrag). Der Abschluss eines solchen Drittanstellungsvertrages wird teilweise aus steuerlichen Gründen empfohlen, um die mit den Zahlungen der KGaA an die Komplementärgesellschaft einhergehende effektive gewerbesteuerliche Mehrbelastung der Kapitalgesellschaft & Co. KGaA im Vergleich zur AG bzw. SE zu vermeiden.[57] Für den Bereich der GmbH & Co. KGaA und der GmbH & Co. KG ist die Zulässigkeit solcher Drittanstellungsverträge aufgrund der Dispositivität des Korporationsrechts (§ 45 GmbHG) anerkannt.[58] Die Zulässigkeit der Drittanstellung von Vorstandsmitgliedern einer SE bzw. AG wird in der Literatur – der BGH hat sich bis dato nicht explizit zu der Problematik geäußert[59] – kontrovers diskutiert.[60] Während die wohl überwiegende Meinung sie für zulässig erachtet,[61] steht ihr eine beachtliche Gegenansicht – vor allem außerhalb vertraglicher oder faktischer Konzernverbindungen – kritisch gegenüber. Es wird geltend gemacht, dass eine Drittanstellung gegen die aktienrechtliche Kompetenzordnung verstoße.[62] Die Verweise bezüglich des Anstellungsvertrages in § 84 Abs. 1 S. 5,

---

57 Vgl. dazu oben unter § 2 E. II. 1. c) bb) mit Nachweis in Fn 94.

58 Für die GmbH & Co. KGaA: *Arnold*, GmbH & Co. KGaA, S. 86; *Kessler*, GmbH & Co. KGaA, S. 274 f. Für die GmbH & Co. KG: BGHZ 75, 209 (210) = NJW 1980, 595; *Binz/Sorg*, GmbH & Co. KG, § 9 Rn 7 ff.; *Zöllner/Noack* in Baumbach/Hueck, § 35 GmbHG Rn 165.

59 Auch in BGH, NZG 2015, 792 ff. geht der BGH nicht auf die Zulässigkeit eines Drittanstellungsvertrages ein. Er entschied lediglich, dass der Abschluss des die Vergütung eines Vorstandsmitglieds betreffenden Vertrags auch dann in die Zuständigkeit des Aufsichtsrates falle, wenn er von der Gesellschaft nicht mit dem Vorstandsmitglied selbst, sondern einem Dritten abgeschlossen wird und mit dem Dritten eine Vergütung für die Vorstandstätigkeit vereinbart wird. Hieraus wird in der Literatur geschlossen, dass der BGH die Drittanstellung von Vorstandsmitgliedern implizit für zulässig erachtet, *Kort*, AG 2015, 531 (532); *Theiselmann*, ZIP 2015, 1712; *Vetter*, NZG 2015, 889 (891).

60 Angesichts der ungesicherten Rechtslage wird von einigen Autoren ausdrücklich von einem Abschluss eines Drittanstellungsvertrages abgeraten, so etwa *Koch* in Hüffer/Koch, § 84 Rn 18; *Kort*, AG 2015, 531 (532); *Lutter/Krieger/Verse*, Aufsichtsrat, Rn 438.

61 OLG Celle, 2012, 41 (42); KG, NZG 2011, 865 (866) jeweils für einen Interimmanager. Für die SE: *Reichert/Brandes* in MüKoAktG, Art. 39 SE-VO Rn 40; für die AG: *Jooß*, NZG 2011, 1130 (1131); *Koch* in Hüffer/Koch, § 84 Rn 17; *Krieger*, FS Hoffmann-Becking, 711 (713 ff.); *Lutter/Krieger/Verse*, Aufsichtsrat, 6. Auflage 2014, Rn 438 f.; *Reuter*, AG 2011, 274 (276 ff.); *Seibt* in K. Schmidt/Lutter, § 84 Rn 26; *Theiselmann*, ZIP 2015, 1712 (1713); *Uffmann*, Interim Management, S. 317 ff.; *Vetter*, FS Hoffmann-Becking, 1297 (1301 ff.); *ders.*, NZG 2015, 889 (892); *Wiesner* in Münch Hdb AG, § 21 Rn 3 ff.

62 *Baums*, Der Geschäftsleitervertrag, S. 73 ff.; *Fonk*, NZG 2010, 368 (370); *Kort*, AG 2015, 531 (532), *ders.* in GK-AktG, § 84 Rn 320; *Mertens/Cahn* in KK-AktG, § 84 Rn 56; *Theobald*, FS Raiser, 421 (431 f.); *Weber* in Hölters, § 84 Rn 41; *Weinkamm*, Drittanstellung, S. 158 ff.; Zweifel auch bei *Marsch-Barner*, FS Hoffmann-Becking, 777 (789) jeweils für den Vorstand einer AG.

Abs. 3 S. 5 AktG auf die Bestellungs- und Widerrufsregeln dokumentierten die enge Verknüpfung zwischen Bestellung einerseits und Anstellung andererseits und legten den Schluss nahe, dass auch die Anstellung zwingend in die Zuständigkeit des Aufsichtsorgans falle.[63]

Ferner vertrage sich eine Drittanstellung nicht mit der eigenverantwortlichen Leitungsmacht des Leitungsorgans (Art. 39 Abs. 1 S. 1 SE-VO).[64] Der Vorstand könne wegen seiner unabhängigen Stellung nicht „*Diener zweier Herren*" sein, was jedoch zwangsläufige Folge seiner schuldrechtlichen Pflichten aus dem Anstellungsvertrag mit einem Dritten sei.[65] Da das Risiko bestehe, dass der Dritte das aus dem Anstellungsverhältnis resultierende dienstvertragliche Weisungsrecht nicht im Sinne der Bestellungskörperschaft ausübe, gehe mit der Trennung von Anstellungs- und Bestellungsverhältnis, ähnlich wie bei Doppelmandaten, die Gefahr von Interessen- oder gar Pflichtenkollisionen[66] einher.[67] Weiterhin könne der Dritte sein Recht zur Kündigung des Anstellungsvertrages als Druckmittel zur Durchsetzung seiner Interessen ausüben.[68] Hierdurch werde die autonome Leitungsbefugnis des Vorstandes, die allein dem Unternehmensinteresse verpflichtet sei, bedroht.[69] Schließlich wird geltend gemacht, dass der Aufsichtsrat im Falle der Drittanstellung daran gehindert sei, seiner Verpflichtung des § 87 Abs. 1 S. 2 AktG nachzukommen, durch eine Festsetzung und Strukturierung der Vorstandsbezüge Leistungsanreize zu setzen, die zu einer Ausrichtung der Leitungstätigkeit am Gesellschaftsinteresse incentivieren.[70]

---

63 Eingehend: *Weinkamm*, Drittanstellung, S. 162 ff.

64 *Kort*, AG 2015, 531 (532), *ders.* in GK-AktG, § 84 Rn 321; *Mertens/Cahn* in KK-AktG, § 84 Rn 56; *Spindler* in MüKoAktG, § 84 AktG Rn 76; *Spindler*, FS Hopt, 1407 (1420); *Thüsing* in Fleischer, Hdb des VorstandsR, § 4 Rn 68; *Weber* in Hölters, § 84 AktG Rn 41 jeweils für den Vorstand einer AG.

65 *Spindler* in MüKoAktG, § 84 Rn 76; *ders*, FS Hopt, 1407 (1418).

66 Bei einer Interessenkollision liegt lediglich eine subjektive Befangenheit vor, während bei einer Pflichtenkollision die Pflicht zur Wahrnehmung des Unternehmensinteresses nicht mit einer Pflicht aus einem abweichenden Rechtsverhältnis vereinbar ist, *Lutter/Krieger/Verse*, Aufsichtsrat, Rn 896.

67 *Kort* in GK-AktG, § 84 Rn 321; *Mertens/Cahn* in KK-AktG, § 84 Rn 56; *Spindler* in MüKoAktG, § 84 Rn 76; *Weber* in Hölters, § 84 Rn 41.

68 *Thüsing* in Fleischer, Hdb VorstandsR, § 4 Rn 68; vgl. auch *Kort* in GK-AktG, § 84 Rn 329a; *Mertens/Cahn* in KK-AktG, § 84 Rn 56.

69 Ein Teil der Literatur will von diesen Grundsätzen eine Ausnahme für Vertrags- und Eingliederungskonzerne machen, da hier die autonome Leitungsbefugnis des Vorstandes durch die konzernrechtlichen Einflussmöglichkeiten des § 308 Abs. 1 AktG und § 323 Abs. 1 AktG überlagert werde, *Kort* in GK-AktG, § 84 Rn 329; *Henssler*, RdA 1992, 289 (301); vgl. auch *Beiner/Braun*, Vorstandsvertrag, Rn 238; für generelle Unzulässigkeit hingegen: *Mertens/Cahn* in KK-AktG, § 84 Rn 56; *Spindler* in MüKoAktG, § 84 Rn 76.

70 *Weber* in Hölters, § 84 Rn 41.

bb) Würdigung

Da weder der SE-VO noch § 84 AktG ein ausdrückliches Verbot der Drittanstellung zu entnehmen ist, hat die Beurteilung der Frage ihrer Zulässigkeit unter systematischen und teleologischen Gesichtspunkten zu erfolgen. Es ist daher zu untersuchen, ob der Abschluss eines Anstellungsvertrages von Leitungsorganmitgliedern einer Komplementär-SE mit der KGaA gegen die aktienrechtliche Kompetenzordnung (dazu unter (1)) verstößt oder deren Leitungsautonomie unzulässig einschränkt (dazu unter (2)).

(1) Kein Verstoß gegen die aktienrechtliche Kompetenzordnung

Gemäß Art. 39 Abs. 2 SE-VO hat das Aufsichtsorgan der Komplementärin die Mitglieder des Leitungsorgans zu bestellen und abzuberufen. Diese zwingend vom Plenum (§ 107 Abs. 3 S. 4 AktG) vorzunehmende Auswahl geeigneter Mitglieder des Leitungsorgans stellt die wichtigste und vornehmste Ausprägung seiner Personalhoheit dar.[71] Eine unzulässige Delegation der Entscheidung über die Bestellung bzw. Abberufung erfolgt beim Abschluss des Anstellungsvertrages mit der KGaA jedoch gerade nicht.[72] Denn die Auswahl der zu bestellenden Person obliegt vielmehr auch in diesem Fall allein dem Aufsichtsorgan der Komplementärgesellschaft. Gleiches gilt für die Entschließungsfreiheit hinsichtlich der Abberufung.[73] Eine etwaige Kündigung des Anstellungsvertrages durch die KGaA hat schon aufgrund der Trennung zwischen korporationsrechtlichem und schuldrechtlichem Verhältnis keine Auswirkungen auf die Organwalterfunktion. Es spricht ferner einiges dafür, dass die KGaA aufgrund ihrer gesellschafterlichen Treuepflicht gegenüber der Komplementärgesellschaft dazu gehalten ist, den Anstellungsvertrag nicht vor Ablauf der Bestellungsdauer bzw. nur bei Vorliegen der Voraussetzungen eines Widerrufs der Bestellung zu kündigen. Unabhängig davon haben es das Leitungsorganmitglied und die Komplementärgesellschaft in der Hand, durch den Abschluss eines neuen Anstellungsvertrages eine neue schuldrechtliche Grundlage für die Tätigkeit herzustellen. Die organschaftliche Treuepflicht verpflichtet dabei das Leitungsorgan und die Komplementärgesellschaft zur Herbeiführung einer entsprechenden Vereinbarung.[74] Dies ist auch unproblematisch möglich, da – anders als im Bereich des Interim Managements – zwischen der KGaA und ihrer Komplementärgesellschaft keine Abwerbeverbote gelten. Zwar folgt aus einer Gesamtschau der

---

71 *Uffmann,* Interim Management, S. 326 m.w.N.

72 *Jooß,* NZG 2011, 1130 (1131); *Reuter,* AG 2011, 274 (278); *Vetter,* FS Hoffmann-Becking, 1297 (1303); *Wiesner* in Münch Hdb AG, § 21 Rn 5; eingehend: *Uffmann,* Interim Management, S. 326 ff. Dies räumt auch *Thüsing* in Fleischer, Hdb VorstandsR, § 4 Rn 68 als Vertreter der Gegenansicht ein.

73 *Reuter,* AG 2011, 274 (279); *Vetter,* FS Hoffmann-Becking, 1297 (1309); *Uffmann,* Interim Management, S. 328.

74 *Vetter,* FS Hoffmann-Becking, 1297 (1309); zustimmend: *Uffmann,* Interim Management, S. 328.

§§ 84 Abs. 1 S. 5, 84 Abs. 3 S. 5, 87, 112 und 116 S. 3 AktG, dass der Aufsichtsrat der Komplementärgesellschaft für den Abschluss, die Ausgestaltung und Änderung eines Anstellungsvertrages korporationsrechtlich zuständig ist, *wenn* ein solcher zwischen Bestellungskörperschaft und Vorstandsmitglied zustande kommt.[75] Eine abschließende Kompetenzzuweisung kann den genannten Vorschriften jedoch gerade weder nach Wortlaut noch Systematik oder Telos entnommen werden.[76]

(2) Unabhängigkeit des Leitungsorgans nicht tangiert

Auch die Unabhängigkeit der Leitungsfunktion des Leitungsorgans steht nach zutreffender Ansicht der Zulässigkeit von Drittanstellungsverträgen nicht entgegen. Zunächst ist festzustellen, dass eine dienstvertragliche Weisungsgebundenheit nicht nur im Falle der Drittanstellung, sondern ebenso bei einer Eigenanstellung des Leitungsorganmitglieds besteht.[77] Allerdings hat ein Drittanstellungsvertrag aufgrund der Trennung zwischen korporationsrechtlichem und schuldrechtlichem Verhältnis keinen Einfluss auf die Rechte und Pflichten der Leitungsorgane, die sich unmittelbar aus dem Gesetz und der Satzung ergeben.[78] Ferner wird ein etwaiges Spannungsverhältnis zwischen eigenverantwortlicher Leitung und anstellungsvertraglicher Gebundenheit durch das anerkannte Vorrangverhältnis der organschaftlichen Rechte und Pflichten vor durch ein schuldrechtliches Anstellungsverhältnis begründeten Rechten und Pflichten gelöst.[79] Steht eine aus dem Anstellungsverhältnis mit der KGaA geschlossene Pflicht im Widerspruch zu einer organschaftlichen Pflicht des Leitungsorgans der Komplementärgesellschaft, hat erstere zurückzutreten. Dieser Vorrang der organschaftlichen Verpflichtungen zugunsten der Komplementärgesellschaft ist für die KGaA auch zumutbar, weil sie den Anstellungsvertrag gerade im Hinblick auf die Bestellung als Organ der Komplementärin abgeschlossen hat.[80] Besteht der alleinige Zweck der Komplementärgesellschaft in der Wahrnehmung der Geschäftsführung der KGaA, erscheint die Gefahr von Interessenkollisionen – anders als etwa im Bereich des Interim Managements[81] – ohnehin von

---

75 Allgemein: *Uffmann,* Interim Management, S. 330 m.w.N.

76 *Reuter,* AG 2011, 274 (278 ff.); *Uffmann,* Interim Management, S. 331 f.; *Vetter,* FS Hoffmann-Becking, 1297 (1301; 1303).

77 *Theobald,* FS Raiser, 421 (426 f.); *Uffmann,* Interim Management, S. 318.

78 *Vetter,* FS Hoffmann-Becking, 1297 (1304); *Wiesner* in Münch Hdb AG, § 21 Rn 2.

79 BGH, NJW 2010, 2343; BGH, NJW 1989, 2683 (2684); *Krieger,* FS Hoffmann-Becking, 711 (714); *Theobald,* FS Raiser, 421 (426 f.); *Uffmann,* Interim Management, S. 319; *Vetter,* FS Hoffmann-Becking, 1297 (1304 f.); *Wiesner* in Münch Hdb AG, § 21 Rn 2; einschränkend: *Seyfarth,* VorstandsR, § 7 Rn 36, nach dem Wirksamkeitsvoraussetzung eines Drittanstellungsvertrags die vertraglich geregelte Weisungsfreiheit von der Anstellungskörperschaft ist; in diesem Sinne wohl auch: *Seibt* in K. Schmidt/Lutter, § 84 Rn 26.

80 Allgemein: *Vetter,* FS Hoffmann-Becking, 1297 (1305 f.).

81 Gegen die Gefahr von Interessenkollisionen im Bereich des Interim Managements: *Krieger,* FS Hoffmann-Becking, 711 (714); *Uffmann,* Interim Management, S. 322 ff.

vornherein als ausgeschlossen. Ferner können potentielle Interessenkonflikte kein kategorisches Verbot von Drittanstellungsverträgen rechtfertigen.[82] Denn nach der Rechtsprechung des BGH sind sogar Doppelmandate trotz „naheliegender Interessenkonflikte“ bei Zustimmung der Aufsichtsräte beider Gesellschaften aktienrechtlich unbedenklich, wenn der Doppelmandatsträger bei seinen Entscheidungen stets die Interessen des jeweiligen Pflichtenkreises wahrnimmt.[83] Rechtfertigen schon die im Rahmen von Doppelmandaten auftretenden Interessenkonflikte kein entsprechendes Verbot, muss dies erst recht für die vorliegend zu beurteilende Konstellation eines Drittanstellungsvertrages zwischen der KGaA und einem Organ ihrer nicht anderweitig tätigen Komplementärgesellschaft gelten, bei denen ein weitgehender Interessengleichlauf anzunehmen ist.[84] Ferner ist die Komplementärgesellschaft in diesem Fall hinreichend dadurch geschützt, dass das entsprechende Organ nicht nur zum eigenverantwortlichen Umgang mit dem Interessenkonflikt, insbesondere zur ungefragten Offenlegung des Interessenkonflikts und Ausrichtung seines Handelns am Unternehmensinteresse der Komplementärgesellschaft, verpflichtet ist, sondern ein entsprechender Pflichtverstoß auch haftungsrechtlich nach § 93 Abs. 2 S. 1 AktG sanktioniert wird.[85] Schließlich mag auch das Argument der fehlenden Mitwirkungsmöglichkeiten des Aufsichtsorgans der Komplementärgesellschaft im Rahmen der Ausgestaltung der Vergütungsstruktur nicht gegen eine Zulässigkeit von Drittanstellungsverträgen sprechen, da dieser Frage auf der Ebene der Zuständigkeit Rechnung getragen werden kann.

(3) Zwischenergebnis

Der Abschluss eines Anstellungsvertrages der Leitungsorganmitglieder der Komplementärgesellschaft mit der KGaA verstößt weder gegen die aktienrechtliche Kompetenzordnung noch schränkt er deren Leitungsautonomie in unzulässiger Weise ein und ist demnach zulässig. Die KGaA wird beim Abschluss durch ihren Aufsichtsrat vertreten (§ 278 Abs. 3 AktG i.V.m. § 112 AktG).[86]

b) Mitwirkung des Aufsichtsorgans beim Abschluss?

Ist der Abschluss des Anstellungsvertrages mit der KGaA damit nach vorzugswürdiger Ansicht zulässig, bleibt zu klären, ob der Aufsichtsrat der Komplementärin mitzuwirken hat. In Betracht kommt eine Mitwirkung in Form eines

---

82 *Uffmann,* Interim Management, S. 322.; *Theiselmann,* ZIP 2015, 1712 (1713).

83 BGH, NZG 2009, 744 (745).

84 Allgemein: OLG Celle, AG 2012, 41 (42); KG, NZG 2011, 865 (866) jeweils für einen Interimsmanager; zustimmend: *Jooß,* NZG 2011, 1130 (1131); *Uffmann,* Interim Management, S. 321 f.; *Vetter,* FS Hoffmann-Becking, 1297 (1307).

85 Vgl. allgemein: *Reuter,* AG 2011, 274 (278); *Theiselmann,* ZIP 2015, 1712 (1713); *Uffmann,* Interim Management, S. 321 f.

86 *Marsch-Barner,* FS Hoffmann-Becking, 777 (789). Vgl. zur Vertretungskompetenz des Aufsichtsrates gemäß § 112 AktG unter § 4 B. III.

Zustimmungsvorbehaltes (dazu unter aa)) oder in Gestalt eines bloßen Informationsrechts (dazu unter bb)). Von praktischer Relevanz dürfte dabei insbesondere eine Mitwirkung des Aufsichtsorgans hinsichtlich der im Drittanstellungsvertrag geregelten Vergütung sein, die, wie bereits angesprochen, grundsätzlich den Anforderungen des § 87 Abs. 1 AktG entsprechen muss. Nach einer Entscheidung des BGH vom 28. April 2015[87] fällt folgerichtig auch der Abschluss eines die Vergütung eines Interim-Managers betreffenden Vertrags in die Zuständigkeit des Aufsichtsrats nach § 84 Abs. 1 S. 5 i.V.m. S. 1, § 87, § 112 AktG, wenn er von der Gesellschaft nicht mit dem Vorstandsmitglied selbst, sondern einem Dritten abgeschlossen und mit dem Dritten eine Vergütung für die Vorstandstätigkeit vereinbart wird. Dies wird überzeugend damit begründet, dass nur durch eine entsprechende Mitwirkung des Aufsichtsrates der Gleichlauf von Bestellungs- und Anstellungskompetenz gewährleistet werden kann.[88] Nach einhelliger Ansicht in der Literatur ist das Aufsichtsorgan der Komplementärgesellschaft ferner zuständig für den Abschluss von Erstattungsvereinbarungen mit der KGaA hinsichtlich der von Letzterer an die Vorstandsmitglieder gezahlten Vergütung sowie für den Abschluss von Konzernumlagen, die die Vergütung der betreffenden Organmitglieder erfasst.[89]

aa) Zustimmungsvorbehalt

Die überwiegende Ansicht in der Literatur nimmt an, dass der Drittanstellungsvertrag eines Vorstandsmitglieds genau wie eine von Dritten gewährte Vergütung[90] der Zustimmung des Aufsichtsrates bedarf.[91] Unklar bleibt dabei, auf welcher dogmatischen Grundlage dem Aufsichtsrat ein solcher Zustimmungsvorbehalt zustehen soll. Zu Recht ist in diesem Kontext darauf hingewiesen worden, dass einem Zustimmungsvorbehalt als Wirksamkeitsvoraussetzung der Grundsatz der Relativität

---

87 BGH, Urteil v. 28.4.2015 – II ZR 63/14 = NZG 2015, 792 ff.

88 BGH, NZG 2015, 792 (794) im Anschluss an: *Krieger*, FS Hoffmann-Becking, 712 (716); *Vetter*, FS Hoffmann-Becking, 1297 (1310).

89 *Jooß*, Drittanstellung, S. 180; *Kalb/Fröhlich*, NZG 2014, 167 (169); *Reuter*, AG 2011, 274 (277); *Vetter*, FS Hoffmann-Becking, 1297 (1310).

90 *Bauer/Arnold*, DB 2006, 260 (265); *Diekmann*, FS Maier-Reimer, 75 (83); *Hohenstatt/Seibt/Wagner*, ZIP 2008, 2289 (2293); *Koch* in Hüffer/Koch, § 87 Rn 2 a.E.; *Mayer-Uellner*, AG 2013, 828 (838); *Weber* in Hölters, § 87 Rn 13; a.A. *Kalb/Fröhlich*, NZG 2014, 167 (169); *Traugott/Grün*, AG 2007, 761 (768 f.); *v. Werder/Braun/Fromholzer* in Eilers/Koffka/Mackensen, S. 198.

91 *Austmann*, ZGR 2009, 277 (288 f.); *Kort* in GK-AktG, § 84 Rn 327; *Krieger*, FS Hoffmann-Becking, 711 (718 ff.); *Lutter/Krieger/Verse*, Aufsichtsrat, Rn 439; *Seyfarth*, VorstandsR, § 7 Rn 37; *Thüsing* in Fleischer, Hdb VorstandsR, § 6 Rn 68; *Vetter*, FS Hoffmann-Becking, 1297 (1312 ff.); *Wiesner* in Münch Hdb AG, § 21 Rn 5; a.A. *Jooß*, NZG 2011, 1130 (1131); *ders.*, Drittanstellung, S. 174 ff.; *Reuter*, AG 2011, 274 (280).

der Schuldverhältnisse entgegenstehen könnte,[92] der für zwischen der KGaA und einem Leitungsorganmitglied geschlossene Vereinbarungen gilt. Die Situation unterscheidet sich insoweit etwa von Zustimmungsvorbehalten des Aufsichtsrates nach § 111 Abs. 4 S. 2 AktG, bei denen es gerade um vom Vorstand mit Dritten abgeschlossene Geschäfte der Bestellungskörperschaft geht. So kann etwa dem Aufsichtsrat der Komplementärgesellschaft nicht die Möglichkeit zustehen, gemäß § 87 Abs. 2 S. 1 AktG im Wege des Durchgriffs auf den Drittanstellungsvertrag die an das Vorstandsmitglied gezahlte Vergütung herabzusetzen, wenn die Gewährung der Vergütung aufgrund einer Verschlechterung der wirtschaftlichen Lage der Bestellungskörperschaft unbillig ist.[93]

Gleichwohl erscheint es aus der Sicht des Aufsichtsrates der Komplementärgesellschaft zur Sicherung des Vorrangs der Organstellung notwendig, dass dieser über die Anstellungsbedingungen der von ihm zu bestellenden Personen im Bilde ist.[94] Entscheidend ist daher, dass der Aufsichtsrat der Komplementärgesellschaft nach der aktienrechtlichen Kompetenzverordnung für die Festlegung der Vorstandsvergütung zuständig ist.[95] So hat auch der BGH für den Aufsichtsrat einer AG ausgeführt, dass dieser „bei der Organbestellung vielfach nur dann eine verantwortliche und sachgerechte Auswahl zu treffen [vermag], wenn er rechtlich in der Lage ist, auch die Anstellungsbedingungen in seine Überlegungen einzubeziehen und über sie zu entscheiden".[96] Ist das Aufsichtsorgan hiernach für alle anstellungsrelevanten Rechtsbeziehungen mit dem Vorstandsmitglied zuständig, genügt ein bloßes Informationsrecht hinsichtlich der Anstellungsbedingungen gerade nicht. Erforderlich ist vielmehr, dass das Aufsichtsorgan über die Anstellungsbedingungen entscheiden kann. Eine Entscheidungsbefugnis wird jedoch nur durch ein entsprechendes Zustimmungserfordernis gewährleistet. Die aktienrechtliche Kompetenzordnung überlagert folglich insoweit eine getroffene schuldrechtliche Vereinbarung. Dogmatisch lässt sich das Zustimmungserfordernis als ein Annex zu der Verpflichtung des Aufsichtsorgans nach § 87 Abs. 1 AktG einordnen, für eine angemessene Vergütungsstruktur zu sorgen. Mag die Vorschrift des § 87 Abs. 1 AktG zwar den Regelfall der Vergütung des Organs durch die Anstellungskörperschaft vor Augen haben,[97] so steht ihr offener Wortlaut einer Anwendung auf Drittanstellungsverträge nicht entgegen. Die Zustimmung kann dabei auch konkludent erteilt werden, wenn die Bestellung in Kenntnis der vertraglichen Vereinbarungen erfolgt.[98] Zuständig für die Erteilung der Zustimmung ist das Plenum des Aufsichtsorgans

---

92 So: *Uffmann,* Interim Management, S. 346 für den Dienstvertrag eines Interimmanagers mit der Agentur; ähnlich: *v. Werder/Braun/Fromholzer* in Eilers/Koffka/Mackensen, S. 199.

93 *Krieger,* FS Hoffmann-Becking, 711 (724).

94 *Wiesner* in Münch Hdb AG, § 21 Rn 5.

95 Vgl. *Mayer-Uellner,* AG 2013, 828 (838).

96 BGHZ 89, 48 (53) = NJW 1984, 733 (734) – „Reemtsma".

97 *Krieger,* FS Hoffmann-Becking, 711 (719); *Uffmann,* Interim Management, S. 340.

98 *Kalb/Fröhlich,* NZG 2014, 167 (170); *Thüsing* in Fleischer, Hdb VorstandsR, § 4 Rn 68.

(§ 107 Abs. 3 S. 4 AktG). Im Falle einer Änderung der wesentlichen Bedingungen des Drittanstellungsvertrages ist eine erneute Beteiligung des Aufsichtsorgans erforderlich.[99] Ein Zustimmungserfordernis wird man jedenfalls dann annehmen müssen, wenn zwischen der KGaA und der Komplementärgesellschaft bereits eine Erstattungsvereinbarung hinsichtlich der von der KGaA gezahlten Vergütung besteht.[100] Denn in diesem Fall trägt die Komplementärgesellschaft wirtschaftlich die Kosten der Vergütung und ihr Vermögensinteresse wird in gleichem Maße gefährdet, wie wenn der Abschluss durch sie selbst erfolgt wäre.

Nach überzeugender Ansicht erschöpft sich der Regelungszweck von § 87 AktG jedoch nicht in einem solchen Schutz der finanziellen Interessen der Gesellschaft, ihrer Gläubiger, Aktionäre und Arbeitnehmer vor übermäßig hohen Bezügen der Vorstandsmitglieder.[101] Der Vergütung kommt vielmehr darüber hinaus insgesamt eine Steuerungsfunktion zu, die sich insbesondere bei variablen Vergütungsbestandteilen zeigt und in diesem Bereich durch das VorstAG in § 87 Abs. 1 S. 2, 3 AktG gesetzlich kodifiziert wurde, aber auch im Bereich der Festvergütung gilt.[102] Zwar mag man gegen eine solche Betrachtungsweise einwenden, dass der Komplementärin bei der Zahlung der Vergütung durch einen Dritten kein unmittelbarer finanzieller Nachteil droht. Jedoch kann nur durch eine entsprechende Zustimmungspflicht sichergestellt werden, dass insbesondere die durch variable Vergütungsbestandteile incentivierten Interessen im Einklang mit der Geschäftsplanung des Aufsichtsorgans stehen. Im Vordergrund steht in diesem Fall also nicht der Schutz der Vermögensinteressen der Komplementärin vor einer unangemessen hohen Vergütung ihrer Leitungsorganmitglieder, sondern vor einem Handeln, das sich nicht an ihren Interessen orientiert.[103] Hiernach ist eine Zustimmungspflicht des Aufsichtsorgans der Komplementärgesellschaft etwa dann anzunehmen, wenn durch die KGaA variable Vergütungsbestandteile gewährt werden sollen, die an von der SE bzw. der KGaA zu erfüllende Kriterien anknüpfen. Im Falle einer reinen Management-Komplementärin, die über keinen weiteren eigenen Geschäftsbetrieb verfügt, dürften die Interessen der Komplementärin zwar regelmäßig im Einklang mit denen der KGaA stehen, ein Zustimmungserfordernis ist dennoch notwendig, um das Gegenteil auszuschließen. Insoweit handelt es sich um eine elementare Überwachungsaufgabe des Aufsichtsorgans.[104] Aus denselben Gründen bedarf aber auch eine von der KGaA gewährte Festvergütung der Zustimmung des Aufsichts-

---

99 *Krieger*, FS Hoffmann-Becking, 711 (720); *Lutter/Krieger/Verse*, Aufsichtsrat, Rn 439.

100 Vgl. *Kalb/Fröhlich*, NZG 2014, 167 (170) für eine Konzernumlagevereinbarung zwischen Konzernobergesellschaft und Tochtergesellschaft.

101 Vgl. statt aller nur: *Koch* in Hüffer/Koch, § 87 Rn 1.

102 *Krieger*, FS Hoffmann-Becking, 711 (719 f.); *Uffmann*, Interim Management, S. 341; *Thüsing* in Fleischer, Hdb VorstandsR, § 6 Rn 13.

103 *Vetter*, FS Hoffmann-Becking, 1297 (1314).

104 Für den Aufsichtsrat einer AG: *Vetter*, FS Hoffmann-Becking, 1297 (1314); zustimmend: *Uffmann*, Interim Management, S. 342.

organs der Komplementärgesellschaft.[105] Zwar stellt sich die Gefahr einer Fehlincentivierung im Bereich der Festvergütung nicht in dem gleichen Maße wie bei der Gewährung von variablen Vergütungsbestandteilen, doch kommt ihr ebenfalls eine verhaltenssteuernde Seite zu, da sowohl die Gewährung überhöhter als auch die Gewährung zu geringer fester Bezüge negative Auswirkungen auf die Motivation der Leitungsorgane haben kann.[106] Ist die Festlegung der Festvergütung und der variablen Vergütungsbestandteile demnach als Teil der Personalverantwortung und der Überwachung dem Aufsichtsorgan vorbehalten,[107] bedarf die Gewährung durch die KGaA einer Zustimmung des Aufsichtsorgans der Komplementärgesellschaft.

bb) Informationsrecht

Damit das Aufsichtsorgan der Komplementärin seine Zustimmung zu dem zwischen seinen Leitungsorganmitgliedern und der KGaA geschlossenen Drittanstellungsvertrag erteilen kann, muss es denknotwendig Kenntnis von dem Inhalt der Vereinbarung haben.[108] Eine solche Pflicht der KGaA zur Offenlegung des Inhalts des Anstellungsvertrages ergibt sich aus der ihr gegenüber der Komplementärin obliegenden gesellschafterlichen Treuepflicht. Auch Ziffer 4.2.2 des DCGK, nach dem die Vergütung der Vorstandsmitglieder vom Aufsichtsrat unter Einbeziehung von etwaigen Konzernbezügen festgelegt wird, spricht für eine derartige Pflicht, da eine Berücksichtigung anderweitiger Bezüge denknotwendig nur bei entsprechender Kenntnis möglich ist. Ein solches Informationsrecht wird man dem Aufsichtsorgan auch einräumen müssen, wenn man entgegen der hier vertretenen Ansicht ein Zustimmungserfordernis des Aufsichtsorgans zum Drittanstellungsvertrag ablehnt.[109] In diesem Fall wäre es zu erwägen, ob das Aufsichtsorgan eine Pflicht zur Abberufung trifft, wenn es auf diesem Weg Kenntnis von einer unangemessenen Vergütung erhält und die Komplementärgesellschaft zum Ersatz der gewährten Vergütung verpflichtet ist.

4. Abberufung

a) Vorrausetzungen der Abberufung

Als actus contrarius zur Bestellung ist das Aufsichtsorgan gemäß Art. 39 Abs. 2 SE-VO auch für die Abberufung der Leitungsorgane zuständig. Wie im Rahmen der Be-

---

105 Hingegen beschränkt *Vetter*, FS Hoffmann-Becking, 1297 (1312 ff.) das Zustimmungserfordernis allein auf den Fall der Gewährung einer Vergütung mit variablen Vergütungsbestandteilen.

106 *Krieger*, FS Hoffmann-Becking, 711 (719); zustimmend: *Uffmann*, Interim Management, S. 341.

107 *Uffmann*, Interim Management, S. 342; ebenso: *Lutter/Krieger/Verse*, Aufsichtsrat, Rn 439 mit Fn 3.

108 Allgemein zu einer Pflicht zur Information bei Drittvergütungen: *Hohaus/Weber*, DStR 2008, 104 (107).

109 So auch: *v. Werder/Braun/Fromholzer* in Eilers/Koffka/Mackensen, S. 199.

stellung ist hierfür stets ein Beschluss des Gesamtaufsichtsorgans erforderlich (Art. 9 Abs. 1 lit. c) ii) SE-VO i.V.m. § 107 Abs. 3 S. 2 AktG).[110] Im Grundsatz bedarf auch dieser Beschluss einer einfachen Stimmenmehrheit (Art. 50 Abs. 1 lit. b) SE-VO),[111] sofern nicht wiederum statutarisch eine Verschärfung dieses Mehrheitserfordernisses vorgeschrieben ist.[112] Da Art. 39 Abs. 2 SE-VO keine materiellen Voraussetzungen für eine Abberufung enthält, wird vereinzelt angenommen, dass eine jederzeitige Abberufung ohne wichtigen Grund zulässig sei.[113] Demgegenüber geht die h.M. aufgrund der Entstehungsgeschichte der Norm[114] und aufgrund der Regelung des Art. 46 Abs. 1 SE-VO, der die Bestellung für einen festgelegten Zeitraum vorsieht, zu Recht davon aus, dass Art. 39 Abs. 2 SE-VO keine abschließende Regelung darstellt, sondern bezüglich der Abberufungsvoraussetzungen regelungsoffen ist. Gemäß Art. 9 Abs. 1 lit. c) ii) SE-VO i.V.m. § 84 Abs. 3 S. 1 AktG kann somit ein Mitglied des Leitungsorgans nur bei Vorliegen eines wichtigen Grundes abberufen werden kann.[115] Ein wichtiger Grund liegt dabei nach allgemeiner Meinung vor, wenn die Fortsetzung des Organverhältnisses bis zum Ende der Amtszeit für die SE unzumutbar ist.[116] Dies ist insbesondere der Fall, wenn eine grobe Pflichtverletzung vorliegt oder dem Leitungsorganmitglied das Vertrauen durch die Aktionäre der Komplementärin entzogen wird (Art. 9 Abs. 1 lit. c) ii) SE-VO i.V.m. § 84 Abs. 3 S. 2 Alt. 1 und 3 AktG).[117] Besteht der alleinige Zweck der SE in der Ausübung der Komplementärsfunktion, wird eine Fortsetzung des Organverhältnisses für sie auch dann unzumutbar sein, wenn die Mitglieder des Leitungsorgans ihre Pflichten gegenüber der KGaA erheblich verletzen.[118] Man mag sogar annehmen, dass in diesem Fall die Aktionäre der Komplementärin aufgrund ihrer gesellschafterlichen Treuepflicht gehalten sind, dem Leitungsorgan das Vertrauen zu entziehen. Dies entspricht dem Meinungsstand zur GmbH & Co. KGaA, nach dem die Gesellschafterversammlung der Komplementär-GmbH bei einem entsprechenden Beschluss der Kommanditaktionäre aufgrund ihrer gesellschafterlichen Treuepflicht einen Geschäftsführer abzuberufen hat, wenn in seiner Person ein wichtiger Grund zur Abberufung vorliegt.[119] Hierin liegt kein Verstoß gegen die ausschließliche Abberufungskompetenz des Aufsichtsorgans, weil es ihm vorbehalten bleibt, ob es den

---

110 *Reichert/Brandes* in MüKoAktG, Art. 39 SE-VO Rn 18.
111 *Seibt* in Habersack/Drinhausen, Art. 39 SE-VO Rn 23.
112 Vgl. dazu bereits oben unter § 3 A. I. 2.
113 *Theisen/Hölzl* in Theisen/Wenz, S. 288.
114 Vgl. dazu *Schwarz,* Art. 39 SE-VO Rn 63.
115 *Drygala* in Lutter/Hommelhoff/Teichmann, Art. 39 SE-VO Rn 37; *Paefgen* in KK-AktG, Art. 39 SE-VO Rn 69 f.; *Reichert/Brandes* in MüKoAktG, Art. 39 SE-VO Rn 33; *Seibt* in Habersack/Drinhausen, Art. 39 SE-VO Rn 25.
116 Vgl. nur BGH, NZG 2007, 189.
117 *Paefgen* in KK-AktG, Art. 39 SE-VO Rn 70.
118 Vgl. für die AG & Co. KGaA: *Otte*, AG & Co. KGaA, S. 95.
119 *Bachmann* in Spindler/Stilz; § 278 Rn 78; *Herfs* in Münch Hdb AG, § 79 Rn 9; *Overlack*, RWS Forum 1997, 237 (253); *Perlitt* in MüKoAktG, § 278 Rn 371;

Vertrauensentzug der Aktionäre der Komplementärgesellschaft zum Anlass für die Abberufung nehmen will.[120] Kommt das Aufsichtsorgan dem Abberufungsverlangen nicht nach, können die Kommanditaktionäre der Komplementärgesellschaft nach §§ 117, 127 HGB durch gerichtliche Entscheidung die Geschäftsführungsbefugnis und/oder die Vertretungsmacht entziehen lassen oder sie gar aus der Gesellschaft ausschließen (§ 140 HGB).[121]

b) Unzulässigkeit eines Abberufungsdurchgriffs

Da der Entzug der Geschäftsführungsbefugnis bzw. Vertretungsmacht einer alleinigen Komplementärgesellschaft bei einem in der Person des Geschäftsführungsorgans begründeten wichtigen Grund regelmäßig nicht der Interessenlage der Kommanditaktionäre entspricht, ist im Recht der GmbH & Co. KGaA teilweise erwogen worden, dass die Hauptversammlung der Kommanditaktionäre oder der Aufsichtsrat der KGaA unmittelbar die Abberufung eines Geschäftsführers der Komplementär-GmbH beschließen kann (sog. Abberufungsdurchgriff).[122] Dieser Gedanke, der bereits bei der GmbH & Co. KGaA wegen der rechtlichen Eigenständigkeit der Komplementärgesellschaft verbreitet auf Ablehnung gestoßen ist,[123] lässt sich nicht auf eine SE & Co. KGaA übertragen.[124] Eine Übertragung der Personalkompetenz des Aufsichtsorgans auf ein anderes Organ der Komplementär-SE oder Außenstehende ist unzulässig.[125] Art. 39 Abs. 2 SE-VO weist die Zuständigkeit zur Abberufung dem Aufsichtsorgan zu, worin aufgrund des Grundsatzes der Satzungsstrenge eine

---

120 Allgemein: *Paefgen* in KK-AktG, Art. 39 SE-VO Rn 70; *Reichert/Brandes* in MüKoAktG, Art. 39 SE-VO Rn 33.

121 *Assmann/Sethe* in GK-AktG, § 278 Rn 17; *Bachmann* in Spindler/Stilz; § 278 Rn 78; *Herfs* in Münch Hdb AG, § 78 Rn 30; *Ihrig/Schlitt*, ZHR Beiheft 67, 33 (52); *Perlitt* in MüKoAktG, § 278 Rn 371.

122 Rechtsdogmatisch wird dies mit einer analogen Anwendung von § 117 und § 127 HGB begründet, vgl. *Raiser/Veil*, KapGesR, § 31 Rn 18; *Sethe*, Personalistische Kapitalgesellschaft, S. 170 f; *Schaumburg/Schulte*, KGaA, Rn 64; *Schaumburg*, DStZ 1998, 525 (531 f.); *Schilling*, BB 1998, 1905 (1906 f.); *Hennerkes/Lorz*, DB 1997, 1388 (1391); *Overlack*, RWS Forum 1997, 237 (255); bei entsprechender Satzungsregelung auch *Mertens/Cahn* in KK-AktG, § 289 Rn 60.

123 LG Frankfurt, NZG 2013, 748 (749); *Arnold*, GmbH & Co. KGaA, S. 83 ff.; *Assmann/Sethe* in GK-AktG, § 278 Rn 172 f.; *Bachmann* in Spindler/Stilz, § 278 Rn 78; *Herfs* in Münch Hdb AG, § 79 Rn 9; *Ihrig/Schlitt*, ZHR Beiheft 67, 33 (53 f.); *Kessler*, GmbH & Co. KGaA, S. 349 f.; *Perlitt* in MüKoAktG, § 278 Rn 372 ff.; *Reger* in Bürgers/Fett, § 5 Rn 211 f.; *Schnorbus*, GS Winter, 627 (660).

124 Auch bei der AG & Co. KGaA kommt ein Abberufungsdurchgriff nicht in Betracht, da § 84 Abs. 3 AktG die Abberufungskompetenz zwingend dem Aufsichtsrat zuordnet, vgl. *Assmann/Sethe* in GK-AktG, § 278 Fn 346; *Marsch-Barner*, FS Hoffmann-Becking, 777 (789); *Mertens/Cahn* in KK-AktG, § 278 Rn 85; *Otte*, AG & Co. KGaA, S. 94.

125 *Paefgen* in KK-AktG, Art. 39 SE-VO Rn 38.

zwingende Kompetenzzuweisung zu sehen ist (Art. 9 Abs. 1 lit. c) ii) SE-VO i.V.m. § 23 Abs. 5 AktG). Auch die gesellschafterliche Treuepflicht, der die Komplementärin gegenüber der KGaA unterliegt, begründet keine anderweitige Kompetenzverteilung und schafft keine rechtlichen Befugnisse, die nicht schon durch Gesetz oder Satzung normiert sind.[126]

5. *Pflichten der Mitglieder des Leitungsorgans gegenüber der KGaA*

a) Haftung der Leitungsorganmitglieder für Sorgfaltspflichtverletzungen

aa) Sorgfaltspflichten der Mitglieder des Leitungsorgans

Für die Haftung der Mitglieder des Leitungsorgans gegenüber der Komplementär-SE gelten gemäß Art. 51 SE-VO die nationalen Vorschriften. Gemäß Art. 93 Abs. 1 S. 1 AktG haben die Leitungsorganmitglieder bei der Geschäftsführung die Sorgfalt eines ordentlichen und gewissenhaften Geschäftsleiters anzuwenden. Aus dieser generalklauselartigen Sorgfaltspflicht werden verschiedene Verhaltenspflichten der Leitungsorganmitglieder abgeleitet. Im Einzelnen trifft die Mitglieder des Leitungsorgans die Pflicht zur Einhaltung der durch Gesetz, Satzung und Geschäftsordnung auferlegten Pflichten (Legalitätspflicht),[127] die Pflicht zur unternehmerischen Leitung und zur Organisation des Unternehmens (Organisationspflicht), wobei auch eine Ressortverteilung auf einzelne Mitglieder (horizontale Delegation) oder auf nachgelagerte Ebenen im Unternehmen (vertikale Delegation) erfolgen kann,[128] sowie eine Kontroll- und Überwachungspflicht, die sowohl horizontal gegenüber den anderen Mitgliedern des Leitungsorgans als auch vertikal gegenüber nachgeordneten Unternehmensebenen besteht.[129] Schließlich unterliegen die Mitglieder des Leitungsorgans einer organschaftlichen Treuepflicht gegenüber der Komplementärgesellschaft und ihren weiteren Organen,[130] die in der Pflicht zur Verschwiegenheit über Informationen der SE, die im Falle ihrer Verbreitung den Interessen der Gesellschaft schaden könnten, in Art. 49 SE-VO eine besondere gesetzliche Ausprägung erfahren hat.[131] Nach jüngerer Rechtsprechung des BGH verletzen die Mitglieder des Leitungsorgans ihre Sorgfaltspflicht nicht nur, wenn sie eigenhändig tätig werden oder Kollegialentscheidungen treffen, sondern auch, wenn sie nicht gegen pflichtwidrige Handlungen anderer Leitungsorganmitglieder einschreiten.[132] Insbesondere genügen sie durch eine bloße Stimmenthaltung im Rahmen eines rechtswidrigen Beschlusses ihrer Sorg-

---

126 LG Frankfurt, NZG 2013, 748 (749) bezüglich des Abberufungsdurchgriffs bei einer GmbH & Co. KGaA.

127 BGH, NJW 2010, 3458 (3460); *Krieger/Sailer-Coceani* in K. Schmidt/Lutter, § 93 Rn 7.

128 Vgl. dazu etwa *Hölters* in Hölters, § 93 Rn 43 ff.

129 *Fleischer* in Spindler/Stilz, § 93 Rn 94 ff.

130 Vgl. nur: BGH, NJW 2010, 3458 (3460); *Dauner-Lieb* in Henssler/Strohn, § 93 AktG Rn 8 f.; *Fleischer* in Spindler/Stilz, § 93 Rn 113 ff.; *Hölters* in Hölters, § 93 Rn 114 ff.

131 *Reichert/Brandes* in MüKoAktG, Art. 49 SE-VO Rn 3.

132 BGH, NJW 2013, 1958 (1960).

faltspflicht nicht.[133] Nach der Business Judgement Rule liegt eine Pflichtverletzung dann nicht vor, wenn das Mitglied des Leitungsorgans bei einer unternehmerischen Entscheidung vernünftigerweise annehmen durfte, auf der Grundlage angemessener Information zum Wohle der Gesellschaft zu handeln (§ 93 Abs. 1 S. 2 AktG). Bei Verletzung ihrer Pflichten sind die Mitglieder des Leitungsorgans der Komplementärgesellschaft zum Ersatz des hieraus entstandenen Schadens verpflichtet (Art. 51 SE-VO i.V.m. § 93 Abs. 2 S. 1 AktG). Ist hierbei streitig, ob sie die Sorgfalt eines ordentlichen und gewissenhaften Geschäftsleiters angewandt haben, so trifft sie die Beweislast (Art. 51 SE-VO i.V.m. § 93 Abs. 2 S. 2 AktG). Für die Durchsetzung der Ansprüche der Komplementär-SE gegenüber den Leitungsorganmitgliedern ist dabei das Aufsichtsorgan zuständig, das insoweit auch vertretungsbefugt ist (Art. 9 Abs. 1 lit. c) ii) SE-VO i.V.m. § 112 S. 1 AktG).[134] Nach den Grundsätzen der sog. ARAG/Garmenbeck Entscheidung des BGH hat es die Haftungsansprüche geltend zu machen, soweit nicht ausnahmsweise mindestens gleichwertige Interessen der Gesellschaft entgegenstehen.[135]

bb) Drittschützende Wirkung des organschaftlichen Sonderrechtsverhältnisses zugunsten der KGaA

Entsteht der KGaA durch ein pflichtwidriges Handeln der Mitglieder des Leitungsorgans ein Schaden, steht ihr gegen die Komplementär-SE, der das Handeln ihrer Leitungsorganmitglieder analog § 31 BGB zugerechnet wird,[136] ein Schadensersatzanspruch gemäß §§ 283 Nr. 3, 93 Abs. 2 AktG zu. Nach erfolgter Titulierung dieses Anspruches kann die KGaA die Schadensersatzansprüche der Komplementärin gegen die Mitglieder des Leitungsorgans (Art. 51 SE-VO SE-VO i.V.m. § 93 Abs. 2 AktG) gemäß §§ 829, 835 ZPO pfänden und sich überweisen lassen.[137] Ein Vorgehen gegen die Komplementär-SE kann jedoch einen umständlichen Weg darstellen und u.U. ein Prozesskostenrisiko beinhalten, wenn diese nur mit dem gesetzlichen Mindestkapital ausgestattet oder sogar weitgehend vermögenslos ist.[138] Interessant ist daher die Frage, inwieweit die KGaA auch direkt Ansprüche gegen die Leitungsorganmitglieder geltend machen kann. Haben diese den Anstellungsvertrag zulässigerweise direkt mit der KGaA geschlossen,[139] kommt ein Anspruch wegen der Verletzung einer hieraus resultierenden Pflicht gemäß § 280 Abs. 1 BGB in Betracht. Wurde der

---

133 BGH, NZG 2015, 792 (794).

134 Vgl. *Drygala* in Lutter/Hommelhoff/Teichmann, Art. 40 SE-VO Rn 2.

135 BGHZ 135, 244 (252 f.) = BGH, NJW 1997, 1926 (1928).

136 *Bachmann* in Spindler/Stilz, § 283 Rn 11; *Förl/Fett* in Bürgers/Körber, § 283 Rn 6; *Herfs* in Münch Hdb AG, § 79 Rn 23.

137 *Grunewald*, BB 1981, 581 (583 ff.) will den Schutz der KGaA auf diese Pfändung von Regressansprüchen der Komplementär-GmbH gegen ihre Geschäftsführer beschränken.

138 Vgl. *Arnold*, GmbH & Co. KGaA, S. 91; *Otte*, AG & Co. KGaA, S. 96.

139 Vgl. dazu oben unter § 3 A. I. 3. a).

Anstellungsvertrag hingegen mit der Komplementärgesellschaft getroffen, haften die Mitglieder des Leitungsorgans gegenüber Dritten grundsätzlich nur aus Deliktsrecht.[140] Denkbar ist jedoch auch eine Haftung gegenüber der KGaA nach den Grundsätzen des Vertrages mit Schutzwirkung zugunsten Dritter.

In einer Entscheidung zur AG & Co. KG hat der BGH die Frage, ob aus dem Organ- oder Anstellungsverhältnis des Vorstandes zur Komplementär-AG eine drittschützende Wirkung zugunsten der KG resultiert, mangels Entscheidungserheblichkeit dahinstehen lassen.[141] Hingegen ist im Recht der GmbH & Co. KG anerkannt, dass dem Anstellungsverhältnis des Geschäftsführers mit der Komplementär-GmbH jedenfalls dann drittschützende Wirkung zugunsten der KG zukommt, wenn die alleinige oder wesentliche Aufgabe der GmbH in der Führung der Geschäfte der KG besteht.[142] Die jüngere Rechtsprechung vertritt im Anschluss an Stimmen in der Literatur[143] nunmehr zudem die Auffassung, dass auch die organschaftliche Sonderrechtsbeziehung zwischen der Komplementär-GmbH und ihrem Geschäftsführer drittschützende Wirkung zugunsten der KG entfaltet, wenn deren alleinige oder wesentliche Aufgabe darin besteht, die Geschäfte der KG zu führen.[144] Auch im Bereich der GmbH & Co. KGaA und der AG & Co. KGaA besteht Einigkeit, dass ein Direktanspruch gegen den Geschäftsführer bzw. ein Vorstandsmitglied der Komplementär-GmbH bzw. -AG besteht. Unterschiede bestehen jedoch in der dogmatischen Begründung. Teilweise wird wegen des „Einheitscharakters" der Kapitalgesellschaft & Co. KGaA eine Ausdehnung der Geschäftsführungs- und Sorgfaltspflichten der persönlich haftenden Gesellschafterin der KGaA gemäß §§ 283 Nr. 3, 93 Abs. 2 AktG auf die Organmitglieder der Komplementärgesellschaft für gerechtfertigt gehalten.[145] Demgegenüber begründet die überwiegende Ansicht den Direktanspruch gegen das Geschäftsführungsorgan der Komplementärgesellschaft entsprechend dem Meinungsbild zur GmbH & Co. KG damit, dass das An-

---

140 Vgl. nur *Koch* in Hüffer/Koch, § 93 Rn 65.

141 BGH, NZG 2009, 744 (746) – „Gruner + Jahr". Die Entscheidung betraf die Frage, ob das Wettbewerbsverbot zwischen Vorstand und Komplementär-AG nach § 88 Abs. 1 AktG auch zugunsten der KG wirkt. Vgl. dazu sogleich unter § 3 A. I. 5. b) aa).

142 St. Rspr., grundlegend: BGHZ 75, 321 (322 ff.) = NJW 1980, 589 (590); BGHZ 76, 326 (338) = NJW 1980, 1524 (1526 f.); BGHZ 100, 190 (193) = NJW 1987, 2008; BGH, NJW-RR 1992, 801 (801); BGH, NJW 1995, 1353 (1357); BGH, NZG 2002, 568 (569); vgl. aus der Literatur nur: *K. Schmidt*, GesellschaftsR, § 56 IV 3b; *Oetker* in Henssler/Strohn, § 43 GmbHG Rn 78; *Zöllner/Noack* in Baumbach/Hueck, § 43 Rn 66 alle m.w.N.

143 *Oetker* in Henssler/Strohn, § 43 GmbHG Rn 78; *Zöllner/Noack* in Baumbach/Hueck, § 43 Rn 66.

144 BGH, NJW 2013, 3636 (3637); ebenso die Vorinstanz: KG, NZG 2011, 429 (430); ferner: OLG München, NZG 2013, 742 (743).

145 *Bachmann*, NZG 2013, 1121 (1127); *ders.* in Spindler/Stilz, § 283 Rn 11; ähnlich: *Graf*, Kapitalgesellschaft & Co. KG auf Aktien, S. 245 f.; vgl. auch *K. Schmidt*, FS Priester, 691 (704); *Overlack*, RWS Forum 1997, 237 (253).

stellungs-[146] bzw. das Organverhältnis[147] zwischen Komplementärgesellschaft und Geschäftsführungsorgan Schutzwirkung zugunsten der KGaA entfaltet.

Die zuletzt genannte Ansicht verdient Zustimmung. Die Gegenansicht, die eine Ausdehnung der Geschäftsführungspflichten des persönlich haftenden Gesellschafters der KGaA auf dessen Organmitglieder befürwortet, legt das unzutreffende Bild einer einheitlichen Gesellschaft zugrunde und verkennt, dass aufgrund der rechtlichen Eigenständigkeit der Komplementärgesellschaft lediglich zwischen Letzterer und den Geschäftsführungsorganen eine unmittelbare Rechtsbeziehung besteht.[148] Zwischen der KGaA und den Leitungsorganmitgliedern der Komplementärgesellschaft besteht gerade keine Organbeziehung. Als Ausprägung der rechtlichen Selbstständigkeit sind die jeweiligen Pflichtenbindungen zwischen der Komplementärgesellschaft und den Organmitgliedern einerseits und zwischen der KGaA und der Komplementärgesellschaft andererseits nicht zwangsläufig identisch, was insbesondere dann der Fall sein wird, wenn Letztere noch anderweitigen Interessenbindungen unterliegt.[149] Entsprechend der Rechtslage bei der GmbH & Co. KG ist auch bei einer SE & Co. KGaA zumindest dann von einer drittschützenden Wirkung des Organverhältnisses zwischen Komplementärgesellschaft und Mitgliedern des Leitungsorgans zugunsten der KGaA auszugehen, wenn die wesentliche oder gar alleinige Aufgabe der Komplementärin in der Führung der Geschäfte der KGaA besteht. Die Voraussetzungen des Vertrages mit Schutzwirkungen liegen in diesem Fall vor:[150] Die Komplementärgesellschaft ist verpflichtet, die Geschäfte der KGaA im Rahmen des Unternehmensgegenstandes der KGaA zu führen und hat sich dabei ausschließlich an deren Interesse zu orientieren.[151] Die Komplementärgesellschaft muss nicht zuletzt aufgrund ihrer persönlichen Haftung für deren Verbindlichkeiten darauf vertrauen dürfen, dass die Mitglieder des Leitungsorgans den Angelegenheiten der KGaA die gleiche Sorgfalt widmen wie ihren eigenen.[152] Die KGaA ist auch schutzbedürftig, da eine Verletzung der Pflichten aus dem Organverhältnis zu ihren Lasten geht und sie auf die ordnungsgemäße Geschäftsführung angewiesen ist, ohne – vorbehaltlich einer abweichenden Satzungsbestimmung – auf die Leitungsorganmitglieder einwirken zu können.[153] Sowohl das Interesse der Komplementärin zur Beachtung der Interessen der KGaA im Rahmen der Geschäftsführung als auch die Schutzbedürftigkeit der KGaA sind für die Mitglieder des Leitungsorgans

146 *Förl/Fett* in Bürgers/Körber, § 283 Rn 6; *Perlitt* in MüKoAktG, § 278 Rn 318.

147 *Arnold*, GmbH & Co. KGaA, S. 92 ff.; *Assmann/Sethe* in GK-AktG, § 283 Rn 19; *Herfs* in Münch Hdb AG, § 79 Rn 23; *K. Schmidt* in K. Schmidt/Lutter, § 283 Rn 7; *Otte*, AG & Co. KGaA, S. 98 ff.; *Reger* in Bürgers/Fett, § 5 Rn 159; *Sethe*, Personalistische Kapitalgesellschaft, S. 166 f.

148 *Förl/Fett* in Bürgers/Körber, § 283 Rn 6; *Reger* in Bürgers/Fett, § 5 Rn 159.

149 *Förl/Fett* in Bürgers/Körber, § 283 Rn 6; *Reger* in Bürgers/Fett, § 5 Rn 159.

150 Vgl. dazu etwa: *Gottwald* in MüKoBGB, § 328 Rn 181 ff.

151 *Marsch-Barner*, FS Hoffmann-Becking, 777 (779).

152 Für die GmbH & Co. KG: BGH, NJW 2013, 3636 (3637).

153 Ein Abberufungsdurchgriff ist unzulässig, vgl. oben unter § 3 A. I. 4. b).

auch erkennbar.[154] Folglich ist die KGaA in den Schutzbereich des organschaftlichen Rechtsverhältnisses zwischen Komplementär-SE und ihren Leitungsorganmitgliedern einzubeziehen, wenn die wesentliche oder gar alleinige Aufgabe der Komplementärgesellschaft in der Führung der Geschäfte der KGaA besteht.[155] Das Organverhältnis kann dabei trotz seiner gesetzlichen Ausgestaltung drittschützende Wirkung nach den Grundsätzen des Vertrages mit Schutzwirkung zugunsten Dritter entfalten, da es rechtsgeschäftlich begründet ist.[156] Ferner zeigt auch die Erweiterung der Haftungstatbestände auf die Vorstandsmitglieder eines herrschenden Unternehmens im Konzernrecht (§§ 309 Abs. 2, 317 Abs. 3, 323 Abs. 1 S. 2 AktG), dass das Bestehen eines organschaftlichen Rechtsverhältnisses zwischen Anspruchssteller und Anspruchsgegner nicht zwingend erforderlich ist.[157] Eines Rückgriffes auf den Anstellungsvertrag der Leitungsorganmitglieder mit der Komplementärgesellschaft bedarf es folglich gar nicht, was etwa dann relevant wird, wenn es an einem solchen Vertrag fehlt und das Organ unentgeltlich tätig wird.[158]

b) Wettbewerbsverbot

Die Mitglieder des Leitungsorgans unterliegen gemäß Art. 9 Abs. 1 lit. c) ii) SE-VO i.V.m. § 88 Abs. 1 AktG gegenüber der Komplementär-SE einem Wettbewerbsverbot.[159] Ohne Einwilligung des Aufsichtsorgans der Komplementärgesellschaft dürfen sie weder ein Handelsgewerbe betreiben noch im Geschäftszweig der Gesellschaft für eigene oder fremde Rechnung Geschäfte machen. Erschöpft sich die Aufgabe der Komplementärgesellschaft in der Ausübung der Geschäftsführungsfunktion für die KGaA, ist die Frage bedeutsamer, inwieweit die Mitglieder des Leitungsorgans gegenüber Letzterer einem Wettbewerbsverbot unterliegen, da diese aufgrund ihrer geschäftsleitenden Funktion nicht nur maßgeblichen Einfluss auf deren Geschäftsentwicklung, sondern auch Zugang zu allen sensiblen Informationen über das Gesamtunternehmen haben.[160] Als dogmatischer Anknüpfungspunkt für ein solches Wettbewerbsverbot gegenüber der KGaA kommt zunächst § 284 Abs. 1 AktG in Betracht. Hiernach darf der persönlich haftende Gesellschafter ohne ausdrückliche Einwilligung des Aufsichtsrates der KGaA weder im Geschäftszweig der KGaA für eigene oder fremde Rechnung Geschäfte machen noch Mitglied des Vorstandes, Geschäftsführer oder persönlich haftender Gesellschafter einer gleichartigen Handelsgesellschaft sein. Dieses in direkter Anwendung der Norm für die Kom-

154 Für die GmbH & Co. KG: BGH, NJW 2013, 3636 (3637).
155 Ebenso für die GmbH & Co. KG: BGH, NJW 2013, 3636 (3637).
156 *Bachmann*, NZG 2013, 1121 (1126 f.).
157 *Otte*, AG & Co. KGaA, S. 98.
158 So die Konstellation in dem von BGH, NJW 2013, 3636 ff. entschiedenen Fall.
159 *Reichert/Brandes* in MüKoAktG, Art. 39 SE-VO Rn 43.
160 Vgl. *Ihrig/Schlitt*, ZHR Beiheft 67, 33 (48) zur GmbH & Co. KGaA; *Cahn*, Der Konzern 2007, 437 (439) zur AG & Co. KG.

plementärgesellschaft geltende Wettbewerbsverbot[161] könnte im Wege eines Analogieschlusses auf die Leitungsorganmitglieder der Komplementär-SE zu erstrecken sein (dazu Punkt bb)). Alternativ könnte das für die Mitglieder des Leitungsorgans gegenüber der Komplementärgesellschaft bestehende Wettbewerbsverbot gemäß Art. 9 Abs. 1 lit. c) ii) SE-VO i.V.m. § 88 Abs. 1 AktG nach den Grundsätzen des Vertrages mit Schutzwirkung zugunsten Dritter wegen der bereits erörterten drittschützenden Wirkung des Organ- bzw. Anstellungsverhältnisses auch gegenüber der KGaA gelten (dazu Punkt cc)). Die dogmatische Herleitung ist nicht nur akademischer Natur, da sich die beiden Ansätze schon hinsichtlich der Reichweite des Wettbewerbsverbotes unterscheiden: Während § 284 Abs. 1 AktG nur eine Beteiligung an gleichartigen Handelsgesellschaften untersagt, ist § 88 Abs. 1 AktG in seinem Anwendungsbereich weiter und untersagt jede anderweitige Tätigkeit, damit der AG die volle Arbeitskraft des Vorstandsmitglieds zuteilwird.[162] Auch hinsichtlich der Zuständigkeit zur Befreiung vom Wettbewerbsverbot ist nicht zwangsläufig ein Gleichlauf gegeben: Denn während im Rahmen einer analogen Anwendung von § 284 AktG der Aufsichtsrat der KGaA für eine Befreiung zuständig ist (§ 284 Abs. 1 S. 1 AktG), liegt die Zuständigkeit im Rahmen der Schutzwirkungslösung nicht offensichtlich auf der Hand, da es insoweit gerade an einer gesetzlichen Normierung fehlt.[163]

aa) Meinungsstand für die GmbH/AG & Co. KGaA und GmbH/AG & Co. KG

Für den Bereich der GmbH bzw. AG & Co. KGaA besteht im Ergebnis weitgehend Einigkeit, dass der Geschäftsführer der Komplementär-GmbH bzw. das Vorstandsmitglied der Komplementär-AG einem Wettbewerbsverbot gegenüber der KGaA unterliegen.[164] Während dies teilweise mit einer analogen Anwendung von § 284 AktG begründet wird,[165] wollen andere dem zwischen Leitungsorgan und Komplementär-

---

161 Vgl. nur BGH, NJW 1997, 1923 (1924).

162 *Assmann/Sethe* in GK-AktG, § 284 Rn 4; *Hellgardt*, ZIP 2007, 2248 (2250).

163 Vgl. dazu die Kritik an diesem Begründungsansatz bei *Cahn*, Der Konzern 2007, 716 (720).

164 A.A. einzig *Müller-Michaels* in Hölters, § 284 Rn 2, nach dem bei der AG & Co. KGaA der Vorstand allein die Interessen der Komplementärin und nicht die der KGaA zu wahren hat.

165 Für die GmbH & Co. KGaA: *Bachmann* in Spindler/Stilz, § 284 Rn 3a; *Förl/Fett* in Bürgers/Körber, § 284 Rn 3; *Graf*, Kapitalgesellschaft & Co. KG auf Aktien, S. 261; *Hoffmann-Becking*, ZHR 175, 597 (602 ff.); *Ihrig/Schlitt*, ZHR Beiheft 67, S. 33 (47 f.); *K. Schmidt*, FS Priester, 2007, S. 691 (703); *Mertens/Cahn* in KK-AktG, § 284 AktG Rn 3; *Schlitt*, KGaA, S. 130; *Wichert*, AG 2000, 268 (274). Für die AG & Co. KGaA: *Bachmann* in Spindler/Stilz, § 284 Rn 3a; *Förl/Fett* in Bürgers/Körber, § 284 Rn 3; *Hoffmann-Becking*, ZHR 175, 597 (602 ff.); *K. Schmidt* in K. Schmidt/Lutter, § 284 Rn 9; *Koch* in Hüffer/Koch, § 284 Rn 1; *Mertens/Cahn* in KK-AktG, § 284 Rn 3; *Otte*, AG & Co. KGaA, S. 102 f.; *Perlitt* in MüKoAktG, § 278 Rn 326.

gesellschaft bestehenden Wettbewerbsverbot drittschützende Wirkung zugunsten der KGaA zukommen lassen.[166]

Zur AG & Co. KG hat der BGH im Fall *Gruner + Jahr* entschieden, dass sich das gegen die Komplementär-AG gerichtete Wettbewerbsverbot nach § 112 HGB, dem § 284 AktG nachgebildet ist,[167] nicht – auch nicht im Wege einer analogen Anwendung der Norm – auf deren Vorstandsmitglieder erstreckt.[168] Der Entscheidung lag allerdings, wie der BGH betont, die besondere Konstellation eines Doppelmandates des Vorstandsmitglieds bei der Komplementärin der AG & Co. KG und den beide Gesellschaften beherrschenden Mutter-AG zugrunde. Zur Begründung führte der BGH aus, dass ein Einwilligungsvorbehalt analog § 112 HGB mit den geltenden aktienrechtlichen Kompetenznormen sowie mit den im Zusammenhang stehenden einschlägigen Grundsätzen des Aktienkonzernrechts (§§ 16 ff. AktG) nicht in Einklang stehe.[169] Mangels Entscheidungserheblichkeit konnte der BGH die Frage dahinstehen lassen, ob § 88 AktG oder das Organ- bzw. Anstellungsverhältnis des Vorstandes zur Komplementär-AG, wie teilweise in der Literatur angenommen,[170] drittschützende Wirkung zugunsten der KG entfalten.[171] Im Schrifttum zur AG & Co. KG wird teilweise auch die analoge Anwendung von § 112 HGB auf die Vorstandsmitglieder der Komplementärin bejaht.[172] Zu der Frage, ob bei der GmbH & Co. KG der Komplementär-Geschäftsführer einem Wettbewerbsverbot gegenüber der KG unterliegt, fehlt es bislang an höchstrichterlicher Rechtsprechung. In der Literatur und obergerichtlichen Rechtsprechung wird ein Wettbewerbsverbot des Geschäftsführers der Komplementärin gegenüber der KG entweder mit einer drittschützenden Wirkung des Anstellungsvertrages bzw. der Organstellung des Geschäftsführers und den hieraus resultierenden Treuepflichten begründet[173] oder es wird eine analoge Anwendung des § 112 HGB befürwortet.[174]

---

166 Für die GmbH & Co. KGaA: *Arnold*, GmbH & Co. KGaA, S. 95 f.; *Assmann/Sethe* in GK-AktG, § 284 Rn 10; *Kölling*, Gestaltungsspielräume, S. 186. Für die AG & Co. KGaA: *Herfs* in Münch Hdb AG, § 78 Rn 26; *Otte*, AG & Co. KGaA, S. 103 ff.

167 *Armbrüster*, ZIP 1997, 1269 (1271); *Grigoleit*, ZGR 2010, 662 (666); *Hellgardt*, ZIP 2007, 2248 (2251).

168 BGHZ 180, 105 (109) = NZG 2009, 744 – „Gruner + Jahr“; zustimmend *Grohmann/Gruschinske*, GmbHR 2009, 846 (848); ebenso i.E. *Grigoleit*, ZGR 2010, 662 (672 ff.); *Hellgardt*, ZIP 2007, 2248 (2250).

169 BGH, NZG 2009, 744 (745).

170 *Koch* in Hüffer/Koch, § 88 AktG Rn 4; *Kort* in GK-AktG, § 88 Rn 47; *Weller*, ZHR 175, 110 (137 ff.); a.A. *Grohmann/Gruschinske*, GmbHR 2009, 846 (849); *Hellgardt*, ZIP 2007, 2248 (2249 f.); *Seibt* in K. Schmidt/Lutter, § 88 AktG Rn 2, nach denen das Wettbewerbsverbot des Vorstandsmitglieds in der organschaftlichen Treuepflicht begründet ist, die nur gegenüber der AG bestehe.

171 BGH, NZG 2009, 744 (46).

172 *Cahn*, Der Konzern 2007, 716 (724); *Hoffmann-Becking*, ZHR 175, 597 (601 ff.).

173 OLG Köln, NZG 2009, 306 (307); *Altmeppen*, ZIP 2008, 437 (440); *Armbrüster*, ZIP 1997, 261 (271 f.).

174 *Cahn*, Der Konzern 2007, 716 (718).

bb) Analoge Anwendung von § 284 AktG

Die Begründung, mit der der BGH die analoge Anwendung des § 112 HGB auf die Vorstandsmitglieder der Komplementärin der AG & Co. KG abgelehnt hat, vermag – zumindest für den Fall, dass es sich nicht um die oben angesprochene Sonderkonstellation handelt – nicht zu überzeugen. Einer analogen Anwendung des § 112 HGB auf die AG & Co. KG bzw. hier des § 284 AktG bei der SE & Co. KGaA steht die zwingende aktienrechtliche Kompetenzordnung nicht entgegen. Unzweifelhaft ist das Aufsichtsorgan der Komplementärin für die Befreiung von dem Wettbewerbsverbot nach § 88 Abs. 1 AktG zuständig, welches im Verhältnis der Leitungsorganmitglieder zur Komplementärin gilt. Hierbei hat es zwar die Pflichten der Komplementärin im Verhältnis zur KG bzw. KGaA zu beachten. Eine Zuständigkeit des Aufsichtsorgans der Komplementärgesellschaft zur Befreiung von dem gegenüber der KGaA bestehenden Wettbewerbsverbot wird hierdurch jedoch nicht begründet.[175] Die Dispositionsbefugnis beschränkt sich auf den Schutz der Komplementärin vor einer entsprechenden Konkurrenztätigkeit ihrer Geschäftsleiter. Die Verpflichtung des Aufsichtsorgans, keine Befreiung von einem Wettbewerbsverbot bezüglich einer Tätigkeit im Geschäftsgebiet der KGaA zu erteilen, besteht nur im Außenverhältnis gegenüber der KGaA.[176] Folglich stellt die Befreiung der Mitglieder des Leitungsorgans der Komplementärgesellschaft von einem Wettbewerbsverbot durch den Aufsichtsrat der KGaA analog § 284 AktG auch nicht – wie der BGH annimmt – einen unzulässigen Eingriff in das Organisationsgefüge der Komplementärin dar. Soweit die Ablehnung der analogen Anwendung des § 112 HGB auf die AG & Co. KG vereinzelt auch darauf gestützt wurde, dass den Vorstand aufgrund seiner eigenverantwortlichen Leitung (§ 76 AktG) keine direkte Pflichtenbindung gegenüber Dritten treffe,[177] ist dem zu Recht entgegengehalten worden, dass die Weisungsabhängigkeit eines Geschäftsleiters in keinem inneren Zusammenhang mit einem Wettbewerbsverbot steht und daher auch nicht als Begründungsansatz dienen kann.[178]

Die Voraussetzungen für eine analoge Anwendung von § 284 Abs. 1 AktG auf die Mitglieder des Leitungsorgans einer Komplementär-SE liegen vor. Da der Gesetzgeber bei der Schaffung von § 284 AktG nicht die Konstellation vor Augen hatte, dass eine Kapitalgesellschaft die Stellung des Komplementärs übernimmt, ist von einer planwidrigen Regelungslücke auszugehen. Auch die Vergleichbarkeit der Interessenlage ist gegeben. § 284 AktG ist Ausfluss der gesellschafterlichen Treuepflicht und soll die Beachtung gesellschaftsfremder Interessen bei der Geschäftsführung verhindern und den Missbrauch von Unternehmensinterna vorbeugen.[179] Eine sol-

---

175 *Hoffmann-Becking*, ZHR 175, 597 (603); wohl auch: *Werner*, GmbHR 2007, 988 (989); a.A. wohl *Altmeppen*, ZIP 2008, 437 (440 f.).

176 *Hellgardt*, ZIP 2007, 2248 (2254).

177 OLG Hamburg, ZIP 2007, 1370 (1372); *Hellgardt*, ZIP 2007, 2248 (2249).

178 *Altmeppen*, ZIP 2008, 437 (439);

179 *Förl/Fett* in Bürgers/Körber, § 284 Rn 1.

che Gefahr besteht jedoch gerade in Bezug auf die Geschäftsleiter der Komplementärin. Sie sind es, die den Zugang zu den vertraulichen Informationen der KGaA für die Komplementärin wahrnehmen. Dass sie hierbei als Organ einer weiteren Gesellschaft tätig werden, steht dem nicht entgegen. Das gefundene Ergebnis überzeugt auch wertungsmäßig: Denn die unternehmerischen Interessen der KGaA werden durch eine Konkurrenztätigkeit der Geschäftsleiter der geschäftsführenden Gesellschaft in gleichem Maße gefährdet wie durch ein Handeln der Komplementärin selbst.[180]

cc) Drittschützende Wirkung des Wettbewerbsverbotes zwischen Leitungsorganmitgliedern und Komplementärgesellschaft?

Es bleibt somit der Frage nachzugehen, ob das für die Leitungsorganmitglieder gegenüber der Komplementärgesellschaft bestehende Wettbewerbsverbot nach Art. 9 Abs. 1 lit. c) ii) SE-VO i.V.m. § 88 Abs. 1 AktG auch gegenüber der KGaA drittschützende Wirkung entfaltet. Da diesem Organverhältnis, wie im Rahmen der Haftung der Leitungsorganmitglieder erörtert,[181] drittschützende Wirkung zukommt, ist eine Erstreckung nach den Grundsätzen des Vertrages mit Schutzwirkung zugunsten Dritter auf den ersten Blick dem Grunde nach zu bejahen. Da sich das Wettbewerbsverbot nach der hier vertretenen Ansicht jedoch bereits aus einer analogen Anwendung von § 284 AktG ergibt, lässt sich einwenden, dass es konsequenterweise an dem Kriterium der Schutzbedürftigkeit auf Seiten der KGaA fehlt. Hiergegen ließe sich allenfalls argumentieren, dass das Wettbewerbsverbot analog § 284 Abs. 1 AktG, wie gezeigt, einen geringeren Umfang als das nach § 88 Abs. 1 AktG hat. Doch genau diese Tatsache spricht wertungsmäßig für eine analoge Anwendung von § 284 Abs. 1 AktG und gegen die Einbeziehung der KGaA in den Schutzbereich des Wettbewerbsverbotes zwischen Komplementärin und ihren Leitungsorganmitgliedern. Es kann nicht überzeugen, dass die Leitungsorganmitglieder einem weitergehenderen Wettbewerbsverbot unterliegen sollen als die Komplementär-Gesellschaft, der nach § 284 Abs. 1 AktG nur die Beteiligung an gleichartigen Handelsgesellschaften, nicht aber jede anderweitige Tätigkeit untersagt ist.[182] Denkbar wäre insoweit allenfalls eine Herabsetzung des Schutzbereiches auf ein Niveau des § 284 Abs. 1 AktG. Jedoch lässt sich dies im Rahmen einer Anwendung der Grundsätze des Vertrages mit Schutzwirkung zugunsten Dritter dogmatisch nicht überzeugend begründen. Gleiches gilt für die Frage, welches Organ zur Erteilung der Befreiung von einem Wettbewerbsverbot zuständig sein soll.[183] Vom Schutzbedürfnis her gesehen muss die Zuständigkeit eindeutig bei einem Organ der KGaA liegen.[184] Eine solche Zuständigkeit lässt sich bei einer Anwendung

180 *Werner*, GmbHR 2007, 988 (989).
181 Vgl. dazu oben unter § 3 A. I. 5 a) bb).
182 *Cahn*, Der Konzern 2007, 716 (724).
183 *Cahn*, Der Konzern 2007, 716 (720).
184 *Hoffmann-Becking*, ZHR 175, 597 (602).

der Grundsätze über den Vertrag mit Schutzwirkung zugunsten Dritter jedoch nur schwer konstruieren. Bei der analogen Anwendung des § 284 Abs. 1 AktG stellt sich eine solche Problematik erst gar nicht, da eindeutig der Aufsichtsrat der KGaA für die Befreiung zuständig ist.[185] Auch der Telos eines Wettbewerbsverbotes dürfte für die hier vertretene Lösung streiten: Denn die Funktion eines Wettbewerbsverbotes definiert sich nicht in der Person des Gebundenen, sondern vielmehr in der Person des Geschützten.[186] Ergänzend kann noch auf die Aufgabenstellung und das Selbstverständnis der Leitungsorganmitglieder abgestellt werden, die zumindest mittelbar Geschäftsleitungsorgane der KGaA sind, sodass es nur folgerichtig ist, sie einem Wettbewerbsverbot zu unterwerfen, das inhaltlich dem der Komplementärin gleichsteht.[187]

Nach dem Gesagten ist die Annahme eines Wettbewerbsverbotes für die Mitglieder des Leitungsorgans der Komplementär-SE analog § 284 Abs. 1 AktG damit sachnäher als die Erstreckung des im Verhältnis zwischen Komplementärin und Leitungsorganmitglieder bestehenden Wettbewerbsverbotes auf die KGaA über die Grundsätze des Vertrages mit Schutzwirkung zugunsten Dritter.[188]

dd) Disponibilität von § 284 AktG?

Abschließend ist der Frage nachzugehen, ob das Wettbewerbsverbot nach § 284 AktG statutarisch abbedungen werden kann. Die überwiegende Ansicht bejaht dies mit der Begründung, dass der Regelungsbereich der Gesellschafter untereinander betroffen sei, auf den gemäß § 278 Abs. 2 AktG dispositives Personengesellschaftsrecht Anwendung finde.[189] Ferner sei § 284 AktG hinsichtlich seines Schutzumfanges dem dispositiven § 112 HGB und nicht dem zwingenden § 88 AktG nachgebildet. Teilweise werden jedoch auch von den Vertretern dieser Ansicht Bedenken bezüglich einer Disponibilität für den Bereich der Kapitalgesellschaft & Co. KGaA unter dem Gesichtspunkt der Inhaltskontrolle[190] geäußert.[191] Die besseren Gründe sprechen hingegen für die Gegenauffassung, die einen zwingenden Charakter des § 284 AktG annimmt.[192] Als *lex specialis* steht § 284 AktG dem Rückgriff auf das dispositive

---

185 Vgl. *Mertens/Cahn* in KK-AktG, § 284 Rn 3.

186 *K. Schmidt*, FS Priester, 691 (703).

187 *Hoffmann-Becking*, ZHR 175, 597 (603).

188 I.E. auch *Mertens/Cahn* in KK-AktG, § 284 Rn 3; *Perlitt* in MüKoAktG, § 278 Rn 326.

189 *Assmann/Sethe* in GK-AktG, § 284 Rn 25, 29; *Förl/Fett* in Bürgers/Körber, § 284 Rn 7; *Mertens/Cahn* in KK-AktG, § 284 Rn 20 f.; *Perlitt* in MüKoAktG, § 284 Rn 26; *Raiser/Veil*, KapGesR, § 30 Rn 19; *Reger* in Bürgers/Fett, § 5 Rn. 281 mit Fn. 786.

190 Zur Frage einer Inhaltskontrolle bei der Kapitalgesellschaft & Co. KGaA unter § 3 D. I. 1.

191 *Mertens/Cahn* in KK-AktG, § 278 Rn 16; *Perlitt* in MüKoAktG, § 278 Rn 374.

192 *Armbrüster*, ZIP 1997, 1269 (1272); *Bachmann* in Spindler/Stilz, § 284 Rn 8; *Heineke*, Anlegerschutz, S. 230 ff.; *Herfs* in Münch Hdb AG, § 78 Rn 27; *K. Schmidt* in K. Schmidt/Lutter, § 284 Rn 22; *Servatius* in Grigoleit, § 284 Rn 13; wohl auch: *Koch* in Hüffer/Koch, § 284 Rn 2.

Personengesellschaftsrecht über § 278 Abs. 2 AktG, nämlich § 112 HGB, entgegen. Für den zwingenden Charakter spricht schon, dass § 284 AktG als Vorschrift des Aktienrechts generell dem Grundsatz der Satzungsstrenge (§ 23 Abs. 5 AktG) unterliegt.[193] Ferner mag man anführen, dass § 284 AktG schon gar nicht das gemäß § 278 Abs. 2 AktG disponible Verhältnis der Gesellschafter untereinander, sondern das Verhältnis des Komplementärs zum Aufsichtsrat betrifft, da Letzterer für die Erteilung einer Befreiung vom Wettbewerbsverbot zuständig ist.[194] Entscheidend gegen den satzungsdispositiven Charakter von § 284 AktG spricht jedoch die im Vergleich zu § 112 HGB verschärfte Regelung bezüglich einer Dispenserteilung: Eine Befreiung vom Wettbewerbsverbot nach § 284 Abs. 1 S. 2 AktG kann nämlich nur für bestimmte Arten von Geschäften und nicht, wie bei § 112 HGB, generell erteilt werden.[195] Könnte das Wettbewerbsverbot in der Satzung abbedungen werden, würden diese verschärften Voraussetzungen des § 284 AktG leerlaufen.[196] Diese Möglichkeit zur einzelfallbezogenen Dispenserteilung spricht also nicht gegen, sondern gerade für den zwingenden Charakter der Norm.[197] Kann § 284 AktG damit nach vorzugswürdiger Ansicht nicht in der Satzung abbedungen werden, sind statutarische Verschärfungen des Wettbewerbsverbotes in der Satzung, etwa eine Anpassung an das Schutzniveau des § 88 Abs. 1 AktG, unzweifelhaft zulässig.[198]

II. Das Aufsichtsorgan

1. Größe und Zusammensetzung

Neben dem Leitungsorgan verfügt eine dualistisch organisierte Komplementär-SE zwingend über ein Aufsichtsorgan. Gemäß Art. 40 Abs. 3 S. 2 SE-VO i.V.m. § 17 Abs. 1 SEAG besteht das Aufsichtsorgan grundsätzlich aus drei Mitgliedern, wobei die Satzung eine höhere Zahl vorsehen kann, die durch drei teilbar sein muss. Die Höchstzahl bestimmt sich in Abhängigkeit von der Höhe des Grundkapitals (Art. 40 Abs. 3 S. 2 SE-VO i.V.m. § 17 Abs. 1 S. 3 SEAG). Gemäß Art. 47 Abs. 2 lit. a) SE-VO finden die Inhabilitätsgründe des § 100 Abs. 1 AktG und die Beschränkungen hinsichtlich der Höchstzahl von zehn Aufsichts- und Überkreuzmandaten nach § 100 Abs. 2 AktG auf das Aufsichtsorgan Anwendung.[199] Die Zusammensetzung hat dabei nicht unter Beachtung der Vorschriften des DrittelbG und MitbestG zu erfolgen, da § 47 Abs. 1 Nr. 1 SEBG und Art. 13 Abs. 2 SE-RL eine Anwendung dieser nationa-

---

193 *Bachmann* in Spindler/Stilz, § 284 Rn 7.

194 *Heineke*, Anlegerschutz, S. 230.

195 *Armbrüster*, ZIP 1997, 1269 (1272).

196 *Wichert* in NK-AktR, § 284 Rn 3.

197 *Bachmann* in Spindler/Stilz, § 284 Rn 8 mit Fn 25; a.A. *Assmann/Sethe* in GK-AktG, § 284 Rn 25.

198 Insoweit unstrittig, vgl. nur *Bachmann* in Spindler/Stilz, § 284 Rn 9; *Perlitt* in MüKoAktG, § 284 Rn 28 ff.; *Wichert* in NK-AktR, 284 Rn 3.

199 *Paefgen* in KK-AktG, Art. 40 SE-VO Rn 54 f.

len Vorschriften ausschließen.[200] Erschöpft sich die Aufgabe der Komplementär-SE in der Ausübung der Komplementär-Funktion, wird sie nicht selten über weniger als 10 Arbeitnehmer verfügen.[201] In diesem Fall ist bei Aktivierung einer Vorrats-SE kein Verfahren über die Beteiligung der Arbeitnehmer durchzuführen,[202] sodass das Aufsichtsorgan regelmäßig auch nicht nach Maßgabe einer Vereinbarung über die Mitbestimmung der Arbeitnehmer mit Arbeitnehmervertretern zu besetzen ist (vgl. § 17 Abs. 3 SEAG). Da die Aktien einer Komplementär-SE üblicherweise ferner nicht börsennotiert sind, finden auch die Vorgaben des § 17 Abs. 2 SEAG über die Frauenquote hinsichtlich der Besetzung des Aufsichtsorgans keine Anwendung.

2. Bestellung

Die Mitglieder des Aufsichtsorgans werden von der Hauptversammlung der Komplementär-SE mit der Mehrheit der abgegebenen Stimmen gewählt (Art. 40 Abs. 2 S. 1 SE-VO, Art. 57 SE-VO), sofern sie nicht entsandt werden (Art. 40 Abs. 2 S. 3 Alt. 1 SE-VO, Art. 47 Abs. 4 SE-VO i.V.m. § 101 Abs. 2 AktG). Bei der Wahl der Mitglieder des Aufsichtsorgans bzw. bei der Ausübung des Entsendungsrechtes haben die Aktionäre der Komplementär-SE nicht auf die Interessen der KGaA Rücksicht zu nehmen.[203] Denn es entspricht allgemeiner Meinung, dass Aktionäre bei der Ausübung ihres Wahl- bzw. Entsendungsrechtes grundsätzlich eigennützig und ohne Rücksicht auf fremde Interessen handeln dürfen. Aufgrund ihrer Treuepflicht dürfen sie lediglich nicht außerhalb der Mitgliedschaft stehende Sondervorteile verfolgen.[204] Im Übrigen sind sie in ihrer Entscheidung frei. Die Interessen der KGaA sind hinreichend dadurch geschützt, dass das Aufsichtsorgan bei der Ausübung seiner Befugnisse dem Interesse der Komplementärgesellschaft verpflichtet ist, welche aufgrund der insoweit bestehenden gesellschafterlichen Treuepflicht die Interessen der KGaA zu berücksichtigen hat.[205] Ein Schutz der KGaA erfolgt damit ausschließlich auf Sekundärebene in Form von Schadensersatzansprüchen bei pflichtwidrigem Handeln der Organe der Komplementärin.

3. Aufgaben

a) Überwachung der Geschäftsführung

Die Hauptaufgabe des Aufsichtsorgans besteht neben der Ausübung der Personalkompetenz in der Überwachung der Führung der Geschäfte durch das Leitungs-

---

200 Vgl. dazu oben unter § 2 F. II. 2. e).

201 Vgl. *Marsch-Barner*, FS Hoffmann-Becking, 777 (778).

202 Vgl. dazu ausführlich unter § 7 A. V. 2.

203 Vgl. zur identischen Problematik bei der AG & Co. KGaA: *Otte*, AG & Co. KGaA, S. 108.

204 *Israel* in Bürgers/Körber, § 101 Rn 4; *Drygala* in K. Schmidt/Lutter AktG, § 101 Rn 4; *Hopt/Roth* in GK-AktG, § 101 Rn 23.

205 *Otte*, AG & Co. KGaA, S. 108 f.

organ (Art. 40 Abs. 1 S. 1 SE-VO). Im Rahmen seiner Überwachungskompetenz hat das Aufsichtsorgan die Geschäftsführung durch das Leitungsorgan auf Ordnungsmäßigkeit, Rechtmäßigkeit, Zweckmäßigkeit und Wirtschaftlichkeit zu überprüfen.[206] Die Überwachung hat dabei nicht nur retroperspektiv als Vergangenheitskontrolle zu erfolgen, sondern ist auch als Pflicht zur begleitenden und zukunftsbezogenen Überwachung und Beratung zu verstehen.[207] Überwachungsgegenstand ist dabei die Führung der Geschäfte durch das Leitungsorgan, also die umfassende Geschäftstätigkeit und nicht nur die Unternehmensleitung.[208] Für die AG & Co. KGaA wird vertreten, dass der Aufsichtsrat der Komplementärgesellschaft auch die Geschäftsführung der KGaA, wahrgenommen durch die Komplementär-AG und deren Vorstand, zu überwachen hat.[209] Dieser Gedanke lässt sich auch auf eine SE & Co. KGaA, bei der sich die Aufgabe der Komplementärgesellschaft in der Wahrnehmung der Komplementärfunktion erschöpft, übertragen. Der Wortlaut von Art. 40 Abs. 1 S. 1 SE-VO steht dem nicht entgegen, da er insoweit offen von der „Führung der Geschäfte durch das Leitungsorgan" spricht. Unter diesen Wortlaut der Norm kann auch die durch das Leitungsorgan der Komplementär-SE wahrgenommene Geschäftsführung der KGaA gefasst werden. Auch die Tatsache, dass die Überwachung der Geschäftsführung durch den Aufsichtsrat der KGaA und das Aufsichtsorgan der Komplementärgesellschaft auf verschiedenen Rechtsgrundlagen beruht – § 278 Abs. 3 i.V.m. § 111 Abs. 1 AktG einerseits und Art. 40 Abs. 1 S. 1 SE-VO andererseits – spricht nicht gegen eine solche Betrachtungsweise, da hiermit keine wesentlichen inhaltlichen Unterschiede verbunden sind. Schließlich lässt sich für eine Erstreckung der Überwachungskompetenz des Aufsichtsorgans der Komplementärgesellschaft auf die Geschäftsführung der KGaA anführen, dass bei der SE nach h.M. auch die konzernleitende Tätigkeit des Leitungsorgans sowie allgemein die Ausübung von Beteiligungs- und Interventionsrechten bei Tochtergesellschaften der Überwachung durch das Aufsichtsorgan unterliegen.[210] Hat mithin bei der SE & Co. KGaA das Aufsichtsorgan der Komplementärgesellschaft auch die Geschäftsführung der KGaA, wahrgenommen durch die Komplementär-SE und deren Leitungsorgan, zu überwachen, ist der Gegenstand der Überwachung durch den Aufsichtsrat

---

206 *Drygala* in Lutter/Hommelhoff/Teichmann, Art. 40 SE-VO Rn 2; *Seibt* in Habersack/Drinhausen, Art. 40 SE-VO Rn 9.

207 *Drygala* in Lutter/Hommelhoff/Teichmann, Art. 40 SE-VO Rn 2; *Reichert/Brandes* in MüKoAktG, Art. 40 SE-VO Rn 16; *Seibt* in Habersack/Drinhausen, Art. 40 SE-VO Rn 7.

208 *Seibt* in Habersack/Drinhausen, Art. 40 SE-VO Rn 7.

209 *Marsch-Barner*, FS Hoffmann-Becking, 777 (779).

210 *Drygala* in Lutter/Hommelhoff/Teichmann, Art. 40 SE-VO Rn 4; *Paefgen* in KK-AktG, Art. 40 SE-VO Rn 15; *Reichert/Brandes* in MüKoAktG, Art. 40 SE-VO Rn 15; *Seibt* in Habersack/Drinhausen, Art. 40 SE-VO Rn 8; a.A. *Schwarz*, Art. 40 SE-VO Rn 13.

der KGaA und das Aufsichtsorgan der Komplementär-SE weitgehend identisch.[211] Dies und die Tatsache, dass die beiden Aufsichtsräte ohnehin zur vertrauensvollen Zusammenarbeit verpflichtet sind,[212] mag für eine weitgehend personenidentische Besetzung der beiden Aufsichtsräte sprechen.[213] Im Rahmen der Überwachung hat das Aufsichtsorgan der Komplementärgesellschaft sich dabei allein am Unternehmensinteresse der KGaA zu orientieren.[214]

b) *Mitwirkung an der Geschäftsführung durch Normierung von Zustimmungserfordernissen*

Als Ausdruck des im Rahmen des dualistischen Leitungssystem geltenden Grundsatzes der funktionalen Trennung zwischen Leitungs- und Überwachungsorgan ist das Aufsichtsorgan nicht berechtigt, die Geschäfte der SE selbst zu führen (Art. 40 Abs. 1 S. 2 SE-VO). So besteht in unternehmerischen Angelegenheiten weder eine Weisungsbefugnis des Aufsichtsorgans gegenüber dem Leitungsorgan noch ein Initiativrecht.[215] Allerdings kann das Aufsichtsorgan gemäß Art. 48 Abs. 1 UA. 2 SE-VO i.V.m. § 19 SEAG an der Geschäftsführung durch das Leitungsorgan mitwirken, indem es selbst bestimmte Arten von Geschäften von seiner Zustimmung abhängig macht. Ein solches Zustimmungserfordernis kann sich dabei nicht nur auf Geschäfte der Komplementär-SE beziehen, sondern auch auf solche Maßnahmen, die das Leitungsorgan als gesetzliches Vertretungsorgan der Komplementärin mit Wirkung für die KGaA abschließt.[216] So kann das Aufsichtsorgan der Komplementär-SE etwa Investitionen durch die KGaA ab einem bestimmten Schwellenwert einem Zustimmungsvorbehalt unterwerfen. In quantitativer Hinsicht besteht dabei insoweit eine Grenze für die Normierung von Zustimmungsvorbehalten, als dass hierdurch nicht die eigenverantwortliche Leitung durch das Leitungsorgan unterlaufen werden darf.[217] Hiernach können etwa nicht sämtliche Tagesgeschäfte einem Zustimmungsvorbehalt unterliegen.

---

211 *Marsch-Barner*, FS Hoffmann-Becking, 777 (779) für die AG & Co. KGaA.

212 *Bachmann* in Spindler/Stilz, § 287 Rn 8; *Marsch-Barner*, FS Hoffmann-Becking, 777 (780).

213 Hierfür plädiert: *Marsch-Barner*, FS Hoffmann-Becking, 777 (792) für die AG & Co. KGaA.

214 *Marsch-Barner*, FS Hoffmann-Becking, 777 (779) für die AG & Co. KGaA.

215 *Drygala* in Lutter/Hommelhoff/Teichmann, Art. 40 SE-VO Rn 5; *Manz* in Manz/Mayer/Schröder, Art 40 SE-VO Rn 1; *Paefgen* in KK-AktG, Art. 40 SE-VO Rn 18.

216 *Marsch-Barner*, FS Hoffmann-Becking, 777 (780) für den Aufsichtsrat einer Komplementär-AG; vgl. auch *Seibt* in Habersack/Drinhausen, Art. 48 SE-VO Rn 10, nach dem die Zustimmungsvorbehalte auch konzernbezogen und Maßnahmen in Untergesellschaften erfassen können.

217 *Eberspächer* in Spindler/Stilz, Art. 49 SE-VO Rn 5; *Reichert/Brandes* in MüKoAktG, Art. 48 SE-VO Rn 8; *Seibt* in Habersack/Drinhausen, Art. 48 SE-VO Rn 9.

c) Berichterstattung an das Aufsichtsorgan der Komplementärgesellschaft

aa) Regelmäßige Berichtspflicht

Um seiner Überwachungsaufgabe nachkommen zu können, ist das Aufsichtsorgan denknotwendig auf entsprechende Informationen hinsichtlich der Geschäftsführung angewiesen. Gemäß Art. 41 Abs. 1 SE-VO hat das Leitungsorgan das Aufsichtsorgan daher mindestens alle drei Monate über den Gang der Geschäfte der SE und deren voraussichtliche Entwicklung zu unterrichten. Erschöpft sich die Aufgabe der Komplementär-SE in der Wahrnehmung der Komplementär-Funktion und hat diese keinen eigenen Geschäftsbetrieb, ist der Umfang der Berichterstattung über originäre Angelegenheiten der Komplementärin stark eingeschränkt.[218] Daher ist fraglich, ob das Leitungsorgan dem Aufsichtsorgan auch über die Angelegenheiten der KGaA Bericht zu erstatten hat. Für den Bereich der AG & Co. KGaA ist dies anerkannt. Zwar ist der Gegenstand der Berichterstattung des Aufsichtsrates der Komplementär-AG an deren Vorstand nach dem Wortlaut des § 90 Abs. 1 AktG auf die Angelegenheiten der (rechtlich selbstständigen) Komplementärgesellschaft beschränkt. Allerdings wird in Anbetracht der engen Verknüpfung zwischen KGaA und ihrem Geschäftsführungsorgan und vor dem Hintergrund der im Rahmen von § 90 Abs. 3 AktG praktizierten weiten Auslegung[219] eine Pflicht des Vorstandes angenommen, dem Aufsichtsrat der Komplementär-AG auch über die geschäftliche Entwicklung in der KGaA zu berichten.[220] Fraglich ist, ob eine derartige Berichtspflicht auch bei der SE & Co. KGaA angenommen werden kann. Der Wortlaut von Art. 41 Abs. 1 SE-VO scheint gegen eine solche Betrachtungsweise zu sprechen, da hiernach der Gegenstand der Berichterstattung auf den Gang der „Geschäfte der SE“ und „deren“ voraussichtliche Entwicklung beschränkt ist. Hierunter fallen alle Aspekte der Geschäftstätigkeit einschließlich der Marktsituation, der Investitionen und der Finanzierung sowie der Liquidität der Komplementärgesellschaft.[221] Aufgrund des engen Wortlautes der Norm ist dabei anerkannt, dass ein Rückgriff auf die konzerndimensionale Berichtspflicht nach § 90 Abs. 1 S. 2 AktG über Art. 9 Abs. 1 lit. c) ii) SE-VO ausgeschlossen ist, weil die SE-VO insoweit eine abschließende Regelung enthält.[222] Einigkeit besteht jedoch dahin gehend, dass über die Geschäftsentwicklung bei Konzern- und Beteiligungsgesellschaften zwingend insoweit zu berichten ist, wie diese Auswirkungen auf die geschäftliche Lage der

218 *Marsch-Barner*, FS Hoffmann-Becking, 777 (782 f.) nennt etwa die Anlage des Eigenkapitals und der Erstattung der Aufwendungen für die Geschäftsführung.

219 Vgl. nur *Fleischer* in Spindler/Stilz, § 90 Rn 40 m.w.N.

220 *Marsch-Barner*, FS Hoffmann-Becking, 777 (783).

221 *Paefgen* in KK-AktG, Art. 41 SE-VO Rn 10; *Reichert/Brandes* in MüKoAktG, Art. 41 SE-VO Rn 5.

222 *Paefgen* in KK-AktG, Art. 41 SE-VO Rn 14; *Sailer-Coceani* in Lutter/Hommelhoff/Teichmann, Art. 41 SE-VO Rn 9; *Seibt* in Habersack/Drinhausen, Art. 41 SE-VO Rn 9.

SE selbst hat.[223] Für die Berichtspflicht des Leitungsorgans einer Komplementär-SE kann aufgrund der engen Verknüpfung mit der KGaA und der persönlichen Haftung der Komplementärgesellschaft für deren Verbindlichkeiten trotz der rechtlichen Eigenständigkeit nichts anderes gelten. Erschöpft sich die Aufgabe der SE in der Wahrnehmung der Komplementär-Funktion, ist schon aufgrund ihrer Haftung für die Verbindlichkeiten der KGaA davon auszugehen, dass die Geschäftsentwicklung der KGaA Auswirkungen auf die geschäftliche Lage der SE selbst hat. Es ist daher sachgerecht, dass die Berichtspflicht auch die Angelegenheiten der KGaA umfasst. Eine derartige Ausdehnung der Berichtspflicht über den Wortlaut von Art. 41 Abs. 1 SE-VO hinaus ist nicht nur die notwendige Konsequenz aus der Ausdehnung der Überwachungskompetenz des Aufsichtsorgans auf die Geschäftsführung der KGaA,[224] sondern steht auch im Einklang mit der Reichweite der Berichtspflichten nach Art. 41 Abs. 2 und 3 SE-VO.[225]

bb) Weitere Berichts-, Prüfungs- und Vorlagepflichten

Neben dieser regelmäßigen Unterrichtung hat das Leitungsorgan dem Aufsichtsorgan gemäß Art. 41 Abs. 2 SE-VO rechtzeitig alle Informationen über Ereignisse mitzuteilen, die sich auf die „Lage der SE spürbar" auswirken können. Hierunter fallen nicht nur Geschäftsführungsmaßnahmen, sondern auch exogene, von außen an die Gesellschaft herangetragene Umstände.[226] Einigkeit besteht dabei etwa insoweit, dass von der Berichtspflicht auch Vorgänge in verbundenen Unternehmen umfasst sind, sofern diese spürbare Auswirkungen auf die Geschäftslage der SE haben können.[227] Diese Relevanz wird wegen der Haftung der Komplementärgesellschaft für die Verbindlichkeiten der KGaA trotz der rechtlichen Eigenständigkeit regelmäßig zu bejahen sein. Die Schwelle berichtspflichtiger Umstände ist dabei niedriger als § 90 Abs. 1 Nr. 4 AktG, der eine „erhebliche" Beeinträchtigung fordert, und orientiert sich an der Anlassberichterstattung nach § 90 Abs. 1 S. 3 AktG.[228]

Schließlich können die Mitglieder des Aufsichtsorgans vom Leitungsorgan nach Art. 41 Abs. 3 S. 1 SE-VO „jegliche Informationen" anfordern, die zur Ausübung der

223 Vgl. die Nachweise in der vorangegangenen Fußnote.

224 Vgl. dazu oben unter § 3 A. II. 3. a).

225 Dazu sogleich unter § 3 A. II. 3. c) bb).

226 *Sailer-Coceani* in Lutter/Hommelhoff/Teichmann, Art. 41 SE-VO Rn 12. Unerheblich ist dabei, ob es sich um negative oder positive Auswirkungen handelt, *Reichert/Brandes* in MüKoAktG, Art. 41 SE-VO Rn 5; *Sailer-Coceani* in Lutter/Hommelhoff/Teichmann, Art. 41 SE-VO Rn 12.

227 *Paefgen* in KK-AktG, Art. 41 SE-VO Rn 21; *Sailer-Coceani* in Lutter/Hommelhoff/Teichmann, Art. 41 SE-VO Rn 14; *Seibt* in Habersack/Drinhausen, Art. 41 SE-VO Rn 12.

228 *Paefgen* in KK-AktG, Art. 41 SE-VO Rn 23; *Sailer-Coceani* in Lutter/Hommelhoff/Teichmann, Art. 41 SE-VO Rn 12; *Seibt* in Habersack/Drinhausen, Art. 41 SE-VO Rn 13.

Kontrolle erforderlich sind.[229] Die entsprechende Berichtspflicht ist weit auszulegen und geht noch über § 90 Abs. 3 AktG hinaus. Es besteht keine Beschränkung auf Ereignisse mit spürbarer Wirkung,[230] sofern nur ein Bezug zu den Angelegenheiten der Gesellschaft gegeben ist.[231] Da ein derartiger Informationsanspruch auch im Hinblick auf Konzern- und Beteiligungsgesellschaften bejaht wird,[232] muss dies wegen der Haftung der Komplementärgesellschaft für die Verbindlichkeiten der KGaA erst recht für deren Angelegenheiten gelten.

Gemäß Art. 41 Abs. 4 SE-VO kann das Aufsichtsorgan ferner alle zur Erfüllung seiner Aufgaben erforderlichen Überprüfungen vornehmen oder vornehmen lassen. Hiernach ist das Aufsichtsorgan berechtigt, sämtliche Bücher und Schriften und Papiere der Komplementär-SE sowie sämtliche Vermögensgegenstände einer Überprüfung zu unterziehen.[233] Fraglich ist, ob dieses Überprüfungsrecht in Anbetracht der auf die KGaA zu erstreckenden Überwachungspflicht des Aufsichtsorgans auch auf die Vorgänge in der KGaA zu erstrecken ist. Dies ist abzulehnen, da das Aufsichtsorgan der Komplementärgesellschaft auch bei der Überwachung der Geschäftsführung der KGaA als Binnenorgan der Komplementärin handelt[234] und Art. 41 Abs. 4 SE-VO keine Ingerenzbefugnisse an fremden Rechtsträgern begründet.[235] Eine Erstreckung der Einsichts- und Prüfungsrechte auf die KGaA wird hiernach allenfalls dann in Betracht kommen, wenn der Aufsichtsrat der KGaA trotz dringendem Aufklärungsbedürfnis nicht tätig wird.[236] Schließlich ist das Leitungsorgan gemäß Art. 61 SE-VO i.V.m. § 170 Abs. 1 S. 1 AktG verpflichtet, dem Aufsichtsorgan den Jahresabschluss und den dazugehörigen Lagebericht der Komplementärgesellschaft unverzüglich nach deren Aufstellung vorzulegen.[237] Da das Aufsichtsorgan der Komplementär-SE auch die Geschäftsführung des Leitungsorgans und die von diesem für die KGaA erstellte Rechnungslegung zu überwachen hat, sind ihm ferner der Jahresabschluss und der Lagebericht der KGaA zu

229 Gemäß § 18 SEAG kann dabei jedes einzelne Mitglied die entsprechenden Informationen vom Leitungsorgan an das Aufsichtsorgan verlangen.

230 *Paefgen* in KK-AktG, Art. 41 SE-VO Rn 31. Nur bei offensichtlich fehlendem Funktionsbezug und in missbräuchlichen Fällen kann die Information verweigert werden, *Sailer-Coceani* in Lutter/Hommelhoff/Teichmann, Art. 41 SE-VO Rn 19.

231 *Paefgen* in KK-AktG, Art. 41 SE-VO Rn 31.

232 *Paefgen* in KK-AktG, Art. 41 SE-VO Rn 32; *Sailer-Coceani* in Lutter/Hommelhoff/Teichmann, Art. 41 SE-VO Rn 19.

233 *Paefgen* in KK-AktG, Art. 41 SE-VO Rn 51; *Reichert/Brandes* in MüKoAktG, Art. 41 SE-VO Rn 17.

234 Für die AG & Co. KGaA: *Marsch-Barner*, FS Hoffmann-Becking, 777 (786 f.).

235 Vgl. für das Kontrollrecht bei Konzern- und Beteiligungsgesellschaften: *Paefgen* in KK-AktG, Art. 41 SE-VO Rn 52; *Reichert/Brandes* in MüKoAktG, Art. 41 SE-VO Rn 19; *Sailer-Coceani* in Lutter/Hommelhoff/Teichmann, Art. 41 SE-VO Rn 28; *Seibt* in Habersack/Drinhausen, Art. 41 SE-VO Rn 35.

236 Für die AG & Co. KGaA: *Marsch-Barner*, FS Hoffmann-Becking, 777 (787).

237 *Paefgen* in KK-AktG, Art. 41 SE-VO Rn 6.

Informationszwecken vorzulegen, wobei insoweit jedoch wiederum keine Pflicht zur Prüfung besteht.[238] Die Prüfung des Jahresabschlusses der KGaA obliegt dem Aufsichtsrat der KGaA.

4. *Pflichten der Mitglieder des Aufsichtsorgans gegenüber der KGaA*

a) Haftung für Sorgfaltspflichtverletzungen

Gemäß Art. 51 SE-VO haften die Mitglieder des Aufsichtsorgans der Komplementärgesellschaft nach den §§ 116 S. 1, 93 AktG für den Schaden, welcher dieser durch eine Verletzung der ihnen bei der Ausübung ihres Amtes obliegenden gesetzlichen, satzungsmäßigen oder sonstigen Pflichten entsteht.[239] Führt ein sorgfaltspflichtwidriges Handeln der Aufsichtsorganmitglieder der Komplementär-SE dazu, dass der KGaA ein Schaden entsteht, steht Letzterer ein Schadensersatzanspruch gemäß § 283 Nr. 3, 90 Abs. 2 AktG gegen die Komplementärgesellschaft zu, der das Handeln ihrer Aufsichtsorgane gemäß § 31 BGB zugerechnet wird.[240] Hierbei kann die KGaA auch den der Komplementärgesellschaft gegen ihre Aufsichtsorganmitglieder zustehenden Schadenersatzanspruch pfänden und sich überweisen lassen (§§ 829, 835 ZPO).[241] Fraglich ist, ob daneben auch eine direkte Haftung der Mitglieder des Aufsichtsorgans gegenüber der KGaA nach den Grundsätzen des Vertrages mit Schutzwirkung zugunsten Dritter in Betracht kommt. Für die AG & Co. KGaA ist eine Haftung der Mitglieder des Aufsichtsrates der Komplementärgesellschaft gegenüber der KGaA mit der Begründung abgelehnt worden, dass der Aufsichtsrat ein reines Innenorgan sei und gegenüber Dritten, also auch der KGaA, nicht in Erscheinung trete.[242] Daher entfalte das zwischen Komplementärgesellschaft und ihren Aufsichtsratsmitgliedern bestehende organschaftliche Sonderrechtsverhältnis grundsätzlich keine Wirkung zugunsten der KGaA und verpflichte diese gegenüber Letzterer auch nicht zur sorgfältigen Amtsführung. Etwas anderes soll lediglich dann gelten, wenn die Aufsichtsratsmitglieder die persönlich haftende Gesellschafterin nach außen vertreten, wie bei der Bestellung der Vorstandsmitglieder.[243]

Diese Argumentation ist insoweit zutreffend, als dass das Aufsichtsorgan wegen seiner Eigenschaft als Binnenorgan nur ausnahmsweise mit Dritten in Berührung kommt.[244] Sie verkennt jedoch, dass bei einer reinen Komplementärgesellschaft nahezu jede Handlung des Aufsichtsorgans nicht nur eine reflexartige Wirkung gegenüber der KGaA entfaltet, sondern gerade im Hinblick auf die Komplementärsfunktion getroffen wird. Eine Haftung der Mitglieder des Aufsichtsorgans der

---

238 Für die AG & Co. KGaA: *Marsch-Barner*, FS Hoffmann-Becking, 777 (785 f.).
239 *Seibt* in Habersack/Drinhausen, Art. 51 SE-VO Rn 7.
240 *Weick* in Staudinger-BGB, § 31 Rn 38.
241 Vgl. dazu bereits oben unter § 3. A. I. 5. a) bb).
242 *Otte*, AG & Co. KGaA, S. 109 f.
243 *Otte*, AG & Co. KGaA, S. 109 f.
244 *Habersack* in MüKoAktG, § 116 Rn 76.

Komplementärgesellschaft gegenüber der KGaA kommt demnach nach den Grundsätzen des Vertrages mit Schutzwirkung zugunsten Dritter nicht nur bei Pflichtverletzungen in Betracht, wenn sie die persönlich haftende Gesellschafterin nach außen vertreten, sondern bereits dann, wenn sie Rechtshandlungen vornehmen, die unmittelbare Wirkung für und gegen die KGaA haben.[245] Dass ein organschaftliches Sonderrechtsverhältnis drittschützende Wirkung entfalten kann, wurde dabei bereits im Rahmen der Haftung der Mitglieder des Leitungsorgans gegenüber der KGaA dargelegt.[246] Nichts anderes gilt für die Mitglieder des Aufsichtsorgans der Komplementärgesellschaft, wenn deren wesentliche oder alleinige Aufgabe in der Führung der Geschäfte der KGaA besteht. Denn die Komplementärgesellschaft ist in diesem Fall zur Sorgfalt gegenüber der KGaA verpflichtet, was auch deren Aufsichtsorgane zu beachten haben. Dies ist für die Mitglieder des Aufsichtsorgans der Komplementärin auch erkennbar. Demnach haften die Mitglieder des Aufsichtsorgans gegenüber der KGaA nicht nur bei einer sorgfaltswidrigen Bestellung der Mitglieder des Leitungsorgans, sondern auch dann, wenn sie bei einer Ausübung von Zustimmungsvorbehalten zu Geschäftsführungsmaßnahmen, die das Leitungsorgan als gesetzliches Vertretungsorgan der Komplementärin mit Wirkung für die KGaA abschließt, oder im Rahmen der ihr gegenüber der KGaA obliegenden Überwachungspflichten hinsichtlich der Geschäftsführung die erforderliche Sorgfalt außer Acht lassen. Hingegen kommt eine Haftung der Aufsichtsorganmitglieder gegenüber der KGaA bei solchen Handlungen nicht in Betracht, die allein gegenüber der Komplementärgesellschaft wirken, wie etwa der Prüfung des Jahresabschlusses der Komplementärgesellschaft (Art. 61 SE-VO i.V.m. § 171 AktG), wobei es ohnehin ausgeschlossen erscheint, dass der KGaA durch eine derartige Pflichtverletzung ein Schaden entsteht.

b) *Kein Wettbewerbsverbot*

Die Mitglieder des Aufsichtsorgans der Komplementärgesellschaft unterliegen aufgrund des Nebenamtscharakters der Aufsichtsratstätigkeit schon gegenüber Letzterer keinem Wettbewerbsverbot,[247] sodass nicht nur eine Erstreckung des Wettbewerbsverbotes nach den Grundsätzen des Vertrages mit Schutzwirkung zugunsten Dritter, sondern auch eine analoge Anwendung von § 284 AktG ausscheiden müssen.[248]

245 Hingegen stellt *Otte*, AG & Co. KGaA, S. 109 f. darauf ab, ob die Rechtshandlungen des Aufsichtsrates unmittelbare Wirkung für und gegen die Komplementärgesellschaft haben. Dies ist jedoch auch bei einem Binnenorgan stets der Fall.

246 Vgl. dazu oben unter § 3 A. I. 5. a) bb).

247 *Armbrüster*, ZIP 1997, 1269 (1271); *Fleischer* in Spindler/Stilz, § 88 Rn 7; *Koch* in Hüffer/Koch, § 88 Rn 2.

248 Ebenso für die AG & Co. KGaA: *Otte*, AG & Co. KGaA, S. 110.

III. Zusammenfassung

Das Leitungsorgan ist das zentrale Organ einer dualistisch organisierten SE & Co. KGaA. Es führt die Geschäfte der SE & Co. KGaA in eigener Verantwortung und vertritt diese nach außen. Im Rahmen der Bestellung der Mitglieder hat das Aufsichtsorgan die Interessen der KGaA zu berücksichtigen. Die Mitglieder des Leitungsorgans können ihren Anstellungsvertrag sowohl mit der Komplementär-SE als auch mit der KGaA abschließen. Ein solcher Drittanstellungsvertrag verstößt weder gegen die aktienrechtliche Kompetenzordnung noch schränkt er die Leitungsautonomie in unzulässiger Weise ein. Er bedarf allerdings der Zustimmung des Aufsichtsorgans der Komplementär-SE. Das Aufsichtsorgan der Komplementär-SE ist auch für die Abberufung der Mitglieder des Leitungsorgans zuständig. Eine Übertragung dieser Personalkompetenz auf ein Organ der KGaA ist wegen Verstoßes gegen den Grundsatz der Satzungsstrenge unzulässig. Entsteht der KGaA durch eine Pflichtverletzung der Leitungsorganmitglieder ein Schaden, haften diese wegen einer drittschützenden Wirkung des Organverhältnisses, wenn die wesentliche oder alleinige Aufgabe der Komplementär-SE in der Führung der Geschäfte der KGaA besteht. Ferner unterliegen die Mitglieder des Leitungsorgans gegenüber der KGaA einem Wettbewerbsverbot, das nach vorzugswürdiger Ansicht aus einer analogen Anwendung von § 284 AktG folgt und statutarisch nicht abbedungen werden kann.

Im Rahmen der Bestellung der Mitglieder des Aufsichtsorgans sind die Aktionäre der Komplementär-SE weitgehend frei. Die Hauptaufgabe des Aufsichtsorgans besteht neben der Ausübung der Personalkompetenz in der Überwachung der Geschäftsführung durch das Leitungsorgan. Hierbei hat es auch die Geschäftsführung der KGaA, wahrgenommen durch die Komplementär-SE und das Leitungsorgan, zu überwachen. Ferner kann es Zustimmungsvorbehalte für Geschäfte normieren, die das Leitungsorgan mit Wirkung für die KGaA abschließt. Folgerichtig sind auch die Angelegenheiten der KGaA Gegenstand der Berichterstattung an das Aufsichtsorgan gemäß Art. 41 SE-VO. Die Mitglieder des Aufsichtsorgans der Komplementär-SE haften gegenüber der KGaA wegen einer drittschützenden Wirkung des Organverhältnisses, wenn sie Rechtshandlungen vornehmen, die unmittelbare Wirkung für und gegen die KGaA entfalten. Einem Wettbewerbsverbot gegenüber der KGaA unterliegen sie nicht.

B. Die monistische SE als Komplementärin einer KGaA

Neben dem bekannten dualistischen Leitungssystem steht mit dem monistischen Leitungssystem bei der SE ein bis dato im deutschen Recht unbekanntes Organisationsmodell zur Verfügung.[249] Nach dem Vorbild des angloamerikanischen „One-Tier-Board-System“ sind in der monistischen SE die Funktionen von Lei-

249 Für die Einführung eines monistischen Leitungssystems in der AG: *Baums*, GS Gruson, S. 1 ff.; *Habersack*, Gutachten E zum 69. Deutschen Juristentag, E 103.

tungs- und Kontrollorgan in einem Organ – dem Verwaltungsorgan[250] – gebündelt. Daneben sind ein oder mehrere geschäftsführende Direktoren zu bestellen (§ 40 Abs. 1 S. 1 SEAG). Wegen dieses im SEAG geregelten zwingenden Erfordernisses von geschäftsführenden Direktoren wurde die deutsche Umsetzung des monistischen Leitungssystems als „verdeckt dualistisches System“[251] bzw. als bloße „Spielart des dualistischen Systems“[252] kritisiert und sah sich sogar dem Vorwurf der Europarechtswidrigkeit ausgesetzt.[253] Diese Problematik soll vorliegend nicht weiter vertieft werden, sondern vielmehr mit der inzwischen ganz h.M. wegen der von Art. 43 Abs. 4 SE-VO eröffneten Möglichkeit zur nationalen Ausgestaltung des monistischen Leitungssystems von der Europarechtskonformität der Umsetzung durch den deutschen Gesetzgeber[254] in Form eines „schwach monistische[n] System[s]“[255] ausgegangen werden.

---

250 Während die SE-VO den Begriff des „Verwaltungsorgans“ zugrunde legt, spricht des SEAG vom „Verwaltungsrat“. Beide Begrifflichkeiten können mithin synonym nebeneinander verwendet werden.

251 *DAV Stellungnahme*, NZG 2004, 75 (82); hiergegen: *Schwarz*, Anh. Art. 43 SE-VO Rn 264.

252 *Marsch-Barner*, GS Bosch, 99 (106).

253 Für eine Europarechtswidrigkeit insbesondere: *Hoffmann-Becking*, ZGR 2004, 355 (369 ff.); *DAV Stellungnahme*, NZG 2004, 75 (82); *Schönborn*, Monistische SE, S. 194 ff.; zweifelnd: *Kallmeyer*, ZIP 2003, 1531 und *Kämmerer/Veil*, ZIP 2005, 369 (374). Stein des Anstoßes für die Diskussion ist das nach § 40 Abs. 1 S. 1 SEAG zwingende Erfordernis von geschäftsführenden Direktoren neben dem Verwaltungsrat. Nach einer Ansicht soll dies unzulässig sein, da Art. 43 Abs. 1 SE-VO die Geschäftsführung allein dem Verwaltungsrat zuweist. Nach Art. 43 Abs. 1 S. 2 SE-VO dürfen geschäftsführende Direktoren (ausschließlich?) „unter denselben Voraussetzungen, wie sie für Aktiengesellschaften mit Sitz im Hoheitsgebiet des betreffenden Mitgliedsstaates gelten“ bestellt werden. Da Deutschland über keine Aktiengesellschaft mit monistischem Leitungssystem verfüge, könne das Erfordernis von geschäftsführenden Direktoren auch nicht auf Art. 43 Abs. 1 S. 2 SE-VO gestützt werden. Dem hält die überwiegende Ansicht entgegen, dass wegen Art. 43 Abs. 4 SE-VO die Mitgliedstaaten, in denen bis dato nur ein dualistisches Leitungssystem existierte, die Ausgestaltung auf nationaler Ebene regeln dürfen und auch Art. 54 Abs. 2 SE-VO von der Zulässigkeit weiterer Organe ausgeht, vgl. *Bachmann*, ZGR 2008, 779 (785); *Horn*, DB 2005, 147 (151); *Ihrig*, ZGR 2008, 809 (810 f.); *Manz* in Manz/Mayer/Schröder, Art. 43 SE-VO Rn 12; *Neye/Teichmann*, AG 2003, 169 (176); *Schwarz*, Anh. Art. 43 SE-VO Rn 304; *Siems* in KK-AktG, Art. 43 SE-VO Rn 3; *Teichmann*, BB 2004, 53 (59 f.); *ders.* in Lutter/Hommelhoff/Teichmann, Art. 38 SE-VO Rn 45; *Verse* in Habersack/Drinhausen, § 40 SEAG Rn 3. Zu den Rechtsfolgen einer unterstellten Europarechtswidrigkeit: *Bachmann*, ZGR 2008, 779 (785 ff.).

254 *Merkt*, ZGR 2003, 650 (654) kritisiert die Umsetzung des monistischen Leitungssystems durch das SEAG als unnötige Einengung der Gestaltungsfreiheit; dagegen *Teichmann*, BB 2004, 53 (59).

255 *Bachmann*, ZGR 2008, 779 (780); *Kämmerer/Veil*, ZIP 2005, 369 (370) sprechen von einer „unechten monistischen SE“.

I. Der Verwaltungsrat

Den Verwaltungsrat trifft die Gesamtverantwortung für die Leitung der monistischen SE.[256] Er leitet die Gesellschaft, bestimmt die Grundlinien ihrer Tätigkeit und überwacht deren Umsetzung (§ 22 Abs. 1 SEAG). Als zentralem Organ der geschäftsführenden Komplementärin kommt ihm damit im Gefüge einer monistisch organisierten SE & Co. KGaA eine ganz wesentliche Bedeutung zu.

1. Zusammensetzung und Bestellung

Im gesetzlichen Regelfall besteht der Verwaltungsrat aus drei Mitgliedern (§ 23 Abs. 1 S. 1 SEAG), wobei die Satzung hiervon in Abhängigkeit vom Grundkapital in den durch § 23 Abs. 1 S. 2 und 3 SEAG gezogenen Grenzen abweichen kann. Da eine reine Komplementär-SE üblicherweise weniger als 10 Arbeitnehmer beschäftigt und ihre Anteile auch nicht börsennotiert sind, hat die Besetzung des Verwaltungsorgans nicht nach Maßgabe einer Vereinbarung über die Mitbestimmung der Arbeitnehmer mit Vertretern der Arbeitnehmer (§ 24 Abs. 1 SEAG) bzw. den Vorgaben des § 24 Abs. 3 SEAG über die Frauenquote zu erfolgen.[257] Bei der Wahl des Verwaltungsrates (Art. 43 Abs. 3 S. 1 SE-VO i.V.m. § 28 Abs. 1 SEAG) bzw. der Ausübung ihres Entsendungsrechtes (Art. 43 Abs. 3 S. 3 SE-VO, Art. 47 Abs. 4 SE-VO i.V.m. § 28 Abs. 2 SEAG i.V.m. § 101 Abs. 2 AktG) haben die Aktionäre der Komplementärgesellschaft – ebenso wie bei der Bestellung des Aufsichtsorgans im dualistischen Leitungssystem[258] – nicht auf die Interessen der KGaA Rücksicht zu nehmen. Aufgrund ihrer Treuepflicht dürfen sie lediglich nicht außerhalb der Mitgliedschaft stehende Sondervorteile verfolgen.[259] In persönlicher Hinsicht legt § 27 SEAG dabei in Anlehnung an § 100 AktG fest, wer nicht Verwaltungsratsmitglied sein kann: insbesondere Personen, die bereits Mitglied in zehn Handelsgesellschaften mit gesetzlich vorgeschriebenem Aufsichtsrat oder die gesetzliche Vertreter einer anderen Kapitalgesellschaft sind, deren Aufsichts- oder Verwaltungsrat ein Vorstandsmitglied oder ein geschäftsführender Direktor der Gesellschaft angehört (§ 27 Abs. 1 S. 1 Nr. 1 und 3 SEAG). Werden Verwaltungsratsmitglieder zugleich zu geschäftsführenden Direktoren bestellt,[260] muss die Mehrheit des Verwaltungsrats aus nicht geschäftsführenden Mitgliedern bestehen (§ 40 Abs. 1 S. 2 SEAG).

---

256 *Hirte*, DStR 2005, 700 (701); *Reichert/Brandes* in MüKoAktG, Art. 43 SE-VO Rn 74.

257 Vgl. dazu bereits oben im Rahmen des Aufsichtsorgans unter § 3 A. II. 1.

258 Vgl. dazu oben unter § 3 A. II. 2.

259 *Israel* in Bürgers/Körber, § 101 Rn 4; *Drygala* in K. Schmidt/Lutter, § 101 Rn 4; *Hopt/Roth* in GK-AktG, § 101 Rn 23.

260 Vgl. dazu unter § 3 B. II. 1. a).

2. *Binnenorganisation*

Die Verwaltungsratsmitglieder wählen aus ihrer Mitte einen Verwaltungsratsvorsitzenden und einen Stellvertreter (Art. 45 S. 1 SE-VO, § 34 Abs. 1 S. 1 SEAG). Aufgabe des Vorsitzenden ist die Koordination der Verwaltungsratstätigkeit und die Repräsentation des Organs innerhalb der Gesellschaft und in der Öffentlichkeit,[261] mithin auch gegenüber der KGaA. Dem Vorsitzenden des Verwaltungsrates kommt insofern eine herausgehobene Stellung zu, als dass er neben dem Recht zum Stichentscheid bei Stimmengleichheit (Art. 50 Abs. 2 SE-VO) auch dann eine zusätzliche Stimme hat, wenn ein geschäftsführender Direktor, der zugleich Mitglied des Verwaltungsrates ist, aus rechtlichen Gründen an der Teilnahme der Beschlussfassung im Verwaltungsrat gehindert ist (§ 35 Abs. 3 SEAG).[262] Eine Satzungsregelung, die dem Vorsitzenden ein Veto- oder gar Alleinentscheidungsrecht einräumt, ist nach vorzugswürdiger Ansicht nicht von der durch Art. 50 Abs. 1 SE-VO eröffneten Satzungsautonomie hinsichtlich der Beschlussfassung gedeckt, da dies nicht mit dem Charakter des Verwaltungsrates als Kollegialorgan und dem Grundsatz der Gleichheit aller Mitglieder vereinbar ist.[263] Auch eine Regelung, die die Beschlussfähigkeit des Verwaltungsrates an die Anwesenheit des Vorsitzenden knüpft, ist unzulässig, da § 34 SEAG durch das Erfordernis eines Stellvertreters gerade die Handlungsfähigkeit des Verwaltungsrates bei Verhinderung des Vorsitzenden sicherstellen will.[264]

---

261 *Eberspächer* in Spindler/Stilz, Art. 45 SE-VO Rn 5.

262 Nach heute nahezu einhelliger Ansicht ist das Stimmrecht interner geschäftsführenden Direktoren nicht bei Beschlussfassungen des Verwaltungsrates über Geschäftsführungsmaßnahmen, die in die Zuständigkeit der geschäftsführenden Direktoren fallen oder über Weisungen an diese beschließt, wegen persönlicher Betroffenheit nach § 34 BGB ausgeschlossen, da es insoweit gerade um Angelegenheiten der Gesellschaft geht, vgl. nur: *Bachmann*, ZGR 2008, 779 (794); *Eberspächer* in Spindler/Stilz, Art. 50 SE-VO Rn 8; *Teichmann* in Lutter/Hommelhoff/Teichmann, Anh. Art. 43 SE-VO (§ 35 SEAG) Rn 13; *Verse* in Habersack/Drinhausen, § 35 SEAG Rn 12; a.A. *Austmann* in Münch Hdb AG, § 86 Rn 22; *Marsch-Barner*, GS Bosch, 99 (109); sowie die Beschlussempfehlung des Rechtsausschusses: BT-Drs. 15/4053, S. 59 reSp.

263 *Eberspächer* in Spindler/Stilz, Art. 45 SE-VO Rn 8; *Reichert/Brandes* in MüKoAktG, Art. 45 SE-VO Rn 23; *Schwarz*, Art. 50 Rn 32; vgl. für den Aufsichtsrat einer AG: *Habersack* in MüKoAktG, § 108 Rn 25; *Koch* in Hüffer/Koch, § 108 Rn 8; für die Zulässigkeit eines Vetorechts: *Drinhausen* in Habersack/Drinhausen, Art. 50 Rn 20; *Teichmann* in Lutter/Hommelhoff/Teichmann, Art. 50 SE-VO Rn 8; für Zulässigkeit eines Veto- und Alleinentscheidungsrechtes: *Bachmann*, ZGR 2008, 779 (793); *Siems* in KK-AktG, Art. 50 SE-VO Rn 13 f.

264 *Eberspächer* in Spindler/Stilz, Art. 45 SE-VO Rn 5; an der Zulässigkeit zumindest zweifelnd: *Reichert/Brandes* in MüKoAktG, Art. 45 SE-VO Rn 24; a.A. *Bachmann*, ZGR 2008, 779 (793); *Eder*, NZG 2004, 544 (545); *Schwarz*, Art. 50 Rn 19.

3. *Aufgaben*

Wie bereits erwähnt, leitet der Verwaltungsrat die geschäftsführende Komplementär-SE, bestimmt die Grundlinien ihrer Tätigkeit und überwacht deren Umsetzung (§ 22 Abs. 1 SEAG). Der Verwaltungsrat einer monistischen SE vereint damit Aufgaben, die bei einer AG bzw. einer dualistischen SE vom Vorstand und vom Aufsichtsrat ausgeübt werden.[265] Zutreffend wird daher konstatiert, dass der Verwaltungsrat „nicht etwa ein aufgewerteter Aufsichtsrat“[266] ist, sondern vielmehr eine „Symbiose aus Vorstand und Aufsichtsrat“[267] darstellt. Als zentrales Organ einer geschäftsführenden Komplementär-SE bestimmt er damit die Grundlinien der Tätigkeit einer monistisch organisierten SE & Co. KGaA (dazu unter a)) und überwacht – neben dem Aufsichtsrat der KGaA[268] – die Geschäftsführung durch die geschäftsführenden Direktoren (dazu unter b)).

a) Leitungsfunktion

Der Leitungsbegriff unterscheidet sich dabei nicht vom aktienrechtlichen Leitungsbegriff des § 76 AktG.[269] Unter dem Begriff der Leitung wird ein herausgehobener Teil der Geschäftsführung verstanden, der die grundlegenden Führungsentscheidungen umfasst, die dem Vorstand als unentziehbare und nicht delegierbare Aufgaben zugewiesen sind.[270] Üblicherweise wird innerhalb des Leitungsbegriffs zwischen einer Planungs- und Steuerungsverantwortung, einer allgemeinen Organisationsverantwortung, einer Finanzverantwortung und einer Informations- und Berichtsverantwortung unterschieden.[271] Der Verwaltungsrat leitet die monistische SE und damit mittelbar die SE & Co. KGaA also nicht in dem Sinne, dass er die gesamte operative Geschäftsleitung ausübt, sondern indem er die grundlegenden Führungsentscheidungen trifft.[272] Während das laufende Tagesgeschäft durch die geschäftsführenden Direktoren wahrgenommen wird (§ 40 Abs. 2 S. 1 SEAG),[273] obliegt dem

---

265 *Hirte*, DStR 2005, 700 (701); *Schwarz*, Anh. Art. 43 Rn 41.

266 *Teichmann* in Lutter/Hommelhoff/Teichmann, Art. 43 SE-VO Rn 63.

267 *Velte*, WM 2010, 1635 (1638).

268 Vgl. dazu unter § 4 B. I.

269 *Austmann* in Münch Hdb AG, § 85 Rn 15; *Eberspächer* in Spindler/Stilz, Art. 43 SE-VO Rn 10; *Schwarz*, Art. 43 SE-VO; *Verse* in Habersack/Drinhausen, § 22 SEAG Rn 5.

270 *Fleischer* in Spindler/Stilz, § 76 Rn 18; *Koch* in Hüffer/Koch, § 76 Rn 9; *Kort* in GK-AktG, § 76 Rn 29.

271 *Austmann* in Münch Hdb AG, § 86 Rn 16; *Eberspächer* in Spindler/Stilz, Art. 43 SE-VO Rn 10; *Teichmann* in Lutter/Hommelhoff/Teichmann, Anh. Art. 43 SE-VO (§ 22 SEAG) Rn 6; *Verse* in Habersack/Drinhausen, § 22 SEAG Rn 5; vgl. dazu im Einzelnen: *Reichert/Brandes* in MüKoAktG, Art. 43 SE-VO Rn 73 ff.; *Siems* in KK-AktG, Anh. Art. 51 SE-VO (§ 22 SEAG) Rn 11 ff.

272 Vgl. *Reichert/Brandes* in MüKoAktG Art. 43 SE-VO Rn 73.

273 Hierzu unten unter § 3 B. II. 1. e).

Verwaltungsrat die oberste Leitung[274] der Gesellschaft. Die exakte Unterscheidung zwischen operativem Tagesgeschäft und grundlegenden Führungsentscheidungen hängt maßgeblich von verschiedenen Kriterien, wie der Größe des Unternehmens, seiner wirtschaftlichen Situation, der Zusammensetzung des Verwaltungsrates etc. ab.[275] Mit dem Leitungsrecht des Verwaltungsrates korrespondiert gleichzeitig eine Leitungspflicht.[276] Obwohl § 22 Abs. 1 SEAG nicht die Formulierung des § 76 AktG enthält, dass die Geschäfte „in eigener Verantwortung" durch den Verwaltungsrat geführt werden, besteht nach einhelliger Meinung kein Weisungsrecht der Hauptversammlung der SE gegenüber dem Verwaltungsrat, da Erstere keine originären Geschäftsführungsbefugnisse innehat.[277]

b) Kontrollfunktion

Aufgrund des Fehlens eines eigenständigen Überwachungsorgans im monistischen Leitungssystem kommt der Kontrollfunktion des Verwaltungsrates und der Einrichtung von Kontrollmechanismen eine besondere Bedeutung zu.[278] Im Rahmen seiner Überwachungstätigkeit darf sich der Verwaltungsrat nicht auf das Einhalten der von ihm aufgestellten Regelungen verlassen, sondern ihn trifft die Pflicht, sich aktiv über die Umsetzung seiner Entscheidungen zu informieren und ggf. auf veränderte Umstände zu reagieren.[279] Die Kontrollfunktion des Verwaltungsrates wird – wie

---

274 *Austmann* in Münch Hdb AG, § 86 Rn 15; *Verse* in Habersack/Drinhausen, § 22 SEAG Rn 1. Teilweise wird auch der Begriff der „Oberleitung" verwendet, vgl. *Gruber/Weller*, NZG 2003, 297 (298); *Neye/Teichmann*, AG 2003, 169 (177); zustimmend: *Bücker*, 10 Jahre SE, 203 (219). Hiergegen wendet *Siems* in KK-AktG, Anh. Art. 51 SE-VO (§ 22 SEAG) Rn 9 zu Recht ein, dass diese aus dem schweizerischen Recht entnommene Begrifflichkeit keinen Erkenntnisgewinn mit sich bringt, sondern nur zur Konfusion führt.

275 *Siems* in KK-AktG, Anh. Art. 51 SE-VO (§ 22 SEAG) Rn 10; *Verse* in Habersack/Drinhausen, § 22 SEAG Rn 6.

276 *Teichmann* in Lutter/Hommelhoff/Teichmann, Anh. Art. 43 SE-VO (§ 22 SEAG) Rn 9.

277 *Austmann* in Münch Hdb AG, § 86 Rn 15; *Reichert/Brandes* in MüKoAktG, Art. 43 SE-VO Rn 9; *Schwarz*, Art. 43 Rn 15; *Siems* in KK-AktG, Anh. Art 51 SE-VO (§ 22 SEAG) Rn 17; *Verse* in Habersack/Drinhausen, § 22 SEAG Rn 11. Auch eine entsprechende Satzungsregelung wäre wegen Art. 9 Abs. 1 lit. c) ii) SE-VO i.V.m. § 23 Abs. 5 AktG unwirksam, vgl. *Verse* in Habersack/Drinhausen, § 22 SEAG Rn 11. Möglich ist es hingegen, dass der Verwaltungsrat freiwillig der Hauptversammlung Fragen zur Geschäftsführung vorlegt (§ 22 Abs. 6 SEAG i.V.m. § 119 Abs. 2 AktG). In diesem Fall ist er an das Votum der Hauptversammlung gebunden, vgl. *Reichert/Brandes* in MüKoAktG, Art. 43 SE-VO Rn 10; *Verse* in Habersack/Drinhausen, § 22 SEAG Rn 11.

278 *Teichmann* in Lutter/Hommelhoff/Teichmann, Anh. Art. 43 SE-VO (§ 22 SEAG) Rn 7.

279 *Siems* in KK-AktG, Anh. Art. 51 SE-VO (§ 22 SEAG) Rn 14.

bereits erwähnt – personell dadurch abgesichert, dass die Mehrheit seiner Mitglieder aus nicht geschäftsführenden Direktoren bestehen muss (§ 40 Abs. 1 S. 2 SEAG).

aa) Umfang der Kontrollfunktion

Freilich muss der Verwaltungsrat nicht jede einzelne Geschäftsführungsmaßnahme des Tagesgeschäfts durch die geschäftsführenden Direktoren überwachen.[280] Die Überwachung bezieht sich vielmehr lediglich auf die Umsetzung der Leitungsentscheidungen. Die Kontrolle der geschäftsführenden Direktoren stellt mithin die „Kehrseite der Strategiefestlegung" dar.[281] Die Reichweite der Überwachung erstreckt sich dabei auf jeden Fall auf die Tätigkeiten, über die die geschäftsführenden Direktoren regelmäßig zu berichten haben (§ 40 Abs. 6 SEAG i.V.m. § 90 Abs. 1 AktG).[282] Die Tätigkeit von den geschäftsführenden Direktoren nachgeordneten Mitarbeitern muss der Verwaltungsrat auch dann nicht überwachen, wenn diese über weitreichende Kompetenzen verfügen.[283] Allerdings ist der Verwaltungsrat berechtigt, die Überwachung von nachgeordneten Führungsebenen jederzeit in Einzelfällen oder sogar vollumfänglich an sich zu ziehen. Insoweit besteht ein Unterschied zu einer dualistisch organisierten SE bzw. AG, bei der der Aufsichtsrat hierzu nicht berechtigt ist.[284] Der Verwaltungsrat hat dabei – entsprechend der Situation bei einer dualistisch organisierten SE & Co. KGaA –[285] auch die Geschäftsführung der KGaA, wahrgenommen durch die Komplementär-SE und die geschäftsführenden Direktoren, zu überwachen. Inhaltlich gilt ein vollumfänglicher Überwachungsmaßstab: Die Geschäftsführung durch die Direktoren ist im Hinblick auf Rechtmäßigkeit, Ordnungsmäßigkeit, Zweckmäßigkeit und Wirtschaftlichkeit zu beurteilen,[286] wobei die Intensität der Kontrolle von der jeweiligen wirtschaftlichen Situation des Unternehmens abhängt.[287] Im Rahmen der Überwachung der Geschäftsführung der KGaA hat sich der Verwaltungsrat dabei allein am Unternehmensinteresse der KGaA zu orientieren.[288]

---

280 *Reichert/Brandes* in MüKoAktG, Art. 43 SE-VO Rn 84; *Verse* in Habersack/Drinhausen, § 22 SEAG Rn 13.

281 *Merkt*, ZGR 2003, 650 (672).

282 *Verse* in Habersack/Drinhausen, § 22 SEAG Rn 16 spricht von einer „Richtschnur für das Ausmaß der Überwachungsaufgabe"; *Reichert/Brandes* in MüKoAktG, Art. 43 SE-VO Rn 84 wollen den Kreis der Überwachungsaufgaben demgegenüber im Regelfall auf diese Themen beschränken.

283 *Reichert/Brandes* in MüKoAktG, Art. 43 SE-VO Rn 85; *Verse* in Habersack/Drinhausen, § 22 SEAG Rn 17.

284 *Reichert/Brandes* in MüKoAktG, Art. 43 SE-VO Rn 85.

285 Vgl. dazu oben unter § 3 A. II. 3. a).

286 *Reichert/Brandes* in MüKoAktG, Art. 43 SE-VO Rn 87; *Verse* in Habersack/Drinhausen, § 22 SEAG Rn 17.

287 *Siems* in KK-AktG, Anh. Art. 51 SE-VO (§ 22 SEAG) Rn 14.

288 Vgl. dazu oben unter § 3 A. II. 3. a) mit Nachweisen in Fn 214.

bb) Kontrollinstrumente

Damit der Verwaltungsrat seiner Überwachungsaufgabe nachkommen kann, haben ihm die geschäftsführenden Direktoren gemäß § 40 Abs. 6 SEAG i.V.m. § 90 AktG Bericht zu erstatten. Erschöpft sich die Aufgabe der Komplementär-SE in der Führung der Geschäfte der KGaA und der Übernahme der persönlichen Haftung, ist der Umfang der regelmäßigen Berichterstattung nach § 40 Abs. 6 SEAG i.V.m. § 90 Abs. 1 AktG über originäre Angelegenheiten der Komplementärin dabei stark eingeschränkt.[289] Zwar ist der Gegenstand der Berichterstattung nach dem Wortlaut der Norm an sich auf die Angelegenheiten der Komplementärgesellschaft beschränkt. Wegen der engen Verknüpfung zwischen KGaA und geschäftsführender Komplementärgesellschaft und aufgrund der im Rahmen der sog. Anforderungsberichterstattung nach § 90 Abs. 3 AktG generell praktizierten weiten Auslegung[290] haben die geschäftsführenden Direktoren dem Verwaltungsrat jedoch auch im Rahmen der regelmäßigen Berichterstattung nicht nur über Angelegenheiten der Komplementärgesellschaft, sondern auch über bedeutsame Geschäfte der rechtlich eigenständigen KGaA zu berichten.[291] Auf die Richtigkeit dieser von den geschäftsführenden Direktoren mitgeteilten Tatsachen dürfen die Verwaltungsratsmitglieder vertrauen, sofern nicht Anhaltspunkte gegen die Richtigkeit sprechen.[292]

Zur Erfüllung seiner Überwachungsfunktion steht dem Verwaltungsrat ein ganzes Bündel an Kontrollinstrumenten zur Verfügung. So kann der Verwaltungsrat eine Geschäftsordnung für die geschäftsführenden Direktoren erlassen (§ 40 Abs. 4 SEAG) oder in der Satzung der SE können über die gesetzlich normierten Zustimmungsvorbehalte (§ 38 Abs. 2 SEAG i.V.m. §§ 114, 115 AktG) hinaus weitere Zustimmungsvorbehalte zugunsten des Verwaltungsrates normiert werden (Art. 48 Abs. 1 SE-VO). Die Zustimmungsvorbehalte können sich dabei auch auf solche Geschäfte beziehen, die die geschäftsführenden Direktoren als gesetzliches Vertretungsorgan mit Wirkung für die KGaA abschließen.[293] Anders als im dualistischen Leitungssystem (vgl. § 19 SEAG) können die Zustimmungsvorbehalte allerdings nur durch die Satzung und nicht durch den Verwaltungsrat selbst festgelegt werden. Hierbei ist zu beachten, dass das Selbstorganisationsrecht des Verwaltungsrates

---

289 Vgl. dazu oben unter § 3 A. II. 3. c) mit Nachweisen in Fn 218.

290 *Fleischer* in Spindler/Stilz, § 90 Rn 40; *Müller-Michaels* in Hölters, § 90 Rn 14; *Spindler* in MüKoAktG, § 90 Rn 34: Gemäß § 90 Abs. 3 S. 1 AktG kann der Aufsichtsrat vom Vorstand jederzeit einen Bericht verlangen über Angelegenheiten der Gesellschaft, über ihre rechtlichen und geschäftlichen Beziehungen zu verbundenen Unternehmen sowie über geschäftliche Vorgänge bei diesen Unternehmen, die auf die Lage der Gesellschaft von erheblichem Einfluss sein können.

291 *Marsch-Barner*, FS Hoffmann-Becking, 777 (783) für die AG & Co. KGaA. Vgl. zur identischen Problematik bei der dualistischen SE & Co. KGaA oben unter § 3 A. II. 3. c).

292 *Brandes/Reichert* in MüKoAktG, Art. 43 SE-VO Rn 88; *Verse* in Habersack/Drinhausen, § 22 SEAG Rn 16.

293 Vgl. dazu oben unter § 3 A. II. 3. b) mit Nachweisen in Fn 216.

nicht durch ein Übermaß an statutarischen Zustimmungsvorbehalten eingeschränkt werden darf.[294] Weiterhin steht dem Verwaltungsrat ein umfassendes Einsichts- und Prüfungsrecht in die Bücher, Schriften, sowie Vermögensgegenstände der Komplementärin zu (§ 22 Abs. 4 S. 1 SEAG), anhand derer er sich ohne Einschaltung der geschäftsführenden Direktoren ein eigenes Bild von den wirtschaftlichen Verhältnissen machen kann.[295] Diese Einsichts- und Prüfungsrechte des Verwaltungsrates bestehen jedoch grundsätzlich nur im Hinblick auf die Komplementärgesellschaft und nicht auch gegenüber der KGaA, da der Verwaltungsrat hierbei als Binnenorgan der Komplementärin handelt.[296] Auch das dem Verwaltungsrat gegenüber den geschäftsführenden Direktoren zustehende Weisungsrecht (§ 44 Abs. 2 SEAG),[297] mit dem er nicht nur Einfluss auf das operative Tagesgeschäft nehmen, sondern auch jegliche für die Ausübung der Kontrolle zustehende erforderliche Information verlangen kann,[298] gehört zu den Kontrollinstrumenten im weiteren Sinne.[299]

c) Weitere Rechte und Pflichten

Den Verwaltungsrat treffen über die Leitungs- und Überwachungsfunktion weitere Rechte und Pflichten, auf die an dieser Stelle in der gebotenen Kürze eingegangen werden soll. Neben den ausdrücklichen Kompetenzzuweisungen in § 22 Abs. 2 bis 5 SEAG kommt der Regelung des § 22 Abs. 6 SEAG insoweit besondere Bedeutung zu: Soweit das SEAG keine besondere gesetzliche Zuweisung an die geschäftsführenden Direktoren vorsieht, gelten hiernach die Vorschriften des AktG und weiterer Gesetze[300] über die Rechte und Pflichten des Vorstandes oder des Aufsichtsrates für den Verwaltungsrat entsprechend. Sinn und Zweck dieser Generalverweisung ist die Einbettung der monistischen SE in das vom dualistischen Leitungssystem geprägte Normengefüge des Aktienrechts zwecks Vermeidung von Regelungslücken.[301] Die Verweisung, deren Umfang hier nicht abschließend dargestellt werden kann, bringt im Einzelnen bei der Rechtsanwendung zahlreiche Schwierigkeiten mit sich.[302] Aus dem Kreis der aktienrechtlichen Vorschriften dürfte bei einer Komplementär-SE die

---

294 *Eberspächer* in Spindler/Stilz, Art. 48 SE-VO Rn 5; *Reichert/Brandes* in MüKoAktG, Art. 48 SE-VO Rn 10; *Velte*, WM 2010, 1635 (1638).

295 *Teichmann* in Lutter/Hommelhoff/Teichmann, Anh. Art. 43 SE-VO (§ 22 SEAG) Rn 31.

296 Vgl. zur identischen Problematik bei einer dualistischen Komplementär-SE unter § 3 A. II. 3. c) bb).

297 Hierzu unter § 3 B. II. 1. g).

298 *Reichert/Brandes* in MüKoAktG, Art. 43 SE-VO Rn 88.

299 *Verse* in Habersack/Drinhausen, § 22 SEAG Rn 14.

300 *Siems* in KK-AktG, Anh. Art. 51 SE-VO (§ 22 SEAG) Rn 37, der zu Recht darauf hinweist, dass der Wortlaut von § 22 Abs. 6 SEAG von „Rechtsvorschriften [...] außerhalb dieses Gesetzes spricht."

301 *Teichmann* in Lutter/Hommelhoff/Teichmann, Anh. Art. 43 SE-VO (§ 22 SEAG) Rn 41; *Verse* in Habersack/Drinhausen, § 22 SEAG Rn 42.

302 Vgl. dazu etwa *Verse* in Habersack/Drinhausen, § 22 SEAG Rn 44 ff.

durch die Verweisung begründete Pflicht zur Auskunftserteilung gegenüber den Aktionären der Komplementär-SE (§ 131 AktG)[303] sowie die Zuständigkeit des Verwaltungsrates zur Erteilung der Zustimmung bei der Übertragung vinkulierter Namensaktien der Komplementärin (§ 68 Abs. 2 S. 2 AktG)[304] am bedeutsamsten sein.

4. *Pflichten der Verwaltungsratsmitglieder gegenüber der KGaA*

a) *Haftung für Sorgfaltspflichtverletzungen*

aa) Grundsätzliches

Für die Sorgfaltspflicht und Verantwortlichkeit der Verwaltungsratsmitglieder gegenüber der Komplementärin gilt § 93 AktG entsprechend (§ 39 SEAG). Jedes Verwaltungsratsmitglied hat die Sorgfalt eines ordentlichen und gewissenhaften Geschäftsleiters zu beachten (§ 39 SEAG i.V.m. § 93 Abs. 1 S. 1 AktG). In Anlehnung an die aktienrechtliche Systematik ist innerhalb der organschaftlichen Pflichten wieder zwischen der Legalitätspflicht, der Überwachungspflicht, der Sorgfaltspflicht im engeren Sinne und der Treuepflicht zu unterscheiden.[305] Aufgrund der umfassenden Verweisung des § 39 SEAG findet sowohl die Business Judgement Rule (§ 93 Abs. 1 S. 2 AktG)[306] als auch die Beweislastregelung des § 93 Abs. 2 S. 2 AktG Anwendung.[307] Ist das Verwaltungsratsmitglied zugleich geschäftsführender Direktor, haftet es bezüglich letzterer Tätigkeit gemäß § 40 Abs. 8 SEAG i.V.m. § 93 AktG und es ist dann im Einzelfall zu ermitteln, welchem Bereich die Pflichtverletzung zuzuordnen ist.[308] Während für interne geschäftsführende Direktoren der zwingende Selbstbehalt beim Abschluss einer D&O-Versicherung gemäß § 93 Abs. 2 S. 3 AktG unstreitig Anwendung findet,[309] ist problematisch, ob dies auch für solche Verwaltungsratsmitglieder gilt, die nicht gleichzeitig auch als geschäftsführende Direkto-

---

303 *Siems* in KK-AktG, Anh. Art. 51 SE-VO (§ 22 SEAG) Rn 34; *Verse* in Habersack/Drinhausen, § 22 SEAG Rn 52.

304 *Verse* in Habersack/Drinhausen, § 22 SEAG Rn 52.

305 *Bücker*, 10 Jahre SE, 203 (216 f.); *Verse* in Habersack/Drinhausen, § 39 SEAG Rn 3.

306 *Reichert/Brandes* in MüKo, Art. 51 SE-VO Rn 11; *Teichmann* in Lutter/Hommelhoff/Teichmann, Anh. Art. 43 SE-VO (§ 39 SEAG) Rn 6.

307 *Teichmann* in Lutter/Hommelhoff/Teichmann, Anh. Art. 43 SE-VO (§ 39 SEAG) Rn 11; *Verse* in Habersack/Drinhausen, § 39 SEAG Rn 20.

308 *Siems* in KK-AktG, Anh. Art. 51 SE-VO (§ 39 SEAG) Rn 6; *Teichmann* in Lutter/Hommelhoff/Teichmann, Anh. Art. 43 SE-VO (§ 39 SEAG) Rn 3.

309 Bei internen geschäftsführenden Direktoren findet bei Fehlverhalten in ihrer Eigenschaft als geschäftsführender Direktor der Selbstbehalt gemäß § 40 Abs. 8 SEAG i.V.m. § 93 Abs. 2 S. 3 AktG Anwendung. Dies muss dann erst recht für ihre Tätigkeit im Verwaltungsrat gelten, da es widersprüchlich wäre, wenn interne geschäftsführende Direktoren bei besonders wichtigen Leitungsentscheidungen im Verwaltungsrat keinem Selbstbehalt unterlägen, bei alltäglichen Geschäftsführungsaufgaben hingegen schon, *Verse* in Habersack/Drinhausen, § 39 SEAG Rn 21.

ren fungieren. Dies wird man in analoger Anwendung von § 116 Abs. 1 S. 1 AktG ablehnen müssen. Da § 39 SEAG ausweislich der Gesetzesbegründung § 116 AktG entsprechen soll[310] und § 116 Abs. 1 S. 1 AktG später durch das Gesetz zur Angemessenheit der Vorstandsvergütung[311] geändert wurde, ist insoweit von einem Redaktionsversehen auszugehen.[312]

bb) Drittschützende Wirkung des organschaftlichen Sonderrechtsverhältnisses zugunsten der KGaA

Entsteht der Komplementär-SE durch das sorgfaltswidrige Verhalten ihrer Verwaltungsratsmitglieder, steht ihr gegen diese ein Schadensersatzanspruch zu (§ 39 SEAG i.V.m. § 93 Abs. 2 S. 1 AktG).[313] Entsteht der KGaA ein Schaden, kann sie einen Anspruch gegen die Komplementär-SE, der ein pflichtwidriges Verhalten ihrer Organe gemäß § 31 BGB analog zugerechnet wird, geltend machen (§ 283 Nr. 3 AktG i.V.m. § 93 Abs. 2 AktG). Fraglich ist wiederum, ob daneben auch ein direkter Anspruch gegen die Mitglieder des Verwaltungsrates nach den Grundsätzen des Vertrages mit Schutzwirkung zugunsten Dritter in Betracht kommt. Hiergegen ließe sich anführen, dass der Verwaltungsrat ein reines Innenorgan darstellt, das gegenüber Dritten nicht in Erscheinung tritt.[314] An dieser Klassifizierung ändert auch die Tatsache nichts, dass dem Verwaltungsrat nicht nur die umfassende Leitungsbefugnis obliegt (§ 22 Abs. 1 SEAG), sondern er auch durch die Ausübung von Weisungsbefugnissen (§ 44 Abs. 2 SEAG)[315] in umfangreichem Maße in das operative Tagesge-

310 BT-Drs. 15/3405, S. 39 liSp.

311 Gesetz zur Angemessenheit der Vorstandsvergütung (VorstAG) vom 31.7.2009 (BGBl. I S. 2509).

312 *Forst*, ZIP 2010, 1786 (1788); *Verse* in Habersack/Drinhausen, § 39 SEAG Rn 21; a.A. *Reichert/Brandes* in MüKoAktG, Art. 51 SE-VO Rn 7.

313 Die Frage der Kompetenz zur Entscheidung über die Geltendmachung der Schadensersatzansprüche ist gesetzlich nicht geregelt. Im Regelfall dürften die geschäftsführenden Direktoren zuständig sein. Sind die Schadensersatzansprüche jedoch von solcher finanzieller Bedeutung für die Gesellschaft, dass sie dem Leitungsbereich zuzuordnen sind, soll nach einer Ansicht der Verwaltungsrat zuständig sein, *Reichert/Brandes* in MüKoAktG, Art. 51 SE-VO Rn 34; *Verse* in Habersack/Drinhausen, § 39 SEAG Rn 24. Hiergegen wird teilweise eingewandt, dass der Verwaltungsrat auf diese Weise zum Richter in eigener Sache würde und daher immer die Zuständigkeit der geschäftsführenden Direktoren anzunehmen sei, *Ihrig*, ZGR 2008, 811 (821 f.). Dem ist jedoch entgegenzuhalten, dass die Gefahr des Richtens in eigener Sache nicht besteht, da die selbst betroffenen Mitglieder analog § 34 BGB von der Beschlussfassung ausgeschlossen sind, *Reichert/Brandes* in MüKoAktG, Art. 51 SE-VO Rn 35; *Verse*, FS Hoffmann-Becking, 1277 (1283); *ders.* in Habersack/Drinhausen, § 39 Rn 24; kritisch wiederum: *Eberspächer* in Spindler/Stilz, Art. 51 SE-VO Rn 16.

314 *Verse* in Habersack/Drinhausen, § 39 SEAG Rn 2.

315 Dazu unter § 3 B. II. 1. g).

schäft eingreifen kann. Denn zwar entfalten die Weisungen bei einer Umsetzung durch die geschäftsführenden Direktoren mittelbar Außenwirkung. Dies ändert jedoch nichts daran, dass diese Weisungen lediglich im Innenverhältnis ergehen und allein das Handeln der geschäftsführenden Direktoren gegenüber Dritten wirkt. Allerdings wurde bereits im Rahmen der Haftung der Mitglieder des Aufsichtsorgans einer dualistisch organisierten SE dargelegt, dass auch die Mitglieder eines Innenorgans der Komplementärgesellschaft bei Pflichtverletzungen im Rahmen von Rechtshandlungen, die unmittelbar für und gegen die KGaA wirken, gegenüber Letzterer haften, wenn die wesentliche oder alleinige Aufgabe der Komplementär-SE in der Führung der Geschäfte der KGaA besteht. Der Schutzbereich der durch die Bestellung begründeten organschaftlichen Sonderrechtsbeziehung zwischen der Komplementär-SE und ihren Verwaltungsratsmitgliedern erstreckt sich in diesem Fall auf die KGaA. Demnach ist eine Haftung der Verwaltungsratsmitglieder gegenüber der KGaA nicht nur dann anzunehmen, wenn sie im Rahmen der Bestellung der geschäftsführenden Direktoren nicht die erforderliche Sorgfalt anwenden, sondern auch wenn sie sorgfaltswidrige Weisungen im Hinblick auf die Geschäftsführung der KGaA erteilen oder im Rahmen ihrer Leitungsfunktion die erforderliche Sorgfalt außer Acht lassen.

cc) Problematik der Bestimmung des haftungsrechtlichen Maßstabes

Probleme bereitet die Bestimmung des haftungsrechtlichen Sorgfaltsmaßstabes, den die Verwaltungsratsmitglieder bei der Ausübung ihrer Pflichten zu beachten haben.[316] Denn das vom Dualismus geprägte aktienrechtliche Haftungsrecht unterscheidet zwischen einem strengen Maßstab für die von hauptamtlichen Organen wahrgenommene Unternehmensleitung und einem weniger strengen Maßstab hinsichtlich der überwachenden Tätigkeit, die typischerweise als Nebenamt konzipiert ist.[317] Da bei der monistischen Unternehmensverfassung nun Leitung und Überwachung in einer Hand liegen, ist unklar, welcher Haftungsmaßstab anzuwenden ist. Der Gesetzgeber hat diese Problematik erkannt, die Lösung jedoch der Rechtsprechung und Wissenschaft überlassen, wenn er in der Gesetzesbegründung zu § 39 SEAG, der die entsprechende Anwendung des § 93 AktG anordnet, ausführt, dass „genügend Spielraum für eine individuelle und an der konkreten Aufgabenstellung orientierte Haftung der Mitglieder des Verwaltungsrates“[318] bestehe.

Für einen weniger strengen Haftungsmaßstab, vergleichbar dem des Aufsichtsrates einer AG, lässt sich anführen, dass eine strenge Haftung für nicht hauptberuflich tätige Verwaltungsratsmitglieder unangemessen erscheint und letztlich die Gefahr besteht, dass angesichts des haftungsrechtlichen Risikos keine qualifizierten Personen für dieses Amt gefunden werden könnten.[319] Für einen strengen – dem

316 Ausführlich hierzu: *Bücker*, 10 Jahre SE, 203 (216 ff.).
317 *Bücker*, 10 Jahre SE, 203 (218).
318 BT-Drs. 15/3405, S. 39.
319 *Bücker*, 10 Jahre SE, 203 (219).

eines Vorstandes vergleichbaren bzw. zumindest angenäherten – Haftungsmaßstab streitet, dass die Kompetenzen des Verwaltungsrates, wie gezeigt, weit über die des auf die Überwachung beschränkten Aufsichtsrates einer AG bzw. dualistischen SE hinausgehen. Es erscheint nur schwer vorstellbar, dass die grundlegenden Führungsentscheidungen, die maßgeblichen Einfluss auf die wirtschaftliche Situation eines Unternehmens haben, ausschließlich von nebenamtlich tätigen Personen getroffen werden.[320] Entscheidend gegen einen solchen pauschal auf alle Verwaltungsratsmitglieder anzuwendenden strengen Haftungsmaßstab spricht jedoch, dass das SEAG die Verwaltungsratsmitgliedschaft unzweifelhaft als nebenamtliche Tätigkeit einstuft.[321] So legt § 27 Abs. 1 SEAG fest, dass eine Mitgliedschaft in bis zu 10 Aufsichts- bzw. Verwaltungsräten zulässig ist und Art. 44 Abs. 1 SE-VO sieht lediglich vier zwingende Sitzungen pro Jahr vor. An eine nebenamtliche Tätigkeit können jedoch nicht die gleichen haftungsrechtlichen Anforderungen gestellt werden wie an eine hauptamtliche.

Der haftungsrechtliche Maßstab von Verwaltungsratsmitgliedern kann nicht pauschal für jede monistische Leitungsstruktur beantwortet werden. Die Bestimmung ist vielmehr eine Frage des Einzelfalls und hat unter Berücksichtigung der konkreten Leitungsstrukturen und des individuellen Aufgabenbereiches des jeweiligen Verwaltungsratsmitglieds zu erfolgen.[322] Für nicht geschäftsführende Verwaltungsratsmitglieder gelten andere Sorgfaltsanforderungen als für solche, die auch als geschäftsführende Direktoren tätig sind.[323] Besteht keine personelle Überschneidung und beschränkt sich der Verwaltungsrat auf die Überwachung und Bestimmung der grundlegenden Führungsentscheidungen, so ist es gerechtfertigt, einen Haftungsmaßstab anzulegen, der dem von Mitgliedern bei einem Aufsichtsrat angenähert ist.[324] Besteht personelle Übereinstimmung zwischen Verwaltungsrat und geschäftsführenden Direktoren und greift der Verwaltungsrat durch die Ausübung seines Weisungsrechtes in erheblichem Umfang in das operative Tagesgeschäft ein, erscheint ein verschärfter Haftungsmaßstab angemessen.[325] Als Konsequenz sind an ein Verwaltungsratsmitglied, das etwa als Mitglied eines Exekutivausschusses

320 *Bücker*, 10 Jahre SE, 203 (218 f.).

321 *Bücker*, 10 Jahre SE, S. 203 (218); *Teichmann* in Lutter/Hommelhoff/Teichmann, Anh. Art. 43 SE-VO (§ 27 SEAG) Rn 1; *Verse* in Habersack/Drinhausen, § 22 SEAG Rn 3.

322 *Bücker*, 10 Jahre SE, 203 (219 und 221); *Siems* in KK-AktG, Anh. Art. 51 SE-VO (§ 39 SEAG) Rn 10.

323 *Austmann* in Münch Hdb AG, § 85 Rn 14; ähnlich *Siems* in KK-AktG, Anh. Art. 51 SE-VO (§ 39 SEAG) Rn 10.

324 *Austmann* in Münch Hdb AG, § 85 Rn 14; ähnlich *Siems* in KK-AktG, Anh. Art. 51 SE-VO (§ 39 SEAG) Rn 10.

325 *Manz* in Manz/Mayer/Schröder, Art. 51 SE-VO Rn 14 möchte für die Verwaltungsratsmitglieder, die gleichzeitig als interne geschäftsführende Direktoren fungieren, den Haftungsmaßstab eines Vorstandes im dualistischen Leitungssystem anwenden.

und als geschäftsführender Direktor maßgeblichen Einfluss auf die Geschicke des Unternehmens ausübt, in haftungsrechtlicher Sicht strengere Anforderungen zu stellen als an ein nebenamtliches Mitglied desselben Verwaltungsrates, das sich im Wesentlichen auf die Überwachung der Geschäfte beschränkt.[326]

Dieser einzelfallabhängige haftungsrechtliche Maßstab entspricht auch der in der Gesetzesbegründung enthaltenen, eingangs erwähnten Formulierung. Es soll an dieser Stelle nicht verschwiegen werden, dass ein solcher in Abhängigkeit von der satzungsrechtlichen Ausgestaltung individuell zu ermittelnder haftungsrechtlicher Maßstab zwangsläufig mit einer gewissen Rechtsunsicherheit verbunden ist. Diese ist jedoch als unvermeidbare Folge der im Bereich des monistischen Leitungssystems bestehenden Organisationsautonomie hinzunehmen, kann aber freilich einen Grund gegen die Wahl einer monistisch organisierten SE als Komplementärin einer KGaA darstellen.

b) Kein Wettbewerbsverbot

Aufgrund der Befugnisse der Verwaltungsratsmitglieder, über die Festlegung der Grundlinien der Tätigkeit und die Ausübung ihrer Weisungsbefugnis maßgeblichen Einfluss auf die Geschicke einer SE zu nehmen, erscheint es zumindest auf den ersten Blick nicht fernliegend, dass diese einem Wettbewerbsverbot gegenüber der SE unterliegen. Allerdings wird dies von der einhelligen Ansicht verneint, da die Verwaltungsorganmitgliedschaft als Nebenamt ausgestaltet ist und es an einer § 40 Abs. 7 SEAG i.V.m. § 88 AktG vergleichbaren Regelung, die ein Wettbewerbsverbot für geschäftsführende Direktoren vorschreibt, gerade fehlt.[327] Dies ist aufgrund der weitgehenden Kompetenzen der Verwaltungsratsmitglieder nicht unbedenklich. In Anbetracht der eindeutigen gesetzlichen Differenzierung zwischen geschäftsführenden Direktoren und Verwaltungsratsmitgliedern im Hinblick auf ein Wettbewerbsverbot ist für Rechtsfortbildung an dieser Stelle jedoch kein Raum und allein der Gesetzgeber kann hier Abhilfe schaffen. Folgerichtig scheidet damit aber auch eine Erstreckung des Wettbewerbsverbots gegenüber der KGaA analog § 284 AktG bzw. nach den Grundsätzen des Vertrages mit Schutzwirkung zugunsten Dritter aus. Etwas anderes gilt für Verwaltungsratsmitglieder nur dann, wenn sie gleichzeitig das Amt eines geschäftsführenden Direktors innehaben.[328]

II. Die geschäftsführenden Direktoren

Wie bereits erwähnt, sieht das SEAG vor, dass der Verwaltungsrat mindestens einen geschäftsführenden Direktor zu bestellen hat (§ 40 Abs. 1 S. 1 SEAG). Zu geschäfts-

---

326 *Bücker*, 10 Jahre SE, 203 (221).

327 *Reichert/Brandes* in MüKoAktG, Art. 51 SE-VO Rn 29; *Teichmann* in Lutter/Hommelhoff/Teichmann, Anh. Art. 43 SE-VO (§ 39 SEAG) Rn 5; *Verse* in Habersack/Drinhausen, § 39 SEAG Rn 16.

328 Dazu unter § 3 B. II. 2. b).

führenden Direktoren können dabei sowohl Mitglieder des Verwaltungsrates, sog. interne geschäftsführende Direktoren (§ 40 Abs. 1 S. 2 SEAG),[329] als auch Dritte (vgl. § 40 Abs. 1 S. 4 SEAG), sog. externe geschäftsführende Direktoren,[330] bestellt werden. Im Fall von internen geschäftsführenden Direktoren muss allerdings die Mehrheit des Verwaltungsrates aus nicht-geschäftsführenden Direktoren bestehen (§ 40 Abs. 1 S. 2 SEAG).

1. Binnenorganisation

a) Interne und externe geschäftsführende Direktoren

Der Kreis der geschäftsführenden Direktoren kann sich ausschließlich aus Verwaltungsratsmitgliedern bzw. externen Personen zusammensetzen oder sowohl aus internen als auch externen Direktoren bestehen. Interne geschäftsführende Direktoren bieten nicht nur den Vorteil einer Reduzierung des Personalaufwandes, sondern es entstehen aufgrund von Wissensvorsprüngen auch Synergieeffekte. Teilweise wird die Bestellung mindestens eines internen Direktors sogar für ein Gebot pflichtgemäßer Unternehmensführung gehalten, um die Handlungsfähigkeit des Verwaltungsorgans sicherzustellen.[331] Zur Begründung wird angeführt, dass die Umsetzung von durch den Verwaltungsrat aufgestellten Leitlinien andernfalls nicht sichergestellt sei und im Konfliktfall ggf. immer zunächst eine Weisung erteilt werden müsse. Dem wird jedoch zu Recht entgegengehalten, dass auch ein verwaltungsratangehöriger Direktor den Willen des Verwaltungsrates nicht an seinen externen Direktoren vorbei durchsetzen kann, da er dem Kollegialprinzip verpflichtet ist.[332] Andere Stimmen in der Literatur lehnen eine personelle Überschneidung zwischen Mitgliedern des Verwaltungsrates und geschäftsführenden Direktoren unter Corpo-

---

329 *Teichmann* in Lutter/Hommelhoff/Teichmann, Anh. Art. 43 SE-VO (§ 22 SEAG) Rn 8; *Verse* in Habersack/Drinhauen, § 40 SEAG Rn 11. Bei einem mitbestimmten Verwaltungsrat können nach der überwiegenden Ansicht auch Vertreter der Arbeitnehmer zu geschäftsführenden Direktoren bestellt werden, was jedoch ohnehin wohl nur in der Theorie vorkommen dürfte, vgl. *Austmann* in Münch Hdb AG, § 86 Rn 21; *Bachmann*, ZGR 2008, 779 (803); *Siems* in KK-AktG, Anh. Art 51 (§ 40 SEAG) Rn 21; *Verse* in Habersack/Drinhausen, § 40 SEAG Rn 14; für Unzulässigkeit hingegen: *Kallmeyer*, ZIP 2003, 1531 (1534 f.) und *Manz* in Manz/Mayer/Schröder § 40 SEAG Rn 131, die darauf abstellen, dass eine solche exponierte Stellung der Arbeitnehmervertreter durch die Mitbestimmung nicht gewollt sei.

330 Ganz h.M., vgl. nur *Eberspächer* in Spindler/Stilz, Art. 43 SE-VO Rn 36; *Manz* in Manz/Mayer/Schröder, Art. 43 SE-VO Rn 128; *Siems* in KK-AktG, Anh. Art 51 SE-VO (§ 40 SEAG) Rn 18; *Teichmann* in Lutter/Hommelhoff/Teichmann, Anh. Art. 43 SE-VO (§ 22 SEAG) Rn 8; *Verse* in Habersack/Drinhauen, § 40 SEAG Rn 11. Statt aller: *Hoffmann-Becking*, ZGR 2004, 355 (370 f.).

331 *Teichmann* in Lutter/Hommelhoff/Teichmann, Anh. Art. 43 SE-VO (§ 22 SEAG) Rn 8.

332 *Ihrig*, ZGR 2008, 809 (812).

rate Governance Gesichtspunkten dann auch gänzlich ab.[333] Sie komme allenfalls bei inhabergeführten Kleingesellschaften oder für Konzerntöchter ohne außenstehende Aktionäre in Betracht. Im Übrigen sei wegen der dem Verwaltungsrat obliegenden Überwachungsfunktion eine vollständig personenverschiedene Besetzung zu bevorzugen. Dem kann m. E. nicht pauschal gefolgt werden. Im Falle einer vollständigen Personenverschiedenheit würde man sich nämlich einer der wesentlichen Vorteile der monistischen SE – schlanke Strukturen und durch Wissensvorsprünge bedingte Synergieeffekte – berauben. Die insoweit vorgebrachten Bedenken können nicht überzeugen, da die Kontrollfunktion des Verwaltungsrates bereits dadurch sichergestellt wird, dass er mehrheitlich aus nicht-geschäftsführungsbefugten Mitgliedern besteht (§ 40 Abs. 1 S. 2 SEAG). Vorzugswürdig erscheint im Regelfall eine Mischung aus internen und externen Direktoren. Auf diese Weise kann nicht nur externer Sachverstand eingeholt werden, sondern auch eine Reduzierung des Personalaufwandes erfolgen. Dass eine personelle Überschneidung einen Stimmrechtsausschluss im Verwaltungsrat analog § 34 BGB zur Folge haben kann und ein Informationsgefälle zwischen den Mitgliedern des Verwaltungsrates nach sich zieht, wird durch die genannten Synergieeffekte kompensiert.[334]

b) Bestellung der geschäftsführenden Direktoren

Die Bestellung der geschäftsführenden Direktoren erfolgt durch das Plenum des Verwaltungsrates mit einfacher Mehrheit (Art. 50 Abs. 1 lit. b) SE-VO).[335] Soweit es sich um nicht dem Verwaltungsrat angehörige Personen handelt, gilt für diese die Einschränkung des § 76 Abs. 3 AktG (§ 40 Abs. 1 S. 4 SEAG). Bei der Auswahl der geschäftsführenden Direktoren haben die Verwaltungsratsmitglieder aufgrund ihrer gesellschafterlichen Treuepflicht die Interessen der KGaA angemessen zu berücksichtigen.[336] Die Mitglieder des Verwaltungsrates unterliegen bei dem Beschluss über ihre eigene Bestellung zum internen geschäftsführenden Direktor keinem Stimmverbot analog § 34 BGB.[337] Nach h.M. findet die Regelung des Art. 46 Abs. 1 SE-VO, der eine maximale Bestellungsdauer von sechs Jahren für Organmitglieder der SE vorsieht, auf geschäftsführende Direktoren keine Anwendung, da diese gerade nicht in der SE-VO vorgesehen sind, sondern allein das SEAG ihre

---

333 *Ihrig*, ZGR 2008, 809 (813).

334 A.A. *Ihrig*, ZGR 2008, 809 (812 f.).

335 Eine Delegation dieser Aufgabe auf einen Ausschuss ist nicht möglich (§ 34 Abs. 4 S. 2 SEAG).

336 Vgl. dazu ausführlich im Rahmen der Bestellung der Leitungsorganmitglieder unter § 3 A. I. 2.

337 *Manz* in Manz/Mayer/Schröder, Art. 43 SE-VO Rn 128; *Reichert/Brandes* in MüKoAktG, Art. 43 SE-VO Rn 122; *Schwarz*, Art 43 SE-VO, Anh. Rn 273; *Siems* in KK-AktG, Anh. Art. 51 SE-VO (§ 40 SEAG) Rn 16; *Teichmann* in Lutter/Hommelhoff/Teichmann, Art. 43 SE-VO (§ 40 SEAG) Rn 27; *Verse* in Habersack/Drinhausen, § 40 SEAG Rn 8.

Bestellung erfordert. Wird im Bestellungsbeschluss keine Dauer festgesetzt, erfolgt die Bestellung damit auf unbestimmte Zeit.[338] Auch die für die Wiederbestellung des Vorstands geltende Einschränkung des § 84 Abs. 1 S. 3 AktG, nach der ein erneuter Beschluss über die Bestellung frühestens ein Jahr vor Ablauf der bisherigen Amtszeit gefasst werden kann, findet auf die geschäftsführenden Direktoren keine Anwendung, da sie im Zusammenhang mit der unanwendbaren Regelung zur maximalen Amtszeit steht.[339] Während für den Vorstand einer AG allgemein eine Bestelldauer von grundsätzlich mindestens einem Jahr zur Absicherung seiner Leitungsautonomie (§ 76 Abs. 1 AktG) angenommen wird,[340] lässt sich dieser Gedanke auf die geschäftsführenden Direktoren schon aufgrund ihrer Weisungsabhängigkeit (§ 44 Abs. 2 SEAG)[341] nicht übertragen.

c) *Anstellungsvertrag*

Von dem korporationsrechtlichen Bestellungsakt ist aufgrund des Trennungsgrundsatzes wiederum der schuldrechtliche Anstellungsvertrag zu unterscheiden, der die genauen Leistungspflichten der geschäftsführenden Direktoren und ihre Vergütung regelt.[342] Der Anstellungsvertrag ist ein auf Geschäftsbesorgung gerichteter Dienstvertrag (vgl. auch § 40 Abs. 5 S. 2 SEAG)[343] und stellt trotz der Weisungsgebundenheit der geschäftsführenden Direktoren (§ 44 Abs. 2 SEAG)[344] ebenso wie der Anstellungsvertrag eines GmbH-Geschäftsführers keinen Arbeitsvertrag dar.[345]

---

338 *Eberspächer* in Spindler/Stilz, Art. 43 SE-VO Rn 39; *Reichert/Brandes* in MüKoAktG, Art. 43 SE-VO Rn 115; *Siems* in KK-AktG, Anh. Art. 51 SE-VO (§ 40 SEAG) Rn 41; *Teichmann* in Lutter/Hommelhoff/Teichmann, Art. 46 SE-VO Rn 8; *Verse* in Habersack/Drinhausen, § 40 SEAG Rn 17; a.A. *Manz* in Manz/Mayer/Schröder, Art. 43 SE-VO Rn 134; *Schwarz*, Art. 46 SE-VO Rn 7.

339 *Siems* in KK-AktG, Anh. Art. 51 SE-VO (§ 40 SEAG) Rn 41; *Verse* in Habersack/Drinhausen, § 40 SEAG Rn 17; a.A. *Frodermann* in Jannott/Frodermann, 5. Kap. Rn 247.

340 Vgl. etwa OLG Karlsruhe, AG 1973, 310 (311); *Bürgers* in Bürgers/Körber, § 84 Rn 8; *Fleischer* in Spindler/Stilz, § 84 Rn 12; *Koch* in Hüffer/Koch, § 84 Rn 7; *Kort* in GK-AktG, § 84 Rn 66; *Spindler* in MüKoAktG, § 84 Rn. 43; *Thüsing* in Fleischer, HdB VorstandsR, § 4 Rn. 45.

341 Dazu sogleich unter § 3 B. II. 1. g).

342 *Reichert/Brandes* in MüKoAktG, Art. 43 SE-VO Rn 146; *Verse* in Habersack/Drinhausen, § 40 SEAG Rn 27.

343 *Manz* in Manz/Mayer/Schröder, Art. 43 SE-VO Rn 148; *Reichert/Brandes* in MüKoAktG, Art. 43 SE-VO Rn 147; *Siems* in KK-AktG, Anh. Art. 51 SE-VO (§ 40 SEAG) Rn 12; *Teichmann* in Lutter/Hommelhoff/Teichmann, Art. 43 SE-VO (§ 40 SEAG) Rn 16; *Verse* in Habersack/Drinhausen, § 40 SEAG Rn 28.

344 Hierzu unter § 3 B. II. 1. g).

345 *Reichert/Brandes* in MüKoAktG, Art. 43 SE-VO Rn 147; *Verse* in Habersack/Drinhausen, § 40 SEAG Rn 28. Ein Arbeitsverhältnis dürfte in Anlehnung an die Rechtsprechung des BAG zum GmbH-Geschäftsführer nur in seltenen Ausnahmefällen anzunehmen sein, vgl. dazu: BAG, NJW 2007, 396 (397).

Für den Abschluss des Anstellungsvertrages mit der Komplementär-SE ist der Verwaltungsrat zuständig, der insoweit auch vertretungsbefugt ist (§ 41 Abs. 5 SEAG). Im Rahmen der Beschlussfassung im Verwaltungsrat unterliegt ein interner geschäftsführender Direktor dabei – anders als im Rahmen der Bestellung[346] – einem Stimmverbot analog § 34 BGB, da seine persönlichen Interessen insbesondere aufgrund der im Anstellungsvertrag geregelten Vergütung tangiert werden.[347] Bezüglich der inhaltlichen Ausgestaltung darf sich der Anstellungsvertrag eines internen geschäftsführenden Direktors ausschließlich auf die Tätigkeit als geschäftsführender Direktor und nicht auf seine Verwaltungsratsmitgliedschaft beziehen, da das Gesetz ein Anstellungsverhältnis der Verwaltungsratsmitglieder nicht vorsieht und die Vergütung der Verwaltungsratstätigkeit nicht in einem vom Verwaltungsrat abgeschlossenen Anstellungsvertrag, sondern nur durch die Aktionäre festgesetzt werden kann (§ 38 Abs. 1 SEAG i.V.m. § 113 AktG).[348]

Nach vorzugswürdiger Ansicht können die geschäftsführenden Direktoren den Anstellungsvertrag auch direkt mit der KGaA abschließen. Wie im Rahmen der Zulässigkeit von Drittanstellungsverträgen bei Leitungsorganmitgliedern dargelegt,[349] liegt hierin kein Verstoß gegen die aktienrechtliche Kompetenzordnung, da mit dem Abschluss des Anstellungsvertrages keine unzulässige Delegation der Entscheidung über die Bestellung verbunden ist, sondern die Auswahl der zu bestellenden Personen auch in diesem Fall vielmehr allein dem Verwaltungsrat obliegt. Die wegen der Unabhängigkeit des Leitungsorgans geäußerten Bedenken bezüglich der Zulässigkeit von Drittanstellungsverträgen gehen für den Bereich der monistischen SE nicht nur wegen des Vorrangs der Organstellung, sondern überdies auch aufgrund der Weisungsgebundenheit der geschäftsführenden Direktoren fehl.[350] Nach der hier vertretenen Ansicht bedarf der Drittanstellungsvertrag dabei der Zustimmung des Verwaltungsrates,[351] da dieser nach der aktienrechtlichen Kompetenzordnung für die Festlegung der Vergütung der geschäftsführenden Direktoren zuständig ist (§ 22 Abs. 6 SEAG i.V.m. § 87 Abs. 1 AktG) und nur durch ein Zustimmungserfordernis ein Gleichlauf von Bestellungs- und Anstellungskompetenz gewährleistet wird. Hinsichtlich der Angemessenheit der Vergütung der geschäftsführenden Direktoren mag man als Faustformel annehmen, dass die Bezüge aufgrund der im

---

346 Vgl. dazu oben unter § 3 B. II. 1. b).

347 *Schwarz*, Anh. Art. 43 SE-VO Rn 293; *Teichmann* in Lutter/Hommelhoff/Teichmann, Anh. Art. 43 SE-VO (§ 40 SEAG) Rn 27; *Verse* in Habersack/Drinhausen, § 40 SEAG Rn 29.

348 *Siems* in KK-AktG, Anh. Art. 51 SE-VO (§ 40 SEAG) Rn 10; *Verse* in Habersack/Drinhausen, § 40 SEAG Rn 30; a.A. *Reichert/Brandes* in MüKoAktG, Art. 43 SE-VO Rn 155.

349 Vgl. dazu oben unter § 3 A. I. 3. a).

350 *Reichert/Brandes* in MüKoAktG, Art. 43 SE-VO Rn 152.

351 Für ein Zustimmungserfordernis des Verwaltungsrates bei Konzernanstellungsverträgen: *Reichert/Brandes* in MüKoAktG, Art. 43 SE-VO Rn 153; *Siems* in KK-AktG, Anh. Art. 51 SE-VO (§ 40 SEAG) Rn 11.

Vergleich zum Vorstand weniger umfangreichen Befugnisse und Aufgaben – die geschäftsführenden Direktoren nehmen anders als der Vorstand einer AG keine Leitungsaufgaben wahr – geringer als die Vorstandsvergütung eines vergleichbaren Unternehmens sein müssen.[352]

d) „CEO-Modell"

Der Verwaltungsratsvorsitzende kann ebenfalls zum geschäftsführenden Direktor bestellt werden.[353] Ihm kann dabei auch die Stellung des Vorsitzenden der Geschäftsführung eingeräumt werden, was im rechtlichen Sinne jedoch keine besondere Stellung beinhaltet. Der Vorsitzende der Geschäftsführung fungiert lediglich als Sitzungsleiter, repräsentiert die geschäftsführenden Direktoren als Kollegialorgan und koordiniert ihre Arbeit.[354] Ist der Verwaltungsratsvorsitzende zugleich Vorsitzender der Geschäftsführung, wird in der Literatur häufig vom „CEO-Modell" gesprochen.[355] Auf diesem Weg kann etwa der exponierten Stellung eines Familienpatriarchen Rechnung getragen werden.[356] Ob diese Machtfülle – die durch die Einräumung eines Alleinentscheidungsrechts sogar noch verstärkt werden kann[357] – unter Corporate Governance Gesichtspunkten tatsächlich erstrebenswert ist und insbesondere vom deutschen Kapitalmarkt akzeptiert würde, erscheint jedoch zumindest fraglich.[358] Dies dürfte nicht zuletzt in großem Maße auch von dem Ansehen und den Fähigkeiten der jeweiligen Person abhängen und ist damit eine Frage des Einzelfalls.

352 *Verse* in Habersack/Drinhausen, § 40 SEAG Rn 63.

353 *Eder*, NZG 2004, 544 (546); *Hirte*, DStR 2005, 700 (701); *Siems* in KK-AktG, Anh. Art. 51 SE-VO (§ 40 SEAG) Rn 20; *Teichmann* in Lutter/Hommelhoff/Teichmann, Anh. Art. 43 SE-VO (§ 40 SEAG) Rn 19; *Verse* in Habersack/Drinhausen, § 40 SEAG Rn 12.

354 *Reichert/Brandes* in MüKoAktG, Art. 43 SE-VO Rn 125; *Siems* in KK-AktG, Anh. Art. 51 SE-VO (§ 40 SEAG) Rn 48.

355 *Bachmann*, ZGR 2008, 779 (789); *Reichert*, Internationale Familienunternehmen, 1 (10); *Thamm*, NZG 2008, 132 (134); *Wiedemann/Wanzl*, FuS 2011, 51 (56). Bei genauer Betrachtungsweise ist diese Bezeichnung nicht korrekt, da der Chief Executive Officer im angloamerikanischen Modell nicht notwendig mit dem Chairman of the board identisch ist. Die Struktur entspricht vielmehr dem französischen Président Directeur Général (PDG), vgl. dazu *Bachmann*, ZGR 2008, 779 (789 mit Fn 44); *Hoffmann-Becking*, NZG 2003, 745 (746); *ders.*, ZGR 2004, 355 (375 f.); *Verse* in Habersack/Drinhausen, § 40 SEAG Rn 12.

356 *Teichmann*, BB 2004, 53 (55); *Reichert/Ott*, 10 Jahre SE, 154 (159).

357 Zur Zulässigkeit eines solchen Alleinentscheidungsrechts sogleich unter § 3 B. II. 1. e).

358 Kritisch: *Siems* in KK-AktG, Anh. Art 51 SE-VO (§ 40 SEAG) Rn 20; *Verse* in Habersack/Drinhausen, § 40 SEAG Rn 12 a.E. Für eine ablehnende Empfehlung im Deutschen Corporate Governance Kodex, der dazu keine Regelung enthält: *Teichmann* in Lutter/Hommelhoff/Teichmann Anh. Art. 43 SE-VO (§ 40 SEAG) Rn 19.

e) *Geschäftsführung*

Gemäß § 40 Abs. 2 S. 1 SEAG führen die geschäftsführenden Direktoren die Geschäfte der SE und damit mittelbar die der SE & Co. KGaA (§ 278 Abs. 2 AktG i.V.m. § 161 Abs. 2, 114 Abs. 1 HGB). Nach vorzugswürdiger Ansicht ist keine Begrenzung in richtlinienkonformer Auslegung auf die „laufenden Geschäfte" (vgl. Art. 43 Abs. 1 S. 2 SE-VO) im Sinne einer Beschränkung auf alltägliche Geschäfte anzunehmen.[359] Zwar vermag der Einwand, dass § 40 Abs. 2 S. 1 SEAG nicht auf Art. 43 Abs. 1 S. 2 SE-VO, sondern auf Art. 43 Abs. 4 SE-VO beruht, nur bedingt zu überzeugen: Denn die in Art. 43 Abs. 1 S. 2 SE-VO vorgenommene Wertung in Form einer Begrenzung der Delegationsmöglichkeit auf die laufenden Geschäfte muss auch auf Art. 43 Abs. 4 SE-VO übertragen werden, da eine systematische Auslegung dafür spricht, dass die Mitgliedstaaten ohne monistisches Leitungssystem keine weitergehende Regelungskompetenz haben sollten als die Mitgliedsstaaten, in denen ein monistisches Leitungssystem bereits etabliert war.[360] Jedoch ist der unionsrechtliche Begriff der „laufenden Geschäftsführung" nicht eng im Sinne von „alltäglich anfallenden, häufig wiederkehrenden, routinemäßig zu erledigenden Geschäften" zu verstehen,[361] sondern vielmehr als Komplementärbegriff zu den dem Leitungsbereich zuzuordnenden grundlegenden Führungsentscheidungen.[362] Dem wird die Umsetzung durch das SEAG gerecht, indem dem Verwaltungsrat gesetzlich zugewiesene Aufgaben – wozu insbesondere die Leitung nach § 22 Abs. 1 SEAG zählt[363] – nicht auf die geschäftsführenden Direktoren übertragen werden können (§ 40 Abs. 2 S. 3 SEAG). Somit können die geschäftsführenden Direktoren nach vorzugswürdiger Ansicht auch Aufgaben ausführen, die zwar nicht häufig und routinemäßig anfallen, aber in ihrer wirtschaftlichen Bedeutung für die Gesellschaft keine herausragende Bedeutung haben.[364]

---

359 *Drinhausen* in Van Hulle/Maul/Drinhausen, 5. Abschnitt § 3 Rn 18; *Eberspächer* in Spindler/Stilz, Art. 43 SE-VO Rn 15; *Siems* in KK-AktG, Anh. Art. 51 SE-VO (§ 40 SEAG) Rn 54; *Teichmann* in Lutter/Hommelhoff/Teichmann, Anh. Art. 43 (§ 40 SEAG) Rn 29 f.; *ders.*, BB 2004, 53 (54); a.A. *Ihrig*, ZGR 2008, 809 (828); *Kallmeyer*, ZIP 2003, 1531 (1532); *Manz* in Manz/Mayer/Schröder, Art. 43 Rn 140; *Schwarz*, Anh. Art. 43 Rn 276; *DAV Stellungnahme*, NZG 2004, 75 (83 f.). Etwas anderes kann auch nicht der Gesetzesbegründung entnommen werden, nach der „die Aufgaben der laufenden Geschäftsführung zwingend von den geschäftsführenden Direktoren wahrgenommen werden", vgl. BT-Drs. 15/3405, S. 39 liSp. Denn diese Formulierung der Gesetzesbegründung ist nicht dahin gehend zu verstehen, dass keine anderen als laufende Geschäfte von den geschäftsführenden Direktoren übernommen werden können.

360 *Verse* in Habersack/Drinhausen, Art. 43 SE-VO Rn 16.

361 So aber *Manz* in Manz/Mayer/Schröder Art. 43 Rn 16 i.V.m. Art. 39 Rn 12.

362 *Verse* in Habersack/Drinhausen, § 40 SEAG Rn 33.

363 *Manz* in Manz/Mayer/Schröder, Art. 43 SE-VO Rn 143; *Verse* in Habersack/Drinhausen, § 40 SEAG Rn 33.

364 *Verse* in Habersack/Drinhausen, § 40 SEAG Rn 34.

Vorbehaltlich einer abweichenden Satzungsbestimmung oder Regelung in einer vom Verwaltungsrat erlassenen Geschäftsordnung sind mehrere geschäftsführende Direktoren nur gemeinschaftlich zur Geschäftsführung befugt (§ 40 Abs. 2 S. 2 SEAG).[365] Dieses Einstimmigkeitsprinzip kann jedoch beispielsweise durch das Mehrheitsprinzip oder durch eine Ressortgeschäftsverteilung mit entsprechender Einzelgeschäftsführungsbefugnis des jeweiligen geschäftsführenden Direktors ersetzt werden.[366] Kontrovers diskutiert wird in diesem Zusammenhang, ob dem Vorsitzenden der Geschäftsführung neben einem Veto- auch ein Alleinentscheidungsrecht gegenüber den Mitgeschäftsführern eingeräumt werden kann, das lediglich hinter den Weisungen des Verwaltungsrates zurückstehen muss.[367] Die Zulässigkeit ist nach vorzugswürdiger Ansicht zu bejahen, weil im Recht der SE gerade keine § 77 Abs. 1 S. 2 HS 2 AktG entsprechende Regelung existiert, die es untersagt, dass Meinungsverschiedenheiten durch eine Person gegen die Mehrheit der Mitglieder entschieden werden.

f) Vertretung

Den geschäftsführenden Direktoren obliegt die gerichtliche und außergerichtliche Vertretung einer monistisch organisierten SE (§ 41 Abs. 1 SEAG)[368] und damit mittelbar einer SE & Co. KGaA mit monistischem Leitungsmodell (§ 278 Abs. 2 AktG i.V.m. §§ 161 Abs. 2 HGB, 125 HGB). Grundsätzlich sind die geschäftsführenden Direktoren dabei nur gemeinschaftlich zur Vertretung befugt (§ 41 Abs. 2 S. 1 SEAG), aller-

---

365 Im Umkehrschluss folgt aus der Regelung des § 40 Abs. 2 S. 2 SEAG, dass in der Geschäftsordnung der geschäftsführenden Direktoren (§ 40 Abs. 4 SEAG) keine abweichenden Regelung hinsichtlich der Gesamtgeschäftsführungsbefugnis getroffen werden können. Eine interne Ressortbildung oder Aufgabenverteilung ist hingegen möglich, vgl. *Siems* in KK-AktG, Anh. Art. 51 SE-VO (§ 40 SEAG) Rn 61 f.

366 *Manz* in Manz/Mayer/Schröder, Art. 43 SE-VO Rn 141; *Siems* in KK-AktG, Anh. Art. 51 SE-VO (§ 40 SEAG) Rn 64; *Teichmann* in Lutter/Hommelhoff/Teichmann, Anh. Art. 43 SE-VO (§ 40 SEAG) Rn 38; *Verse* in Habersack/Drinhausen, § 40 SEAG Rn 37.

367 Bejahend: *Bachmann*, ZGR 2008, 779 (789); *Eberspächer* in Spindler/Stilz, Art. 43 SE-VO Rn 40; *Lutter/Kollmorgen/Feldhaus*, BB 2007, 509; *Reichert/Brandes* in MüKoAktG, Art. 43 SE-VO Rn 129; *Siems* in KK-AktG, Anh. Art. 51 SE-VO (§ 40 SEAG) Rn 63; *Teichmann* in Lutter/Hommelhoff/Teichmann, Art. 43 SE-VO (§ 40 SEAG) Rn 38; *Thamm*, NZG 2008, 132 (134); *Verse* in Habersack/Drinhausen, § 40 SEAG Rn 37; verneinend: *Kallmeyer*, ZIP 2003, 1531 (1534), der § 77 Abs. 1 S. 2 HS 2 AktG analog anwenden will; nach *Manz* in Manz/Mayer/Schröder, Art. 43 SE-VO Rn 141 wird durch ein Weisungsrecht die Wertung des § 40 Abs. 1 S. 2 SEAG unterlaufen.

368 Im Rahmen des Gesetzgebungsverfahrens wurde thematisiert, ob eine Regelung der Vertretungsmacht gegen die SE-VO verstoße, vgl. Stellungnahme des Bundesrates, BT-Drs. 15/3656, S. 5 reSp. Eine Regelung konnte jedoch erfolgen, da die SE-VO überhaupt keine Regelungen bezüglich der Vertretung enthält, vgl. die Gegenäußerung der Bundesregierung, BT-Drs. 15/3656, S. 10 reSp.

dings kann die Satzung auch Einzelvertretungsmacht, gemeinschaftliche Vertretung oder unechte Gesamtvertretung eines geschäftsführenden Direktors gemeinsam mit einem Prokuristen vorsehen (§ 41 Abs. 3 S. 1 SEAG). Umstritten ist dabei die Zulässigkeit einer Satzungsbestimmung, die den Verwaltungsrat ermächtigt, geschäftsführenden Direktoren Einzelvertretungsbefugnis oder unechte Gesamtvertretungsbefugnis zu erteilen.[369] Die Zulässigkeit wird überwiegend zu Recht mit der Begründung abgelehnt, dass der ansonsten § 78 AktG nachgebildete[370] § 41 SEAG weder eine § 78 Abs. 3 S. 2 AktG vergleichbare Regelung enthält, die bei der AG den Aufsichtsrat hierzu ermächtigt, noch eine ergänzende Anwendung dieser aktienrechtlichen Norm vorschreibt.[371] Soweit die Zulässigkeit einer derartigen Satzungsbestimmung vereinzelt (v. a. aus Zweckmäßigkeitsgründen) im Wege der Analogie bejaht wird,[372] ist dem entgegenzuhalten, dass der Deutsche Notarverein im Rahmen des Gesetzgebungsverfahrens in seiner Stellungnahme eine § 78 Abs. 3 S. 2 AktG entsprechende Regelung vorschlug, die er für ein aus der Sicht der Praxis „unverzichtbares Zweckmäßigkeitserfordernis" hielt.[373] Die Tatsache, dass der Gesetzgeber dies dennoch nicht umsetzte, spricht schon gegen eine planwidrige Regelungslücke.[374] Auch der Versuch, die Zulässigkeit einer Satzungsbestimmung (hilfsweise) direkt aus § 41 Abs. 2 S. 1 SEAG abzuleiten, vermag nicht zu überzeugen. Diese Regelung bezieht sich nämlich nach Wortlaut und Systematik allein auf abweichende Regelungen vom Normalfall der gemeinschaftlichen Vertretungsbefugnis. Die Übertragung der Kompetenz zur Erteilung von Einzelvertretungsbefugnis auf den Verwaltungsrat ist hiervon hingegen nicht umfasst. Wenn auch Zweckmäßigkeitsgründe für eine Satzungsermächtigung an den Verwaltungsrat zur Erteilung von Einzelvertretungsbefugnis sprechen mögen, kann die Zulässigkeit damit *de lege lata* nicht angenommen werden. Vom gesetzlichen Regelfall abweichende Bestimmungen hinsichtlich der Vertretungsbefugnis müssen daher originär in der Satzung getroffen werden.[375]

---

369 So sieht die Satzung der PUMA SE vor, dass der Verwaltungsrat den geschäftsführenden Direktoren Einzelvertretungsmacht einräumen kann (§ 15.2 der Satzung).

370 Vgl. BT-Drs. 15/3405, S. 39 reSp.

371 *Eberspächer* in Spindler/Stilz, Art. 43 SE-VO Rn 20; *Reichert/Brandes* in MüKo-AktG, Art. 43 SE-VO Rn 184; *Teichmann* in Lutter/Hommelhoff/Teichmann, Anh. Art. 43 SE-VO (§ 41 SEAG) Rn 11; *Verse* in Habersack/Drinhausen, § 41 SEAG Rn 12.

372 *Rockstroth*, BB 2012, 1620 (1622).

373 Vgl. S. 22 der Stellungnahme, abrufbar unter: http://www.dnotv.de/_files/pdf/stellungnahmen/dnotv_stn_013.pdf, letzter Abruf am 31.10.2017.

374 *Rockstroth,* BB 2012, 1620 (1622) ist allerdings zuzugeben, dass den Materialien des Gesetzgebungsverfahrens nicht zu entnehmen ist, dass der Gesetzgeber sich mit der Auffassung des Deutschen Notarvereins auseinandergesetzt hat.

375 Eine Regelung in der Satzung zur Befreiung vom Mehrfachvertretungsverbot dürfte zulässig sein, da das AktG hier keine abweichende Regelung enthält, vgl. *Rockstroth,* BB 2012, 1620 (1623 f.). So sieht die Satzung der PUMA SE vor, dass der

Während die Vertretungsmacht im Außenverhältnis unbeschränkt und unbeschränkbar ist (§ 44 Abs. 1 SEAG),[376] unterliegen die geschäftsführenden Direktoren im Innenverhältnis der Verpflichtung, die Anweisungen und Beschränkungen zu beachten, die die Satzung der Komplementärgesellschaft, der Verwaltungsrat, die Hauptversammlung sowie die Geschäftsordnungen des Verwaltungsrates und der geschäftsführenden Direktoren für die Geschäftsführungsbefugnis getroffen haben (§ 44 Abs. 2 SEAG). Die Vertretungsmacht wird durch diese Beschränkungen jedoch nach den allgemeinen zivilrechtlichen Grundsätzen lediglich dann berührt, wenn ein Fall des Missbrauchs der Vertretungsmacht vorliegt.[377]

g) Die Weisungsabhängigkeit der geschäftsführenden Direktoren

Der in der Praxis bedeutsamste Fall einer Beschränkung im Innenverhältnis bezüglich der Geschäftsführung ist eine Weisung an die geschäftsführenden Direktoren durch den Verwaltungsrat, über die Letzterer durch Beschluss entscheidet.[378] Das Weisungsrecht bezieht sich dabei nicht nur auf Angelegenheiten der Komplementärgesellschaft, sondern auch auf solche der KGaA.[379] Trotz der insoweit missglückten Formulierung des § 44 Abs. 2 SEAG,[380] nach dem die geschäftsführenden Direktoren u. a. die durch die Hauptversammlung getroffenen „Anweisungen“ und Beschränkungen zu beachten haben, besteht nach allgemeiner Meinung kein Weisungsrecht der Hauptversammlung der SE, da ein solches gegen die durch die SE-VO vorgegebene zwingende

---

Verwaltungsrat die geschäftsführenden Direktoren von § 181 Alt. 2 BGB befreien kann (vgl. § 15.2 der Satzung).

376 Die Vertretungsmacht wird weder durch den Gesellschaftszweck noch den Unternehmensgegenstand beschränkt, vgl. *Reichert/Brandes* in MüKoAktG, Art. 43 SE-VO Rn 185.

377 *Verse* in Habersack/Drinhausen, § 44 SEAG Rn 2.

378 *Teichmann* in Lutter/Hommelhoff/Teichmann, Anh. Art. 43 SE-VO (§ 44 SEAG) Rn 11; *Verse* in Habersack/Drinhausen, § 44 SEAG Rn 20.

379 Vgl. für das Weisungsrecht der Gesellschafter einer Komplementär-GmbH bei der GmbH & Co. KGaA: *Kessler*, GmbH & Co. KGaA, S. 201.

380 Die überwiegende Ansicht sieht in § 44 Abs. 2 SEAG die dogmatische Rechtsgrundlage des Weisungsrechtes, so: *Ihrig*, ZGR 2008, 809 (818); *Verse* in Habersack/Drinhausen, § 44 SEAG Rn 9; *ders.*, FS Hoffmann-Becking, 1277 (1279); vgl. auch die Regierungsbegründung, BT-Drs. 15/3405, S. 39 reSp; für eine Herleitung aus § 22 Abs. 1 SEAG i.V.m. § 44 Abs. 2 SEAG; *Siems* in KK-AktG, Anh. Art. 51 SE-VO (§ 44 SEAG) Rn 11; nach *Schwarz*, Anh. Art. 43 SE-VO Rn 278 und Rn 339 folgt das Weisungsrecht des Verwaltungsrates aus der Konzeption der SE-VO. Einigkeit besteht dahin gehend, dass die Weisungsgebundenheit der geschäftsführenden Direktoren trotz der Formulierung in Art. 43 Abs. 1 S. 2 SE-VO, nach der sie die Geschäfte „in eigener Verantwortung“ führen, europarechtskonform ist, da hiermit lediglich die haftungsrechtliche Verantwortung gemeint ist, vgl. *Ihrig*, ZGR 2008, 809 (820); *Manz* in Manz/Mayer/Schröder, Art. 43 SE-VO Rn 17; *Verse*, FS Hoffmann-Becking, 1277 (1280 f.).

Kompetenzverteilung verstoßen würde.[381] Ebenso wenig besteht ein Weisungsrecht der KGaA gegenüber den geschäftsführenden Direktoren. Allerdings können in der Satzung der KGaA Weisungsrechte oder Zustimmungserfordernisse etwa zugunsten eines Beirates der KGaA statuiert werden, die jedoch lediglich im Innenverhältnis wirken und die Vertretungsbefugnis im Außenverhältnis unberührt lassen.[382]

Aufgrund ihrer Weisungsgebundenheit stehen die geschäftsführenden Direktoren in der gesellschaftsrechtlichen Hierarchie unter dem Verwaltungsrat[383] und sind daher zutreffend auch als „Gehilfen des Verwaltungsrats"[384] bzw. als sein „verlängerter Arm"[385] bezeichnet worden. Ihre Stellung ist insoweit mit der von GmbH-Geschäftsführern (vgl. § 37 GmbHG) vergleichbar.[386] Die Weisungen können dabei in Form von Einzelweisungen hinsichtlich konkreter Geschäftsführungsmaßnahmen oder allgemein bezüglich bestimmter Geschäftsarten ergehen.[387] § 44 Abs. 2 SEAG enthält keine inhaltliche Beschränkung des Weisungsrechts, sodass sich das Weisungsrecht des Verwaltungsrates nicht nur auf Fragen von übergeordneter Bedeutung, sondern grundsätzlich auch auf solche des Tagesgeschäfts erstreckt.[388]

aa) Weisungsfreier Geschäftsführungsbereich?

In Anlehnung an eine für den GmbH-Geschäftsführer entwickelte Ansicht[389] wird teilweise angenommen, dass den geschäftsführenden Direktoren ein weisungsfreier

---

381 *Drinhausen* in van Hulle/Maul/Drinhausen, 5. Abschnitt § 3 Rn 27 ff.; *Ihrig*, ZGR 2008, 809 (818); *Manz* in Manz/Mayer/Schröder, Art. 43 SE-VO Rn 165; *Siems* in KK-AktG, Anh. Art. 51 SE-VO (§ 44 SEAG) Rn 9; *Verse* in Habersack/Drinhausen, § 44 SEAG Rn 6.

382 *Reichert/Ott*, 10 Jahre SE, 154 (162); *Perlitt* in MüKoAktG, § 278 Rn 244. Vgl. dazu unter § 6 B. II. 1.

383 *Thamm*, NZG 2008, 132 (132 f.); *Verse*, FS Hoffmann-Becking, 1277 (1278).

384 *Bachmann*, ZGR 2008, 779 (780).

385 *Teichmann* in Lutter/Hommelhoff, Europäische Gesellschaft, 195 (205).

386 *Neye/Teichmann*, AG 2003, 169 (179); *Kallmeyer*, ZIP 2003, 1531 (1533); *Teichmann* in Lutter/Hommelhoff/Teichmann, Anh. Art. 43 SE-VO (§ 44 SEAG) Rn 8; vgl. auch Reg. Begr., BT-Drs. 15/3405, S. 39 reSp.

387 *Eberspächer* in Spindler/Stilz, Art. 43 SE-VO Rn 15; *Ihrig*, ZGR 2008, 809 (818); *Teichmann* in Lutter/Hommelhoff/Teichmann, Anh. Art. 43 SE-VO (§ 44 SEAG) Rn 11; *Thümmel*, Europäische Aktiengesellschaft, S. 116 (Rn 246).

388 *Austmann* in Münch Hdb AG, § 86 Rn 16 und 18; *Boettcher*, Monistische SE, S. 182 ff.; *Marsch-Barner*, GS Bosch, 99 (105); *Merkt*, ZGR 2003, 650 (663); *Reichert/Brandes* in MüKoAktG, Art. 43 SE-VO Rn 169; *Siems* in KK-AktG, Anh. Art. 51 SE-VO (§ 44 SEAG) Rn 11; *Teichmann* in Lutter/Hommelhoff/Teichmann, Anh. Art. 43 SE-VO (§ 44 SEAG) Rn 10; *Verse* in Habersack/Drinhausen, § 44 SEAG Rn 10; *ders.*, FS Hoffmann-Becking, 1277 (1281 f.); a.A. *Schönborn*, Monistische SE, S. 95 f., nach dem sich das Weisungsrecht nur auf die Umsetzung der Entscheidungen bezieht, für die ausschließlich der Verwaltungsrat zuständig ist.

389 *Zöllner/Noack* in Baumbach/Hueck, § 37 Rn 18 und 21; a.A. die h.M.: vgl. nur *Altmeppen* in Roth/Altmeppen, § 37 Rn 4 m.w.N.

Geschäftsführungsbereich zustehe.[390] Dies soll insbesondere für die Bereiche der Aufstellung von Jahresabschluss und Lagebericht (§ 47 SEAG) und der konzernrechtlichen Pflichten (§ 49 SEAG) gelten, da eine Aufgabentrennung zwischen geschäftsführenden Direktoren und Verwaltungsrat in diesem Bereich von besonderer Bedeutung für die Kontrollfunktion des Verwaltungsrates sei. Die überwiegende Ansicht lehnt einen weisungsfreien Geschäftsführungsbereich jedoch auch für diese Bereiche aufgrund der Konzeption der monistischen SE zu Recht ab.[391] Die pauschale Annahme eines weisungsfreien Geschäftsführungsbereichs verbietet sich nämlich schon aufgrund der Tatsache, dass der Verwaltungsrat gemäß § 22 Abs. 1 SEAG die umfassende Oberleitung über die Gesellschaft innehat. Ferner sind nur rechtmäßige und der Sorgfaltspflicht genügende Weisungen verbindlich,[392] sodass die Kontrollfunktion des Verwaltungsrates auch ohne die Annahme eines weisungsfreien Bereiches sichergestellt ist. Nach vorzugswürdiger Ansicht ist damit lediglich der Bereich der Geltendmachung von Schadensersatzansprüchen der Gesellschaft gegen Verwaltungsratsmitglieder durch die geschäftsführenden Direktoren vom Weisungsrecht zwecks Vermeidung von Interessenkonflikten auszunehmen.[393]

Damit die geschäftsführenden Direktoren jedoch nicht zu reinen „Vertretungsmarionetten" verkommen, ist eine quantitative Grenze des Weisungsrechts in eng begrenzten Ausnahmefällen dann anzunehmen, wenn der Verwaltungsrat (nahezu) sämtliche Geschäftsführungsentscheidungen an sich zieht.[394] In diesen Fällen

---

390 *Boettcher*, Monistische SE, S. 176 ff.; *Eberspächer* in Spindler/Stilz, Art 43 SE-VO Rn 16; *Schönborn*, Monistische SE, S. 94 f.

391 *Bachmann*, ZGR 2008, 779 (786); *Ihrig*, ZGR 2008, 809 (819); *Manz* in Manz/Mayer/Schröder, Art. 43 SE-VO Rn 165; *Marsch-Barner*, GS Bosch, 99 (105); *Reichert/Brandes* in MüKoAktG, Art. 43 SE-VO Rn 169; *J. Schmidt*, Deutsche vs. Britische SE, S. 607; *Siems* in KK-AktG, Anh. Art. 51 SE-VO (§ 44 SEAG) Rn 11; *Teichmann* in Lutter/Hommelhoff/Teichmann, Anh. Art. 43 SE-VO (§ 44 SEAG) Rn 10; *Verse*, FS Hoffmann-Becking, 1277 (1282 ff.); *ders.* in Habersack/Drinhausen, § 44 SEAG Rn 11 f.

392 *Verse* in Habersack/Drinhausen, § 44 SEAG Rn 11. Vgl. dazu unter § 3 B. II. 1. g) bb).

393 *Ihrig*, ZGR 2008, 809 (819, 821 f.); *Eberspächer* in Spindler/Stilz, Art. 43 SE-VO Rn 16; a.A. *Verse* in Habersack/Drinhausen, § 44 SEAG Rn 11; *ders.*, FS Hoffmann-Becking, 1277 (1282 f.), der diese Problematik über ein entsprechendes Stimmverbot analog § 34 BGB im Verwaltungsrat lösen will. Dies kann jedoch in den Fällen nicht überzeugen, in denen Ansprüche der Gesellschaft gegen sämtliche Verwaltungsratsmitglieder im Raum stehen. In diesem Fall müsste man sich nämlich einer Notgeschäftsführungskonstruktion bedienen, vgl. hierzu *Verse*, FS Hoffmann-Becking, 1277 (1283 f.).

394 *Boettcher*, Monistische SE, S. 187 f.; *Eberspächer* in Spindler/Stilz, Art. 43 SE-VO Rn 16; *Siems* in KK-AktG, Anh. Art. 51 SE-VO (§ 44 SEAG) Rn 12; *Verse*, FS Hoffmann-Becking, 1277 (1285 ff.). Teilweise wird das Aushöhlungsverbot auch weiter in dem Sinne interpretiert, dass der Verwaltungsrat nur in „wesentlichen" Angelegenheiten (*Mauch*, Das monistische Leitungssystem, S. 66) oder nur für „einzelne Geschäfte" Weisungen erteilen, nicht aber Arten von Geschäftsführungs-

würde nämlich die gesetzliche Konzeption des § 40 SEAG konterkariert, die zum Zwecke der Geschäftsführung gerade die zwingende Bestellung von geschäftsführenden Direktoren vorsieht. Ferner wäre der Verwaltungsrat auch in seiner Kontrollfunktion beeinträchtigt, würde er den geschäftsführenden Direktoren sämtliche Entscheidungen durch entsprechende Weisungen vorgeben. Ein Fall einer solchen Aushöhlung der Rechte der geschäftsführenden Direktoren ist beispielsweise dann anzunehmen, wenn sie lediglich Investitionen in verschwindend geringem Umfang eigenständig tätigen können. Die geschäftsführenden Direktoren wären in diesem Fall bloße Exekutivorgane ohne eigenen Entscheidungsspielraum, was der gesetzlichen Konzeption des SEAG widerspräche.

bb) Grenzen des Weisungsrechts

Das Weisungsrecht des Verwaltungsrates gegenüber den geschäftsführenden Direktoren besteht nicht schrankenlos. Es findet seine Grenze zum einen in den allgemeinen Gesetzen und der Satzung der Komplementärin. Rechtswidrige Weisungen müssen und dürfen die geschäftsführenden Direktoren nicht befolgen.[395] Von satzungswidrigen Weisungen kann lediglich die Hauptversammlung der SE einen Dispens durch einen satzungsdurchbrechenden oder -ändernden Beschluss gewähren.[396] Weiterhin darf der Verwaltungsrat keine Weisungen erteilen, die zwar rechtlich nicht zu beanstanden, aber für die Gesellschaft wirtschaftlich nachteilig sind.[397] Allerdings dürfen die geschäftsführenden Direktoren insoweit nicht ihre eigene wirtschaftliche Einschätzung an die Stelle der durch den Verwaltungsrat getroffenen Entscheidung setzen. Die Entscheidung des Verwaltungsrates ist vielmehr für die geschäftsführenden Direktoren bindend, wenn sie sich innerhalb der Grenzen des ihm zustehenden unternehmerischen Ermessens bewegt.[398]

---

aufgaben bzw. ganze Geschäftsführungsbereiche an sich ziehen dürfe (*Schwarz*, Anh. Art. 43 SE-VO Rn 341).

395 *Eberspächer* in Spindler/Stilz, Art. 43 SE-VO Rn 15; *Ihrig*, ZGR 2008, 809 (824 f.); *Teichmann* in Lutter/Hommelhoff/Teichmann, Anh. Art. 43 SE-VO (§ 44 SEAG) Rn 13; *Verse* in Habersack/Drinhausen, § 44 SEAG Rn 14; einschränkend: *Schwarz*, Art. 43 SE-VO Rn 58: nur offensichtlich rechtswidrige Weisungen; *Drinhausen* in van Hulle/Maul/Drinhausen, 5. Abschnitt § 3 Rn 23, 25: „nicht als gesetzeswidrig erkennbare Weisungen dürfen befolgt werden."

396 *Ihrig*, ZGR 2008, 809 (824).

397 *Ihrig*, ZGR 2008, 809 (825); *Teichmann* in Lutter/Hommelhoff/Teichmann, Anh. Art. 43 SE-VO (§ 44 SEAG) Rn 13; *Verse* in Habersack/Drinhausen, § 44 SEAG Rn 15; *ders.* FS Hoffmann-Becking, 1277 (1289).

398 *Reichert/Brandes* in MüKoAktG, Art. 43 SE-VO Rn 169; *Verse* in Habersack/Drinhausen, § 44 SEAG Rn 15.

h) Abberufung

Das Weisungsrecht des Verwaltungsrecht wird durch ein Recht zur jederzeitigen Abberufung der geschäftsführenden Direktoren abgesichert (§ 40 Abs. 5 S. 1 SEAG). Grundsätzlich ist hierfür kein weiterer Grund erforderlich. Eine Abberufung kann lediglich rechtsmissbräuchlich sein, z.B. wenn die geschäftsführenden Direktoren Schadensersatzansprüche gegen die Verwaltungsratsmitglieder geltend machen.[399] Allerdings kann die Satzung beliebige Einschränkungen vorsehen (§ 40 Abs. 5 S. 1 HS 2 SEAG) und die Abberufung insbesondere an das Vorliegen eines wichtigen Grundes knüpfen.[400] Die Abberufbarkeit aus wichtigem Grund kann wiederum nicht ausgeschlossen werden.[401] Eine Abberufung als geschäftsführender Direktor hat keinen Einfluss auf eine etwaige Stellung als Verwaltungsratsmitglied.[402] An dem Abberufungsbeschluss des Verwaltungsrates darf ein selbst betroffener interner geschäftsführender Direktor grundsätzlich mitwirken. Etwas anderes gilt wegen des Verbotes des Richtens in eigener Sache (Rechtsgedanken der §§ 117, 127, 140 HGB) aber in den Fällen der Abberufung aus wichtigem Grund, wenn ein solcher tatsächlich vorliegt.[403]

Ein Abberufungsdurchgriff kommt auch für den Bereich einer monistisch organisierten SE & Co. KGaA nicht in Betracht. § 40 Abs. 5 SEAG weist die Kompetenz zur Abberufung der geschäftsführenden Direktoren dem Verwaltungsrat zu. Hierin liegt aufgrund des Grundsatzes der Satzungsstrenge eine zwingende Kompetenzzuweisung (Art. 9 Abs. 1 lit. c) ii) SE-VO i.V.m. § 23 Abs. 5 AktG). Nichts anderes folgt aus der Formulierung des § 40 Abs. 5 SEAG, dass die Satzung Abweichendes regeln kann. Denn nach der Systematik von § 40 SEAG ist dies lediglich auf die Festlegung von weiteren im Rahmen der Abberufung zu beachtenden Erfordernissen zu beziehen. Eine Übertragung der Abberufungskompetenz auf ein anderes (gesellschaftsfremdes) Organ ist hiermit ersichtlich nicht bezweckt. Liegt in der Person des geschäftsführenden Direktors ein wichtiger Grund zur Abberufung vor, können die Kommanditaktionäre durch entsprechenden Beschluss von der Komplementär-

---

399 *Ihrig*, ZGR 2008, 809 (823).

400 *Eberspächer* in Spindler/Stilz, Art. 43 SE-VO Rn 38; *Reichert/Brandes* in MüKoAktG, Art. 43 SE-VO Rn 133; *Verse* in Habersack/Drinhausen, § 40 SEAG Rn 54. So knüpft die Satzung der Puma SE die Abberufung der geschäftsführenden Direktoren an das Vorliegen eines wichtigen Grundes bzw. die Beendigung des Anstellungsvertrages (§ 13.3 der Satzung).

401 *Eberspächer* in Spindler/Stilz, Art. 43 SE-VO Rn 38; *Reichert/Brandes* in MüKoAktG, Art. 43 SE-VO Rn 134; *Teichmann* in Lutter/Hommelhoff/Teichmann, Anh. Art. 43 SE-VO (§ 40 SEAG) Rn 7.

402 *Teichmann*, ZIP 2003, 1531 (1533); *ders.* in Lutter/Hommelhoff/Teichmann, Anh. Art. 43 SE-VO (§ 40 SEAG) Rn 50.

403 *Eberspächer* in Spindler/Stilz, Art. 43 SE-VO Rn 38; *Teichmann* in Lutter/Hommelhoff/Teichmann, Anh. Art. 43 SE-VO (§ 40 SEAG) Rn 50; *Reichert/Brandes* in MüKoAktG, Art. 43 SE-VO Rn 139; *Verse* in Habersack/Drinhausen, § 40 SEAG Rn 52.

SE seine Abberufung verlangen, wozu letztere aufgrund ihrer gesellschafterlichen Treuepflicht gehalten ist.[404] Kommt der Verwaltungsrat dem Abberufungsverlangen nicht nach, können die Kommanditaktionäre der Komplementärgesellschaft nach §§ 117, 127 HGB durch gerichtliche Entscheidung die Geschäftsführungsbefugnis und/oder die Vertretungsmacht entziehen lassen oder sie gar aus der Gesellschaft ausschließen (§ 140 HGB).[405]

2. Pflichten gegenüber der KGaA

a) Haftung für Sorgfaltspflichtverletzungen

Für die Verantwortlichkeit der geschäftsführenden Direktoren gegenüber der Komplementärin gilt § 93 AktG entsprechend (§ 40 Abs. 8 SEAG). Die geschäftsführenden Direktoren haben damit bei der Geschäftsführung die Sorgfalt eines ordentlichen und gewissenhaften Geschäftsleiters zu beachten. Es gelten insoweit die im Rahmen der Sorgfaltspflichten von Leitungsorganmitgliedern gemachten Ausführungen entsprechend. Ein Verstoß gegen die Legalitätspflicht ist dabei insbesondere auch dann anzunehmen, wenn die geschäftsführenden Direktoren eine Entscheidung treffen, die dem Verwaltungsrat vorbehalten ist (§ 22 Abs. 1 SEAG).[406] Kein sorgfaltspflichtwidriges Handeln liegt hingegen vor, wenn die geschäftsführenden Direktoren einer Weisung nachkommen, die der Verwaltungsrat sorgfaltspflichtgemäß getroffen hat.[407] Für die Durchsetzung der Ansprüche der SE gegenüber den geschäftsführenden Direktoren ist der Verwaltungsrat zuständig, wofür er gemäß § 41 Abs. 5 SEAG auch vertretungsbefugt ist.

Entsteht der KGaA durch eine Pflichtverletzung der geschäftsführenden Direktoren ein Schaden, haften Letztere ihr gegenüber – wie die Leitungsorganmitglieder einer dualistischen Komplementär-SE – wegen der drittschützenden Wirkung des organschaftlichen Sonderrechtsverhältnisses, wenn die wesentliche oder alleinige Aufgabe der Komplementärin in der Führung der Geschäfte der KGaA besteht.[408] Denn entgegen einer vereinzelt vertretenen Ansicht[409] ist die Organqualität der geschäftsführenden Direktoren trotz der ausschließlichen Nennung des Verwaltungsrates in der SE-VO (vgl. etwa Art. 38 lit. b) SE-VO) mit der ganz überwiegenden Meinung[410] zu bejahen, da die SE ohne die vertretungsberechtigten geschäftsfüh-

---

404 Vgl. zur GmbH & Co. KGaA: *Overlack*, RWS Forum 1997, 237 (253). Vgl. dazu oben unter § 3 A. I. 4.

405 *Assmann/Sethe* in GK-AktG, § 278 Rn 17; *Bachmann* in Spindler/Stilz; § 278 Rn 78; *Herfs* in Münch Hdb AG, § 78 Rn 30; *Perlitt* in MüKoAktG, § 278 Rn 371.

406 *Verse* in Habersack/Drinhausen, § 40 SEAG Rn 73.

407 *Verse* in Habersack/Drinhausen, § 40 SEAG Rn 74.

408 Vgl. dazu ausführlich oben unter § 3 A. I. 5. a) bb).

409 *Kallmeyer*, ZIP 2003, 1531 (1532); *Siems* in KK-AktG, Anh. Art. 51 SE-VO (§ 40 SEAG) Rn 7.

410 *Hoffmann-Becking*, ZGR 2004, 355 (369 ff.); *Ihrig*, ZGR 2008, 809 (810); *Reichert/Brandes* in MüKoAktG, Art. 43 SE-VO Rn 8, 15; *J. Schmidt*, Deutsche vs. Britische

renden Direktoren handlungsunfähig wäre und auch die SE-VO in Art. 54 Abs. 2 von der Möglichkeit weiterer Organe ausgeht.

aa) Haftungsprivilegierung bei Handeln mit Zustimmung des Verwaltungsrates bzw. bei Weisung?

Teilweise wird in der Literatur eine Haftungsprivilegierung der geschäftsführenden Direktoren für den Fall angenommen, dass sie aufgrund eines zustimmenden Beschlusses des Verwaltungsrates[411] oder in Erfüllung einer bindenden Weisung gehandelt haben.[412] Aufgrund der umfassenden Leitungsbefugnis des Verwaltungsrates und seiner Weisungsbefugnis gegenüber den geschäftsführenden Direktoren sei § 93 Abs. 4 S. 2 AktG, nach dem eine Ersatzpflicht des Vorstandes einer AG auch dann nicht entfällt, wenn der Aufsichtsrat die Handlung gebilligt hat, auf die monistische SE nicht anwendbar bzw. teleologisch zu reduzieren. § 93 Abs. 4 S. 2 AktG sei auf das Verhältnis zwischen Aufsichtsrat und Vorstand zugeschnitten, in dem es gerade keine Möglichkeit zur Erteilung von Weisungen gebe.

Diese Ansicht verkennt schon, dass bei erteilter Zustimmung durch den Verwaltungsrat, etwa in Form eines Zustimmungsvorbehaltes, gerade keine Weisung iSv § 44 Abs. 2 SEAG vorliegt. Die abstrakte Möglichkeit zur Erteilung von Weisungen kann daher auch nicht als Begründungsansatz für eine Haftungsprivilegierung bei Handeln mit Zustimmung des Verwaltungsrates herangezogen werden.[413] Aber auch die Ansicht, die – entsprechend der Rechtslage im GmbH-Recht[414] – eine Haftungsprivilegierung für die Fälle annimmt, in denen die geschäftsführenden Direktoren in Erfüllung einer Weisung handeln, vermag aus zwei Gründen nicht zu überzeugen. Zunächst besteht das Weisungsrecht des Verwaltungsrates nur innerhalb der durch die Sorgfaltspflicht gezogenen Grenzen und die geschäftsführenden Direktoren dürfen einer Weisung, die auf ein pflichtwidriges Verhalten zielt, nicht folgen.[415]

SE, S. 604; *Schwarz*, Art. 39 SE-VO Rn 53; differenzierend: *Teichmann* in Lutter/Hommelhoff/Teichmann, Anh. Art. 43 SE-VO (§ 40 SEAG) Rn 10 ff.

411 *Siems* in KK-AktG, Anh. Art. 51 SE-VO (§ 40 SEAG) Rn 99.

412 *Drinhausen* in van Hulle/Maul/Drinhausen, 5. Abschnitt § 3 Rn 55; *ders.* in Habersack/Drinhausen, Art. 51 SE-VO Rn 9; *Eberspächer* in Spindler/Stilz, Art. 51 SE-VO Rn 9; *Marsch-Barner*, GS Bosch, 99 (112); *Siems* in KK-AktG, Anh. Art. 51 SE-VO (§ 40 SEAG) Rn 99; wohl auch *Manz* in Manz/Mayer/Schröder, Art. 43 SE-VO Rn 154.

413 *Ihrig* in Bachmann/Casper/Schäfer/Veil, Steuerungsfunktionen des Haftungsrechts im Gesellschafts- und Kapitalmarktrecht, 17 (24); *Teichmann* in Lutter/Hommelhoff/Teichmann, Anh. Art. 43 SE-VO (§ 40 SEAG) Rn 66.

414 Die Haftung des GmbH-Geschäftsführers gegenüber der Gesellschaft nach § 43 Abs. 2 GmbHG wird dann verneint, wenn dieser aufgrund einer bindenden Weisung handelt. Dies folgt e contrario aus § 43 Abs. 3 GmbHG, vgl. nur *Zöllner/Noack* in Baumbach/Hueck, § 43 Rn 33.

415 *Reichert/Brandes* in MüKoAktG, Art. 43 SE-VO Rn 168 (anders noch die 2. Auflage); *Ihrig* in Bachmann/Casper/Schäfer/Veil, Steuerungsfunktionen des Haftungsrechts

Eine Verletzung der Pflicht zum Schutz der Gesellschaft vor der Umsetzung einer pflichtwidrigen Weisung des Verwaltungsrates würde seinerseits eine Haftung der geschäftsführenden Direktoren nach sich ziehen. Somit ist es nur folgerichtig, den geschäftsführenden Direktoren bereits auf der ersten Stufe kein Haftungsprivileg zuzugestehen, statt dieses durch eine entsprechende Haftung wegen Verletzung einer Pflicht zur Überprüfung der Rechtmäßigkeit der Weisung auf einer zweiten Stufe wieder zu unterlaufen.[416] Weiterhin besteht ein entscheidender Unterschied hinsichtlich der Zusammensetzung des weisungsbefugten Organs zwischen GmbH und SE: Während die Gesellschafterversammlung der GmbH personell identisch mit den Trägern der mitgliedschaftlichen Vermögensrechte an der Gesellschaft ist, sind die Verwaltungsratsmitglieder dies nicht zwangsläufig. Es können daher in der SE nicht – wie in der GmbH – Anweisungen bis zur Grenze der Existenzgefährdung und des Kapitalschutzes zum Nachteil der Gesellschaft erteilt werden.[417] Eine Haftung der geschäftsführenden Direktoren gegenüber der SE scheidet daher nur dann aus, wenn die Handlung auf einem gesetzmäßigen Beschluss der Hauptversammlung der SE beruht (§ 40 Abs. 8 SEAG i.V.m. § 93 Abs. 4 S. 1 SEAG).[418]

bb) Einwendungen gegen den Haftungsanspruch der KGaA?

Dies wirft die Frage auf, ob die geschäftsführenden Direktoren eine solche Haftungsprivilegierung aufgrund eines gesetzmäßigen Beschlusses der Hauptversammlung der SE oder eine – entgegen der hier vertretenen Ansicht unterstellte – Privilegierung bei Handeln auf Weisung den Ansprüchen der KGaA überhaupt entgegenhalten können. Grundsätzlich können die geschäftsführenden Direktoren der KGaA Einwendungen und Einreden aus dem Verhältnis zur Komplementärin entgegenhalten, da § 334 BGB analoge Anwendung auf Verträge mit Schutzwirkung zugunsten Dritter findet.[419] Allerdings ist § 334 BGB dispositiver Natur und kann auch stillschweigend abbedungen werden, wobei sich die Abbedingung auch aus der Natur des Deckungsverhältnisses ergeben kann.[420] Da im vorliegenden Fall die Einbeziehung eines Dritten in eine organschaftliche und nicht in eine vertragliche Haftung im Raum steht, kann man schon an einer Dispositionsbefugnis der Komplementärin Zweifel hegen. § 334 BGB bezieht sich nach seinem Wortlaut nämlich

---

im Gesellschafts- und Kapitalmarktrecht, 17 (24); *ders.*, ZGR 2008, 809 (830); *Verse* in Habersack/Drinhausen, § 40 SEAG Rn 79.

416 *Ihrig* in Bachmann/Casper/Schäfer/Veil, Steuerungsfunktionen des Haftungsrechts im Gesellschafts- und Kapitalmarktrecht, 17 (24).

417 *Ihrig* in Bachmann/Casper/Schäfer/Veil, Steuerungsfunktionen des Haftungsrechts im Gesellschafts- und Kapitalmarktrecht, 17 (25); *ders.*, ZGR 2008, 809 (831); *Reichert/Brandes* in MüKoAktG, Art. 43 SE-VO Rn 168.

418 *Reichert/Brandes* in MüKoAktG, Art. 43 SE-VO Rn 170; *Teichmann* in Lutter/Hommelhoff/Teichmann, Anh. Art. 40 SE-VO (§ 40 SEAG) Rn 66.

419 Vgl. nur *Janoschek* in BeckOK-BGB, § 334 BGB Rn 5.

420 BGH, NJW 1995, 392 (393); *Gottwald* in MüKoBGB, § 334 Rn 2.

nur auf vertragliche Einwendungen. Richtigerweise kann daher nur die Person, die in den Schutzbereich einer gesetzlichen Haftung einbezogen wird, auf Einwendungen und Einreden verzichten.[421] Zumindest wird man aber annehmen müssen, dass § 334 BGB wegen der Organisationsstruktur einer Kapitalgesellschaft & Co. KGaA stillschweigend abbedungen wurde. Die Komplementärin darf aufgrund der ihr gegenüber der KGaA obliegenden Treuepflicht keinem Einwendungsverzicht zustimmen.[422] Denn die Konstruktion einer Kapitalgesellschaft & Co. KGaA wird primär gewählt, um die Haftung einer natürlichen Person zu vermeiden und nicht, um Ansprüche der KGaA bei pflichtwidrigem Handeln der Komplementär-Geschäftsführer zu verkürzen.[423] Letzteres wäre aber bei einer analogen Anwendung von § 334 BGB der Fall. Eine Haftung der geschäftsführenden Direktoren gegenüber der KGaA entfällt bei einer Pflichtverletzung damit lediglich, wenn die Kommanditaktionäre als potenziell Geschädigte nach zutreffender Information über den Sachverhalt mit dem Handeln der geschäftsführenden Direktoren einverstanden waren.[424]

b) Wettbewerbsverbot

Die geschäftsführenden Direktoren unterliegen nicht nur gegenüber der Komplementär SE gemäß § 40 Abs. 7 SEAG i.V.m. § 88 AktG einem Wettbewerbsverbot, sondern auch gegenüber der KGaA. Nach vorzugswürdiger Ansicht ist dogmatische Grundlage des Wettbewerbsverbotes dabei § 284 Abs. 1 AktG analog, da dies sachnäher ist als die Erstreckung des im Verhältnis zwischen Komplementärgesellschaft und geschäftsführenden Direktoren geltenden Wettbewerbsverbotes nach den Grundsätzen des Vertrages mit Schutzwirkung zugunsten Dritter.[425] Eine statutarische Abbedingung des Wettbewerbsverbotes ist dabei nicht zulässig, da § 284 AktG nach hier vertretener Ansicht zwingender Natur ist.[426]

3. Zusammenfassung

Der Verwaltungsrat ist das zentrale Organ einer monistisch organisierten SE & Co. KGaA. Indem er die Komplementär-SE leitet, ihre Grundlinien der Tätigkeit bestimmt und deren Umsetzung überwacht, vereint er Aufgaben, die bei einer dualistischen SE vom Vorstand und vom Aufsichtsrat ausgeübt werden. Wie die Mitglieder

---

421 *Otte*, AG & Co. KGaA, S. 100.

422 Im Ergebnis ebenso: *Bachmann* in Spindler/Stilz, § 283 Rn 11.

423 Im Ergebnis ebenso bei der AG & Co. KGaA: *Otte*, AG & Co. KGaA, S. 100 f. Für das Wettbewerbsverbot des Vorstands in der AG & Co. KG: *Cahn*, 2007 716 (725); a.A. *Koch* in Hüffer/Koch, § 88 AktG Rn 4 und *Kort* in GK-AktG, § 88 Rn 47, nach denen sich die KG die Erteilung einer Befreiung von einem Wettbewerbsverbot durch den Aufsichtsrat der Komplementär-AG gemäß § 334 BGB entgegenhalten lassen muss.

424 Vgl. für die GmbH & Co. KG: BGH, NZG 2013, 1021 (1024).

425 Vgl. dazu ausführlich oben unter § 3 A. I. 5. b).

426 Vgl. dazu ausführlich oben unter § 3 A. I. 5. b) dd).

des Aufsichtsorgans einer dualistischen Komplementär-SE haften Verwaltungsratmitglieder bei sorgfaltswidrigem Verhalten wegen einer drittschützenden Wirkung des organschaftlichen Sonderrechtsverhältnisses gegenüber der KGaA für Rechtshandlungen, die Wirkung für und gegen die KGaA entfalten. Einem Wettbewerbsverbot gegenüber der KGaA unterliegen die Mitglieder des Verwaltungsrates nicht.

Zu geschäftsführenden Direktoren einer monistischen Komplementär-SE können sowohl Verwaltungsratangehörige als auch externe Personen bestellt werden. Im Rahmen der Bestellung hat der Verwaltungsrat die Interessen der KGaA zu berücksichtigen. Den Anstellungsvertrag können die geschäftsführenden Direktoren auch direkt mit der KGaA abschließen, da dies keinen Verstoß gegen die zwingende aktienrechtliche Kompetenzordnung darstellt. Durch die Bestellung des Verwaltungsratsvorsitzenden zum Vorsitzenden der Geschäftsführung kann eine besondere Machtfülle geschaffen werden (sog. „CEO-Modell“). Im Übrigen ist die Stellung der geschäftsführenden Direktoren im Vergleich zu Mitgliedern des Leitungsorgans einer dualistischen SE relativ schwach ausgestaltet. Sie können grundsätzlich jederzeit abberufen werden und sind gegenüber dem Verwaltungsrat weisungsgebunden. Die Weisungsabhängigkeit besteht dabei auch in Angelegenheiten der KGaA. Für Sorgfaltspflichtverletzungen haften sie gegenüber der KGaA wegen der drittschützenden Wirkung des organschaftlichen Sonderrechtsverhältnisses. Eine aus dem Verhältnis zur Komplementär-SE resultierende Haftungsprivilegierung können sie diesem Anspruch nicht entgegenhalten. Ferner unterliegen sie gegenüber der KGaA einem Wettbewerbsverbot.

C. Die Hauptversammlung und die Aktionäre der Komplementär-SE

I. Zuständigkeit der Hauptversammlung

Unabhängig von der Wahl des Leitungssystems verfügt die Komplementär-SE als weiteres Organ über die Hauptversammlung der Aktionäre. Nach der SE-VO ist die Hauptversammlung insbesondere für die Bestellung der Mitglieder des Aufsichts- bzw. Verwaltungsorgans (Art. 39 Abs. 2 S. 1 bzw. Art. 43 Abs. 3 S. 1 SE-VO) sowie für Satzungsänderungen der Komplementärgesellschaft (Art. 59 SE-VO) zuständig. Im Übrigen ist aufgrund der Verweisung in Art. 52 S. 1 SE-VO auf das nationale Recht ein weitgehender Gleichlauf mit den Kompetenzen der Hauptversammlung einer deutschen AG gegeben. Insbesondere ist die Hauptversammlung hiernach ferner für die Verwendung des Bilanzgewinns der SE (§§ 119 Abs. 1 Nr. 2, 174 Abs. 1 AktG), die Bestellung des Abschlussprüfers (§ 119 Abs. 1 Nr. 4 AktG), die Entlastung der Mitglieder des Leitungs- und Aufsichtsorgans bzw. des Verwaltungsorgans und der geschäftsführenden Direktoren (§ 119 Abs. 1 Nr. 3 AktG, § 120 AktG entsprechend)[427] sowie die Festlegung der Vergütung des Aufsichts- bzw. Verwaltungsorgans (§ 113 AktG bzw. § 38 Abs. 1 SEAG) zuständig.

Umstritten ist, ob auf die SE weiterhin auch die vom BGH in der „Holzmüller/Gelatine"-Rechtsprechung[428] entwickelten Grundsätze über die ungeschriebenen Zuständigkeiten der Hauptversammlung Anwendung finden. Die überwiegende Ansicht bejaht dies vor dem Hintergrund der Regelung des Art. 52 SE-VO, deren Wortlaut nicht nur auf positiv übertragene Gesetzeskompetenzen beschränkt ist.[429] Es ist damit davon auszugehen, dass strukturverändernde Maßnahmen, die derart in die mitgliedschaftlichen Rechte eingreifen, dass sie einer Satzungsänderung gleichkommen, der Zustimmung der Hauptversammlung bedürfen. Der notwendige Hauptversammlungsbeschluss bedarf einer Mehrheit von Drei Vierteln der abgegebenen Stimmen. Im Übrigen werden die Beschlüsse der Hauptversammlung gemäß Art. 57 SE-VO grundsätzlich mit der Mehrheit der abgegebenen gültigen[430] Stimmen gefasst, sofern nicht die Verordnung oder das deutsche Aktienrecht eine größere Mehrheit vorschreiben. Nach h.L. ist dabei im Rahmen der nationalen Vorschriften, die eine qualifizierte Kapitalmehrheit vorsehen, im Wege einer verordnungskonformen Auslegung auf eine qualifizierte Stimmenmehrheit abzustellen.[431]

II. Erstreckung von § 284 AktG auf den Mehrheitsaktionär?

Ist der Mehrheitsaktionär der Komplementärin einer AG & Co. KG gleichzeitig Mehrheitskommanditist, unterliegt er nach dem BGH in analoger Anwendung von

427 *Bücker* in Habersack/Drinhausen, Art. 52 SE-VO Rn 26 ff.; *Kiem* in KK-AktG, Art. 52 SE-VO Rn 28; *Schwarz*, Art. 52 SE-VO Rn 30; *Spindler* in Lutter/Hommelhoff/Teichmann, Art. 52 Rn 30.

428 Vgl. dazu bereits oben unter § 2 G. I. 2 b) aa) (1) mit Fn 308.

429 *Bücker* in Habersack/Drinhausen, Art. 52 SE-VO Rn 42; *Casper*, FS Ulmer, 51 (69); *Eberspächer* in Spindler/Stilz, Art. 52 SE-VO Rn 12; *Habersack*, ZGR 2003, 724 (741 f.); *Kiem* in KK-AktG, Art. 52 SE-VO Rn 36; *Maul* in van Hulle/Maul/Drinhausen, 5. Abschnitt § 4 Rn 37; *Mayer* in Manz/Mayer/Schröder, Art. 52 SE-VO Rn 17 ff.; *Schwarz*, Art. 52 SE-VO Rn 35; a.A. *Brandt*, Hauptversammlung, S. 127 ff.; *Kubis* in MüKoAktG, Art. 52 SE-VO Rn 22; *Spindler* in Lutter/Hommelhoff/Teichmann, Art. 52 SE-VO Rn 47.

430 Gemäß Art. 58 SE-VO zählen zu den abgegebenen Stimmen nicht die Stimmen, die mit Aktien verbunden sind, deren Inhaber nicht an der Abstimmung teilgenommen oder sich der Stimme enthalten oder einen leeren oder ungültigen Stimmzettel abgegeben haben.

431 *Eberspächer* in Spindler/Stilz, Art. 57, 58 SE-VO Rn 5; *Kubis* in MüKoAktG, Art. 58 SE-VO Rn 7; *Schwarz*, Art. 57 SE-VO Rn 9 f.; *Spindler* in Lutter/Hommelhoff/Teichmann, Art. 57 SE-VO Rn 14; wohl auch: *Austmann* in Münch Hdb AG, § 86 Rn 28; für eine Anwendbarkeit aktienrechtlicher Kapitalmehrheitserfordernisse als zusätzliche, von Art. 57 SE-VO zugelassene Beschlussanforderungen: *Bücker* in Habersack/Drinhausen, Art. 57 SE-VO Rn 28; *Kiem* in KK-AktG, Art. 57 SE-VO Rn 36 ff.; *J. Schmidt*, Deutsche vs. Britische SE, S. 692.

§ 112 HGB einem Wettbewerbsverbot.[432] Aufgrund der bereits erwähnten strukturellen Vergleichbarkeit von § 284 AktG mit § 112 HGB wird man diese Grundsätze auf die SE & Co. KGaA übertragen können: Der Mehrheitsaktionär der Komplementärin einer SE & Co. KGaA unterliegt folglich analog § 284 AktG einem Wettbewerbsverbot, wenn er zugleich die Mehrheit der Kommanditaktien innehat.[433] Da dies zumindest bei einer börsennotierten SE & Co. KGaA jedoch regelmäßig nicht der Fall sein wird, ist die Frage interessanter, ob der die Komplementärin beherrschende Mehrheitsaktionär auch dann in analoger Anwendung von § 284 AktG einem Wettbewerbsverbot unterliegt, wenn er nicht gleichzeitig mehrheitlich am Grundkapital der KGaA beteiligt ist. Für den Bereich der GmbH & Co. KGaA wird dies von der ganz überwiegenden Meinung mit der Begründung vertreten, dass der beherrschende Gesellschafter der Komplementärin über sein Weisungsrecht (§ 37 Abs. 1 GmbHG) maßgeblichen Einfluss auf die Geschäftsführung nehmen kann und Zugang zu Unternehmensinterna hat.[434]

Dieser Gedanke lässt sich jedoch nicht auf den Mehrheitsaktionär der Komplementärin einer SE & Co. KGaA übertragen. Ein für eine Komplementärgesellschaft geltendes Wettbewerbsverbot kann aufgrund seines einschneidenden Charakters nur dann auf deren Gesellschafter erstreckt werden, wenn dies zum Schutz der KGaA erforderlich ist. Entscheidend muss hierbei auf die einem Mehrheitsgesellschafter zustehenden Möglichkeiten der Einflussnahme auf die Geschäftsführung und die Möglichkeit zur Erlangung von wettbewerbsrelevanten Unternehmensinterna abgestellt werden. Bezüglich der Möglichkeiten der Einflussnahme auf die Geschäftsführung bestehen zwischen einer Komplementär-GmbH und einer Komplementär-SE ein qualitativer Unterschied, der eine unterschiedliche Behandlung hinsichtlich einer Erstreckung des Wettbewerbsverbotes auf die Gesellschafter rechtfertigt: Denn der Mehrheitsaktionär einer Komplementär-SE kann, anders als der Mehrheitsgesellschafter einer Komplementär-GmbH, wegen der Unabhängigkeit des Leitungsorgans (Art. 39 Abs. 1 S. 1 SE-VO) bzw. des Verwaltungsrates (Art. 43 Abs. 1 S. 1 SE-VO) keinen Einfluss auf die Geschäftsführung durch die Ausübung von Weisungsbefugnissen nehmen. Der Hauptversammlung steht gerade kein Weisungsrecht gegenüber dem Aufsichtsorgan bzw. dem Verwaltungsrat oder gar direkt gegenüber dem Leitungsorgan bzw. den geschäftsführenden Direktoren zu. Der Mehrheitsaktionär ist vielmehr darauf beschränkt, über die Wahl des Aufsichtsorgans bzw. des Verwaltungsrates die personelle Zusammensetzung des Organs zu beeinflussen. Ein solcher lediglich faktischer Einfluss kann jedoch

432 BGH, NZG 2009, 744.

433 Für die AG & Co. KGaA: *Otte*, AG & Co. KGaA, S. 111.

434 *Arnold* in Henssler/Strohn, § 284 AktG Rn 2; *Assmann/Sethe* in GK-AktG, § 284 Rn 11; *Ihrig/Schlitt*, ZHR Beiheft 67, 33 (49 f.); *Schlitt*, KGaA, S. 130; *Reger* in Schütz/Bürgers/Riotte, § 5 Rn 282; *Herfs* in Münch Hdb § 78 Rn 26; *Wichert*, AG 2000, 268 (274); für Ausdehnung des Wettbewerbsverbotes auf alle Gesellschafter der Komplementärgesellschaft: *Halasz/Kloster/Kloster*, GmbHR 2002, 77 (85); zurückhaltend: *Arnold*, GmbH & Co. KGaA, S. 99.

für die Annahme eines Wettbewerbsverbotes nicht genügen.[435] Auch aus der bei der monistischen SE bestehenden Möglichkeit des Verwaltungsrates zur Erteilung von Weisungen an die geschäftsführenden Direktoren (§ 44 Abs. 2 SEAG) ergibt sich nichts anderes. Dies ändert nämlich nichts daran, dass der Verwaltungsrat die Geschäftsführung in eigener Verantwortung und unabhängig von Weisungen des Mehrheitsaktionärs ausübt. Gegen die Erstreckung des Wettbewerbsverbotes auf den Mehrheitsaktionär spricht auch nicht, dass diesem in Abhängigkeit von der Wahl des Leitungssystems die Möglichkeit zusteht, die von ihm gewählten Verwaltungsratsmitglieder jederzeit abzuberufen (§ 29 Abs. 1 S. 1 SEAG) oder den Mitgliedern des Leitungsorgans das Vertrauen zu entziehen (Art. 9 Abs. 1 lit. c) ii) SE-VO i.V.m. § 84 Abs. 3 S. 2 Alt. 3 AktG). Denn auch auf diese Weise kann ein Mehrheitsaktionär nur faktisch auf die Geschäftsführung einwirken, da sie ihm – anders als ein Weisungsrecht – nicht die rechtliche Befugnis verleiht, eine konkrete Maßnahme durchzusetzen.

Auch die einem Mehrheitsaktionär zustehende Möglichkeit, über sein Auskunftsrecht nach § 131 AktG, das sich auch auf Angelegenheiten der KGaA erstreckt, soweit diese für die Komplementärgesellschaft relevant sind, Kenntnis von Unternehmensinterna zu erlangen, vermag keine andere Sichtweise zu rechtfertigen. Denn auch die Mitglieder des Aufsichts- bzw. Verwaltungsorgans der Komplementär-SE unterliegen keinem Wettbewerbsverbot,[436] obwohl sie noch in größerem Umfang Zugang zu sensiblen Informationen haben, da ihnen gegenüber nicht die Möglichkeit zur Verweigerung der Auskunft nach § 131 Abs. 3 S. 1 AktG besteht. Schließlich unterliegt der Mehrheitsaktionär einer AG bzw. SE nach h.M. gegenüber dieser keinem Wettbewerbsverbot,[437] sodass auch ein Wettbewerbsverbot gegenüber der KGaA analog § 284 AktG folgerichtig grundsätzlich ausscheiden muss.[438] Etwas anderes kann nur dann gelten, wenn eine konkrete Gefahr des Informationsmissbrauchs durch den Mehrheitsaktionär anzunehmen ist.[439]

---

435 *Förl/Fett* in Bürgers/Körber, § 284 Rn 3; *Otte*, AG & Co. KGaA, S. 112.

436 Vgl. dazu oben unter § 3 A. II. 4. b) und § 3 B. I. 4. b).

437 *Grigoleit* in Grigoleit, § 1 Rn 83; *Koch* in Hüffer/Koch, § 53a Rn 25; *Rieckers* in Münch Hdb AG, § 17 Rn 26; auch nach BGH, NZG 2008, 831 unterliegt der herrschende Aktionär gegenüber der abhängigen Gesellschaft jedenfalls dann keinem ungeschriebenen aktienrechtlichen Wettbewerbsverbot, wenn die Wettbewerbssituation bereits vor Erwerb der Mehrheitsbeteiligung bestanden hat; für ein Wettbewerbsverbot eines herrschenden Aktionärs: *Armbrüster*, ZIP 1997, 1269 (1271); *Drygala* in KK-AktG, § 53a Rdn. 117.

438 Ebenso im Ergebnis: *Förl/Fett* in Bürgers/Körber, § 284 Rn 3; *Otte*, AG & Co. KGaA, S. 112; a.A. die h.M.: *Arnold* in Henssler/Strohn, § 284 AktG Rn 2; *Bachmann* in Spindler/Stilz, § 284 Rn 3a; *K. Schmidt* in K. Schmidt/Lutter, § 284 Rn 9; *Koch* in Hüffer/Koch, § 284 Rn 1; *Mertens/Cahn* in KK-AktG, § 284 Rn 3 mit Fn 9; *Müller-Michaels* in Hölters, § 284 Rn 2; *Reger* in Bürgers/Fett, § 5 Rn 282.

439 *Förl/Fett* in Bürgers/Körber, § 284 Rn 3.

D. Die Geschäftsführung durch die Komplementärin

Gemäß § 278 Abs. 2 AktG bestimmt sich die Geschäftsführungsbefugnis der Komplementär-SE nach den Vorschriften des HGB über die Kommanditgesellschaft. Die Geschäftsführungsbefugnis erstreckt sich damit nach der gesetzlichen Ausgestaltung auf alle Handlungen, die der gewöhnliche Betrieb des Handelsgewerbes der Gesellschaft mit sich bringt (§ 278 AktG i.V.m. §§ 161 Abs. 2 HGB, 116 Abs. 1 HGB). Bei Geschäften, die über den gewöhnlichen Geschäftsbetrieb der KGaA hinausgehen, hat die Komplementärin die vorherige Zustimmung der Hauptversammlung der Kommanditaktionäre einzuholen (§ 278 Abs. 2 AktG i.V.m. § 164 S. 1 Hs. 2 HGB),[440] die hierüber mit einfacher Mehrheit beschließt (§ 278 Abs. 3 i.V.m. § 133 Abs. 1 AktG). Die Abgrenzung zwischen gewöhnlichen und außergewöhnlichen Geschäften richtet sich nach personengesellschaftsrechtlichen Grundsätzen und hat nach der gewöhnlichen Geschäftstätigkeit und dem Gesellschaftszweck des Unternehmens zu erfolgen. Eine Geschäftsführungsmaßnahme ist außergewöhnlich, wenn sie nach ihrer Art, ihrem Umfang oder Risiko für die KGaA Ausnahmecharakter hat.[441] Von Gesetzes wegen sind die Mitwirkungsrechte der Gesamtheit der Kommanditaktionäre also umfangreicher als die der Aktionäre einer AG bzw. SE, bei denen die Zustimmung der Hauptversammlung in Fragen der Geschäftsführung nach den Grundsätzen der „Holzmüller/Gelatine"- Rechtsprechung nur bei wesentlichen strukturverändernden Maßnahmen erforderlich ist bzw. wenn der Vorstand dies gemäß § 119 Abs. 2 AktG verlangt.[442]

I. Zulässigkeit der statutarischen Erweiterung der Geschäftsführungsbefugnis

Insbesondere bei börsennotierten KGaAs oder Publikumsgesellschaften mit großem Gesellschafterkreis ist die Einholung der Zustimmung der Kommanditaktionäre für außergewöhnliche Geschäfte regelmäßig nicht praktikabel, da die hierfür erforderliche Durchführung einer Hauptversammlung aufwendig und kostspielig ist, die Gefahr der Anfechtung von gefassten Beschlüssen durch die Kommanditaktionäre besteht (§ 278 Abs. 2 i.V.m. § 243 Abs. 1 AktG) und die KGaA aufgrund der geltenden Einberufungsfristen (§ 278 Abs. 2 i.V.m. § 123 AktG) nicht kurzfristig auf sich ändernde Umstände reagieren kann.[443] Daher wird es bei solchen Gesell-

---

440 § 164 HGB begründet nach allgemeiner Meinung über seinen Wortlaut hinaus ein positives Zustimmungserfordernis und nicht nur ein bloßes Widerspruchsrecht, vgl. nur *Roth* in Baumbach/Hopt, § 164 HGB Rn 2. Dies gilt auch für den Bereich der KGaA, vgl. nur *Förl/Fett* in Bürgers/Körber, § 278 Rn 39; *Mertens/Cahn* in KK-AktG, § 278 Rn 65.

441 *Herfs* in Münch Hdb AG § 79 Rn 16; *Perlitt* in MüKoAktG, § 278 Rn 177; *Reger* in Bürgers/Fett, § 5 Rn 86.

442 *Reger* in Bürgers/Fett, § 5 Rn 363.

443 *Hommelhoff*, ZHR Beiheft 67, 9 (14); *Koch*, DB 2002, 1701 (1702); *Ladwig/Motte*, DStR 1997, 1539 (1541); *Perlitt* in MüKoAktG, § 278 Rn 358.

schaften als faktische Notwendigkeit angesehen, das Zustimmungsrecht der Kommanditaktionäre in der Satzung abzubedingen.[444]

Einigkeit besteht dahin gehend, dass ein Ausschluss des Mitwirkungsrechts der Kommanditaktionäre zulässig ist, wenn die Kontrollfunktion auf den Aufsichtsrat der KGaA bzw. auf einen von den Kommanditaktionären gewählten Beirat übertragen wird, da insoweit eine ausreichende Rückkoppelung an die Interessen der Kommanditaktionäre besteht.[445] Ob auch die ersatzlose Abbedingung des Zustimmungsrechtes der Hauptversammlung möglich ist, wird nicht einheitlich beurteilt. Hintergrund ist das bereits eingangs erwähnte[446] *obiter dictum* des BGH in seinem Beschluss zur Zulässigkeit der GmbH & Co. KGaA, in dem er erwägt,

> „*Satzungsgestaltungen zu Lasten der Kommanditaktionäre* [bei der Kapitalgesellschaft & Co. KGaA] *nur in engeren Grenzen zuzulassen als bei der gesetzestypischen KGaA, so etwa bei Einschränkung der ihnen nach dem Gesetz (§ 278 Abs. 2 AktG i.V.m. §§ 163 f. HGB) zustehenden Mitwirkungsbefugnisse bei außergewöhnlichen Geschäften.*“[447]

Der BGH hat in seinem Beschluss ferner auf eine Literaturstelle[448] verwiesen, die insoweit die Rechtsprechungsgrundsätze zu Publikumskommanditgesellschaften anwenden und Satzungsgestaltungen zulasten der Kommanditaktionäre einer Inhaltskontrolle unterziehen will. Mangels Entscheidungserheblichkeit konnte der BGH die Frage im konkreten Fall dahinstehen lassen, was in der Literatur zu

---

444 Vgl. nur *Mayer-Uellner/Otte*, NZG 2015, 737 (741); *Raiser/Veil*, KapGesR, § 30 Rn 11; *Hommelhoff*, ZHR Beiheft 67, 9 (16) spricht insoweit gar von einem „Akt barer Vernunft“. In der Praxis sehen nahezu alle Satzungen großer Gesellschaften eine Abbedingung des Zustimmungsrechtes der Kommanditaktionäre vor, z. B. § 7 Abs. 2 der Satzung der Fresenius SE & Co. KGaA; § 7 Abs. 2 der Satzung der Bertelsmann SE & Co. KGaA; § 7 Abs. 2 der Satzung der Fresenius Medical Care AG & Co. KGaA; § 13 Abs. 4 S. 2 der Satzung der Merck KGaA.

445 OLG München, NZG 2008, 755 (756); OLG Stuttgart, NZG 2003, 778 (783); *Arnold*, GmbH & Co. KGaA, S. 66; *Assmann/Sethe* in GK-AktG, § 278 Rn 115; *Bachmann* in Spindler/Stilz, § 278 Rn 63; *Hommelhoff*, ZHR Beiheft 67, 9 (18); *Hennerkes/Lorz*, DB 1997, 1388 (1391); *Ihrig/Schlitt*, ZHR Beiheft 67, 33 (68); *Koch*, DB 2002, 1701 (1702); *Reger* in Bürgers/Fett, § 5 Rn 99; *Schlitt*, KGaA, S. 157. Es soll auch genügen, dem Gremium entsprechend § 111 Abs. 4 S. 2 AktG die Befugnis einzuräumen, bestimmte Geschäftsführungsmaßnahmen von seiner Zustimmung abhängig zu machen, vgl. *Arnold*, GmbH & Co. KGaA, S. 66.

446 Vgl. dazu bereits oben unter § 1 A.

447 BGH, NJW 1997, 1923 (1925). Später wurde diese Passage durch ein Mitglied des II. Senats dahin gehend relativiert, der Senat habe lediglich zum Ausdruck haben bringen wollen, dass ein Minderheitenschutz kein Verbot der GmbH & Co. KGaA erfordere, vgl. den Diskussionsbericht zu den Referaten von *Hommelhoff* und *Ihrig/Schlitt* in ZHR Beiheft 67, 85. Der zitierten Aussage wird entnommen, der BGH habe implizit die Abbedingung des Zustimmungsrechtes der Kommanditaktionäre bei der gesetzestypischen KGaA gebilligt, vgl. *Schnorbus*, GS Winter, 627 (635).

448 *Priester*, ZHR 160, 250 (262).

einer kontroversen Diskussion geführt hat. Es ist daher im Folgenden zu untersuchen, ob die Satzung einer als Publikumsgesellschaft strukturierten Kapitalgesellschaft & Co. KGaA generell einer richterlichen Inhaltskontrolle unterliegt (dazu unter 1.) und, sollte diese Frage zu bejahen sein, ob eine ersatzlose Abbedingung von § 278 Abs. 2 AktG i.V.m. § 164 S. 1 Hs. 2 HGB hiernach zu beanstanden ist (dazu unter 2.).

1. Meinungsstand bezüglich einer Inhaltskontrolle

In ständiger Rechtsprechung unterzieht der BGH in richterrechtlicher Rechtsfortbildung Gesellschaftsverträge von Publikums-Personengesellschaften einer Inhaltskontrolle anhand der Maßstäbe von Treu und Glauben (§ 242 BGB).[449] Im Wege dieser Inhaltskontrolle wird geprüft, ob die vorformulierten Vertragsbedingungen ohne ausreichenden sachlichen Grund einseitig die Belange der Gründungsgesellschafter verfolgen und unangemessen und unbillig die berechtigten Interessen der Anlagegesellschafter beeinträchtigen.[450] Der BGH rechtfertigt die Notwendigkeit einer Inhaltskontrolle damit, dass die Personengesellschaft nicht auf die Aufnahme einer Vielzahl anonymer Gesellschafter ausgerichtet sei, den Anlegern kein Einfluss auf die Zusammensetzung des Gesellschafterkreises zustehe und daher das für eine Kommanditgesellschaft typische persönliche Vertrauensverhältnis fehle. Die Kommanditisten ständen bei der Publikums-Kommanditgesellschaft untereinander und zu den eigentlichen Unternehmensgesellschaftern in keinerlei persönlichen oder sonstigen näheren Beziehungen und beitrittswillige Anleger könnten keinen Einfluss auf den Inhalt des Gesellschaftsvertrages nehmen. Die Situation sei daher mit der Rechtslage bei allgemeinen Geschäftsbedingungen vergleichbar und nur durch eine Überprüfung von Satzungsgestaltungen im Wege einer Inhaltskontrolle könne Vertragsgerechtigkeit wiederhergestellt werden.

a) Inhaltskontrolle bei der (Publikums-) Kapitalgesellschaft & Co. KGaA

Soweit bei der Kapitalgesellschaft & Co. KGaA Satzungsgestaltungen in Folge der Anwendbarkeit von dispositivem Personengesellschaftsrecht (§ 278 Abs. 2 AktG) grundsätzlich möglich sind, sollen diese nach einer Mindermeinung einer Inhaltskontrolle unterliegen. Innerhalb dieser Ansicht divergieren die Meinungen, ob der Schutz der Kommanditaktionäre durch eine Inhaltskontrolle bei jeder Publikumskapitalgesellschaft & Co. KGaA[451] oder nur bei börsennotierten Kapitalgesellschaf-

---

449 Grundlegend: BGHZ 64, 238, 241 = NJW 1975, 1318. Vgl. ferner BGHZ 84, 11, 14 = NJW 1982, 2303. Gegen eine Inhaltskontrolle von Gesellschaftsverträgen etwa *Zöllner*, FS 100 Jahre GmbHG, 85 (89).

450 BGH, NJW 1982, 2303 – auch zum Folgenden.

451 Die Argumentation bezieht sich überwiegend ausschließlich auf die GmbH & Co. KGaA, kann jedoch analog auf jede Kapitalgesellschaft & Co. KGaA übertragen werden. *Arnold*, GmbH & Co. KGaA, S. 56 ff.; *Bachmann* in Spindler/Stilz,

ten & Co. KGaAs[452] zu erfolgen habe. Zur Begründung wird angeführt, dass es bei einer Kapitalgesellschaft & Co. KGaA an der disziplinierenden Wirkung der persönlichen Haftung hinsichtlich der Geschäftsführung durch die Organe der Komplementärgesellschaft fehle.[453] Ferner ständen den Kommanditaktionären bei einer Kapitalgesellschaft & Co. KGaA, anders als bei einer gesetzestypischen KGaA, keine Mitwirkungsrechte bei der Auswahl der geschäftsführenden Personen zu, sofern sie nicht gleichzeitig an der Komplementärin beteiligt seien.[454]

Da die Mechanismen des Kapitalmarktes nur einen unzureichenden Schutz vor einem Gestaltungsmissbrauch zu Lasten der Anleger vermittelten, sei ein materiellrechtliches Schutzinstrumentarium zugunsten der Kommanditaktionäre erforderlich, damit diese nicht zu „rechtlosen Kapitalgebern"[455] verkommen. Nur durch eine richterliche Inhaltskontrolle könne dem Machtungleichgewicht, das insbesondere bei Kleinanlegern bestehe, begegnet werden.[456] Denn Grundlage für die Gestaltungsfreiheit sei stets die Vertragsparität, an der es jedoch mangels Einwirkungsmöglichkeiten der Kommanditaktionäre auf den Gesellschaftsvertrag gerade fehle. Schließlich sei die Kapitalgesellschaft & Co. KGaA gegenüber sonstigen Rechtsformen nicht konkurrenzfähig, wenn die Stellung der Komplementärin zulasten der Kommanditaktionäre beliebig erweitert werden könnte.[457]

b) Kein Sonderrecht für die (Publikums-) Kapitalgesellschaft & Co. KGaA

Die überwiegende Meinung lehnt ein solches „Sonderrecht" für die Kapitalgesellschaft & Co. KGaA hingegen ab.[458] Während bei der Publikumspersonengesellschaft

---

§ 278 Rn 30 f.; *Engel*, Anlegerschutz, S. 103 ff.; *Ihrig/Schlitt*, ZHR Beiheft 67, 33 (57 ff.); *Schaumburg/Schulte*, KGaA, Rn 54; *Raiser/Veil*, KapGesR, § 31 Rn 14 ff.; *Schlitt*, KGaA S. 17 ff.; *Kölling*, Gestaltungsspielräume, S. 203 ff.; *Otte*, AG & Co. KGaA, S. 119 ff.; *Perlitt* in MüKoAktG, § 278 Rn 339 geht ebenfalls davon aus, dass die Rechtsprechung die für die Publikumspersonengesellschaften entwickelten Grundsätze auf die Kapitalgesellschaft & Co. KGaA überträgt.

452 *Kiefer*, Anlegerschutz, S. 159 ff.; auch *Hommelhoff*, ZHR Beiheft 67, 9 ff. beschränkt seine Ausführungen zum Schutz der Kommanditaktionäre auf die börsennotierte Kapitalgesellschaft & Co. KGaA und bevorzugt von den Zulassungsstellen ausgearbeitete Musterstatute, *Hommelhoff*, ZHR Beiheft 67, 9 (29)

453 *Schlitt*, KGaA, S. 18; *Wiesner*, ZHR 148, 56 (59 ff.).

454 *Schlitt*, KGaA, S. 17.

455 *Arnold*, GmbH & Co. KGaA, S. 49.

456 *Hommelhoff*, ZHR Beiheft 67, 9 (12).

457 *Hommelhoff*, ZHR Beiheft 67, 9 (12).

458 *Assmann/Sethe*, in GK-AktG, § 278 Rn 7; *Fett* in Bürgers/Körber, § 278 Rn 37a; *Herfs* in Münch Hdb AG, § 78 Rn 62 ff.; *ders.*, VGR 1998, 23 (29 ff.); *K. Schmidt* in K. Schmidt/Lutter, § 278 Rn 38; *Koch* in Hüffer/Koch, § 278 Rn 9; *Lorz*, VGR 1998, 57 (71 ff.); *Mertens/Cahn* in KK-AktG, Vorb. § 278 Rn 16 f.; *Nicolas* in Henn/Frodermann/Jannott, § 17 Rn 33; *Overlack*, RWS Forum 1997, 237 (260); *Reger* in Bürgers/Fett, § 5 Rn 29; *Wichert* in NK-AktR, § 278 Rn 11 ff.; *ders.*, AG 2000, 268

eine Inhaltskontrolle gerechtfertigt sei, da der gesetzliche Grundtypus einen überschaubaren Kreis an Anlegern mit persönlicher Bindung vor Augen habe, sei die KGaA bereits von Natur darauf ausgelegt, eine große Anzahl von anonymen Anlegern aufzunehmen.[459] Auch eine Minderheitenherrschaft ohne entsprechenden Kapitaleinsatz sei bei der KGaA aufgrund der gesetzlich ausgestalteten starken Stellung des Komplementärs bereits rechtsformimmanent.[460] Ferner gehe von der persönlichen Haftung keine Disziplinierungsfunktion aus,[461] sodass die Inhaltskontrolle konsequenterweise auch auf die gesetzestypische KGaA zu erstrecken sei. Dies verstoße jedoch gegen die gesetzliche Konzeption dieser Gesellschaftsform.[462]

Bei der börsennotierten Kapitalgesellschaft & Co. KGaA sorge der Kapitalmarkt für einen effektiven Anlegerschutz:[463] Satzungsgestaltungen zulasten der Kommanditaktionäre würden von den Emittenten schon aus eigenem Interesse nicht in überspanntem Maße vorgenommen, da in diesem Fall die Kommanditaktien am Kapitalmarkt nur mit deutlichen Bewertungsabschlägen gehandelt würden. Weiterhin seien die Kommanditaktionäre durch entsprechende Informationen im Emissionsprospekt, durch laufende kapitalmarktrechtliche Pflichtveröffentlichungen sowie durch die aktienrechtlichen Vorschriften über die Kapitalerhaltung, die über § 278 Abs. 3 AktG auch bei der KGaA zur Anwendung gelangen, ausreichend geschützt.[464] Anlegern, denen der Einfluss der Kommanditaktionäre nicht weit genug ginge, wozu insbesondere institutionelle Großanleger zählen dürften, ständen andere Möglichkeiten zur Verfügung, ihren Einfluss geltend zu machen.[465] Etwaigen Schutzlücken könne mit den vorhandenen gesellschaftsrechtlichen Rechtsinstituten begegnet werden: Neben den Grundsätzen über die zwingende Gewährleistung des Kernbereichs der Mitgliedschaftsrechte und dem gesellschaftsrechtlichen Gleichbehandlungsgrundsatz könne insbesondere mit Hilfe der gesellschafterlichen Treuepflicht, der die Komplementärin unterliege, der Gefahr eines Machtmissbrauchs entgegen gewirkt werden.[466] Schließlich führe eine Inhaltskontrolle mangels fester

---

(269); Bedenken auch bei: *Ladwig/Motte*, DStR 1997, 1539 (1542 f.) und *Schilling*, BB 1998, 1905 (1907).

459 *Halasz/Kloster/Kloster*, GmbHR 2002, 77 (82); *Herfs* VGR 1998, 23 (36 f.); *Mertens*, FS Barz, 253 (254); *Nicolas* in Henn/Frodermann/Jannott, § 17 Rn 33.

460 *Wichert*, AG 2000, 268 (269).

461 *Herfs*, VGR 1998, 23 (33 f.).

462 *Wichert*, AG 2000, 268 (269); *ders.* in NK-AktR, § 278 Rn 12.

463 *Förl/Fett* in Bürgers/Körber, § 278 Rn 37b; *Herfs* in Münch Hdb AG, § 78 Rn 64; *Lorz*, VGR 1998, 57 (73 f.); *Wichert*, AG 2000, 268 (269); *ders.* in NK-AktR, § 278 Rn 12.

464 *Herfs* in Münch Hdb AG, § 78 Rn 64; *ders.*, VGR 1998, 23 (37); *Schnorbus*, GS Winter, 627 (637); *Wichert*, AG 2000, 268 (269); *ders.* in NK-AktR, § 278 Rn 12.

465 *Wichert* in NK-AktR, § 278 Rn 12.

466 *Assmann/Sethe* in GK-AktG, § 278 Rn 7; *Koch* in Hüffer/Koch, § 278 Rn 9; *Mertens/Cahn* in KK-AktG, Vorb. § 278 Rn 17; *Nicolas* in Henn/Frodermann/Jannott, § 17 Rn 33; *Wichert*, AG 2000, 268 (269); *ders.* in NK-AktR, § 278 Rn 13.

Maßstäbe zu Rechtsunsicherheit[467] und eine Einengung der Gestaltungsfreiheit mittels einer Inhaltskontrolle würde der Intention des BGH widersprechen, mit der Kapitalgesellschaft & Co. KGaA dem Mittelstand den Zugang zum Kapitalmarkt zu erleichtern und hierfür eine Rechtsform bereit zu stellen, die eine gewisse Satzungsflexibilität bietet.[468]

c) *Würdigung*

Für eine Inhaltskontrolle ist von vornherein kein Raum, wo über § 278 Abs. 3 AktG zwingendes Aktienrecht Anwendung findet, da ein hinreichender Minderheitenschutz bereits dadurch gewährleistet wird, dass Abweichungen nur in den durch das AktG zugelassenen Fällen möglich sind (§ 23 Abs. 5 AktG).[469] Im Bereich des dispositiven Personengesellschaftsrechts bedarf eine über die Schranken der §§ 134, 138 BGB hinausgehende richterliche Inhaltskontrolle von Gesellschaftsverträgen einer besonderen Rechtfertigung,[470] da einem privatautonom zustandegekommenen Gesellschaftsvertrag grundsätzlich die Gewähr innewohnt, dass die Interessen der Beteiligten im Wege eines angemessenen Vertragskompromisses berücksichtigt sind.[471] Können die Anleger keinen Einfluss auf die Ausgestaltung des Gesellschaftsvertrages nehmen, kann jedoch – ähnlich wie bei allgemeinen Geschäftsbedingungen – der Vertragskompromiss als Gewähr dafür fehlen, dass die Interessen aller Beteiligten berücksichtigt worden sind.[472]

Der Ansicht, die eine Inhaltskontrolle bei der Publikums-KGaA ablehnt, ist zuzugeben, dass das Fehlen einer haftenden natürlichen Person für sich allein keine Inhaltskontrolle rechtfertigt. Es erscheint schon zweifelhaft, ob die unbeschränkte persönliche Haftung tatsächlich eine sorgfältigere Geschäftsführung im Sinne der Kommanditaktionäre zur Folge hat. Mit dem BGH ist nur von einer eingeschränkten Steuerungsfunktion der persönlichen Haftung auszugehen.[473] So werden die Organmitglieder einer geschäftsführenden Komplementärgesellschaft aus eigenem Interesse auf eine ordnungsgemäße Geschäftsführung bedacht sein, da die Organhaftung nach der gesetzlichen Regelung bereits bei leichter Fahrlässigkeit

---

467 *Herfs*, VGR 1998, 23 (29 ff.)

468 *Lorz*, VGR 1998, 57 (72); *Wichert*, AG 2000, 268 (269); *ders.* in NK-AktR, § 278 Rn 11; ähnlich: *Herfs*, VGR 1998, 23 (25).

469 *Heineke*, Anlegerschutz, S. 211; *Ihrig/Schlitt*, ZHR Beiheft 67, 33 (61 f.); *Kessler*, GmbH & Co. KGaA, S. 79 f.; *Kiefer*, Anlegerschutz, S. 155; *Priester*, ZHR 160, 250 (262);

470 *Kessler*, GmbH & Co. KGaA, S. 80 f.

471 *Ihrig/Schlitt*, ZHR Beiheft 67, 33 (59).

472 BGH, NJW 1975, 1318 (1319).

473 Der BGH, NJW 1997, 1923 (1925) führt aus, dass die Sorge vor persönlicher Haftung den Unternehmensleiter auch zu einem übertrieben defensiven Verhalten veranlassen kann, das zum Schaden der Gesellschafter und Gläubiger der Gesellschaft dazu führt, dass neue risikobehaftete Geschäftschancen nicht wahrgenommen werden. A.A. wohl *Bachmann* in Spindler/Stilz, § 278 Rn 31.

greift. Von einem Verschulden ist bei Vorliegen einer objektiven Pflichtverletzung auszugehen und mangelnde Fähigkeiten, die dem verlangten Standard nicht genügen, stellen keinen Entschuldigungsgrund dar.[474] Auch die Entlastung wegen eines Rechtsirrtums kommt nach der Rechtsprechung nur ausnahmsweise in Betracht, wenn das Organ unter umfassender Darstellung der Verhältnisse und Offenlegung der erforderlichen Unterlagen von einem unabhängigen, für die zu klärende Frage fachlich qualifizierten Berufsträger beraten lässt und den erteilten Rechtsrat einer sorgfältigen Plausibilitätskontrolle unterzieht.[475] Da das verantwortliche Organmitglied für den der Gesellschaft aus der Pflichtverletzung entstandenen Schaden grundsätzlich in unbegrenzter Höhe haftet, kann dies letztendlich in gleichem Maße wie eine unbeschränkte persönliche Haftung existenzielle Folgen haben.[476] Hieran vermag auch der allgemein übliche Abschluss von D&O-Versicherungen nichts ändern. Denn einerseits müssen diese für Vorstandsmitglieder einen zwingenden Selbstbehalt vorsehen, der mindestens 10 Prozent des Schadens bis mindestens zur Höhe des Eineinhalbfachen der festen jährlichen Vergütung betragen muss (§ 93 Abs. 2 S. 3 AktG). Andererseits bestehen diese Versicherungen in der Regel nicht in unbeschränkter Höhe, sodass das Damoklesschwert der persönlichen Inanspruchnahme stets über den jeweiligen Organmitgliedern schwebt.[477] Jedenfalls dient die persönliche Haftung nach Sinn und Zweck primär Gläubigerinteressen und wirkt sich allenfalls reflexartig auf eine Geschäftsführung im Sinne der Kommanditaktionäre aus, sodass das Fehlen eines natürlichen persönlich haftenden Gesellschafters allein kein taugliches Argument für eine Inhaltskontrolle darstellt.

---

474 BGH, NZG 2015, 792.

475 BGH, NZG 2011, 1271. Nunmehr hat der BGH, NZG 2015, 792 (795) diese Grundsätze dahin gehend eingeschränkt, dass eine Entlastung aufgrund eines Rechtsirrtums nicht verlangt, dass ein Prüfungsauftrag ausdrücklich für eine bestimmte Rechtsfrage erteilt wird, sondern nur, dass die Prüfung aus der Sicht des nicht fachkundigen Organs die zweifelhafte Frage umfasst. Weiterhin konkretisiert der BGH seine Anforderungen an die Plausibilitätskontrolle. Diese besteht nicht in einer rechtlichen Überprüfung der erhaltenen Rechtsauskunft. Sie beinhaltet vielmehr eine Überprüfung, ob dem Berater nach dem Inhalt der Auskunft alle erforderlichen Informationen zur Verfügung standen, er die Informationen verarbeitet hat und alle sich in der Sache für einen Rechtsunkundigen aufdrängenden Fragen widerspruchsfrei beantwortet hat oder sich aufgrund der Auskunft weitere Fragen aufdrängen.

476 Das LG München I, Urt. v. 10.12.2013–5 HK O 1387/10 = NZG 2014, 345 („Siemens/Neubürger") hat etwa den ehemaligen Finanzvorstand der Siemens AG zur Zahlung von Schadensersatz in Höhe von 123 Millionen Euro verurteilt, da er nicht ausreichendem Maße gegen die Bildung Schwarzer Kassen eingeschritten sei. Kritik zur Organhaftung etwa bei *Vetter*, NZG 2014, 921 ff.

477 Vgl. *Hank/Meck*, Dem früheren VW-Chef droht der Ruin, FAZ-Online vom 13.12.2015, nach dem dem früheren VW-Chef Martin Winterkorn trotz einer entsprechenden D&O-Versicherung wegen des Diesel-Abgasskandals der Verlust seiner Ersparnisse droht.

Allerdings kann ein Schutz der Kommanditaktionäre vor einer missbräuchlichen Ausnutzung der Gestaltungsfreiheit zugunsten des Komplementärs nach vorzugswürdiger Ansicht nicht allein dem Kapitalmarkt überlassen werden. Denn kapitalmarktrechtliche Vorgänge aus der Vergangenheit, wie z. B. die Krise des Neuen Marktes, zeigen, dass von einer „erzieherische[n] Wirkung des Kapitalmarktes“[478] keine Rede sein kann und der Kapitalmarkt ohne zwingende gesetzliche Regelungen keinen ausreichenden Anlegerschutz bietet.[479] Hieran vermag auch der gegen eine Inhaltskontrolle ins Feld geführte Schutz der Anleger durch die Emissionsprospekthaftung nichts zu ändern,[480] da derartige Klagen auf Schadensersatz mit Prozessrisiken verbunden sind. Der Anlegerschutz darf mithin nicht nur dem Kapitalmarkt überlassen werden, sondern ist auch gesellschaftsrechtlich zu gewährleisten. Die gegen eine Inhaltskontrolle angeführte Möglichkeit zur Veräußerung der Kommanditaktie[481] stellt schon deshalb keinen hinreichenden Schutz dar, da die Aktie stark an Wert verlieren kann.[482] Ferner würde eine fehlende gerichtliche Überprüfung von Satzungsgestaltungen das Vertrauen der Anleger in ausgewogene Satzungsgestaltungen erschüttern und sich daher auf Dauer negativ auf die Funktionsfähigkeit des Kapitalmarktes auswirken.[483]

Zwar trifft der Einwand zu, dass die KGaA, anders als die KG, schon nach ihrem gesetzlichen Leitbild auf einen großen unbestimmten Anlegerkreis ausgerichtet ist. Allerdings ist Grundlage für eine Inhaltskontrolle nicht die Ausgestaltung als Publikumsgesellschaft, sondern die missbräuchliche Ausnutzung der Gestaltungsfreiheit, die typischerweise gerade bei Publikumsgesellschaften anzutreffen ist.[484] Entscheidend ist dabei, dass durch die Verweisung in § 278 Abs. 2 AktG auch auf die KGaA das nicht auf Publikumsgesellschaften zugeschnittene KG-Recht Anwendung findet.[485] Da in diesem Bereich ein Minderheitenschutz mangels zwingender (aktienrechtlicher) Regelungen gerade nicht gewährleistet wird,[486] ist es nur konsequent, das im Bereich der Publikumspersonengesellschaften entwickelte Institut der Inhaltskontrolle auch bei der Publikums-Kapitalgesellschaft & Co. KGaA anzuwenden. Die Situation ist nämlich mit der bei Publikumspersonengesellschaften vergleichbar. Die Kommanditaktionäre können ebenso wenig wie die Anleger bei Publikumspersonengesellschaften einen mitgestaltenden, ihre Interessen wahren-

---

478 *Priester*, ZHR 160, 250 (264).

479 *Bachmann* in Spindler/Stilz, § 278 Rn 30; eingehend: *Friedrich*, Anlegerschutz, S. 135 ff.

480 A.A. *Assmann/Sethe* in GK-AktG, § 278 Rn 118.

481 *Förl/Fett* in Bürgers/Körber, § 278 Rn 37b; *Lorz*, VGR 1998, 57 (73).

482 *Arnold*, GmbH & Co. KGaA, S. 59; *Kölling*, Gestaltungsspielräume, S. 206 f.

483 *Ihrig/Schlitt*, ZHR Beiheft 67, 33 (62 f.); *Kiefer*, Anlegerschutz, S. 160; *Schlitt*, KGaA, S. 19.

484 *Bachmann* in Spindler/Stilz, § 278 Rn 30; *Ihrig/Schlitt*, ZHR Beiheft 67, S. 33 (62); *Kessler*, GmbH & Co. KGaA, S. 88 f.

485 *Otte*, AG & Co. KGaA, S. 121.

486 A.A. *Wichert* in NK-AktR, § 278 Rn 12.

den Einfluss auf die Satzungsgestaltung ausüben, sondern allenfalls von dem Erwerb der Aktien gänzlich absehen. Diese Möglichkeit, keine Investition zu tätigen, besteht jedoch auch bei Publikumspersonengesellschaften und dennoch findet hier eine Inhaltskontrolle statt, um einen effektiven Anlegerschutz gesellschaftsrechtlich zu gewährleisten. Nichts anderes kann für die KGaA gelten.[487]

Auch das gegen eine Inhaltskontrolle angeführte Argument, dass sich eine Einengung der Gestaltungsfreiheit negativ auf die Akzeptanz der Rechtsform der KGaA auswirke, vermag nicht zu überzeugen. Berechtigte Anlegerinteressen sind als mindestens ebenso schutzwürdig anzusehen und im Übrigen sind die weitaus weniger flexiblen Rechtsformen der AG und SE deutlich weiter verbreitet als die KGaA. Außerdem können Satzungsgestaltungen, die eine Vertragspartei über Gebühr zulasten einer anderen Partei bevorzugen, nicht mit dem Hinweis gerechtfertigt werden, dass dies der Attraktivität einer Rechtsform diene.[488] Ebenso spricht der Hinweis auf die wirtschaftliche Realität, nach der die Gesellschafter der Komplementäre regelmäßig über einen großen Teil ihres Vermögens an der KGaA beteiligt sind,[489] nicht gegen eine Inhaltskontrolle, da gerade keine Pflicht des Komplementärs zu einer Beteiligung am Grundkapital besteht. Allerdings kann eine solche Übernahme von wirtschaftlichen Risiken im Rahmen einer Inhaltskontrolle zu berücksichtigen sein.[490] Schließlich steht die Regelung des § 310 Abs. 4 BGB, nach der die §§ 305 ff. BGB keine Anwendung auf Gesellschaftsverträge finden, einer Inhaltskontrolle nicht entgegen, da dem die Erwägung zugrunde liegt, dass die Vertragsbedingungen von miteinander in persönlichen oder geschäftlichen Beziehungen stehenden Gesellschaftern ausgehandelt sind oder zwingende gesetzliche Regelungen einen Minderheitenschutz gewährleisten.[491] Eine solche Situation liegt jedoch bei jeder Publikumsgesellschaft, unabhängig von der Rechtsform einer KG bzw. KGaA, nicht vor.

Auch wenn von keiner selbstregulierenden Wirkung durch den Kapitalmarkt ausgegangen werden kann, darf nicht verkannt werden, dass Kommanditaktien, insbesondere börsennotierter Unternehmen, leichter zu veräußern sind als Kommanditanteile. Dies schließt jedoch eine Inhaltskontrolle ebenso wenig aus wie die Tatsache, dass eine Minderheitenherrschaft ohne entsprechenden Kapitaleinsatz bei der KGaA bereits gesetzesimmanent sei.[492] Beiden Aspekten kann nämlich jeweils bei dem anzulegenden Maßstab der Inhaltskontrolle Rechnung getragen

---

487 A.A. *Herfs* in Münch Hdb AG, § 78 Rn 64, nach dem aufgrund der Existenz von Alternativanlagen kein Anlegerschutz in Form einer Inhaltskontrolle erforderlich ist.

488 *Heineke*, Anlegerschutz, S. 212.

489 So: *Herfs*, VGR 1998, 23 (34); *Hoffmann-Becking/Herfs*, FS Sigle, 273 (288); *Lorz*, VGR 1998, 57 (73).

490 Vgl. *Bachmann* in Spindler/Stilz, § 278 Rn 31; *Perlitt* in MüKoAktG, § 278 Rn 356.

491 *Basedow* in MüKoBGB, § 310 Rn 86; vgl. auch: *Arnold*, GmbH & Co. KGaA, S. 51 und *Hopt*, ZGR 1979, 1 (24) jeweils zur Vorgängernorm § 23 AGBG.

492 *Ihrig/Schlitt*, ZHR Beiheft 67, 33 (63).

werden.[493] Nicht jede vom gesetzlichen Leitbild abweichende Satzungsgestaltung zugunsten der Komplementäre ist unwirksam, sondern vielmehr nur solche Klauseln, die zulasten der Kommanditaktionäre eine Erweiterung der Befugnisse des Komplementärs in einem unangemessenen Umfang vornehmen und nicht mehr von legitimen Interessen gedeckt sind.[494] Aufgrund der leichteren Veräußerbarkeit von Kommanditaktien dürfen die im Rahmen der Publikumspersonengesellschaften entwickelten Grundsätze einer Inhaltskontrolle daher nicht eins zu eins auf die Publikums-Kapitalgesellschaft & Co. KGaA übertragen werden, sondern eine großzügigere Betrachtungsweise erscheint sachgerecht.

Nach alledem sprechen die besseren Argumente dafür, Satzungen einer Publikums-Kapitalgesellschaft & Co. KGaA[495] einer richterlichen Inhaltskontrolle zu unterziehen. Der Anwendungsbereich ist auf Publikums-KGaAs beschränkt, da bei einer personalistisch strukturierten Gesellschaft von einem angemessenen Vertragskompromiss zwischen den Gesellschaftern auszugehen ist und es somit an einem entsprechenden Schutzbedürfnis der Kommanditaktionäre fehlt.[496] Allerdings ist auch bei einer Publikums-Kapitalgesellschaft & Co. KGaA von einer Subsidiarität der Inhaltskontrolle gegenüber den übrigen gesellschaftsrechtlichen Schutzinstituten, wie der angesprochenen Kernbereichslehre und der gesellschafterlichen Treuepflicht, auszugehen.[497] Die Inhaltskontrolle ist damit gewissermaßen *ultima ratio*.[498] Der in der Literatur skizzierte Anwendungsbereich einer Inhaltskontrolle beschränkt sich daher neben der sogleich zu erörternden Frage der Zulässigkeit einer ersatzlosen Abbedingung von § 278 Abs. 2 AktG i.V.m. § 164 S. 1 Hs. 2 HGB im Wesentlichen auf die Zulässigkeit der Erweiterung des Zustimmungsrechts des Komplementärs (§ 285 Abs. 2 AktG)[499] und der satzungsmäßigen Verschärfung der Mehrheitserfordernisse[500] bei Hauptversammlungsbeschlüssen.[501]

---

493 *Heermann*, ZGR 2000, 61 (77) warnt vor einem „plumpen Subsumtionsmechanismus". Hingegen möchte *Friedrich*, Anlegerschutz, S. 83 f. die zur Publikums-KG entwickelten Grundsätze grundsätzlich auch auf eine Publikums-KGaA übertragen.

494 Vgl. *Ihrig/Schlitt*, ZHR Beiheft 67, 33 (67).

495 Der Frage, ob die Inhaltskontrolle konsequenterweise auch auf die gesetzestypische KGaA zu erstrecken ist und ob hierbei ggf. andere Maßstäbe gelten, soll hier nicht weiter nachgegangen werden. Diese Frage werfen *Ihrig/Schlitt*, ZHR Beiheft 67, 33 (63) auf; in diesem Sinne auch *Bachmann* in Spindler/Stilz, § 278 Rn 31; *Friedrich*, Anlegerschutz, S. 77 f.; *Heineke*, Anlegerschutz, S. 212; *Perlitt* in MüKoAktG, § 278 Rn 338 f.

496 *Ihrig/Schlitt*, ZHR Beiheft 67, 33 (63 f.); *Schlitt*, KGaA, S. 19.

497 *Bachmann* in Spindler/Stilz, § 278 Rn 31.

498 *Assmann/Sethe*, FS Lutter, 251 (263).

499 Siehe hierzu unter § 5 A. II. 2. b).

500 Siehe hierzu unter § 5 A. II. 3.

501 *Bachmann* in Spindler/Stilz, § 278 Rn 32; *Heineke*, Anlegerschutz, S. 213 ff.; *Ihrig/Schlitt*, ZHR Beiheft 67, 33 (64 ff.); *Mertens/Cahn* in KK-AktG § 278 Rn 17; *Perlitt* in MüKoAktG, § 278 Rn 362 f.; *Schlitt*, KGaA, S. 20.

2. *Zulässigkeit der ersatzlosen Abbedingung von § 278 Abs. 2 AktG i.V.m. § 164 S. 1 Hs. 2 HGB*

Unterliegt die Satzung einer Publikums-Kapitalgesellschaft & Co. KGaA mithin nach vorzugswürdiger Ansicht einer Inhaltskontrolle, ist hiermit noch nicht gesagt, dass die ersatzlose Abbedingung von § 278 Abs. 2 AktG i.V.m. § 164 S. 1 Hs. 2 HGB unzulässig ist. Denn wie der oben zitierten Passage des BGH implizit zu entnehmen ist, stellt nicht jede von der gesetzlichen Norm abweichende Satzungsregelung eine unangemessene Benachteiligung im Sinne der Inhaltskontrolle dar.[502]

a) Grundlagengeschäfte

Einigkeit besteht dahin gehend, dass das Zustimmungsrecht der Kommanditaktionäre bei sog. Grundlagenentscheidungen nicht abbedungen werden kann, da bei diesen der Kernbereich der Mitgliedschaft berührt ist.[503] Grundlagengeschäfte betreffen das Gesellschafterverhältnis und seine Gestaltung.[504] Zu den Grundlagengeschäften zählen strukturändernde Maßnahmen, die eine Änderung des Gesellschaftsvertrages erfordern oder ohne die Notwendigkeit einer formellen Änderung wesentliche gesellschaftsvertragliche Rechte berühren, also Auswirkungen auf die Tätigkeit, die Organisationsverfassung, die Struktur oder die Zusammensetzung der Gesellschaft haben.[505] Auch Geschäftsführungsmaßnahmen können Grundlagengeschäfte darstellen, wenn dabei die Satzung verändert wird. Hierzu zählt insbesondere die Unter- oder Überschreitung des Unternehmensgegenstandes.[506] Bezüglich der Qualifizierung als strukturverändernde und damit zustimmungsbedürftige Maßnahme kann zumindest als Faustregel auf die Grundsätze der „Holzmüller/Gelatine"-Rechtsprechung des BGH zurückgegriffen werden.[507] Liegt eine entsprechende Zustimmung der Hauptversammlung nicht vor, handelt der Komplementär

---

502 *Dirksen/Möhrle*, ZIP 1998, 1377 (1385).

503 OLG Stuttgart, NZG 2003, 778 (783); *Assmann/Sethe* in GK-AktG, § 278 Rn 122; *Arnold*, GmbH & Co. KGaA, S. 62; *Heermann*, ZGR 2000, 61 (66); *Herfs* in Münch Hdb AG, § 79 Rn 51; *Mertens/Cahn* in KK-AktG, § 278 Rn 91; *Nicolas* in Henn/Frodermann/Jannott, § 17 Rn 35; *Perlitt* in MüKoAktG, § 278 Rn 180; *Raiser/Veil*, KapGesR, § 31 Rn 21; *Schlitt*, KGaA, S. 156; *Schnorbus*, GS Winter, 627 (638); *Wichert*, AG 2000, 268 (270).

504 *Roth* in Baumbach/Hopt, § 116 Rn 3.

505 OLG Stuttgart, NZG 2003, 778 (783); *Assmann/Sethe* in GK-AktG, § 278 Rn 123; *Herfs* in Münch Hdb AG, § 79 Rn 51; *Schnorbus*, GS Winter, 627 (638).

506 OLG Stuttgart, NZG 2003, 778 (783).

507 OLG Stuttgart, NZG 2003, 778 (783); *Assmann/Sethe* in GK-AktG, § 278 Rn 123; *Herfs* in Münch Hdb AG, § 79 Rn 51; *Raiser/Veil*, KapGesR, § 31 Rn 21; *Nicolas* in Henn/Frodermann/Jannott, § 17 Rn 35; *Otte*, AG & Co. KGaA, S. 128; *Schnorbus*, GS Winter, 627 (638); kritisch: *Förl/Fett*, NZG 2004, 210 (212 f.), deren Kritik jedoch noch vor der Modifizierung der „Holzmüller"-Grundsätze durch die „Gelatine"-Rechtsprechung erging.

im Außenverhältnis ohne Vertretungsmacht.[508] Allerdings soll es aufgrund der Satzungsautonomie im Bereich des § 278 Abs. 2 AktG zulässig sein, die Zustimmung zu Grundlagengeschäften in der Satzung zu antizipieren,[509] wofür es einer hinreichend konkreten Satzungsregelung bedarf.[510]

b) Außergewöhnliche Geschäftsführungsmaßnahmen

Zu den außergewöhnlichen Geschäftsführungsmaßnahmen zählen insbesondere die Unternehmensorganisation umgestaltende Entscheidungen und Investitionen von bedeutendem Umfang, die in Abhängigkeit von der Größe des Unternehmens zu bestimmen sind.[511]

aa) Ersatzlose Abbedingung von § 278 Abs. 2 AktG i.V.m. § 164 S. 1 Hs. 2 HGB unzulässig

Nach einer Ansicht ist die ersatzlose Abbedingung des Zustimmungsrechtes der Kommanditaktionäre bezüglich außergewöhnlicher Geschäftsführungsmaßnahmen gemäß § 278 Abs. 2 AktG i.V.m. § 164 S. 1 Hs. 2 HGB bei einer als Publikumsgesellschaft organisierten Kapitalgesellschaft & Co. KGaA unzulässig.[512] Vor dem Hintergrund, dass der Aufsichtsrat der KGaA keine Zustimmungsvorbehalte nach § 111 Abs. 4 S. 2 AktG normieren könne, werde den Kommanditaktionären durch eine Abbedingung des Zustimmungsrechtes jeder Einfluss auf die Geschäftsführung genommen. Die Kommanditaktionäre dürften jedoch nicht zu bloßen Finanziers degradiert werden.

---

508 *Fett* in Bürgers/Fett, § 3 Rn 18; *Fett/Förl*, NZG 2004, 210 (213); *Kessler*, NZG 2005, 145 (148); *Roth* in Baumbach/Hopt, § 126 Rn 3.

509 OLG Stuttgart, NZG 2003, 778 (783); *Assmann/Sethe* in GK-AktG, § 278 Rn 124; *Herfs* in Münch Hdb AG, § 79 Rn 51; *Schnorbus*, GS Winter, 627 (639); einschränkend: *Bachmann* in Spindler/Stilz, § 278 Rn 69, nach dem eine Mitwirkung des Aufsichtsrates oder eines anderen die Interessen der Kommanditaktionäre wahrnehmenden Gremiums erforderlich ist.

510 Vgl. nach zu den Anforderungen an eine antizipierte Zustimmung oben unter § 2 I. II. 2. c).

511 *Heermann*, ZGR 2000, 61 (68).

512 *Arnold*, GmbH & Co. KGaA, S. 65 f.; *Dirksen/Möhrle*, ZIP 1998, 1377 (1385); *Hennerkes/Lorz*, DB 1997, 1388 (1391); *Ihrig/Schlitt*, ZHR Beiheft 67, 33 (66); *Kessler*, GmbH & Co. KGaA, S. 213; *Kiefer*, Anlegerschutz, S. 167 f.; *Kölling*, Gestaltungsspielräume, S. 218 ff.; *Koch*, DB 2002, 1701 (1702); *Schlitt*, KGaA, S. 157; *Winzen*, Vorzugsaktie, S. 223 f.; wohl auch *K. Schmidt* in K. Schmidt/Lutter, § 278 Rn 38 (dies werde mit guten Gründen vertreten) und OLG Stuttgart, NZG 2003, 778 (783); Zweifel an der Zulässigkeit einer ersatzlosen Abbedingung auch bei *Habel/Strieder*, BB 1997, 1375 (1377). Nach *Heineke*, Anlegerschutz, S. 215 f. ist die ersatzlose Abbedingung nur zulässig, wenn der Komplementär „wesentlich" am Kapital der KGaA beteiligt ist.

bb) § 278 Abs. 2 AktG i.V.m. § 164 S. 1 Hs. 2 HGB abdingbar

Nach der Gegenansicht[513] ist die ersatzlose Abbedingung von § 278 Abs. 2 AktG i.V.m. § 164 S. 1 Hs. 2 HGB auch bei der Kapitalgesellschaft & Co. KGaA zulässig. Es wird geltend gemacht, dass die Abbedingung des Zustimmungsrechtes, insbesondere bei börsennotieren Gesellschaften, schon aus Praktikabilitätsgründen erforderlich sei und andernfalls die Hauptversammlung der KGaA einflussreicher als die einer AG wäre.[514] § 111 Abs. 4 S. 2 AktG könne nicht zum Vergleich herangezogen werden, da die KGaA keine Spielart der AG, sondern eine eigenständige Rechtsform sei.[515] Es werden auch Zweifel daran geäußert, ob die ersatzlose Abbedingung von § 278 Abs. 2 AktG i.V.m. § 164 S. 1 Hs. 2 HGB von ihrer Intensität hinsichtlich der Einschränkung von Anlegerrechten mit den Fällen einer Inhaltskontrolle bei der Publikumspersonengesellschaft vergleichbar sei.[516] Für den (Klein-) Anleger stünden im Übrigen regelmäßig nicht die Ausübung von Mitspracherechten bei konkreten Geschäftsführungsmaßnahmen im Vordergrund, sondern primär finanzielle Interessen.[517]

cc) Würdigung

Für erstere Ansicht und gegen die Zulässigkeit der Einschränkung von Zustimmungsbedürfnissen im Allgemeinen streitet die Tatsache, dass der Aufsichtsrat einer AG seit der Änderung des § 111 Abs. 4 S. 2 AktG[518] nicht nur das Recht, sondern die Pflicht hat, Zustimmungsvorbehalte zu normieren. Hierin mag man eine Wertung des Gesetzgebers erblicken, dass auf bestimmte Zustimmungsrechte nicht verzichtet werden kann.[519] Auch das Argument der fehlenden Praktikabilität der letztgenannten Ansicht vermag nicht zu überzeugen, da bei einer Übertragung des Zustimmungsrechtes auf den Aufsichtsrat der KGaA bzw. einen von den Kommanditaktionären gewählten Beirat die Einholung der Zustimmung nicht mit we-

---

513 *Assmann/Sethe* in GK-AktG, § 278 Rn 116 ff.; *Förl/Fett* in Bürgers/Körber, § 278 Rn 45; *Herfs* in Münch Hdb AG § 79 Rn 19; *Hommelhoff*, ZHR Beiheft 67, 9 (16); *Jaques*, NZG 2000, 401 (408); *Koch* in Hüffer/Koch, § 278 Rn 19; *Ladwig/Motte*, DStR 1997, 1539 (1541); *Mertens/Cahn* in KK-AktG, § 278 Rn 90; *Mayer-Uellner/Otte*, NZG 2015, 737 (741); *Nicolas* in Henn/Frodermann/Jannott, § 17 Rn 35; *Otte*, AG & Co KGaA, S. 125 ff.; *Overlack*, RWS Forum 1997, 237 (258 f.); *Perlitt* in MüKoAktG, § 278 Rn 360; *Reichert*, ZIP 2014, 1957 (1960); *Schaumburg*, DStZ 1998, 525 (532); *Schaumburg/Schulte*, KGaA, Rn 57 f.; *Schnorbus*, GS Winter, 627 (636 f.); *Reger* in Bürgers/Fett, § 5 Rn 100; *v. Eiff/Otte*, GWR 2015, 246 (247); *Wichert*, AG 2000, 268 (269); wohl auch *Hoffmann-Becking/Herfs*, FS Sigle, 273 (286 f.)

514 *Jaques*, NZG 2000, 401 (408); *Koch* in Hüffer/Koch, § 278 Rn 19; *Ladwig/Motte*, DStR 1997, 1539 (1541).

515 *Heermann*, ZGR 2000, 61 (80).

516 *Overlack*, RWS Forum 1997, 237 (258 f.); *Heermann*, ZGR 2000, 61 (76 ff.).

517 *Otte*, AG & Co. KGaA, S. 125.

518 § 111 Abs. 4 S. 2 AktG wurde durch das Gesetz zur Transparenz und Publizität im Unternehmensbereich vom 19.7.2002 (BGBl. I S. 2681) geändert.

519 *Bachmann* in Spindler/Stilz, § 278 Rn 63.

sentlichem Aufwand bzw. Kosten verbunden ist und auch keine Gefahr langwieriger Anfechtungsprozesse besteht.

Für die Zulässigkeit einer ersatzlosen Abbedingung spricht allerdings, dass auch bei der Publikumspersonengesellschaft die Inhaltskontrolle auf Fälle einer extremen Verkürzung von Anlegerrechten beschränkt ist. So erachtete der BGH etwa eine Satzungsbestimmung einer als GmbH & Co. KG organisierten Publikumsgesellschaft für unzulässig, nach der die Schadensersatzansprüche gegen die Mitglieder eines eingerichteten Aufsichtsrates einer dreimonatigen Verjährung unterlagen.[520] Auch eine Klausel bei einer Publikums-KG, die der Komplementär-GmbH einseitig das Recht einräumt, die Kommanditbeteiligungen nach freiem Ermessen zu übernehmen, wurde im Rahmen der Inhaltskontrolle als unzulässig verworfen.[521] Bei der Abbedingung des Zustimmungsrechtes zu außergewöhnlichen Geschäftsführungsmaßnahmen liegt kein derart schwerwiegender Eingriff in den Kern der Mitgliedschaftsrechte vor, da hierbei insbesondere keine Einschränkung individuell auszuübender Rechte erfolgt.[522] Denn auch nach der gesetzlichen Ausgestaltung ist nicht die Zustimmung eines jeden Kommanditaktionärs erforderlich, sondern es genügt ein mehrheitlicher Beschluss (§ 278 Abs. 3 i.V.m. § 133 Abs. 1 AktG). Entscheidend für die Zulässigkeit einer ersatzlosen Abbedingung spricht, dass der Ausschluss des § 164 S. 1 HS. 2 HGB auch bei der Publikums-KG wegen der Eigenschaft der Kommanditisten als Anlagegesellschafter überwiegend[523] für zulässig erachtet wird.[524] Geht man, wie hier vertreten, davon aus, dass wegen der leichteren Veräußerbarkeit der Kommanditaktien im Rahmen einer Inhaltskontrolle bei der Publikums- Kapitalgesellschaft & Co. KGaA ohnehin weniger strenge Maßstäbe anzulegen sind, so muss die ersatzlose Abbedingung von § 278 Abs. 2 AktG i.V.m. § 164 S. 1 Hs. 2 HGB erst recht zulässig sein.

Es erscheint daher vorzugswürdig, die ersatzlose Abbedingung des Zustimmungsrechtes der Kommanditaktionäre nicht im Rahmen einer „starren" Inhaltskontrolle per se für unzulässig zu erklären, sondern erforderlichenfalls ein Korrektiv über die

---

520 BGHZ 64, 238 (241) = NJW 1975, 1318.

521 BGHZ 84, 11 (14) = NJW 1982, 2303.

522 *Heermann*, ZGR 2000, 61 (81); *Overlack*, RWS Forum 1997, 237 (258 f.); *Schaumburg/Schulte*, KGaA, Rn 56.

523 *Casper* in Staub, § 164 Rn 28; *Eberl* in Heidel/Schall, § 164 Rn 26; *Grunewald* in MüKoHGB, § 164 Rn 29; *Haas/Mock* in Röhricht/von Westphalen/Haas, § 164 Rn 19; *Schneider*, ZGR 1978, 1 (17); *Stimpel*, FS Fischer, 771 (776); a.A. *Kindler* in Koller/Kindler/Roth/Morck, § 164 HGB Rn 6; *Oetker* in Oetker, § 164 HGB Rn 62: die Abbedingung von § 164 S. 1 Hs. 2 HGB soll nur zulässig sein, wenn zum Ausgleich ein effizientes Kontrollorgan existiert oder durch Mehrheitsbeschluss geschaffen werden kann.

524 *Assmann/Sethe* in GK-AktG, § 278 Rn 117; *Bachmann* in Spindler/Stilz, § 278 Rn 63; *Förl/Fett* in Bürgers/Körber § 278 Rn 45; *Mertens/Cahn* in KK-AktG, § 278 Rn 90; *Reger* in Bürgers/Fett, § 5 Rn 100; *Herfs* in Münch Hdb AG, § 79 Rn 19 verweist ferner auf BGHZ 119, 357 = NJW 1993, 1265 (1267). Der Entscheidung lag jedoch gerade nicht die Konstellation einer Publikums-KG zugrunde.

gesellschafterliche Treuepflicht vorzunehmen. So kann der geschäftsführende Komplementär insbesondere bei einer wiederholten Tätigung von außergewöhnlichen Geschäften mit weitreichender wirtschaftlicher Bedeutung, die bei einer isolierten Betrachtung nicht die Schwelle eines Grundlagengeschäfts überschreiten, trotz einer gegenteiligen Satzungsbestimmung gehalten sein, die Zustimmung der Kommanditaktionäre einzuholen.[525] Für die Frage, ob unter dem Gesichtspunkt der gesellschafterlichen Treuepflicht das Einholen der Zustimmung der Hauptversammlung erforderlich ist, sind dabei die Umstände des Einzelfalls maßgeblich: Von Bedeutung sind hierbei neben dem wirtschaftlichen Risiko der Geschäftsführungsmaßnahme für die Gesellschaft etwa ihre Auswirkungen auf die Geschäftsstrategie oder mögliche Vorteile für den Komplementär bzw. an ihm beteiligte Personen.[526] Eine Verletzung dieser Pflicht führt zwar nicht zu einem Entfallen der Vertretungsmacht im Außenverhältnis, kann aber eine Schadensersatzpflicht der Komplementärin begründen (§ 283 Nr. 3 i.V.m. § 93 Abs. 2 AktG).[527] Im Übrigen ist die Abbedingung des Zustimmungsrechtes aufgrund der Unpraktikabilität der jeweils erforderlichen Durchführung einer Hauptversammlung nicht nur von legitimen Interessen getragen, sondern stellt auch keine unbillige Benachteiligung der Kommanditaktionäre dar. Die Kommanditaktionäre sind nämlich der Komplementärin nicht schutzlos ausgeliefert: Ihnen verbleibt die Möglichkeit, ihr die Geschäftsführungs- und Vertretungsbefugnis (§§ 117, 127 HGB) zu entziehen oder eine Ausschließungsklage (§ 140 HGB) zu erheben.[528]

Sprechen damit die besseren Gründe nach der hier vertretenen Ansicht für die Zulässigkeit der ersatzlosen Abbedingung von § 278 Abs. 2 AktG i.V.m. § 164 S. 1 Hs. 2 HGB, kann nur eine höchstrichterliche Entscheidung endgültige Rechtssicherheit in dieser Streitfrage bringen. Bis dahin dürfte die Kautelarpraxis gut beraten sein, das Zustimmungsrecht nicht vollständig abzubedingen, sondern auf den Aufsichtsrat oder einen von den Kommanditaktionären gewählten Beirat zu übertragen und ggf. in der Satzung einen Katalog zustimmungsbedürftiger Geschäfte zu normieren.[529] Aufgrund des hiermit verbundenen geringen Aufwandes

---

525 *Assmann/Sethe* in GK-AktG, § 278 Rn 124; *Bachmann* in Spindler/Stilz, § 278 Rn 63; *Fett/Förl*, NZG 2004, 210 (215); *Heermann*, ZGR 2000, 61 (83); *Mertens/Cahn* in GK-AktG, § 278 Rn 120; *Overlack*, RWS Forum 1997, 237 (259); *Perlitt* in MüKoAktG, § 278 Rn 360; *Reger* in Bürgers/Fett, § 5 Rn 101; ablehnend wohl: *Schlitt*, KGaA, S. 17 f.

526 *Fett/Förl*, NZG 2004, 210 (216).

527 *Fett/Förl*, NZG 2004, 210 (215).

528 *Assmann/Sethe* in GK-AktG, § 278 Rn 119; *Nicolas* in Henn/Frodermann/Jannott, § 17 Rn 33; *Overlack*, RWS Forum 1997, 237 (259).

529 *Bachmann* in Spindler/Stilz, § 278 Rn 63; *Ihrig/Schlitt*, ZHR Beiheft 67, 33 (67 f.); *Perlitt* in MüKoAktG, § 278 Rn 358; *K. Schmidt* in K. Schmidt/Lutter, § 278 Rn 38. Für den Fall einer ersatzlosen Abbedingung wird vorgeschlagen, in der Satzung den Gesellschaftern der Komplementärin vorsorglich das Recht einzuräumen, ihre Komplementäreinlage jederzeit in Kommanditaktien umzuwandeln, um dadurch

wird der KGaA hierbei auch nicht die Reaktionsfähigkeit auf sich ändernde wirtschaftliche Umstände genommen.

II. Zulässigkeit der statutarischen Einschränkung der Geschäftsführung

Bei Familiengesellschaften dürfte eine Einschränkung der Geschäftsführungsmöglichkeiten durch die Komplementärin zugunsten der Kommanditaktionäre vor dem Hintergrund, dass die Komplementärin sich im Regelfall in Familienhand befindet, wohl nur theoretischer Natur sein. Allenfalls erscheint eine Einschränkung zugunsten eines besetzten Beirates denkbar. Auf die hierbei zu beachtenden Grenzen wird im entsprechenden Kapitel über den Beirat eingegangen.[530]

III. Zusammenfassung

Die Satzung einer Publikums-Kapitalgesellschaft & Co. KGaA unterliegt nach vorzugswürdiger Ansicht einer richterlichen Inhaltskontrolle anhand der Maßstäbe von Treu und Glauben, soweit über § 278 Abs. 2 AktG Personengesellschaftsrecht Anwendung findet. Die Inhaltskontrolle ist dabei gegenüber den anderen gesellschaftsrechtlichen Schutzinstrumenten subsidiär, sodass ihr Anwendungsbereich im Wesentlichen auf die Abbedingung des Zustimmungsrechtes der Kommanditaktionäre, einer Erweiterung des Zustimmungsrechts des Komplementärs und der statutarischen Verschärfung von Mehrheitserfordernissen bei Hauptversammlungsbeschlüssen beschränkt ist. Aufgrund der leichteren Veräußerbarkeit von Kommanditaktien gelten im Rahmen der Inhaltskontrolle einer Kapitalgesellschaft & Co. KGaA weniger strenge Maßstäbe als bei der von der Rechtsprechung vorgenommenen Inhaltskontrolle von Gesellschaftsverträgen bei Publikums-Personengesellschaften. Die ersatzlose Abbedingung des Zustimmungsrechtes der Kommanditaktionäre zu außergewöhnlichen Geschäftsführungsmaßnahmen nach § 278 Abs. 2 AktG i.V.m. § 164 S. 1 Hs. 2 HGB stellt keine unangemessene Benachteiligung in diesem Sinne dar. Hingegen kann das Zustimmungsrecht der Kommanditaktionäre zu sog. Grundlagengeschäften nicht abbedungen werden.

E. Die Wahl der Rechtsform der Komplementärgesellschaft

Die Wahl der Rechtsform der Komplementärin einer komplementärdominierten KGaA ist von großer Bedeutung, da sich hier das „Zentrum der Macht der KGaA"[531] befindet. Die SE tritt hierbei insbesondere in Konkurrenz zu den Rechtsformen der GmbH und AG. Befindet sich die Komplementärgesellschaft in der Hand der Unter-

---

die Mehrheit in der Hauptversammlung einräumen zu können, *Hoffmann-Becking/Herfs*, FS Sigle, 273 (288 f.).

530 Vgl. hierzu unter § 6 B. II.

531 *Gaibler*, KGaA, S. 119.

nehmerfamilie, stellt sich hier die Frage, wie das Eindringen von familienfremden Dritten verhindert werden kann (dazu unter I.). Im Übrigen sollen die Vor- und Nachteile der SE im Vergleich zu den genannten weiteren Rechtsformen im Hinblick auf das Renommee der Rechtsform, den laufenden Organisationsaufwand, die Ergebnisverwendung, die Attraktivität der Rechtsform für Führungskräfte und die Flexibilität der Organisationsstruktur dargestellt werden, bevor spezifische Vorteile der monistischen Leitungsstruktur für Familienunternehmen gegenüber einem dualistischen Leitungssystem aufgezeigt werden (Punkte II. bis VIII.).

I. Schutz vor Dritten

Im Gesellschaftsvertrag einer GmbH kann die Abtretung der GmbH-Geschäftsanteile an weitere Voraussetzungen wie die Familienzugehörigkeit[532] oder die Zustimmung der Gesellschaft geknüpft werden (§ 15 Abs. 5 GmbHG). Auch die Einräumung von Vorkaufsrechten zugunsten der übrigen Gesellschafter ist möglich.[533] Da allerdings der Anteilsübergang kraft Gesetzes nicht verhindert werden kann, wird für diesen Fall im Gesellschaftsvertrag häufig eine Verpflichtung zur Übertragung oder die Zwangseinziehung des Anteils statuiert.[534] Auch bei einer SE bzw. AG als Komplementärin kann der Kreis der Anteilseigner, wie bereits gesehen,[535] durch eine Übertragung der Aktien auf eine Holding-GmbH, eine Vinkulierung der Aktien nach § 68 Abs. 2 AktG ergänzt um eine statutarische Regelung hinsichtlich der Zwangseinziehung bei einem (gesetzlichen) Übergang der Aktien auf familienfremde Personen (§ 237 Abs. 1 S. 2 AktG) und den Abschluss schuldrechtlicher Abreden zwischen den Familienmitgliedern wirksam begrenzt werden, sodass im Ergebnis keine wesentlichen Unterschiede zwischen einer Komplementär-GmbH und -AG bzw. -SE bestehen.

II. Renommee der Rechtsform

Der GmbH haftet aufgrund ihres gesetzlichen Mindestkapitals in Höhe von lediglich EUR 25.000 (§ 5 Abs. 1 GmbHG) der Makel der „Haftungsbeschränkung zum Billigtarif"[536] auch dann an, wenn sie als Komplementärin fungiert. Ob sich die Ähnlichkeit der Firma zur GmbH & Co. KG tatsächlich negativ auf die Akzeptanz der GmbH & Co. KGaA bzw. die Rechtsform der KGaA insgesamt[537] auswirkt, erscheint jedoch zu-

532 *Fastrich* in Baumbach/Hueck, § 15 Rn 38; *Wilhelmi* in BeckOK-GmbHG, § 15 Rn 152.
533 *Fastrich* in Baumbach/Hueck, § 15 Rn 38.
534 *Binz/Mayer*, NZG 2012, 201 (211); *Fastrich* in Baumbach/Hueck, § 15 Rn 13.
535 Vgl. zu den bestehenden Möglichkeiten zur Sicherung des Anteilseignerkreises oben unter § 2 G. I. 1.
536 *K. Schmidt*, GesellschaftsR, § 33 III 1.
537 Diese Gefahr sieht *Hommelhoff*, ZHR Beiheft 67, 9 (13).

mindest bei börsennotierten Gesellschaften fraglich.[538] Die SE verspricht unabhängig von der Ausgestaltung ihres Leitungssystems aufgrund ihres gesetzlichen Mindestnennbetrags des Grundkapitals in Höhe von EUR 120.000 (Art. 4 Abs. 2 SE-VO) sowohl gegenüber der GmbH aber auch gegenüber der AG (Mindestnennbetrag des Grundkapitals EUR 50.000 gemäß § 7 AktG) eine größere Finanzkraft. Das im Vergleich zur GmbH und AG zu erbringende höhere Grundkapital der SE dürfte in der Praxis zumindest bei größeren Gesellschaften eine lediglich untergeordnete Bedeutung haben, da die Komplementärgesellschaften von KGaAs ohnehin in der Regel über eine Kapitalausstattung verfügen, die deutlich über dem Mindestkapital liegt.[539] Darüber hinaus steht die SE für die internationale Ausrichtung eines Unternehmens,[540] was auch dann gelten dürfte, wenn sie als Komplementärin fungiert.[541] Die SE bietet eine internationale „Corporate Identity".[542] Durch die Einschaltung einer SE als Komplementärin dürfte auch die mangelnde Bekanntheit der Rechtsform der KGaA bei ausländischen Anlegern zumindest abgeschwächt werden. Zudem steht bei der SE mit dem monistischen Leitungssystem ein Organisationsmodell zur Verfügung, mit dem angloamerikanische Investoren vertraut sind.

III. Laufender Organisationsaufwand

Die Gründung einer SE ist aufgrund des numerus clausus der Gründungsformen (vgl. Art. 2 SE-VO) nur eingeschränkt möglich.[543] Der im Vergleich zur Gründung einer GmbH bzw. AG erforderliche Mehraufwand – die Gründung einer SE erfordert stets mindestens zwei bestehende Gesellschaften und einen Mehrstaatenbezug, der eine je nach Art der Gründung unterschiedliche Verankerung der SE-Gründer in mindestens zwei Mitgliedsstaaten voraussetzt[544] – stellt in der Praxis jedoch regelmäßig keinen Grund gegen die Wahl einer SE als Komplementärgesellschaft dar,[545] da er sich leicht durch den Einsatz einer Vorratsgesellschaft vermeiden lässt.[546] Be-

---

538 Zuzugeben ist *Otte*, AG & Co. KGaA, S. 56, dass der Unterschied juristischen Laien möglicherweise nicht geläufig sein mag.

539 Das Grundkapital der Bertelsmann Management SE, der Komplementärin der Bertelsmann SE & Co. KGaA beträgt z.B. EUR 1.600.000 (§ 5 Abs. 1 der Satzung).

540 *Stöber*, AG 2013, 110 (112). Nach einer Untersuchung von *Eidenmüller/Engert/Hornuf*, AG 2009, 845 (847) ist das Image der SE der von den befragten Unternehmen am häufigsten genannte Grund für die Wahl der Rechtsform.

541 *Marsch-Barner*, FS Hoffmann-Becking, 777 (778); *v. Eiff/Otte*, GWR 2015, 246 (248).

542 *Reichert/Ott*, 10 Jahre SE, 154 (164).

543 Gemäß Art. 2 Abs. 1 bis 4 SE-VO kann eine SE lediglich durch Verschmelzung, Formwechsel oder in Form einer Holding- bzw. Tochter-SE gegründet werden. Ausführlich zu den einzelnen Gründungsformen: *Spitzbart*, RNotZ 2006, 369 (387 ff.).

544 *Habersack* in Habersack/Drinhausen, Art. 2 SE-VO Rn 1.

545 A.A. offenbar *Otte*, AG & Co. KGaA, S. 56 ff.

546 Zu den Rechtsfragen, die sich bei Implementierung einer Vorrats-SE als Komplementärgesellschaft einer KGaA stellen, unter § 7 A. V. 2.

deutsam ist hingegen die Frage des laufenden Organisationsaufwandes im Rahmen der Entscheidung für oder wider eine bestimmte Rechtsform als Komplementärin einer KGaA. Der laufende Organisationsaufwand richtet sich dabei nach dem für die jeweilige Rechtsform einschlägigen Fachgesetz.

Bei der SE (Art. 54 Abs. 1 S. 1 SE-VO) und AG (vgl. § 120 Abs. 1 S. 1, § 175 Abs. 1 S. 1 AktG) ist ebenso wie bei der GmbH mindestens einmal jährlich eine Haupt- bzw. Gesellschafterversammlung abzuhalten (vgl. § 46 Nr. 1 GmbHG).[547] Hingegen besteht bei der SE und AG nicht die bei der GmbH vorhandene Möglichkeit, auf die Abhaltung der Gesellschafterversammlung zu verzichten, wenn sich sämtliche Gesellschafter in Textform mit der zu treffenden Bestimmung oder mit der schriftlichen Abgabe der Stimmen einverstanden erklären (§ 48 Abs. 2 GmbHG). Bei der GmbH hat die Einberufung der Gesellschafterversammlung per eingeschriebenem Brief zu erfolgen (§ 51 Abs. 1 S. 1 GmbH). Bei der AG und SE ist eine Einberufung der Hauptversammlung durch eingeschriebenen Brief hingegen nur dann möglich, wenn alle Aktionäre namentlich bekannt sind (§ 121 Abs. 4 S. 2 AktG ggf. i.V.m. Art. 53, Art. 54 Abs. 2 SE-VO). Dies lässt sich durch die ausschließliche Ausgabe von Namensaktien erreichen.[548] Sind die Aktionäre nicht namentlich bekannt, ist die Einberufung in den Geschäftsblättern, d.h. im elektronischen Bundesanzeiger, bekannt zu machen (§ 121 Abs. 4 S. 1 i.V.m. § 25 AktG). Da die Aktien der Komplementärgesellschaft typischerweise nicht an der Börse gehandelt werden, ist eine notarielle Beurkundung der Beschlüsse der Hauptversammlung der AG und SE[549] nur dann erforderlich, wenn es sich um Grundlagenbeschlüsse handelt, für die mindestens eine Dreiviertelmehrheit gesetzlich vorgeschrieben ist (§ 130 Abs. 1 S. 3 AktG ggf. i.V.m. Art. 53 SE-VO).[550] Bei der GmbH bedürfen nur Satzungsänderungen einer notariellen Beurkundung (§ 53 Abs. 2 GmbHG). Im Ergebnis bestehen also keine wesentlichen Unterschiede zwischen der Durchführung der Gesellschafterversammlung einer GmbH und der Hauptversammlung einer AG

---

547 Bei einer GmbH ist keine jährliche Abhaltung der Gesellschafterversammlung erforderlich, wenn der Gesellschafterversammlung sämtliche einmal jährlich auszuübende Kompetenzen entzogen und auf den Aufsichtsrat oder Beirat übertragen werden, was bei sämtlichen in § 46 GmbHG aufgezählten Kompetenzen zulässig (*Zöllner* in Baumbach/Hueck, § 46 Rn 94) ist, vgl. *Otte*, AG & Co. KGaA, S. 59.

548 *Hoffmann-Becking*, ZIP 1995, 1 (5).

549 Da das deutsche Recht in § 179 Abs. 2 AktG ein strengeres Mehrheitserfordernis iSv Art. 59 SE-VO vorschreibt, spricht einiges dafür, eine Abweichung von der notariellen Beurkundung nur unterhalb einer Dreiviertel-Kapitalmehrheit und nicht bei einer Zweidrittelmehrheit der abgegebenen Stimmen zuzulassen, vgl. *Knapp*, DStR 2012, 2392 (2394); *Kubis* in MüKoAktG, Art. 53 SE-VO Rn 20; *Spindler* in Lutter/Hommelhoff/Teichmann, Art. 53 SE-VO Rn 30; a.A. *Eberspächer* in Spindler/Stilz, Art. 53 SE-VO Rn 7.

550 Bei börsennotierten Aktiengesellschaften ist hingegen jeder Beschluss der Hauptversammlung durch eine über die Verhandlung notariell aufgenommene Niederschrift zu beurkunden (§ 130 Abs. 1 S. 1 AktG).

bzw. SE, die sich auf die Erleichterungen für nicht börsennotierte Gesellschaften berufen können.[551]

Bei einer Komplementär-GmbH wird mangels Zurechnung der Arbeitnehmer der KGaA nach §§ 4, 5 MitbestG[552] die Einrichtung eines Aufsichtsrates von Gesetzes wegen regelmäßig nicht erforderlich sein, sodass hier zumindest auf den ersten Blick im Vergleich zu einer AG bzw. SE weniger Personalaufwand erforderlich ist, da zwingend nur ein oder mehrere Geschäftsführer zu bestellen sind (§ 6 Abs. 1 GmbHG). Nicht selten wird jedoch auch bei einer GmbH von der Möglichkeit der fakultativen Einrichtung eines Aufsichtsrates bzw. Gesellschafterausschusses Gebrauch gemacht.[553] Im Übrigen dürfte zumindest bei großen Gesellschaften der bei der SE und AG durch die Einrichtung eines Aufsichts- bzw. Verwaltungsorgans erhöhte Personalaufwand ohnehin nicht ernsthaft ins Gewicht fallen. Während die Anzahl der Sitzungen des Aufsichtsrates der nicht börsennotierten Komplementär-AG bzw. dualistischen SE hierbei auf zwei pro Jahr beschränkt werden kann (§ 110 Abs. 3 S. 2 AktG ggf. i.V.m. Art. 9 Abs. 1 lit. c) ii) SE-VO), muss der Verwaltungsrat einer monistischen SE alle drei Monate zusammentreten (Art. 44 Abs. 1 SE-VO). Der im Rahmen des monistischen Leitungssystems erforderliche geringfügig höhere Organisationsaufwand dürfte jedoch kaum ein Grund gegen die Wahl dieser Organisationsstruktur darstellen, da die Beschlussfassung auch schriftlich oder fernmündlich erfolgen kann (§ 35 Abs. 2 SEAG) und zumindest dann wieder kompensiert wird, wenn eine personelle Überschneidung von internen geschäftsführenden Direktoren und Verwaltungsratsmitgliedern gegeben ist. Liegen die Voraussetzungen einer kleinen Kapitalgesellschaft nach § 267 Abs. 1 HGB vor, muss der Jahresabschluss bei der SE ebenso wie bei einer AG und GmbH nicht durch einen Abschlussprüfer geprüft werden (§ 316 Abs. 1 HGB ggf. i.V.m. Art. 61 SE-VO). Im Hinblick auf den laufenden Organisationsaufwand bestehen damit keine großen Unterschiede zwischen einer SE und einer AG oder GmbH, die eine der zuletzt genannten Rechtsformen als wesentlich attraktivere Komplementärgesellschaft erscheinen lassen.

IV. Ergebnisverwendung

Eine Komplementärgesellschaft kann neben einer Vergütung für ihre geschäftsführende Tätigkeit auch über Kommanditaktien oder eine Beteiligung in Form einer Sondereinlage (§ 281 Abs. 2 AktG) am Erfolg der Kapitalgesellschaft & Co. KGaA partizipieren. Befindet sich die Komplementärgesellschaft in der Hand einer Unternehmerfamilie wird daher bei der Wahl der Rechtsform von Interesse sein, inwieweit sie auf deren erzielte Gewinne zugreifen können.

551 Vgl. für den Vergleich zwischen einer GmbH und der „kleinen" AG: *Hölters/Buchta*, DStR 2003, 79 (80).

552 Vgl. dazu oben unter § 2. F. II. 2.

553 *Hölters/Buchta*, DStR 2003, 79 (82).

Gemäß § 29 Abs. 1 S. 1 GmbHG haben die Gesellschafter einer GmbH grundsätzlich Anspruch auf den Jahresüberschuss zuzüglich eines Gewinn- und abzüglich eines Verlustvortrages. Eine generelle gesetzliche Pflicht zur Bildung von Rücklagen besteht im GmbH-Recht nicht.[554] Die Gesellschafter sind – vorbehaltlich einer satzungsmäßigen Bestimmung zur Thesaurierung oder Ausschüttung von Gewinnen – in der Ergebnisverwendung grundsätzlich ebenso frei wie in der Auflösung von freiwillig gebildeten Gewinnrücklagen.[555] Lediglich das zur Erhaltung des Stammkapitals erforderliche Vermögen der Gesellschaft darf nicht ausgezahlt werden (§ 30 Abs. 1 S. 1 GmbH).[556]

Demgegenüber unterliegen sowohl die AG als auch die SE, auf die gemäß Art. 9 Abs. 1 lit. c) ii) SE-VO die Bestimmungen des AktG hinsichtlich der Ergebnisverwendung Anwendung finden,[557] dem Grundsatz der Kapitalerhaltung. § 57 Abs. 1 S. AktG verbietet dabei über seinen Wortlaut hinaus grundsätzlich[558] jede Zuwendung an einen Aktionär außerhalb der ordnungsgemäßen Gewinnausschüttung.[559] Gemäß § 57 Abs. 3 AktG (ggf. i.V.m. Art. 9 Abs. 1 lit. c) ii) SE-VO) darf nicht wie bei der GmbH der Jahresüberschuss, sondern nur der im festgestellten Jahresabschluss ausgewiesene Bilanzgewinn an die Aktionäre ausgeschüttet werden.[560] Der Bilanzgewinn ergibt sich dabei aus dem Jahresüberschuss abzüglich gesetzlicher (§ 150 Abs. 1, 2 AktG)[561] und freier (§ 58 Abs. 2 AktG)[562] Rücklagen und kann erheblich vom Jahresüberschuss der Gewinn- und Verlustrechnung abwei-

---

554 *Fastrich* in Baumbach/Hueck, § 29 Rn 23a; *Hentzen/Rau*, BB 2008, 713. Eine Ausnahme gilt gemäß § 5a Abs. 3 GmbHG nur für die UG, die vorliegend jedoch außer Betracht bleiben soll.

555 *Hentzen/Rau*, BB 2008, 713. Anwendung finden jedoch die bilanzrechtlichen Ausschüttungsverbote, z.B. § 268 Abs. 8 HGB bezüglich aktiver latenter Steuern.

556 Eine Ausnahme gilt für Gesellschafterdarlehen und solche Leistungen auf Forderungen aus Rechtshandlungen, die einem Gesellschafterdarlehen wirtschaftlich entsprechen (§ 30 Abs. 1 S. 3 GmbHG).

557 *Fischer* in MüKoAktG, Art. 61 SE-VO Rn 17.

558 Vgl. § 57 Abs. 1 S. 2 bis 4 AktG zu den Ausnahmen vom Verbot der Einlagenrückgewähr.

559 BGH, NJW 2011, 2719 (2720); *Bayer* in MüKoAktG, § 57 Rn 8; *Drinhausen* in NK-AktR, § 57 Rn 4; *Fleischer* in K. Schmidt/Lutter, § 57 AktG Rn 2; *Koch* in Hüffer/Koch, § 57 Rn 2;

560 *Hentzen/Rau*, BB 2008, 714 (714).

561 Gemäß § 150 Abs. 1, 2 AktG sind so lange 5 Prozent des um einen Verlustvortrag aus dem Vorjahr geminderten Jahresüberschusses einzustellen, bis die gesetzliche Rücklage und die Kapitalrücklagen nach § 272 Abs. 2 Nr. 1 bis 3 HGB zusammen 10 Prozent oder den in der Satzung bestimmten höheren Teil des Grundkapitals erreichen.

562 Gemäß § 58 Abs. 2 AktG können Vorstand und Aufsichtsrat bzw. der Verwaltungsrat im Rahmen ihrer Feststellung des Jahresabschlusses einen Teil des Jahresüberschusses, höchstens jedoch 50 Prozent, in andere, also nicht gesetzlich vorgeschriebene, Gewinnrücklagen einstellen, vgl. dazu *Hoffmann-Becking* in Münch Hdb AG, § 47 Rn 6 ff.

chen.[563] Ein Zugriff auf die zwingenden gesetzlichen Rücklagen nach § 150 Abs. 1, Abs. 2 AktG ist nur unter den engen Voraussetzungen des § 150 Abs. 3, 4 AktG möglich, während die Auflösung der Rücklagen nach § 58 Abs. 2 AktG im freien Ermessen des Vorstandes bzw. des Verwaltungsrates steht. Die Entscheidung über die Verwendung des Bilanzgewinns obliegt sodann der Hauptversammlung der Komplementärin (§ 174 Abs. 1 S. 1 AktG)

Zusammenfassend lässt sich konstatieren, dass ein Zugriff auf das Vermögen einer SE bzw. AG aufgrund des hier geltenden Kapitalerhaltungsgrundsatzes und der gesetzlichen Pflicht zur Rücklagenbildung nur deutlich eingeschränkter möglich ist als bei einer GmbH. Die GmbH erscheint daher unter diesem Aspekt der Rechtsformwahl als Komplementärgesellschaft gegenüber der AG und SE überlegen. Allerdings darf die eingeschränkte Zugriffsmöglichkeit auf das Vermögen der SE auch nicht überbewertet werden, da Mitgliedern der Unternehmerfamilie die Möglichkeit zusteht, durch eine Beteiligung am Grundkapital der KGaA am Erfolg des Unternehmens zu partizipieren. Nachteilig ist eine SE bzw. AG als Komplementärgesellschaft einer KGaA daher vor allem dann, wenn die Beteiligung der Familienunternehmer in Form einer von der Komplementärin erbrachten Sondereinlage erfolgen soll.[564]

V. Attraktivität der Rechtsform für Führungskräfte

Da der wirtschaftliche Erfolg einer Kapitalgesellschaft & Co. KGaA ganz maßgeblich von den geschäftsführenden Personen der Komplementärgesellschaft abhängt, soll im Folgenden der Attraktivität der verschiedenen Rechtsformen für Führungskräfte nachgegangen werden. Im Rahmen der Rekrutierung qualifizierter Fremdmanager ist dabei neben der ihnen zustehenden Leitungsmacht und dem entsprechenden Organtitel auf der Visitenkarte (dazu unter 1.) regelmäßig auch die Frage von Relevanz, ob die entsprechende Tätigkeit der Sozialversicherungspflicht unterliegt (dazu unter 2.).

1. Leitungsmacht und Titel

Wegen ihrer umfassenden Leitungsbefugnis und Weisungsunabhängigkeit gegenüber den Anteilsinhabern sind die Positionen des Vorstandes bei der AG bzw. dualistischen SE und die Verwaltungsratsmitgliedschaft bei der monistischen SE für Fremdmanager attraktiver als die Stellung eines weisungsabhängigen GmbH-Geschäftsführers (§ 37 Abs. 1 GmbHG).[565] Im Vergleich zur GmbH sind die Möglichkeiten der Einflussnahme der Anteilseigner auf die Geschäftsleitung der AG bzw. SE und damit mittelbar auf die der AG bzw. SE & Co. KGaA also nur begrenzt möglich und beschränken sich im Wesentlichen auf die Beeinflussung der Besetzung des Aufsichts- bzw. Verwaltungsorgans. Die im Vergleich zur Vorstands-

563 *Hoffmann-Becking* in Münch Hdb AG, § 47 Rn 2.
564 *Otte*, AG & Co. KGaA, S. 61.
565 *Reichert/Ott*, 10 Jahre SE, 154 (157 f.).

tätigkeit eingeschränkten Leitungsbefugnisse eines geschäftsführenden Direktors, seine grundsätzliche jederzeitige Abberufbarkeit und Weisungsabhängigkeit gegenüber dem Verwaltungsrat lassen die Stellung auf den ersten Blick weniger attraktiv erscheinen. Allerdings kann die Abberufbarkeit des geschäftsführenden Direktors in der Satzung an das Vorliegen eines wichtigen Grundes geknüpft werden (§ 40 Abs. 5 S. 1 SEAG), sodass ihm insoweit eine einem Vorstandsmitglied vergleichbare Stellung (§ 84 Abs. 3 S. 1 AktG ggf. i.V.m. Art. 9 Abs. 1 lit. c) ii) SE-VO) eingeräumt wird. Darüber hinaus kann ein geschäftsführender Direktor auf unbestimmte Zeit bestellt werden, während die maximale Bestelldauer von Vorstandsmitgliedern einer AG fünf (§ 84 Abs. 1 S. 1 AktG), von Leitungsorganen einer dualistischen SE sechs Jahre (Art 46 Abs. 1 SE-VO) beträgt. Auch im Übrigen darf die formal stärkere Position eines Vorstands- bzw. Leitungsorganmitglieds nicht überbewertet werden: Zwar ist der Vorstand einer AG bzw. dualistischen SE formal unabhängig, faktisch wird jedoch kaum jemals ein Fremdmanager gegen den Willen einer Anteilseignerfamilie handeln. Im Übrigen besteht die Weisungsabhängigkeit des geschäftsführenden Direktors einer monistischen SE nicht wie bei der GmbH gegenüber den Gesellschaftern, sondern gegenüber dem Verwaltungsrat, sodass auch hier eine stärkere Verselbstständigung und Abkoppelung von den einzelnen Anteilseignern gegeben ist.[566] Ist der geschäftsführende Direktor zugleich Verwaltungsratsmitglied, übt er damit überdies nicht nur Leitungsmacht aus, sondern ist gleichzeitig Teil des überwachenden Organs.

Weiterhin sind die SE und AG aus dem Blickwinkel von Führungskräften attraktiver als eine GmbH, da deren Managementorgane nicht wie bei der GmbH als „Geschäftsführer“, sondern als „Vorstand“ bzw. „Verwaltungsrat“ und „geschäftsführender Direktor“ bezeichnet werden.[567] Zwar trifft die häufig zu Unrecht verwendete angloamerikanische Bezeichnung des „Chief Executive Officer“ bei genauer Betrachtung nur im Falle des geschäftsführenden Direktors im monistischen Leitungssystem zu,[568] allerdings soll auch der Vorstandsvorsitzende einer AG bzw. der Vorsitzende des Leitungsorgans einer SE diesen Titel führen dürfen, da sich dies international durchgesetzt hat.[569]

2. *Sozialversicherungspflicht der Tätigkeit*

Führungskräfte haben nicht selten Vorbehalte gegenüber der gesetzlichen Renten- und Arbeitslosenversicherung und bevorzugen eine private Vorsorge. Daher kann auch die Frage, inwieweit die entsprechende Tätigkeit in der jeweiligen Rechtsform der Sozialversicherungspflicht unterliegt, für einen Manager von Bedeutung sein. Gemäß § 2 Abs. 2 Nr. 1 SGB IV sind Personen, die gegen Arbeitsentgelt „beschäf-

566 *Reichert/Ott*, 10 Jahre SE, 154 (157 f.).
567 *Mayer-Uellner/Otte,* NZG 2015, 737 (738).
568 Vgl. dazu *Hoffmann-Becking*, NZG 2003, 745 (746).
569 *Bürgers* in Bürgers/Körber, § 77 Rn 20; *Kort* in GK-AktG, § 77 Rn 52 jeweils für den Vorstandsvorsitzenden einer AG.

tigt" sind, in allen Zweigen der Sozialversicherung versichert. Beschäftigung iSd Sozialversicherungsrechts ist dabei gemäß § 7 Abs. 1 S. 1 SGB IV die nichtselbstständige Arbeit, insbesondere in einem Arbeitsverhältnis. Anhaltspunkte für eine Beschäftigung sind eine Tätigkeit nach Weisungen und eine Eingliederung in die Arbeitsorganisation des Weisungsgebers (§ 7 Abs. 1 S. 2 SGB IV).

a) GmbH-Geschäftsführer

Die Sozialversicherungspflicht von GmbH-Geschäftsführern wird trotz Verneinung ihrer Arbeitnehmereigenschaft bejaht, wenn ein abhängiges Beschäftigungsverhältnis iSv § 7 Abs. 1 SGB IV vorliegt.[570] Hierbei ist grundsätzlich zwischen Gesellschafter-Geschäftsführern und nicht am Kapital beteiligten Fremdgeschäftsführern zu differenzieren. Bei Letzteren ist aufgrund ihrer Weisungsgebundenheit gegenüber der Gesellschafterversammlung regelmäßig ein Abhängigkeitsverhältnis iSv § 7 Abs. 1 SGB IV anzunehmen, sodass sie der Sozialversicherungspflicht unterliegen.[571] Verfügt der Gesellschafter-Geschäftsführer aufgrund seiner Kapitalbeteiligung über maßgeblichen Einfluss auf die GmbH, was jedenfalls bei einer Beteiligung von mehr als 50 Prozent anzunehmen ist,[572] oder ergeben die sonstigen Umstände des Einzelfalls, dass er einer selbstbestimmten Tätigkeit nachgeht,[573] unterliegt er nicht der Sozialversicherungspflicht.

b) Vorstandsmitglied einer AG

Vorstandsmitglieder einer AG unterliegt nach allgemeiner Meinung nicht der Sozialversicherungspflicht, wobei die dogmatische Begründung nicht einheitlich erfolgt. Der – für das Unfallversicherungsrecht zuständige – Zweite Senat des BSG verneint aufgrund der eigenverantwortlichen Leitungsmacht (§ 76 Abs. 1 AktG) zu Recht bereits das Vorliegen eines Beschäftigungsverhältnisses iSv § 7 Abs. 1 SGB IV.[574] Demgegenüber gehen der – für die Grundsicherung für Arbeitssuchende zuständige – Vierte Senat[575] und der – für das Beitrags- und Mitgliedschaftsrecht der Kranken-, Pflege-, Renten- und Arbeitslosenversicherung zuständige – Zwölfte

570 BSG, BB 2000, 674 (675).

571 BSG, NZA 1990, 950 (951); BSG, GmbHR 2004, 494 (496). Im Einzelfall können jedoch besondere Umstände, z.B. familiäre Verbundenheit von Geschäftsführer und Gesellschaftern, ein Abhängigkeitsverhältnis ausnahmsweise aufheben, vgl. BSG, BB 2000, 674 (675).

572 BSG, GmbHR 1995, 584.

573 BSG, BB 2000, 674 (675). Verfügt der Minderheitsgesellschafter über keine Sperrminorität, geht das BSG im Regelfall von einer abhängigen Beschäftigung aus, BSG, GmbHR 2004, 494 (496).

574 BSG, NZA-RR 2000, 434 (435). Ihm folgt ein Großteil der Literatur, vgl. etwa *Grambow*, AG 2010, 477 (478); *Hinrichs/Plitt*, DB 2011, 1692 (1693); *Jäger*, NZG 2001, 97 (98); *Spindler* in MüKoAktG, § 84 Rn 62 m.w.N.

575 BSG, NZA 1990, 668 (669 f.).

Senat[576] des BSG vom Beschäftigtenstatus des Vorstandsmitgliedes aus und stützen die Befreiung auf die Regelungen des § 1 S. 3 SGB VI und § 27 Abs. 1 Nr. 5 SGB III.

c) Organmitglieder der SE

Nach einhelliger Meinung unterliegen die Mitglieder des Leitungsorgans einer dualistischen SE nicht der Sozialversicherungspflicht, da es wegen ihrer umfassenden Leitungsbefugnis (Art. 39 Abs. 1 S. 1 SE-VO) bereits an einer nichtselbstständigen Beschäftigung nach § 7 Abs. 1 SGB IV fehlt.[577] Auch die Mitglieder des Aufsichtsorgans üben schon keine Beschäftigung iSv § 7 Abs. 1 SGB IV aus, da sie kraft Gesetzes nur zweimal im Jahr zusammenkommen müssen (Art. 9 Abs. 1 lit. c) ii) SE-VO i.V.m. § 110 Abs. 3 S. 1 AktG) und ebenfalls keinen Weisungen unterliegen.[578]

Bezüglich der monistischen SE haben der GKV Spitzenverband, die Deutsche Rentenversicherung Bund und die Bundesagentur für Arbeit in einer Stellungnahme[579] die Sozialversicherungspflicht von Verwaltungsratsmitgliedern und geschäftsführenden Direktoren zum Zwecke der Renten- und Arbeitslosenversicherung bejaht. Zur Begründung führen sie aus, dass die geschäftsführenden Direktoren jederzeit vom Verwaltungsrat abberufen werden können und die Stellung der Verwaltungsratsmitglieder nicht mit der eines Vorstandsmitgliedes einer AG vergleichbar sei, da sie nur die Leitungsfunktion, nicht aber die Geschäftsführung ausüben. Dem kann jedoch schon deshalb nicht gefolgt werden, da Anknüpfungspunkt für die Frage nach der Sozialversicherungspflicht allein § 7 Abs. 1 SGB IV und nicht die Möglichkeit einer Abberufung oder die Vergleichbarkeit mit dem Vorstand einer AG maßgeblich ist.[580] So besteht dann auch Einigkeit, dass die Mitglieder des Verwaltungsrates aufgrund ihrer weisungsunabhängigen Stellung nicht sozialversicherungspflichtig sind.[581]

Bezüglich der Sozialversicherungspflicht der geschäftsführenden Direktoren ist das Meinungsbild hingegen uneinheitlich. Nach einer teilweise vertretenen Ansicht unterliegen sowohl interne als auch externe geschäftsführenden Direktoren

---

576 BSG, ZIP 2008, 2231 (2233 f.).

577 *Forst*, NZS 2012, 801 (806); *Grimm*, DB 2012, 175 (178); *Hinrichs/Plitt*, DB 2011, 1692 (1694); i.E. auch: *Middendorf/Fahrig*, BB 2011, 54 (55).

578 *Forst*, NZS 2012, 801 (806).

579 Niederschrift der Besprechung des GKV-Spitzenverbandes, der Deutschen Rentenversicherung Bund und der Bundesagentur für Arbeit über Fragen des gemeinsamen Beitragseinzugs am 13./14.10.2009, abrufbar unter https://www.tk.de/centaurus/servlet/contentblob/200756/Datei/1855/Besprechung-Oktober-2009.pdf, letzter Abruf am 31.10.2017; zustimmend auch in der Begründung für externe geschäftsführende Direktoren: *Grimm*, DB 2012, 175 (178).

580 *Forst*, NZS 2012, 801 (805).

581 *Forst*, NZS 2012, 801 (806 f.); *Hinrichs/Plitt*, DB 2011, 1692 (1694); *Middendorf/Fahrig*, BB 2011, 54 (56 f.); implizit auch: *Grambow*, AG 2010, 477 (482); *Grimm*, DB 2012, 175 (178).

wegen ihrer Weisungsgebundenheit der Sozialversicherungspflicht.[582] Die Tätigkeiten im Verwaltungsrat und als geschäftsführender Direktor sind nach dieser Ansicht für sozialversicherungsrechtliche Zwecke voneinander zu trennen. Nach einer weiteren Ansicht unterliegen nur externe geschäftsführende Direktoren in allen Bereichen der Sozialversicherungspflicht.[583] Auf interne geschäftsführende Direktoren seien § 1 S. 3 SGB VI, § 27 Abs. 1 Nr. 5 SGB III analog anzuwenden, sodass diese nicht der Renten- und Arbeitslosenversicherungspflicht unterliegen. Vorzugswürdig erscheint eine dritte Ansicht, nach der nur externe geschäftsführende Direktoren sozialversicherungspflichtig sind, während interne geschäftsführende Direktoren genau wie Verwaltungsratsmitglieder der Sozialversicherungspflicht überhaupt nicht unterliegen.[584] Die Befugnisse des Verwaltungsrates gehen, wie gezeigt, über die des Vorstandes einer AG hinaus: Indem der Verwaltungsrat die Gesellschaft leitet, die Grundlinien ihrer Tätigkeit bestimmt und deren Umsetzung überwacht (§ 22 Abs. 1 SEAG), vereint er die Befugnisse von Vorstand und Aufsichtsrat, wobei er weisungsunabhängig handelt.[585] Damit liegt nach den oben genannten Merkmalen bereits keine Beschäftigung iSd Legaldefinition des § 7 Abs. 1 SGB IV vor.[586] Auf die Befreiungstatbestände der § 1 S. 3 SGB VI und § 27 Abs. 1 Nr. 5 SGB III kommt es also nicht mehr an. Eine Trennung der Tätigkeiten als interner geschäftsführender Direktor und Verwaltungsratsmitglied für sozialversicherungsrechtliche Zwecke muss aus Zweckmäßigkeitsgründen ausscheiden. Vielmehr ist eine gesamtheitliche Betrachtung geboten, wobei die weitergehenden Befugnisse als Mitglied des Verwaltungsrates den Ausschlag zugunsten dieser Tätigkeit geben.[587] Zwar können zwei Rechtsverhältnisse nach verschiedenen Grundsätzen zu beurteilen sein. Allerdings dürfte die einheitliche Betrachtungsweise hier schon eine Notwendigkeit der Praxis sein: Favorisierte man eine getrennte Sichtweise, würde in der Praxis vermutlich der Großteil der Vergütung für die sozialversicherungsrechtlich beitragsfreie Tätigkeit als Verwaltungsratsmitglied entrichtet. Externe geschäftsführende Direktoren sind hingegen in allen Bereichen sozialversicherungspflichtig. Eine analoge Anwendung von § 1 S. 3 SGB VI und § 27 Abs. 1 Nr. 5 SGB III kommt nicht in Betracht, da sie anders als der Vorstand einer AG keine Leitungstätigkeit nach § 76 AktG ausüben und es aufgrund ihrer Weisungsgebundenheit schon an einer Vergleichbarkeit der Sachverhalte fehlt.[588]

---

582 *Siems* in KK-AktG, Anh. Art. 51 SE-VO (§ 40 SEAG) Rn 14.
583 *Grambow*, AG 2010, 477 (481 f.); *Middendorf/Fahrig*, BB 2011, 54 (57 f.) *Reichert/Brandes* in MüKoAktG, Art. 43 SE-VO Rn 161.
584 *Forst*, NZS 2012, 801 (807 f.); *Hinrichs/Plitt*, DB 2011, 1692 (1693 f.).
585 Vgl. dazu oben unter § 3 B. I. 3. a).
586 *Forst*, NZS 2012, 801 (807).
587 *Forst*, NZS 2012, 801 (807).
588 *Forst*, NZS 2012, 801 (808).

3. Ergebnis

Unter den Gesichtspunkten der Leitungsmacht und Sozialversicherungspflicht ist eine Tätigkeit als Vorstandsmitglied in einer dualistischen SE bzw. einer AG für Führungskräfte attraktiver als die Stellung eines GmbH-Geschäftsführers oder eines (externen) geschäftsführenden Direktors in einer monistischen SE. Die Position eines geschäftsführenden Direktors ist für Führungskräfte jedoch – wenn auch mit Abstrichen – dann reizvoll, wenn sie gleichzeitig einen Posten im Verwaltungsrat bekleiden. Als interne geschäftsführende Direktoren üben sie wie ein Vorstandsmitglied Leitungsmacht aus und unterliegen nach vorzugswürdiger Ansicht nicht der Sozialversicherungspflicht.

VI. Flexibilität der Organisationsstruktur

Befindet sich die Komplementärgesellschaft in Familienhand, ist die Flexibilität ihrer Organisationsstruktur gerade bei größeren (ggf. aus mehreren Stämmen bestehenden) Familien von Bedeutung. Da die AG (§ 23 Abs. 5 AktG) und die SE (Art. 9 Abs. 1 lit. c) ii) SE-VO) dem Grundsatz der Satzungsstrenge unterliegen, können sie naturgemäß nicht die gleiche Flexibilität wie eine GmbH mit ihrer fast uneingeschränkten[589] Satzungsautonomie (vgl. § 45 Abs. 1 GmbHG) bieten. Ob dieser Nachteil durch die Vorteile dieser Rechtsformen, insbesondere in puncto Renommee und Attraktivität für Führungskräfte, aufgewogen wird, lässt sich nicht pauschal beantworten, sondern ist vielmehr eine Frage des Einzelfalls.

De facto tritt die SE damit bezüglich der Flexibilität der Organisationsstruktur nur in Konkurrenz zur AG, der sie insofern überlegen ist. Während die Möglichkeit zur Sitzverlegung der SE in einen anderen Mitgliedstaat (Art. 8 Abs. 1 S. 1 SE-VO) bei einer Komplementärgesellschaft wohl nur theoretischer Natur ist, dürfte die Wahlmöglichkeit zwischen dualistischem und monistischem Leitungssystem bzw. die Möglichkeit des Wechsels zwischen den Systemen zu einem späteren Zeitpunkt[590] interessant sein. Weiterhin kann es von Vorteil sein, dass die Amtszeit der Organmitglieder der SE bis zu 6 Jahre (Art. 46 Abs. 1 SE-VO) betragen, während der Vorstand einer AG nur für maximal fünf Jahre bestellt werden kann (§ 84 Abs. 1 S. 1 AktG). Ferner kann die Wiederwahl von Organmitgliedern bei der SE gemäß Art. 46 Abs. 2 SE-VO statutarisch eingeschränkt oder ausgeschlossen

---

589 Zwingende Vorschriften finden sich etwa in §§ 50 Abs. 1, 2, 51a Abs. 1, 2, 61 Abs. 1, 2 und 66 Abs. 2 GmbHG, vgl. dazu *Michalski* in Michalski, GmbHG, Systematische Darstellung 1 Rn 28.

590 Nach der überwiegenden Ansicht stellt der Wechsel des Leitungssystems einen Fall der strukturellen Änderung iSv § 18 Abs. 3 SEBG dar, so: *Hohenstatt/Müller-Bonanni* in Habersack/Drinhausen, § 18 SEBG Rn 10; *Jacobs* in MüKoAktG, § 18 SEBG Rn 16; *Oetker* in Lutter/Hommelhoff/Teichmann, § 18 SEBG Rn 16; a.A. *Feuerborn* in KK-AktG, § 18 SEBG Rn 22.

werden, was bei der AG für die Wahl des Vorstandes nicht möglich ist.[591] Darüber hinaus bietet die dualistische SE gegenüber der AG den Vorteil, dass im Aufsichtsorgan qualifizierte Mehrheitserfordernisse bis hin zur Einstimmigkeit geschaffen werden können.[592] Gemäß Art. 50 Abs. 1 lit. b) SE-VO werden nämlich Beschlüsse der Organe einer SE mit der Mehrheit der anwesenden Stimmen gefasst, solange die SE-VO oder die SE-Satzung nichts anderes bestimmen. In der Satzung einer AG können weder in den Fällen der paritätischen Besetzung des Aufsichtsrates noch bei dem Aufsichtsrat gesetzlich zugewiesenen Beschlussfassungen, wie z.B. über die Bestellung oder den Widerruf der Bestellung von Vorstandsmitgliedern (§ 84 Abs. 1 S. 1, Abs. 3 S. 1 AktG), Abweichungen von der einfachen Mehrheit statuiert werden. Eine qualifizierte Mehrheit kann bei der AG damit nur für solche Aufgaben vorgesehen werden, die dem Aufsichtsrat durch die Satzung zugewiesen sind.[593] Zwar ist auch bei der SE eine Einschränkung der Gestaltungsfreiheit in paritätisch mitbestimmten Organen anzunehmen, da nach der Vorstellung des Gesetzgebers immer die Anteilseigner in der Lage sein müssen, sich durchzusetzen (vgl. Art. 50 Abs. 2 S. 2 SE-VO).[594] Da eine Komplementär-SE jedoch regelmäßig mitbestimmungsfrei sein wird und die bei der AG geltenden Einschränkungen der Gestaltungsfreiheit in Bezug auf gesetzlich zugewiesene Aufgaben bei der SE aufgrund der eindeutigen Regelung des Art. 50 Abs. 1 SE-VO keine Anwendung finden,[595] kann der Satzungsgeber auch in diesen Bereichen qualifizierte Mehrheiten bis hin zur Einstimmigkeit vorsehen.

Das monistische Leitungssystem der SE erweist sich gegenüber seinem dualistischen Pendant sogar als noch flexibler. Die §§ 20 ff. SEAG sehen zahlreiche Öffnungsklauseln für Satzungsgestaltungen vor, sodass hier in weitaus größerem Maße den jeweiligen Bedürfnissen einer Unternehmerfamilie durch individuelle Satzungsgestaltungen Rechnung getragen werden kann. Exemplarisch sei insofern neben der Festlegung der Anzahl der geschäftsführenden Direktoren (§ 40 Abs. 1 S. 1 SEAG) die statutarische Einschränkung ihrer jederzeitigen Abberufbarkeit (§ 40 Abs. 5 S. 1 SEAG) und insbesondere die Wahlmöglichkeit zwischen der Besetzung mit internen und externen Personen (vgl. § 40 Abs. 1 S. 2 SEAG) genannt. Ferner können in der Satzung von § 90 AktG abweichende Regelungen hinsichtlich der Berichtspflicht der geschäftsführenden Direktoren gegenüber dem Verwaltungsrat getroffen werden (§ 40 Abs. 6 SEAG). Schließlich kann über die weit-

---

591 Vgl. nur *Spindler* in MüKoAktG, § 84 Rn 45 m.w.N.

592 *Reichert/Ott*, 10 Jahre SE, 154 (160 f.).

593 *Bürgers* in Bürgers/Körber, § 108 Rn 10; *Habersack* in MüKoAktG, § 108 Rn 24; *Koch* in Hüffer/Koch, § 108 Rn 8; *Mertens/Cahn* in KK-AktG, § 108 Rn 62.

594 *Drinhausen* in Habersack/Drinhausen, Art. 50 SE-VO Rn 18; *Eberspächer* in Spindler/Stilz, Art. 50 SE-VO Rn 10; *Paefgen* in KK-AktG, Art. SE-VO 39 Rn 43; *Reichert/Brandes* in MüKoAktG, Art. 50 SE-VO Rn 24; *Teichmann* in Lutter/Hommelhoff/Teichmann, Art. 50 SE-VO Rn 26; a.A. *Siems* in KK-AktG, Art. 50 SE-VO Rn 16.

595 *Eberspächer* in Spindler/Stilz, Art. 50 SE-VO Rn 10; *Reichert/Brandes* in MüKoAktG, Art. 50 SE-VO Rn 26; *Reichert/Ott*, 10 Jahre SE, 154 (161); *Siems* in KK-AktG, Art. 50 SE-VO Rn 14.

gehend freie Bestimmung der Größe des Verwaltungsrates (vgl. § 23 Abs. 1 SEAG) der Einfluss unterschiedlicher Familienstämme abgesichert werden, wobei auch der Sitzungsturnus gegenüber der gesetzlichen Regelung statutarisch erhöht werden kann (§ 44 Abs. 1 SE-VO).

VII. Die monistische SE als Komplementärin im Vergleich zur einem dualistischen Leitungssystem

Seit ihrer Einführung ist die SE mit monistischer Struktur insbesondere wegen ihrer engen Verzahnung von Überwachungs-, Beratungs- und Geschäftsführungsfunktion[596] unter anderem auch als Rechtform für Mittelstand und familiengeführte Unternehmen beworben worden.[597] Dennoch ist die monistische SE bis dato noch deutlich geringer verbreitet als ihre dualistische Schwester. Nur etwa ein Drittel der operativ tätigen SEs haben die monistische Leitungsstruktur gewählt.[598] *Bücker* bezeichnet die monistische SE daher als „Opfer ihrer eigenen Flexibilität".[599] Nach einem kurzen Überblick über die Ursachen für die derzeitige noch relativ geringe Verbreitung der monistischen SE soll der Frage nachgegangen werden, welche spezifischen Vorteile dieses Organisationsmodell als Komplementärgesellschaft im Vergleich zu einem dualistischen Leitungssystem für Familienunternehmen bietet.

1. *Gründe für die geringe Verbreitung*

Als *der zentrale* Grund für die geringere Verbreitung wird die Tatsache genannt, dass im monistischen Leitungssystem die Mitbestimmung im Leitungsorgan erfolgt.[600] Den Arbeitnehmervertretern stehen im Verwaltungsrat die gleichen Rechte wie den Vertretern der Anteilseigner zu (§ 38 SEBG), sodass auch sie die Gesellschaft leiten, die Grundlinien ihrer Tätigkeit bestimmen und deren Umsetzung überwachen (§ 22 Abs. 1 SEAG). Die Auswirkungen der Mitbestimmung in einem Leitungsorgan sind qualitativ ungleich weitreichender als in einem Organ, das – wie der Aufsichtsrat – eine rein überwachende Tätigkeit ausübt. Man kann präg-

---

596 *Bachmann*, ZGR 2008, 779 (788 ff.); vgl. dazu auch *Siems* in KK-AktG, Vor Art. 43 SE-VO Rn 24 ff.

597 *Lutter/Kollmorgen/Feldhaus*, BB 2005, 2473 (2474); *Haider-Giangreco/Polte*, BB 2014, 2947 (2950); *Reichert/Brandes* in MüKoAktG, Art. 38 SE-VO Rn 26; *Reichert*, ZIP 2014, 1957 (1959); *Wiedemann/Frohnmayer*, FuS 2014, 10 (12); *Wiedemann/Wanzl*, FuS 2011, 51 (56 f.).

598 Vgl. https://www.boeckler.de/pdf/pb_mitbestimmung_se_2017_6.pdf, letzter Abruf am 31.10.2017.

599 *Bücker*, 10 Jahre SE, 203 (215).

600 *Bachmann*, ZGR 2008, 779 (797); *Bücker*, 10 Jahre SE, 203 (210); *Marsch-Barner*, GS Bosch, 99 (112 f.); *Reichert*, ZIP 2014, 1957 (1959); zu verfassungsrechtlichen Bedenken aufgrund der Mitbestimmung im Leitungsorgan: *Kämmerer/Veil*, ZIP 2005, 369 (371 ff.); *Weiss/Wöhlert*, NZG 2006, 121 (125 f.).

nant formulieren: Statt einer Parität in der Kontrolle erfolgt eine Parität auf Ebene der Geschäftsführung.[601] In diesem Kontext ist ferner der Aspekt zu nennen, dass die Arbeitnehmervertreter im monistischen Leitungssystem zwangsläufig auch Kenntnis von solchen Leitungsentscheidungen erhalten, die üblicherweise gerne vertraulich behandelt werden.[602] Dieser weitgehende Einfluss der Arbeitnehmer hat auf Unternehmer eine abschreckende Wirkung, die dazu führt, dass das monistische Leitungssystem nur ausnahmsweise gewählt wird, wenn ein Unternehmen der Mitbestimmung unterliegt.[603] Hieran vermochte der Hinweis auf andere Länder, in denen die Mitbestimmung im Leitungsorgan ebenfalls erfolgreich praktiziert wird,[604] ebenso wenig etwas zu ändern wie die zahlreichen zur Abschwächung des Arbeitnehmereinflusses im monistischen Leitungssystem entwickelten Maßnahmen. Denn sowohl die insoweit vorgeschlagene Einrichtung von arbeitnehmerfreien Exekutivausschüssen[605] als auch die teilweise in der Literatur in Erwägung gezogenen Stimmverbote für Arbeitnehmervertreter bei der Abstimmung über Leitungsentscheidungen im Verwaltungsrat[606] sind rechtlich zumindest umstritten, jedenfalls aber unter dem Gesichtspunkt einer guten Corporate Governance fragwürdig.

Als weiterer Grund für die relativ geringe Verbreitung des monistischen Organisationsstruktur kann angeführt werden, dass sich die dualistische Führungsstruktur in Deutschland nicht nur über einen langen Zeitraum funktional bewährt hat, sondern infolgedessen auch der Markt zur Rekrutierung von Führungskräften auf das dualistische System und seine Einteilung in hauptberufliche Leitungsorgane und nebenamtliche Aufsichtsräte zugeschnitten ist.[607] Ferner wird auch der Vorstand einer AG bzw. SE nicht auf einen Formwechsel in eine monistische Leitungsstruktur drängen, da dies seine unabhängige Stellung schwächen würde.[608] Vielmehr wird er bestrebt sein, seine umfassende Leitungsbefugnis zu erhalten, um weiterhin wei-

601 *Henssler* in Ulmer/Habersack/Henssler, § 21 SEBG Rn 53.

602 *Bücker*, 10 Jahre SE, 203 (210).

603 Ein Beispiel stellt die PUMA SE dar, bei der ein Drittel der Verwaltungsratsmitglieder aufgrund bindender Wahlvorschläge von Arbeitnehmervertretern bestellt werden (§ 7.3 der Satzung).

604 So *Teichmann*, BB 2004, 53 (57), der auf die skandinavischen Länder verweist.

605 *Gruber/Weller*, NZG 2003, 297 (300); *Kallmeyer*, ZIP 2003, 1531 (1535). Kritisch zur Zulässigkeit einer Übertragung von Aufgaben auf Ausschüsse, von deren Mitgliedschaft Arbeitnehmervertreter ausgeschlossen sind, *Teichmann*, BB 2004, 53 (57 mit Fn 48); *ders.* In Lutter/Hommelhoff/Teichmann, Art. 43 SE-VO Rn 67; *Reichert/Brandes*, ZGR 2003, 767 (795) wollen die Arbeitnehmervertreter von der Ausübung des Weisungsrechts in Fragen der täglichen Geschäftsführung ausschließen. Ablehnend wiederum: *Teichmann*, BB 2004, 53 (57 mit Fn 48).

606 *Kallmeyer*, ZIP 2003, 1531 (1535); für Unzulässigkeit derartiger Stimmverbote wegen Verstoßes gegen § 38 SEBG: *Austmann* in Münch Hdb AG, § 86 Rn 24; *Marsch-Barner*, GS Bosch, 99 (113); *Reichert/Brandes* in MüKoAktG, Art. 50 SE-VO Rn 49; *Teichmann*, BB 2004, 53 (57).

607 *Bücker*, 10 Jahre SE, 203 (211 ff.).

608 *Bücker*, 10 Jahre SE, 203 (214).

sungsunabhängig agieren zu können. Schließlich dürfte die monistische Leitungsstruktur auch in Beraterkreisen erst sukzessive bekannt geworden sein und diese ihr aufgrund der teilweise noch nicht hinreichend aufgearbeiteten Rechtsfragen zunächst einmal abwartend gegenüber gestanden haben.

2. *Perspektive als Komplementärgesellschaft*

Die vergleichsweise geringe Verbreitung der monistischen SE könnte zur Annahme verleiten, dass sie eine gesellschaftsrechtliche Randerscheinung darstellt. Allerdings käme ein solches Urteil m.E. zu früh. Freilich kann man zum jetzigen Zeitpunkt von keinem Siegeszug der monistischen SE in Deutschland sprechen. Dies konnte aufgrund der Etablierung des dualistischen Systems im Rechtssystem und in der Beraterpraxis auch nicht erwartet werden. Jedoch haben gerade in den letzten Jahren zahlreiche Unternehmen einen Wechsel hin zur monistischen Leitungsstruktur vollzogen. Dazu zählen etwa die Conrad Electronic SE, die Deichmann SE, die Mensch & Maschine SE und – als wohl bekannteste und sogar trotz Mitbestimmung – die Konzernmutter des Sportartikelherstellers Puma.[609] Die aktuelle Verbreitung innerhalb eines Zeitraumes von lediglich 10 Jahren kann daher in Anbetracht der jahrzehntelangen Etablierung des dualistischen Leitungssystems umgekehrt auch als ein durchaus beachtlicher Wert angesehen werden und die Entwicklung in der jüngeren Vergangenheit zeigt, dass auch die Beratungspraxis das monistische Leitungssystem für sich entdeckt hat.

Nicht zu leugnen ist jedoch, dass das monistische Leitungssystem aus Unternehmersicht dann deutlich weniger attraktiv ist, wenn eine Arbeitnehmermitbestimmung im Leitungsorgan erfolgt. Fungiert die monistische SE als Komplementärin einer KGaA, stellt sich diese Problematik jedoch in aller Regel nicht, da die Komplementärin, wie gezeigt, mitbestimmungsfrei gehalten werden kann.[610] Insbesondere aufgrund der Bekanntheit des monistischen Leitungssystems bei angloamerikanischen Investoren verwundert es, dass diese gesellschaftsrechtliche Konstruktion in der Praxis und Literatur bis jetzt relativ wenig Beachtung gefunden hat.[611]

---

609 Zugegebenermaßen hat Letztere von der bestehenden Organisationsautonomie in der Weise Gebrauch gemacht, dass ihre Leitungsstruktur stark dualistisch angenähert ist, vgl. hierzu *Bücker*, 10 Jahre SE, 203 (211). So wurden ausschließlich externe Direktoren bestellt und die vergleichsweise geringe feste jährliche Vergütung der Verwaltungsratsmitglieder in Höhe von EUR 25.000 (vgl. § 12 der Satzung der Puma SE) erinnert mehr an die Vergütung eines Aufsichtsrates als an die eines Geschäftsleitungsorgans eines weltweit tätigen Unternehmens.

610 Vgl. dazu oben unter § 2 F. II. 2.

611 Die Heinemann SE & Co. KG verfügt über eine monistisch organisierte Komplementärgesellschaft. Auch in der Literatur äußern sich, soweit ersichtlich, bislang nur *Reichert/Ott*, 10 Jahre SE, 154 (158 f.) und *Mayer-Uellner/Otte*, NZG 2015, 737 (740) zu einer monistisch organisierten Komplementär-SE.

3. *Spezifische Vorteile des monistischen Leitungssystems für Familienunternehmen*

Bezüglich der Binnenorganisation sind die Unterschiede zwischen einer dualistischen SE und einer AG abgesehen von der bereits herausgearbeiteten unterschiedlichen maximalen Bestelldauer des Vorstandes und der Möglichkeit zur Statuierung von qualifizierten Mehrheitserfordernissen im Aufsichtsrat bei gesetzlich zugewiesenen Beschlussfassungen gering.[612] Wird die SE als Komplementärin eingesetzt, kommen ihre „klassischen Vorzüge" gegenüber der AG, die im „Einfrieren" des Mitbestimmungsniveaus bzw. der Möglichkeit zur Verkleinerung des Aufsichtsorgans gesehen werden,[613] nicht zum Tragen, da die Komplementärgesellschaft in aller Regel über keine Arbeitnehmer verfügen wird und eine analoge Anwendung von §§ 4 und 5 MitbestG auf eine Komplementär-SE wegen § 47 Abs. 1 Nr. 1 SEBG und Art. 13. Abs. 2 SE-VO nicht in Betracht kommt.[614] Ob allein das finanzkräftigere und. internationalere Renommee der SE gegenüber der AG und die aufgezeigten Unterschiede im Hinblick auf die Flexibilität der Organisationsstruktur die bestehenden Rechtsunsicherheiten, insbesondere im Rahmen des Beitritts als Komplementärgesellschaft zu einer KGaA,[615] und den hiermit verbundenen erhöhten Beratungsaufwand zu kompensieren vermögen, lässt sich nicht pauschal beantworten. Es soll daher der Frage nachgegangen werden, welche spezifischen Vorteile das alternativ zum dualistischen Leitungssystem zur Verfügung stehende monistische Organisationsmodell einer Komplementär-SE für Familienunternehmen bietet.

Bei einem Einsatz als Komplementärin ist die schlanke Organisationsstruktur der monistischen SE von Vorteil, die sich aus der engen Verzahnung von Überwachungs-, Beratungs- und Geschäftsführungsfunktion ergibt. Das monistische Leitungssystem verspricht aufgrund seiner Struktur eine höhere Effizienz in der Entscheidungsfindung und einen besseren Informationsfluss zwischen geschäftsführendem und nichtgeschäftsführendem Leitungspersonal.[616] Auch kann der personelle Aufwand hier im Vergleich zu einem dualistischen Leitungssystem geringer gehalten werden, wobei die theoretisch bestehende Möglichkeit, neben einem Einmann-Verwaltungsrat nur einen weiteren geschäftsführenden Direktor zu bestellen, zumindest bei größeren Gesellschaften nicht nur wegen des Geschäftsumfangs, sondern auch aus Corporate Governance Gesichtspunkten nicht in Betracht kommen wird. Bedeutsam ist hingegen die Tatsache, dass beim monistischen

---

612 Während der Vorsitzende des Leitungsorgans bei der SE bereits von Gesetzes wegen ein ausschlaggebendes Stimmrecht hat (Art. 50 Abs. 2 S. 1 SE-VO), wird dies dem Vorstandsvorsitzender der AG häufig zulässigerweise in der Satzung eingeräumt (vgl. § 77 Abs. 1 S. 2 AktG), vgl. *Bürgers* in Bürgers/Körber, § 77 Rn 9; *Spindler* in MüKoAktG, § 77 Rn 14.

613 Vgl. dazu oben unter § 2 F. II. 3. c).

614 Vgl. dazu bereits oben unter § 2 F. II. 2. e).

615 Vgl. dazu unter § 7 A. V. 2.

616 *Teichmann*, BB 2004, 53 (54).

Leitungssystem die besondere Expertise externer Personen nicht – wie beim dualistischen Leitungssystem – nur auf der Ebene des Überwachungsorgans oder eines zusätzlichen Gremiums (z. B. eines Beirats) eingebracht wird, sondern direkt im Rahmen der Unternehmensleitung.[617] Ferner können insbesondere bei weit verzweigten Familien die einzelnen Stämme über einen Sitz im Verwaltungsrat flexibler an der Leitung des Unternehmens beteiligt werden als in einem dualistischen Leitungssystem.[618] Auch die Möglichkeit zur Etablierung eines „CEO-Modells"[619] mag für Familienunternehmen von Interesse sein, da auf diesem Weg einer herausragenden Unternehmerpersönlichkeit der Vorsitz in der Geschäftsführung und im Verwaltungsrat und damit eine besondere Machtfülle eingeräumt werden kann. Anders als im dualistischen System[620] kann dabei nicht nur ein Veto-, sondern auch ein Alleinentscheidungsrecht zugunsten eines geschäftsführenden Direktors statutarisch normiert werden.[621]

Auch im Hinblick auf die Unternehmensnachfolge bietet die monistische Leitungsstruktur gegenüber der AG bzw. der dualistischen SE eine interessante Gestaltungsmöglichkeit.[622] Nicht selten lehnen Familienunternehmer trotz fortgeschrittenen Alters einen Rückzug aus dem Tagesgeschäft und eine Beschränkung auf eine rein überwachende Tätigkeit im Aufsichtsrat ab. Wird die rechtzeitige Implementierung des Nachfolgers verpasst, kann dies weitreichende wirtschaftliche Folgen haben. Nach einer im Auftrag der Deutschen Unternehmerbörse (DUB) durchgeführten Umfrage sind 84 Prozent der befragten Unternehmer der Ansicht, dass Hauptgrund für eine gescheiterte Unternehmensübergabe innerhalb der Familie darin zu sehen ist, dass der Senior seine Führungsposition zu spät an einen Nachfolger übergibt.[623] So wird etwa im Fall der Anton Schlecker e.K. die nicht rechtzeitige Unternehmensnachfolge als ein wesentlicher Grund für deren Insolvenz genannt.[624] Das monistische System kann hier eine interessengerechte Lösung bieten, denn es eröffnet die Möglichkeit eines behutsamen Führungsüberganges. So kann das scheidende Familienmitglied zunächst die Stellung eines geschäftsführenden Direktors aufgegeben und sich auf einen Posten im Verwaltungsrat beschränken. Dies stellt insofern einen guten Kompromiss dar, als dass das jeweilige Familienmitglied dann nicht mehr in vorderster Front in das operative Tagesgeschehen eingebunden ist,

---

617 *Reichert/Ott*, 10 Jahre SE, 154 (158).

618 *Jannott/Frodermann* in Jannott/Frodermann, Einl Rn 27; *Mayer-Uellner/Otte*, NZG 2015, 737 (738).

619 Vgl. dazu oben unter § 3 B. II. 1. d).

620 Vgl. dazu oben unter § 3 A. I.

621 Vgl. dazu oben unter § 3 B. II. 1. e).

622 *Reichert*, ZIP 2014, 1957 (1959); *Reichert/Ott*, 10 Jahre SE, 154 (159) – auch zum Folgenden. Andeutungsweise auch: *Rockstroth*, BB 2012, 1620 (1621).

623 Vgl. S. 13 der Studie, abrufbar unter: https://www.dub.de/fileadmin/redakteure/PDF/DUB_ Auswertung_TNS_Emnid_Studie.pdf, letzter Abruf am 31.10.2017.

624 Vgl. dazu *Brandenburg*, Wenn der Senior-Chef nicht loslassen kann, Handelsblatt vom 13.2.2012.

jedoch über die Verwaltungsratsangehörigkeit die Grundlinien der Tätigkeit der Gesellschaft festlegen kann und damit über deutlich weitergehende Befugnisse verfügt als ein auf die reine Überwachung der Gesellschaft beschränktes Mitglied des Aufsichtsrates einer dualistischen SE bzw. AG. Umgekehrt mag ein Posten als weisungsgebundener geschäftsführender Direktor für junge Führungskräfte aus der Familie auch geeigneter erscheinen als ein vollständig unabhängig agierendes Vorstandsmandat. So können diese in eine unabhängige Führungsrolle hineinwachsen.

Unabhängig von dieser Nachfolgeproblematik ist das monistische Leitungssystem aus den gleichen Gründen auch für Familienmitglieder interessant, die sich nicht in das operative Tagesgeschehen einbringen, aber dennoch die strategische Ausrichtung des Unternehmens maßgeblich beeinflussen wollen. Während die laufende Geschäftsführung Fremdmanagern übertragen werden kann, behalten die Familienmitglieder über Posten im Verwaltungsrat die Letztentscheidungsbefugnis über Geschäftsführungsmaßnahmen.[625] Durch die Möglichkeit der Ausübung des unbeschränkten Weisungsrechtes[626] können sie darüber hinaus auch jederzeit unmittelbaren Einfluss auf die Geschäftsführung nehmen.[627] Freilich geht die Mitgliedschaft im Verwaltungsrat mit einem im Vergleich zu einem Aufsichtsratsmandat erhöhten haftungsrechtlichen Risiko einher.[628]

Die Rechtsform der monistischen SE & Co. KGaA eignet sich damit nicht nur für weit verzweigte Unternehmerfamilien mit stetig wachsendem Gesellschafterkreis, sondern wird dabei auch den unterschiedlichen unternehmerischen Ambitionen verschiedener Familienmitglieder gerecht. Diejenigen, die keine unternehmerischen Absichten haben, können sich als Kommanditaktionäre überwiegend darauf beschränken, am Ertrag der Gesellschaft zu partizipieren. Eine Mitgliedschaft im Verwaltungsrat der Komplementärin kommt für Familienmitglieder in Betracht, die unternehmerisch tätig werden wollen, ohne in das operative Geschäft eingebunden zu sein. Hierbei ist es auch möglich, sich auf eine überwachende Tätigkeit zu beschränken, was insbesondere im Rahmen eines Unternehmensüberganges relevant werden kann. Familienmitglieder, die (auch) eine operative Tätigkeit ausüben wollen, können als geschäftsführende Direktoren tätig sein und dabei ggf. zusätzlich ein Verwaltungsratsmandat übernehmen.

VIII. Zusammenfassung

Im Vergleich zu den alternativ als Komplementärgesellschaft zur Verfügung stehenden Rechtsformen der AG und GmbH bietet die SE aufgrund ihres höheren gesetzlichen Mindestnennbetrages des Grundkapitals eine höhere Finanzkraft und steht zudem für eine internationale Ausrichtung des Unternehmens. Zwar ist der laufende Organisationsaufwand bei einer SE höher als bei einer GmbH und der

625 *Mayer-Uellner/Otte*, NZG 2015, 737 (740); *v. Eiff/Otte*, GWR 2015, 246 (248).
626 Vgl. dazu oben unter § 3 B. II. 1. g).
627 *Reichert/Ott*, 10 Jahre SE, 154 (159).
628 Vgl. dazu oben unter § 3 B. I. 4. a) cc).

Zugriff auf erzielte Gewinne der Komplementärgesellschaft wegen des Grundsatzes der Kapitalerhaltung nur eingeschränkt möglich, hingegen erleichtert die SE – insbesondere bei Wahl des dualistischen Leitungssystems – die Anwerbung qualifizierter Führungskräfte: Die Mitglieder des Leitungsorgans verfügen aufgrund ihrer Weisungsunabhängigkeit nicht nur über eine starke Stellung, sondern unterliegen ferner nicht der Sozialversicherungspflicht. Demgegenüber sind externe geschäftsführende Direktoren aufgrund ihrer Weisungsgebundenheit sozialversicherungspflichtig, während dies für interne geschäftsführende Direktoren nach vorzugswürdiger Ansicht nicht gilt, da sie auch Leitungsmacht ausüben. Hinsichtlich der Flexibilität der Organisationsstruktur bietet die SE gegenüber der AG den Vorteil, dass auch für dem Aufsichtsorgan gesetzlich zugewiesene Beschlussfassungen qualifizierte Mehrheitserfordernisse bis hin zur Einstimmigkeit normiert werden können. Da die Komplementär-SE regelmäßig mitbestimmungsfrei gehalten werden kann, sollte das monistische Leitungssystem bei Familienunternehmen als Alternative zum dualistischen Organisationsmodell in Betracht gezogen werden, weil es nicht nur eine enge Verzahnung von Überwachungs-, Beratungs- und Geschäftsführungsfunktion und die Möglichkeit der Etablierung eines „CEO-Modells" bietet, sondern auch im Rahmen der Unternehmensnachfolge eine interessengerechte Lösungsmöglichkeit beinhalten kann.

§ 4 Der Aufsichtsrat

Die KGaA hat als weiteres Organ neben dem persönlich haftenden Gesellschafter und der Hauptversammlung der Kommanditaktionäre kraft zwingenden Rechts einen Aufsichtsrat einzurichten, wie sich aus § 278 Abs. 3 i.V.m. §§ 95 ff. AktG und § 287 AktG ergibt.[1] Nach Darstellung der Besonderheiten im Hinblick auf die Besetzung des Aufsichtsrates im Falle einer SE & Co. KGaA und Untersuchung der einer Unternehmerfamilie zustehenden Möglichkeiten zur statutarischen Einflussnahme (dazu unter A.) werden dessen gesetzliche Kompetenzen erörtert (dazu unter B. I. – III.), die im Vergleich zu denen eines Aufsichtsrates einer AG stark eingeschränkt sind. Abschließend wird in der gebotenen Kürze der Frage nachgegangen, inwieweit eine Erweiterung der Kompetenzen möglich ist (dazu unter B. IV.), während die Zulässigkeit einer Einschränkung der Kompetenzen des Aufsichtsrates zugunsten eines fakultativen Organs im Kapitel über den Beirat dargestellt wird.[2]

A. Zusammensetzung

Gemäß § 278 Abs. 3 AktG finden auf den Aufsichtsrat der KGaA die §§ 95 ff. AktG Anwendung, sodass bezüglich der Zusammensetzung und Wahl des Aufsichtsrates grundsätzlich keine Unterschiede zum Aufsichtsrat einer AG bestehen.[3] Die Aufsichtsratsmitglieder einer KGaA sind, sofern sie nicht entsandt (§ 278 Abs. 3 i.V.m. § 101 Abs. 1 S. 1 AktG) oder gerichtlich bestellt[4] (§ 278 Abs. 3 i.V.m. § 104 AktG) werden, von den Kommanditaktionären zu wählen, wobei die per-

---

1 *Bachmann* in Spindler/Stilz, § 287 Rn 1; *Herfs* in Münch Hdb AG, § 78 Rn 44; *Lutter/Krieger/Verse*, Aufsichtsrat, Rn 1301; *K. Schmidt* in K. Schmidt/Lutter, § 287 Rn 1.

2 Dazu unter § 6 B. III.

3 *Bachmann* in Spindler/Stilz, § 287 Rn 2.

4 Gehört dem Aufsichtsrat die zur Beschlussfähigkeit nötige Zahl von Mitgliedern nicht an, so hat ihn das Gericht gemäß § 104 Abs. 1 S. 1 AktG auf Antrag des Vorstands, eines Aufsichtsratsmitglieds oder eines Aktionärs auf diese Zahl zu ergänzen. Gleiches gilt gemäß § 104 Abs. 2 S. 1 AktG, wenn dem Aufsichtsrat länger als drei Monate weniger Mitglieder als die durch Gesetz oder Satzung festgesetzte Zahl angehören. Nach OLG Frankfurt/M., Beschluss vom 8.9.2014 – 20 W 148/14 = NZG 2015, 1154 ff. ist der persönlich haftende Gesellschafter der KGaA dabei im Gegensatz zur Gesellschaft selbst zur Antragstellung nach § 104 Abs. 1 und 2 AktG berechtigt. Zwar werden § 104 Abs. 1 und 2 AktG nicht im abschließenden Katalog des § 283 AktG genannt. Dies sei jedoch unschädlich, da es sich hierbei nicht um eine Vorschrift „für den Vorstand" handele und die allein der Sicherstellung der Funktionsfähigkeit des Aufsichtsrates dienenden Vorschriften des § 104 Abs. 1, 2 AktG über § 278 Abs. 3 AktG zur Anwendung kommen. Auch das Stimmverbot des § 285 Abs. 1 S. 2 Nr. 1 AktG stehe dem nicht entgegen, da es nicht um die Wahl des Aufsichtsrats, sondern um dessen gerichtliche Ergänzung gehe und das Ge-

sönlich haftenden Gesellschafter ihr Stimmrecht aus den Aktien nicht ausüben können (§ 285 Abs. 1 S. 2 Nr. 1 AktG).[5] Bezüglich der Höchstzahl an Aufsichtsratsmitgliedern nach § 278 Abs. 3 i.V.m. § 95 S. 4 AktG ist allein das Grundkapital maßgeblich und eine etwaige Sondereinlage des Komplementärs wird nicht berücksichtigt.[6] Überschreitet die KGaA die Schwelle von 500 bzw. 2000 Arbeitnehmern, werden die Vorschriften des AktG durch diejenigen des DrittelbG und des MitbestG überlagert und der Aufsichtsrat einer KGaA muss zu einem Drittel (§ 1 Abs. 1 Nr. 2 i.V.m. § 4 Abs. 1 DrittelbG) bzw. paritätisch mit Arbeitnehmervertretern (§ 1 Abs. 1 Nr. 1 MitbestG i.V.m. § 7 Abs. 1, 2 MitbestG) besetzt sein (§ 278 Abs. 3 i.V.m. § 101 Abs. 1 S. 1 AktG).

Seit dem 1.1.2016 gilt für paritätisch mitbestimmte[7] börsennotierte KGaAs ferner eine Mindestquote von 30 Prozent für das unterrepräsentierte Geschlecht im Aufsichtsrat (§ 278 Abs. 3 AktG i.V.m. § 96 Abs. 2 AktG).[8] Gemäß § 96 Abs. 2 S. 2 AktG gilt hierbei der sog. Grundsatz der Gesamterfüllung: der Mindestanteil ist vom Aufsichtsrat insgesamt zu erfüllen und es ist unerheblich, ob die Vertreter der Arbeitnehmer oder der Anteilseigner mehr oder weniger Mitglieder des unterrepräsentierten Geschlechts stellen.[9] Für Verstöße gegen diese fixe Geschlechterquote im Rahmen der Wahl von Anteilseignervertretern durch die Hauptversammlung sieht § 96 Abs. 2 S. 6 AktG die Nichtigkeit der entsprechenden Wahl (vgl. auch

---

richt hierbei nicht an die Vorschläge des Antragstellers gebunden sei. Zustimmend: *Bachmann*, EwiR 2015, 103 (104); *ders.* In Spindler/Stilz, § 283 Rn 2.

5 Zu Stimmverboten ausführlich im Kapitel über die Hauptversammlung unter § 5 A. II. 1.

6 *Bachmann* in Spindler/Stilz, § 287 Rn 2; *Mertens/Cahn* in KK-AktG, § 287 Rn 7.

7 Das Drittelbeteiligungsgesetz wird von § 96 Abs. 2 AktG gerade nicht erwähnt, *Grobe*, AG 2015, 289 (290).

8 Hiervon sind 101 Unternehmen betroffen, vgl. *v. Bullion*, Große Defizite bei der Frauenquote, Süddeutsche Zeitung vom 22. Dezember 2015, S. 1. § 96 Abs. 2 AktG und § 111 Abs. 5 AktG wurden durch das Gesetz über die gleichberechtigte Teilhabe von Frauen und Männern an Führungspositionen in der Privatwirtschaft und im öffentlichen Dienst vom 24.4.2015 (BGBl. I S. 642) eingefügt. Dem Gesetz liegt die Erwägung zugrunde, dass die durch den DCGK vorgeschlagenen Empfehlungen zur Diversität von Vorstand und Aufsichtsrat zu keinen nennenswerten Verbesserungen geführt haben, vgl. Reg. Begr. BR-Drs. 636/14, S. 44. Zu verfassungs- und europarechtlichen Zweifeln insbesondere wegen des Fehlens einer Ausnahme- und Härtefallklausel: *Habersack/Kersten*, BB 2014, 2819 (2828 f.); *Teichmann/Rüb*, BB 2015, 259 (261 f.); *Windthorst*, Stellungnahme, S. 4 ff.

9 *Grobe*, AG 2015, 289 (291); *Stüber*, DStR 2015, 947 (948). Eine Ausnahme vom Grundsatz der Gesamterfüllung gilt nach § 96 Abs. 2 S. 3 AktG jedoch für den Fall, dass die Seite der Anteilseigner- oder Arbeitnehmervertreter aufgrund eines mit Mehrheit gefassten Beschlusses vor der Wahl der Gesamterfüllung gegenüber dem Aufsichtsratsvorsitzenden widerspricht. In diesem Fall ist der Mindestanteil für diese Wahl von der Seite der Anteilseigner und der Seite der Arbeitnehmer getrennt zu erfüllen, vgl. dazu etwa *Schulz/Ruf*, BB 2015, 1155 (1156 f.); *Stüber*, DStR 2015, 947 (948).

§ 250 Abs. 1 Nr. 5 AktG) und das Prinzip des „leeren Stuhls“ vor:[10] Das quotenwidrig gewählte Mandat bleibt unbesetzt, was weitreichende Folgen für die Beschlussfähigkeit des Organs haben kann.[11] In der Erklärung zur Unternehmensführung hat die Gesellschaft zu veröffentlichen, ob bei der Besetzung des Aufsichtsrates die Quote von 30 Prozent eingehalten wurde bzw. Gründe für das Nichterreichen anzugeben (§ 289a Abs. 2 Nr. 5, Abs. 3 HGB). Ist die KGaA lediglich börsennotiert oder mitbestimmt, legt der Aufsichtsrat für den Frauenanteil im Organ eine Zielgröße fest (§ 278 Abs. 3 AktG i.V.m. § 111 Abs. 5 S. 1 AktG).[12] Bezüglich ihrer Festsetzung, der fehlenden Bindungswirkung von Zielgrößen und der Pflicht zur Veröffentlichung gelten die im Rahmen der Komplementärin gemachten Ausführungen entsprechend.[13] Ist die KGaA kapitalmarktorientiert iSv § 264d HGB, muss ferner mindestens ein unabhängiges Mitglied des Aufsichtsrats über Sachverstand auf den Gebieten Rechnungslegung oder Abschlussprüfung verfügen (§ 278 Abs. 3 AktG i.V.m. § 100 Abs. 5 AktG). Gegenüber der Rechtslage bei der AG ergeben sich Besonderheiten im Hinblick auf die Besetzung des Aufsichtsrates damit allein aus der Regelung des § 287 Abs. 3 AktG, denen im Folgenden nachgegangen werden soll.

I. Inkompatibilitäten

Neben den in § 278 Abs. 3 i.V.m. § 100 Abs. 1, 2 und § 105 Abs. 1 AktG[14] allgemeinen Hinderungsgründen können gemäß § 287 Abs. 3 AktG auch persönlich haftende Gesellschafter nicht zugleich Mitglieder des Aufsichtsrates sein (sog. Ämterinkom-

---

10 *Grobe*, AG 2015, 289 (294); *Schulz/Ruf*, BB 2015, 1155 (1158); *Stüber*, DStR 2015, 947 (949). Eine Ausnahme von der Nichtigkeit sieht § 96 Abs. 2 S. 7 AktG vor: eine Wahl verstößt dann nicht gegen die Geschlechterquote, wenn sie allein deshalb nicht erreicht wird, weil im Nachhinein die Wahl eines anderen Aufsichtsratsmitglieds aus anderen Gründen als der Quote für nichtig erklärt wird.

11 Wegen dieser Rechtsfolge wurde § 92 Abs. 2 S. 6 AktG als unverhältnismäßig kritisiert, *Windthorst*, Stellungnahme, S. 7. Gemäß § 104 Abs. 5 AktG hat ein Gericht die Vorgaben des § 96 Abs. 2 S. 1 bis 5 AktG auch im Rahmen einer Ersatzbestellung zu beachten.

12 BT-Drs. 18/4227, S. 22; *Bachmann* in Spindler/Stilz, § 287 Rn 2. Unter die Regelung des § 111 Abs. 5 AktG fallen sowohl dem MitbestG als auch dem DrittelbG unterliegende Gesellschaften, *Grobe*, AG 2015, 289 (290); *Schulz/Ruf*, BB 2015, 1155 (1159).

13 Vgl. dazu oben unter § 3.

14 *Assmann/Sethe* in GK-AktG, § 287 Rn 10; *Bachmann* in Spindler/Stilz, § 287 Rn 4; *Bürgers* in Bürgers/Fett, § 5 Rn 442; *K. Schmidt* in K. Schmidt/Lutter, § 287 Rn 6; *Mertens/Cahn* in KK-AktG, § 287 Rn 11: Damit können Prokuristen oder zum gesamten Geschäftsbetrieb ermächtigte Handlungsbevollmächtigte der Gesellschaft nicht Mitglied im Aufsichtsrat ein. Die Regelung des § 105 Abs. 2 AktG findet hingegen keine Anwendung auf die KGaA, da der Aufsichtsrat den persönlich haftenden Gesellschafter nicht bestellt; *Assmann/Sethe* in GK-AktG, § 287 Rn 11; *Bachmann* in Spindler/Stilz, § 287 Rn 4; *Mertens/Cahn* in KK-AktG, § 287 Rn 12.

patibilität).[15] Sinn und Zweck dieser zwingenden Regelung (§ 278 Abs. 3 i.V.m. § 23 Abs. 5 AktG)[16] ist die Sicherstellung einer effektiven Überwachung der Geschäftsführung und die Vermeidung von Interessenkonflikten durch eine personelle Trennung von geschäftsführendem und überwachendem Organ.[17] Nach dem Wortlaut des § 287 Abs. 3 AktG ist bei der Kapitalgesellschaft & Co. KGaA die Komplementärgesellschaft für ein Aufsichtsratsmandat inhabil, was jedoch keinen Erkenntnisgewinn gegenüber § 278 Abs. 3 i.V.m. § 100 Abs. 1 S. 1 AktG beinhaltet, nach dem nur natürliche, unbeschränkt geschäftsfähige Personen zu Mitgliedern des Aufsichtsrates gewählt werden können.[18] Da der Gesetzgeber beim Erlass der Vorschrift nicht die Konstellation einer Kapitalgesellschaft & Co. KGaA vor Augen hatte und somit insoweit von einer planwidrigen Regelungslücke ausgegangen werden kann,[19] soll der Frage über eine erforderliche Ausdehnung der Inkompatibilitätsregelung auf die Organmitglieder (dazu unter 1) und die Aktionäre (dazu unter 2) der Komplementär-SE nachgegangen werden.

1. Organmitglieder der Komplementär-SE

Nach einhelliger Auffassung in Rechtsprechung und Literatur sind die gesetzlichen Vertreter einer Komplementär-GmbH und einer Komplementär-AG – also deren Geschäftsführer bzw. Vorstandsmitglieder – aufgrund der vergleichbaren Gefährdungslage wegen der abstrakten Möglichkeit von Interessenkollisionen in analoger Anwendung von § 287 Abs. 3 AktG von der Mitgliedschaft im Aufsichtsrat der KGaA ausgeschlossen.[20] Auch der BGH neigt zu dieser Auffassung, wenn er ausführt:

---

15 *Bürgers* in Bürgers/Fett, § 5 Rn 447; *Förl/Fett* in Bürgers/Körber, § 287 Rn 9; *Wollburg*, FS Hoffmann-Becking, 1425 (1428).

16 *Assmann/Sethe* in GK-AktG, § 287 Rn 16; *Bürgers* in Bürgers/Fett, § 5 Rn 447; *Perlitt* in MüKoAktG, § 287 Rn 27; *Wollburg*, FS Hoffmann-Becking, 1425 (1428).

17 *Bachmann* in Spindler/Stilz, § 287 Rn 4; *Bürgers* in Bürgers/Fett, § 5 Rn 448; *Förl/Fett* in Bürgers/Körber, § 287 Rn 10; *K. Schmidt* in K. Schmidt/Lutter, § 287 Rn 7; *Mertens*, FS Ulmer, 419 (420); *Wollburg*, FS Hoffmann-Becking, 1425 (1428).

18 BGH, NJW 2006, 510 (511); *Wollburg*, FS Hoffmann-Becking, 1425 (1429).

19 Dem Vorliegen einer planwidrigen Regelungslücke steht nicht entgegen, dass der Gesetzgeber den Beschluss des BGH zur Anerkennung der GmbH & Co. KGaA durch die Einfügung von § 279 Abs. 2 AktG durch Gesetz v. 22.6.1998 (BGBl. I S. 1474) umgesetzt hat, da von einer lediglich partiellen Umsetzung dieser Grundsatzentscheidung auszugehen ist, so auch: OLG München, NZG 2004, 521 (523); *Wollburg*, FS Hoffmann-Becking, 1425 (1430).

20 OLG München, NZG 2004, 521 (523); OLG Frankfurt, Urteil vom 28. Mai 2013–5 U 126/12 –, juris; *Arnold*, GmbH & Co. KGaA, S. 108; *Assmann/Sethe* in GK-AktG, § 287 Rn 16; *Bachmann* in Spindler/Stilz, § 287 Rn 5; *Herfs* in Münch Hdb AG, § 79 Rn 59; *Ihrig/Schlitt*, ZHR Beiheft 67, 33 (43); *Kessler*, NZG 2005, 145 (150); *Lutter/Krieger/Verse*, Aufsichtsrat, Rn 1330; *Mertens*, FS Ulmer, 419 (427); *Mertens/Cahn* in KK-AktG, § 287 Rn 10; *Müller-Michaels* in Hölters, § 287 Rn 4; *Otte*, AG & Co. KGaA, S. 145;

„Da eine juristische Person als Komplementärin [...] die ihr in der KGaA zugewiesenen Kompetenzen letztlich nur durch natürliche Personen als gesetzliche Vertreter ausüben kann, mag es – mit der insoweit einhelligen Auffassung im Schrifttum – geboten sein, diese Funktionsträger in den Anwendungsbereich des § 287 Abs. 3 AktG einzubeziehen, um zu vermeiden, dass Geschäftsführungs- und Überwachungsfunktion in einer Hand zusammenfallen.“[21]

a) Vertretungsorgane der Komplementär-SE

Damit § 278 Abs. 3 AktG bei der SE & Co. KGaA nicht leer läuft, sind mithin Mitglieder des Leitungsorgans einer dualistischen Komplementär-SE und die geschäftsführenden Direktoren einer monistisch organisierten Komplementär-SE als gesetzliche Vertreter (§ 41 Abs. 1 S. 1 SEAG bzw. § 78 Abs. 1 S. 1 AktG i.V.m. Art. 9 Abs. 1 lit. c) ii) SE-VO) ebenfalls analog § 287 Abs. 3 AktG als inhabil anzusehen. Die Vergleichbarkeit der Interessenlage ist gegeben, da die Komplementär-SE durch die genannten Organe handelt und bei diesen die Gefahr von Interessenkollisionen in gleichem Maße wie bei einer natürlichen Person als persönlich haftendem Gesellschafter besteht. Da sich die inhabilen Organe leicht bestimmen lassen, ist auch dem aus Gründen der Rechtssicherheit geltenden Gebot der Eindeutigkeit von Inkompatibilitätsregelungen[22] Genüge getan.

b) Mitglieder des Aufsichtsorgans einer dualistischen Komplementär-SE?

Da § 287 Abs. 3 AktG die Trennung von Geschäftsführung und Kontrolle bezweckt, sind die Aufsichtsratsmitglieder einer Komplementär-AG – und somit konsequenterweise auch die Mitglieder des Aufsichtsorgans einer dualistisch organisierten Komplementär-SE – nach einhelliger Auffassung nicht inhabil, weil sie gerade nicht Teil der Geschäftsführung, sondern ebenfalls Teil eines überwachenden Organs sind.[23] Denn die zentrale Aufgabe des Aufsichtsrates einer AG bzw. dualistischen SE besteht in der Überwachung des Geschäftsführungsorgans.[24] An dieser Einordnung vermag auch die partielle Mitwirkung des Aufsichtsrates an der Geschäftsführung durch die Ausübung der Personalkompetenz (Art. 39 Abs. 2 S. 1 SE-VO) oder durch die Möglichkeit zur Normierung von Zustimmungsvorbehalten (§ 19 SEAG) nichts zu ändern, da die Bestellung der Leitungsorganmitglieder lediglich mittelbaren Einfluss auf die Geschäftsführung hat und Zustimmungsvorbehalte dem Zustimmungsberechtigten bezüglich einer geplanten Geschäftsführungsmaßnahme

---

Perlitt in MüKoAktG, § 287 Rn 28; *Schlitt*, KGaA, S. 168; *K. Schmidt* in K. Schmidt/Lutter, § 287 Rn 9; *Wollburg*, FS Hoffmann-Becking, 1425 (1429).

21 BGH, NJW 2006, 510 (511).

22 Vgl. hierzu *Mertens*, FS Ulmer, 419 (426 f.).

23 *Koch* in Hüffer/Koch, § 287 Rn 4; *Otte*, AG & Co. KGaA, S. 148 f.; *Wollburg*, FS Hoffmann-Becking, 1425 (1430 f.).

24 Vgl. nur *Hambloch-Gesinn/Gesinn* in Hölters, § 111 Rn 1; *Hoffmann-Becking* in Münch Hdb AG, § 29 Rn 1.

gerade kein für die Geschäftsführung typisches Initiativ- oder Gestaltungsrecht eröffnen, sondern lediglich eine Reaktionsmöglichkeit bieten.[25] Durch ein Mandat in zwei Organen, die beide ganz überwiegend überwachende Funktionen ausüben, wird jedoch die von § 287 Abs. 3 AktG bezweckte Trennung von Geschäftsführung und Überwachung nicht unterlaufen.[26] Da bei einer reinen Verwaltungs-Komplementärgesellschaft der Bezugspunkt der Überwachung jedoch weitgehend identisch ist,[27] mag man allenfalls im Sinne einer guten Corporate Governance eine vollständige personelle Überschneidung der beiden Aufsichtsräte vermeiden, um so eine Überwachung durch verschiedene Personen sicherzustellen.[28]

c) Mitglieder des Verwaltungsrates einer monistischen Komplementär-SE

Diese Argumentation bezüglich der Aufsichtsratsmitglieder lässt sich nicht auf die Mitglieder des Verwaltungsrates einer monistisch organisierten Komplementär-SE übertragen. Die Befugnisse von Verwaltungsratsmitgliedern sind nämlich gerade nicht auf die Überwachung und die Normierung von Zustimmungsvorbehalten beschränkt. Sie üben vielmehr neben einer überwachenden Tätigkeit auch originäre Leitungsfunktion aus, indem sie die Grundlinien der Tätigkeit der Gesellschaft bestimmen (§ 22 Abs. 1 SEAG). Ferner können sie durch die Ausübung von Weisungsrechten gegenüber den geschäftsführenden Direktoren jederzeit und umfassend Einfluss auf das operative Tagesgeschäft nehmen (§ 44 Abs. 2 SEAG). Als oberstem Leitungsorgan einer monistischen SE obliegt dem Verwaltungsrat die Gesamtverantwortung für die Geschäftsführung.[29] Damit sind die Verwaltungsratsmitglieder einer monistisch organisierten SE & Co. KGaA in analoger Anwendung von § 287 Abs. 3 AktG als inhabil anzusehen, da die abstrakte Gefahr besteht, dass sie als Mitglieder des Geschäftsführungsorgans auf die überwachende Tätigkeit des Kontrollorgans Einfluss nehmen, was § 287 Abs. 3 AktG gerade verhindern will.[30] Scheiden die genannten inhabilen Organe aus der entsprechenden Stellung in der Komplementär-SE aus, wird man bei börsennotierten Gesellschaften in analoger Anwendung von § 100 Abs. 2 S. 1 Nr. 4 AktG i.V.m. § 278 Abs. 3 AktG grundsätzlich eine Karenzzeit von zwei Jahren abwarten müssen, bevor sie ein Aufsichtsratsmandat in der KGaA übernehmen können.

---

25 *Wollburg*, FS Hoffmann-Becking, 1425 (1431).

26 Nach § 12 Abs. 5 der Satzung der Henkel AG & Co. KGaA ist eine Mitgliedschaft sowohl im Aufsichtsrat der Komplementärin als auch im Aufsichtsrat der KGaA explizit zulässig.

27 Vgl. dazu bereits oben unter § 3 A. II. 3. a) und sogleich unter § 4 B. I. 2.

28 In der Praxis sind die Aufsichtsräte zahlreicher AG bzw. SE & Co. KGaAs und der jeweiligen Komplementärgesellschaften teilweise personenidentisch, vgl. die Beispiele bei *Wollburg*, FS Hoffmann-Becking, 1425 (1431).

29 Vgl. BT-Drs. 15/3405, S. 36.

30 I.E. ebenso: *Mayer-Uellner/Otte*, NZG 2015, 737 (741); *v. Eiff/Otte*, GWR 2015, 246 (248 f.).

2. *Aktionäre der Komplementär-SE?*

Bezüglich einer Ausdehnung der Inkompatibilitätsregelung des § 287 Abs. 3 AktG auf die Gesellschafter der Komplementärgesellschaft ist das Meinungsspektrum in der Literatur breit. Nach einer vereinzelt vertretenen Ansicht sind alle Gesellschafter (einer Komplementär-GmbH) von der Mitgliedschaft im Aufsichtsrat ausgeschlossen,[31] während andere Stimmen lediglich solche Gesellschafter der Komplementärin, die nur eine unternehmerische Bagatellbeteiligung halten, nicht als inhabil betrachten.[32] Nach der Gegenansicht sind auch beherrschende oder maßgeblich beteiligte Komplementärgesellschafter nur dann in analoger Anwendung von § 287 Abs. 3 AktG von einer Mitgliedschaft im Aufsichtsrat der KGaA ausgeschlossen, wenn sie zusätzlich organschaftliche Geschäftsführungsbefugnisse ausüben.[33] Überwiegend wird jedoch im Schrifttum vertreten, dass nur der alleinige bzw. maßgeblich beteiligte oder beherrschende Gesellschafter aufgrund der ihm zustehenden Möglichkeit zur Beeinflussung der Geschäftsführung für ein Aufsichtsratsamt inhabil ist, um die Überwachungsfunktion des Aufsichtsrates zu gewährleisten.[34] Die Vertreter der letztgenannten Ansicht rekurrieren dabei überwiegend auf die bereits zitierte Entscheidung des BGH, in der dieser *obiter dictum* die Ausdehnung des § 287 Abs. 3 AktG auf sämtliche (Minderheits-) Gesellschafter einer Komplementär-GmbH ablehnt und ausführt, dass

> *„im Wege einer analogen Anwendung der Vorschrift allenfalls diejenigen Gesellschafter einer Komplementär-GmbH einzubeziehen [wären], welche in ihr eine organähnliche Leitungsfunktion ausüben oder an der Komplementärgesellschaft maßgeblich beteiligt sind und deshalb bestimmenden Einfluss auf deren Geschäftsleitung ausüben können."*[35]

Wie die Verwendung des Wortes „allenfalls" zeigt, hält der BGH auch einen an der Komplementärgesellschaft maßgeblich beteiligten Gesellschafter nicht zwingend für inhabil. Er geht vielmehr davon aus, dass neben dem Beteiligungsverhältnis die Möglichkeit bestehen muss, bestimmenden Einfluss auf die Geschäftsleitung zu neh-

---

31 AG München, AG 2002, 467 (468 f.); *Kölling*, Gestaltungsspielräume, S. 159 f. für die GmbH & Co. KGaA.

32 *Assmann/Sethe* in GK-AktG, § 287 Rn 10; *Bürgers* in Bürgers/Fett, § 5 Rn 452; *Ihrig/Schlitt*, ZHR Beiheft 67, 33 (44); *Wichert* in NK-AktR, § 287 Rn 7; *ders.*, AG 2000, 268 (273).

33 *Mertens/Cahn* in KK-AktG, § 287 Rn 8; *Mertens*, FS Ulmer, 419 (421 ff. und 431); *Wollburg*, FS Hoffmann-Becking, 1425 (1431 ff.).

34 *Arnold*, GmbH & Co. KGaA, S. 107; *Bachmann* in Spindler/Stilz, § 287 Rn 5; *Herfs*, Münch Hdb AG, § 78 Rn 49; *Kessler*, NZG 2005, 145 (150); *Perlitt* in MüKoAktG, § 287 Rn 29; *K. Schmidt* in K. Schmidt/Lutter, § 287 Rn 9; *ders.*, FS Priester, 691 (705). Das OLG Frankfurt a. M., Urteil v. 28.5.2013 – 5 U 126/12 – juris hat in konsequenter Fortführung dieser Grundsätze das Vorstandsmitglied einer AG, die alleinige Gesellschafterin der Komplementär-GmbH war, als inhabil angesehen.

35 BGH, NJW 2006, 510 (512).

men.[36] Die von der überwiegenden Ansicht der Literatur vorgenommene Differenzierung nach Höhe der Beteiligung mag daher zwar bei einer Komplementär-GmbH aufgrund der den Gesellschaftern gegenüber den Geschäftsführern zustehenden Weisungsbefugnis und der hiermit verbundenen Möglichkeit zur Einflussnahme auf die Geschäftsführung zielführend sein. Während eine am Einzelfall orientierte Prüfung, ob infolge der „maßgeblichen Beteiligung" hinreichende Möglichkeiten zur Einflussnahme auf die Geschäftsführung bestehen, hier lediglich unter dem Gesichtspunkt der Eindeutigkeit von Inkompatibilitätsregelungen Bedenken begegnet,[37] kann eine solche Differenzierung jedenfalls nicht unreflektiert auf andere Kapitalgesellschaften, insbesondere nicht auf eine Komplementär-SE, übertragen werden. Entscheidend sind vielmehr die Befugnisse der Gesellschafter und ihre Möglichkeiten der Einflussnahme auf die Geschäftsführung. Bei einer Komplementär-SE verbietet sich eine Differenzierung nach Höhe der Beteiligung aufgrund der Verselbstständigung der Geschäftsführung gegenüber den Anteilsinhabern. Denn das Leitungs- bzw. Verwaltungsorgan führt die Geschäfte der Komplementär-SE in eigener Verantwortung (Art. 39 Abs. 1 S. 1 SE-VO bzw. Art. 43 Abs. 1 S. 1 SE-VO) und den Aktionären stehen insoweit – anders als den Gesellschaftern einer GmbH (§ 37 Abs. 1 GmbHG) – keine Weisungsbefugnisse zu. Die Hauptversammlung der SE hat gerade keine eigenen originären Geschäftsführungskompetenzen und kann über Fragen der Geschäftsführung nur entscheiden, wenn das Leitungsorgan bzw. der Verwaltungsrat dies verlangt (§ 119 Abs. 2 AktG i.V.m. Art. 52 SE-VO) oder die Voraussetzungen der „Holzmüller/Gelatine"-Rechtsprechung vorliegen.[38] Der Einfluss der Aktionäre ist im Wesentlichen darauf beschränkt, an der Bestellung der Mitglieder des Aufsichts- bzw. Verwaltungsorgans mitzuwirken (Art. 40 Abs. 2 S. 1 SE-VO bzw. Art. 43 Abs. 3 SE-VO). Im Übrigen können die Aktionäre auf die Geschäftsführung nur faktisch Einfluss nehmen: So können sie den Organen die Nicht-Wiederwahl oder – in Abhängigkeit des Leitungssystems – entweder beim dualistischen Leitungssystem den Mitgliedern des Leitungsorgans den Entzug des Vertrauens (§ 84 Abs. 3 S. 2 Var. 3 AktG i.V.m. Art. 9 Abs. 1 lit. c) ii) SE-VO)[39] bzw. den Mitgliedern des Verwaltungsrates die Abberufung (§ 29 SEAG) androhen. Selbst ein herrschender Gesellschafter kann aber wegen der Unabhängigkeit des Leitungsorgans bzw. des Verwaltungsrates eine konkrete Geschäftsführungsmaßnahme weder veranlassen noch verhindern.[40]

Da das Recht, einen Aufsichtsratsposten in einer KGaA zu übernehmen, im Rahmen der allgemeinen Handlungsfreiheit jeder Person zusteht,[41] ist ein Durchgriff auf die hinter einer juristischen Person stehenden Gesellschafter nur dann

---

36 *Wollburg*, FS Hoffmann-Becking, 1425 (1433).
37 Zumindest zweifelnd: OLG München, NZG 2004, 521 (524); *Mertens*, FS Ulmer, 419 (423 ff.); *Wollburg*, FS Hoffmann-Becking, 1425 (1434 ff.).
38 Vgl. hierzu oben unter § 3 C. I.
39 Vgl. für die AG & Co. KGaA: *Wollburg*, FS Hoffmann-Becking, 1425 (1433).
40 Für die AG & Co. KGaA: *Otte*, AG & Co. KGaA, S. 147.
41 OLG München, NZG 2004, 521 (524).

gerechtfertigt, wenn der Sinn und Zweck von § 287 Abs. 3 AktG dies erfordert.[42] In Anbetracht der aufgezeigten geringen Möglichkeiten der Einflussnahme eines Aktionärs auf das Geschäftsführungsorgan der SE verlangt das Gebot der Trennung von Geschäftsführung und Überwachung jedoch grundsätzlich keine Inkompatibilität von Aktionären einer Komplementär-SE und Aufsichtsratsmitgliedern der KGaA.[43] Etwas anderes gilt nach den dargelegten Grundsätzen nur ausnahmsweise dann, wenn der Komplementär-Aktionär gleichzeitig als geschäftsführendes Organmitglied der Komplementärin tätig ist. Aus denselben Gründen ist auch der Vorsitzende eines Familienpools von Anteilen an einer Komplementär-SE nicht für ein Aufsichtsratsmandat inhabil. Diesem stehen ebenfalls keine weitergehenden Befugnisse zu als einem Alleinaktionär und er kann lediglich faktisch Einfluss auf die Geschäftsführung nehmen.

3. Exkurs: Rechtsfolgen eines Verstoßes gegen § 287 Abs. 3 AktG

§ 287 Abs. 3 AktG enthält keine Regelung zu den Rechtsfolgen eines Verstoßes gegen das Inkompatibilitätsverbot. Da die Wahl einer inhabilen Person zum Aufsichtsratsmitglied eine Gesetzesverletzung darstellt, ist unzweifelhaft die Erhebung einer Anfechtungsklage gemäß § 251 Abs. 1 S. 1 AktG innerhalb eines Monats nach Beschlussfassung möglich (§ 246 Abs. 1 AktG), mit der die Wahl rückwirkend für nichtig erklärt wird.[44] Fraglich ist, ob daneben auch mit Hilfe einer Nichtigkeitsklage die Feststellung der Nichtigkeit des Wahlbeschlusses in Betracht kommt (§ 249 AktG). Da ein Verstoß gegen § 287 Abs. 3 AktG nicht in § 250 AktG genannt wird, ist entscheidend, ob der dort genannte Katalog an Nichtigkeitsgründen bezüglich der Wahl von Aufsichtsratsmitgliedern abschließend zu verstehen oder die analoge Anwendung einer Vorschrift, z.B. von § 250 Abs. 1 Nr. 4 AktG, möglich ist. Gemäß § 250 Abs. 1 Nr. 4 AktG ist die Wahl eines Aufsichtsratsmitglieds dann nichtig, wenn die gewählte Person nach § 100 Abs. 1, Abs. 2 AktG bei Beginn ihrer Amtszeit nicht Aufsichtsratsmitglied sein kann. Unter Verweis auf den Wortlaut des § 250 Abs. 1 AktG („nur dann nichtig, wenn") und die Gesetzesbegründung[45] wird der Katalog von Nichtigkeitsgründen ganz überwiegend für abschließend gehalten

42 Vgl. BGH, NJW 2006, 510 (512).

43 *Mayer-Uellner/Otte*, NZG 2015, 737 (741); *v. Eiff/Otte*, GWR 2015, 246 (249); ebenso für die AG & Co. KGaA: *Förl/Fett* in Bürgers/Körber, § 287 Rn 10; *Herfs* in Münch Hdb AG, § 79 Rn 59 mit Fn 174; *Koch* in Hüffer/Koch, § 287 Rn 4; *Otte*, AG & Co. KGaA, S. 146 f.; *Wollburg*, FS Hoffmann-Becking, 1425 (1433); implizit auch *Mertens*, FS Ulmer, 419 (423); vgl. auch *Dürr*, EWiR 2006, 193 (194): „Eine bloß faktische Einflussnahmemöglichkeit genügt nicht". A.A. *K. Schmidt* in K. Schmidt/Lutter, § 287 Rn 9 für „einflussreiche Aktionäre"; *Perlitt* in MüKoAktG, § 278 Rn 321 für den beherrschenden Gesellschafter, weil der Vorstand gemäß § 84 Abs. 3 S. 2 AktG das Vertrauen des Mehrheitsaktionärs benötige.

44 *Wollburg*, FS Hoffmann-Becking, 1425 (1436).

45 Begründung RegE bei Kropff, Aktiengesetz, S. 336.

und eine analoge Anwendung der eng auszulegenden Ausnahmevorschrift grundsätzlich abgelehnt.[46] Eine Ausnahme von diesem Grundsatz nimmt die überwiegende Meinung jedoch dann an, wenn die Bestellung eines Aufsichtsratsmitgliedes unter Verstoß gegen die Inkompatibilitätsvorschrift des § 105 AktG erfolgt. Der entsprechende Wahlbeschluss wird in diesem Fall in analoger Anwendung von § 250 Abs. 1 Nr. 4 AktG für nichtig gehalten.[47]

Nichts anderes kann im Falle der Wahl eines Aufsichtsratsmitgliedes unter Verstoß gegen § 287 Abs. 3 AktG gelten. Vom Vorliegen einer planwidrigen Regelungslücke ist wiederum auszugehen, da die Zulässigkeit der Kapitalgesellschaft & Co. KGaA erst nach Erlass der Vorschrift anerkannt wurde. Auch die Vergleichbarkeit der Interessenlage ist gegeben. Denn ordnet der Gesetzgeber für den Fall, dass ein Aufsichtsratsmitglied in einer anderen Gesellschaft von dem zu beaufsichtigenden Vorstandsmitglied selbst überwacht wird (sog. Verbot der Überkreuzverflechtung nach § 100 Abs. 2 S. 1 Nr. 3 AktG),[48] die Nichtigkeit an (§ 250 Abs. Nr. 4 AktG), muss dies erst recht für die gleichzeitige Mitgliedschaft im Leitungs- und Aufsichtsorgan derselben Gesellschaft gelten.[49] Es ist somit davon auszugehen, dass ein gegen § 287 Abs. 3 AktG verstoßender Wahlbeschluss nichtig ist.

Die durch einen nichtigen Wahlbeschluss gewählte Person wird nicht Aufsichtsratsmitglied[50] und ihrer Stimmabgabe kommt nach der wohl h.M. keine Wirkung zu.[51] Nach einer beachtlichen Gegenansicht sollen die Grundsätze der Lehre von der fehlerhaften Organbestellung[52] im Interesse der Rechtssicherheit und zur

---

46 Vgl. nur *Heidel* in NK-AktR, § 250 Rn 1; *Hüffer* in MüKoAktG, § 250 Rn 1; *Schwab* in K. Schmidt/Lutter, § 250 Rn 1; *Simons* in Hölters, § 250 Rn 1; *Stilz* in Spindler/Stilz, § 250 Rn 3;

47 LG München I, NZG 2004, 626 (627) = ZIP 2004, 853 (855); *Göz* in Bürgers/Körber, § 250 Rn 8; *Habersack* in MüKoAktG, § 105 Rn 19; *Henssler* in Henssler/Strohn, § 105 AktG Rn 6; *K. Schmidt* in GK-AktG, § 250 Rn 25; *Kiefner* in KK-AktG, § 250 Rn 53; *Koch* in Hüffer/Koch, § 105 Rn 6; *Kübler*, FS Claussen, 239 (241); *Schwab* in K. Schmidt/Lutter, § 250 Rn 5; für eine analoge Anwendung von § 250 Abs. 1 Nr. 2 und 3 AktG: *Hüffer* in MüKoAktG, § 250 Rn 18; *Stilz* in Spindler/Stilz, § 250 Rn 18; kritisch bezüglich einer Analogie: *Simons* in Hölters, § 250 Rn 19.

48 Vgl. dazu etwa *Hoffmann-Becking* in Münch Hdb AG, § 30 Rn 21 f.

49 *Wollburg*, FS Hoffmann-Becking, 1425 (1437); im Ergebnis ebenso: *Assmann/Sethe* in GK-AktG, § 287 Rn 16; *Kessler* in Saenger/Aderhold/Lenkaitis/Speckmann, § 6 Rn 899; *K. Schmidt* in K. Schmidt/Lutter, § 287 Rn 11.

50 *Göz* in Bürgers/Körber, § 250 Rn 10; *Heidel* in NK-AktR, § 250 Rn 9; *Koch* in Hüffer/Koch, § 250 Rn 16; *Schwab* in K. Schmidt/Lutter, § 250 Rn 7; *Simons* in Hölters, § 250 Rn 20; *Stilz* in Spindler/Stilz, § 250 Rn 19.

51 *Drescher* in Henssler/Strohn, § 250 AktG Rn 9; *Hüffer* in MüKoAktG, § 250 Rn 21; *Mertens/Cahn* in KK-AktG, § 101 Rn 111; *Schwab* in K. Schmidt/Lutter, § 250 Rn 7; *Simons* in Hölters, § 101 Rn 51; *Stilz* in Spindler/Stilz, § 250 Rn 21; *Vetter*, ZIP 2012, 701 (707 f.).

52 Vgl. für den Vorstand: BGHZ 41, 282 (286 ff.) = NJW 1964, 1367; für den besonderen Vertreter: BGH, NZG 2011, 1383.

Vermeidung von Schwierigkeiten bei der Rückabwicklung auch auf den fehlerhaft bestellten Aufsichtsrat ausgeweitet werden.[53] Ein Aufsichtsratsmitglied, das sein Mandat angenommen und ausgeübt hat, soll trotz fehlerhafter Bestellung einem fehlerfrei bestellten Mitglied gleichgestellt werden und seine Stimmabgabe wirksam sein. Letztgenannter Ansicht hat der BGH in einem Grundsatzurteil vom 19. Februar 2013 eine Absage erteilt.[54] Nach dem BGH gelten die Grundsätze der fehlerhaften Bestellung für den Aufsichtsrat zwar bezüglich dessen Pflichten, Haftung und Vergütung,[55] hinsichtlich der Stimmabgabe und der Beschlussfassung behandelt er das aufgrund nichtigen Bestellungsaktes agierende Aufsichtsratsmitglied jedoch wie einen Dritten: Ein gefasster Beschluss, an dem ein fehlerhaft bestelltes Aufsichtsratsmitglied mitgewirkt hat, sei wirksam, wenn die Stimme des Mitglieds nicht ursächlich für die Beschlussfassung gewesen sei. Der Beschluss sei hingegen nichtig, wenn er ohne die Stimme des fehlerhaft bestellten Aufsichtsratsmitglieds nicht zustande gekommen wäre.[56] Eine vertiefte Darstellung des Streitstandes kann vorliegend jedoch unterbleiben, da auch die Gegenansicht von der Lehre vom fehlerhaften Organverhältnis eine Ausnahme macht, wenn höherrangige Interessen entgegenstehen, insbesondere die Bestellungsvoraussetzungen nach §§ 100, 105 AktG nicht vorliegen.[57] Aufgrund der Vergleichbarkeit der Inkompatibilitätsregelung des § 287 Abs. 3 AktG mit den letztgenannten Vorschriften kommt nach beiden Ansichten der Stimmabgabe eines hiernach inhabilen Aufsichtsratsmitglieds keine Wirkung zu.[58]

II. Möglichkeiten der Einflussnahme auf die Zusammensetzung des Aufsichtsrates

Zur Sicherung ihres Einflusses auf die SE & Co. KGaA wird eine Unternehmerfamilie regelmäßig nicht nur die Anteile an der Komplementärin halten, sondern auch bestrebt sein, ihre Repräsentation im Aufsichtsrat sicherzustellen, auch wenn dessen Kompetenzen – wie bereits angedeutet – im Vergleich zu denen des Aufsichtsrates

53 OLG Frankfurt, Urteil v. 20.10.2010 – 23 U 121/08 = AG 2011, 36 (40); OLG Frankfurt, Urteil v. 7.9.2010 – 5 U 187/09 = AG 2011, 631 (635); *Bayer/Lieder*, NZG 2012, 1 (6 f.); *Drygala* in K. Schmidt/Lutter, § 101 Rn 36 f.; *Habersack* in MüKoAktG, § 101 Rn 69 ff.; *Happ*, FS Hüffer, 293 (305 ff.); *Koch* in Hüffer/Koch, § 101 Rn 21; *Schürnbrand*, NZG 2008, 609 (610); *ders.*, NZG 2013, 481 (482 f.); wohl auch: *Marsch-Barner*, FS K. Schmidt, 1109 (1127 f.).

54 BGH, Urteil vom 19.2.2013 – II ZR 56/12 = NJW 2013, 1535.

55 Vgl. dazu etwa BGH, NZG 2006, 712 (715).

56 BGH, NJW 2013, 1535 (1537).

57 *Drygala* in K. Schmidt/Lutter, § 101 Rn 37; *Habersack* in MüKoAktG, § 101 Rn 72; *Happ*, FS Hüffer, 293 (307 f.); *Koch* in Hüffer/Koch, § 101 Rn 21; wohl auch OLG Frankfurt, AG 2011, 36 (40); a.A. *Bayer/Lieder*, NZG 2012, 1 (7), die auch in diesem Fall die Lehre vom fehlerhaften Organverhältnis anwenden.

58 *Wollburg*, FS K. Schmidt, 1425 (1439).

einer AG geringer sind.[59] Hierzu steht ihr neben Entsendungsrechten (dazu unter 1.) auch die Möglichkeit offen, Eignungsvoraussetzungen für die Aufsichtsratsmitglieder in der Satzung zu normieren (dazu unter 2.).

1. *Entsendungsrechte*

Gemäß § 278 Abs. 3 i.V.m. § 101 Abs. 2 AktG können in der Satzung der KGaA für bestimmte Kommanditaktionäre oder für die jeweiligen Inhaber bestimmter vinkulierter Namensaktien Entsendungsrechte in den Aufsichtsrat für bis zu einem Drittel der Aufsichtsratsmitglieder statuiert werden. Gemäß § 278 Abs. 3 i.V.m. § 96 Abs. 2 S. 6 AktG ist bei einer börsennotierten mitbestimmten KGaA die sog. „Frauenquote" nicht nur bei der Wahl durch die Hauptversammlung,[60] sondern auch bei Entsendungsrechten einzuhalten. Das Entsendungsrecht kann dabei bestimmte persönliche Voraussetzungen aller Art vorschreiben, also insbesondere auch die Familienzugehörigkeit des entsandten Mitgliedes (§ 278 Abs. 3 i.V.m. § 100 Abs. 4 AktG).[61] Einigkeit besteht jedoch dahin gehend, dass Entsendungsrechte nicht zugunsten der Komplementärin und der von ihr gehaltenen Aktien begründet werden können.[62] Denn wer selbst nicht Aufsichtsratsmitglied sein kann, kann auch kein Entsendungsrecht innehaben oder ausüben.[63] Andernfalls ließe sich § 287 Abs. 3 AktG und die hierdurch statuierte Trennung von Geschäftsführung und Überwachung leicht umgehen. Konsequenterweise muss dies auch für die weiteren in analoger Anwendung von § 287 Abs. 3 AktG inhabilen Personen gelten, namentlich für die Mitglieder des Leitungsorgans einer dualistisch organisierten Komplementär-SE sowie die geschäftsführenden Direktoren und Verwaltungsratsmitglieder einer monistisch strukturierten Komplementär-SE. Nach den vorstehenden Ausführungen kann den Mitgliedern des Aufsichtsorgans einer dualistischen SE und den Aktionären der Komplementär-SE hingegen ein Entsendungsrecht eingeräumt werden, da diese auch selbst Mitglieder im Aufsichtsrat der KGaA sein können.[64]

---

59 Vgl. dazu sogleich ausführlich unter § 4 B.

60 Dazu oben unter § 4 A.

61 *Habersack* in MüKoAktG, § 101 Rn 53; *Hoffmann-Becking* in Münch Hdb AG, § 30 Rn 49; *Reichert*, ZIP 2014, 1957 (1958); *Spindler* in Spindler/Stilz, § 101 Rn 48.

62 *Arnold*, GmbH & Co. KGaA, S. 108 f.; *Asmann/Sethe* in GK-AktG, § 287 Rn 6; *Bachmann* in Spindler/Stilz, § 287 Rn 4; *Binz/Sorg*, DB 1997, 313 (319); *Herfs* in Münch Hdb AG, § 79 Rn 58; *Hoffmann-Becking*, FS Sigle, 273 (289); *Ihrig/Schlitt*, ZHR Beiheft 67, 33 (45); *K. Schmidt* in K. Schmidt/Lutter, § 287 Rn 4; *Kölling*, Gestaltungsspielräume, S. 160 f.; *Lutter/Krieger/Verse*, Aufsichtsrat, Rn 1302; *Mertens/Cahn* in KK-AktG, § 287 Rn 9; *Perlitt* in MüKoAktG, § 287 Rn 18 und Rn 20; *Schlitt*, KGaA, S. 165 f.; implizit auch: OLG München, NZG 2004, 521(525); offen gelassen von BGHZ 165, 192 (201) = NJW 2006, 510 (513).

63 *Arnold*, GmbH & Co. KGaA, S. 109; *K. Schmidt* in K. Schmidt/Lutter, § 287 Rn 4.

64 Vgl. dazu oben unter § 4 A I; ebenso zur AG & Co. KGaA: *Otte*, AG & Co. KGaA, S. 150.

Nach Auffassung des BGH kann jedoch eine gemäß § 285 Abs. 1 S. 2 Nr. 1 AktG vom Stimmrecht bei der Wahl des Aufsichtsrates ausgeschlossene Komplementärgesellschaft eine von ihr gehaltene, ein Entsendungsrecht verbriefende Namensaktie auf eine ihre nahe stehende, jedoch an ihr nicht beteiligte Person, übertragen.[65] Der Dritte kann das Stimmrecht nach der Übertragung wirksam ausüben, da der vormalige Aktienbesitz durch die inhabile Komplementärgesellschaft nicht das Entsendungsrecht als solches „infiziert". Dies soll selbst dann gelten, wenn der Dritte die Aktie zum Kurswert unter Stundung des Kaufpreises mit der Verpflichtung erworben hat, sie jederzeit an die Komplementärin zurückzuübertragen. Nach Ansicht des BGH stellt dies jedenfalls dann kein unzulässiges Umgehungsgeschäft von den dargestellten Grundsätzen dar, wenn der Erwerber in seiner Entscheidung über die Entsendung frei ist und insoweit keinen Weisungen seitens der Komplementärin unterliegt.

2. Statutarische Eignungsvoraussetzungen

Neben den gesetzlichen Voraussetzungen können in der Satzung weitere persönliche Anforderungen für die von der Hauptversammlung zu wählenden Aufsichtsratsmitglieder normiert werden (§ 278 Abs. 3 i.V.m. § 100 Abs. 4 AktG). In Betracht kommen insbesondere ein Mindest- bzw. Höchstalter,[66] bestimmte berufliche Qualifikationen[67] oder eine fehlende Verbindung zu einem Konkurrenzunternehmen.[68] Umstritten ist, ob auch die Zugehörigkeit zu einer bestimmten Familie bzw. einem Familienstamm vorgeschrieben werden darf. Der Streit beruht auf einer Entscheidung des Reichsgerichts,[69] nach der der Kreis der wählbaren Personen nicht so weit eingeschränkt werden darf, dass von einer freien Auswahl durch die Hauptver-

65 BGH, NJW 2006, 510 (513) im Anschluss an *Hoffmann-Becking/Herfs*, FS Sigle, 273 (289 f.); zustimmend: *Ek/Schiemzik*, BB 2006, 456 (457).

66 *Assmann/Sethe* in GK-AktG, § 287 Rn 9; *Habersack* in MüKoAktG, § 100 Rn 54; *Henssler* in Henssler/Strohn, § 100 AktG Rn 13; *Mertens/Cahn* in KK-AktG, § 100 Rn 46; *Reichert/Schlitt*, AG 1995, 241 (251); *Spindler* in Spindler/Stilz, § 100 Rn 47; zur Vereinbarkeit solcher Regelungen mit dem AGG: *Drygala* in K. Schmidt/Lutter, § 100 Rn 36; *Lutter*, BB 2007, 725 (729).

67 *Assmann/Sethe* in GK-AktG, § 287 Rn 9; *Drygala* in K. Schmidt/Lutter, § 100 Rn 36; *Habersack* in MüKoAktG, § 100 Rn 54; *Henssler* in Henssler/Strohn, § 100 AktG Rn 13; *Hopt/Roth* in GK-AktG, § 100 Rn 104; *Mertens/Cahn* in KK-AktG, § 100 Rn 46; *Lutter/Krieger/Verse*, Aufsichtsrat, Rn 24; *Reichert/Schlitt*, AG 1995, 241 (251); *Spindler* in Spindler/Stilz, § 100 Rn 47. Unabhängig hiervon muss jedes Aufsichtsratsmitglied nach dem BGH eine „Mindestqualifikation" besitzen, BGHZ 85, 293 (295) = NJW 1983, 991.

68 *Bürgers* in Bürgers/Fett, § 5 Rn 456; *Mertens/Cahn* in KK-AktG, § 100 Rn 46; *Reichert/Schlitt*, AG 1995, 241 (251); *Schlitt*, KGaA, S. 169.

69 RGZ 133, 90 (94).

sammlung nicht mehr die Rede sein kann.[70] Die überwiegende Ansicht sieht daher in einer statutarischen Regelung, die für Aufsichtsratsmitglieder eine bestimmte Familienzugehörigkeit vorschreibt, eine unzulässige Einengung der Entscheidungsfreiheit der Hauptversammlung der Kommanditaktionäre.[71] Die Gegenansicht bejaht die Zulässigkeit einer solchen Regelung, soweit der Kreis der Familie nicht zu eng gezogen wird bzw. es sich um weit verzweigte Familien handelt.[72]

Letztgenannter Ansicht ist zuzugeben, dass die Argumentation der überwiegenden Ansicht, nach der die Wählbarkeit nicht von vornherein auf eine bestimmte Personengruppe beschränkt werden darf, sondern lediglich Personengruppen von der Wählbarkeit ausgenommen werden dürfen, nicht schlüssig ist. Denn auch für den Fall, dass die Satzung in zulässiger Weise eine bestimmte berufliche Qualifikation, z. B. die des staatlich anerkannten Wirtschaftsprüfers, vorschreibt, kommen alle anderen Personen von vornherein nicht für ein Aufsichtsratsmandat in Betracht. Weiterhin weist die Mindermeinung zutreffend darauf hin, dass durch eine Kombination von allgemein anerkannten Eignungsvoraussetzungen die Auswahl der Hauptversammlung der Kommanditaktionäre deutlich eingeengt werden kann.[73] Da aber auch eine kumulative Normierung von an sich zulässigen Eignungsvoraussetzungen die Entscheidungsfreiheit der Kommanditaktionäre in unzulässiger Weise einengen kann, stellt diese Argumentation keinen tauglichen Begründungsansatz zur Zulässigkeit einer Satzungsbestimmung über eine bestimmte Familienzugehörigkeit von Aufsichtsratsmitgliedern dar. Bei einer zulässigen Normierung bestimmter beruflicher Qualifikationen wird der Kreis der in Betracht kommenden Personen auch dann deutlich umfangreicher gesteckt sein, wenn es sich um einen weit verzweigten Familienstamm handelt. Derart große Familien, die eine vergleichbare Anzahl an wählbaren Mitgliedern bieten,[74] dürften eher theoretischer Natur sein. Eine statutarische Regelung, die eine bestimmte Familienzugehörigkeit vorschreibt, engt damit in aller Regel in unzulässiger Weise die Wahlfreiheit der Kommandit-

70 Ganz allgemeine Meinung, vgl. nur *Hopt/Roth* in GK-AktG, § 100 Rn 105; *Habersack* in MüKoAktG, § 100 Rn 54; *Spindler* in Spindler/Stilz, § 100 Rn 47.

71 *Assmann/Sethe* in GK-AktG, § 287 Rn 9; *Drygala* in K. Schmidt/Lutter, § 100 Rn 36; *Habersack* in MüKoAktG, § 100 Rn 54; *Hopt/Roth* in GK-AktG, § 100 Rn 105; *Koch* in Hüffer/Koch, § 100 Rn 20; *Mertens/Cahn* in KK-AktG, § 100 Rn 46; *Mutter* in Semler/v. Schenck, AufsichtsR, § 100 Rn 72; *Reichert*, ZIP 2014, 1957 (1958); *Spindler* in Spindler/Stilz, § 100 Rn 47; offen gelassen von *Hoffmann-Becking* in Münch Hdb AG, § 30 Rn 33 und *Schlitt*, KGaA, S. 169.

72 *Bürgers* in Bürgers/Fett, § 5 Rn 458; *Israel* in Bürgers/Körber, § 100 Rn 10; *Lutter/Krieger/Verse*, Aufsichtsrat, Rn 24; *Röhricht* in GK-AktG, § 23 Rn 190; *Rothärmel*, BB 2012, 716 (718); *Simons* in Hölters, § 100 Rn 41; *Wälzholz*, DStR 2004, 819 (822); *Zöllner* in KK-AktG, § 179 Rn 71.

73 So *Rothärmel*, BB 2012, 716 (718).

74 Hierauf stellen *Bürgers* in Bürgers/Fett, § 5 Rn 458 und *Israel* in Bürgers/Körber, § 100 Rn 10 ab.

aktionäre ein und läuft auf ein „verkapptes Entsendungsrecht“[75] hinaus. Entsendungsrechte können jedoch gemäß § 278 Abs. 3 AktG i.V.m. § 101 Abs. 2 S. 4 AktG nur für ein Drittel der Aufsichtsratsmitglieder eingeräumt werden, damit der Einfluss der Hauptversammlung auf die Zusammensetzung des Aufsichtsrates sichergestellt ist.[76] Diese gesetzliche Wertung darf nicht dadurch unterlaufen werden, dass der Kreis der wählbaren Personen durch eine derart eng gefasste Satzungsbestimmung von vornherein begrenzt wird. Zulässig bleibt es hingegen, in der Satzung Kriterien festzulegen, die sich an den Eigenschaften und Fähigkeiten der Familienmitglieder orientieren, solange diese auch auf eine hinreichend große Anzahl weiterer Personen zutreffen. Vor dem Hintergrund, dass die in Betracht kommenden Personen jeweils auch zur Übernahme des Amtes bereit sein müssen, lässt sich so de facto der Familieneinfluss auch im Aufsichtsrat sicherstellen.

B. Kompetenzen

Die Kompetenzen des Aufsichtsrates einer KGaA sind im Vergleich zu denen des Aufsichtsrates einer AG bzw. SE stark eingeschränkt. Während der Aufsichtsrat der AG bzw. dualistischen SE den Vorstand bzw. das Leitungsorgan bestellt (§ 84 Abs. 1 S. 1 AktG ggf. i.V.m. Art. 9 Abs. lit. c) ii) SE-VO), steht dem Aufsichtsrat der KGaA diese Personalkompetenz nicht zu, da die Komplementäre aufgrund ihrer gesellschaftsrechtlichen Stellung „geborene“ Geschäftsführungsorgane sind.[77] Dem Aufsichtsrat steht kein Recht zu, in irgendeiner Form an der Bestellung der Leitungsorgane der Komplementärgesellschaft mitzuwirken. Folgerichtig kann der Aufsichtsrat auch bei einer börsennotierten oder mitbestimmten KGaA keine Zielgrößen für den Frauenanteil bei der persönlich haftenden Gesellschafterin gemäß § 111 Abs. 5 AktG festlegen.[78] Während der Aufsichtsrat einer SE berechtigt (§ 19 SEAG) und der einer AG sogar verpflichtet ist (§ 111 Abs. 4 S. 2 AktG), einen Katalog an zustimmungsbedürftigen Geschäftsführungsmaßnahmen aufzustellen, steht dem Aufsichtsrat der KGaA ein solches Recht nicht zu: § 111 Abs. 4 S. 2 AktG

75 *Hopt/Roth* in GK-AktG, § 100 Rn 105; *Koch* in Hüffer/Koch, § 100 Rn 20; *Spindler* in Spindler/Stilz, § 100 Rn 47.

76 *Habersack* in MüKoAktG, § 101 Rn 53; *Koch* in Hüffer/Koch, § 101 Rn 11; *Spindler* in Spindler/Stilz, § 101 Rn 65.

77 BGH, NJW 1997, 1923 (1924); *Assmann/Sethe* in GK-AktG, § 287 Rn 38; *Bachmann* in Spindler/Stilz, § 287 Rn 9; *Bürgers* in Bürgers/Fett, § 5 Rn 478; *Habersack*, FS Hellwig, 143 (145); *Herfs* in Münch Hdb AG, § 79 Rn 61; *Mertens/Cahn* in KK-AktG, § 287 Rn 14; *Lutter/Krieger/Verse*, Aufsichtsrat, Rn 1305; *Schlitt*, KGaA, S. 175.

78 BT-Drs. 18/4227, S. 22; *Grobe*, AG 2015, 289 (299); *Schulz/Ruf*, BB 2015, 1155 (1159 mit Fn 43); *Stüber*, DStR 2015, 947 (952); a.A. offensichtlich *Bachmann* in Spindler/Stilz, § 278 Rn 37 für den Fall einer Komplementärgesellschaft. Dies soll unabhängig davon gelten, ob die Komplementärgesellschaft börsennotiert ist oder der Mitbestimmung unterliegt.

findet auf die KGaA keine Anwendung,[79] weil sich gemäß § 278 Abs. 2 AktG die Befugnisse der Komplementärin zur Geschäftsführung nach Personengesellschaftsrecht richten. Aus demselben Grund kann der Aufsichtsrat auch keine Geschäftsordnung für die Komplementärin erlassen: § 77 Abs. 2 S. 1 HS 2 AktG gilt bei der KGA ebenfalls nicht, da er in der Verweisung des § 283 AktG nicht genannt wird.[80] Zwar hat der Aufsichtsrat den Jahresabschluss der KGaA zu prüfen und hierüber einen schriftlichen Bericht an die Hauptversammlung der Kommanditaktionäre zu erstatten (§ 278 Abs. 3 i.V.m. § 171 AktG),[81] an der Feststellung wirkt er aber – anders als der Aufsichtsrat einer AG (§ 172 S. 1 AktG) – nicht mit.[82] Die Feststellung des Jahresabschlusses obliegt bei der KGaA nämlich allein der Hauptversammlung und dem Komplementär (§ 286 Abs. 1 AktG). Damit kann der Aufsichtsrat auch nicht durch die Bildung bzw. Auflösung von Rücklagen Einfluss auf unternehmenspolitische Entscheidungen nehmen.[83] Er ist vielmehr im Wesentlichen auf die Ausübung seiner Überwachungs- (dazu unter I.), Ausführungs- (dazu unter II.) und Vertretungskompetenz (dazu unter III.) beschränkt.[84]

I. Überwachungskompetenz

Die zentrale Aufgabe[85] des Aufsichtsrates besteht in der Überwachung der Geschäftsführung durch die Komplementärin (§ 278 Abs. 3 AktG i.V.m. § 111 Abs. 1 AktG). Diese satzungsfeste (§ 278 Abs. 3 AktG i.V.m. § 23 Abs. 5 AktG)[86] Kompetenz steht

---

79 *Assmann/Sethe* in GK-AktG, § 287 Rn 39; *Bürgers* in Bürgers/Fett, § 5 Rn 479; *Förl/Fett* in Bürgers/Körber, § 287 Rn 2; *Habel/Strieder*, MittBayNot 1998, 65 (66 f.); *Herfs* in Münch Hdb AG, § 79 Rn 61; *Kallmeyer*, ZGR 1983, 57 (68 f.); *K. Schmidt* in K. Schmidt/ Lutter, § 287 Rn 15; *Lutter/Krieger/Verse*, Aufsichtsrat, Rn 1316; *Marsch-Barner*, FS Hoffmann-Becking, 777 (780); *Mense*, GWR 2014, 320; *Mertens/Cahn* in KK-AktG, § 287 Rn 14 und 17; *Perlitt* in MüKoAktG, § 287 Rn 193; *Schlitt*, KGaA, S. 175; a.A. *Hanau/Wackerbarth*, FS Lutter, 425 (447 ff.) für die GmbH & Co. KGaA.

80 *Assmann/Sethe* in GK-AktG, § 287 Rn 40; *Bachmann* in Spindler/Stilz, § 287 Rn 9; *Bürgers* in Bürgers/Fett, § 5 Rn 480; *Förl/Fett* in Bürgers/Körber, § 287 Rn 2; *Habel/ Strieder*, MittBayNot 1998, 65 (68); *Herfs* in Münch Hdb AG, § 79 Rn 62; *K. Schmidt* in K. Schmidt/Lutter, § 287 Rn 15; *Mertens/Cahn* in KK-AktG, § 287 Rn 14; *Schlitt*, KGaA, S. 175.

81 *Lutter/Krieger/Verse*, Aufsichtsrat, Rn 1315; *Marsch-Barner*, FS Hoffmann-Becking, 777 (779).

82 *Assmann/Sethe* in GK-AktG, § 287 Rn 40; *Bachmann* in Spindler/Stilz, § 287 Rn 9; *Bürgers* in Bürgers/Fett, § 5 Rn 481; *Herfs* in Münch Hdb AG, § 79 Rn 62.

83 *Bürgers* in Bürgers/Fett, § 5 Rn 481; *Hasselbach/Ebbinghaus*, DB 2015, 1269 (1272); *Kallmeyer*, ZGR 1983, 57 (68); *Schlitt*, KGaA, S. 175; *Schrick*, NZG 2000, 409 (412).

84 Aufgrund der eingeschränkten Kompetenzen werden Parallelen zu einem freiwilligen Aufsichtsrat einer GmbH (§ 52 GmbHG) gezogen, *Raiser/Veil*, KapGesR, § 31 Rn 9; zustimmend: *Lutter/Krieger/Verse*, Aufsichtsrat, Rn 1301.

85 *Lutter/Krieger/Verse*, Aufsichtsrat, Rn 1309.

86 *Bachmann* in Spindler/Stilz, § 287 Rn 16; *K. Schmidt* in K. Schmidt/Lutter, § 287 Rn 13.

dem Aufsichtsrat auch dann ausschließlich im Verhältnis zur persönlich haftenden Gesellschafterin zu, wenn in der Satzung einem anderen Organ die Geschäftsführung oder Mitwirkungsrechte an der Geschäftsführung übertragen werden.[87] Die Überwachungskompetenz des Aufsichtsrates ist mithin organ- und nicht tätigkeitsbezogen ausgestaltet.[88]

1. *Prüfungsmaßstab der Überwachungskompetenz*

Aus den eingeschränkten Mitwirkungsbefugnissen des Aufsichtsrates der KGaA an der Geschäftsführung ist teilweise gefolgert worden, dass auch der Maßstab der allgemeinen Überwachungsaufgabe des Aufsichtsrates bei der KGaA anders zu bestimmen sei als bei der AG. Der Aufsichtsrat der KGaA sei im Rahmen seiner Überwachungsfunktion nicht berechtigt, seine eigene geschäftspolitischen Ansicht an die Stelle der geschäftsführenden Komplementärin zu setzen.[89] Vielmehr müsse er die unternehmerischen Entscheidungen der persönlich haftenden Gesellschafterin hinnehmen, solange keine offensichtlich sachfremden Gründe vorlägen.[90] Der Aufsichtsrat dürfe seine eigene Meinung zwar beratend mit der Komplementärin erörtern, habe sich aber förmlicher Stellungnahmen in Bezug auf seine eigene unternehmerische Einschätzung zu enthalten und dürfe insoweit auch nicht von seinem Recht zur Einberufung einer Hauptversammlung Gebrauch machen (§ 278 Abs. 3 i.V.m. § 111 Abs. 3 AktG).

Dem ist jedoch zu Recht entgegengehalten worden, dass dem Gesetz eine solche Einschränkung der Überwachungskompetenz nicht entnommen werden kann, sondern § 278 Abs. 3 AktG die entsprechende Anwendung der aktienrechtlichen Vorschriften zum Aufsichtsrat anordnet.[91] Auch die bewusste dreigliedrige Ausgestaltung der KGaA durch den Gesetzgeber mag man gegen eine Degradierung des Aufsichtsrates zur reinen Rechtsaufsicht anführen, da hierdurch in gewisser Weise seine Existenzberechtigung infrage gestellt wäre.[92] Schließlich spricht

87 *Assmann/Sethe* in GK-AktG, § 287 Rn 35; *Bachmann* in Spindler/Stilz, § 287 Rn 9; *Bürgers* in Bürgers/Fett, § 5 Rn 488 f.; *Herfs* in Münch Hdb AG, § 79 Rn 64; *Lutter/Krieger/Verse*, Aufsichtsrat, Rn 1315; *Mertens/Cahn* in KK-AktG, § 287 Rn 16; *Nicolas* in Henn/Frodermann/Jannott, Kapitel 17 Rn 248; *Perlitt* in MüKoAktG, § 287 Rn 48; a.A. *Fischer*, KGaA nach dem MitbestimmungsG, S. 113.

88 *Bürgers* in Bürgers/Fett, § 5 Rn 489; *Nicolas* in Henn/Frodermann/Jannott, Kapitel 17 Rn 248.

89 *Kallmeyer*, ZGR 1983, 57 (71).

90 *Kallmeyer*, ZGR 1983, 57 (72).

91 *Arnold*, GmbH & Co. KGaA, S. 126 f. weist darauf hin, dass der Gesetzgeber eine derartige Beschränkung der Befugnisse etwas durch das Gesetz zur Kontrolle und Transparenz im Unternehmensbereich (KontraG), BGBl. I 1998, 786 hätte vornehmen können, eine solche Regelung jedoch im Widerspruch zu den gesetzgeberischen Tendenzen hin zu einer verstärkten Kontrolle und Transparenz der Unternehmensführung stehen würde.

92 *Otte*, AG & Co. KGaA, S. 133.

auch die fehlende Befugnis zur Normierung von Zustimmungsvorbehalten nach § 111 Abs. 4 S. 2 AktG nicht für eine derartige Beschränkung des Überwachungsmaßstabes. Die Beurteilung der Zweckmäßigkeit ist vielmehr untrennbar mit der Überwachungsaufgabe verbunden und es muss dem Aufsichtsrat zur wirksamen Wahrnehmung der Interessen der Kommanditaktionäre – insbesondere im Hinblick auf außergewöhnliche Geschäftsführungsmaßnahmen – möglich sein, eine Hauptversammlung einzuberufen und dort seine ggf. abweichende Meinung zur Geschäftspolitik kundzutun.[93] Es ist damit mit der ganz h.M. davon auszugehen, dass der Komplementärin im Rahmen der Geschäftsführung kein der Überwachung entzogener Bereich kaufmännischen Ermessens zusteht und der Überwachungsmaßstab des Aufsichtsrats einer KGaA identisch ist mit demjenigen einer AG.[94] Die Geschäftsführung ist durch den Aufsichtsrat daher umfassend auf Rechtmäßigkeit, Ordnungsmäßigkeit, Wirtschaftlichkeit und Zweckmäßigkeit zu überprüfen.[95] Werden die Befugnisse der Komplementärin zur Geschäftsführung gegenüber der gesetzlichen Ausgestaltung erweitert, geht hiermit auch eine entsprechende Ausweitung der Überwachungskompetenz des Aufsichtsrates einher. So erfasst die Überwachungskompetenz des Aufsichtsrats auch außergewöhnliche Geschäftsführungsmaßnahmen,[96] wenn insoweit das Mitwirkungsrecht der Kommanditaktionäre nach § 278 Abs. 2 AktG i.V.m. § 164 S. 1 HS. 2 HGB in zulässiger Weise abbedungen ist.[97]

2. *Überwachungskompetenzen und Reichweite der Befugnisse*

Während dem Aufsichtsrat einer AG zur Durchsetzung seiner Überwachungsaufgabe die Personalkompetenz und die Möglichkeit zum Erlass einer Geschäftsordnung und zur Normierung von Zustimmungsvorbehalten zur Verfügung stehen,[98] beschränken sich die Einwirkungsmöglichkeiten des Aufsichtsrates der KGaA vornehmlich auf die bloße Meinungsäußerung.[99] Stellt der Aufsichtsrat Fehlent-

---

93 *Arnold*, GmbH & Co. KGaA, S. 126; *Marsch-Barner*, FS Hoffmann-Becking, 777 (781). Nach *Bürgers* in Bürgers/Fett, § 5 Rn 487 hat das Recht zur Einberufung einer Hauptversammlung nach § 278 Abs. 3 AktG i.V.m. § 111 Abs. 3 S. 1 AktG im Hinblick auf die Kontrolle der Geschäftspolitik jedoch keine praktische Bedeutung.

94 *Arnold*, GmbH & Co. KGaA, S. 126 f.; *Assmann/Sethe* in GK-AktG, § 287 Rn 32; *Bürgers* in Bürgers/Fett, § 5 Rn 484; *Koch* in Hüffer/Koch, § 278 Rn 15; *Lutter/Krieger/Verse*, Aufsichtsrat, Rn 1310; *Perlitt* in MüKoAktG, § 287 Rn 37.

95 Vgl. zum Überwachungsmaßstab des Aufsichtsrates der AG etwa BGHZ 114, 127 (129 f.) = NJW 1991, 1830 (1831) und *Lutter/Krieger/Verse*, Aufsichtsrat, Rn 73 ff.

96 *Arnold*, GmbH & Co. KGaA, S. 127; *Assmann/Sethe* in GK-AktG, § 287 Rn 46; *Otte*, AG & Co. KGaA, S. 134; *Perlitt* in MüKoAktG, § 287 Rn 51; a.A. *Kallmeyer*, ZGR 1983, 57 (59), der hierin einen Verstoß gegen die zwingende aktienrechtliche Kompetenzordnung sieht.

97 Vgl. dazu oben im Kapitel § 3 D. I. 2.

98 *Lutter/Krieger/Verse*, Aufsichtsrat, Rn 109.

99 *Hennerkes/Lorz*, DB 1997, 1388 (1389); *Herfs* in Münch Hdb AG, § 79 Rn 63.

wicklungen fest, hat er die persönlich haftende Gesellschafterin über seine Bedenken zu informieren.[100] Ihn trifft insoweit eine ungeschriebene Beratungspflicht.[101] Gelingt es dem Aufsichtsrat nicht, die geschäftsführende Komplementärin von seiner Auffassung im Hinblick auf die Geschäftspolitik zu überzeugen, kann er lediglich eine außerordentliche Hauptversammlung einberufen (§ 278 Abs. 3 AktG i.V.m. § 111 Abs. 3 S. 1 AktG), um die Kommanditaktionäre über seine Auffassung zu unterrichten und ggf. eine Entziehung der Geschäftsführungsbefugnis (§ 278 Abs. 2 AktG i.V.m. §§ 161 Abs. 2, 117 HGB) oder eine Ausschließung (§ 278 Abs. 2 AktG i.V.m. § 140 HGB) anzuregen.[102] Im Übrigen kann der Aufsichtsrat nur mit Rücktritt drohen.[103] Aufgrund dieser eingeschränkten Einwirkungsmöglichkeiten ist der Aufsichtsrat somit in gewisser Weise ein zahnloser Tiger und ist daher zutreffend auch als „reines Informationsgremium"[104] und „Forum kooperativer Kritik"[105] bezeichnet worden.

Nach dem oben Gesagten erfolgt bei einer SE & Co. KGaA die Überwachung der Geschäftsführung nicht nur durch den Aufsichtsrat der KGaA, sondern auch durch das Aufsichts- bzw. Verwaltungsorgan der Komplementärgesellschaft.[106] Alle beteiligten Organe trifft im Rahmen der Überwachung zunächst die Pflicht zur vertrauensvollen Zusammenarbeit.[107] Besteht der Gesellschaftszweck der Komplementärgesellschaft allein in der Wahrnehmung der Geschäftsführung der KGaA, ist der Gegenstand der Überwachung weitgehend identisch, auch wenn es sich weiterhin um zwei rechtlich selbstständige Gesellschaften handelt.[108] Da notwendige Voraussetzung für die Überwachung eine entsprechende Information ist, stehen dem Aufsichtsrat die Informations- und Kontrollrechte nach § 278 Abs. 3 i.V.m. §§ 90, 111 Abs. 2 AktG zu. Es stellt sich hierbei insbesondere die Frage, wie sich die (teilweise) Identität des Überwachungsgegenstandes auf die dem Aufsichtsrat der KGaA im Rahmen der Überwachung zustehenden Berichterstattungskompetenzen auswirkt.

---

100 *Herfs* in Münch Hdb AG, § 79 Rn 63; *Lutter/Krieger/Verse*, Aufsichtsrat, Rn 1313.

101 *Bachmann* in Spindler/Stilz, § 287 Rn 8.

102 *Herfs* in Münch Hdb AG, § 79 Rn 63; *Lutter/Krieger/Verse*, Aufsichtsrat, Rn 1314; *Perlitt* in MüKoAktG, § 287 Rn 46.

103 *Bürgers* in Bürgers/Fett, § 5 Rn 486; *Lutter/Krieger/Verse*, Aufsichtsrat, Rn 1314; *Herfs* in Münch Hdb AG, § 79 Rn 63; *Perlitt* in MüKoAktG, § 287 Rn 46.

104 *Hennerkes/Lorz*, DB 1997, 1388 (1389); *Lorz*, VGR 1998, 57 (64).

105 *Mertens*, FS Barz, 253 (267).

106 Vgl. dazu oben unter § 3 A. II. 3. a) und § 3 B. I. 3. b).

107 *Bachmann* in Spindler/Stilz, § 287 Rn 8; *Marsch-Barner*, FS Hoffmann-Becking, 777 (791 f.) plädiert daher für gemeinsame Sitzungen der Aufsichtsorgane. Die gesetzliche Verschwiegenheitspflicht der Mitglieder (§ 116 S. 2 AktG) stehe dem nicht entgegen, da es sich um einen reinen Informationsaustausch handle. Eine personenidentische Besetzung der Organe ist dabei nur bei einer dualistischen Komplementär-SE zulässig.

108 *Marsch-Barner*, FS Hoffmann-Becking, 777 (779).

Grundsätzlich stehen dem Aufsichtsrat der KGaA die Informationsrechte in gleichem Umfang zu wie dem einer AG.[109] Daher muss die Komplementär-SE, vertreten durch ihr Leitungsorgan bzw. die geschäftsführenden Direktoren, dem Aufsichtsrat der KGaA in regelmäßigen Abständen, bei besonderen Anlässen (§ 283 Nr. 4 AktG i.V.m. § 90 Abs. 2 AktG) sowie jederzeit auf Verlangen des Aufsichtsrates (§ 283 Nr. 4 AktG i.V.m. § 90 Abs. 3 AktG) über die Geschäftsentwicklung der SE & Co. KGaA berichten. Der Aufsichtsrat ist hierbei auch über beabsichtigte Geschäftsführungsmaßnahmen zu informieren, obwohl ihm diesbezüglich ohnehin keine Verhinderungsmöglichkeit zusteht.[110] Wenn sich auch die Pflicht zur Berichterstattung primär auf Angelegenheiten der KGaA bezieht, werden aufgrund der engen Verknüpfung der Komplementärin mit der KGaA auch solche Vorgänge der Komplementärgesellschaft erfasst, die die Geschäftsführungsfunktion für die KGaA betreffen.[111]

Schwierigkeiten bereitet jedoch die Bestimmung eines Maßstabes über die Reichweite dieser Berichterstattungspflicht. Auf jeden Fall umfasst sind so zentrale Vorkommnisse wie eine drohende Insolvenz der Komplementärgesellschaft oder ein Wechsel ihres Gesellschafterbestandes, aber auch Geschehnisse in Bezug auf die geschäftsführenden Organe, die ihre Eignung zur Geschäftsführung der Kapitalgesellschaft & Co. KGaA infrage stellen können.[112] Eine Einschränkung der Berichterstattungspflicht ist jedenfalls nicht schon bei Maßnahmen, die in die alleinige Zuständigkeit des Aufsichts- bzw. Verwaltungsorgans der Komplementärgesellschaft fallen, wie z.B. die Bestellung der Vertretungsorgane, anzunehmen.[113] Denn insoweit handelt es sich typischerweise um Maßnahmen mit wesentlicher Bedeutung für die Geschäftsführungsfunktion der SE & Co. KGaA. Auch der ergangene Vorschlag, als Maßstab für die Reichweite der Berichterstattungspflicht auf die Informationspflichten des Komplementärs gegenüber der Hauptversammlung gemäß § 278 Abs. 3 AktG i.V.m. § 131 AktG abzustellen,[114] vermag aus zwei Gründen nicht zu überzeugen. Denn einerseits ist anerkannt, dass sich der Vorstand – und somit auch die persönlich haftende Gesellschafterin – gegenüber dem Aufsichtsrat nicht auf das Auskunftsverweigerungsrecht § 131 Abs. 3 Nr. 1 AktG berufen kann.[115] Andererseits erscheint eine Übertragung der Auskunftsrechte der Kommanditaktionäre jedenfalls dann als zu weitgehend, solange keine konkreten

---

109 *Bürgers* in Bürgers/Fett, § 5 Rn 484; *Förl/Fett* in Bürgers/Körber, § 287 Rn 3; *Lutter/Krieger/Verse*, Aufsichtsrat, Rn 1311.

110 *Kallmeyer*, ZGR 1983, 57 (73); *Lutter/Krieger/Verse*, Aufsichtsrat, Rn 1311.

111 *Arnold*, GmbH & Co. KGaA, S. 179; *Bachmann* in Spindler/Stilz, § 283 Rn 12; *Kessler*, GmbH & Co. KGaA, S. 179; *Marsch-Barner*, FS Hoffmann-Becking, 777 (783 f.); *Otte*, AG & Co. KGaA, S. 136; *Perlitt* in MüKoAktG, § 283 Rn 21.

112 *Arnold*, GmbH & Co. KGaA, S. 128; *Lutter/Krieger/Verse*, Aufsichtsrat, Rn 1331.

113 *Marsch-Barner*, FS Hoffmann-Becking, 777 (783).

114 *Otte*, AG & Co. KgaA, S. 136.

115 *Fleischer* in Spindler/Stilz, § 90 Rn 54; *Kort* in GK-AktG, § 90 Rn 163; *Spindler* in MüKoAktG, § 90 Rn 53.

Verdachtsmomente bestehen, da es sich um rechtlich eigenständige Gesellschaften handelt.[116] Eine Berichtspflicht bezüglich komplementär-interner Vorgänge der Willensbildung besteht nämlich ebenso wenig[117] wie bezüglich solcher Sachverhalte, die über die Wahrnehmung der Geschäftsführungsfunktion der Komplementärin hinausgehen.[118]

Auch das Einsichts- und Prüfungsrecht des Aufsichtsrates in die Bücher der Gesellschaft und das Recht zur Beauftragung von Sachverständigen mit der Prüfung bestimmter Sachverhalte (§ 278 Abs. 3 i.V.m. § 111 Abs. 2 S. 1 und 2 AktG) besteht aufgrund der rechtlichen Selbstständigkeit der Gesellschaften nur gegenüber der KGaA und nicht auch im Verhältnis zur Komplementärin.[119] Etwas anderes dürfte nur dann anzunehmen sein, wenn deren Aufsichts- bzw. Leitungsorgan seiner Überwachungstätigkeit pflichtwidrig nicht nachkommt.[120] Da die Überwachungsaufgabe des Aufsichtsrates auf Angelegenheiten der KGaA beschränkt ist, sind ihm auch der Jahresabschluss und der Lagebericht der Komplementärgesellschaft grundsätzlich nicht vorzulegen. Er kann jedoch insoweit Einsicht und Berichterstattung verlangen, wenn Umstände vorliegen, die für die Geschäftsführung der KGaA relevant sind, z.B. wenn der Abschlussprüfer der Komplementärgesellschaft zu deren Jahresabschluss nur einen eingeschränkten Bestätigungsvermerk erteilt hat (§ 322 Abs. 2 Nr. 2 HGB).[121]

Eine satzungsmäßige Einschränkung der Berichtspflichten und Einsichtsrechte ist nicht möglich (§ 23 Abs. 5 AktG).[122] Hingegen kann der Aufsichtsrat zwar in der Satzung ermächtigt werden, der Komplementärin weitere Berichtspflichten aufzuerlegen,[123] in Anbetracht der Möglichkeit zur jederzeitigen Auskunftserlangung nach § 278 Abs. 3 AktG i.V.m. § 90 Abs. 3 AktG dürfte hierfür jedoch keine Notwendigkeit bestehen.

II. Ausführungskompetenz

Gemäß § 287 Abs. 1 AktG führt der Aufsichtsrat ferner die Beschlüsse der Kommanditaktionäre aus, soweit die Satzung nichts anderes bestimmt. Entgegen des weiten Wortlauts fallen hierunter nur solche Beschlüsse, durch die die Hauptversammlung als Versammlung der Gesamtheit der Kommanditaktionäre Rechte geltend macht, die nach Personengesellschaftsrecht den Kommanditisten im Ver-

---

116 *Marsch-Barner*, FS Hoffmann-Becking, 777 (783).
117 *Arnold*, GmbH & Co. KgaA, S. 128.
118 *Lutter/Krieger/Verse*, Aufsichtsrat, Rn 1331.
119 *Marsch-Barner*, FS Hoffmann-Becking, 777 (787).
120 Vgl. dazu oben unter § 3 A. II. 3. c) bb).
121 *Marsch-Barner*, FS Hoffmann-Becking, 777 (786).
122 *Assmann/Sethe* in GK-AktG, § 283 Rn 24; *K. Schmidt* in K. Schmidt/Lutter, § 283 Rn 8; *Marsch-Barner*, FS Hoffmann-Becking, 777 (785); *Perlitt* in MüKoAktG, § 283 Rn 20.
123 *Marsch-Barner*, FS Hoffmann-Becking, 777 (785).

hältnis zu den Komplementären zustehen.[124] Umfasst sind damit insbesondere der Beschluss der Hauptversammlung über die Zustimmung zu außergewöhnlichen Geschäftsführungsmaßnahmen (§ 278 Abs. 2 AktG i.V.m. § 164 S. 1 HS. 2 HGB), der Beschluss über den Antrag auf Entziehung der Geschäftsführungs- und Vertretungsmacht (§ 278 Abs. 2 AktG i.V.m. §§ 117, 127 HGB) oder die Klage auf Erteilung der Zustimmung zum Jahresabschluss (§ 286 S. 2 AktG) oder in den Fällen des § 285 Abs. 2 AktG.[125] Beschlüsse, die die Hauptversammlung aufgrund einer aktienrechtlichen Zuständigkeit fasst, werden hingegen von der Komplementärin ausgeführt.[126] Obwohl der Aufsichtsrat bei Ausführung der Beschlüsse als Organ der Gesellschaft tätig wird,[127] hat er sich hierbei ausschließlich an den Interessen der Kommanditaktionäre zu orientieren, da ihm die Ausführungsverpflichtung diesen gegenüber obliegt.[128] Die hieraus möglichen Interessenkollisionen sollen dahin gehend aufzulösen sein, dass der Aufsichtsrat aufgrund seiner organschaftlichen Treuepflicht die Gesellschaft schädigende Beschlüsse ebenso wenig ausführen darf wie Beschlüsse, die er für nichtig erachtet.[129] Zur Verhinderung derartiger Zielkonflikte bietet sich eine Übertragung der Ausführungsfunktion auf einen Beirat an.[130] Da § 287 Abs. 1 AktG schon nach seinem Wortlaut dispositiv ist und die Ausführungskompetenz die personengesellschaftsrechtliche Seite der KGaA betrifft, stellt dies keinen Verstoß gegen die aktienrechtliche Kompetenzordnung dar.[131]

---

124 *Assmann/Sethe* in GK-AktG, § 287 Rn 49; *Bachmann* in Spindler/Stilz, § 287 Rn 20 f.; *Herfs* in Münch Hdb AG, § 79 Rn 65; *K. Schmidt* in K. Schmidt/Lutter, § 287 Rn 17; *Lutter/Krieger/Verse*, Aufsichtsrat, Rn 1323; *Mertens/Cahn* in KK-AktG, § 287 Rn 18; *Perlitt* in MüKoAktG, § 287 Rn 58; *Schlitt*, KGaA, S. 176; *Schnorbus*, GS Winter, 627 (645).

125 *Bachmann* in Spindler/Stilz, § 287 Rn 21; *Bürgers* in Bürgers/Fett, § 5 Rn 491; *Förl/Fett* in Bürgers/Körber, § 287 Rn 5; *Perlitt* in MüKoAktG, § 287 Rn 58.

126 *Assmann/Sethe* in GK-AktG, § 287 Rn 49; *Förl/Fett* in Bürgers/Körber, § 287 Rn 5; *Lutter/Krieger/Verse*, Aufsichtsrat, Rn 1323; *Mertens/Cahn* in KK-AktG, § 287 Rn 18; *Perlitt* in MüKoAktG, § 287 Rn 59; *Schlitt*, KGaA, S. 176.

127 *Assmann/Sethe* in GK-AktG, § 287 Rn 50; *Bürgers* in Bürgers/Fett, § 5 Rn 492; *Mertens/Cahn* in KK-AktG, § 287 Rn 19; zur Problematik der Organschaft der Gesamtheit der Kommanditaktionäre sogleich unter Punkt III. im Rahmen der Vertretungskompetenz.

128 *Bachmann* in Spindler/Stilz, § 287 Rn 22; *Bürgers* in Bürgers/Fett, § 5 Rn 493; *Perlitt* in MüKoAktG, § 287 Rn 60; *Schlitt*, KGaA, S. 176; a.A. *Assmann/Sethe* in GK-AktG, § 287 Rn 66; *Mertens/Cahn* in KK-AktG, § 287 Rn 19 verneinen die praktische Relevanz dieser Frage.

129 *Bachmann* in Spindler/Stilz, § 287 Rn 22; *Mertens/Cahn* in KK-AktG, § 287 Rn 19; *Lutter/Krieger/Verse*, Aufsichtsrat, Rn 1323; *Perlitt* in MüKoAktG, § 287 Rn 61.

130 *Lutter/Krieger/Verse*, Aufsichtsrat, Rn 1324.

131 *Assmann/Sethe* in GK-AktG, § 287 Rn 55; *Bachmann* in Spindler/Stilz, § 287 Rn 23; *K. Schmidt* in K. Schmidt/Lutter, § 287 Rn 19; *Mertens/Cahn* in KK-AktG, § 287 Rn 18; *Perlitt* in MüKoAktG, § 287 Rn 10; *Schlitt*, KGaA, S. 177.

III. Vertretungskompetenz

1. Gerichtliche Vertretung

Nach dem Wortlaut des § 287 Abs. 2 S. 1 AktG vertritt der Aufsichtsrat die „Gesamtheit der Kommanditaktionäre" in Rechtsstreitigkeiten, die diese gegen die persönlich haftenden Gesellschafter führen, wenn die Hauptversammlung keine besonderen Vertreter gewählt hat. Entgegen dieses Wortlauts nimmt die inzwischen einhellige Meinung an, dass der Gesamtheit der Kommanditaktionäre die Parteifähigkeit fehlt und daher Prozesse nur zwischen der rechtsfähigen KGaA und dem Komplementär möglich sind.[132] Die missverständliche Formulierung ist auf die vormals fehlende Rechtsfähigkeit der KGaA zurückzuführen und seit der Neufassung von § 278 Abs. 1 AktG überholt. Da die Parteifähigkeit von Organen einer juristischen Person dem deutschen Recht fremd ist, muss man § 287 Abs. 2 S. 1 AktG als reine Kompetenznorm verstehen[133] und der Aufsichtsrat handelt bei der gerichtlichen Vertretung – wie im Rahmen der Ausführungskompetenz[134] – als Organ der Gesellschaft und nicht der Kommanditaktionäre.[135] § 287 Abs. 2 S. 2 AktG ordnet somit nur deklaratorisch die Pflicht der Gesellschaft zur Tragung der Kosten des Rechtsstreits an, lässt jedoch einen Rückgriff auf die Kommanditaktionäre zu.[136]

2. Rechtsgeschäftliche Vertretung

a) Vertretung der SE & Co. KGaA gegenüber der Komplementär-SE gemäß § 278 Abs. 3 i.V.m. § 112 AktG

Umstritten ist, ob der Aufsichtsrat die KGaA auch rechtsgeschäftlich gegenüber der persönlich haftenden Gesellschafterin vertritt. Eine vereinzelt gebliebene Ansicht lehnt eine solche Vertretungsbefugnis des Aufsichtsrates vorbehaltlich einer

---

132 *Assmann/Sethe* in GK-AktG, § 287 Rn 62; *Bachmann* in Spindler/Stilz, § 287 Rn 24; *Fett* in Bürgers/Fett, § 3 Rn 6; *Förl/Fett* in Bürgers/Körber, § 287 Rn 7; *Herfs* in Münch Hdb AG, § 79 Rn 66; *K. Schmidt* in K. Schmidt/Lutter, § 287 Rn 20; *Kessler* in Saenger/Aderhold/Lenkaitis/Speckmann, § 6 Rn 850; *ders.*, NZG 2005, 145 (145 f.); *Mertens/Cahn* in KK-AktG, § 287 Rn 22; *Müller-Michaels* in Hölters, § 287 Rn 3; *Perlitt* in MüKoAktG, § 287 Rn 75; *Raiser/Veil*, KapGesR, § 31 Rn 8; *Wichert* in NK-AktR, § 287 Rn 6. Eingehend: *Mertens*, FS Barz, 253 (256 ff.).

133 *Assmann/Sethe* in GK-AktG, § 287 Rn 62; *Bachmann* in Spindler/Stilz, § 287 Rn 25; *Koch* in Hüffer/Koch, § 287 Rn 2; *Perlitt* in MüKoAktG, § 287 Rn 75.

134 Dazu oben Punkt § 4 B. II.

135 BGHZ 165, 192 (199) = NJW 2006, 510 (512).

136 Wegen der fehlenden Nachschusspflicht der Kommanditaktionäre ist der Anwendungsbereich der von § 287 Abs. 2 S. 2 AktG eröffneten Rückgriffsmöglichkeit stark eingeschränkt, vgl. hierzu etwa *Assmann/Sethe* in GK-AktG, § 287 Rn 63 f.; *Mertens/Cahn* in KK-AktG, § 287 Rn 23.

abweichenden Satzungsregelung ab.[137] Gemäß § 278 Abs. 2 AktG richte sich die Vertretungsbefugnis nach Personengesellschaftsrecht, sodass nach §§ 161 Abs. 2, 125 f. HGB stets die Komplementärin vertretungsbefugt sei. Bei etwaigen Interessenkollisionen biete § 181 BGB einen ausreichenden Schutz. Nach der ganz überwiegenden Meinung wird die KGaA bei Rechtsgeschäften mit den persönlich haftenden Gesellschaftern wegen der Gefahr von Interessenkollisionen durch den Aufsichtsrat vertreten.[138] Dies soll selbst dann gelten, wenn mehrere persönlich haftende Gesellschafter vorhanden sind und somit die Vertretung der KGaA theoretisch auch jeweils durch einen anderen Komplementär erfolgen könnte.[139] Dogmatisch begründet wird dies mit einer Anwendung von § 278 Abs. 3 i.V.m. § 112 AktG, der § 278 Abs. 2 AktG insoweit „ergänz[e]."[140] Diese h.M. überzeugt mehr im Ergebnis als in der Begründung. Denn nach seinem Wortlaut ist § 278 Abs. 3 AktG gegenüber § 278 Abs. 2 AktG ausdrücklich subsidiär.[141] Allerdings ist die Gefahr von Interessenkonflikten nicht von der Hand zu weisen, wenn die KGaA bei Rechtsgeschäften mit der Komplementärin durch Letztere vertreten wird. Es besteht insofern der gleiche Interessengegensatz wie bei Rechtsgeschäften eines Vorstandes mit der AG.[142] Für diesen Fall sieht jedoch § 112 AktG die Vertretung der AG durch den Aufsichtsrat vor. Die Anwendung von § 112 AktG über § 278 Abs. 3 AktG ist damit interessengerecht, da ein Schutz über § 181 BGB schon wegen der Möglichkeit von dessen Abbedingung in der Satzung als nicht ausreichend erscheint.[143] Auch mag man in der Tatsache, dass der Gesetzgeber bei allen anderen Gesellschaften,

---

137 *Philbert*, KGaA, S. 151 ff.; nach *Bürgers* in Bürgers/Fett, § 5 Rn 497 ff. soll grundsätzlich der Komplementär und der Aufsichtsrat nur bei einer entsprechenden Satzungsregelung zuständig sein.

138 BGH v. 29.11.2004 – II ZR 364/02 = BB 2005, 514 = NZG 2005, 276; *Arnold*, GmbH & Co. KGaA, S. 129; *Assmann/Sethe* in GK-AktG, § 287 Rn 67 f.; *Ihrig/Schlitt*, ZHR Beiheft 67, 33 (54 f.); *Kessler* in Saenger/Aderhold/Lenkaitis/Speckmann, § 6 Rn 850; *Koch* in Hüffer/Koch, § 278 Rn 16; *Lutter/Krieger/Verse*, Aufsichtsrat, Rn 1320; *Otte*, AG & Co. KGaA, S. 138 f.; *Perlitt* in MüKoAktG, § 287 Rn 67; *Raiser/Veil*, KapGesR, § 31 Rn 11; *Sethe*, AG 1996, 289 (298 f.); *Schlitt*, KGaA, S. 178; *Wichert*, AG 2000, 268 (273 f.); *ders.* In NK-AktR, § 287 Rn 2; im Ergebnis zustimmend, jedoch kritisch bezüglich der dogmatischen Begründung: *Bachmann* in Spindler/Stilz, § 287 Rn 11 f. Nach *Mertens/Cahn* in KK-AktG, § 287 Rn 21 f. soll die Vertretungsmacht des Aufsichtsrates nur neben einer Vertretungsmacht der Komplementäre bestehen.

139 *Assmann/Sethe* in GK-AktG, § 287 Rn 68; *Perlitt* in MüKoAktG, § 287 Rn 66.

140 BGH, BB 2005, 514 (515) = NZG 2005, 276.

141 *Bürgers* in Bürgers/Fett, § 5 Rn 498.

142 BGH, BB 2005, 514 (515) = NZG 2005, 276.

143 *Assmann/Sethe* in GK-AktG, § 287 Rn 68; *Arnold*, GmbH & Co. KGaA, S. 129; *Kölling*, Gestaltungsspielräume, S. 171; *Sethe*, AG 1996, 289 (298 f.); *Wichert*, AG 2000, 268 (274). *Bachmann* in Spindler/Stilz, § 287 Rn 12 weist darauf hin, dass man eine Abbedingung von § 181 BGB allenfalls im Wege der Inhaltskontrolle für unzulässig halten könnte, was jedoch wiederum Rechtsunsicherheit mit sich brächte.

die über einen Aufsichtsrat verfügen, diesem die Vertretung gegenüber dem Geschäftsführungsorgan zugewiesen hat (z.B. § 52 Abs. 1 GmbHG, § 112 S. 1 AktG, § 39 Abs. 1 S. 1 GenG), einen allgemeinen auf die KGaA zu übertragenden Grundsatz erblicken.[144] Um einen effektiven Schutz vor Interessenkollisionen zu gewährleisten, erfolgt eine Vertretung durch den Aufsichtsrat nach h.M. auch gegenüber von der Geschäftsführung ausgeschlossenen bzw. ausgeschiedenen Komplementären.[145]

b) Erweiterte Auslegung von § 278 Abs. 3 AktG i.V.m. § 112 AktG

Ist damit grundsätzlich geklärt, dass die KGaA bei Rechtsgeschäften mit der Komplementärin durch den Aufsichtsrat vertreten wird, stellt sich die Frage, ob dies in erweiterter Auslegung von § 278 Abs. 3 AktG i.V.m. § 112 AktG auch bei Rechtsgeschäften mit den Organmitgliedern und Aktionären der Komplementär-SE gilt. Zur Beantwortung dieser Frage ist zunächst auf den Regelungszweck der Vorschrift einzugehen. Indem § 112 AktG bei Rechtsgeschäften zwischen Vorstandsmitgliedern und der AG deren Vertretung dem Aufsichtsrat zuweist, soll „eine unbefangene, von möglichen Interessenkollisionen und darauf beruhenden sachfremden Erwägungen freibleibende Vertretung der Gesellschaft"[146] sichergestellt werden. Aus Gründen der Rechtssicherheit kommt es für das Vorliegen von Interessenkonflikten nicht auf die jeweiligen konkreten Umstände des Einzelfalls an, sondern es ist eine typisierende Betrachtungsweise angezeigt.[147] Eine erweiterte Auslegung des § 112 AktG ist dabei grundsätzlich möglich, da auch für die Aktiengesellschaft anerkannt ist, dass die Regelung nicht abschließend zu verstehen ist,[148] sondern eine Vertretungskompetenz des Aufsichtsrates von der ganz überwiegenden Meinung auch bei wirtschaftlicher Identität zwischen Vorstand und Drittem, insbesondere im Falle einer Einmanngesellschaft, angenommen wird.[149] Allerdings darf ein Eingriff

---

144 *Assmann/Sethe* in GK-AktG, § 287 Rn 69; *Bachmann* in Spindler/Stilz, § 287 Rn 12; *Perlitt* in MüKoAktG, § 287 Rn 68. Hieraus folgert *Bürgers* in Bürgers/Fett, § 5 Rn 498 im Umkehrschluss, dass es auch für die KGaA einer vergleichbaren Regelung bedurft hätte.

145 BGH, BB 2005, 514 (515) = NZG 2005, 276 (277); *Mertens/Cahn* in KK-AktG, § 287 Rn 20.

146 BGH, BB 2005, 514 = NZG 2005, 276.

147 BGH, BB 2005, 514 = NZG 2005, 276.

148 Vgl. nur *Koch* in Hüffer/Koch, § 112 Rn 1; *Vetter*, FS Roth, 855 (858); *Mertens/Cahn* in KK-AktG, § 112 Rn 14 ff. mit Nachweisen zur Rechtsprechung; ausführlich: *Leuering*, FS Kollhosser, 361 ff.

149 OLG Saarbrücken, Urteil v. 22.1.2014 – 2 U 69/13 = NZG 2014, 343 (343 f.); OLG Saarbrücken, Urteil v. 11.10.2012 – 8 U 22/11 = NZG 2012, 1348 (1349 f.); *Habersack* in MüKoAktG, § 112 Rn 9; *Koch* in Hüffer/Koch, § 112 Rn 4; *Mertens/Cahn* in KK-AktG, § 112 Rn 18; *Spindler* in Spindler/Stilz, § 112 AktG Rn 9; *Schuhknecht*, GWR 2014, 150; *Uffmann*, Interim Management, S. 334 ff.; *Werner*, ZGR 1989, 369 (373 f.); implizit auch: BGH, NJW 2013, 1742 Rn 9; nach *Rupietta*, NZG 2007, 801 (802 f.) und *Werner*, Der Konzern 2008, 639 (641) soll eine Beteiligung

in die gesetzlich vorgesehene Zuständigkeitsverteilung zwischen Komplementär und Aufsichtsrat durch die extensive Auslegung einer Norm nur in zwingend erforderlichem Umfang erfolgen.[150]

aa) Vertretung der SE & Co. KGaA gegenüber den Mitgliedern der Vertretungsorgane der Komplementärin

Im Recht der GmbH & Co. KGaA sowie der AG & Co. KGaA besteht Einigkeit, dass die KGaA auch gegenüber dem Geschäftsführer der Komplementär-GmbH[151] bzw. dem Vorstand der Komplementär-AG[152] durch den Aufsichtsrat vertreten wird. Nichts anderes kann bei einer Komplementär-SE bezüglich den Mitgliedern ihres Vertretungsorgans, namentlich den Leitungsorganmitgliedern bzw. den geschäftsführenden Direktoren, gelten. Zwar liegt keine wirtschaftliche Identität zwischen der Komplementär-SE und ihren Vertretungsorganmitgliedern vor. Jedoch besteht bei der gebotenen abstrakten Betrachtungsweise die Gefahr einer Interessenkollision, wenn die genannten Organmitglieder einerseits für die KGaA und andererseits für sich selber handeln. Dies gilt insbesondere für den Fall, dass sie ihren Anstellungsvertrag zulässigerweise[153] nicht mit der Komplementär-SE, sondern direkt mit der KGaA abschließen.[154] Der Schutz über § 181 BGB ist schon aufgrund von dessen Abdingbarkeit unzureichend und daher eine Vertretung der SE & Co. KGaA durch den Aufsichtsrat gegenüber den Leitungsorganmitgliedern und den geschäftsführenden Direktoren in erweiterter Auslegung von § 278 Abs. 3 AktG i.V.m. § 112 AktG geboten. Auch unter dem Aspekt der Rechtssicherheit, dem die

---

ausreichend sein, die einen „maßgeblichen unternehmerischen Einfluss" verleiht; kritisch hierzu: *Mertens/Cahn* in KK-AktG, § 112 Rn 18; *Uffmann*, Interim Management, S. 337 f.; offen gelassen von BGH, NJW 2013, 1742 und BGH, NZG 2015, 792 (795); gegen jede Ausweitung der eng auszulegenden Ausnahmevorschrift des § 112 AktG: OLG München, Urteil v. 09. Februar 2009 – 21 U 4853/08 = GWR 2009, 11; OLG München, NZG 2012, 706 (707); *Hopt/Roth* in GK-AktG § 112 Rn 43.

150 Vgl. allgemein zur teleologischen Extension von § 112 AktG: *Uffmann*, Interim Management, S. 335 f.; allgemein zu den Grenzen der (richterlichen) Rechtsfortbildung: BVerfG, Beschluss v. 14. Februar 1973 – 1 BvR 112/65 = BVerfGE 34, 269 (297) – Soraya.

151 *Arnold*, GmbH & Co. KGaA, S. 129; *Assmann/Sethe* in GK-AktG, § 287 Rn 73; *Bachmann* in Spindler/Stilz, § 287 Rn 15; *Ihrig/Schlitt*, ZHR Beiheft 67, 33 (56); *Perlitt* in MüKoAktG, § 287 Rn 65; *Schlitt*, KGaA, S. 178 f.; *Wichert*, AG 2000, 268 (274); a.A. *Dirksen/Möhrle*, ZIP 1998, 1377 (1384).

152 *Otte*, AG & Co. KGaA, S. 141.

153 Vgl. dazu oben unter § 3 A. I. 3. a).

154 Für die GmbH & Co. KGaA: *Ihrig/Schlitt*, ZHR Beiheft 67, 33 (56); *Kölling*, Gestaltungsspielräume, S. 176; für die AG & Co. KGaA: *Otte*, AG & Co. KGaA, S. 141.

Rechtsfortbildung stets und insbesondere dann genügen muss,[155] wenn – wie hier – die Rechtsfolge der Nichtigkeit für einen Verstoß gegen die Kompetenzverteilung im Raum steht,[156] begegnet eine solche extensive Auslegung keinen Bedenken. Denn es ist hinreichend klar bestimmbar, wer die Mitglieder des Vertretungsorgans der Komplementärin sind. Nach seinem Regelungszweck erstreckt sich § 112 S. 1 AktG dabei auch auf Rechtsgeschäfte mit künftigen Mitgliedern des Vertretungsorgans der Komplementärin, weil hier die Gefahr von Interessenkonflikten in besonderem Maße besteht.[157] Ein solcher Anwendungsfall liegt etwa dann vor, wenn der Anstellungsvertrag der Mitglieder des Leitungsorgans bzw. der geschäftsführenden Direktoren der Komplementär-SE mit der KGaA bereits vor der Bestellung geschlossen wird.

bb) Vertretung der SE & Co. KGaA gegenüber den Mitgliedern des Aufsichtsorgans einer dualistischen Komplementär-SE?

Bezüglich der Mitglieder des Aufsichtsorgans einer dualistischen Komplementär-SE ist auch bei typisierender Betrachtungsweise kein Interessenkonflikt anzunehmen, der eine erweiterte Auslegung von § 278 Abs. 3 AktG i.V.m. § 112 AktG erfordert. Der beschränkte Einfluss des Aufsichtsrats der Komplementärin auf die Geschäftsführung, der sich im Wesentlichen in der Personalkompetenz (Art. 39 Abs. 2 S. 1 SE-VO) und der Ausübung von Zustimmungsrechten (§ 19 SEAG) erschöpft, begründet in Anbetracht der umfassenden Leitungsbefugnis des Leitungsorgans (Art. 39 Abs. 1 S. 1 SE-VO) nicht die Gefahr, dass sich die Mitglieder des Leitungsorgans bei der Vertretung der SE & Co. KGaA von gesellschaftsfremden Interessen leiten lassen. Die Situation ist vielmehr mit der bei einer AG vergleichbar.[158] Auch

---

155 *Mertens/Cahn* in KK-AktG, § 112 Rn 18; *Uffmann*, Interim Management, S. 336 m.w.N. aus der Rechtsprechung.

156 Nach einer Auffassung tritt bei Verstoß gegen § 112 AktG Nichtigkeit gemäß § 134 BGB ein: OLG Brandenburg, AG 2015, 428 (429); OLG Stuttgart, AG 1993, 85 (86); OLG Hamburg, WM 1986, 972 (974) = ZIP 1986, 1249 (1251); OLG Hamburg, AG 1986, 259; OLG Frankfurt, Urt. V. 20.3.2008–12 U 40/07 – juris; *Hopt/Roth* in GK-AktG, § 112 Rn. 109. Nach der überwiegenden Auffassung ist das Rechtsgeschäft lediglich schwebend unwirksam und kann vom Aufsichtsrat genehmigt werden, weil § 112 kein gesetzliches Verbot, sondern eine Vertretungsregelung enthalte: OLG Celle, AG 2003, 433 (433); OLG München ZIP 2008, 220 (222); *Vetter*, FS Roth, 855 (867 f.); *Werner*, ZGR 1989, 369 (392 ff.); *Drygala* in K. Schmidt/Lutter, § 112 Rn 18 f.; *Habersack* in MüKoAktG, § 112 Rn 32; *Köhler*, NZG 2008, 161 (163); *Leuering*, FS Kollhosser, 361 (373); *Lutter/Krieger/Verse*, Aufsichtsrat, Rn 445; *Mertens/Cahn* in KK-AktG, § 112 Rn. 10 f.; *Spindler* in Spindler/Stilz, § 112 Rn 49; offen gelassen von BGH, AG 1994, 35.

157 Vgl. BGHZ 26, 236 (238) = NJW 1958, 419 (420); *Mertens/Cahn* in KK-AktG, § 112 Rn 15; *Koch* in Hüffer/Koch, § 112 Rn 2; *Rupietta*, NZG 2007, 801 (802); § 112 Rn 6; *Uffmann*, Interim Management, S. 335; *Werner*, ZGR 1989, 369 (376).

158 Vgl. für die AG & Co. KGaA: *Otte*, AG & Co. KGaA, S. 143.

dort ist unstreitig der Vorstand für die Vertretung der AG gegenüber den Aufsichtsratsmitgliedern gemäß § 78 Abs. 1 AktG zuständig.[159] Bei etwaigem kollusiven Zusammenwirken zwischen Leitungs- und Aufsichtsorganmitgliedern der Komplementärin ist die KGaA über die Grundsätze des Missbrauchs der Vertretungsmacht[160] ausreichend geschützt. Somit erfolgt die Vertretung der SE & Co. KGaA gegenüber den Mitgliedern des Aufsichtsorgans der dualistischen Komplementär-SE nicht durch den Aufsichtsrat, sondern nach den allgemeinen Regeln durch das Leitungsorgan (§ 278 Abs. 2 AktG i.V.m. §§ 161 Abs. 2, 125 Abs. 1 HGB i.V.m. § 78 Abs. 1 AktG i.V.m. Art. 9 Abs. 1 lit. c) ii) SE-VO).[161]

cc) Vertretung der SE & Co. KGaA gegenüber den Mitgliedern des Verwaltungsrates einer monistischen Komplementär-SE?

Bezüglich der Vertretung der SE & Co. KGaA gegenüber den Verwaltungsratsmitgliedern einer monistisch organisierten Komplementär-SE könnte eine abweichende Betrachtung aufgrund deren Möglichkeit zur Erteilung von Weisungen an die geschäftsführenden Direktoren (§ 44 Abs. 2 SEAG) geboten sein. Den geschäftsführenden Direktoren steht, wie gezeigt,[162] grundsätzlich kein weisungsfreier Geschäftsführungsbereich zu, sodass die Verwaltungsratsmitglieder die geschäftsführenden Direktoren somit auch zum Abschluss eines Rechtsgeschäfts zwischen der KGaA und einem ihrer Mitglieder oder allen Mitgliedern anweisen können. Die bei typisierender Betrachtungsweise nicht auszuschließende Gefahr einer Interessenkollision könnte eine Vertretung der SE & Co. KGaA durch den Aufsichtsrat erfordern. Da eine solche Möglichkeit zur Erteilung von Weisungen auch den Gesellschaftern einer GmbH zusteht (vgl. § 37 Abs. 1 GmbHG), liegt es zur Lösung der Problematik nahe, den Blick auf die Rechtslage im Bereich der GmbH & Co. KGaA zu richten. Nach der überwiegenden Ansicht in der Literatur wird die GmbH & Co. KGaA gegenüber dem Mehrheitsgesellschafter der Komplementär-GmbH, nicht jedoch gegenüber sämtlichen Gesellschaftern, wegen dessen Einfluss auf die Geschäftsführung durch die Ausübung seiner Weisungsbefugnis in erweiterter Auslegung von § 278 Abs. 3 AktG i.V.m. § 112 AktG durch den Aufsichtsrat vertreten.[163]

---

159 *Pentz* in Fleischer, Hdb VorstandsR, § 16 Rn 5; *Spindler* in MüKoAktG, § 78 Rn 7.

160 Vgl. dazu etwa: BGH, NZG 2014, 389 (390).

161 Ebenso für die Mitglieder des Aufsichtsrates einer Komplementär-AG bei der AG & Co. KGaA: *Otte*, AG & Co. KGaA, S. 143.

162 Vgl. dazu oben unter § 3 B. II. 1. g) aa).

163 *Arnold*, GmbH & Co. KGaA, S. 130; *Assmann/Sethe* in GK-AktG, § 287 Rn 73; *Bachmann* in Spindler/Stilz, § 287 Rn 15; *Ihrig/Schlitt*, ZHR Beiheft 67, 33 (56); *Kölling*, Gestaltungsspielräume, S. 177; *Lutter/Krieger/Verse*, Aufsichtsrat, Rn 1332; *Perlitt* in MüKoAktG, § 287 Rn 65; *Schlitt*, KGaA, S. 178 f.; *Wichert*, AG 2000, 268 (274). Teilweise wird auch nicht explizit das Weisungsrecht genannt, sondern lediglich allgemein auf den herrschenden Einfluss des Mehrheitsgesellschafters abgestellt.

Es stellt sich damit die Frage, ob ein Verwaltungsratsmitglied vergleichbaren herrschenden Einfluss ausüben kann wie der Mehrheitsgesellschafter einer Komplementär-GmbH. Hiergegen spricht schon, dass der Verwaltungsrat als Kollegialorgan ausgestaltet ist und der Grundsatz der Gleichheit der Mitglieder gilt. Folgerichtig verneint die überwiegende Meinung daher auch ein Alleinentscheidungs- bzw. Vetorecht für ein Mitglied.[164] Ein Verwaltungsratsmitglied alleine kann damit grundsätzlich keine Weisung an die geschäftsführenden Direktoren mit dem Inhalt erteilen, dass diese für die SE & Co. KGaA ein bestimmtes Rechtsgeschäft abschließen sollen. Erforderlich ist vielmehr stets ein Mehrheitsbeschluss. Die Stellung eines Verwaltungsratsmitgliedes einer Komplementär-SE ist damit grundsätzlich nicht mit der eines Mehrheitsgesellschafters einer Komplementär-GmbH vergleichbar.

Lediglich dem Vorsitzenden des Verwaltungsrates kommt bei einer Komplementär-SE eine exponierte Stellung zu, da ihm bei Stimmengleichheit das Recht zum Stichentscheid zusteht (Art. 50 Abs. 2 SE-VO) und er auch dann eine zusätzliche Stimme hat, wenn ein interner geschäftsführender Direktor aus rechtlichen Gründen an der Teilnahme der Beschlussfassung gehindert ist (§ 35 Abs. 3 SEAG). Besteht der Verwaltungsrat aus lediglich zwei Personen, kann sich der Verwaltungsratsvorsitzende damit de facto immer durchsetzen und eine entsprechende Weisung gegenüber den geschäftsführenden Direktoren erteilen. Gleiches gilt, wenn der Verwaltungsrat von vornherein aus nur einer Person besteht. Bei diesen Konstellationen scheint auf den ersten Blick die Gefahr einer Interessenkollision nahe zu liegen, sodass die SE & Co. KGaA in erweiterter Auslegung von § 278 Abs. 3 AktG i.V.m. § 112 AktG gegenüber diesen Verwaltungsratsmitgliedern durch den Aufsichtsrat zu vertreten sein könnte. Hiergegen spricht jedoch wiederum, dass die geschäftsführenden Direktoren nach der hier vertretenen Auffassung rechtswidrige und für die Gesellschaft wirtschaftlich nachteilige Weisungen nicht befolgen dürfen.[165] Insofern besteht ein entscheidender Unterschied zur Rechtslage bei der GmbH, bei der die Geschäftsführer nach h.M. auch wirtschaftlich nachteilige Weisungen bis zur Grenze der Existenzgefährdung zu befolgen haben,[166] da das weisungsbefugte Organ hier identisch mit Trägern der Vermögensrechte ist. Durch die Pflicht der geschäftsführenden Direktoren, die Rechtmäßigkeit der Anweisung zu prüfen und ggf. ihre Ausführung zu verweigern, ist sichergestellt, dass es zu keinem für die KGaA nachteiligen Vertragsabschluss kommen kann. Denn die geschäftsführenden Direktoren haben aufgrund der ihnen gegenüber der KGaA obliegenden Treuepflicht im Rahmen der Prüfung der Rechtmäßigkeit der Anweisung nicht nur die Interessen der Komplementärin, sondern auch die der KGaA zu berücksichtigen. Verletzen sie diese Pflicht, machen sie sich gegenüber der KGaA schadensersatzpflichtig.[167] Somit besteht bei Rechtsgeschäften

164 Vgl. dazu oben unter § 3 B. I. 2.

165 Vgl. dazu oben: § 3 B. II. 1. g) bb).

166 OLG Frankfurt a. M., NJW-RR 1997, 736 (737); *Altmeppen* in Roth/Altmeppen, § 37 Rn 6 f.; *Wisskirchen/Kuhn* in BeckOK-GmbHG, § 37 Rn 23.

167 Vgl. dazu oben unter § 3 B. II. 2. a).

der KGaA mit den Verwaltungsratsmitgliedern kein Bedürfnis für eine von dem gesetzlichen Normalfall abweichende Vertretungsregelung. Etwas anderes gilt nach dem Gesagten nur bei Rechtsgeschäften mit Verwaltungsratsmitgliedern, die gleichzeitig als geschäftsführende Direktoren fungieren.[168]

dd) Vertretung der SE & Co. KGaA gegenüber den Aktionären der Komplementärin?

Auch bei Rechtsgeschäften der SE & Co. KGaA mit Aktionären der Komplementärin besteht keine Gefahr von Interessenkollisionen, die eine vom gesetzlichen Regelfall abweichende Vertretungsregelung erfordert. Denn auch ein Mehrheitsaktionär kann aufgrund der Unabhängigkeit des Leitungs- bzw. Verwaltungsorgans (Art. 39 Abs. 1 S. 1 SE-VO bzw. Art. 43 Abs. 1 S. 1 SE-VO) keinen Einfluss auf die Geschäftsführung nehmen, sondern ist auf die Ausübung seiner Personalkompetenz beschränkt.[169] Ein Weisungs- oder Abberufungsrecht steht den Aktionären nicht zu. Diese Verselbstständigung der Geschäftsführung von den Anteilsinhabern stellt den entscheidenden Unterschied zu einer Komplementär-GmbH dar, bei der das Weisungsrecht der GmbH-Gesellschafter eine Vertretung der GmbH & Co. KGaA durch den Aufsichtsrat gegenüber einem beherrschenden Gesellschafter in erweiterter Auslegung von § 278 Abs. 3 AktG § 112 AktG erforderlich macht.[170] Die vorliegende Konstellation ist vielmehr mit der Vertretung einer AG gegenüber einem Mehrheitsaktionär vergleichbar.[171] Auch in diesem Fall obliegt die Vertretung dem Vorstand und nicht dem Aufsichtsrat.[172] Somit wird die SE & Co. KGaA bei Rechtsgeschäften mit den Aktionären der Komplementärin durch das Leitungsorgan der Komplementär-SE bzw. die geschäftsführenden Direktoren vertreten.

IV. Statutarische Erweiterung der Kompetenzen

Die Gestaltungsfreiheit im Bereich des Personengesellschaftsrechts kann zu einer Erweiterung der Kompetenzen des Aufsichtsrates genutzt werden. Wird hiervon in größerem Umfang Gebrauch gemacht, wird von einer „aufsichtsratsdominierten KGaA“ gesprochen.[173] So kann, wie bereits erörtert, das Zustimmungsrecht der Kommanditaktionäre bei außergewöhnlichen Geschäftsführungsmaßnahmen nach § 278 Abs. 2 AktG i.V.m. § 164 S. 1 HS 2 HGB auf den Aufsichtsrat übertragen

168 Vgl. oben unter § 4 B. 2. b) aa).
169 Vgl. schon die Argumentation zum Wettbewerbsverbot unter § 3 C. II.
170 Vgl. die Nachweise in obiger Fn 163.
171 Ebenso die AG & Co. KGaA: *Otte*, AG & Co. KGaA, S. 142.
172 *Habersack* in MüKoAktG, § 112 Rn 8; *Hopt/Roth* in GK-AktG, § 112 Rn 70; *Koch* in Hüffer/Koch, § 112 Rn 4; *Spindler* in Spindler/Stilz, § 112 Rn 13; vgl. zum inhaltsgleichen § 39 GenG: BGH, NJW 1997, 318 f.
173 Zur Terminologie: *Assmann/Sethe* in GK-AktG, Vor § 278 Rn 123.

werden.[174] Weiterhin können in der Satzung Zustimmungsvorbehalte zugunsten des Aufsichtsrates (vgl. § 111 Abs. 4 S. 2 AktG) normiert[175] und Letzterer kann zum Erlass einer Geschäftsordnung für die Komplementärin (vgl. § 77 Abs. 2 S. 1 AktG) ermächtigt werden.[176] Außerdem können dem Aufsichtsrat in Fragen der Geschäftsführung weitere Befugnisse und Weisungsrechte gegenüber der persönlich haftenden Gesellschafterin – jedenfalls bezüglich der grundsätzlichen Geschäftspolitik – eingeräumt werden.[177] Allerdings darf der Aufsichtsrat hierdurch nicht zum allzuständigen Geschäftsherrn gemacht werden, da andernfalls das Prinzip der Trennung von Geschäftsführung und Kontrolle unterlaufen würde.[178] Schließlich kann dem Aufsichtsrat Personalkompetenz eingeräumt werden, indem ihm das Recht zur Aufnahme einer neuen Komplementärgesellschaft übertragen wird.[179] Zumindest bei einer der Mitbestimmung unterliegenden KGaA wird eine solche Ausdehnung der gesetzlichen Kompetenzen des Aufsichtsrates aus Unternehmersicht regelmäßig nicht gewollt sein, sondern vielmehr eine weitere Einschränkung zugunsten eines fakultativen, nicht von Arbeitnehmern besetzten Organs, im Vordergrund stehen. Inwieweit dem Aufsichtsrat die dargestellten gesetzlichen Kompetenzen entzogen werden können, wird im Kapitel über den Beirat untersucht.[180]

---

174 Vgl. dazu oben unter § 3 D. I.

175 *Assmann/Sethe* in GK-AktG, § 287 Rn 39; *Bürgers* in Bürgers/Fett, § 5 Rn 507; *Habel/Strieder*, MittBayNot 1998, 65 (67); *Herfs* in Münch Hdb AG, § 79 Rn 67; *Kessler* in Saenger/Aderhold/Lenkaitis/Speckmann, § 6 Rn 851; *Lutter/Krieger/Verse*, Aufsichtsrat, Rn 1328; *Marsch-Barner*, FS Hoffmann-Becking, 777 (780 f.); *Mertens/Cahn* in KK-AktG, § 287 Rn 25; *Perlitt* in MüKoAktG, § 278 Rn 193; *Schlitt*, KGaA, S. 176; a.A. *Servatius* in Grigoleit, § 278 Rn 18.

176 *Assmann/Sethe* in GK-AktG, § 287 Rn 76; *Bachmann* in Spindler/Stilz, § 287 Rn 16; *Bürgers* in Bürgers/Fett, § 5 Rn 507; *Lutter/Krieger/Verse*, Aufsichtsrat, Rn 1328.

177 *Bachmann* in Spindler/Stilz, § 287 Rn 18; *Kessler* in Saenger/Aderhold/Lenkaitis/Speckmann, § 6 Rn 851; *Lutter/Krieger/Verse*, Aufsichtsrat, Rn 1328; *Mertens/Cahn* in KK-AktG, § 287 Rn 25; *Perlitt* in MüKoAktG, § 278 Rn 236 f.; *Pühler* in Happ, S. 183 f.; a.A. *Herfs* in Münch Hdb AG, § 79 Rn 67, nach dem das Prinzip der Trennung von Leitungsmacht und Kontrolle gegen die Einräumung von Geschäftsführungs- bzw. Weisungsbefugnissen spricht; hingegen erachtet *Martens*, ZHR 138, 179 (213 f.) sogar ein „Rechtsverhältnis totaler Weisungsabhängigkeit" für zulässig.

178 *Perlitt* in MüKoAktG, § 287 Rn 83; *Pühler* in Happ, S. 183 f.

179 *Assmann/Sethe* in GK-AktG, § 287 Rn 78; *Bürgers* in Bürgers/Fett, § 5 Rn 507; *Fischer*, KGaA nach dem MitbestimmungsG, S. 114; *Habel/Strieder*, MittBayNot 1998, 65 (67); *Herfs* in Münch Hdb AG, § 79 Rn 67; *Lutter/Krieger/Verse*, Aufsichtsrat, Rn 1328; *Marsch-Barner*, FS Hoffmann-Becking, 777 (788); *Perlitt* in MüKoAktG, § 287 Rn 55; *Schlitt*, KGaA, S. 133; a.A. *Mertens/Cahn* in KK-AktG, § 287 Rn 26. Vgl. etwa § 6 Abs. 4 der Satzung der Fresenius SE & Co. KGaA und § 6 Abs. 4 der Satzung der Fresenius Medical Care AG & Co. KGaA.

180 Dazu unten unter § 6 B. III.

C. Zusammenfassung

Die Kompetenzen des Aufsichtsrates einer KGaA sind im Vergleich zu denen einer AG stark eingeschränkt und im Wesentlichen auf die Überwachung der Geschäftsführung durch die Komplementärin beschränkt. Aufgrund dieser geringeren Befugnisse entfaltet auch das Gesetz über die gleichberechtigte Teilhabe von Frauen und Männern an Führungspositionen und dessen Rechtsfolgen bei Verstößen, insbesondere das für paritätisch mitbestimmte börsennotierte Unternehmen geltende Prinzip des „leeren Stuhls" bei Verstößen gegen die fixe Geschlechterquote, bei der KGaA geringere Wirkungen. Um eine Trennung von Geschäftsführung und Überwachung zu gewährleisten, sind bei der SE & Co. KGaA nicht nur die Komplementärgesellschaft selbst, sondern in analoger Anwendung von § 287 Abs. 3 AktG auch ihre Vertretungsorgane und bei monistischer Organisationsstruktur die Verwaltungsratsmitglieder inhabil. Aktionäre der Komplementärin können hingegen ebenso wie die Mitglieder des Aufsichtsorgans einer dualistisch organisierten Komplementär-SE ein Mandat im Aufsichtsrat der KGaA übernehmen.

Im Rahmen der Überwachungskompetenz gilt der gleiche Prüfungsmaßstab wie bei einer AG. Die Pflicht zur Berichterstattung durch das Leitungsorgan bzw. die geschäftsführenden Direktoren der Komplementärin erfasst dabei auch solche Angelegenheiten der Komplementärgesellschaft, die für die Geschäftsführungsfunktion der KGaA von Bedeutung sind. Beschränkt sich die Funktion der Komplementär-SE auf die Führung der Geschäfte der KGaA, bietet sich aufgrund der weitgehenden Identität des Überwachungsgegenstandes eine Zusammenarbeit der beiden Aufsichtsorgane an. Weiterhin obliegt dem Aufsichtsrat einer SE & Co. KGaA neben der Ausführungskompetenz und der gerichtlichen Vertretung der KGaA bei Rechtsstreitigkeiten mit der Komplementärin wegen der Gefahr von Interessenkollisionen auch die rechtsgeschäftliche Vertretung der Gesellschaft gegenüber der Komplementärin und ihren Vertretungsorganen. Hingegen erfolgt die rechtsgeschäftliche Vertretung der SE & Co. KGaA gegenüber den Aktionären der Komplementärin und den Mitgliedern ihres Aufsichts- bzw. Verwaltungsorgans nach allgemeinen Grundsätzen durch die Komplementärin, da wegen ihres beschränkten Einflusses auf das geschäftsführende Leitungsorgan insoweit keine erweiterte Auslegung von § 278 Abs. 3 i.V.m. § 112 AktG geboten ist.

§ 5 Die Kommanditaktionäre

§ 285 AktG setzt voraus, dass die KGaA als weiteres Organ neben dem Komplementär und dem Aufsichtsrat über eine Hauptversammlung verfügt. Die Hauptversammlung ist dabei keine Versammlung aller Gesellschafter der KGaA, sondern lediglich der Kommanditaktionäre.[1] Der Komplementär ist jedoch ebenfalls teilnahmeberechtigt[2] bzw., soweit die ihm obliegenden Vorlage- und Auskunftspflichten[3] betroffen sind, zur Teilnahme verpflichtet.[4] Nach Erörterung der allgemeinen Kompetenzen der Hauptversammlung der KGaA (A. I.) liegt im Folgenden der Schwerpunkt auf der Darstellung der im Rahmen der Beschlussfassung einer SE & Co. KGaA geltenden Stimmverbote (A. II. 1.) sowie der Zustimmungsrechte des Komplementärs bei Beschlüssen der Hauptversammlung nach § 285 Abs. 2 AktG (A. II. 2.). Sodann wird der Frage der Zulässigkeit von Verschärfungen der gesetzlichen Mehrheitserfordernisse (A. II. 3.) nachgegangen, ehe abschließend in der gebotenen Kürze die individuellen Rechte und Pflichten der Kommanditaktionäre skizziert werden (unter B.).

A. Die Hauptversammlung der Kommanditaktionäre

I. Kompetenzen

Die Hauptversammlung der KGaA hat eine Doppelfunktion inne:[5] Zum einen üben die Kommanditaktionäre ihre personengesellschaftsrechtlichen Befugnisse, sofern diese nicht auf ein anderes Organ übertragen[6] oder gänzlich abbedungen wurden, durch die Hauptversammlung aus. Hierunter fallen z.B. der Beschluss über die Zustimmung zu außergewöhnlichen Geschäftsführungsmaßnahmen (§ 278 Abs. 2 AktG i.V.m. § 164 S. 1 Hs. 2 HGB) sowie über die Entziehung der Geschäftsführungs- und Vertretungsbefugnis des Komplementärs (§ 278 Abs. 2 AktG i.V.m. §§ 117, 127 HGB).[7] Zum anderen ist die Hauptversammlung als Organ der

---

1 *Herfs* in Münch Hdb AG, § 79 Rn 35; *Perlitt* in MüKoAktG, § 285 Rn 2; *Reger* in Bürgers/Fett, § 5 Rn 409.

2 *Herfs* in Münch Hdb AG, § 79 Rn 35. Die Kommanditaktionäre können jedoch durch Beschluss den Komplementär von der Teilnahme ausschließen, sofern dieser nicht zur Teilnahme verpflichtet ist, *Assmann/Sethe* in GK-AktG, § 285 Rn 9; a.A. *Mertens/Cahn* in KK-AktG, § 285 Rn 4.

3 Dazu unten bei den individuellen Rechten der Kommanditaktionäre unter § 5 B.

4 *Bachmann* in Spindler/Stilz, § 285 Rn 4.

5 *Arnold* in Henssler/Strohn, § 285 AktG Rn 1; *Bachmann* in Spindler/Stilz, § 285 Rn 2.

6 Zur Übertragung von Kompetenzen der Hauptversammlung auf ein fakultatives Organ unter § 6 B. IV.

7 *Herfs* in Münch Hdb AG, § 79 Rn 49. Eine Auflistung der personengesellschaftsrechtlichen Kompetenzen der Hauptversammlung findet sich bei *Schnorbus*, GS Winter, 627 (632 f.).

KGaA zuständig für die Willensbildung in den Angelegenheiten, in denen nach Aktienrecht die Hauptversammlung beschließt. So hat sie die Kompetenz für die Wahl des Aufsichtsrates, die Verwendung des Bilanzgewinns, die Entlastung von Komplementär und Aufsichtsrat sowie die Bestellung der Abschlussprüfer (§ 278 Abs. 3 AktG i.V.m. §§ 119 Abs. 1, 120 AktG).[8]

Ferner obliegt ihr die Entscheidung über die Geltendmachung bzw. den Verzicht auf Schadensersatzansprüche gegen die persönlich haftende Gesellschafterin (§ 278 Abs. 3 AktG i.V.m. §§ 93 Abs. 4 S. 3, 147 AktG). Schließlich bedürfen auch sämtliche Umwandlungsmaßnahmen[9] oder die Übertragung des gesamten Vermögens (§ 179a AktG)[10] ihrer Zustimmung.[11]

Da die Hauptversammlung der KGaA keinen Einfluss auf die personelle Besetzung des geschäftsführenden Organs hat, stehen ihr einerseits weniger Rechte als der Hauptversammlung einer AG zu.[12] Andererseits verfügt sie aber auch über weitergehende Kompetenzen.[13] Denn während bei der AG grundsätzlich[14] der Vorstand und der Aufsichtsrat den Jahresabschluss feststellen (§ 172 AktG), beschließt bei der KGaA die Hauptversammlung über die Feststellung des Jahresabschlusses (§ 286 Abs. 1 S. 1 AktG).[15] Auch in Fragen der Geschäftsführung sind die Kompetenzen der Hauptversammlung einer KGaA zumindest nach der gesetzlichen Ausgestaltung umfangreicher: Eine Beteiligung der Hauptversammlung an der Geschäftsführung ist hiernach bereits bei außergewöhnlichen Geschäftsführungsmaßnahmen erforderlich (§ 278 Abs. 2 AktG i.V.m. § 164 S. 1 Hs. 2 HGB) und nicht nur, wie bei der AG auf Verlangen des Vorstandes (§ 119 Abs. 2 AktG) oder nach den Grundsätzen der „Holzmüller/Gelatine“-Rechtsprechung[16] bei strukturverändernden Maßnahmen, die so wesentlich sind, dass sie einer Satzungsänderung gleichkommen. Eine wegen der Disposivität des Personengesellschaftsrechts mög-

---

8 *Bachmann* in Spindler/Stilz, § 285 Rn 6 f.; *Reger* in Bürgers/Fett, § 5 Rn 361; *Schlitt*, KGaA, S. 193.

9 Vgl. die Auflistung der aktienrechtlichen Kompetenzen bei *Schnorbus*, GS Winter, 627 (640).

10 § 179a Abs. 1 AktG greift entgegen seinem engen Wortlaut auch dann ein, wenn unwesentliches Vermögen bei der KGaA zurückbleibt, RGZ 124, 279 (294 f.); BGHZ 83, 122, 128 = NJW 1982, 1703.

11 OLG Stuttgart, NZG 2003, 778 (784); *Assmann/Sethe* in GK-AktG, Vor § 278 Rn 101; *Bachmann* in Spindler/Stilz, § 278 Rn 67; *Fett/Förl*, NZG 2004, 210 (213); *Koch* in Hüffer/Koch, § 179a Rn 25; a.A. *Kessler*, NZG 2005, 145 (148).

12 *Reger* in Bürgers/Fett, § 5 Rn 364.

13 *Herfs* in Münch Hdb AG, § 79 Rn 45.

14 Gemäß § 173 Abs. 1 S. 1 AktG stellt die Hauptversammlung den Jahresabschluss fest, wenn der Aufsichtsrat ihn nicht gebilligt hat oder wenn Vorstand und Aufsichtsrat beschließen, die Feststellung der Hauptversammlung zu überlassen.

15 Der Beschluss bedarf ferner der Zustimmung des persönlich haftenden Gesellschafters (§ 286 Abs. 1 S. 2 AktG). Vgl. zum Zustimmungsrecht des Komplementärs unter § 5 A. II. 2.

16 Vgl. dazu bereits oben unter § 2 G. I. 2. b) aa) (1) mit Fn 308.

liche Erweiterung der Geschäftsführungsbefugnisse[17] – zulässig ist nicht nur ein Mitwirkungsrecht bei gewöhnlichen Geschäftsführungsmaßnahmen,[18] sondern sogar ein Weisungsrecht gegenüber dem Komplementär[19] – dürfte zumindest bei der Publikums-KGaA nur theoretischer Natur sein. Aber auch bei statutarischer Abbedingung des Zustimmungsrechtes der Kommanditaktionäre oder einer Übertragung auf den Aufsichtsrat bzw. ein fakultatives Organ, verbleibt der Hauptversammlung bei Grundlagengeschäften ein unabdingbares Zustimmungsrecht.[20]

1. *Anwendbarkeit der „Holzmüller/Gelatine"-Rechtsprechung auf die KGaA?*

Nach vorzugswürdiger Ansicht[21] besteht daneben bei der KGaA kein Raum für ungeschriebene Mitwirkungsbefugnisse der Hauptversammlung an der Geschäftsführung nach den Grundsätzen der „Holzmüller/Gelatine"-Rechtsprechung.[22] Entgegen einer verbreiteten Meinung kann dies jedoch nicht damit begründet werden, dass die Vorschrift des § 119 Abs. 2 AktG bei der KGaA nicht gelte, weil sich das Verhältnis zwischen Komplementär und Kommanditaktionären gemäß § 278 Abs. 2 AktG nach Personengesellschaftsrecht richte.[23] Denn der BGH hat in der „Gelatine"-Rechtsprechung die noch in der „Holzmüller"-Entscheidung vertretene Position aufgegeben, nach der sich das dem Vorstand im Rahmen von § 119 Abs. 2 AktG zustehende Er-

17 In diesem Fall wird von einer „hauptversammlungsdominierten KGaA" gesprochen. Zur Terminologie: *Assmann/Sethe* in GK-AktG, Vor § 278 Rn 123.

18 *Bachmann* in Spindler/Stilz, § 285 Rn 31; *Perlitt* in MüKoAktG, § 278 Rn 231; *Winzen*, Vorzugsaktie, S. 107. Vgl. für die KG: OLG Stuttgart, ZIP 2010, 131 (132); *Roth* in Baumbach/Hopt, § 164 Rn 7.

19 *Habel/Strieder*, MittBayNot 1998, 65 (68); *Mertens/Cahn* in KK-AktG, § 278 Rn 92; *Reichert*, ZIP 2014, 1957 (1960); *Schlitt*, KGaA, S. 194.

20 Vgl. dazu oben unter § 3 D. I. 2. a).

21 *Assmann/Sethe* in GK-AktG, Vor § 278 Rn. 102, § 278 Rn 123; *Dirksen/Möhrle*, ZIP 1998, 1377 (1381); *Fett/Förl*, NZG 2004, 210 (211); *Fett* in Bürgers/Fett § 3 Rn 17; *Förl/Fett* in Bürgers/Körber, § 278 Rn 47; *Herfs* in Münch Hdb AG, § 79 Rn 53; *Hoffmann-Becking/Herfs*, FS Sigle, 273 (286 f.); *K. Schmidt* in K. Schmidt/Lutter, § 278 Rn 39; *Kessler*, NZG 2005, 145 (148); *ders.*, GmbH & Co. KGaA, S. 220; *Mertens/Cahn* in KK-AktG, § 278 Rn 57; *Philbert*, KGaA, S. 199 f.; *Perlitt* in MüKoAktG, § 278 Rn 181; *Reger* in Bürgers/Fett, § 5 Rn 91 f.; *Schnorbus*, GS Winter, 627 (639); *Winzen*, Vorzugsaktie, S. 112 f.

22 Für die Anwendbarkeit der „Holzmüller/Gelatine" Rechtsprechung auf die KGaA: *Bachmann* in Spindler/Stilz, § 278 Rn 71 f.; *Heermann*, ZGR 2000, 61 ff. (70 f.); *Ihrig/Schlitt*, ZHR Beiheft 67, 33 (65 f.); *Koch*, DB 2002, 1701 (1703); *Koch* in Hüffer/Koch, § 278 Rn. 17a; *Raiser/Veil*, KapGesR, § 31 Rn 21; *Schaumburg/Schulte*, KGaA, Rn 60; *Schlitt*, KGaA, S. 6; *Schlitt/Winzen*, CFL 2012, 261 (264); *K. Schmidt* in K. Schmidt/Lutter, § 278 Rn 39; *Wichert*, AG 2000, 268 (270); *ders.* in NK-AktR, § 278 Rn 36.

23 So aber: *Hoffmann-Becking*, FS Sigle, 273 (286 f.); *Kessler*, NZG 2005, 145 (148); *Mertens/Cahn* in KK-AktG, § 278 Rn 57; *Reger* in Bürgers/Fett, § 5 Rn 91.

messen zur Einholung der Zustimmung der Hauptversammlung bei Maßnahmen, die derart in die Rechte der Aktionäre eingreifen, dass sie von ihrer Intensität einer Satzungsänderung nahe kommen, zu einer entsprechenden Einholungspflicht verdichte.[24] Auch eine Analogie zu „allen oder einzelnen aktienrechtlichen Vorschriften, die die Mitwirkung der Hauptversammlung bei bestimmten Maßnahmen anordnen" lehnt der BGH wegen der hiermit zwangsläufig verbundenen und für unbillig erachteten Beschränkung der Vertretungsmacht im Außenverhältnis ausdrücklich ab. Vielmehr sei die ungeschriebene Mitwirkungskompetenz der Hauptversammlung bei den genannten Geschäftsführungsmaßnahmen das „Ergebnis offener Rechtsfortbildung"[25], die – wie der BGH explizit betont – nur in engen Grenzen in Betracht kommt. Im Recht der KGaA besteht jedoch kein Bedürfnis für eine solche aktienrechtliche richterliche Rechtsfortbildung, da im Bereich des hier über § 278 Abs. 2 AktG anwendbaren Personengesellschaftsrechts – anders als im Aktienrecht – neben dem (abdingbaren) Zustimmungsrecht der Kommanditaktionäre nach § 164 S. 1 HS 2 HGB über die Figur des sog. „Grundlagengeschäfts" eine satzungsfeste Beteiligung der Kommanditaktionäre bei strukturverändernden Geschäften sichergestellt ist, sodass für Rechtsfortbildung kein Raum ist.[26] Im Übrigen dürften seit der Modifizierung der im „Holzmüller"-Urteil aufgestellten Grundsätze durch die „Gelatine"-Rechtsprechung im Ergebnis ohnehin keine großen Unterschiede zwischen den genannten Ansichten bestehen.[27]

2. Änderung von Satzungsbestimmungen

Die Hauptversammlung der KGaA ist gemäß § 278 Abs. 3, 119 Abs. 1 Nr. 5 AktG zuständig für die Änderung von Satzungsbestimmungen, die daneben der Zustimmung des persönlich haftenden Gesellschafters bedarf (§ 285 Abs. 2 AktG).[28] Die Satzung enthält dabei aufgrund der hybriden Struktur der KGaA sowohl personengesell-

---

24 BGH, NJW 2004, 1860 (1863).

25 BGHZ 159, 30 (42 f.) = NJW 2004, 1860 (1863) im Anschluss an *Geßler*, FS Stimpel, 771 (780).

26 *Herfs* in Münch Hdb AG, § 79 Rn 53; *Mertens/Cahn* in KK-AktG, § 278 Rn 57; *Perlitt* in MüKoAktG, § 278 Rn 181; *Winzen*, Vorzugsaktie, S. 113 Vergleiche zur Beteiligung von Kommanditaktionären bei Grundlagengeschäften unter § 3. D. I. 2. a).

27 *Bachmann* in Spindler/Stilz, § 278 Rn 72; *Herfs* in Münch Hdb AG, § 79 Rn 53.

28 *Bachmann* in Spindler/Stilz, § 281 Rn 18; *Herfs* in Münch Hdb AG, § 79 Rn 39; *Müller-Michaels* in Hölters, § 281 Rn 6; *Wichert* in NK-AktR, § 281 Rn 23. Die Erklärung der Zustimmung des Komplementärs bedarf der notariellen Beurkundung gemäß § 285 Abs. 3 S. 1 AktG, die in der Verhandlungsniederschrift oder in einem Anhang zur Niederschrift zu erfolgen hat (§ 285 Abs. 3 S. 2 AktG). Die Erklärung des Komplementärs in der notariell beglaubigten Anmeldung zum Handelsregister, die Zustimmung liege vor, genügt diesem Formerfordernis nicht, OLG Stuttgart, NZG 2003, 293. Ausführlich zum Zustimmungsrecht des persönlich haftenden Gesellschafters unter § 5 A. II. 2.

schaftsrechtliche als auch aktienrechtliche Elemente.[29] Dies wirft im Rahmen von Satzungsänderungen die Frage des anwendbaren Rechts auf. Einigkeit besteht dahin gehend, dass eine Änderung von aktienrechtlichen Komponenten der Satzung, wie z. B. die Erhöhung oder Herabsetzung des Grundkapitals, den aktienrechtlichen Regeln der §§ 179 ff. AktG unterliegt.[30] Im Rahmen von Satzungsänderungen, die personengesellschaftsrechtliche Elemente der Satzung betreffen, stellt sich hingegen die Frage, ob diese allein nach Personengesellschafts- oder ebenfalls nach Aktienrecht zu behandeln sind. Konkret bedeutet dies: Bedarf etwa die Aufnahme eines neuen Komplementärs oder die Erhöhung seiner Sondereinlage,[31] was gemäß § 281 AktG zwingend in der Satzung enthalten sein muss, zu ihrer Wirksamkeit eines Beschlusses der Hauptversammlung mit Dreiviertelmehrheit (§ 179 Abs. 1, 2 AktG) und der (konstitutiv wirkenden) Eintragung im Handelsregister (§ 181 Abs. 3 AktG) oder genügt nach personengesellschaftsrechtlichen Grundsätzen ein formloser (ggf. sogar abdingbarer) Beschluss der Kommanditaktionäre?

Nach der wohl überwiegenden Ansicht sollen die §§ 179 ff. AktG grundsätzlich auch bei Änderung personengesellschaftsrechtlicher Satzungsbestandteile zur Anwendung kommen, da es sich bei der Satzung um ein einheitliches Regelungswerk handele.[32] Allerdings werden die §§ 179 ff. AktG zumindest hinsichtlich der materiellen Änderungskompetenz für dispositiv gehalten oder es wird eine antizipierte Zustimmung der Kommanditaktionäre in der Satzung für zulässig erachtet. Die Aufnahme eines persönlich haftenden Gesellschaftes oder die Änderung der von ihm zu erbringenden Sondereinlage können hiernach in der Satzung einem anderen Organ, z. B. dem Komplementär oder einem Beirat, zugewiesen werden und werden mit der jeweiligen Entscheidung wirksam.[33] Mit der wegen § 281 AktG anschließend er-

---

29 *Bachmann*, FS K. Schmidt, 41 (44) spricht daher auch vom „Prinzip der einheitlichen Satzung".

30 *Bachmann*, FS K. Schmidt, 41 (44); *Herfs* in Münch Hdb AG, § 79 Rn 48; *Kessler*, NZG 2005, 145 (149); *Müller-Michaels* in Hölters, § 281 Rn 6; *Wichert* in NK-AktR, § 281 Rn 23. Hingegen hält *Philbert*, KGaA, S. 178 f. die Kompetenz der Hauptversammlung auch bei der Änderung aktienrechtlicher Satzungsbestandteile für abdingbar.

31 Auf diese zwei Fallgestaltungen konzentrieren sich die Ausführungen im Schrifttum, vgl. etwa *Bachmann* in Spindler/Stilz, § 281 Rn 19; *Herfs* in Münch Hdb AG, § 79 Rn 48; *Schnorbus*, GS Winter, 627 (640 f.); *Wichert*, AG 1999, 362 (366 ff.).

32 *Arnold* in Henssler/Strohn, § 281 AktG Rn 2; *Assmann/Sethe* in GK-AktG, § 278 Rn 99, 181; *K. Schmidt* in K. Schmidt/Lutter, § 281 Rn 15; *Otte*, AG & Co. KGaA, S. 159 f.; *Perlitt* in MüKoAktG, § 281 Rn 60 ff.; implizit auch OLG Stuttgart, NZG 2003, 293: „bedarf es für den Wechsel des Komplementärs nicht nur einer Satzungsänderung durch Hauptversammlungsbeschluss (§§ 278 Abs. 3, 179 AktG)".

33 *Arnold* in Henssler/Strohn, § 281 AktG Rn 2; *Assmann/Sethe* in GK-AktG, § 278 Rn 181; *Otte*, AG & Co. KGaA, S. 160; *Perlitt* in MüKoAktG, § 281 Rn 63; a.A. offenbar *K. Schmidt* in K. Schmidt/Lutter, § 281 Rn 15; nach *Cahn*, AG 2001, 579 (582 f.) soll zwar die Zuständigkeit der Hauptversammlung und das Mehrheitserfordernis des § 179 Abs. 2 AktG dispositiv, die Anmeldung und Eintragung nach § 181 AktG

forderlichen Fassungsänderung der Satzung könne der Aufsichtsrat betraut werden (§ 179 Abs. 1 S. 2 AktG).

Von der Dispositivität des Personengesellschaftsrechts auf die Abdingbarkeit der §§ 179 ff. AktG zu schließen, wie die vorstehende Ansicht, vermag jedoch dogmatisch nicht zu überzeugen.[34] Denn aktienrechtliche Vorschriften verlieren ihren zwingenden Charakter nicht schon deshalb, weil sie auf die Rechtsverhältnisse der KGaA angewendet werden, für die § 278 Abs. 2 AktG die Anwendbarkeit des Personengesellschaftsrechts anordnet.[35] Die Ansicht muss sich weiterhin den Vorwurf gefallen lassen, dass unklar bleibt, warum eine Satzungsänderung, die durch entsprechenden Beschluss der Kommanditaktionäre und mit Zustimmung des Komplementärs erfolgt, erst durch Eintragung im Handelsregister (§ 181 Abs. 3 AktG), bei Übertragung der Kompetenz auf ein anderes Organ hingegen direkt wirksam werden soll.[36] Daher erscheint es mit der Gegenansicht überzeugender, Satzungsänderungen von personengesellschaftsrechtlichen Elementen allein nach Personengesellschaftsrecht zu behandeln.[37] Es genügt daher insoweit grundsätzlich ein Beschluss der Kommanditaktionäre mit einfacher Mehrheit,[38] der unter Beachtung der durch die Kernbereichslehre aufgestellten Voraussetzungen auch in der Satzung antizipiert werden kann.[39] Die Handelsregistereintragung hat nach dieser Ansicht

---

hingegen zwingend erforderlich sein, s. auch *Mertens/Cahn* in KK-AktG, Vorb. § 278 Rn 13 f. und § 281 Rn 6.

34 *Bachmann* in Spindler/Stilz, § 281 Rn 21; *ders.*, FS K. Schmidt, 41 (46).

35 *Bachmann*, FS K. Schmidt, 41 (46).

36 *Bachmann* in Spindler/Stilz, § 281 Rn 21; *ders.*, FS K. Schmidt, 41 (46); *Cahn*, AG 2001, 579 (582).

37 *Bachmann* in Spindler/Stilz, § 282 Rn 22 f; *ders.*, FS K. Schmidt, 41 (46 ff.); *Fett* in Bürgers/Fett, § 3 Rn 24 ff.; *Förl/Fett* in Bürgers/Körber, § 281 Rn 10; *Herfs* in Münch Hdb AG, § 79 Rn 48; *Kessler*, NZG 2005, 145 (149); *Schnorbus*, GS Winter, 627 (641); *Wichert*, AG 1999, 362 (365 f.); *Wichert* in NK-AktR, § 281 Rn 23 f.; wohl auch: *Koch* in Hüffer/Koch, § 281 Rn 3.

38 *Förl/Fett* in Bürgers/Körber, § 281 Rn 10; *Wichert*, AG 1999, 362 (365); *ders.* In NK-AktR, § 281 Rn 23; grundsätzlich auch *Bachmann*, FS K. Schmidt, 41 (48), der jedoch eine Mehrheit nach § 179 Abs. 2 AktG „im Sinne der Fortentwicklung der Rechtsform" akzeptiert, weil sich die Gegenauffassung nicht vermitteln lasse. Teilweise lassen jedoch auch die Vertreter der Gegenansicht bei einer entsprechenden Satzungsregelung eine einfache Mehrheit ausreichen, *Perlitt* in MüKoAktG, § 281 Rn 63; ihm folgend: *Otte*, AG & Co. KGaA, S. 160; a.A. *Arnold* in Henssler/Strohn, § 281 AktG Rn 2; *Assmann/Sethe* in GK-AktG, § 278 Rn 99; *K. Schmidt* in K. Schmidt/Lutter, § 281 Rn 15.

39 Da sich die Gewinnverteilung zwischen Komplementär und Kommanditaktionären nach dem Verhältnis von Grundkapital zu Komplementärkapital richtet, muss die Satzung für die Erhöhung der Sondereinlage eine Obergrenze vorsehen, um einen unzulässigen Eingriff in die Vermögensrechte der Kommanditaktionäre zu vermeiden, *Perlitt* in MüKoAktG, § 281 Rn 63; *Wichert*, AG 1999, 362 (368 f.); *Hoffmann-Becking*, FS Sigle, 273 (293 f.) nehmen ein Grenze von 50 Prozent für eine Erhöhung

damit rein deklaratorische Wirkung[40] und die Fassungsänderung der Satzung kann dem Aufsichtsrat übertragen werden.[41] Da beide Ansichten eine Ermächtigung anderer Organe zu Änderungen in der Person des Komplementärs zulassen und sich daher insoweit im Ergebnis ohnehin nicht unterscheiden,[42] kann eine vertiefte Auseinandersetzung mit der Problematik unterbleiben.

II. Die Beschlussfassung

Die Einberufung und Durchführung der Hauptversammlung richten sich nach Aktienrecht (§ 278 Abs. 3 AktG), sodass insoweit keine Unterschiede zur Hauptversammlung einer AG bestehen.[43] Für die Einberufung ist gemäß § 283 Nr. 6 AktG die Komplementär-SE zuständig, die je nach Wahl des Leitungssystems durch das Leitungsorgan oder den Verwaltungsrat handelt. Nach neuester Rechtsprechung des BGH ist der Komplementär spiegelbildlich zur Einberufung auch dann für die Zurücknahme der Einberufung zuständig, wenn die Einberufung auf ein Minderheitsverlangen der Aktionäre nach § 122 AktG zurückzuführen ist.[44] Eine

---

der Einlage an; *Mertens/Cahn* in KK-AktG, § 281 Rn 13, 17 halten eine Erhöhung um maximal 100 Prozent für zulässig.

40 *Bachmann*, FS K. Schmidt, 41 (48 f.); *Förl/Fett* in Bürger/Körber, § 281 Rn 10; a.A. hingegen *Wichert* in NK-AktR, § 281 Rn 27.

41 *Bachmann*, FS K. Schmidt, 41 (49); für eine Ermächtigung des die Entscheidung treffenden Organs: *Cahn*, AG 2001, 579 (584).

42 *Bachmann* in Spindler/Stilz, § 281 Rn; *ders.*, FS K. Schmidt, 41 (46); *Koch* in Hüffer/Koch, § 281 Rn 3. Ein Unterschied ergibt sich jedoch im Hinblick auf den Ausschluss des Komplementärs, dazu unter § 5 A. II. 3. b).

43 *Bachmann* in Spindler/Stilz, § 285 Rn 9; *Herfs* in Münch Hdb AG, § 79 Rn 35; *Mertens/Cahn* in KK-AktG, § 278 Rn 56.

44 BGH, Urteil vom 30.6.2015 – II ZR 142/14 = NZG 2015, 1227. Nach der Erstinstanz, LG Frankfurt, NZG 2013, 748 sollte eine auf Verlangen der Aktionäre einberufene Hauptversammlung allenfalls dann durch den persönlich haftenden Gesellschafter abgesagt werden können, wenn die Versammlung aufgrund äußerer Einflüsse nicht mehr durchgeführt werden kann, zustimmend: *Koch* in Hüffer/Koch, § 121 Rn 18; *Plückelmann*, GWR 2013, 185; *Selter*, NZG 2013, 1133 (1135 f.); *v. Eiff/König*, EWiR 2013, 601 (602); *Weber*, NZG 2013, 890 f.; *Ziemons* in K. Schmidt/Lutter, § 122 Rn 30. Dem ist der BGH zu Recht entgegen getreten. Denn der Umstand, dass die Hauptversammlung aufgrund eines Aktionärsverlangens einberufen worden ist, ändert nichts an der Kompetenz zur Einberufung und zur Zurücknahme der Einberufung des persönlich haftenden Gesellschafters; ebenso schon die Berufungsinstanz OLG Frankfurt, Urteil v. 18.3.2014 – 5 U 65/13 = AG 2015, 445 ff. und: *Bayer/Scholz/Weiß*, ZIP 2014, 1 ff.; *Bungert* in Münch Hdb AG, § 36 Rn 25; *Rieckers* in Spindler/Stilz, § 121 Rn 81. Die Minderheitsaktionäre sind dem Komplementär dennoch nicht schutzlos ausgeliefert, da sie sich gemäß § 122 Abs. 3 S. 1 AktG zur Einberufung der Hauptversammlung gerichtlich ermächtigen lassen können. Die mit der Verweisung der Aktionäre auf dieses Ermächtigungsverfahren ggf. verbundene Verzögerung ist nach überzeugender Ansicht des BGH nach der Wertung des Gesetzgebers hinzunehmen.

einberufene Hauptversammlung kann der persönlich haftende Gesellschafter jedoch nicht erst nach förmlicher Eröffnung der Hauptversammlung, sondern bereits dann nicht mehr wirksam absagen, wenn sich die am Versammlungsort erschienenen Aktionäre nach dem in der Einberufung für den Beginn der Hauptversammlung angegebenen Zeitpunkt im Versammlungsraum eingefunden haben.[45]

Auch bezüglich der Stimmrechtsausübung und der Beschlussfassung gelten grundsätzlich die allgemeinen aktienrechtlichen Vorschriften.[46] Besonderheiten ergeben sich jedoch im Hinblick auf Stimmverbote (dazu unter 1.) und Vetorechte der Komplementärin bezüglich bestimmter Beschlussgegenstände (dazu unter 2.) sowie hinsichtlich der Frage der Zulässigkeit einer statutarischen Verschärfung von Mehrheitserfordernissen unter dem Gesichtspunkt der richterlichen Inhaltskontrolle (dazu unter 3.), denen im Folgenden nachgegangen werden soll.

1. *Stimmverbote*

Gemäß § 285 Abs. 1 S. 1 AktG haben die persönlich haftenden Gesellschafter in der Hauptversammlung nur für ihre Aktien ein Stimmrecht. Weder die Eigenschaft als Komplementär noch eine etwaige Sondereinlage gewähren mithin ein Stimmrecht.[47] § 285 Abs. 1 S. 1 AktG bestätigt somit § 12 Abs. 1 S. 1 AktG, nach dem kein Stimmrecht ohne Aktie besteht.[48] Ist ein Komplementär zugleich Kommanditaktionär, sind im Rahmen der Beschlussfassung einer Hauptversammlung die für ihn geltenden Stimmverbote von hoher praktischer Relevanz. Denn eine entgegen einem Stimmverbot abgegebene Stimme ist gemäß § 134 BGB nichtig und ein hierauf beruhender Beschluss anfechtbar (§ 243 AktG).[49] Die Stimmverbote

---

45 BGH, NZG 2015, 1227 (1230). Demgegenüber stellt die Literatur überwiegend auf den Zeitpunkt der förmlichen Eröffnung der Hauptversammlung ab. Hiernach komme nur eine Vertagung der Hauptversammlung durch Beschluss in Betracht, *Kubis* in MüKoAktG, § 121 Rn 102; *Rieckers* in Spindler/Stilz, § 121 Rn 81; *Ziemons* in K. Schmidt/Lutter, § 121 Rn 107. Durch das Abstellen auf den Zeitpunkt des Erscheinens der Aktionäre im Verhandlungsraum als Anknüpfungspunkt für den Verlust der Kompetenz zur Absage der Hauptversammlung wird jedoch der Gefahr vorgebeugt, dass eine Absage nur deshalb erfolgt, weil aufgrund der mit der Einlasskontrolle erlangten Kenntnis über die erschienenen Aktionäre und deren Stimmkraft eine aus Sicht des persönlich haftenden Gesellschafters nachteilige Stimmenmehrheit befürchtet wird, BGH a. a. O.

46 *Herfs* in Münch Hdb AG, § 79 Rn 39; *K. Schmidt* in K. Schmidt/Lutter, § 285 Rn 10.

47 *Assmann/Sethe* in GK-AktG, § 285 Rn 4; *Bachmann* in Spindler/Stilz, § 285 Rn 13; *Habel/Strieder*, MittBayNot 1998, 65 (67); *Koch* in Hüffer/Koch, § 285 Rn 1; *Mense*, GWR 2014, 320 (322); *Mertens/Cahn* in KK-AktG, § 285 Rn 6.

48 *Bachmann* in Spindler/Stilz, § 285 Rn 13; *Mense*, GWR 2014, 320 (322).

49 *Herfs* in Münch Hdb AG, § 79 Rn 38; *Bachmann* in Spindler/Stilz, § 285 Rn 29; *Müller-Michaels* in Hölters, § 285 Rn 5; *Reger* in Bürgers/Fett, § 5 Rn 409; *Servatius* in Grigoleit, § 285 Rn 6; *Wichert* in NK-AktR, § 285 Rn 4. *Mense*, GWR 2014, 320 (322) empfiehlt daher der Praxis, die betroffenen Stimmen durch den Hauptversammlungs-

lassen sich dabei in gesetzlich normierte (dazu unter a) und b)) und ungeschriebene Stimmverbote (dazu unter c)) unterteilen.

a) *Stimmverbot nach § 285 Abs. 1 S. 2 AktG*

Die zwingende[50] Vorschrift des § 285 Abs. 1 S. 2 AktG sieht einen Katalog von Beschlussgegenständen vor, bei denen der Komplementär sein Stimmrecht weder für sich noch für einen anderen ausüben kann. Die Stimmverbote beruhen auf der Erwägung, dass in den dort genannten Fällen der Wahl des für die Überwachung der Geschäftsführung zuständigen Organs und der persönlichen Betroffenheit des Komplementärs[51] naturgemäß ein Interessengegensatz zwischen Kommanditaktionären und persönlich haftendem Gesellschafter besteht.[52] Aus Gründen der Rechtssicherheit lässt das Gesetz für den Ausschluss des Stimmrechts die in diesen Konstellationen anzunehmende abstrakte Gefahr einer Interessenkollision genügen.[53] Von seiner Zielrichtung ist § 285 Abs. 1 S. 2 AktG mit § 287 Abs. 3 AktG vergleichbar,[54] der – wie gezeigt[55] – die Trennung von Geschäftsführung und Überwachung personell absichert. Das Stimmrecht des persönlich haftenden Gesellschafters ist hiernach ausgeschlossen bei Beschlussfassungen über (i) die Wahl und Abberufung des Aufsichtsrates, (ii) die Entlastung des Komplementärs und

---

Dienstleister im computerbasierten Abstimmungssystem von der Präsenz während der Abstimmung abzuziehen.

50 *Assmann/Sethe* in GK-AktG, § 285 Rn 24; *Bachmann* in Spindler/Stilz, § 285 Rn 23; *Herfs* in Münch Hdb AG, § 79 Rn 38; *K. Schmidt* in K. Schmidt/Lutter, § 285 Rn 14; *Mertens/Cahn* in KK-AktG, § 285 Rn 12; *Perlitt* in MüKoAktG, § 285 Rn 23; *Reger* in Bürgers/Fett, § 5 Rn 409; *Wichert* in NK-AktR, § 285 Rn 5. Hingegen kann das Stimmrecht für vom persönlich haftenden Gesellschafter gehaltene Aktien in der Satzung generell ausgeschlossen werden, *Herfs* in Münch Hdb AG, § 79 Rn 38; *Mertens/Cahn* in KK-AktG, § 285 Rn 32; *Perlitt* in MüKoAktG, § 285 Rn 11; *K. Schmidt* in K. Schmidt/Lutter, § 285 Rn 8; *Wichert* in NK-AktR, § 285 Rn 5; a.A. *Schlitt*, KGaA, S. 207; zweifelnd auch: *Bachmann* in Spindler/Stilz, § 285 Rn 14.

51 *Dreisow*, DB 1977, 851.

52 *Herfs* in Münch Hdb AG, § 79 Rn 37; *K. Schmidt*, FS Priester, 691 (702); *Müller-Michaels* in Hölters, § 285 Rn 2; *Reger* in Bürgers/Fett, § 5 Rn 411; *Wichert* in NK-AktR, § 285 Rn 4.

53 *Bachmann* in Spindler/Stilz, § 285 Rn 15; *Herfs* in Münch Hdb AG, § 79 Rn 37. Folgerichtig entfällt ein Stimmverbot im Wege der teleologischen Reduktion von § 285 Abs. 1 S. 2 AktG im Fall der Einmann-KGaA, bei der sich alle Aktien der KGaA in der Hand der Komplementärgesellschaft befinden, weil eine Interessenkollision in diesem Fall ausgeschlossen ist, *Assmann/Sethe* in GK-AktG, § 285 Rn 32; *Bachmann* in Spindler/Stilz, § 285 Rn 27; *Dreisow*, DB 1977, 851 (853 f.); *Habel/Strieder*, MittBayNot 1998, 65 (67); *Herfs* in Münch Hdb AG, § 79 Rn 37; *K. Schmidt* in K. Schmidt/Lutter, § 285 Rn 13; *Reger* in Bürgers/Fett, § 5 Rn 410; *Wichert* in NK-AktR, § 285 Rn 4.

54 *Mertens*, FS Ulmer, 419 (420).

55 Zu § 287 Abs. 3 AktG oben unter § 4 A I.

der Mitglieder des Aufsichtsrates, (iii) die Bestellung von Sonderprüfern, (iv) die Geltendmachung von Ersatzansprüchen und den Verzicht auf Ersatzansprüche sowie (v) die Wahl von Abschlussprüfern.[56] Die Ausübung des Stimmrechts durch einen Bevollmächtigten ist dabei ebenso unzulässig (§ 285 Abs. 1 S. 3 AktG) wie eine Umgehung des Stimmverbots durch Treuhandvereinbarungen und Stimmbindungsverträge zugunsten des vom Stimmrecht ausgeschlossenen Komplementärs mit anderen Kommanditaktionären.[57] Der Ausschluss des Stimmrechts gilt nicht nur für Sach-, sondern auch für im Zusammenhang stehende Verfahrensanträge.[58] Vom Stimmverbot unberührt bleiben hingegen alle sonstigen Rechte des Komplementärs, insbesondere sein Recht auf Anwesenheit sowie die Möglichkeit, gegen einen Beschluss Anfechtungs- oder Nichtigkeitsklage zu erheben.[59] Überträgt ein vom Stimmrecht ausgeschlossener Komplementär seine Kommanditaktie auf einen ihm nahestehenden unabhängigen Dritten, lebt das Stimmrecht nach Auffassung des BGH jedoch wieder auf, solange dieser in der Ausübung frei ist, da nicht der Anteil als solches auf Dauer mit einem Stimmverbot „infiziert" wird.[60]

Fungiert eine juristische Person als persönlich haftender Gesellschafter, unterliegt nach dem Wortlaut des § 285 Abs. 1 S. 2 AktG wiederum nur die Komplementärgesellschaft als solche hinsichtlich der von ihr gehaltenen Aktien einem Stimmverbot. Interessanter ist – wie im Rahmen des § 287 Abs. 3 AktG[61] – die Frage, ob das Stimmverbot in erweiterter Auslegung auch auf Organe (dazu unter aa) und bb)) und Gesellschafter (dazu unter cc)) der Komplementärgesellschaft, die zugleich Kommanditaktien halten, auszudehnen ist. Denn dem genannten Personenkreis steht, anders als der Komplementärgesellschaft selbst, die Möglichkeit zur Leistung einer Sondereinlage (§ 281 Abs. 2 AktG) gerade nicht offen, sodass diese häufig von der Möglichkeit zum Erwerb von Kommanditaktien Gebrauch machen werden oder entsprechende Aktienpakete auch Bestandteil ihrer Vergütung sein können.

---

56 Ausführlich zu den einzelnen Stimmverboten etwa *Mertens/Cahn* in KK-AktG, § 285 Rn 13–24.

57 *Arnold* in Henssler/Strohn, § 285 AktG Rn 4; *Bachmann* in Spindler/Stilz, § 285 Rn 23 f.; *K. Schmidt* in K. Schmidt/Lutter, § 285 Rn 12; *Mertens/Cahn* in KK-AktG, § 285 Rn 10 f.; *Perlitt* in MüKoAktG, § 285 Rn 19.

58 *Arnold* in Henssler/Strohn, § 285 AktG Rn 4; *Assmann/Sethe* in GK-AktG, § 285 Rn 24; *Koch* in Hüffer/Koch, § 285 Rn 1; *Mertens/Cahn* in KK-AktG, § 285 Rn 9; *Perlitt* in MüKoAktG, § 285 Rn 18; *Reger* in Bürgers/Fett, § 5 Rn 411; *K. Schmidt* in K. Schmidt/Lutter, § 285 Rn 15.

59 *Assmann/Sethe* in GK-AktG, § 285 Rn 24; *Bachmann* in Spindler/Stilz, § 285 Rn 15; *Mertens/Cahn* in KK-AktG, § 285 Rn 9; *Perlitt* in MüKoAktG, § 285 Rn 18; *Reger* in Bürgers/Fett, § 5 Rn 413.

60 BGH, NJW 2006, 510 (513). Dazu ausführlich bereits oben im Rahmen der statutarischen Möglichkeiten zur Besetzung des Aufsichtsrates in Form von Entsendungsrechten unter § 4 A. II. 1.

61 Vgl. zur analogen Anwendung des § 287 Abs. 3 AktG auf die Leitungs- und Verwaltungsorganmitglieder sowie die geschäftsführenden Direktoren einer Komplementär-SE oben unter § 4 A. I. 1.

aa) Ausdehnung auf Vertretungs- und Leitungsorganmitglieder der Komplementär-SE

Bei der SE & Co. KGaA ist nach dem Sinn und Zweck des § 285 Abs. 1 S. 2 AktG das Stimmverbot auf die Leitungsorganmitglieder einer dualistisch organisierten Komplementär-SE[62] sowie die geschäftsführenden Direktoren und Mitglieder des Verwaltungsrates einer monistisch organisierten Komplementär-SE zu erstrecken, wenn diese am Grundkapital der KGaA beteiligt sind. Denn bei der aus Gründen der Rechtssicherheit gebotenen typisierenden Betrachtungsweise ist davon auszugehen, dass die genannten Personen bei der Wahl des sie überwachenden Organs bzw. bei der Entscheidung, ob die persönlich haftende Gesellschafterin entlastet oder gegen sie Ersatzansprüche geltend gemacht werden sollen, nicht über die nötige Unabhängigkeit verfügen, sondern zumindest potentiell einem Interessenkonflikt unterliegen. Aufgrund dieses bestehenden Interessengegensatzes muss ihnen jeder unmittelbare und mittelbare Einfluss auf die eigene Kontrolle genommen werden.[63] Die von § 285 Abs. 1 S. 2 AktG bezweckte Trennung von Geschäftsführung und Kontrolle erfordert es, auch die Mitglieder des Verwaltungsrates in den Kreis der vom Stimmrecht ausgeschlossenen Personen einzubeziehen. Zwar obliegt den Verwaltungsratsmitgliedern nicht die gesamte operative Geschäftsführung und sie üben auch eine überwachende Funktion aus, jedoch legen sie die Grundlinien der Tätigkeit der Komplementär-SE und damit mittelbar der SE & Co. KGaA fest (§ 22 Abs. 1 SEAG) und können über ihr Weisungsrecht (§ 44 Abs. 2 SEAG) jederzeit und vollumfänglich in das operative Tagesgeschäft eingreifen.[64] Sie sind damit ebenfalls Teil der Geschäftsführung. Bei Mitgliedern des Geschäftsführungsorgans besteht jedoch nach der Wertung des § 285 Abs. 1 S. 2 AktG die Gefahr, dass sie sich bei den dort genannten Beschlüssen von sachfremden Motiven leiten lassen.

62 Ebenso für den Vorstand einer Komplementär-AG: *Assmann/Sethe* in GK-AktG, § 285 Rn 25; *Herfs* in Münch Hdb AG, § 79 Rn 37; *Mertens*, FS Ulmer, 419 (420); *Mertens/Cahn* in KK-AktG, § 285 Rn 8; *Otte*, AG & Co. KGaA, S. 167; *Reger* in Bürgers/Fett, § 5 Rn 410; *Servatius* in Grigoleit, § 285 Rn 4. Für den Geschäftsführer einer Komplementär-GmbH ist dies ebenfalls einhellige Meinung: *Arnold* in Henssler/Strohn, § 285 AktG Rn 4; *Assmann/Sethe* in GK-AktG, § 285 Rn 25; *Bachmann* in Spindler/Stilz, § 285 Rn 25; *Herfs* in Münch Hdb AG, § 79 Rn 37; *Ihrig/Schlitt*, ZHR Beiheft 67, 33 (46); *Müller-Michaels* in Hölters, § 285 Rn 4; *Perlitt* in MüKoAktG, § 285 Rn 22; *Reger* in Bürgers/Fett, § 5 Rn 410; *Schlitt*, KGaA, S. 207; *K. Schmidt* in K. Schmidt/Lutter, § 285 Rn 12; *ders.*, FS Priester, 691 (702); *Wichert*, AG 2000, 286 (274).

63 *Schlitt*, KGaA, S. 207.

64 Vgl. dazu bereits die Argumentation im Rahmen von § 287 Abs. 3 AktG oben unter § 4 A. I. 1. c).

bb) Keine Ausdehnung auf die Mitglieder des Aufsichtsorgans einer dualistischen Komplementär-SE

Anders stellt sich die Sachlage bei Mitgliedern des Aufsichtsorgans einer dualistisch organisierten Komplementär-SE dar.[65] Diese sind zwar Teil des geschäftsführenden Organs der KGaA, nehmen jedoch fast ausschließlich überwachende Aufgaben wahr. Sie sind daher ihrerseits als Teil der Überwachung einzuordnen.[66] An dieser Klassifizierung vermag, wie bereits im Rahmen von § 287 Abs. 3 Akt erörtert, auch die ihnen obliegende Personalkompetenz (Art. 39 Abs. 2 S. 1 SE-VO) und die ihnen zustehenden Einwirkungsmöglichkeiten auf die Geschäftsführung durch die Ausübung von Zustimmungsvorbehalten (§ 19 SEAG) nichts zu ändern. Denn die Personalkompetenz hat lediglich mittelbaren Einfluss auf die Geschäftsführung und die Zustimmungsvorbehalte bieten dem Zustimmungsberechtigtem nur eine Reaktionsmöglichkeit auf Maßnahmen des Leitungsorgans und beinhalten kein der Geschäftsführung immanentes Initiativrecht.[67] Ein Weisungsrecht steht den Mitgliedern des Aufsichtsorgans gegenüber dem Leitungsorgan gerade nicht zu. Die von § 285 Abs. 1 S. 2 AktG bezweckte Trennung von Geschäftsführung und Überwachung ist daher nicht berührt, wenn die Mitglieder des Aufsichtsorgans der Komplementärin an der Beschlussfassung in den genannten Fällen teilnehmen. Dieses Ergebnis deckt sich auch mit dem Meinungsstand bezüglich eines Ausschlusses vom Stimmrecht nach § 136 Abs. 1 AktG[68] für die vergleichbare Konstellation, dass eine Gesellschaft als Aktionärin an einer AG beteiligt und wegen eines Interessenkonfliktes nach § 136 Abs. 1 AktG vom Stimmrecht ausgeschlossen ist.[69] Aufsichtsratsmitglieder dieser vom Stimmrecht ausgeschlossenen Drittgesellschaft werden nach allgemeiner Meinung mangels nachhaltiger Interessenverknüpfung mit ihrer Gesellschaft grundsätzlich nicht vom Ausschluss des Stimmrechts nach § 136 Abs. 1 AktG erfasst, da sie weder Träger unternehmerischer Funktion sind noch die Drittgesellschaft maßgeblich beherrschen.[70] Ihre Stimmabgabe kann

65 Ebenso für die Mitglieder des Aufsichtsrates einer Komplementär-AG: *Otte*, AG & Co. KGaA, S. 171.

66 *Wollburg*, FS Hoffmann-Becking, 1425 (1431) in Bezug auf den vergleichbaren § 287 Abs. 3 AktG.

67 Vgl. dazu bereits im Rahmen von § 287 Abs. 3 AktG unter § 4 A. I. 1. b) mit Nachweisen in Fn 25.

68 Gemäß § 136 Abs. 1 S. 1 AktG kann niemand für sich oder für einen anderen das Stimmrecht ausüben, wenn darüber Beschluss gefasst wird, ob er zu entlasten oder von einer Verbindlichkeit zu befreien ist oder ob die Gesellschaft gegen ihn einen Anspruch geltend machen soll. Zu § 136 AktG ausführlich sogleich unter § 5 A. II. 1. b).

69 *Otte*, AG & Co. KGaA, S. 171.

70 Ein Ausschluss vom Stimmrecht soll nur beim Vorliegen von besonderen Hinweisen in Betracht kommen, *Rieckers* in Spindler/Stilz, § 136 Rn 34; *Spindler* in K. Schmidt/Lutter, § 136 Rn 18; *Schröer* in MüKoAktG, § 136 Rn 44; *Villeda*, AG 2013, 57 (64); *Zöllner* in KK-AktG, § 136 Rn 45.

jedoch im Einzelfall treuwidrig und damit nichtig sein, wenn sie ohne Rücksicht auf die Interessen der KGaA erfolgt.[71] Denn Aufsichtsratsmitglieder einer Komplementär-SE unterliegen als Aktionäre der KGaA auch gegenüber Letzterer der allgemeinen aktienrechtlichen Treuepflicht.[72]

cc) Keine Ausdehnung auf die Aktionäre der Komplementär-SE

Zu klären bleibt damit, ob § 285 Abs. 1 S. 2 AktG auf solche Kommanditaktionäre zu erstrecken ist, die auch an der Komplementär-SE beteiligt sind. Die h.M. in der Literatur erstreckt das Stimmverbot auch auf den beherrschenden Gesellschafter einer Komplementärgesellschaft,[73] dürfte dabei jedoch überwiegend – auch wenn dies nicht immer explizit betont wird – den Fall einer Komplementär-GmbH vor Augen haben. Denn häufig wird zur Begründung auf das dem GmbH-Gesellschafter zustehende Weisungsrecht abgestellt[74] oder es wird allgemeiner auf mögliche Interessenkonflikte verwiesen.[75]

Da die Aktionäre der Komplementär-SE gegenüber dieser der aktienrechtlichen Treuepflicht unterliegen, kann nicht ausgeschlossen werden, dass sie sich bei Aus-

---

71 *Grigoleit* in Grigoleit, § 1 Rn 75; *Henze/Notz* in GK-AktG, Anh. § 53a Rn 53; *Koch* in Hüffer/Koch, § 53a Rn 30; *Rieckers* in Münch Hdb AG, § 17 Rn 31; zur GmbH: BGH, ZIP 1993, 1228 (1230).

72 Vgl. zur Treuepflicht von Aktionären im Rahmen der Stimmabgabe etwa BGHZ 129, 136 (142) = NJW 1995, 1739 (1741) und umfassend *Rieckers* in Münch Hdb, § 17 Rn 24 ff.

73 Für eine Anwendung des § 285 Abs. 1 S. 2 AktG auf den beherrschenden Gesellschafter einer Komplementär-Kapitalgesellschaft ohne Differenzierung nach Art der juristischen Person: *Arnold* in Henssler/Strohn, § 285 AktG Rn 4; *Förl/Fett* in Bürgers/Körber, § 285 Rn 3; *Hoffmann-Becking/Herfs*, FS Sigle, 273 (289); *K. Schmidt* in K. Schmidt/Lutter, § 285 Rn 12; *Koch* in Hüffer/Koch, § 285 Rn 1; *Perlitt* in MüKoAktG, § 285 Rn 22; *Reger* in Bürgers/Fett, § 5 Rn 410; *Wichert* in NK-AktR, § 285 Rn 4. Für eine Erweiterung des § 285 Abs. 1 S. 2 AktG auf den beherrschenden Gesellschafter einer Komplementär-GmbH wegen dessen Weisungsrechts: *Arnold*, GmbH & Co. KGaA, S. 101 ff.; *Assmann/Sethe* in GK-AktG, § 285 Rn 25; *Bachmann* in Spindler/Stilz, § 285 Rn 25 f. Für eine Ausdehnung auf alle Gesellschafter einer Komplementär-GmbH mit nicht nur unerheblicher Beteiligung: *Ihrig/Schlitt*, ZHR Beiheft 67, 33 (46 f.); *Schlitt*, KGaA, S. 207; *Wichert*, AG 2000, 268 (274); *Halasz/Kloster/Kloster*, GmbHR 2002, 77 (85). Gegen eine erweiterte Auslegung auf Gesellschafter einer Komplementärgesellschaft unabhängig von der Rechtsform, da dies weder aus Normzweckerwägungen noch aus Gründen der Rechtssicherheit erforderlich sei: *Mertens/Cahn* in KK-AktG, § 285 Rn 8; *Servatius* in Grigoleit, § 285 Rn 4; zumindest kritisch: *Reichert*, ZIP 2014, 1957 (1960 f.).

74 *Arnold*, GmbH & Co. KGaA, S. 103; *Assmann/Sethe* in GK-AktG, § 285 Rn 25; *Bachmann* in Spindler/Stilz, § 285 Rn 26; *Ihrig/Schlitt*, ZHR Beiheft 67, 33 (46); *Wichert*, AG 2000, 268 (274).

75 *Ihrig/Schlitt*, ZHR Beiheft 67, 33 (47); *Perlitt* in MüKoAktG, § 278 Rn 325; *Schlitt*, KGaA, S. 207.

übung ihres Stimmrechtes von den Interessen der Komplementärgesellschaft leiten lassen.[76] Auch mag man die dem beherrschenden Aktionär der Komplementär-SE zustehende Möglichkeit zur Abberufung von Verwaltungsratsmitgliedern (§ 29 SEAG) bzw. die Möglichkeit, dem Leitungsorgan das Vertrauen zu entziehen (§ 84 Abs. 3 S. 2 Var. 3 AktG i.V.m. Art. 9 Abs. 1 lit. c) ii) SE-VO), für ein Stimmverbot hinsichtlich der von ihm gehaltenen Aktien anführen. Eine derartige Betrachtungsweise würde nicht zwangsläufig im Widerspruch zu den zu § 287 Abs. 3 AktG herausgearbeiteten Grundsätzen stehen, wonach der beherrschende Gesellschafter einer Komplementär-SE nicht inhabil nach § 287 Abs. 3 AktG ist.[77] Denn ein Stimmverbot stellt einen weniger einschneidenden Eingriff in die Rechte eines Aktionärs dar als der gänzliche Ausschluss von einem Amt aufgrund einer Inkompatibilitätsregelung: So verbleibt einem vom Stimmrecht ausgeschlossenen Aktionär das Recht zur Teilnahme an der Hauptversammlung sowie das Recht zur Beratung bezüglich solcher Beschlussgegenstände, über die er nicht abstimmen darf.[78] Für Stimmverbote können daher durchaus strengere Maßstäbe als im Rahmen von § 287 Abs. 3 AktG gelten.

Aufgrund der vergleichbaren Zweckrichtung von § 285 Abs. 1 S. 2 AktG mit § 287 Abs. 3 AktG erscheint es jedoch vorzugswürdig, im Rahmen einer Ausweitung des Stimmverbots auf die Gesellschafter der Komplementärgesellschaft wiederum auf die ihnen zustehenden Einwirkungsrechte auf die Geschäftsführung abzustellen.[79] Die Aktionäre einer Komplementär-SE verfügen mangels Weisungsrechtes gegenüber dem Leitungs- oder Verwaltungsorgan nicht über vergleichbare Möglichkeiten zur Einflussnahme wie der beherrschende Gesellschafter einer Komplementär-GmbH. Sie sind, wie gezeigt, im Wesentlichen auf die Wahl des Aufsichts- bzw. Leitungsorgans beschränkt, und können, solange kein Fall von § 119 Abs. 2 AktG vorliegt, nur faktisch durch die Androhung von Vertrauensentzug bzw. Abberufung Einfluss auf die Geschäftsführung nehmen. Im Übrigen leitet das Leitungs- bzw. Verwaltungsorgan die Geschäfte der Komplementär-SE und damit mittelbar der SE & Co. KGaA in eigener Verantwortung (Art. 39 Abs. 1 S. 1 bzw. Art. 43 Abs. 1 S. 1 SE-VO).

Etwas anderes ergibt sich auch nicht aus einer Wertung von § 136 Abs. 1 S. 1 AktG, der von der ganz überwiegenden Ansicht erweiternd dahin gehend ausgelegt wird, dass ein Aktionär einer AG auch dann einem Stimmverbot unterliegt, wenn er an einer anderen vom Stimmrecht ausgeschlossenen Gesellschaft beteiligt ist und zu dieser Drittgesellschaft eine nachhaltige Interessenverknüpfung besteht, die intensiver ist als diejenige zur AG.[80] Denn § 285 Abs. 1 S. 2 AktG und § 136 Abs. 1 S. 1 AktG

76 Vgl. die Argumentation von *Bachmann* in Spindler/Stilz, § 285 Rn 26 und *Ihrig/Schlitt*, ZHR Beiheft 67, 33 (47) bezüglich eines GmbH-Gesellschafters.

77 Vgl. dazu oben unter § 4 A. I. 2.

78 *Assmann/Sethe* in GK-AktG, § 285 Rn 24; *Perlitt* in MüKoAktG, § 285 Rn 18.

79 Vgl. dazu bereits die Argumentation im Rahmen von § 287 Abs. 3 AktG oben unter § 4 A. I. 2. Mit Nachweisen in Fn. 43.

80 *Hirschmann* in Hölters, § 136 Rn 29; *Koch* in Hüffer/Koch, § 136 Rn 12; *Rieckers* in Spindler/Stilz, § 136 Rn 31 f.; *Schröer* in MüKoAktG, § 136 Rn 38 ff.; *Spindler* in

unterscheiden sich strukturell: Während Letzterer individuell und konkret bestehende Interessenkonflikte betrifft, geht es im Rahmen von § 285 Abs. 1 S. 2 AktG um einen institutionellen Ausgleich der Interessen von Kommanditaktionären und persönlich haftendem Gesellschafter mit organisationsrechtlichem Grundlagencharakter, der unabhängig von einer im konkreten Fall bestehenden Gefährdungslage besteht.[81]

Da das Stimmrecht das wichtigste Verwaltungsrecht eines Aktionärs darstellt,[82] darf ihm dieses nur dann genommen werden, wenn es nach Sinn und Zweck einer Vorschrift zwingend erforderlich ist, um übergeordneten Interessen gerecht zu werden. Für solche typischen Konstellationen hat der Gesetzgeber Stimmverbote normiert. Sind diese nicht einschlägig, darf sich ein Gesellschafter nach der Wertung des Gesetzgebers auch dann an einer Abstimmung beteiligen, wenn er an dem Ergebnis ein bestimmtes Interesse hat.[83] Dies spricht dafür, die gesetzlichen Stimmverbote nicht übermäßig weit, sondern tendenziell eng auszulegen.[84] Aufgrund des Trennungsprinzips ist ein Durchgriff auf die hinter der juristischen Person stehenden Gesellschafter nur dort gerechtfertigt, wo Rechtsmissbrauch entgegengewirkt werden muss.[85] Da die Aktionäre der Komplementär-SE nicht im gleichen Maße von den in § 285 Abs. 1 S. 2 AktG genannten Beschlussgegenständen betroffen sind wie die Komplementärgesellschaft selbst[86] und sie wegen der Leitungsautonomie des Leitungs- bzw. Verwaltungsorgans nur über beschränkte Möglichkeiten der Einflussnahme auf die Geschäftsführung verfügen, ist eine erweiternde Auslegung von § 285 Abs. 1 S. 2 AktG nicht angezeigt.[87] Hierdurch wird die KGaA auch nicht schutzlos gestellt, da die Aktionäre der Komplementär-SE bei individuell bestehenden Interessenkonflikten einem Stimmverbot nach § 136 Abs. 1 S. 1 AktG unterliegen können.[88] Weiterhin haben sie bei der Stimmabgabe aufgrund ihrer aktienrechtlichen Treue-

---

K. Schmidt/Lutter, § 136 Rn 15; *Villeda*, AG 2013, 57 (63 f.). Liegen die Voraussetzung einer Zurechnung vor, kommt es nicht darauf an, ob die Drittgesellschaft tatsächlich an der AG beteiligt ist. Es reicht aus, dass die Drittgesellschaft im Falle einer Beteiligung an der AG von einem Stimmverbot betroffen wäre, *Holzborn* in Bürgers/Körber, § 136 Rn 16; *Rieckers* in Spindler/Stilz, § 136 Rn 33; *Schröer* in MüKoAktG, § 136 Rn 37. Dazu sogleich ausführlich unter § 5 A. II. 1. b).

81 *Ihrig/Schlitt*, ZHR Beiheft 67, 33 (46 f.); ihnen folgend: *Otte*, AG & Co. KGaA, S. 170.

82 BGH, NJW 1978, 540 (541); *Hoffmann-Becking* in Münch Hdb AG, § 39 Rn 1.

83 *Villeda*, AG 2013, 57.

84 So wird auch ein ungeschriebenes allgemeines Stimmverbot wegen Interessenkollisionen im Wege einer Gesamtanalogie von der ganz überwiegenden Meinung zu Recht abgelehnt, dazu unter § 5 A. II. 1. c).

85 *Mertens*, FS Ulmer, 419 (421) in Bezug auf § 287 Abs. 3 AktG; vgl. auch *Reichert*, ZIP 2014, 1957 (1961).

86 *Otte*, AG & Co. KGaA, S. 170.

87 *Assmann/Sethe*, § 285 Rn 25; *Herfs* in Münch Hdb AG, § 79 Rn 37; *Otte*, AG & Co. KGaA, S. 168 ff.; a.A. wohl die in der vorangegangenen Fußnote genannten Vertreter der Ansicht, die bezüglich eines Stimmverbotes für Anteilsinhaber einer Komplementärgesellschaft nicht nach Art der juristischen Person differenzieren.

88 *Otte*, AG & Co. KGaA, S. 170. Dazu sogleich unter § 5 A. II. 1. b).

pflicht in angemessener Weise auf die Interessen der KGaA Rücksicht zu nehmen. Bei einem Verstoß gegen dieses Verbandsinteresse ist ihre Stimmabgabe nichtig.[89]

b) *Stimmverbot nach § 136 Abs. 1 S. 1 AktG*

Wie bereits erwähnt, gilt für die KGaA über § 278 Abs. 3 AktG auch das Stimmverbot des § 136 Abs. 1 S. 1 AktG.[90] Als Ausprägung des Grundsatzes des Verbots des Richtens in eigener Sache[91] darf hiernach niemand für sich oder einen anderen das Stimmrecht ausüben, wenn darüber Beschluss gefasst wird, ob er zu entlasten oder von einer Verbindlichkeit zu befreien ist oder ob die Gesellschaft gegen ihn einen Anspruch geltend machen soll. Da in diesen Fällen typischerweise Eigeninteressen des Aktionärs im Vordergrund stehen,[92] sieht § 136 Abs. 1 S. 1 AktG ein Stimmverbot vor, das – anders als § 285 Abs. 1 S. 2 AktG – eine konkrete Gefährdungslage erfordert.[93] In direkter Anwendung von § 136 Abs. 1 AktG ist eine Kommanditaktien haltende Komplementärin insbesondere dann vom Stimmrecht ausgeschlossen, wenn gegen sie ein Anspruch geltend gemacht oder auf einen Anspruch verzichtet werden soll, der nicht aus einem Ersatzanspruch iSv § 285 Abs. 1 S. 2 Nr. 4 bzw. Nr. 5 AktG besteht.[94]

aa) Erstreckung des Stimmverbotes auf Organmitglieder der Komplementär-SE

Ist eine Gesellschaft Aktionärin einer AG, kann ein für Erstere gemäß § 136 Abs. 1 AktG geltendes Stimmverbot nach allgemeiner Meinung auch auf deren Organmitglieder durchschlagen. Voraussetzung hierfür ist eine „nachhaltige Interessenverknüpfung“ zwischen der vom Stimmrecht ausgeschlossenen Drittgesellschaft und ihrem Organmitglied.[95] Während eine solche nachhaltige Interessenverknüpfung bei Vorstands-

---

89 Vgl. dazu bereits oben unter § 5 A. II. 1. a) bb) mit Nachweisen in Fn 71.

90 *Bachmann* in Spindler/Stilz, § 285 Rn 21; *Förl/Fett* in Bürgers/Körber, § 285 Rn 6; *Mertens/Cahn* in KK-AktG, § 285 Rn 25; *Perlitt* in MüKoAktG, § 285 Rn 35; *Reger* in Bürgers/Fett, § 5 Rn 414; *K. Schmidt* in K. Schmidt/Lutter, § 285 Rn 11.

91 *Villeda*, AG 2013, 57.

92 *Herrler* in Grigoleit, § 136 Rn 1. Hingegen wird die Beschlussfassung über Rechtsgeschäfte mit Kommanditaktionären nicht erfasst, *K. Schmidt* in K. Schmidt/Lutter, § 285 Rn 21; kritisch: *ders.*, GesR, § 28 IV 4 B dd.

93 Anders als bei § 285 Abs. 1 S. 2 AktG ist nur der geschäftsführungsbefugte Komplementär vom Stimmrecht ausgeschlossen; *Assmann/Sethe* in GK-AktG, § 285 Rn 37; *Reger* in Bürgers/Fett, § 5 Rn 414.

94 *Assmann/Sethe* in GK-AktG, § 285 Rn 37; *Perlitt* in MüKoAktG, § 285 Rn 35; *Reger* in Bürgers/Fett, § 5 Rn 414. Darüber hinaus hat § 136 Abs. 1 S. 1 AktG eigenständige Bedeutung, wenn die KGaA durch Formwechsel gegründet worden ist und ein Beschluss über die Entlastung der Organmitglieder der Ausgangsgesellschaft gefasst werden soll. Dazu sogleich unter § 5 A. II. 1. b) cc).

95 *Herrler* in Grigoleit, § 136 Rn 20; *Holzborn* in Bürgers/Körber, § 136 Rn 16; *Koch* in Hüffer/Koch, § 136 Rn 14; *Rieckers* in Spindler/Stilz, § 136 Rn 34; *Schröer* in MüKoAktG, § 136 Rn 44.

mitgliedern der Drittgesellschaft angenommen wird, da diese die Gesellschaft in eigener Verantwortung leiten und daher anzunehmen ist, dass sie sich mit deren Schicksal identifizieren,[96] wird sie in Bezug auf Aufsichtsratsmitglieder mangels unternehmerischer Funktion regelmäßig verneint.[97] Bezüglich der Erstreckung des gegen eine GmbH gerichteten Stimmverbotes auf deren Geschäftsführer soll wegen ihrer im Vergleich zum Vorstand schwächeren Stellung, insbesondere wegen ihrer Weisungsgebundenheit gegenüber der Gesellschafterversammlung, eine einzelfallabhängige Betrachtung angezeigt sein.[98] Überträgt man diese Argumentation auf die SE & Co. KGaA, werden nicht nur die Leitungsorganmitglieder einer dualistischen Komplementär-SE sondern auch die Mitglieder des Verwaltungsrates einer monistisch organisierten Komplementär-SE wegen der ihnen jeweils zustehenden Leitungsbefugnis vom Stimmverbot des § 136 Abs. 1 AktG erfasst. Auf die geschäftsführenden Direktoren ist das Stimmverbot jedenfalls dann zu erstrecken, wenn sie gleichzeitig Verwaltungsratsmitglieder sind. Die Mitglieder des Aufsichtsorgans einer dualistisch organisierten Komplementär-SE unterliegen hingegen nur beim Vorliegen besonderer Umstände einem Stimmverbot gemäß § 136 Abs. 1 AktG.

bb) Erstreckung des Stimmverbotes auf Aktionäre der Komplementär-SE

Ein gegen eine Drittgesellschaft gerichtetes Stimmverbot kann nach allgemeiner Meinung auch auf deren Gesellschafter durchschlagen.[99] Erforderlich ist wieder eine „nachhaltige Interessenverknüpfung“, die nicht nur bei Alleingesellschaftern, die mit der Gesellschaft eine „wirtschaftliche und unternehmerische Einheit“[100] bilden,

---

96 *Rieckers* in Spindler/Stilz, § 136 Rn 34; *Schröer* in MüKoAktG, § 136 Rn 44; *Spindler* in K. Schmidt/Lutter, § 136 Rn 18; *Zöllner* in KK-AktG, § 136 Rn 45; a.A. wohl *Villeda*, AG 2013, 57 (63) für Vorstandsmitglieder ohne Beteiligung an der Drittgesellschaft.

97 Ein Ausschluss vom Stimmrecht soll nur beim Vorliegen von besonderen Umständen in Betracht kommen, *Hirschmann* in Hölters, § 136 Rn 32; *Liebscher* in Henssler/Strohn, § 136 AktG Rn 10; *Rieckers* in Spindler/Stilz, § 136 Rn 34; *Spindler* in K. Schmidt/Lutter, § 136 Rn 18; *Schröer* in MüKoAktG, § 136 Rn 44; *Villeda*, AG 2013, 57 (64); *Zöllner* in KK-AktG, § 136 Rn 45.

98 *Rieckers* in Spindler/Stilz, § 136 Rn 34; wohl auch *Villeda*, AG 2013, 57 (64); gegen eine Zurechnung bei Fremdgeschäftsführern im Rahmen von § 47 Abs. 4 GmbHG: BGH, NZG 2012, 625 (628); eine nachhaltige Interessenverknüpfung stets bejahend: *Herrler* in Grigoleit, § 136 Rn 20; *Schröer* in MüKoAktG, § 136 Rn 44.

99 *Herrler* in Grigoleit, § 136 Rn 20; *Hirschmann* in Hölters, § 136 Rn 29; *Holzborn* in Bürgers/Körber, § 136 Rn 16; *Koch* in Hüffer/Koch, § 136 Rn 12; *Rieckers* in Spindler/Stilz, § 136 Rn 31 f.; *Schröer* in MüKoAktG, § 136 Rn 40; *Villeda*, AG 2013, 57 (63); a.A. *Grundmann* in GK-AktG, § 136 Rn 25, der zwischen Personen- und Kapitalgesellschaften differenziert und grundsätzlich nur bei persönlicher Haftung für die Verbindlichkeiten der Drittgesellschaft einen Stimmrechtsausschluss der Gesellschafter annehmen will.

100 BGH, NJW 1973, 1039 (1040) zu § 47 Abs. 4 GmbHG.

angenommen wird,[101] sondern es genügen auch weniger intensive Verbindungen. So ist ein Stimmverbot nach § 136 Abs. 1 AktG schon dann anzunehmen, wenn sich die Anteile an der Komplementärin in der Hand mehrerer miteinander persönlich verbundener Personen, z.B. von Familienmitgliedern, befinden, die ebenfalls an der KGaA beteiligt sind.[102] Ferner reicht es nach allgemeiner Meinung aus, dass das wirtschaftliche Interesse an der Drittgesellschaft das Interesse an der KGaA überwiegt.[103] Dies wird man für einen auch an der Komplementärin beteiligten Kommanditaktionär immer dann annehmen können, wenn er eine prozentual höhere Beteiligung an der Komplementärin als an der KGaA hält. Denn in diesem Fall wirkt sich die Geltendmachung eines Anspruches gegen die persönlich haftende Gesellschafterin für ihn wirtschaftlich negativer aus als der Verzicht der KGaA auf den entsprechenden Anspruch.[104] Da in diesem Fall eine hinreichend konkrete Gefahr besteht, dass der Gesellschafter der Komplementärin aufgrund seines eigenen wirtschaftlichen Interesses nicht im Sinne der KGaA handeln wird, unterliegt er einem Stimmverbot nach § 136 Abs. 1 S. 1 AktG. Das Stimmverbot gilt für die Organe und Gesellschafter der Komplementärin auch dann, wenn Letztere nicht am Grundkapital der KGaA beteiligt ist.[105] Es genügt, dass die Komplementärin bei hypothetischer Aktionärsstellung vom Stimmrecht ausgeschlossen wäre, da die genannten Personen unabhängig von der Aktionärsstellung der Komplementärin einem Interessenkonflikt unterliegen.

---

101 *Herrler* in Grigoleit, § 136 Rn 21; *Hirschmann* in Hölters, § 136 Rn 29; *Holzborn* in Bürgers/Körber, § 136 Rn 16; *Koch* in Hüffer/Koch, § 136 Rn 13; *Spindler* in K. Schmidt/Lutter, § 136 Rn 15; *Rieckers* in Spindler/Stilz, § 136 Rn 32; *Schröer* in MüKoAktG, § 136 Rn 38; *Villeda*, AG 2013, 57 (64). Vgl. auch BGH, NJW 1973, 1039 (1040 f.) zu § 47 Abs. 4 GmbHG. Umstritten ist, ob bereits die Beherrschung der Drittgesellschaft iSv § 17 AktG ausreicht, so *Koch* in Hüffer/Koch, § 136 Rn 13; *Spindler* in K. Schmidt/Lutter, § 136 Rn 15; a.A. *Rieckers* in Spindler/Stilz, § 136 Rn 32; *Schröer* in MüKoAktG, § 136 Rn 41.

102 Allgemein zu der Konstellation der Beteiligung an einer Drittgesellschaft: *Holzborn* in Bürgers/Körber, § 136 Rn 16; *Rieckers* in Spindler/Stilz, § 136 Rn 32; *Schröer* in MüKoAktG, § 136 Rn 41. Vgl. auch BGHZ 68, 107 (109 f.) = NJW 1977, 850 (851) zu § 47 Abs. 4 GmbHG.

103 *Koch* in Hüffer/Koch, § 136 Rn 12; *Rieckers* in Spindler/Stilz, § 136 Rn 32; *Schröer* in MüKoAktG, § 136 Rn 41; *Villeda*, AG 2013, 57 (64); kritisch: *Hirschmann* in Hölters, § 136 Rn 29, der eine zu einem Stimmverbot führende Interessenverknüpfung nur bei Vorliegen von weiteren Begleitumständen annehmen will.

104 *Otte*, AG & Co. KGaA, S. 172 f. mit Rechenbeispiel in Fn 74.

105 *Holzborn* in Bürgers/Körber, § 136 Rn 16; *Rieckers* in Spindler/Stilz, § 136 Rn 33; *Schröer* in MüKoAktG, § 136 Rn 37.

cc) Sonderkonstellation: Entlastung früherer Vorstands- bzw. Aufsichtsratsmitglieder bei Gründung einer KGaA durch Formwechsel

Ist die KGaA durch einen Formwechsel[106] aus einer AG bzw. SE entstanden,[107] sind die seinerzeit amtierenden Vorstands- und Aufsichtsratsmitglieder der formwechselnden Ausgangsgesellschaft für das laufende Geschäftsjahr häufig noch nicht entlastet worden. Wird sodann erstmalig die Hauptversammlung der KGaA einberufen, stellt sich die Frage, ob diese nun für den entsprechenden Entlastungsbeschluss zuständig ist. Da im Falle des Formwechsels der Grundsatz der Identität des Rechtsträgers gilt,[108] wird man folgerichtig eine entsprechende Kompetenz der Hauptversammlung der KGaA annehmen können.[109] Die zu entlastenden ehemaligen Vorstands- bzw. Aufsichtsratsmitglieder dürfen bei der Beschlussfassung – dies erscheint noch unproblematisch – ihr Stimmrecht aus den Kommanditaktien gemäß § 136 Abs. 1 AktG nicht ausüben.[110]

Problematischer ist hingegen die Frage, ob auch die Komplementärin einem Stimmverbot für ihre Aktien unterliegt, wenn das ehemalige Vorstands- bzw. Aufsichtsratsmitglied an der Komplementärin beteiligt oder, was nicht selten der Fall sein wird, wiederum als Organmitglied für sie tätig ist. Da diese Fälle wiederum mit der Situation vergleichbar sind, dass eine vom Stimmrecht ausgeschlossene Person Organ oder Gesellschafter einer Drittgesellschaft ist, die Anteile an einer AG hält, liegt auch hier ein Rückgriff auf die für diese Konstellationen im Rahmen von § 136 Abs. 1 AktG entwickelten allgemeinen Grundsätze nahe.[111] Nach allgemeiner Meinung schlägt das Stimmverbot eines Gesellschafters nicht automatisch auf eine Kapitalgesellschaft durch, da die juristische Person gegenüber ihren Anteilsinhabern verselbstständigt ist.[112] Etwas anderes gilt jedoch dann, wenn es sich bei der vom Stimmrecht ausgeschlossenen Person um den Alleingesellschafter handelt[113] oder alle Gesellschafter vom Stimmverbot betroffen sind.[114] Eine vollständige Beherr-

---

106 Ausführlich hierzu unter § 7.

107 So zum Beispiel im Fall der Bertelsmann SE & Co. KGaA und Fresenius SE & Co. KGaA.

108 *Drinhausen/Keinath* in Henssler/Strohn, § 202 UmwG Rn 3; *Leonard* in Semler/Stengel, § 202 Rn 2.

109 *Mense*, GWR 2014, 320 (322).

110 *Mense*, GWR 2014, 320 (322).

111 *Mense*, GWR 2014, 320 (322 f.).

112 *Herrler* in Grigoleit, § 136 Rn 15; *Koch* in Hüffer/Koch, § 136 Rn 10; *Rieckers* in Spindler/Stilz, § 136 Rn 26; *Schröer* in MüKoAktG, § 136 Rn 42; *Villeda*, AG 2013, 57 (59).

113 *Herrler* in Grigoleit, § 136 Rn 16; *Hirschmann* in Hölters, § 136 Rn 28; *Koch* in Hüffer/Koch, § 136 Rn 11; *Rieckers* in Spindler/Stilz, § 136 Rn 27; *Schröer* in MüKoAktG, § 136 Rn 43; *Villeda*, AG 2013, 57 (59).

114 *Herrler* in Grigoleit, § 136 Rn 16; *Hirschmann* in Hölters, § 136 Rn 28; *Koch* in Hüffer/Koch, § 136 Rn 11; *Petersen/Schulze De la Cruz*, NZG 2012, 453 (455); vgl. für die GmbH: BGHZ 68, 107 (110) = NJW 1977, 850.

schung der Gesellschaft durch den vom Stimmverbot ausgeschlossenen Gesellschafter wird jedoch nicht gefordert. Es genügt, dass die jeweilige Person in rechtlich gesicherter Weise „maßgeblichen Einfluss" ausüben kann,[115] was für den herrschenden Gesellschafter iSv § 17 AktG widerlegbar vermutet wird.[116]

Ähnlich ist das Meinungsbild für den Fall, dass ein Organmitglied einer Gesellschaft vom Stimmrecht ausgeschlossen ist. Die Drittgesellschaft unterliegt nach allgemeiner Meinung dann einem Stimmverbot, wenn das Organmitglied maßgeblichen Einfluss auf das Stimmverhalten dieser Gesellschaft ausüben kann.[117] Während ein solcher maßgeblicher Einfluss bei Mitgliedern des Aufsichtsrates verneint wird,[118] besteht dahin gehend Einigkeit, dass auch die Drittgesellschaft einem Stimmverbot unterliegt, wenn die vom Stimmrecht ausgeschlossene Person ihr alleiniger gesetzlicher Vertreter ist.[119] Hingegen reicht es nach vorzugswürdiger Ansicht nicht aus, dass nur einer von mehreren gesetzlichen Leitungsorganmitgliedern der juristischen Person dem Stimmverbot unterliegt,[120] da das Risiko einer Interessenkollision in der Person eines Organmitglieds nur dann mit einer Interessenkollision des gesamten Organs gleichgesetzt werden kann, wenn die betroffene Person die Kompetenz innehat, Entscheidungen innerhalb des Organs eigenständig herbeizuführen.[121] Dies ist nur dann der Fall, wenn dem Organmitglied ein Alleinentscheidungsrecht zusteht. Hingegen kann ein Vetorecht keinen maßgeblichen Einfluss innerhalb eines Organs vermitteln, da es keine Gestaltungsmacht verleiht, sondern lediglich eine Blockademöglichkeit bietet.[122]

Überträgt man diese Grundsätze auf die SE & Co. KGaA, wird man ein Stimmverbot der Komplementärin hinsichtlich der von ihr gehaltenen Aktien annehmen müssen,

---

115 *Holzborn* in Bürgers/Körber, § 136 Rn 17; *Koch* in Hüffer, § 136 Rn 10; *Rieckers* in Spindler/Stilz, § 136 Rn 27; *Schröer* in MüKoAktG, § 136 Rn 43; *Villeda*, AG 2013, 57 (59).

116 *Hirschmann* in Hölters, § 136 Rn 28; *Holzborn* in Bürgers/Körber, § 136 Rn 17; *Koch* in Hüffer/Koch, § 136 Rn 11; *Petersen/Schulze De la Cruz*, NZG 2012, 453 (455); *Rieckers* in Spindler/Stilz, § 136 Rn 27; *Schröer* in MüKoAktG, § 136 Rn 43; *Villeda*, AG 2013, 57 (59).

117 *Hirschmann* in Hölters, § 136 Rn 30; *Holzborn* in Bürgers/Körber, § 136 Rn 17; *Rieckers* in Spindler/Stilz, § 136 Rn 28; *Schröer* in MüKoAktG, § 136 Rn 45.

118 *Schröer* in MüKoAktG, § 136 Rn 45; *Spindler* in K. Schmidt/Lutter, § 136 Rn 16; *Herrler* in Grigoleit, § 136 Rn 18; *Rieckers* in Spindler/Stilz, § 136 Rn 30, der jedoch dann eine widerlegbare Vermutung für einen hinreichenden Einfluss annehmen will, wenn mehr als die Hälfte der Aufsichtsratsmitglieder vom Stimmverbot betroffen ist.

119 *Herrler* in Grigoleit, § 136 Rn 18; *Hirschmann* in Hölters, § 136 Rn 30; *Koch* in Hüffer/Koch, § 136 Rn 14; *Schröer* in MüKoAktG, § 136 Rn 45; *Spindler* in K. Schmidt/Lutter, § 136 Rn 16.

120 A.A. *Zöllner* in KK-AktG, § 136 Rn 45.

121 *Rieckers* in Spindler/Stilz, § 136 Rn 29; *Schröer* in MüKoAktG, § 136 Rn 45; *Villeda*, AG 2013, 57 (61).

122 *Holzborn* in Bürgers/Körber, § 136 Rn 17; *Herrler* in Grigoleit, § 136 Rn 18; *Schröer* in MüKoAktG, § 136 Rn 45; *Villeda*, AG 2013, 57 (61).

wenn ihr alleiniger bzw. beherrschender Gesellschafter gemäß § 136 Abs. 1 AktG vom Stimmrecht ausgeschlossen ist oder wenn alle Aktionäre der Komplementärin einem entsprechenden Stimmverbot unterliegen. Ist die vom Stimmrecht ausgeschlossene Person alleiniges Vertretungsorgan oder steht ihr ein Alleinentscheidungsrecht[123] zu, ist die Komplementärin ebenfalls vom Stimmrecht ausgeschlossen. Während ein Stimmverbot von Mitgliedern des Aufsichtsrates der Komplementärin mangels Möglichkeit, bestimmenden Einfluss auf das Abstimmungsverhalten der Komplementärin zu nehmen, nicht auf Letztere durchschlägt, ist dies bei Mitgliedern des Verwaltungsrates wegen des ihnen zustehenden Weisungsrechtes gegenüber den geschäftsführenden Direktoren dann anders zu beurteilen, wenn zumindest die Mehrheit der Mitglieder vom Stimmrecht ausgeschlossen ist.

Die Praxis dürfte aufgrund der im Einzelnen bestehenden Unklarheiten, wann eine „nachhaltige Interessenverknüpfung" zwischen Komplementärin und Organmitglied bzw. Gesellschafter anzunehmen ist, jedenfalls gut beraten sein, bei der Beschlussfassung über die Entlastung von Organen der formwechselnden Ausgangsgesellschaft im Zweifel von einem Stimmverbot auszugehen, um eine Anfechtbarkeit des Beschlusses zu vermeiden.[124]

c) *Ungeschriebene Stimmverbote*

Neben den gesetzlichen Stimmverboten gelten bei der KGaA auch die ungeschriebenen personengesellschaftsrechtlichen Stimmverbote wegen eigener Betroffenheit.[125] Hiernach unterliegt der Komplementär bei Maßnahmen gegen ihn aus wichtigem Grund einem Stimmverbot, insbesondere bei der Beschlussfassung über die Entziehung seiner Geschäftsführungsbefugnis oder Vertretungsmacht und über seinen Ausschluss aus der Gesellschaft (§ 278 Abs. 2 AktG i.V.m. §§ 161 Abs. 2, 117, 127, 140 HGB).[126] Nach den obigen Ausführungen im Rahmen von § 285 Abs. 1 S. 2 AktG ist das Stimmverbot auch auf die Aktien haltenden Vertretungs- und Leitungsorganmitglieder der Komplementär-SE zu erstrecken.[127] Für die Aktionäre der Kom-

---

123 Dem geschäftsführenden Direktor einer monistischen SE kann, anders als einem Mitglied des Leitungsorgans, ein Alleinentscheidungsrecht eingeräumt werden, da hier gerade keine § 77 Abs. 1 S. 2 HS 2 AktG entsprechende Regelung existiert, s. o. unter § 3 B. II. 1. e) mit Fn 367.

124 *Mense*, GWR 2014, 320 (322 f.).

125 *Arnold* in Henssler/Strohn, § 285 AktG Rn 3; *Bachmann* in Spindler/Stilz, § 285 Rn 21; *Förl/Fett* in Bürgers/Körber, § 285 Rn 6; *Mertens/Cahn* in KK-AktG, § 285 Rn 25 ff.; *Perlitt* in MüKoAktG, § 285 Rn 38.

126 *Assmann/Sethe* in GK-AktG, § 285 Rn 39 ff.; *Bachmann* in Spindler/Stilz, § 285 Rn 21; *K. Schmidt* in K. Schmidt/Lutter, § 285 Rn 23; *Mertens/Cahn* in KK-AktG, § 285 Rn 27; *Perlitt* in MüKoAktG, § 285 Rn 38; *Servatius* in Grigoleit, § 285 Rn 5; *Reger* in Bürgers/Fett, § 5 Rn 59 f.

127 Vgl. dazu die Argumentation oben unter § 5 A. II. 1. a) aa); ebenso für den Vorstand einer Komplementär-AG: *Otte*, AG & Co. KGaA, S. 173; für den Geschäftsführer einer Komplementär-GmbH: *Kessler*, GmbH & Co. KGaA, S. 336.

plementärin gilt dies wiederum nur dann, wenn sie an der Komplementärin prozentual höher beteiligt sind als an der KGaA.[128] Nach einer vereinzelt vertretenen Ansicht soll die Komplementärin auch bei dem von der Hauptversammlung gemäß § 278 Abs. 3 AktG i.V.m. § 174 Abs. 1 AktG zu fassenden Gewinnverwendungsbeschluss von ihrem Stimmrecht ausgeschlossen sein.[129] Dies wird damit begründet, dass bei der Frage der Verteilung des Bilanzgewinns ein Interessengegensatz zwischen Kommanditaktionären und Komplementär herrsche, da Letzterer im Gegensatz zu den Kommanditaktionären regelmäßig ein Interesse an einer weitgehenden Thesaurierung der Gewinne haben werde. Dem kann jedoch nicht gefolgt werden. Schon das Vorliegen eines Interessengegensatzes erscheint nicht unzweifelhaft. Auch der Komplementär wird sich vor allem aus finanziellen Interessen am Grundkapital der KGaA beteiligen, um über die Dividende am finanziellen Erfolg der Gesellschaft zu partizipieren. Jedenfalls ist ein allgemeiner Stimmrechtsausschluss der Komplementärin wegen möglicher Interessenkollision aus Gründen der Rechtssicherheit abzulehnen. Ein allgemeiner Rechtsgedanke, der ein Stimmverbot wegen einer Interessenkollision außerhalb der gesetzlich geregelten Fälle begründet, lässt sich weder den allgemeinen Vorschriften des Aktienrechts noch dem Recht der KGaA entnehmen.[130]

2. Zustimmungsrechte des Komplementärs

a) Gesetzlicher Umfang

Neben der Feststellung des Jahresabschlusses (§ 286 Abs. 1 S. 2 AktG) bedürfen gemäß § 285 Abs. 2 S. 1 AktG auch solche Beschlüsse der Hauptversammlung der Zustimmung des Komplementärs, soweit sie Angelegenheiten betreffen, für die bei einer Kommanditgesellschaft das Einverständnis der persönlich haftenden Gesellschafter und der Kommanditisten erforderlich ist. Dem Komplementär steht hiernach bei Grundlagengeschäften ein „Vetorecht“[131] zu, also insbesondere bei Satzungsänderungen, Kapitalmaßnahmen und sonstigen Strukturentscheiden, wie z. B. dem Abschluss von Unternehmensverträgen iSv §§ 291 ff. AktG.[132] Auch der Beschluss der Hauptversammlung über den Erwerb eigener Aktien ist als solches zustimmungsbedürftiges Grundlagengeschäft einzuordnen, weil der Er-

128 *Otte*, AG & Co. KGaA, S. 173.

129 *Mense*, GWR 2014, 320 (323); *Wichert* in NK-AktR, § 286 Rn 10.

130 *Assmann/Sethe* in GK-AktG, § 285 Rn 43; *Bachmann* in Spindler/Stilz, § 285 Rn 22; *K. Schmidt* in K. Schmidt/Lutter, § 285 Rn 24; *Koch* in Hüffer/Koch, § 136 Rn 18; *Mertens/Cahn* in KK-AktG, § 285 Rn 26; *Perlitt* in MüKoAktG, § 285 Rn 37; *Servatius* in Grigoleit, § 285 Rn 5; für die GmbH: BGHZ 97, 28 (33).

131 *Haase*, GmbHR 1997, 917 (920); *Habel/Strieder*, MittBayNot 1998, 65 (67); *Herfs* in Münch Hdb AG, § 79 Rn 39; *Hoffmann-Becking/Herfs*, FS Sigle, 273 (285).

132 *Bachmann* in Spindler/Stilz, § 285 Rn 32; *Förl/Fett* in Bürgers/Körber, § 285 Rn 8; *Herfs* in Münch Hdb AG, § 79 Rn 39; *Koch* in Hüffer/Koch, § 285 Rn 2; *Mense*, GWR 2014, 320 (321); *Wichert* in NK-AktR, § 285 Rn 6.

werb eigener Aktien nach § 71 AktG nur in den dort genannten Fällen zulässig ist und damit als Ausnahme vom Grundsatz des Verbotes zum Erwerb eigener Aktien einzuordnen ist.[133] Als empfangsbedürftige Willenserklärung ist die Zustimmung gegenüber dem Aufsichtsrat[134] als Vertreter der Gesellschaft oder gegenüber der Hauptversammlung, vertreten durch den Versammlungsleiter,[135] abzugeben, was auch konkludent, etwa durch ein entsprechendes Abstimmungsverhalten als Kommanditaktionär,[136] erfolgen kann. Die Zustimmung bedarf bei eintragungspflichtigen Beschlüssen der notariellen Beurkundung (§ 285 Abs. 3 S. 2 AktG).[137] Fehlt sie, ist der Beschluss schwebend unwirksam.[138] Allerdings kann eine Verweigerung der Zustimmung nach den Grundsätzen von Treu und Glauben unbeachtlich sein.[139]

b) Statutarische Gestaltungsmöglichkeiten

aa) Grundsätzliches

Das Zustimmungserfordernis nach § 285 Abs. 2 S. 1 AktG kann in der Satzung unter Beachtung der durch die Kernbereichslehre gezogenen Grenzen[140] antizipiert erteilt[141] oder auch ganz abbedungen werden, weil es die personengesellschaftsrecht-

---

133 *Mense*, GWR 2014, 320 (321).

134 *Bachmann* in Spindler/Stilz, § 285 Rn 34; *Herfs* in Münch Hdb AG, § 79 Rn 42.

135 LG München I, NZG 2014, 700 (702); *Koch* in Hüffer/Koch, § 285 Rn 3; *Mertens/Cahn* in KK-AktG, § 285 Rn 45; *Perlitt* in MüKoAktG, § 285 Rn 51.

136 *Assmann/Sethe* in GK-AktG, § 285 Rn 61; *Bachmann* in Spindler/Stilz, § 285 Rn 34; *Perlitt* in MüKoAktG, § 285 Rn 54, 56; einschränkend: *Mertens/Cahn* in KK-AktG, § 285 Rn 45 f., der eine konkludente Zustimmung nur dann annimmt, wenn der Komplementär sein Stimmrecht in der Hauptversammlung persönlich und nicht durch einen Stimmrechtsvertreter ausübt.

137 Die Erklärung des Komplementärs in der notariell beglaubigten Anmeldung zum Handelsregister, die Zustimmung liege vor, genügt diesem Formerfordernis nicht, OLG Stuttgart, NZG 2003, 293.

138 *Arnold* in Henssler/Strohn, § 285 AktG Rn 5; *Koch* in Hüffer/Koch, § 285 Rn 3; *Mertens/Cahn* in KK-AktG, § 285 Rn 48; *K. Schmidt* in K. Schmidt/Lutter, § 285 Rn 30; *Wichert* in NK-AktR, § 285 Rn 6.

139 K. Schmidt *in K. Schmidt/Lutter, § 285 Rn 30;* das OLG München, ZIP 2014, 1980 (1984) bejahte einen Verstoß gegen § 242 BGB in einem Fall, in dem ein persönlich haftender Gesellschafter, der nicht Mitglied der Geschäftsleitung war, einem von der Geschäftsleitung vorgeschlagenen Gewinnverwendungsbeschluss nach entsprechendem Beschluss der Hauptversammlung widersprach. Zu der Zulässigkeit eines solchen Vetorechts des Komplementärs zum Gewinnverwendungsbeschluss sogleich unter § 5 A. II. 2. b) bb).

140 Vgl. zur den Voraussetzungen einer antizipierten Zustimmung oben unter § 2 I. II. 2. c).

141 *Assmann/Sethe* in GK-AktG, § 285 Rn 54 a.E.; *Bachmann* in Spindler/Stilz, § 285 Rn 34; *Perlitt* in MüKoAktG, § 285 Rn 43.

liche Seite der KGaA (§ 278 Abs. 2 AktG) betrifft.[142] Befindet sich die Komplementärin – wie regelmäßig der Fall – in der Hand der Unternehmerfamilie, wird für diese jedoch die Frage im Vordergrund stehen, inwieweit das Zustimmungserfordernis in der Satzung erweitert werden kann. Eine Erweiterung des Zustimmungsrechts ist dabei auf alle § 278 Abs. 2 AktG unterfallenden Beschlussgegenstände möglich.[143] Hingegen kann dem persönlich haftenden Gesellschafter kein Vetorecht bezüglich der Bestellung von Prüfern und der Geltendmachung von Ansprüchen der Gesellschaft gegen ihn aus der Gründung oder der Geschäftsführung eingeräumt werden, da § 285 Abs. 2 S. 2 AktG zwingender Natur ist.[144] Auch eine Erweiterung des Zustimmungserfordernisses auf solche Angelegenheiten, in denen der Komplementär einem Stimmverbot nach § 285 Abs. 1 S. 2 AktG unterliegt, ist nicht zulässig.[145] Gleiches gilt für solche Beschlussgegenstände, bei denen die Komplementärin nach Personengesellschaftsrecht einem ungeschriebenen Stimmverbot wegen Richtens in eigener Sache unterliegt,[146] also insbesondere bezüglich einer Beschlussfassung über den Entzug der Geschäftsführungsbefugnis bzw. Vertretungsmacht der Komplementärin.[147]

bb) Problem: Gewinnverwendungsbeschluss

Als praktisch bedeutsamster Anwendungsfall für eine Erweiterung des Zustimmungsrechtes verbleibt daher vor allem eine statutarische Regelung, die dem Komplementär ein Vetorecht bezüglich des von der Hauptversammlung gemäß § 278 Abs. 3 AktG i.V.m. § 174 AktG zu fassenden Beschlusses über die Verwendung des Bilanzgewinns einräumt. Die Zulässigkeit einer solchen Satzungsgestaltung ist insbesondere bei der Publikums-KGaA lebhaft umstritten. Die wohl herrschende Ansicht[148] bejaht die Zulässigkeit einer solchen Klausel, liefert hierfür jedoch über-

---

142 *Arnold* in Henssler/Strohn, § 285 AktG Rn 5; *Bachmann* in Spindler/Stilz, § 285 Rn 32; *Habel/Strieder*, MittBayNot 1998, 65 (68); *Mertens/Cahn* in KK-AktG, § 285 Rn 43; *Schnorbus*, GS Winter, 627 (652).

143 *Assmann/Sethe* in GK-AktG, § 285 Rn 80.

144 *Assmann/Sethe* in GK-AktG, § 285 Rn 80; *Koch* in Hüffer/Koch, § 285 Rn 3; *Kölling*, Gestaltungsspielräume, S. 236; *Mertens/Cahn* in KK-AktG, § 285 Rn 40; *Perlitt* in MüKoAktG, § 285 Rn 46; *Servatius* in Grigoleit, § 285 Rn 10.

145 *Arnold* in Henssler/Strohn, § 285 AktG Rn 5; *Assmann/Sethe* in GK-AktG, § 285 Rn 80; *Bachmann* in Spindler/Stilz, § 285 Rn 33; *Herfs* in Münch Hdb AG, § 79 Rn 41; *ders.*, VGR 1998, 23 (44 f.); *Hoffmann-Becking/Herfs*, FS Sigle, 273 (285); *Kölling*, Gestaltungsspielräume, S. 236; *Perlitt* in MüKoAktG, § 285 Rn 50; *Mertens/Cahn* in KK-AktG, § 285 Rn 40; *Assmann/Sethe* in GK-AktG, § 285 Rn 80 ff.; *Hoffmann-Becking/Herfs*, FS Sigle, 275 (285 f.); a.A. *Habel/Strieder*, MittBayNot 1998, 65 (68); *Lorz*, VGR 1998, 57 (66); *Schaumburg/Schulte*, DStZ 1998, 525 (532).

146 *Bachmann* in Spindler/Stilz, § 285 Rn 33; *Herfs* in Münch Hdb AG, § 79 Rn 41.

147 Vgl. dazu oben unter § 5 A. II. 1. c).

148 LG München, NZG 2014, 700 (701 f.) für den Fall einer personalistisch strukturierten KGaA mit einer natürlichen Person als Komplementärin; *Bachmann*

wiegend keine nähere Begründung[149] oder führt pauschal an, dass keine gesetzliche Vorschrift eine solche Erweiterung des Zustimmungsvorbehaltes verbiete.[150] Nach der Gegenansicht ist ein Zustimmungsrecht des Komplementärs zum Gewinnverwendungsbeschluss der Kommanditaktionäre generell[151] oder zumindest bei der Publikums-KGaA im Wege einer Inhaltskontrolle unwirksam.[152]

Für die Zulässigkeit eines statutarischen Zustimmungsrechtes des Komplementärs könnte man § 286 Abs. 1 S. 2 AktG anführen, nach dem die Feststellung des Jahresabschlusses der Zustimmung des persönlich haftenden Gesellschafters bedarf. Aufgrund des engen Sachzusammenhangs zwischen Feststellung des Jahresabschlusses und dem Gewinnverwendungsbeschluss könnte auch für Letzteren die Normierung eines Zustimmungsvorbehaltes zulässig sein. Allerdings würde man bei einer derartigen Betrachtung verkennen, dass der Gewinnverwendungsbeschluss der Kommanditaktionäre zwar auf dem Jahresabschluss aufbaut, aber einen eigenständigen Beschluss darstellt.[153] Die Vorschrift des § 286 Abs. 1 S. 2 AktG stellt daher kein taugliches Argument für die Zulässigkeit einer derartigen Satzungsbestimmung dar. Aber auch die Ansicht, die eine entsprechende Klausel im Wege einer Inhaltskontrolle für unzulässig erklären will, vermag nicht zu überzeugen. Denn nur die personengesellschaftsrechtlichen Satzungsbestandteile einer KGaA unterliegen einer Inhaltskontrolle,[154] während für die aktienrechtlichen Elemente der Grundsatz der Satzungsstrenge gilt (§§ 278 Abs. 3, 23 Abs. 5 AktG). Die Verwendung des Bilanzgewinns betrifft jedoch nicht das dem dispositiven Personengesellschafts-

---

in Spindler/Stilz, § 285 Rn 33; *Grafmüller*, KGaA, S. 157; *Hartel*, DB 1992, 2329 (2331); *Heineke*, Anlegerschutz, S. 217 f.; *Herfs* in Münch Hdb AG, § 81 Rn 21; *Mertens/Cahn* in KK-AktG, § 286 Rn 33; *Sethe*, DB 1988, 1044 (1045); *K. Schmidt* in K. Schmidt/Lutter, § 286 Rn 12; *Schnorbus*, GS Winter, 627 (652); *Wichert*, Finanzen der KGaA, S. 157; ebenso *Hoffmann-Becking/Herfs*, FS Sigle, 273 (285 f.) für eine personalistisch strukturierte KGaA.

149 Ohne jede Begründung etwa: *Grafmüller*, KGaA, S. 157; *Hartel*, DB 1992, 2329 (2331); *Mertens/Cahn* in KK-AktG, § 286 Rn 33; *K. Schmidt* in K. Schmidt/Lutter, § 286 Rn 12; *Schnorbus*, GS Winter, 627 (652); *Sethe*, DB 1988, 1044 (1045).

150 *Herfs* in Münch Hdb AG, § 81 Rn 21; nach *Bachmann* in Spindler/Stilz, § 285 Rn 33 soll ein Zustimmungsrecht des Komplementärs zum Gewinnverwendungsbeschluss zulässig sein, da § 285 Abs. 2 S. 1 AktG eine Spezialverweisung darstelle. Die Ausübung des Vetorechts sei jedoch an die Treuepflicht gebunden und dürfe daher nicht willkürlich verweigert werden.

151 *Arnold*, GmbH & Co. KGaA, S. 154; *Assmann/Sethe* in GK-AktG, § 285 Rn 82; *Förl/Fett* in Bürgers/Körber, § 285 Rn 9; *Otte*, AG & Co. KGaA, S. 175; *Schließer* in Bürgers/Fett, § 6 Rn 37; *Servatius* in Grigoleit, § 286 Rn 2; *Wichert* in NK-AktR, § 286 Rn 10; *ders.*, AG 2000, 268 (270); zumindest Sympathien für diese Ansicht: OLG München, ZIP 2014, 1980 (1983 f.).

152 *Ihrig/Schlitt*, ZHR Beiheft 67, 33 (69 f.); *Perlitt* in MüKoAktG, § 278 Rn 363; *Raiser/Veil*, KapGesR, § 31 Rn 22; *Schlitt*, KGaA, S. 213 und S. 227.

153 LG München I, NZG 2014, 700 (702).

154 Vgl. dazu oben § 3 D. I. 1. c).

recht unterliegende Verhältnis zwischen Komplementär und Kommanditaktionären, sondern allein das nach zwingendem Aktienrecht zu beurteilende Verhältnis der Kommanditaktionäre zur Gesellschaft. Denn der auf den Komplementär entfallende Gewinnanteil und solche Beträge, die aus Gründen verantwortungsvoller Unternehmensführung in freie Rücklagen zu stellen sind, werden bereits vor dem Gewinnverwendungsbeschluss im Rahmen der Ermittlung des Bilanzgewinns in Abzug gebracht.[155] Über die Verwendung des Bilanzgewinns entscheidet damit gemäß §§ 278 Abs. 3, 174 Abs. 1 AktG allein die Hauptversammlung.[156]

In dieses dem vermögensrechtlichen Kernbereich der Mitgliedschaft zuzuordnende Alleinentscheidungsrecht der Hauptversammlung,[157] kann nicht mit der Begründung eingegriffen werden,[158] die persönliche Haftung des Komplementärs stelle einen hinreichenden Rechtfertigungsgrund dar, da dem persönlich haftenden Gesellschafter bei einer zu hohen Ausschüttung ein erhöhtes Haftungsrisiko drohe.[159] Denn die persönliche Haftung ist dem Komplementär schon gesetzesimmanent[160] und kann daher allein die Ausschüttung eines ordnungsgemäß festgestellten Gewinns an die Kommanditaktionäre nicht versperren.[161] Dieses Ergebnis benachteiligt den Komplementär auch nicht unbillig, da seine Interessen durch sein Zustimmungsrecht zur Feststellung des Jahresabschlusses nach § 286 Abs. 1 S. 2 AktG[162] und durch seinen Vorschlag bezüglich der Verwendung des Bilanzgewinns gemäß § 283 Nr. 9 AktG hinreichend gewahrt werden. Lehnt die Hauptversammlung den Vorschlag des persönlich haftenden Gesellschafters über die Verwendung des Gewinns ab, steht diesem die Möglichkeit offen, weitere Vorschläge zu unterbreiten, um – ggf. im Wege des Kompromisses und der gerechten Interessenabwägung – einen für die Kommanditaktionäre akzeptablen Gewinnverwendungsbeschluss zu erreichen.[163] Damit ist im Umkehrschluss zu § 286 Abs. 1 S. 2 AktG die Zustimmung des persönlich haftenden Gesellschafters zum Gewinnverwendungsbeschluss der Kommanditaktionäre nicht

---

155 *Assmann/Sethe* in GK-AktG, § 285 Rn 82; *Kölling*, Gestaltungsspielräume, S. 238; *Schließer* in Bürgers/Fett, § 6 Rn 37; *Wichert*, AG 2000, 268 (270); ihnen folgend: *Otte*, AG & Co. KGaA, S. 175; a.A. *Herfs* in Münch Hdb AG, § 81 Rn 21.

156 *Arnold*, GmbH & Co. KGaA, S. 154; *Assmann/Sethe* in GK-AktG, § 285 Rn 82; *Förl/Fett* in Bürgers/Körber, § 285 Rn 9; *Wichert* in NK-AktR, § 286 Rn 10; dies muss konsequenterweise nicht nur für die Kapitalgesellschaft & Co. KGaA, sondern auch die gesetzestypische KGaA gelten, *Schließer* in Bürgers/Fett, § 6 Rn 37; *Wichert*, AG 2000, 268 (270).

157 LG München I, NZG 2014, 700 (702); *Wichert*, AG 2000, 278 (270).

158 Vgl. zur Zulässigkeit eines Eingriffs in den mitgliedschaftlichen Kernbereich: BGH, NJW 2007, 1685 (1687) – „OTTO".

159 So aber LG München I, NZG 2014, 700 (702) für eine personalistisch strukturierte KGaA mit einer natürlichen Person als Komplementär.

160 OLG München, ZIP 2014, 1980 (1983 f.). Die Nichtzulassungsbeschwerde gegen diese Entscheidung hat der BGH mit Beschluss 23. Juni 2015 – II ZR 289/14 ohne veröffentlichte Begründung zurückgewiesen.

161 *Wichert* in NK-AktR, § 287 Rn 10.

162 *Assmann/Sethe* in GK-AktG, § 285 Rn 82.

163 OLG München, ZIP 2014 1980, (1983).

nur entbehrlich, sondern eine dahin gehende statutarische Regelung wegen Verstoßes gegen den Grundsatz der Satzungsstrenge sogar unzulässig.

3. *Zulässigkeit der Verschärfung von Mehrheitserfordernissen*

Beschlüsse der Hauptversammlung bedürfen gemäß §§ 278 Abs. 3 i.V.m. § 133 Abs. 1 AktG der Mehrheit der abgegebenen Stimmen, soweit nicht Gesetz oder Satzung eine größere Mehrheit oder weitere Erfordernisse bestimmen. Abweichend von diesem Grundsatz sieht etwa §§ 278 Abs. 3, 179 Abs. 2 S. 1 AktG für sämtliche Satzungsänderungen nach der überwiegenden Ansicht[164] eine Kapitalmehrheit von drei Vierteln des bei der Beschlussfassung vertretenen Grundkapitals vor, wobei die Satzung wiederum eine andere Kapitalmehrheit, für eine Änderung des Gegenstands des Unternehmens jedoch nur eine größere Kapitalmehrheit, vorsehen kann (§§ 278 Abs. 3, 179 Abs. 2 S. 2 AktG). Eine Verschärfung von Mehrheitserfordernissen ist bei der KGaA nicht unproblematisch. Denn während bei der AG qualifizierte Mehrheitserfordernisse allgemein als Schutzinstrument zugunsten von Minderheitsaktionären gelten,[165] stellt sich die Sachlage bei der beteiligungsverschiedenen komplementärdominierten KGaA anders dar: Hier besteht die Gefahr, dass durch eine Verschärfung der Mehrheitserfordernisse – im Extremfall bis hin zur Einstimmigkeit – die Rechte der Kommanditaktionäre unzulässig zugunsten des Komplementärs eingeschränkt werden. Durch Halten einer entsprechenden Minderheitsbeteiligung könnte der Komplementär ihm unliebsame Beschlüsse erschweren oder ganz ausschließen, sodass ihm faktisch ein Vetorecht zustände.[166] Auf diese Weise könnten die zur Zulässigkeit der statutarischen Erweiterung des Zustimmungsvorbehaltes geltenden Einschränkungen[167] unterlaufen werden.

a) Meinungsstand

Während eine Ansicht diese Bedenken nicht teilt und eine Verschärfung von Mehrheitserfordernissen aufgrund des eindeutigen Wortlauts von § 133 Abs. 1 AktG a. E. auch bei der Kapitalgesellschaft & Co. KGaA für zulässig erachtet,[168] sollen nach der Gegenansicht in Anlehnung an die Rechtsprechung des BGH zu Publikumspersonengesellschaften[169] im Wege einer Inhaltskontrolle Satzungsgestaltungen unwirksam sein, die ein qualifiziertes Mehrheitserfordernis hinsichtlich solcher Beschlussgegen-

164 Vgl. zum Meinungsstand oben § 5 A. I. 2.
165 Vgl. BGHZ 76, 191 (194) = NJW 1980, 1465 (1466).
166 *Schlitt*, KGaA, S. 209.
167 Vgl. dazu oben unter § 5 A. II. 2 b) aa).
168 *Reger* in Bürgers/Fett, § 5 Rn 189 ff.; vgl. auch *Heineke*, Anlegerschutz, S. 218 ff. und *Herfs* in Münch Hdb AG, § 79 Rn 8.
169 Nach BGH, NJW 1982, 2495 (2496) kann die Abberufung des Fremdgeschäftsführers einer Publikums-GbR aus wichtigem Grund nicht durch qualifizierte Mehrheiten erschwert werden; nach BGHZ 102, 172 (178) = NJW 1988, 969 (971) gilt dies gleichermaßen für einen zum Geschäftsführer bestellten Gründungsgesellschafter.

stände vorschreiben, bei denen ein Interessengegensatz zwischen den Kommanditaktionären und dem persönlich haftenden Gesellschafter besteht und der Kernbereich der Mitverwaltungsrechte der Kommanditaktionäre berührt ist.[170] Nach einer weiteren Ansicht gilt dies zumindest für den Beschluss der Kommanditaktionäre über den Entzug der Geschäftsführungsbefugnis bzw. der Vertretungsmacht des Komplementärs und dessen Ausschluss aus der Gesellschaft.[171] Zu demselben Ergebnis kommt eine Ansicht, die zur Begründung auf eine allgemeine aktienrechtliche Wertung abstellt, nach der gesetzliche Mehrheitserfordernisse für Beschlussgegenstände, die Kontroll- und Maßregelungsbefugnisse der Hauptversammlung betreffen, nicht verschärft werden dürfen.[172]

b) Würdigung

Bezüglich der Zulässigkeit einer Verschärfung von Mehrheitserfordernissen ist zwischen aktien- und personengesellschaftsrechtlichen Beschlussgegenständen zu differenzieren. Für aktienrechtliche Beschlussgegenstände können gemäß §§ 278 Abs. 3, 133 Abs. 1 AktG a.E. grundsätzlich höhere Mehrheitserfordernisse statuiert werden. Da die Vorschriften des Aktiengesetzes hier ein abschließendes Schutzinstrumentarium darstellen (§ 23 Abs. 5 AktG), kommt insoweit eine Inhaltskontrolle von vornherein nicht in Betracht.[173] Lassen die aktienrechtlichen Vorschriften hingegen ausdrücklich einen Beschluss mit einfacher Mehrheit genügen, wie z.B. bei der Bestellung von Sonderprüfern (§ 283 Nr. 7, 142 Abs. 1 S. 1 AktG) oder der Geltendmachung von Ersatzansprüchen gegen die Komplementärin (§ 283 Nr. 8, 147 Abs. 1 AktG), können keine höheren Mehrheitserfordernisse normiert werden.[174] Bezüglich personengesellschaftsrechtlicher Beschlussgegenstände ist eine Unwirksamkeit von qualifizierten Mehrheitserfordernissen hingegen aufgrund der dort nach vorzugswürdiger Ansicht vorzunehmenden Inhaltskontrolle[175] grundsätzlich denkbar. Da es sich insoweit nicht um die Ausübung von aktienrechtlichen Kontroll- und Maßregelungsbefugnissen handelt, können allgemeine aktienrechtliche Wertungen entgegen der zuletzt genannten Ansicht jedoch nicht als dogmatische

---

170 *Ihrig/Schlitt*, ZHR Beiheft 67, 33 (70 f.); *Schlitt*, KGaA, S. 209.

171 *Arnold*, GmbH & Co. KGaA, S. 137 f.; *Perlitt* in MüKoAktG, § 278 Rn 362; *Raiser/Veil*, KapGesR, § 32 Rn 23; wohl auch: *Hennerkes/Lorz*, DB 1997, 1388 (1391). Die Entziehung von Geschäftsführungsbefugnis und Vertretungsmacht ist auch im Hinblick auf den einzigen persönlich haftenden Gesellschafter zulässig, vgl. BGH, Beschluss vom 15. Dezember 2015 – II ZR 144/14 –, juris Rn 6. In diesem Fall ist entsprechend § 29 BGB, 85 AktG einen Notgeschäftsführer zu bestellen, *Koch* in Hüffer/Koch, § 278 Rn 17b; *Reger* in Bürgers/Fett, § 5 Rn 179.

172 *Wichert*, AG 2000, 268 (271); zustimmend: *Engel*, Anlegerschutz, S. 188 f.; *Kiefer*, Anlegerschutz, S. 178 f.

173 Vgl. dazu oben unter § 3. D. I. 1. c).

174 *Arnold*, GmbH & Co. KGaA, S. 137; *Otte*, AG & Co. KGaA, S. 162 f.; *Schlitt*, KGaA, S. 209.

175 Vgl. zum Streitstand oben unter § 3. D. I. 1.

Begründung zur Unwirksamkeit herangezogen werden.[176] Eine Verschärfung der Mehrheitserfordernisse bezüglich personengesellschaftsrechtlicher Beschlussgegenstände ist vielmehr dann im Wege einer Inhaltskontrolle als unwirksam anzusehen, wenn hierdurch zulasten der Kommanditaktionäre eine Erweiterung der Rechtsstellung des Komplementärs in einem unangemessenen Umfang vorgenommen wird, die nicht mehr von legitimen Interessen gedeckt ist.[177]

Zwar ist die Wirksamkeit einer Satzungsgestaltung im Rahmen der Inhaltskontrolle eine Sache des Einzelfalls und die Unzulässigkeit eines statutarischen Mehrheitserfordernisses kann sich auch erst im Rahmen einer Gesamtschau aus dem Zusammenspiel mit weiteren statutarischen Regelungen ergeben,[178] jedoch dürfte nicht nur der ersatzlose Ausschluss des Rechts zur Entziehung von Geschäftsführung und Vertretungsmacht,[179] sondern auch eine Verschärfung der gesetzlichen Mehrheitserfordernisse für den jeweils erforderlichen Hauptversammlungsbeschluss unwirksam sein. Dies muss jedenfalls dann gelten, wenn der Komplementär nicht in Höhe von mindestens 50 Prozent am Grundkapital beteiligt ist oder den Kommanditaktionären im Gegenzug Rechte im Hinblick auf die Geschäftsführung eingeräumt werden, die über das gesetzlich normierte Maß hinausgehen. Im Rahmen der vorzunehmenden Interessenabwägung ist nämlich zu beachten, dass die berechtigten Interessen des Komplementärs bereits dadurch geschützt werden, dass der gerichtliche Entzug der Geschäftsführungsbefugnis und der Vertretungsmacht nach der gesetzlichen Ausgestaltung einen wichtigen Grund erfordert. Dies setzt voraus, dass die Beibehaltung der Geschäftsführung bzw. Vertretung der Gesellschaft nicht länger zugemutet werden kann,[180] was insbesondere bei einer groben Pflichtverletzung der Fall ist (§ 278 Abs. 2 AktG, §§ 161 Abs. 2, 117 HS 2, 127 HS 2 HGB). Hingegen steht den Kommanditaktionären kein Einfluss auf die personelle Zusammensetzung des geschäftsführenden Organs zu.[181] In ihrer Eigenschaft als Kapitalanleger sind sie daher in besonderem Maße auf eine ordnungsgemäße Geschäftsführung durch den Komplementär angewiesen, da die Möglichkeit zur Veräußerung der Kommanditaktie aufgrund der Gefahr eines Wertverlustes keinen hinreichenden Schutz darstellt.[182] Das Recht zur Einleitung von Maßnahmen aus wichtigem Grund gegen den persönlich haftenden Gesellschafter

176 *Reger* in Bürgers/Fett, § 5 Rn 191; ihm folgend: *Otte*, AG & Co. KGaA, S. 163.
177 Vgl. dazu oben unter § 3 D. I. 1. c).
178 *Bachmann* in Spindler/Stilz, § 278 Rn 32; *Mertens/Cahn* in KK-AktG, § 278 Rn 97; ihnen folgend: *Otte*, AG & Co. KGaA, S. 164.
179 *Assmann/Sethe* in GK-AktG, § 278 Rn 178; *Bachmann* in Spindler/Stilz, § 278 Rn 77; *Mertens/Cahn* in KK-AktG, § 278 Rn 97; *Perlitt* in MüKoAktG, § 278 Rn 253; a.A. *Herfs* in Münch Hdb AG, § 79 Rn 8; *Sethe*, Personalistische Kapitalgesellschaft, S. 152.
180 Vgl. nur *Roth* in Baumbach/Hopt, § 117 Rn 4.
181 Vgl. dazu unter § 5 A. I.
182 Vgl. hierzu schon die Argumentation unter § 3 D. I. 1. c).

zählt zum Kernbereich der den Kommanditaktionären zustehenden Rechte,[183] deren Geltendmachung nicht von vornherein faktisch ausgeschlossen sein darf. Dies ist aber der Fall, wenn in der Satzung beispielsweise ein Mehrheitserfordernis von 75 Prozent für entsprechende Beschlüsse normiert wird und die Komplementärin mit mehr als 25 Prozent am Grundkapital beteiligt ist. Eine solche Satzungsgestaltung würde eine Minderheit bzw. den Komplementär in die Lage versetzen, der Kapitalmehrheit eine Geschäftsführung aufzuzwingen, die nicht ihr Vertrauen genießt,[184] was allenfalls dann zumutbar erscheint, wenn den Kommanditaktionären im Gegenzug Geschäftsführungsbefugnisse über das gesetzliche Maß hinaus eingeräumt werden.[185] Auch die persönliche Haftung des Komplementärs rechtfertigt zumindest bei einer Kapitalgesellschaft keine abweichende Beurteilung, weil sie gerade Kennzeichen des persönlich haftenden Gesellschafters einer KGaA ist.[186]

Fraglich ist, ob diese Argumentation auch auf eine Änderung der Mehrheitserfordernisse im Hinblick auf einen Ausschluss des Komplementärs aus der Gesellschaft (§ 278 Abs. 2 AktG i.V.m. § 140 HGB) übertragen werden kann. Nach der hier vertretenen Ansicht bedarf der von der Hauptversammlung zu fassende Beschluss nur der einfachen Mehrheit, da es sich bei dem Ausschluss des Komplementärs wegen § 281 AktG zwar um eine Satzungsänderung handelt, diese jedoch einen personengesellschaftsrechtlichen Bestandteil der Satzung betrifft.[187] Da der Ausschluss des

---

183 *Reger* in Bürgers/Fett, § 5 Rn 13; *Sethe,* Personalistische Kapitalgesellschaft, S. 117 f.; *Wichert*, Finanzen der KGaA, S. 72.

184 Vgl. BGH, NJW 1982, 2495 (2496) für die Kündigung des Geschäftsführers einer Publikumsgesellschaft aus wichtigem Grund.

185 *Otte*, AG & Co. KGaA, S. 164.

186 Vgl. die Argumentation im Rahmen des Zustimmungsrechts bezüglich des Gewinnverwendungsbeschlusses der Kommanditaktionäre unter § 5 A. II. 2. b) bb). Folgerichtig muss dies auch für die gesetzestypische KGaA gelten, *Kessler*, GmbH & Co. KGaA, S. 343; *Wichert*, AG 2000, 268 (271); ihnen folgend: *Otte,* AG & Co. KGaA, S. 163 mit Fn 33.

187 Wie hier: *Förl/Fett* in Bürgers/Körber, § 281 Rn 10; a.A. die h.M., nach der auch für Satzungsänderungen personengesellschaftsrechtlicher Bestandteile grundsätzlich gemäß § 179 Abs. 2 S. 1 AktG eine Mehrheit von mindestens drei Vierteln des bei der Beschlussfassung vertretenen Grundkapitals erforderlich ist, vgl. dazu oben § 5 A. I. 2. mit Nachweisen in Fn 38. Nach einer teilweise vertretenen Ansicht soll eine statutarische Erleichterung dieses Mehrheitserfordernisses nicht zulässig sein, weil § 140 HGB für den Ausschluss des Komplementärs das Vorliegen sämtlicher Voraussetzungen einer Auflösung vorschreibe, wofür gemäß § 289 Abs. 4 S. 3 und 4 AktG jedoch eine Mehrheit erforderlich ist, die mindestens drei Viertel des bei der Beschlussfassung vertretenen Grundkapitals umfasst: *Arnold*, GmbH & Co. KGaA, S. 138 f.; *Herfs* in Münch Hdb AG, § 78 Rn 40; *Koch* in Hüffer/Koch, § 289 Rn 6. Dem wird jedoch zu Recht entgegengehalten, dass gemäß § 140 HGB lediglich die personenbezogenen Voraussetzungen für die Auflösung der Gesellschaft vorliegen müssen. Auch nach dieser Ansicht ist daher eine Satzungsregelung zulässig, die lediglich eine einfache Mehrheit vorschreibt, *Nicolas* in Henn/

Komplementärs lediglich als ultima ratio in Betracht kommt,[188] ist ein verschärftes Mehrheitserfordernis für den von der Hauptversammlung zu fassenden Beschluss zulässig,[189] sodass z. B. eine Mehrheit von Drei Vierteln des bei der Beschlussfassung vertretenen Grundkapitals statutarisch normiert werden kann. Durch ein derartiges Mehrheitserfordernis werden die Kommanditaktionäre nicht in unzulässiger Weise eingeschränkt, da ihnen, wie gezeigt, in jedem Fall die Möglichkeit verbleibt, dem Komplementär die Geschäftsführungs- und Vertretungsmacht zu entziehen. Hingegen ist eine vollständige Abbedingung der Möglichkeit zum Ausschluss des Komplementärs nach vorzugswürdiger Ansicht im Rahmen einer Inhaltskontrolle als unzulässig anzusehen. Denn in diesem Fall verbliebe den Kommanditaktionären allein die Möglichkeit, die Auflösung der Gesellschaft zu betreiben, was aufgrund des gravierenden Eingriffs in die Rechte der Gesellschafter als unzumutbare Alternative zum Ausschluss des Komplementärs angesehen werden muss und daher faktisch in aller Regel zu dessen dauerhaftem Verbleib in der KGaA führen würde.[190]

B. Individuelle Rechte und Pflichten der Kommanditaktionäre

In der gebotenen Kürze soll abschließend noch auf die individuellen Rechte und Pflichten der Kommanditaktionäre eingegangen werden. Da diese weitgehend identisch mit denen von Aktionären einer AG sind, sollen die Besonderheiten im Mittelpunkt stehen, die sich durch den Einsatz einer SE als Komplementärin ergeben, während im Übrigen – insbesondere im Hinblick auf die Rechte einer qualifizierten Aktionärsminderheit – auf die aktienrechtliche Literatur verwiesen werden kann.[191]

Die Kommanditaktionäre haben in der Hauptversammlung alle Rechte, die einem Aktionär in der AG zustehen.[192] Sie haben ein Teilnahme-, Rede- und Antrags-

---

Frodermann/Jannot, Kapitel 17 Rn 156; *Otte*, AG & Co. KGaA, S. 166; *Perlitt* in MüKoAktG, § 289 Rn 125; *Reger* in Bürgers/Fett, § 5 Rn 331.

188 *Assmann/Sethe* in GK-AktG, § 289 Rn 91; *Bachmann* in Spindler/Stilz, § 289 Rn 19; *Mertens/Cahn* in KK-AktG, § 289 Rn 59; *Perlitt* in MüKoAktG, § 289 Rn 120; kritisch: *K. Schmidt* in K. Schmidt/Lutter, § 289 Rn 30.

189 *Arnold*, GmbH & Co. KGaA, S. 138 f.; *Bachmann* in Spindler/Stilz, § 289 Rn 19; *Perlitt* in MüKoAktG, § 289 Rn 125; *Reger* in Bürgers/Fett, § 5 Rn 331; *Wichert* in NK-AktR, § 289 Rn 29.

190 *Assmann/Sethe* in GK-AktG, § 289 Rn 109; *Otte*, AG & Co. KGaA, S. 165; *Reger* in Bürgers/Fett, § 5 Rn 331; *Sethe*, Personalistische Kapitalgesellschaft, S. 141 f.; *Wichert* in NK-AktR, § 289 Rn 29; a.A. *Bachmann* in Spindler/Stilz, § 289 Rn 19; *Herfs* in Münch Hdb AG, § 78 Rn 41; *Mertens/Cahn* in KK-AktG, § 289 Rn 61.

191 Eingehend zu den Rechten und Pflichten der Kommanditaktionäre etwa: *Reger* in Bürgers/Fett, § 5 Rn 365 ff.

192 *Bachmann* in Spindler/Stilz, § 285 Rn 10; *Kessler*, NZG 2005, 145 (147).

recht (§ 278 Abs. 3 i.V.m. § 118 Abs. 1 AktG, § 126 AktG)[193] sowie ein Stimmrecht[194] (§ 278 Abs. 3 i.V.m. § 134 AktG), sofern es sich nicht um stimmrechtslose Vorzugaktien handelt. Ferner sind sie zur Erhebung von Anfechtungs- und Nichtigkeitsklage gegen Beschlüsse berechtigt (§ 283 Nr. 13, §§ 278 Abs. 3 i.V.m. 241 ff. AktG).[195] Ihr Auskunftsrecht gemäß § 278 Abs. 3 i.V.m. § 131 AktG reicht in zweifacher Hinsicht weiter als das der Aktionäre einer AG. Zunächst gelten für den Komplementär die Auskunftsverweigerungsrechte hinsichtlich stiller Reserven und Einzelheiten der Bilanzierungs- und Bewertungsmethoden (§ 131 Abs. 3 Nr. 3 und 4 AktG) nicht, da die Feststellung des Jahresabschlusses der Hauptversammlung obliegt und die Kommanditaktionäre über das Einsichtsrecht in die Unterlagen der Gesellschaft (§ 175 Abs. 2 AktG)[196] hinaus in der Lage sein müssen, sich ein umfassendes Bild von der Vermögens- und Ertragslage der Gesellschaft zu machen.[197] Die Pflicht zur Auskunft besteht auch bezüglich der auf die Kapitalanteile des persönlich haftenden Gesellschafters entfallenden Ergebnisse sowie hinsichtlich der Gewinnanteile des Komplementärs und deren Berechnung.[198] Ferner umfasst der Auskunftsanspruch auch die Angelegenheiten der Komplementärgesellschaft, die für die KGaA von Bedeutung sind.[199] Hierunter fallen nicht nur Geschäftsführungsmaßnahmen, sondern auch solche Informationen, die zwar nur mittelbar im Zusammenhang mit der Komplementärstellung stehen, sich aber auch auf die KGaA auswirken, wie z.B. der Inhalt der Geschäftsführeranstellungsverträge oder eine Wettbewerbstätigkeit der Gesellschafter der Komplementärin.[200]

Das Recht auf den Bilanzgewinn (§ 58 Abs. 4 AktG) ist das wichtigste mitgliedschaftliche Vermögensrecht des Aktionärs.[201] Der konkrete Zahlungsanspruch ent-

---

193 *Bachmann* in Spindler/Stilz, § 285 Rn 10; *Reger* in Bürgers/Fett, § 5 Rn 366.

194 *Bachmann* in Spindler/Stilz, § 285 Rn 10; *Reger in Bürgers/Fett*, § 5 Rn 366.

195 *Assmann/Sethe* in GK-AktG, § 285 Rn 10; *Bachmann* in Spindler/Stilz, § 285 Rn 12.

196 Gemäß § 278 Abs. 3 AktG i.V.m. § 175 Abs. 2 S. 1 AktG sind der Jahresabschluss, der Lagebericht, der Bericht des Aufsichtsrates und der Vorschlag der Komplementäre zur Verwendung des Bilanzgewinns ab der Einberufung der Hauptversammlung in den Geschäftsräumen der Gesellschaft zur Einsichtnahme durch die Kommanditaktionäre auszulegen.

197 *Arnold*, GmbH & Co. KGaA, S. 139; *Assmann/Sethe* in GK-AktG, § 286 Rn 23; *Bachmann* in Spindler/Stilz, § 285 Rn 10; *Herfs* in Münch Hdb AG; § 78 Rn 60; *Perlitt* in MüKoAktG, § 286 Rn 75; *Raiser/Veil*, KapGesR, § 31 Rn 1; *Reger* in Bürgers/Fett, § 5 Rn 366.

198 *Assmann/Sethe* in GK-AktG, § 286 Rn 23; *Bachmann* in Spindler/Stilz, § 285 Rn 10; *Nicolas* in Henn/Frodermann/Jannott, Kapitel 17 Rn 257; *Perlitt* in MüKoAktG, § 286 Rn 76 f; *Raiser/Veil*, KapGesR, § 31 Rn 1.

199 *Arnold*, GmbH & Co. KGaA, S. 139 f.; *Assmann/Sethe* in GK-AktG, § 278 Rn 83; *Bachmann* in Spindler/Stilz, § 285 Rn 11; *Friedrich*, Anlegerschutz, S. 306; *Reger* in Bürgers/Fett, § 5 Rn 366; *Perlitt* in MüKoAktG, § 278 Rn 329.

200 *Herfs* in Münch Hdb AG; § 78 Rn 60; *Ihrig/Schlitt*, ZHR Beiheft 67, 33 (50 f.); *Schlitt*, KGaA, S 211.

201 *Bayer* in MüKoAktG, § 58 Rn 96.

steht dabei mit dem Gewinnverwendungsbeschluss[202] und ist ab diesem Zeitpunkt selbstständig verkehrsfähig und übertragbar.[203] Die wichtigste vermögensrechtliche Pflicht der Kommanditaktionäre besteht in der Pflicht zur Leistung der Einlage (§ 54 AktG). Bei Erreichen bestimmter Beteiligungsgrenzen unterliegen die Kommanditaktionäre der allgemeinen aktienrechtlichem Mitteilungspflicht nach § 20 Abs. 1 AktG und bei Börsennotierung der KGaA der Mitteilungspflicht nach § 21 Abs. 1 WpHG.[204] Weitere Nebenverpflichtungen zur Erbringung von nicht in Geld bestehenden Leistungen können ihnen nur in den Grenzen des § 55 AktG auferlegt werden.[205] Insbesondere kann die Satzung auch nicht auf der Grundlage von § 278 Abs. 2 AktG den Kommanditaktionären Pflichten gegenüber dem Komplementär auferlegen, die über die aktienrechtlichen Pflichten hinausgehen.[206] Von Bedeutung ist daher vor allem die gesellschafterliche Treuepflicht, der die Kommanditaktionäre untereinander und gegenüber dem persönlich haftenden Gesellschafter unterliegen.[207] Der Umfang der Treuepflicht gegenüber dem Komplementär ist in Abhängigkeit von den Einwirkungsbefugnissen der Kommanditaktionäre auf die Geschäftsführung zu bestimmen. Je weitergehender die diesbezüglichen Rechte der Kommanditaktionäre sind, desto strengere Anforderungen sind auch an die ihnen gegenüber dem Komplementär obliegende Treuepflicht zu stellen.[208] Einem Wettbewerbsverbot unterliegen die Kommanditaktionäre jedoch nur ausnahmsweise dann, wenn die Satzung einzelnen oder allen Kommanditaktionären ein Zustimmungsrecht auch für gewöhnliche Geschäftsführungsmaßnahmen einräumt.[209] Im Einzelfall kann aufgrund der gesellschafterlichen Treuepflicht der den Kommanditaktionären im Rahmen der Stimmrechtsausübung zustehende Ermessensspielraum auf Null reduziert und sie zu einem bestimmten Abstimmungsverhalten verpflichtet sein.[210]

---

202 BGH, ZIP 1998, 467.

203 OLG München, ZIP 2014, 1980.

204 *Herfs* in Münch Hdb AG, § 79 Rn 92; *Mertens/Cahn* in KK-AktG, Vorb. § 278 Rn 32; *Reger* in Bürgers/Fett, § 5 Rn 370.

205 *Mertens/Cahn* in KK-AktG, § 278 Rn 52; *Reger* in Bürgers/Fett, § 5 Rn 356.

206 *Mertens/Cahn* in KK-AktG, § 278 Rn 51.

207 *Bachmann* in Spindler/Stilz, § 278 Rn 34; *Herfs* in Münch Hdb AG, § 78 Rn 29; *K. Schmidt* in K. Schmidt/Lutter, § 278 Rn 11; *Perlitt* in MüKoAktG, § 278 Rn 91; *Reger* in Bürgers/Fett, § 5 Rn 368.

208 *Herfs* in Münch Hdb AG, § 78 Rn 61; *Perlitt* in MüKoAktG, § 284 Rn 7; *Reger* in Bürgers/Fett, § 5 Rn 368.

209 *Assmann/Sethe* in GK-AktG, § 284 Rn 13; *Perlitt* in MüKoAktG, § 284 Rn 7; *Reger* in Bürgers/Fett, § 5 Rn 369. Für eine analoge Anwendung von § 284 AktG: *Armbrüster*, ZIP 1997, 1269 (1271); *Engel*, Anlegerschutz, S. 27 f.; *Herfs* in Münch Hdb AG, § 78 Rn 28.

210 Vgl. zur Treuepflicht der Aktionäre in der AG im Rahmen der Stimmrechtsausübung etwa: BGH, NJW 1995, 1739 (1741) und eingehend: *Rieckers* in Münch Hdb AG, § 17 Rn 24.

C. Zusammenfassung

Die Kommanditaktionäre üben die Rechte, die ihnen als Gesamtheit zustehen, in der Hauptversammlung der KGaA aus. Ungeschriebene Mitwirkungsbefugnisse an der Geschäftsführung nach der „Holzmüller/Gelatine“ Rechtsprechung stehen der Hauptversammlung dabei nicht zu, da insoweit über § 278 Abs. 2 AktG Personengesellschaftsrecht anwendbar und durch die Figur des Grundlagengeschäfts bereits eine satzungsfeste Beteiligung der Kommanditaktionäre bei strukturverändernden Geschäften sichergestellt ist. Nach vorzugswürdiger Ansicht richtet sich die Änderung von personengesellschaftsrechtlichen Satzungsbestandteilen allein nach personengesellschaftsrechtlichen Grundsätzen, sodass grundsätzlich ein Beschluss der Kommanditaktionäre mit einfacher Mehrheit genügt, der unter Beachtung der durch die Kernbereichslehre aufgestellten Voraussetzungen auch in der Satzung antizipiert werden kann.

Im Rahmen der Beschlussfassung unterliegt die Komplementärin hinsichtlich der von ihr gehaltenen Aktien bei bestimmten Beschlussgegenständen gemäß § 285 Abs. 1 S. 2 AktG einem Stimmverbot, das in analoger Anwendung der Vorschrift auch auf die Leitungsorganmitglieder einer dualistisch organisierten Komplementär-SE sowie die geschäftsführenden Direktoren und Mitglieder des Verwaltungsrates einer monistisch organisierten Komplementär-SE zu erstrecken ist. Hingegen unterliegen die Aufsichtsratsmitglieder der Komplementärin und ihre Aktionäre hinsichtlich der von ihnen gehaltenen Kommanditaktien keinem Stimmverbot nach § 285 Abs. 1 S. 2 AktG. Die Aktionäre der Komplementär-SE unterliegen jedoch gemäß § 278 Abs. 3 i.V.m. § 136 Abs. 1 S. 1 AktG einem Stimmverbot, wenn sie eine prozentual höhere Beteiligung an der Komplementärin als an der KGaA halten.

Bei Grundlagengeschäften steht der Komplementärin gemäß § 285 Abs. 2 AktG ein Vetorecht zu, das statutarisch auf solche Beschlussgegenstände erweitert werden kann, für die gemäß § 278 Abs. 2 AktG Personengesellschaftsrecht Anwendung findet. Eine Erweiterung des Zustimmungsrechtes auf den Gewinnverwendungsbeschluss der Kommanditaktionäre ist hiernach nicht möglich, da insoweit das nach zwingendem Aktienrecht zu beurteilende Verhältnis der Kommanditaktionäre zur KGaA betroffen ist.

Die Verschärfung der im Rahmen der Beschlussfassung geltenden gesetzlichen Mehrheitserfordernisse unterliegt der Inhaltskontrolle, soweit es sich um personengesellschaftsrechtliche Beschlussgegenstände handelt. Klauseln, die für den Beschluss der Kommanditaktionäre zur Einleitung eines Verfahrens gegen die Komplementärin auf Entziehung der Geschäftsführungsbefugnis und Vertretungsmacht ein verschärftes Mehrheitserfordernis vorsehen, sind hiernach als unwirksam zu beurteilen.

Der Auskunftsanspruch der Kommanditaktionäre nach § 278 Abs. 3 i.V.m. § 131 AktG erstreckt sich nicht nur auf Angelegenheiten der KGaA, sondern auch auf solche der Komplementärgesellschaft, die für die KGaA von Bedeutung sind.

§ 6 Der Beirat

Ein insbesondere für Familienunternehmen[1] interessanter Vorteil der KGaA gegenüber der AG bzw. SE besteht darin, dass die Einrichtung eines fakultativen Organs mit organschaftlichen Befugnissen zulässig ist.[2] Die Bezeichnung dieses fakultativen Organs ist dabei so vielfältig wie die ihm übertragenen Befugnisse. Im Folgenden wird der Begriff des Beirats verwendet, da dieser am weitesten verbreitet sein dürfte.[3] Neben der Einrichtung eines Organs mit organschaftlichen Befugnissen ist – wie bei der AG bzw. SE – auch ein schuldrechtlicher Beirat möglich, dem nur die Funktion eines Beraterkreises ohne organschaftliche Kompetenzen zuteilwird.[4] Die folgenden Ausführungen beschränken sich dabei auf einen Beirat mit organschaftlichen Kompetenzen, dessen Einrichtung bei der KGaA teilweise gar für ein „Gebot praktischer Vernunft" gehalten wird.[5] Nach einem Überblick über die Gründe für die Einrichtung eines Beirates und grundlegenden Ausführungen bezüglich seiner Bestellung bzw. Besetzung (dazu A.) wird der Frage nachgegangen, welche Möglichkeiten und Grenzen hinsichtlich der Übertragung von Befugnissen des Komplementärs, des Aufsichtsrates und der Hauptversammlung auf ein fakultatives Organ bestehen (dazu B.).

---

1 In der Literatur wird der Nutzen fakultativer Organe insbesondere für Familienunternehmen betont, so z.B. *Reichert*, FS Maier-Reimer, 543 ff. vgl. auch den plakativen Titel bei *Koeberle-Schmid/Groß/Lehmann-Tolkmitt*, BB 2011, 899 ff.: „Der Beirat als Garant guter Governance im Familienunternehmen".

2 *Assmann/Sethe*, FS Lutter, 251 (257 f.); *Bachmann* in Spindler/Stilz, § 287 Rn 29; *Bürgers* in Bürgers/Fett, § 5 Rn 559; *Habersack*, FS Hellwig, 143 (146); *Herfs* in Münch Hdb AG, § 79 Rn 77; *Nicolas* in Henn/Frodermann/Jannott, Kapitel 17 Rn 227; *Perlitt* in MüKoAktG, § 287 Rn 87; *Schaumburg/Schulte*, KGaA, Rn 11; *Schlitt*, KGaA, S. 216; *K. Schmidt* in K. Schmidt/Lutter, § 287 Rn 23; *Schnorbus*, GS Winter, 628 (631). Demgegenüber ist bei der Komplementär-SE nur die Einrichtung eines schuldrechtlichen Beirates, wegen des Grundsatzes der Satzungsstrenge nicht jedoch die Einrichtung eines Beirates mit organschaftlichen Befugnissen zulässig, vgl. *Assmann/Sethe*, FS Lutter, 251 (265 f.). Allerdings ist es möglich, einen nicht-geschäftsführenden Komplementär mit Kontrollbefugnissen gegenüber dem geschäftsführenden Komplementär auszustatten, vgl. zu dieser Strukturvariante: *Schnorbus*, GS Winter, 627 (652 ff.).

3 Daneben ist auch eine Bezeichnung als Gesellschafterausschuss, Verwaltungsrat, Verwaltungsausschuss oder Aktionärsausschuss geläufig, vgl. zur Terminologie etwa *Perlitt* in MüKoAktG, § 287 Rn 85; *Schnorbus*, GS Winter, 628 (629).

4 *Herfs* in Münch Hdb AG, § 79 Rn 86; *Nicolas* in Henn/Frodermann/Jannott, Kapitel 17 Rn 231; *Perlitt* in MüKoAktG, § 287 Rn 86.

5 *Kallmeyer*, DStR 1994, 977 (979); *Martens*, AG 1982, 113 (115).

A. Allgemeine Anforderungen an die Einrichtung eines fakultativen Organs

I. Gründe für die Einrichtung eines Beirates

Die Gründe für die Einrichtung eines fakultativen Organs sind vielfältiger Natur, stehen in engem Zusammenhang mit den jeweils übertragenen Kompetenzen und können an dieser Stelle nicht abschließend aufgezählt werden.[6] Neben der Einrichtung eines (zusätzlichen) Kontroll-[7] oder Schlichtungsorgans für den Fall von Konflikten zwischen Organen oder Familienstämmen[8] kann auch die Einholung von Expertise externer Personen im Hinblick auf die Geschäftsführung bezweckt sein.[9] Ebenso kann zur Familie gehörenden Kommanditaktionären über ein Beiratsmandat ein Mitspracherecht an der Unternehmensleitung eingeräumt werden, wenn dem Beirat entsprechende Kompetenzen eingeräumt werden.[10] Da der persönlich haftende Gesellschafter, wie gezeigt,[11] keinen Einfluss auf die Besetzung des Aufsichtsrates hat, kann die Implementierung eines fakultativen Organs mit entsprechenden Befugnissen auch ein Instrument zur Sicherung des Familieneinflusses darstellen, wenn eine Unternehmerfamilie sich nicht am Grundkapital der KGaA beteiligt, sondern allein Anteile an der Komplementärin hält.[12] Nicht verschwiegen werden soll, dass die Einrichtung eines fakultativen Organs mit zusätzlichen personellen und administrativen Kosten verbunden ist und zu einer weiteren Steigerung der Komplexität der Organisationsstruktur der SE & Co. KGaA führt. Damit der Beirat einen echten Nutzen für die Gesellschaft mit sich bringt, ist daher als Grundvoraussetzung stets erforderlich, dass seine Kompetenzen eindeutig festgelegt sind und eine Besetzung mit Personen erfolgt, die über entsprechenden Sachverstand verfügen.[13]

II. Bestellung und Besetzung

Zusammensetzung, Größe und das Verfahren der Bestellung des fakultativen Organs sind mangels gesetzlicher Vorschriften ebenso in der Satzung festzulegen wie Regelungen über die innere Ordnung.[14] Insbesondere finden die Vorschriften

---

6 Vgl. zu den Gründen für die Errichtung eines Beirates etwa: *Assmann/Sethe*, FS Lutter, 251 (254 f.); *Sigle*, NZG 1998, 619 (621 f.); eingehend: *Reichert*, FS Maier-Reimer, 543 ff.

7 *Lutter/Krieger/Verse*, Aufsichtsrat, § 18 Rn 1333; *Wiedemann*, FS Schilling, 105 (106).

8 *Bürgers* in *Bürgers* in Bürgers/Fett, § 5 Rn 556; *Mertens/Cahn* in KK-AktG, § 287 Rn 28.

9 *Bürgers* in *Bürgers* in Bürgers/Fett, § 5 Rn 557; *Reichert*, FS Maier-Reimer, 543 (547).

10 *Assmann/Sethe*, FS Lutter, 251 (255); *Nicolas* in Henn/Frodermann/Jannott, Kapitel 17 Rn 229.

11 Vgl. zu den Stimmverboten oben unter § 5 A. II. 1. a).

12 *Herfs* in Münch Hdb AG, § 79 Rn 76; *Schnorbus*, GS Winter, 627 (629); *Assmann/Sethe*, FS Lutter, 251 (253); *Lutter/Krieger/Verse*, Aufsichtsrat, § 18 Rn 1333.

13 *Lange*, BB 2005, 2585 (2590).

14 *Assmann/Sethe*, FS Lutter, 251 (266); *dies.* In GK-AktG, § 287 Rn 111; *Bürgers* in Bürgers/Fett, § 5 Rn 566; *Herfs* in Münch Hdb AG, § 79 Rn 81; *Nicolas* in Henn/

des DrittelbG und des MitbestG keine Anwendung.[15] Hinsichtlich der Bestellung kann die Satzung einerseits vorsehen, dass die Mitglieder des Beirates von der Hauptversammlung gewählt[16] bzw. von einzelnen Kommanditaktionären entsandt werden.[17] Andererseits können die Mitglieder des fakultativen Organs auch vom Aufsichtsrat der KGaA oder vom Komplementär bestimmt werden, wobei Letzteres insbesondere dann der Fall sein wird, wenn dem Beirat weitergehende Befugnisse im Rahmen der Geschäftsführung eingeräumt werden.[18] Denkbar ist auch, dass die Mitglieder des Beirates anteilig vom Komplementär und von den Kommanditaktionären bestellt bzw. entsandt werden.[19] Zu Mitgliedern des Beirats können dabei nicht nur Gesellschafter, sondern grundsätzlich auch Dritte bestellt werden.[20] Teilweise werden jedoch Bedenken hinsichtlich einer Besetzung mit externen Personen wegen einer Verletzung der Grundsätze der Selbstorganschaft und der Verbandsautonomie für den Fall geäußert, dass dem fakultativen Organ Mitwirkungsbefugnisse an der Geschäftsführung eingeräumt werden. Hierauf wird ebenso an entsprechender Stelle zurückzukommen sein[21] wie auf weitere im Rahmen der Bestellung und der personellen Beset-

---

Frodermann/Jannott, Kapitel 17 Rn 241; *Reichert*, FS Maier-Reimer, 541 (552 und 554). Vgl. ferner KG, Urteil v. 23.7.2015 – 23 U 18/15 = NZG 2016, S. 787 ff., nach dem die Errichtung eines fakultativen GmbH-Aufsichtsrats auch bei Vorliegen einer Öffnungsklausel nur im Wege förmlicher Satzungsänderung erfolgen kann; kritisch: *Priester*, NZG 2016, S. 774 (775 f.).

15 *Bachmann* in Spindler/Stilz, § 287 Rn 32; *Habersack*, FS Hellwig, 143 (148); *Herfs* in Münch Hdb AG, § 79 Rn 78; *Perlitt* in MüKoAktG, § 287 Rn 92.

16 *Bürgers* in Bürgers/Fett, § 5 Rn 567; *Schlitt*, KGaA, S. 216. So z. B. im Fall der Henkel AG & Co. KGaA, vgl. § 27 Abs. 2 der Satzung.

17 *Herfs* in Münch Hdb AG, § 79 Rn 79.

18 *Bürgers* in Bürgers/Fett, § 5 Rn 568; *Herfs* in Münch Hdb AG, § 79 Rn 79; *Schlitt*, KGaA, S. 216.

19 Das fakultative Organ der Fresenius SE & Co. KGaA besteht gemäß § 13a der Satzung aus vier Mitgliedern, von denen zwei von der persönlich haftenden Gesellschafterin aus dem Kreis ihres Aufsichtsrates und zwei weitere aus dem Aufsichtsrat der KGaA entsandt werden. Es trägt den treffenden Namen „Gemeinsamer Ausschuss".

20 *Assmann/Sethe* in GK-AktG, § 287 Rn 111; *Bürgers* in Bürgers/Fett, § 5 Rn 573; *Herfs* in Münch Hdb AG, § 79 Rn 83; *Kallmeyer*, DStR 1994, 977 (979); *Nicolas* in Henn/Frodermann/Jannott, Kapitel 17 Rn 242; *Perlitt* in MüKoAktG, § 287 Rn 92; *Voormann*, Beirat, S. 111; a.A. *Fitting/Wlotzke/Wißmann*, Mitbestimmungsrecht, § 25 Rn 64 und *Hommelhoff*, ZGR 1978, 119 (153 mit Fn 108) wegen der Gefahr der Umgehung der Vorschriften des MitbestG. Wohl eher theoretischer Natur dürfte die Frage sein, ob auch juristische Personen zu Mitgliedern eines Beirates bestellt werden können, so etwa: *Mutter* in Münch Hdb KG, § 8 Rn 47 unter Verweis auf BGH, NJW 1985, 1900 f.; zustimmend: *Otte*, AG & Co. KGA, S. 181; a.A. *Reichert*, FS Maier-Reimer, 541 (551); *Voormann*, Beirat, S. 136; für Zulässigkeit bei ausdrücklicher Satzungsbestimmung: *Reichert/Ullrich* in Reichert, GmbH & Co. KG, § 19 Rn 99.

21 Vgl. dazu unter § 6 B. II. 3. b).

zung geltende Einschränkungen, die sich aufgabenbezogen aus der Übertragung einzelner Kompetenzen ergeben können[22] und daher jeweils im Anschluss an die übertragene Befugnis erörtert werden.[23] Daneben sind wegen der insoweit geltenden Gestaltungsfreiheit stets statutarische Inkompatibilitätsregelungen oder bestimmte persönliche Anforderungen, z. B. berufliche Qualifikationen oder ein Mindestalter, zulässig.[24]

B. Möglichkeiten und Grenzen der Übertragung von Befugnissen

I. Allgemeine Grenzen bezüglich der Übertragung von organschaftlichen Befugnissen

Eine Übertragung von Befugnissen kommt wegen des Grundsatzes der Satzungsstrenge (§ 23 Abs. 5 AktG) von vornherein bezüglich solcher Befugnisse nicht in Betracht, die das Aktienrecht zwingend dem Komplementär, dem Aufsichtsrat oder der Hauptversammlung zuweist.[25] Aus dem gleichen Grund ist auch eine Übertragung der Individualrechte der Kommanditaktionäre bzw. von Kommanditaktionärsminderheiten auf einen Beirat unzulässig.[26] Soweit es sich um organschaftliche Befugnisse handelt, für die gemäß § 278 Abs. 2 AktG Personengesellschaftsrecht Anwendung findet, ist eine Übertragung von Befugnissen hingegen grundsätzlich möglich und findet ihre Grenzen in den zwingenden Prinzipien des Personengesellschaftsrechts, insbesondere den Grundsätzen der Verbandssouveränität und Selbstorganschaft sowie der Kernbereichslehre.[27] Eine weitere immanente Grenze bildet ferner jeweils die Funktionsfähigkeit der einzelnen Organe.[28] Auch im Bereich der dispositiven personengesellschaftsrechtlichen Befugnisse muss den gesetzlich vorgesehenen Organen der KGaA stets ein Mindestmaß an Kompetenzen verbleiben und sie dürfen nicht zu bloßen Statisten ohne Kompetenzen degradiert werden.

---

22 *Assmann/Sethe*, FS Lutter, 251 (266); *Habersack*, FS Hellwig, 143 (149); *Nicolas* in Henn/Frodermann/Jannott, Kapitel 17 Rn 243.

23 Vgl. zu der Geltung von Stimmverboten und Inkompatibilitätsvorschriften unter § 6 B. II. 3. a), § 6 B. III. 4. sowie § 6 B. IV. 2. und 3.

24 *Herfs* in Münch Hdb AG, § 79 Rn 82 ¸ *Reichert*, FS Maier-Reimer, 541 (551).

25 *Assmann/Sethe*, FS Lutter, 251 (258); *Habersack*, FS Hellwig, 143 (147); *K. Schmidt* in K. Schmidt/Lutter, § 287 Rn 24; *Lutter/Krieger/Verse*, Aufsichtsrat, § 18 Rn 1334; *Nicolas* in Henn/Frodermann/Jannott, § 17 Rn 232; *Schlitt*, KGaA, S. 218.

26 *Nicolas* in Henn/Frodermann/Jannott, Kapitel 17 Rn 233.

27 *Assmann/Sethe*, FS Lutter, 251 (260); *dies.* In GK-AktG, § 287 Rn 99 ff.; *Bachmann* in Spindler/Stilz, § 287 Rn 31; *Lutter/Krieger/Verse*, Aufsichtsrat, § 18 Rn 1335; *Schnorbus*, GS Winter, 627 (631); *Wichert* in NK-AktR, § 278 Rn 22.

28 *Assmann/Sethe*, FS Lutter, 251 (258).

II. Kompetenzen des persönlich haftenden Gesellschafters

1. *Geschäftsführungsbefugnisse*

Während die organschaftliche Vertretungsmacht dem einzigen Komplementär nach einhelliger Ansicht wegen des Grundsatzes der Selbstorganschaft nicht entzogen und auf einen Beirat übertragen werden kann,[29] ist die Beteiligung eines fakultativen Organs an der Leitung der KGaA möglich. So besteht grundsätzlich Einigkeit, dass einem Beirat Mitwirkungsrechte an der Geschäftsführung eingeräumt werden können, insbesondere in Form von Zustimmungserfordernissen und sogar Weisungsrechten gegenüber dem Komplementär – jeweils sowohl bezüglich gewöhnlicher als auch hinsichtlich außergewöhnlicher Geschäftsführungsmaßnahmen.[30] Die eigenverantwortliche Leitung durch das Leitungs- bzw. Verwaltungsorgan der Komplementär-SE steht dem nicht entgegen, da die Geschäftsführung der KGaA betroffen ist, für die gemäß § 278 Abs. 2 AktG Personengesellschaftsrecht gilt.[31] Der Beirat kann auf diese Weise zur „Machtzentrale der KGaA"[32] ausgestaltet werden.

Eine Schranke für die Übertragung von Kompetenzen ergibt sich zunächst aus der zwingenden aktienrechtlichen Vorschrift des § 283 AktG, die die organschaftliche Verantwortlichkeit des Komplementärs normiert.[33] Der Komplementär muss demnach über diejenigen Geschäftsführungsbefugnisse verfügen, die notwendig sind, um die ihm durch diese Regelung übertragenen Pflichten zu erfüllen.[34] Unzulässig sind daher insbesondere Mitwirkungsbefugnisse eines Beirates hinsichtlich der Pflichten des Komplementärs gegenüber dem Aufsichtsrat (§ 283 Nr. 4 AktG) sowie bezüglich dessen Pflicht zur Aufstellung von Jahresabschluss und Lagebericht

---

29 *Assmann/Sethe* in GK-AktG, § 278 Rn 153; *Bachmann* in Spindler/Stilz, § 278 Rn 80; *Herfs* in Münch Hdb AG, § 79 Rn 77; *Mertens/Cahn* in KK-AktG, § 287 Rn 31; *Perlitt* in MüKoAktG, § 278 Rn 248; *Schnorbus*, GS Winter, 627 (648 f.); *Sethe*, Personalistische Kapitalgesellschaft, S. 146.

30 *Assmann/Sethe* in GK-AktG, § 278 Rn 151; *Bürgers* in Bürgers/Fett, § 5 Rn 565 und Rn 579 f.; *Herfs* in Münch Hdb AG, § 79 Rn 79; *Nicolas* in Henn/Frodermann/Jannot, Kapitel 17 Rn 236; *Reichert*, ZIP 2014, 1957 (1960); *Schnorbus*, GS Winter, 627 (650). Eine relativ starke Mitwirkung des fakultativen Organs findet sich etwa bei der Henkel AG & Co. KGaA: nach Ziffer 25 der Satzung kann der Gesellschafterausschuss in ihm wesentlich erscheinenden Angelegenheiten der Gesellschaft entscheiden.

31 *Nicolas* in Henn/Frodermann/Jannott, Kapitel 17 Rn 240 zur AG & Co. KGaA.

32 *Bürgers* in Bürgers/Fett, § 5 Rn 565; ähnlich *Nicolas* in Henn/Frodermann/Jannot, Kapitel 17 Rn 236 („Steuerungsgremium"); *Assmann/Sethe* in GK-AktG, § 278 Rn 151 sprechen in diesem Fall von einer „beiratsdominierten KGaA".

33 *Assmann/Sethe* in GK-AktG, § 278 Rn 151; *dies.*, FS Lutter, 251 (258); *Bürgers* in Bürgers/Fett, § 5 Rn 576; *Herfs* in Münch Hdb AG, § 79 Rn 77; *Lutter/Krieger/Verse*, Aufsichtsrat, § 18 Rn 1334; *Mertens/Cahn* in KK-AktG, § 287 Rn 30; *Nicolas* in Henn/Frodermann/Jannott, Kapitel 17 Rn 233; *Perlitt* in MüKoAktG, § 287 Rn 89; *Schnorbus*, GS Winter, 627 (649 f.).

34 *Bürgers* in Bürgers/Fett, § 5 Rn 576; *Schnorbus*, GS Winter, 627 (649).

und der Ausarbeitung des Vorschlags über die Verwendung des Bilanzgewinns (§ 283 Nr. 9 AktG). Für den Bereich der grundsätzlich übertragbaren personengesellschaftsrechtlichen Befugnisse ergibt sich in quantitativer Hinsicht eine weitere Grenze aus der Funktionsfähigkeit des Leitungsorgans.[35] Diese darf nicht dadurch ausgehöhlt werden, dass dem fakultativen Organ in allen Fragen des Tagesgeschäfts ein Mitwirkungs- bzw. Weisungsrecht eingeräumt wird, da es hierdurch zum allumfassend zuständigen Geschäftsherrn aufsteigen würde.[36]

Soweit vereinzelt eine Schranke für eine Übertragung von Geschäftsführungsbefugnissen darin erblickt wird, dass hierdurch die Überwachungsfunktion des Aufsichtsrates infrage gestellt werde,[37] kann dem nicht gefolgt werden. Zwar ist aufgrund der Tatsache, dass die Überwachungsfunktion des Aufsichtsrates nur gegenüber dem Komplementär besteht – also organ- und nicht tätigkeitsbezogen erfolgt[38] – die Gefahr nicht von der Hand zu weisen, dass der Umfang der Überwachung der Geschäftsführung verringert wird, wenn ein Beirat mit entsprechenden Geschäftsführungskompetenzen ausgestattet wird. Doch auch bei einer Übertragung von Geschäftsführungsbefugnissen auf einen Beirat läuft die Überwachungstätigkeit des Aufsichtsrates nicht leer. Denn zum einen erstreckt sich die Berichtspflicht des Komplementärs gemäß §§ 283 Nr. 4, 90 AktG auch auf etwaige Weisungen des fakultativen Organs.[39] Sollte der Aufsichtsrat auf diesem Weg von pflichtwidrigen Weisungen Kenntnis erlangen, kann er eine Hauptversammlung einberufen und die Kommanditaktionäre hierüber unterrichten.[40] Weiterhin ist ein Mindestmaß an Überwachung der Unternehmensleitung dadurch garantiert, dass dem Komplementär, wie ausgeführt, stets die in § 283 AktG genannten Kompetenzen verbleiben[41] und die Mitwirkungsbefugnisse des Beirates in quantitativer Sicht beschränkt sind. Eine Einschränkung der Überwachungstätigkeit des Aufsichtsrates durch die Beteiligung eines fakultativen Organs an der Geschäftsführung ist daher als Folge der im Bereich des Personengesellschaftsrechtes bestehenden Gestaltungsfreiheit hinzunehmen.[42]

---

35 *Assmann/Sethe* in GK-AktG, § 278 Rn 154; *Martens*, AG 1982, 113 (115 f.).

36 *Assmann/Sethe* in GK-AktG, § 278 Rn 151; *Schnorbus*, GS Winter, 627 (651).

37 *Schlitt*, KGaA, S. 218; vgl. auch *Bürgers* in Bürgers/Fett, § 5 Rn 490, der im Rahmen einer Inhaltskontrolle prüfen möchte, ob Geschäftsführungsbefugnisse in einem solchen Ausmaß auf ein Sonderorgan übertragen werden, dass kein Komplementär mehr entscheidenden Einfluss auf die Geschäftsführung hätte und deshalb die Überwachungsfunktion des Aufsichtsrates insgesamt infrage gestellt würde.

38 *Assmann/Sethe* in GK-AktG, § 287 Rn 35; *Nicolas* in Henn/Frodermann/Jannott, Kapitel 17 Rn 248.

39 *Assmann/Sethe* in GK-AktG, § 287 Rn 45; *Bürgers* in Bürgers/Fett, § 5 Rn 595; *Perlitt* in MüKoAktG, § 287 Rn 48.

40 *Otte*, AG & Co KGaA, S. 190.

41 Vgl. die Nachweise in vorstehender Fn 33.

42 *Nicolas* in Henn/Frodermann/Jannott, Kapitel 17 Rn 248; *Otte*, AG & Co. KGaA, S. 190.

2. *Sonstige Befugnisse*

Weiterhin kann das dem Komplementär gemäß § 285 Abs. 2 S. 1 AktG bei Grundlagengeschäften zustehende Zustimmungsrecht auf ein fakultatives Organ übertragen werden, da auch insoweit die personengesellschaftsrechtliche Seite der KGaA betroffen ist.[43] Dies wird sich etwa dann anbieten, wenn die Beschlussfassung innerhalb des Komplementärs problematisch ist. Die Kompetenz des Komplementärs zur Erteilung der Zustimmung zur Übertragung vinkulierter Namensaktien (§ 278 Abs. 3, § 68 Abs. 2 S. 3 AktG) ist hingegen nicht auf den Beirat übertragbar.[44] Hiergegen spricht neben dem Wortlaut des § 68 Abs. 2 S. 3 AktG, der lediglich eine Übertragung der Kompetenz auf den Aufsichtsrat oder die Hauptversammlung zulässt, die Tatsache, dass es sich um eine aktienrechtliche Regelung handelt, die dem Grundsatz der Satzungsstrenge unterliegt.[45]

3. *Auswirkung auf die Bestellung bzw. Besetzung*

a) *Keine Geltung von Stimmverboten und Inkompatibilitätsvorschriften*

Sollen dem Beirat Kompetenzen des Komplementärs eingeräumt werden, finden das Stimmverbot des § 285 Abs. 1 S. 2 Nr. 1 AktG und die Inkompatibilitätsvorschrift des § 287 Abs. 3 AktG im Rahmen der Bestellung bzw. der Besetzung grundsätzlich keine Anwendung,[46] sofern dies nicht aufgrund der Übertragung weiterer Befugnisse geboten ist.[47] Die von diesen Vorschriften bezweckte Trennung von Geschäftsführung und Überwachung ist in diesem Fall nicht berührt, sodass auch die Mitglieder des Leitungsorgans der Komplementärin zu Mitgliedern des Beirats bestellt werden können und die Komplementärin und ihre Organe keinem Stimmverbot bei der Bestellung des fakultativen Organs unterliegen.

b) *Zulässigkeit der Übertragung von Geschäftsführungskompetenzen auf einen mit gesellschaftsfremden Dritten besetzen Beirat*

Insbesondere in Krisensituationen kann das Bedürfnis nach einer Beteiligung von sachverständigen und unabhängigen Dritten an der Geschäftsführung entstehen. Nicht selten verlangen auch Gläubiger im Rahmen einer Unternehmenssanierung einen Platz in einem mit entsprechenden Kompetenzen ausgestatteten Beirat, um direkten Einfluss auf die Geschicke des Unternehmens ausüben zu können. Gegen

---

43 *Assmann/Sethe*, FS Lutter, 251 (255); *Herfs* in Münch Hdb AG, § 79 Rn 79.

44 *Kessler*, GmbH & Co. KGaA, S. 19; *ders.*, NZG 2005, 145 (147); *Schnorbus*, GS Winter, 627 (641 f.); wohl auch *Perlitt* in MüKoAktG, § 278 Rn 267 (Verweis auf §§ 53a bis 75 AktG); a.A. wohl *Schlitt*, KGaA, S. 112.

45 *Kessler*, GmbH & Co. KGaA, S. 19; *ders.*, NZG 2005, 145 (147); *Schnorbus*, GS Winter, 627 (641 f.).

46 *Otte*, AG & Co. KGaA, S. 190 f.

47 Vgl. dazu insbesondere unter § 6 B. III. 4.

die Einräumung von Zustimmungsvorbehalten zugunsten eines mit gesellschaftsfremden besetzten Beirates bzw. gegen eine Übertragung von Weisungsbefugnissen auf ein derartig zusammengesetztes Organ werden jedoch teilweise unter dem Blickwinkel der Grundsätze der Selbstorganschaft[48] und der Verbandssouveränität[49] Bedenken geltend gemacht.[50] Nicht einheitlich beurteilt wird dabei, ob der Beirat vollständig[51] oder nur überwiegend[52] mit Gesellschaftern besetzt sein muss. Dies entspricht weitgehend der auch im Personengesellschaftsrecht geführten Diskussion, wobei die wohl h.M. hier lediglich die Übertragung von Weisungsrechten auf einen ausschließlich oder überwiegend mit Nichtgesellschaftern besetzten Beirat wegen Verstoßes gegen den Grundsatz der Selbstorganschaft für unzulässig hält.[53] Es ist daher der Frage nachzugehen, ob bei der Kapitalgesellschaft & Co. KGaA die Grundsätze der Selbstorganschaft (dazu unter aa)) und der Verbandssouveränität (dazu unter bb)) der Einräumung von Zustimmungs- bzw. Weisungsrechten zugunsten eines nicht ausschließlich mit Gesellschaftern besetzten Beirates entgegenstehen.

---

48 Nach *Mertens/Cahn* in KK-AktG, § 287 Rn 31 sollen sowohl Zustimmungs- als auch Weisungsrechte zugunsten eines mit gesellschaftsfremden besetzten Organs wegen Verstoßes gegen den Grundsatz der Selbstorganschaft unzulässig sein. Demgegenüber halten *Lutter/Krieger/Verse*, Aufsichtsrat, Rn 1335 zwar Weisungsrechte für problematisch, während Zustimmungsrechte zulässig sein sollen.

49 *Assmann/Sethe* in GK-AktG, § 287 Rn 97; *Wiedemann*, FS Schilling, 105 (119 f.); nach *Bürgers* in Bürgers/Fett, § 5 Rn 588 ff. sollen Zustimmungsrechte zugunsten eines nicht ausschließlich mit Gesellschaftern besetzten fakultativen Organs zulässig sein, während Weisungsrechte zugunsten eines Beirates, dem auch gesellschaftsfremde Personen angehören können, unzulässig sein sollen.

50 Gegen eine Verletzung der Grundsätze der Selbstorganschaft bzw. der Verbandssouveränität bei einer Übertragung von Geschäftsführungsbefugnissen auf einen mit gesellschaftsfremden Dritten besetzten Beirat: *Bachmann* in Spindler/Stilz, § 287 Rn 31 a.E.; *Herfs* in Münch Hdb AG, § 79 Rn 83; *Schnorbus*, GS Winter, 627 (654 ff.); wohl auch *Sethe*, Personalistische Kapitalgesellschaft, S. 146 f.

51 *Mertens/Cahn* in KK-AktG, § 287 Rn 31; nach *Bürgers* in Bürgers/Fett, § 5 Rn 590 sind Weisungsrechte zugunsten eines Beirates nur dann zulässig, wenn diesem ausschließlich Gesellschafter angehören können.

52 *Assmann/Sethe* in GK-AktG, § 287 Rn 97; *Lutter/Krieger/Verse*, Aufsichtsrat, Rn 1335; *Perlitt* in MüKoAktG, § 287 Rn 92.

53 *Drescher* in Ebenroth/Boujong/Joost/Strohn, § 114 Rn 23; *Kindler* in Koller/Kindler/Roth/Morck, § 114 Rn 4; *Schäfer* in Staub, § 109 Rn 52; *Reichert/Ullrich* in Reichert, GmbH & Co. KG, § 19 Rn 67 mit Fn 167 lassen die mehrheitliche Besetzung mit Gesellschaftern genügen. Etwas anderes soll wiederum dann gelten, wenn die Gesellschafter die Beschlüsse des Beirates durch einen gegenläufigen Beschluss revidieren können, *Drescher* in Ebenroth/Boujong/Joost/Strohn, § 114 Rn 23; *Wälzholz*, DStR 2003, 511 (513); *Weitemeyer* in Oetker, HGB, § 114 Rn 18; vgl. auch BGH, NJW 1985, 972 (973). Gegen eine Verletzung des Grundsatzes der Selbstorganschaft: *Grunewald* in MüKoHGB, § 161 Rn 159; *Haack*, BB 1993, 1607 (1609); *Konzen*, NJW 1989, 2977 (2983); *Thümmel*, DB 1995, 2461 (2462 und 2465); *Wiedemann*, FS Schilling, 105 (109 ff.).

aa) Grundsatz der Selbstorganschaft

Nach dem im Bereich der Personenhandelsgesellschaften entwickelten Grundsatz der Selbstorganschaft ist nicht nur die organschaftliche Vertretungsbefugnis, sondern auch die organschaftliche Geschäftsführungsbefugnis dem persönlich haftenden Gesellschafter vorbehalten.[54] Nach vorzugswürdiger Auffassung steht der auch auf die KGaA anwendbare[55] Grundsatz der Selbstorganschaft jedoch bei der Kapitalgesellschaft & Co. KGaA weder einer Einräumung von Zustimmungsrechten noch von Weisungsbefugnissen zugunsten eines nicht ausschließlich mit Gesellschaftern besetzten Beirates entgegen. Für Zustimmungsrechte folgt dies bereits daraus, dass diese die schwächste Form der in verschiedenen Stufen ausgestaltbaren Mitwirkung an der Geschäftsführung darstellen.[56] Sie beinhalten gerade kein der Geschäftsführung immanentes Initiativrecht, sondern bieten lediglich eine Blockademöglichkeit.[57] Wird dem Beirat ein Zustimmungsrecht eingeräumt, verbleibt die Geschäftsführung damit beim Komplementär, die der Beirat über sein Zustimmungserfordernis lediglich einer Kontrolle unterziehen kann. Folgerichtig wird auch im Personengesellschaftsrecht ein Zustimmungsrecht zugunsten eines nicht ausschließlich mit Gesellschaftern besetzten Beirates für zulässig erachtet.[58]

Der Grundsatz der Selbstorganschaft vermag auch keine Schranke für die Übertragung von Weisungsbefugnissen auf einen mit Nichtgesellschaftern besetzen Beirat zu normieren. Hiergegen spricht schon, dass die Geschäftsführung einer Kapitalgesellschaft & Co. KGaA in aller Regel durch Nichtgesellschafter ausgeübt wird: Denn die Geschäftsführung wird durch die Leitungsorganmitglieder der persönlich haftenden Gesellschafterin wahrgenommen, die – anders als die Komplementärgesellschaft – gerade keine Gesellschafter der KGaA sind bzw. sein müssen.[59] Die Zulässigkeit eines Weisungsrechtes zugunsten eines mit Nichtgesellschaftern besetzten Beirates wird vor allem dann deutlich, wenn man sich den doppelten Schutzzweck des Grundsatzes der Selbstorganschaft[60] vor Augen führt. Nach allgemeiner Meinung bezweckt der Grundsatz der Selbstorganschaft zum

---

54 Vgl. statt aller nur *Enzinger* in MüKoHGB, § 109 Rn 19 m.w.N.

55 Vgl. nur *Herfs* in Münch Hdb AG, § 79 Rn 3 mit umfangreichen Nachweisen.

56 *Haack*, BB 1993, 1607 (1609).

57 *Bürgers* in Bürgers/Fett, § 5 Rn 589; *Reichert/Ullrich* in Reichert, GmbH & Co. KG, § 19 Rn 77.

58 *Drescher* in Ebenroth/Boujong/Joost/Strohn, § 114 Rn 23; *Kindler* in Koller/Kindler/Roth/Morck, § 114 Rn 4; *Mutter* in Münch Hdb KG, § 8 Rn 23; *Schäfer* in Staub, § 109 Rn 52; *Wälzholz*, DStR 2003, 511 (513); *Weitemeyer* in Oetker, § 114 HGB Rn 18; *Wiedemann/Kögel*, Beirat und Aufsichtsrat im FU, § 5 Rn 37.

59 Vgl. *Reger* in Bürgers/Fett, § 5 Rn 10; vgl. *Otte*, AG & Co. KGaA, S. 189, der den Grundsatz der Selbstorganschaft jedoch als generelle Schranke für eine Übertragung von Kompetenzen des Komplementärs auf einen Beirat erachtet und nicht im Zusammenhang mit der Übertragung von Befugnissen auf ein mit Nichtgesellschaftern besetztes fakultatives Organ erörtert.

60 Vgl. *Schäfer* in Staub, § 109 Rn 33 auch zum Folgenden.

einen den Selbstschutz des persönlich haftenden Gesellschafters, der wegen seiner verschuldensunabhängigen und unbegrenzten Haftung für die Verbindlichkeiten der Gesellschaft gegen fremdbestimmte Risiken abgesichert werden soll. Zugleich dient er reflexartig auch dem Schutz des Rechtsverkehrs, indem eine aus eigenem Interesse verantwortlich handelnde, keine unvertretbare Risiken eingehende Unternehmensführung geschaffen werden soll. Dem liegt die Erwägung zugrunde, dass eine geschäftsführende Person dann vorsichtiger und gewissenhafter agiert, wenn sie persönlich für Verbindlichkeiten haftet als wenn sie ausschließlich über fremdes Vermögen verfügt. Dieser doppelte Schutzzweck ist nicht berührt, wenn bei einer Kapitalgesellschaft & Co. KGaA einem mit Nichtgesellschaftern besetzten Beirat Weisungsbefugnisse eingeräumt werden. Einerseits ist hier keine natürliche Person vorhanden, die vor einer Haftung für fremdbestimmte Risiken geschützt werden muss. Weiterhin ist ein hinreichender Schutz des Rechtsverkehrs dadurch sichergestellt, dass die Gläubiger auf das Grundkapital der KGaA und das der Komplementärgesellschaft zugreifen können.[61] Da das personalistische Element bei der Kapitalgesellschaft & Co. KGaA aufgeweicht ist, findet hier auch der Grundsatz der Selbstorganschaft nur eingeschränkte Anwendung und steht der Übertragung eines Weisungsrechtes in Fragen der Geschäftsführung auf einen Beirat, der nicht ausschließlich bzw. überwiegend mit Gesellschaftern besetzt ist, nicht entgegen.[62] Dieses Ergebnis wird ferner dadurch gestützt, dass nach allgemeiner Meinung auch dem Aufsichtsrat, der seinerseits nicht mit Gesellschaftern besetzt sein muss,[63] ein Weisungsrecht in Geschäftsführungsfragen eingeräumt werden kann.[64]

bb) Grundsatz der Verbandssouveränität

Eine Einschränkung der Zulässigkeit der Übertragung von Geschäftsführungsbefugnissen auf einen mit Nichtgesellschaftern besetzten Beirat kann sich daher nur aus dem Grundsatz der Verbandssouveränität ergeben. Dieser rechtsformübergreifend geltende[65] Grundsatz bezweckt die Sicherung der Autonomie der Gesellschafter vor einem übermäßigen Einfluss außenstehender Dritter.[66] Das Schicksal der Gesellschaft darf nicht Dritten überlassen, sondern die wesentlichen gesellschaftlichen

---

61 So auch *Otte*, AG & Co. KGaA, S. 189.

62 Vgl. auch BGH, NZG 2010, 1381 (1382), nach dem der Grundsatz der Selbstorganschaft der Übertragung der Prozessvertretung auf Dritte ebenfalls nicht entgegensteht. Der Grundsatz der Selbstorganschaft gelte nur, soweit die Interessen der Gesellschafter gleichgerichtet seien, woran es fehle, wenn Ersatzansprüche gegen den organschaftlichen Vertreter der KG geltend gemacht werden.

63 *Habersack* in MüKoAktG, § 100 Rn 11.

64 Vgl. dazu oben unter § 4 B. IV.

65 *Schäfer* in Staub, § 109 Rn 30; *Enzinger* in MüKoHGB, § 108 Rn 15 m.w.N.

66 *Born* in Ebenroth/Boujong/Joost/Strohn, § 109 Rn 16; *Enzinger* in MüKoHGB, § 108 Rn 15; *Teubner*, ZGR 1986, 565 (567).

Entscheidungen sollen von Personen getroffen werden, die sich hinreichend mit den Belangen der Gesellschaft identifizieren, zu einer Interessenwahrung verpflichtet sind und bei entsprechendem Fehlverhalten auf Schadensersatz in Anspruch genommen werden können.[67] Vom Grundsatz der Verbandssouveränität umfasst sind Grundlagenentscheidungen, insbesondere Satzungsänderungen,[68] sodass etwa die Übertragung der Kompetenz zur Änderung des Gesellschaftsvertrages auf einen überwiegend mit Dritten besetzten Beirat oder ein entsprechendes Zustimmungserfordernis unzulässig ist.[69]

Es erscheint schon zweifelhaft, ob diese Schwelle selbst bei einer Weisung bezüglich einer außergewöhnlichen Geschäftsführungsangelegenheit überhaupt erreicht wird.[70] Aber selbst wenn man vorliegend den Grundsatz der Verbandssouveränität als berührt ansieht, erscheint es sachgerecht, bezüglich des erforderlichen Grades der Rückbindung des Beirates an die Gesellschafter eine Differenzierung nach der Art der Befugnisse, die dem mit Nichtgesellschaftern besetzten Beirat eingeräumt werden, vorzunehmen.[71] Bei Eingriffen geringerer Intensität, wie Geschäftsführungsmaßnahmen, ist demnach eine schwächere Rückkoppelung erforderlich als bei tief greifenden Entscheidungen, wie z. B. bei der Entscheidung über die Aufnahme oder Ausschließung von Komplementären.[72]

Gegen eine Verletzung des Grundsatzes der Verbandssouveränität spricht, dass die Einrichtung eines fakultativen Organs mit Geschäftsführungskompetenzen nicht zwangsläufig eine Entmündigung der Gesellschafter darstellt, sondern auch eine bewusste unternehmerische Entscheidung sein kann, wenn die Beteiligung externer qualifizierter Berater an der Geschäftsführung im Unternehmensinteresse liegt.[73] Ferner sind die Gesellschafter vor einer Selbstentmündigung dadurch geschützt, dass dem Beirat eingeräumte Kompetenzen durch eine entsprechende Satzungsänderung wieder entzogen bzw. der Beirat sogar vollständig abgeschafft werden kann.[74] Die Gesellschafter können folglich auf einen Beirat übertragene Kompetenzen jederzeit und ohne Mitwirkung der Mitglieder des fakultativen Organs wieder an sich ziehen. Vor allem aber greift der pauschale Einwand zu

---

67 *Wiedemann*, FS Schilling, 105 (111 f.).

68 *Enzinger* in MüKoHGB, § 108 Rn 15.

69 *Assmann/Sethe*, FS Lutter, 251 (261); *Bachmann* in Spindler/Stilz, § 287 Rn 31; *Bürgers* in Bürgers/Fett, § 5 Rn 585; *Schäfer* in Staub, § 109 Rn 52; *Wiedemann*, FS Schilling, 105 (112); liberaler: *Herfs* in Münch Hdb AG, § 79 Rn 83; *Schnorbus*, GS Winter, 627 (654 ff.).

70 So auch: *Otte*, AG & Co. KGaA, S. 191.

71 Vgl. *Voormann*, Beirat, S. 117, nach dem jedoch die Intention der Bestellung maßgeblich sein soll und der Grundsatz der Verbandssouveränität nur verletzt sei, wenn die Bestellung des Dritten auf dessen Betreiben erfolgte, vgl. *Voormann*, Beirat, S. 115 f.

72 Vgl. dazu unter § 6 B. IV. 3.

73 *Schnorbus*, GS Winter, 627 (657).

74 *Bachmann* in Spindler/Stilz, § 287 Rn 31; *Nicolas* in Henn/Frodermann/Jannott, Kapitel 17 Rn 237; *Schnorbus*, GS Winter, 627 (657).

kurz, dass Dritte ein geringeres Interesse an der wirtschaftlichen Entwicklung haben und daher ihren Pflichten nicht mit der gleichen Sorgfalt wie Gesellschafter nachkommen. Die Annahme, dass ein Beiratsmitglied, das im Extremfall lediglich eine Kommanditaktie hält, über ein größeres wirtschaftliches Interesse als ein gänzlich unbeteiligter Dritter verfügt, vermag nicht zu überzeugen. Entscheidend ist, dass auch ein fakultatives Organ ein echtes Organ der Gesellschaft darstellt, dessen Mitglieder bei ihren Entscheidungen an das Unternehmensinteresse gebunden sind und entsprechenden Sorgfaltspflichten unterliegen.[75] Bei einer Verletzung ihrer Pflichten haften Beiratsmitglieder der Gesellschaft auf Schadensersatz analog §§ 116, 93 AktG.[76] Mitglieder eines fakultativen Organs unterliegen damit dem gleichen Haftungsmaßstab wie Aufsichtsratsmitglieder. Die Übertragung des Weisungsrechtes auf den Aufsichtsrat wird jedoch allgemein für zulässig erachtet,[77] obwohl dessen Mitglieder ebenfalls keine Gesellschafter sein müssen[78] und im Falle der unternehmerischen Mitbestimmung darüber hinaus – anders als die Mitglieder eines fakultativen Organs – nicht einmal von den Gesellschaftern bestimmt oder gewählt werden.[79] Auch der Umstand, dass es sich bei dem Aufsichtsrat im Gegensatz zum Beirat um ein zwingendes gesetzliches Organ handelt, rechtfertigt insoweit keine unterschiedliche Behandlung, weil damit kein Unterschied bezüglich der Möglichkeit zur Einflussnahme auf die Geschäftsführung einhergeht.[80]

Die Übertragung von Zustimmungs- bzw. Weisungsrechten auf einen Beirat, der nicht ausschließlich mit Gesellschaftern besetzt ist, stellt daher keine Verletzung des Grundsatzes der Verbandsouveränität dar.[81] Dies muss erst recht dann gelten, wenn den Gesellschaftern die Möglichkeit verbleibt, die Mitglieder des Beirates aus wichtigem Grund abzuberufen[82] und eine Entscheidung des Organs durch gegenteiligen Beschluss zu revidieren.[83] Soweit dies teilweise dahin gehend in Zweifel gezogen wird, dass der Gesellschaft durch eine zwischenzeitlich erfolgte Umsetzung eines Beschlusses möglicherweise ein irreversibler Schaden entstanden sein kann,[84]

---

75 *Bachmann* in Spindler/Stilz, § 287 Rn 31; *Herfs* in Münch Hdb AG, § 79 Rn 83; *Schnorbus*, GS Winter, 627 (657).

76 *Bachmann* in Spindler/Stilz, § 287 Rn 32; *Bürgers* in Bürgers/Fett, § 5 Rn 600; *Nicolas* in Henn/Frodermann/Jannott, Kapitel 17 Rn 252; eingehend: *Assmann/Sethe* in GK-AktG, § 287 Rn 130 ff.

77 Vgl. oben unter § 4 B. IV.

78 *Habersack* in MüKoAktG, § 100 Rn 11.

79 *Nicolas* in Henn/Frodermann/Jannott, Kapitel 17 Rn 237.

80 *Nicolas* in Henn/Frodermann/Jannott, Kapitel 17 Rn 237.

81 So im Ergebnis auch *Bachmann* in Spindler/Stilz, § 287 Rn 31; *Herfs* in Münch Hdb AG, § 79 Rn 83; *Nicolas* in Henn/Frodermann/Jannott, Kapitel 17 Rn 237; ihnen folgend: *Otte*, AG & Co. KGaA, S. 191.

82 *Herfs* in Münch Hdb AG, § 79 Rn 83; *Schnorbus*, GS Winter, 627 (658).

83 *Herfs* in Münch Hdb AG, § 79 Rn 83; vgl. auch BGH, NJW 1985, 972 (973).

84 *Assmann/Sethe*, FS Lutter, 251 (261).

ist dem entgegenzuhalten, dass die meisten Beschlüsse umkehrbar sein dürften und die Gesellschaft sich vor sorgfaltswidrigem Verhalten nie für alle Fälle schützen kann, ohne dass dadurch die Verbandssouveränität verletzt wäre.[85]

cc) Zwischenergebnis

Nach vorzugswürdiger Ansicht stehen weder der Grundsatz der Selbstorganschaft noch der Grundsatz der Verbandssouveränität einer Einräumung von Geschäftsführungskompetenzen auf einen nicht ausschließlich bzw. überwiegend mit Gesellschaftern besetzten Beirat entgegen. Aufgrund der zahlreichen in der Literatur geäußerten gegenteiligen Stimmen wird die Praxis jedoch gut beraten sein, sämtliche Mitglieder des fakultativen Organs während ihrer Amtszeit mit zumindest einer Kommanditaktie auszustatten, um ihnen auf diesem Weg eine Gesellschafterstellung einzuräumen. Ein solches Vorgehen stellt keine unzulässige Umgehung der dargestellten Grundsätze dar, weil auch bei der Aktiengesellschaft Aktionären mit nur einer Aktie ein Entsenderecht in den Aufsichtsrat eingeräumt werden kann.[86]

III. Kompetenzen des Aufsichtsrates

Aus Unternehmerperspektive ist eine Einschränkung der Befugnisse des Aufsichtsrates zugunsten eines fakultativen Organs insbesondere dann interessant, wenn die KGaA der Mitbestimmung unterliegt.[87] Da der Beirat mitbestimmungsfrei gehalten werden kann, lassen sich auf diese Weise die ohnehin schon überschaubaren Auswirkungen der Mitbestimmung[88] in der KGaA noch weiter abmildern.[89] So kann mit dem fakultativen Organ ein mitbestimmungsfreies Vertretungsorgan der Kommanditaktionäre geschaffen werden.[90] Dies stellt keine unzulässige Umgehung der mitbestimmungsrechtlichen Vorschriften dar,[91] da das Gesellschaftsrecht durch das Mitbestimmungsrecht nur insoweit überlagert wird, wie dies ausdrücklich gesetzlich angeordnet ist. Während die Beteiligung der Arbeitnehmer hiernach im Aufsichtsrat verwirklicht wird, gilt im Übrigen das rechtsformspezifische Gesellschaftsrecht – mithin auch die personengesellschaftsrechtliche Gestaltungsfreiheit –

85 *Schnorbus*, GS Winter, 627 (658).
86 *Schnorbus*, GS Winter, 627 (658).
87 *Schlitt*, KGaA, S. 216.
88 Vgl. dazu oben unter § 2 F. II. 2.
89 Vgl. *Herfs* in Münch Hdb AG, § 79 Rn 76.
90 *Assmann/Sethe*, FS Lutter, 251 (255); *Habersack*, FS Hellwig, 143 (148); *Lutter/Krieger/Verse*, Aufsichtsrat, § 18 Rn 1333; *Martens*, AG 1982, 113 (116 f.); *Mertens/Cahn* in KK-AktG, § 287 Rn 28; *Schnorbus*, GS Winter, 627 (631).
91 So aber: *Steindorff*, FS Ballerstedt, 127 (134); vgl. auch *Ulmer/Habersack* in Ulmer/Habersack/Henssler, § 25 Rn 142.

und die Befugnisse der einzelnen Organe richten sich nach der Satzung, dem AktG bzw. dem HGB.[92]

1. *Überwachungskompetenz*

Bei der Überwachungskompetenz des Aufsichtsrates und den hiermit im Zusammenhang stehenden Informationsrechten (§ 278 Abs. 3 i.V.m. § 90 AktG), die ihm stets nur im Verhältnis zum Komplementär zustehen,[93] handelt es sich um nicht entziehbare aktienrechtliche Kompetenzen.[94] Da die Vorschrift des § 90 AktG jedoch keine abschließende Regelung iSv § 23 Abs. 5 S. 2 AktG darstellt, steht dem Aufsichtsrat nach einhelliger Ansicht kein Überwachungsmonopol zu. Ein fakultatives Organ kann daher parallel mit Überwachungsbefugnissen ausgestattet werden, solange hierdurch die entsprechenden Kompetenzen des Aufsichtsrates nicht eingeschränkt werden.[95] Zulässig sind daher insbesondere statutarische Auskunfts- und Einsichtsrechte des Beirates gegenüber dem Geschäftsführungsorgan.[96] Da zusätzliche Informationsrechte keine Kompetenzkonflikte hervorrufen, können diese dem fakultativen Organ in weitem Umfang eingeräumt werden, solange der Aufsichtsrat hierdurch nicht faktisch verdrängt wird.[97]

2. *Ausführungskompetenz*

Die Ausführungskompetenz des Aufsichtsrats hinsichtlich der Beschlüsse der Kommanditaktionäre, die das Verhältnis der Kommanditaktionäre zum persönlich haftenden Gesellschafter betreffen,[98] kann schon nach dem Wortlaut des § 287 Abs. 1 AktG in vollem Umfang auf ein fakultatives Organ übertragen werden, da insoweit die per-

---

92 *Assmann/Sethe*, FS Lutter, 251 (265); *Herfs* in Münch Hdb AG, § 79 Rn 78; *Martens*, AG 1982, 113 (116 f.); *Nicolas* in Henn/Frodermann/Jannott, Kapitel 17 Rn 234; *Perlitt* in MüKoAktG, § 287 Rn 87; *Schnorbus*, GS Winter, 627 (631 f.).

93 Vgl. dazu oben unter § 4 B. I. mit Nachweisen in Fn 87.

94 *Bachmann in* Spindler/Stilz, § 287 Rn 29; *Bürgers* in Bürgers/Fett, § 5 Rn 561; *Herfs* in Münch Hdb AG, § 79 Rn 76 f.; *Lutter/Krieger/Verse*, Aufsichtsrat, § 18 Rn 1334; *Mertens/Cahn* in KK-AktG, § 287 Rn 34; *Nicolas* in Henn/Frodermann/Jannott, Kapitel 17 Rn 233; *Perlitt* in MüKoAktG, § 287 Rn 90; *Schnorbus*, GS Winter, 627 (644).

95 *Assmann/Sethe*, FS Lutter, 251 (260); *Bachmann* in Spindler/Stilz, § 287 Rn 29; *Habersack*, FS Hellwig, 143 (148); *Herfs* in Münch Hdb AG, § 79 Rn 77; *Mertens/Cahn* in KK-AktG, § 287 Rn 34; *Nicolas* in Henn/Frodermann/Jannott, Kapitel 17 Rn 238; *Perlitt* in MüKoAktG, § 287 Rn 53; *Pühler* in Happ, S. 184; *Schnorbus*, GS Winter, 627 (644 f.).

96 *Bürgers* in Bürgers/Fett, § 5 Rn 561; *Nicolas* in Henn/Frodermann/Jannott, Kapitel 17 Rn 238.

97 *Habersack*, FS Hellwig, 143 (148); *Schlitt*, KGaA, S. 218; *Schnorbus*, GS Winter, 627 (645).

98 Vgl. dazu oben unter § 4 B. II.

sonengesellschaftsrechtliche Seite der KGaA betroffen ist.[99] Es erscheint auch ratsam, hiervon zwecks Vermeidung von Interessenkonflikten Gebrauch zu machen,[100] die sich aus der Doppelstellung des Aufsichtsrates ergeben können, der einerseits als Organ der Gesellschaft die Geschäftsführung überwachen und andererseits im Interesse der Kommanditaktionäre bestimmte Hauptversammlungsbeschlüsse ausführen soll.[101] Erfolgt eine Übertragung der Ausführungskompetenz auf ein fakultatives Organ, hat sich dieses bei der Ausübung der Kompetenz allein an den Interessen der Kommanditaktionäre zu orientieren.[102] Beschlüsse, die die Hauptversammlung aufgrund ihrer aktienrechtlichen Zuständigkeit fasst, fallen hingegen nicht unter § 287 Abs. 1 AktG,[103] sodass die entsprechende Ausführungskompetenz auch nicht auf den Beirat übertragen werden kann, sondern zwingend beim Komplementär verbleibt.[104]

3. Vertretungskompetenz

Die Kompetenz des Aufsichtsrates zur gerichtlichen Vertretung der Gesamtheit der Kommanditaktionäre gegen den persönlich haftenden Gesellschafter kann nach dem Wortlaut des § 287 Abs. 2 S. 1 AktG a.E. ebenfalls einem fakultativen Organ übertragen werden.[105] Die Übertragung dieser Befugnis empfiehlt sich wiederum zwecks Vermeidung von Interessenkonflikten, die sich aus der Doppelstellung des Aufsichtsrates als Organ der Gesellschaft und der Gesamtheit der Kommanditaktionäre ergeben können.[106] Problematischer erscheint die Disponibilität der von der ganz h.M. angenommenen Kompetenz des Aufsichtsrates zur rechtsgeschäftlichen Vertretung der KGaA gegenüber dem persönlich haftenden Gesellschafter und den Vertretungsorganen der Komplementär-SE.[107] Die wohl überwiegende Ansicht in der Literatur sieht diese Kompetenz des Aufsichtsrates als zwingend an.[108] Zur Begründung wird

---

99 *Assmann/Sethe* in GK-AktG, § 287 Rn 55; *Bachmann* in Spindler/Stilz, § 287 Rn 23; *Mertens/Cahn* in KK-AktG, § 287 Rn 33; *Müller-Michaels* in Hölters, § 287 Rn 2; *Nicolas* in Henn/Frodermann/Jannott, Kapitel 17 Rn 239; *Schlitt*, KGaA, S. 177.

100 *Arnold*, GmbH & Co. KGaA, S. 132; *Bürgers* in Bürgers/Fett, § 5 Rn 551; *Herfs* in Münch Hdb AG, § 79 Rn 80; *Nicolas* in Henn/Frodermann/Jannott, Kapitel 17 Rn 228; *Perlitt* in MüKoAktG, § 287 Rn 81.

101 Vgl. dazu bereits oben unter § 4 B. II.

102 *Bürgers* in Bürgers/Fett, § 5 Rn 562.

103 Vgl. dazu bereits oben unter § 4 B. II.

104 *Assmann/Sethe* in GK-AktG, § 287 Rn 49; *Förl/Fett* in Bürgers/Körber, § 287 Rn 5; *Lutter/Krieger/Verse*, Aufsichtsrat, Rn 1323; *Mertens/Cahn* in KK-AktG, § 287 Rn 18; *Perlitt* in MüKoAktG, § 287 Rn 59; *Schlitt*, KGaA, S. 176.

105 *Nicolas* in Henn/Frodermann/Jannott, Kapitel 17 Rn 199; *Servatius* in Grigoleit, § 287 Rn 4; *Schlitt*, KGaA, S. 177 f.

106 *Bürgers* in Bürgers/Fett, § 5 Rn 551; *Nicolas* in Henn/Frodermann/Jannott, Kapitel 17 Rn 228; *Perlitt* in MüKoAktG, § 287 Rn 81.

107 Vgl. dazu oben unter § 4 B. III. 2.

108 *Assmann/Sethe* in GK-AktG, § 287 Rn 68; *Bachmann* in Spindler/Stilz, § 287 Rn 16; *Heineke*, Anlegerschutz, S. 105 f.; *Ihrig/Schlitt*, ZHR Beiheft 67, 33 (55 f.); *Kölling*,

angeführt, dass andernfalls wiederum die Gefahr von Interessenkonflikten bestehe, die durch die Anwendung von § 112 AktG gerade verhindert werden soll. Der BGH hat sich zu der Streitfrage nicht ausdrücklich geäußert, leitet die rechtsgeschäftliche Vertretungsbefugnis des Aufsichtsrats jedoch, wie ausgeführt, aus der Vorschrift des § 112 AktG ab,[109] die nach dem aktienrechtlichen Grundsatz der Satzungsstrenge (§ 23 Abs. 5 AktG) zwingender Natur ist.[110] Diese Ansicht verkennt jedoch, dass die von § 112 AktG bezweckte Verhinderung von Interessenkonflikten im Falle von Rechtsgeschäften zwischen KGaA und persönlich haftendem Gesellschafter und seinen Vertretungsorganen stets bei einer Vertretung der Gesellschaft durch vom Komplementär unabhängige Dritte ausgeschlossen ist.[111] Dies ist aber nicht nur bei einer rechtsgeschäftlichen Vertretung der KGaA durch den Aufsichtsrat der Fall, sondern auch bei einer Vertretung durch ein fakultatives Organ, an deren Bestellung der Komplementär nicht mitgewirkt hat.[112] Auch der unstreitig zwingende Charakter der aktienrechtlichen Norm § 112 AktG spricht nicht gegen eine statutarische Übertragung der Vertretungskompetenz auf ein fakultatives Organ. Denn nach Ansicht des BGH „ergänzt"[113] § 112 AktG nur das für das Verhältnis zwischen Komplementär und Gesellschaft an sich anwendbare Personengesellschaftsrecht (§ 278 Abs. 2 AktG). Eine solche Ergänzung des Personengesellschaftsrechts durch eine aktienrechtliche Norm kann jedoch nur dort zwingend sein, wo dies zur Verhinderung von Interessenkollisionen erforderlich ist. Fehlt es an einer Gefahr von Interessenkonflikten, entfällt die Grundlage für die entsprechende Anwendung des § 112 AktG. Daher erscheint es mit der Gegenansicht vorzugswürdig, eine Übertragung der Vertretungskompetenz auf das fakultative Organ zuzulassen, sofern dort ein Interessenkonflikt durch die Anwendung von Stimmverboten im Rahmen der Wahl bzw. von Inkompatibilitätsvorschriften[114] ausgeschlossen ist.[115]

Gestaltungsspielräume, S. 178; *Lutter/Krieger/Verse*, Aufsichtsrat, § 18 Rn 1334; *Schlitt*, KGaA, S. 179; *Wichert*, AG 2000, 268 (274); *ders* in NK-AktR, § 287 Rn 3.

109 BGH, NZG 2005, 276; vgl. dazu bereits oben unter § 4 B. III. 2.

110 Hierauf stellen *Assmann/Sethe* in GK-AktG, § 287 Rn 68 und *Bachmann* in Spindler/Stilz, § 287 Rn 16 ab.

111 *Schnorbus*, GS Winter, 627 (647).

112 *Otte*, AG & Co. KGaA, S. 139.

113 BGH, BB 2005, 514 (515) = NZG 2005, 276.

114 Dazu sogleich unter den Auswirkungen auf die Besetzung unter § 6 B. III. 4.

115 *Förl/Fett* in Bürgers/Körber, § 287 Rn 4; *Hasselbach/Spengler*, EWiR 2005, 285 (286); *Herfs*, AG 2005, 789 (593); *ders.* In Münch Hdb AG, § 79 Rn 66; *K. Schmidt* in K. Schmidt/Lutter, 287 Rn 20; *Nicolas* in Henn/Frodermann/Jannott, Kapitel 17 Rn 203; *Otte*, AG & Co. KGaA, S. 139 f.; *Perlitt* in MüKoAktG, § 287 Rn 69 a.E.; *Schnorbus*, GS Winter, 627 (647); auch *Bürgers* in Bürgers/Fett, § 5 Rn 497 ff., der jedoch ohne entsprechende statutarische Bestimmung eine Vertretungskompetenz des Komplementärs annimmt. Vgl. auch OLG München, AG 1996, 86 (86 f.), das die rechtsgeschäftliche Vertretung durch einen nicht geschäftsführenden Komplementär für zulässig erachtet.

4. *Konsequenzen für die Bestellung und Zusammensetzung des Beirates*

Die persönlichen Hinderungsgründe nach § 100 Abs. 2 AktG finden auf die Mitglieder des Beirates selbst dann keine Anwendung, wenn dem fakultativen Organ (auch) überwachende Kompetenzen eingeräumt werden.[116] Die in § 100 Abs. 2 AktG geregelten persönlichen Voraussetzungen für die Mitgliedschaft im Aufsichtsrat dienen nämlich allein der Sicherstellung seiner effektiven Überwachungsfunktion.[117] Die Überwachung der Geschäftsführung ist in der KGaA jedoch bereits dadurch gewährleistet, dass sie zwingend dem Aufsichtsrat zugewiesen ist, auf den die Vorschrift des § 100 Abs. 2 AktG über § 278 Abs. 3 AktG Anwendung findet. Eine Einschränkung bzw. Delegation dieser Kompetenz ist ebenso unzulässig wie eine faktische Verdrängung des Aufsichtsrates.[118] Die Effektivität der Überwachung durch den Aufsichtsrat wird mithin nicht dadurch gefährdet, dass ein weiteres Organ mit entsprechenden Überwachungskompetenzen ausgestattet wird, für das die persönlichen Hinderungsgründe des § 100 Abs. 2 AktG nicht gelten.[119] Aus demselben Grund sind entgegen der überwiegenden Ansicht[120] auch die Stimmverbote nach § 285 Abs. 1 S. 2 AktG und die Inkompatibilitätsregelung des § 287 Abs. 3 AktG bei der Besetzung des Beirates nicht anzuwenden, wenn diesem – was freilich selten der Fall sein wird – lediglich zusätzliche Überwachungskompetenzen eingeräumt werden.[121] Auch ohne dahin gehende Rechtspflicht sollte jedoch aus Gründen einer guten Corporate Governance die Wahl bzw. die Besetzung eines ausschließlich mit überwachenden Kompetenzen ausgestatteten fakultativen Organs unter Berücksichtigung der erweiterten Auslegung von § 287 Abs. 3 AktG und § 285 Abs. 1 S. 2 AktG erfolgen, da der Sinn und Zweck eines zusätzlichen Überwachungsorgans zweifelhaft ist, wenn dieses mit Personen besetzt ist oder von Personen gewählt wird, die selbst die zu überwachende Geschäftsführung ausüben.

Anders liegt der Fall, wenn – wie regelmäßig– das fakultative Organ die Interessen der Kommanditaktionäre wahrnimmt, insbesondere wenn (auch) die Ausführungs- und Vertretungskompetenz des Aufsichtsrates auf den Beirat übertragen wird. In

116 *Herfs* in Münch Hdb AG, § 79 Rn 82; *K. Schmidt* in K. Schmidt/Lutter, § 287 Rn 24; *Perlitt* in MüKoAktG, § 287 Rn 106; *Reichert*, FS Maier-Reimer, 541 (551); *Voormann*, Beirat, S. 137; eingehend: *Habersack*, FS Hellwig, 143 (149 ff.).

117 *Drygala* in K. Schmidt/Lutter, § 100 Rn 1; *Habersack* in MüKoAktG, § 100 Rn 1; *Koch* in Hüffer/Koch, § 100 Rn 1.

118 Vgl. oben unter § 6 B. III. 1 mit Nachweisen in Fn 97.

119 Vgl. *Habersack*, FS Hellwig, 143 (151).

120 *Arnold*, GmbH & Co. KGaA, S. 133; *Assmann/Sethe*, FS Lutter, 251 (266); *dies.* in GK-AktG, § 287 Rn 112 f.; *Nicolas* in Henn/Frodermann/Jannott, Kapitel 17 Rn 245 und 247; *Otte*, AG & Co. KGaA, S. 183 f.; *Schlitt*, KGaA, S. 217. Die Vertreter dieser Ansicht gehen nicht auf die persönlichen Hinderungsgründe des § 100 Abs. 2 AktG ein. Konsequenterweise müssten sie diese jedoch ebenfalls anwenden.

121 *Bachmann* in Spindler/Stilz, § 287 Rn 32; *Bürgers* in Bürgers/Fett, § 5 Rn 569; *Herfs* in Münch Hdb AG, § 79 Rn 82; *Perlitt* in MüKoAktG, § 287 Rn 106; Zweifel auch bei *Habersack*, FS Hellwig, 143 (149).

diesem Fall unterliegen die Komplementär-SE bzw. die Kommanditaktien haltenden Vertretungs- und Leitungsorgane im Rahmen der Bestellung einem Stimmverbot nach § 285 Abs. 1 S. 2 AktG[122] bzw. sind gemäß § 287 Abs. 3 AktG inhabil,[123] da nur auf diese Weise sichergestellt wird, dass die Ausführung der Beschlüsse der Hauptversammlung und die Vertretung der KGaA gegenüber dem persönlich haftenden Gesellschafter im Sinne der Kommanditaktionäre erfolgt. Die Mitglieder des Aufsichtsorgans einer dualistischen Komplementär-SE und die Gesellschafter einer Komplementär-SE können hingegen auch in diesem Fall an der Bestellung mitwirken bzw. selbst zu Mitgliedern des Beirats gewählt werden, da sie auch bei der Wahl des Aufsichtsrates keinem Stimmverbot unterliegen bzw. zu Mitgliedern des Aufsichtsrates gewählt werden können.[124]

IV. Kompetenzen der Hauptversammlung

Während die aktienrechtlichen Zuständigkeiten der Hauptversammlung, wozu neben den sich aus § 278 Abs. 3 AktG i.V.m. §§ 118 ff. AktG ergebenden Kompetenzen insbesondere die Mitwirkung an der Feststellung des Jahresabschlusses nach § 286 Abs. 1 S. 1 AktG zählt,[125] nicht auf ein fakultatives Organ übertragen werden können, ist dies bezüglich der personengesellschaftsrechtlichen Kompetenzen[126] grundsätzlich möglich. Hierbei wird regelmäßig die Übertragung des Zustimmungsrechtes der Kommanditaktionäre zu außergewöhnlichen Geschäftsführungsmaßnahmen (§ 278 Abs. 2 AktG i.V.m. § 164 S. 1 HS. 2 HGB) im Vordergrund stehen.

1. Zustimmungsrecht der Kommanditaktionäre zu außergewöhnlichen Geschäftsführungsmaßnahmen gemäß § 278 Abs. 2 AktG i.V.m. § 164 S. 1 Hs. 2 HGB

Da die Frage der Zulässigkeit einer ersatzlosen statutarischen Abbedingung des Zustimmungsrechtes der Kommanditaktionäre zu außergewöhnlichen Geschäftsführungsmaßnahmen bei der Publikums-Kapitalgesellschaft & Co. KGaA mangels

---

122 *Arnold*, GmbH & Co. KGaA, S. 133; *Assmann/Sethe*, FS Lutter, 251 (266); *Bachmann* in Spindler/Stilz, § 287 Rn 32; *Bürgers* in Bürgers/Fett, § 5 Rn 570; *Herfs* in Münch Hdb AG, § 79 Rn 81; *Nicolas* in Henn/Frodermann/Jannott, Kapitel 17 Rn 245 und 247; *Otte*, AG & Co. KGaA, S. 184 f.; *Perlitt* in MüKoAktG, § 285 Rn 27.

123 *Arnold*, GmbH & Co. KGaA, S. 133; *Assmann/Sethe*, FS Lutter, 251 (266); *dies.* in GK-AktG, § 287 Rn 112 f.; *Nicolas* in Henn/Frodermann/Jannott, Kapitel 17 Rn 245 und 247; *Otte*, AG & Co. KGaA, S. 185.

124 Vgl. dazu oben unter § 4 A. I. 1. b) und § 4 A. I. 2.

125 *Bürgers* in Bürgers/Fett, § 5 Rn 592; *Herfs* in Münch Hdb AG, § 79 Rn 77; *Nicolas* in Henn/Frodermann/Jannott, Kapitel 17 Rn 233; *Perlitt* in MüKoAktG, § 287 Rn 91; *Schlitt*, KGaA, S. 218; *Schnorbus*, GS Winter, 627 (632). Eine Auflistung der aktienrechtlichen Kompetenzen der Hauptversammlung findet sich bei *Schnorbus*, GS Winter, 627 (640).

126 Eine Auflistung der personengesellschaftsrechtlichen Kompetenzen der Hauptversammlung findet sich bei *Schnorbus*, GS Winter, 627 (632 f.).

einer höchstrichterlichen Entscheidung lebhaft umstritten ist,[127] wird häufig zur Vermeidung von Rechtsunsicherheit die Übertragung der entsprechenden Kompetenz auf ein fakultatives Organ empfohlen.[128] Auf diese Weise lässt sich die mit enormem Zeit- und Kostenaufwand einhergehende Durchführung einer Hauptversammlung vermeiden, die ferner mit der Gefahr von langwierigen Anfechtungsprozessen verbunden ist. Auch die Problematik der häufig nicht eindeutigen Abgrenzung zwischen gewöhnlichen und außergewöhnlichen Geschäftsführungsmaßnahmen[129] lässt sich dadurch vermeiden, dass die Satzung einen Katalog von Geschäften vorsieht, die der Zustimmung des Beirates bedürfen,[130] oder der Beirat statutarisch ermächtigt wird, ein Zustimmungserfordernis für bestimmte Arten von Geschäften zu normieren.[131] Die Übertragung des Zustimmungsrechtes auf ein fakultatives Organ bietet gegenüber der häufig alternativ vorgeschlagenen Übertragung der Kompetenz auf den Aufsichtsrat bei mitbestimmten Unternehmen den Vorteil, dass keine Arbeitnehmerbeteiligung bei außergewöhnlichen Geschäften zu erfolgen hat, was nicht nur aus Unternehmerperspektive, sondern auch aus der Sicht von Investoren vorteilhaft erscheint.[132] Nicht auf ein fakultatives Organ übertragbar ist hingegen das Zustimmungsrecht der Kommanditaktionäre zu Grundlagengeschäften, weil insoweit der Kernbereich der Mitgliedschaft betroffen ist.[133]

2. *Konsequenzen für die Bestellung und Zusammensetzung des Beirates*

Ein statutarisches Zustimmungsrecht zugunsten eines fakultativen Organs bei außergewöhnlichen Geschäftsführungsmaßnahmen kann unter dem Blickwinkel der Inhaltskontrolle nur dann eine Kompensation für die Abbedingung desselben Rechtes zulasten der Kommanditaktionäre darstellen, wenn die Besetzung des Organs auf den Willen der Kommanditaktionäre zurückzuführen ist.[134] Die Mitglieder

---

127 Vgl. dazu oben § 3 D. I. 2.

128 *Bachmann* in Spindler/Stilz, § 278 Rn 63; *Ihrig/Schlitt*, ZHR Beiheft 67, 33 (67); *K. Schmidt* in K. Schmidt/Lutter, § 278 Rn 38; *Martens*, AG 1982, 113 (115); *Nicolas* in Henn/Frodermann/Jannott, Kapitel 17 Rn 229; *Perlitt* in MüKoAktG, § 278 Rn 358; *Schnorbus*, GS Winter, 627 (637).

129 *Schnorbus*, GS Winter, 627 (634).

130 Vgl. den Katalog zustimmungsbedürftiger Geschäfte in § 13c der Satzung der Fresenius SE & Co. KGaA.

131 Vgl. Punkt 4 b) der Mustersatzung bei *Kessler* in Saenger/Aderhold/Lenkaitis/Speckmann, § 6 Rn 817.

132 *Herfs* in Münch Hdb AG, § 79 Rn 79; Bedenken bezüglich einer Übertragung auf den Aufsichtsrat auch bei *Martens*, AG 1982, 113 (115).

133 *Perlitt* in MüKoAktG, § 287 Rn 91; *Schlitt*, KGaA, S. 218; *Schnorbus*, GS Winter, 627 (638). Vgl. zu der Problematik bereits oben unter § 3 D. I. 2. a). Dies soll nicht einmal dann möglich sein, wenn Mitglieder des fakultativen Organs ausschließlich von Kommanditaktionären gewählt werden, *Otte*, AG & Co. KGaA, S. 186.

134 *Herfs* in Münch Hdb AG, § 79 Rn 79; *Ihrig/Schlitt*, ZHR Beiheft 67, 33 (68); *K. Schmidt* in K. Schmidt/Lutter, § 287 Rn 24; *Schlitt*, KGaA, S. 217; wohl auch:

müssen daher entweder direkt durch die Hauptversammlung der KGaA gewählt oder zumindest mittelbar durch die Vertreter der Anteilseigner des Aufsichtsrates bestimmt werden. Der persönlich haftende Gesellschafter und seine Organe bzw. Gesellschafter unterliegen bei der Wahl hinsichtlich der von ihnen gehaltenen Aktien keinem Stimmverbot gemäß § 285 Abs. 1 S. 2 AktG und sind selbst nicht inhabil nach § 287 Abs. 3 AktG, da insoweit, anders als bei der Ausführungs- bzw. Vertretungskompetenz, nicht zwingend ein Interessenkonflikt zwischen Komplementär und Kommanditaktionären besteht.[135] Hingegen kann im Falle einer Bestimmung oder Entsendung der Beiratsmitglieder durch den persönlich haftenden Gesellschafter keine Bindung an den Willen der Kommanditaktionäre angenommen werden, sodass sich in diesem Fall wiederum die Frage der Zulässigkeit der ersatzlosen Abbedingung stellt.[136]

Die Übertragung des Zustimmungsrechtes auf einen Beirat stellt auch dann keinen Verstoß gegen die Grundsätze der Selbstorganschaft bzw. Verbandssouveränität dar, wenn diesem nicht ausschließlich Gesellschafter angehören.[137] Das Zustimmungsrecht ist qualitativ nicht mit einem Weisungsrecht vergleichbar, da es lediglich eine Blockademöglichkeit bietet und kein Initiativrecht beinhaltet. Vor allem aber zeigt ein Vergleich mit der Rechtslage beim Aufsichtsrat, dass die Einräumung eines Zustimmungsrechtes zugunsten eines Organs, das nicht ausschließlich mit Gesellschaftern besetzt ist, keinen Verstoß gegen den Grundsatz der Verbandssouveränität darstellt.[138] Denn nach einhelliger Ansicht kann das Zustimmungsrecht der Kommanditaktionäre nach § 278 Abs. 2 AktG i.V.m. § 164 S. 1 HS 2 HGB auch auf den Aufsichtsrat übertragen werden,[139] der wiederum unstreitig auch mit Nichtgesellschaftern besetzt sein kann.[140] Bei der AG ist der Aufsichtsrat sogar gemäß § 111 Abs. 4 S. 2 AktG dazu verpflichtet, Zustimmungserfordernisse für bestimmte Geschäfte zu normieren, ohne dass hiergegen Bedenken unter Aspekt der Verbands-

---

Bürgers in Bürgers/Fett, § 5 Rn 560; *Schnorbus*, GS Winter, 627 (637) erachtet eine mehrheitliche Besetzung des fakultativen Organs für ausreichend.

135 *Ihrig/Schlitt*, ZHR Beiheft 67, 33 (68); *Perlitt* in MüKoAktG, § 287 Rn 98 a.E.; wohl auch *Bachmann* in Spindler/Stilz, § 287 Rn 32.

136 Nach vorzugswürdiger Auffassung ist die ersatzlose Abbedingung zulässig, vgl. dazu oben unter § 3 D. I. 2. b) cc).

137 So auch: *Bachmann* in Spindler/Stilz, § 287 Rn 31; *Bürgers* in Bürgers/Fett, § 5 Rn 589; *Lutter/Krieger/Verse*, Aufsichtsrat, Rn 1335; *Nicolas* in Henn/Frodermann/Jannott, Kapitel 17 Rn 237; *Otte*, AG & Co. KGaA, S. 186 f.; ebenso die h.M. zum Personengesellschaftsrecht: *Drescher* in Ebenroth/Boujong/Joost/Strohn, § 114 Rn 23; *Mutter* in Münch Hdb KG, § 8 Rn 23; *Schäfer* in Staub, § 109 Rn 52 m.w.N.; a.A. *Assmann/Sethe* in GK-AktG, § 287 Rn 97; *dies.*, FS Lutter, 251 (259); *Mertens/Cahn* in KK-AktG, § 287 Rn 31.

138 *Nicolas* in Henn/Frodermann/Jannott, Kapitel 17 Rn 237; *Otte*, AG & Co. KGaA, S. 187; vgl. auch *Schnorbus*, GS Winter, 627 (658).

139 *Bachmann* in Spindler/Stilz, § 278 Rn 63; *K. Schmidt* in K. Schmidt/Lutter, § 278 Rn 38; *Ihrig/Schlitt*, ZHR Beiheft 67, 33 (67); *Perlitt* in MüKoAktG, § 278 Rn 358.

140 *Habersack* in MüKoAktG, § 100 Rn 11.

souveränität erhoben werden.[141] Nach vorzugswürdiger Ansicht ist bei der Übertragung des Zustimmungsrechtes der Kommanditaktionäre auf ein fakultatives Organ dem Grundsatz der Verbandssouveränität dadurch Genüge getan, dass dem Beirat übertragene Kompetenzen durch eine entsprechende Satzungsänderung jederzeit wieder entzogen bzw. das fakultative Organ gänzlich aufgelöst werden kann und seine Mitglieder einer organschaftlichen Verantwortung unterliegen.[142]

3. *Weitere personengesellschaftsrechtliche Befugnisse*

Einem Beirat kann weiterhin die Kompetenz der Hauptversammlung zur Aufnahme von neuen persönlich haftenden Gesellschaftern[143] bzw. deren Ausschließung,[144] zur Beschlussfassung über den Entzug der Vertretungs- und Geschäftsführungsbefugnis[145] sowie zur Änderung seiner Sondereinlage übertragen werden (§ 281 Abs. 2 AktG).[146] Wird das Recht über die Entscheidung zur Einleitung von Maßnahmen aus wichtigem Grund gegen den Komplementär auf den Beirat übertragen, unterliegen der Komplementär und seine Leitungsorgane einem Stimmverbot gemäß § 285 Abs. 1 S. 2 AktG[147] und sind selbst inhabil § 287 Abs. 3 AktG, da sie andernfalls über ihre eigene Entmachtung entscheiden würden. Da es sich bei der Aufnahme von neuen Komplementären um eine Satzungsänderung und Maßnahme mit strukturänderndem Charakter handelt, wird wegen des Grundsatzes der Verbandssouveränität eine Übertragung der Kompetenz auf einen Beirat nur bei vollständiger oder zumindest mehrheitlicher Besetzung mit Gesellschaftern erfolgen können.[148]

C. Zusammenfassung

Bei der KGaA ist die Einrichtung eines fakultativen Organs mit organschaftlichen Befugnissen zulässig. Zusammensetzung, Größe und das Verfahren der Bestellung sind dabei mangels gesetzlicher Vorschriften in der Satzung festzulegen. Da weder

---

141 *Otte*, AG & Co. KGaA, S. 187.

142 *Bachmann* in Spindler/Stilz, § 287 Rn 31 a.E.; *Herfs* in Münch Hdb AG, § 79 Rn 83; *Schnorbus*, GS Winter, 627 (656 ff.); ausführlich dazu oben unter § 6 B. II. 3. b).

143 *Assmann/Sethe*, FS Lutter, 251 (261); *Herfs* in Münch Hdb AG, § 79 Rn 80; *Schlitt*, KGaA, S. 217.

144 *Schlitt*, KGaA, S. 217; *Schnorbus*, GS Winter, 627 (633).

145 *Schnorbus*, GS Winter, 627 (633).

146 *Schnorbus*, GS Winter, 627 (632).

147 *Otte*, AG & Co. KgaA, S. 192.

148 *Assmann/Sethe*, FS Lutter, 251 (261); *dies.* In GK-AktG, § 287 Rn 103; *Bachmann* in Spindler/Stilz, § 287 Rn 31; *Lutter/Krieger/Verse*, Aufsichtsrat, Rn 1335; *Perlitt* in MüKoAktG, 287 Rn 92; *Mertens/Cahn* in KK-AktG, § 287 Rn 32; a.A. *Assmann/Sethe* in GK-AktG, § 278 Rn 47; *Schnorbus*, GS Winter, 627 (656 f.); wohl auch: *Herfs* in Münch Hdb AG, § 79 Rn 83.

das DrittelbG noch das MitbestG auf den Beirat anwendbar sind, kann auf diese Weise ein mitbestimmungsfreies Vertretungsorgan der Kommanditaktionäre geschaffen werden.

Eine Übertragung von Kompetenzen, die das Aktienrecht zwingend einem gesetzlich vorgesehenen Organ der KGaA zuweist, ist wegen des Grundsatzes der Satzungsstrenge nicht möglich. Soweit es sich hingegen um Befugnisse handelt, für die gemäß § 278 Abs. 2 AktG Personengesellschaftsrecht Anwendung findet, ist eine Übertragung auf einen Beirat hingegen grundsätzlich möglich. So können einem Beirat Mitwirkungsbefugnisse an der Geschäftsführung in Form von Zustimmungs- oder Weisungsrechten gegenüber der Komplementärin eingeräumt werden. Die Grundsätze der Selbstorganschaft und Verbandssouveränität stehen dabei einer Übertragung dieser Befugnisse auf einen nicht ausschließlich bzw. überwiegend mit Gesellschaftern besetzten Beirat nicht entgegen.

Ferner ist es möglich, den Beirat als zusätzliches Überwachungsorgan neben dem Aufsichtsrat mit entsprechenden Kompetenzen auszustatten. Zwecks Vermeidung von Interessenkonflikten bietet es sich an, die Ausführungs- und Vertretungskompetenz des Aufsichtsrates auf den Beirat zu übertragen. In diesem Fall unterliegen die Komplementär-SE und ihre Kommanditaktien haltenden Vertretungs- und Leitungsorgane im Rahmen der Bestellung einem Stimmverbot nach § 285 Abs. 1 S. 2 AktG und sind gemäß § 287 Abs. 3 AktG für ein Beiratsmandat inhabil.

Da die Frage der Zulässigkeit einer ersatzlosen statutarischen Abbedingung des Zustimmungsrechtes der Kommanditaktionäre zu außergewöhnlichen Geschäftsführungsmaßnahmen bei der Publikums-Kapitalgesellschaft & Co. KGaA lebhaft umstritten ist, erscheint eine Übertragung dieser Kompetenz auf einen von den Kommanditaktionären gewählten Beirat empfehlenswert. Gegenüber einer alternativ möglichen Übertragung der Kompetenz auf den Aufsichtsrat bietet dies bei mitbestimmten Gesellschaften den Vorteil, dass die Arbeitnehmer keine Kenntnis von sensiblen Unternehmensinterna erlangen.

§ 7 Der Weg in die SE & Co. KGaA

Als AG oder SE organisierte Familienunternehmen werden eine Änderung der Rechtsform in eine SE & Co. KGaA vor allem dann in Betracht ziehen, wenn die bei der AG bzw. SE vorhandenen Instrumente zur Sicherung des Familieneinflusses nicht mehr ausreichen, insbesondere wenn keine Möglichkeit der weiteren Aufnahme von Eigenkapital durch die Ausgabe von Vorzugsaktien mehr möglich ist (§ 139 Abs. 2 AktG).

Das Ausgangsunternehmen kann dabei im Wege der Einzelrechtsübertragung auf eine im Wege der Vorratsgründung geschaffene SE & Co. KGaA übertragen werden. Eine solche Einzelrechtsübertragung ist jedoch regelmäßig wenig praktikabel, da hierbei alle Vermögensgegenstände und Schulden durch gesonderten Rechtsakt übertragen werden müssen, was bei einer Übernahme von Verbindlichkeiten bzw. Vertragsverhältnissen die Zustimmung des Gläubigers bzw. Vertragspartners erfordert (§ 415 Abs. 1 S. 1 BGB).[1] Daher beschränken sich die folgenden Ausführungen auf den praktisch relevantesten Fall der Gründung einer KGaA im Wege des Formwechsels nach den Vorschriften des Umwandlungsgesetzes.[2] Der Formwechsel, durch den allein die rechtliche Organisation des Unternehmensträgers geändert wird, ist geprägt durch die Kontinuität des Rechtsträgers. Die wirtschaftliche Kontinuität zeigt sich darin, dass der Vermögensbestand vor und nach dem Formwechsel gleich bleibt. Auch in personeller Hinsicht besteht Kontinuität, da die am Rechtsträger beteiligten Anteilsinhaber ebenfalls grundsätzlich identisch sind und ihre Beteiligung an dem formwechselnden Rechtsträger nach den für die neue Beteiligung geltenden Regelungen fortsetzen (sog. Identitätsgrundsatz).[3]

Der Formwechsel einer AG (dazu unter A.) bzw. SE (dazu unter B.) in eine KGaA vollzieht sich jeweils in drei Phasen:[4] In der Vorbereitungsphase ist der Umwandlungsbericht und der Entwurf des Umwandlungsbeschlusses (dazu unter A. I. – III.) zu erstellen sowie die Hauptversammlung der Anteilsinhaber einzuberufen, die sodann über den Formwechsel beschließt (sog. Beschlussphase). Im Zuge des Formwechsels erfolgt der Beitritt der – ggf. zunächst zu gründenden bzw. zu aktivierenden – (Vorrats-) SE als persönlich haftende Gesellschafterin der KGaA (dazu unter A. V.). Unter Beachtung der aktienrechtlichen Gründungsvorschriften (dazu unter A. VI.) ist der Formwechsel in der Vollzugsphase zum Handelsregister

---

1 *Arnold*, GmbH & Co. KgaA, S. 27; *Mayer*, MittBayNot 1997, 329 (331).

2 So sind etwa die Fresenius SE & Co. KGaA, die Bertelsmann SE & Co. KGaA und die Sto SE & Co. KGaA jeweils durch Formwechsel aus einer SE bzw. AG hervorgegangen.

3 Vgl. Reg. Begr. BT-Drs. 12/6699, S. 136 liSp; vgl. auch *Schlitt*, KGaA, S. 24.

4 *Drinhausen/Keinath* in Henssler/Strohn, § 190 UmwG Rn 7; *Sparfeld/Schütz* in Bürgers/Fett, § 11 Rn 181; vgl. auch *Schwanna* in Semler/Stengel, § 190 Rn 12 ff.

anzumelden und bekanntzumachen (dazu unter A. VII.).[5] Da der Formwechsel einer AG bzw. SE in eine KGaA in der Vergangenheit häufig mit der Abschaffung von Vorzugsaktien verbunden wurde, um durch die Vereinheitlichung der Aktiengattungen eine Stärkung in einem Aktienindex zu erreichen,[6] wird dabei im Folgenden auch auf die jeweils in diesem Fall geltenden Besonderheiten eingegangen (insbesondere unter A. IV.). Abschließend soll in einem Exkurs eine Sonderproblematik des umwandlungsrechtlichen Freigabeverfahrens erörtert werden (dazu unter C.).

A. Formwechsel einer AG in eine KGaA

Für den Formwechsel einer AG in eine KGaA gelten neben den allgemeinen Vorschriften (§§ 190 bis 213 UmwG) die besonderen Regelungen der §§ 226, 227, 238 ff. des UmwG. Die AG kann dabei formwechselnder Rechtsträger (§ 191 Abs. 1 Nr. 2 UmwG, § 3 Abs. 1 Nr. 2 UmwG) und die KGaA Rechtsträger neuer Rechtsform sein (§ 192 Abs. 2 Nr. 3 UmwG, § 3 Abs. 1 Nr. 2 UmwG).

I. Umwandlungsbericht

Nach § 192 Abs. 1 S 1 UmwG hat das Vertretungsorgan des formwechselnden Rechtsträgers, mithin der Vorstand der AG, einen Umwandlungsbericht zu erstatten, in dem der Formwechsel und insbesondere die künftige Beteiligung der Anteilsinhaber an dem Rechtsträger rechtlich und wirtschaftlich erläutert und begründet werden. Der Umwandlungsbericht ist ab dem Zeitpunkt der Einberufung der Hauptversammlung, die über den Formwechsel beschließen soll, in dem Geschäftsraum der Gesellschaft zur Einsicht der Aktionäre auszulegen bzw. diesen auf Verlangen kostenlos zuzusenden (§§ 238, 230 Abs. 2 S. 1, 2 UmwG).

Im Umwandlungsbericht sind zunächst die unternehmerischen Ziele, die dem Formwechsel zugrunde liegen, anzugeben.[7] Ferner sind alle wesentlichen rechtlichen, wirtschaftlichen und steuerlichen Vor- und Nachteile des Formwechsels für das Unternehmen und die Anteilsinhaber darzulegen und es muss erkennbar sein, warum der Formwechsel ein geeignetes Mittel zur Verfolgung der Unternehmensstrategie ist.[8] Andere ernsthaft infrage kommende gesellschaftsrechtliche Strukturmaßnahmen sind darzustellen und es ist aufzuzeigen, warum diese nicht

5 *Arnold*, GmbH & Co. KgaA, S. 26.
6 Vgl. dazu etwa den Umwandlungsbericht der Fresenius SE, S. 34 ff., abrufbar unter: https://www.fresenius.de/media/Umwandlungsbericht_KGaA_2010_d.pdf. Ebenso der Umwandlungsbericht der Hornbach AG, S. 77 f.; abrufbar unter: http://www.hauptversammlung.de/assets/files/Hornbach%20Holding/2015/HH_2015_Umwandlungsbericht.pdf; letzter Abruf jeweils am 30.9.2016.
7 LG Mannheim, ZIP 2014, 970 (971); *Bärwaldt* in Semler/Stengel, § 192 Rn 6.
8 *Decher/Hoger* in Lutter, § 192 Rn 18.

gleichwertig sind und die Vorteile des Formwechsels überwiegen.[9] Erforderlich ist hierbei eine einzelfallbezogene Darstellung der für einen Formwechsel sprechenden Motive.[10] So genügt etwa der pauschale Hinweis auf eine beabsichtigte Sicherung des Familieneinflusses nicht. Denn durch den Umwandlungsbericht soll der Aktionär in die Lage versetzt werden, eine Plausibilitätskontrolle hinsichtlich der Entscheidung der Unternehmensleitung über die Vor- und Nachteile des Formwechsels durchzuführen, um sein Stimmrecht im Rahmen des Umwandlungsbeschlusses sachgerecht ausüben zu können.[11] Der Umwandlungsbericht stellt das Herzstück der Regeln zum Schutz der Anteilsinhaber dar.[12] So muss er insbesondere auf qualitative Änderungen hinsichtlich der Rechtsstellung der Anteilsinhaber eingehen, die der Formwechsel mit sich bringt.[13] Demzufolge sind vor allem dann Angaben zum Umfang der Mitwirkungsrechte der Kommanditaktionäre an der Geschäftsführung erforderlich, wenn diese gegenüber der gesetzlichen Ausgestaltung zugunsten des Komplementärs oder eines fakultativen Organs eingeschränkt werden.[14] Weiterhin muss der Umwandlungsbericht auch Ausführungen bezüglich der konkret gewählten Komplementärrechtsform enthalten und diese von alternativ zur Verfügung stehenden Rechtsformen abgrenzen.[15] Wird der Formwechsel mit der Abschaffung von Vorzugsaktien verbunden, ist zu erörtern, warum die mit der Vereinheitlichung von Aktiengattungen verfolgten Ziele durch eine Umwandlung der Gesellschaft in eine KGaA bei Abwägung der Interessen der Gesellschaft und ihrer Anteilsinhaber besser verfolgt werden können als durch die alternativ zur Verfügung stehenden Möglichkeiten,[16] namentlich die Abschaffung von Vorzugsaktien im Rahmen einer Satzungsänderung oder durch einen Rückkauf der Vorzugsaktien und einer anschließenden Ausgabe von Stammaktien.[17] Schließlich muss

---

9 LG Mannheim, ZIP 2014, 970 (971); LG Köln, Urteil v. 30. Januar 2008 – 82 O 218/07 –, juris; *Decher/Hoger* in Lutter, § 192 Rn 19.

10 LG Mannheim, ZIP 2014, 970 (971); *Stratz* in Schmitt/Hörtnagl/Stratz, § 192 Rn 9.

11 OLG Stuttgart, AG 2008, 464 (466); LG Mannheim, ZIP 2014, 970 (971); LG Köln, Urteil v. 30. Januar 2008 – 82 O 218/07 –, juris; *Decher/Hoger* in Lutter, § 192 Rn 10. Demzufolge kann ein fehlerhafter Umwandlungsbericht nicht durch das spätere Nachschieben von Erwägungen in der Hauptversammlung geheilt werden, BGH, ZIP 1990, 1560 (1562). Gleiches gilt erst recht für ergänzende Angaben im Anfechtungsprozess, LG Mannheim, ZIP 2014, 970 (971); zustimmend: *Rahlmeyer/v. Eiff*, EWiR 2014, 317 (318).

12 *Decher/Hoger* in Lutter, § 192 Rn 2.

13 *Bärwaldt* in Semler/Stengel, § 192 Rn 10; *Decher/Hoger* in Lutter, § 192 Rn 22; *Drinhausen/Keinath* in Henssler/Strohn, § 192 UmwG Rn 5.

14 Vgl. *Decher/Hoger* in Lutter, § 192 Rn 22.

15 LG Mannheim, ZIP 2014, 970 (971).

16 *Winzen*, Vorzugsaktie, S. 191.

17 Vgl. dazu bereits oben unter § 2 G. I. 2. a). Ausführlich zu den einzelnen Möglichkeiten der Umwandlung von Vorzugs- in Stammaktien: *Wirth/Arnold*, ZGR 2002, 859 (862 ff.).

der Umwandlungsbericht einen Entwurf des Umwandlungsbeschlusses[18] enthalten (§ 192 Abs. 1 S. 3 UmwG), wobei zumindest dessen nicht aus sich heraus verständlichen Bestandteile näher zu erläutern sind.[19]

Mängel des Umwandlungsberichts berechtigen grundsätzlich zur Anfechtbarkeit des Umwandlungsbeschlusses und sind in der Praxis Hauptanknüpfungspunkt für Anfechtungsklagen.[20] Eine Anfechtungsklage hat allerdings nur dann Erfolg, wenn der mangelhafte Umwandlungsbericht für das Abstimmungsverhalten kausal geworden ist. Maßstab ist dabei grundsätzlich, ob ein objektiv beurteilender Anteilsinhaber bei Vorliegen eines mangelfreien Umwandlungsberichts anders abgestimmte hätte.[21] In seiner jüngeren Rechtsprechung hat der BGH dieses strenge Kausalitätserfordernis aufgeweicht und geht im Falle eines den gesetzlichen Anforderungen offensichtlich nicht entsprechenden Umwandlungsberichts davon aus, dass ein objektiv urteilender Aktionär dem Umwandlungsbeschluss wegen der Bedeutung, die die in dem Umwandlungsbericht vorzunehmende rechtliche und wirtschaftliche Erläuterung für die Minderheitsaktionäre haben, nicht zugestimmt hätte.[22] Es genügt, dass in diesem Fall bei wertender Betrachtungsweise davon auszugehen ist, dass sich der Mangel auf das Beschlussergebnis nachteilig auswirkt. Verfügt der Anteilsinhaber jedoch bereits so rechtzeitig vor der Hauptversammlung über die notwendigen Informationen, dass er sich auf die Versammlung vorbereiten kann, fehlt es an einer Kausalität des Berichtsmangels.[23]

II. Kein Barabfindungsangebot

Die im Falle eines Formwechsels grundsätzliche Pflicht des formwechselnden Rechtsträgers, jedem gegen den Umwandlungsbeschluss Widerspruch erklärenden Anteilsinhaber ein Barabfindungsangebot zu unterbreiten (§ 207 UmwG), entfällt bei der Umwandlung einer AG in eine KGaA gemäß § 250 UmwG. Dem liegt die Vorstellung des Gesetzgebers zugrunde, dass die Rechtsstellung des Aktionärs bei dieser Art des Formwechsels „im Wesentlichen unverändert" bleibt, sodass dem Aktionär

---

18 Zum Umwandlungsbeschluss sogleich unter § 7 A. III.

19 *Bärwaldt* in Semler/Stengel, § 192 Rn 20; *Decher/Hoger* in Lutter, § 192 Rn 28; *Mayer* in Widmann/Mayer, § 192 Rn 37; für eine zwingende Erläuterung aller Elemente des Umwandlungsbeschlusses, *Stratz* in Schmitt/Hörtnagl/Stratz, § 192 Rn 10.

20 *Bärwaldt* in Semler/Stengel, § 192 Rn 33; *Drinhausen/Keinath* in Henssler/Strohn, § 190 UmwG Rn 12.

21 Vgl. nur BGH, NJW 2002, 1128 (1129).

22 Vgl. BGH, NJW 1989, 2689 (2691) für den Verschmelzungsbericht. Unklar bleibt, wann ein Umwandlungsbericht *offensichtlich* nicht den gesetzlichen Anforderungen entspricht, vgl. dazu *Bärwaldt* in Semler/Stengel, § 192 Rn 35. Gewissheit besteht nur insoweit, dass eine Anfechtungsklage nicht auf eine fehlende oder unzulängliche Erläuterung des Barabfindungsangebotes gestützt werden kann, vgl. BGH, NJW 2001, 1425 ff.

23 *Bärwaldt* in Semler/Stengel, § 192 Rn 36; *Mayer* in Widmann/Mayer, § 8 Rn 70.

entweder das Verbleiben in der Gesellschaft oder die selbstständige Veräußerung seiner Anteile zugemutet werden kann.[24] Folglich müssen weder Umwandlungsbericht noch Umwandlungsbeschluss Angaben zum Barabfindungsgebot enthalten.[25] Da der Gesetzgeber im Rahmen des § 250 UmwG von einer abstrakt-generellen Betrachtungsweise ausgeht, ist auch dann kein Barabfindungsangebot erforderlich – etwa aufgrund einer teleologischen Reduktion der Vorschrift –, wenn die konkrete Ausgestaltung der KGaA vom gesetzlichen Regelfall abweicht und die Rechte der Kommanditaktionäre zulasten des Komplementärs oder eines fakultativen Organs eingeschränkt werden.[26]

III. Umwandlungsbeschluss

Der Formwechsel bedarf eines notariell zu beurkundenden Umwandlungsbeschlusses der Anteilsinhaber der formwechselnden AG mit einer Mehrheit von drei Vierteln des bei der Beschlussfassung vertretenen Grundkapitals, wobei die Satzung der AG eine größere Mehrheit oder weitere Erfordernisse vorsehen kann (§§ 193 Abs. 1, Abs. 3 S. 1, 240 Abs. 1 S. 1 HS. 1, S. 3 UmwG). In der Niederschrift über den Umwandlungsbeschluss ist dabei ein Verzeichnis der den Gründern gleichstehenden Person, gemäß § 245 Abs. 2 UmwG also der persönlich haftenden Gesellschafter, aufzunehmen (§ 244 Abs. 1 UmwG).[27] Der Entwurf des Umwandlungsbeschlusses ist spätestens einen Monat vor der Hauptversammlung, die den Formwechsel beschließen soll, dem zuständigen Betriebsrat des formwechselnden Rechtsträgers zuzuleiten (§ 194 Abs. 2 UmwG),[28] wodurch eine hinreichende Information der Arbeitnehmer (vgl. § 194 Abs. 1 Nr. 7 UmwG) und eine möglichst sozialverträgliche Durchführung des Formwechsels sichergestellt werden sollen.[29] Die rechtzeitige Zuleitung ist Eintragungsvoraussetzung und bei der Anmeldung des Formwechsels nachzuweisen (vgl. § 199 AktG).[30]

---

24 Reg. Begr., BR-Drs. 75/94, S. 159 liSp; *Drinhausen/Keinath* in Henssler/Strohn, § 250 UmwG Rn 2; *Scheel* in Semler/Stengel, § 250 Rn 2.

25 *Drinhausen/Keinath* in Henssler/Strohn, § 250 UmwG Rn 1; *Happ/Göthel* in Lutter, § 250 Rn 5; *Scheel* in Semler/Stengel, § 250 Rn 3.

26 *Scheel* in Semler/Stengel, § 250 Rn 2.

27 *Göthel* in Lutter, § 244 Rn 9; *Mutter* in Semler/Stengel, 244 Rn 5; a.A. *Rieger* in Widmann/Mayer, § 244 Rn 10 unter Hinweis auf die Gesetzesbegründung.

28 Umstritten ist, ob der Betriebsrat auf die Zuleitung des Entwurfs des Umwandlungsbeschlusses verzichten kann, so: *Mayer* in Widmann/Mayer, § 5 Rn 259; *Schröer* in Semler/Stengel, § 5 Rn 146. Vorzugswürdig erscheint die Gegenauffassung, da der Betriebsrat verpflichtet ist, von der gesetzlich vorgesehenen Unterrichtung Gebrauch zu machen, *Decher* in Lutter, § 194 Rn 44; *Drygala* in Lutter, § 5 Rn 102; *Quass* in Maulbetsch/Klumpp/Rose, § 194 Rn 40 m.w.N.

29 *Bärwaldt* in Semler/Stengel, § 194 Rn 4; *Drinhausen/Keinath* in Henssler/Strohn, § 194 UmwG Rn 2; *Quass* in Maulbetsch/Klumpp/Rose, § 194 Rn 2.

30 *Drinhausen/Keinath* in Henssler/Strohn, § 194 UmwG Rn 14; *Quass* in Maulbetsch/Klumpp/Rose, § 194 Rn 40.

1. *Inhalt des Umwandlungsbeschlusses*

Der Inhalt des Umwandlungsbeschlusses ergibt sich aus dem Katalog des § 194 Abs. 1 UmwG, der zwingender Natur ist, weshalb empfohlen wird, auch auf ggf. nicht einschlägige Punkte durch eine entsprechende Negativerklärung einzugehen.[31]

a) Zielrechtsform und Name oder Firma

Der Umwandlungsbeschluss muss angeben, welche Rechtsform der Rechtsträger nach dem Formwechsel erlangen soll (§ 194 Abs. 1 Nr. 1 AktG) und deutlich machen, dass es sich um einen Rechtsformwechsel handelt.[32] Ferner muss der Beschluss den Namen oder die Firma des Rechtsträgers neuer Rechtsform enthalten (§ 194 Abs. 1 Nr. 2 AktG), wobei dieser für den Fall, dass in der Gesellschaft keine natürliche Person persönlich haftet, gemäß § 279 Abs. 2 AktG eine die Haftungsbeschränkung kennzeichnende Bezeichnung enthalten muss, etwa „SE & Co. KGaA".

b) Beteiligung der Anteilsinhaber

Gemäß § 194 Abs. 1 Nr. 3 AktG muss der Umwandlungsbeschluss eine Beteiligung der bisherigen Anteilsinhaber an dem Rechtsträger nach den für die neue Rechtsform geltenden Vorschriften enthalten, soweit ihre Beteiligung nicht entfällt. Nicht erforderlich ist es, alle bisherigen Anteilsinhaber namentlich aufzuführen, sondern es genügt die Mitteilung, dass die bisherigen Anteilsinhaber auch künftig am Rechtsträger neuer Rechtsform beteiligt sind.[33] Das aus § 194 Abs. 1 Nr. 3 AktG i.V.m. § 202 Abs. 1 Nr. 2 S. 1 UmwG abgeleitete sog. Gebot der Kontinuität der Mitgliedschaft fordert, dass Berechtigte, die zum Zeitpunkt der Eintragung des Formwechsels Anteilsinhaber sind, auch Mitglieder des Rechtsträgers neuer Rechtsform sein müssen.[34] Ein Squeeze-out von Gesellschaftern durch den Formwechsel ist also nicht möglich.[35] Der Umwandlungsbeschluss muss daher vorsehen, dass sämtliche Aktionäre der AG nunmehr Kommanditaktionäre der KGaA sind. Erfolgt durch den Beitritt eines persönlich haftenden Gesellschafters in zulässiger Weise eine Durchbrechung des Identitätsgrundsatzes (vgl. § 240 Abs. 2 UmwG), ist dies ebenfalls im Umwandlungsbeschluss anzugeben.[36] Eine Beteiligung sämtlicher

---

31 *Bärwaldt* in Semler/Stengel, § 194 Rn 1; *Quass* in Maulbetsch/Klumpp/Rose, § 194 Rn 1.

32 Das Wort „Formwechsel" muss hierbei nicht ausdrücklich verwendet werden, solange sich dies aus dem Kontext ergibt, *Bärwaldt* in Semler/Stengel, § 194 Rn 5; *Drinhausen/Keinath* in Henssler/Strohn, § 194 UmwG Rn 3.

33 *Decher* in Lutter, § 194 Rn 6; *Drinhausen/Keinath* in Henssler/Strohn, § 194 UmwG Rn 5; *Quass* in Maulbetsch/Klumpp/Rose, § 194 Rn 5.

34 BGH, ZIP 2005, 1318 (1319) – „Feldmühle".

35 *Meister/Klöcker* in Kallmeyer, § 194 Rn 24.

36 *Decher/Hoger* in Lutter, § 194 Rn 7; *Meister/Klöcker* in Kallmeyer, § 194 Rn 27; *Quass* in Maulbetsch/Klumpp/Rose, § 194 Rn 8.

Aktionäre der formwechselnden AG an der Komplementärgesellschaft der KGaA erfordert das Gebot der Kontinuität der Mitgliedschaft hingegen nicht. Es genügt die Einräumung einer Stellung als Kommanditaktionär.[37] Ebenso wenig steht der Identitätsgrundsatz inhaltlichen Änderungen der Mitgliedschaft entgegen. Diese stellen vielmehr den Regelfall bei einem Formwechsel dar.[38]

c) Einzelheiten zu den Anteilen

Während § 194 Abs. 1 Nr. 3 AktG damit lediglich das „Ob" der Beteiligung regelt, bestimmt sich das „Wie" der Beteiligung nach § 194 Abs. 1 Nr. 4 AktG.[39] Hiernach sind Zahl, Art und Umfang der Anteile oder der Mitgliedschaften, welche die Anteilsinhaber durch den Formwechsel erlangen sollen oder die einem beitretenden persönlich haftenden Gesellschafter eingeräumt werden sollen, im Umwandlungsbeschluss festzusetzen. § 194 Abs. 1 Nr. 4 AktG erfordert damit Angaben bezüglich der qualitativen und quantitativen Ausgestaltung der Beteiligung der Anteilsinhaber am Rechtsträger neuer Rechtsform.[40] Diesem Erfordernis ist genüge getan, wenn der Umwandlungsbeschluss einen Verweis auf eine beigefügte Satzung enthält, aus der sich Zahl, Art und Umfang der Anteile ergeben.[41]

d) Sonderrechte einzelner Anteilsinhaber und Gleichwertigkeitsgebot

Gemäß § 194 Abs. 1 Nr. 5 AktG muss der Umwandlungsbeschluss ferner darstellen, ob und welche Rechte einzelnen Anteilsinhabern sowie Inhabern besonderer Rechte in dem Rechtsträger neuer Rechtsform gewährt werden sollen, z. B. Vorzugsaktien oder Entsende- und Vorkaufsrechte.[42] Auf diese Weise sollen die übrigen Anteilsinhaber in die Lage versetzt werden, die Einhaltung des aktienrechtlichen Gleichbehandlungsgrundsatzes (§ 53a AktG) überprüfen zu können.[43]

Wird die Umwandlung einer AG in eine KGaA mit der Abschaffung von Vorzugsaktien verbunden, wirft dies die Frage auf, ob hierin ein Verstoß gegen das aus § 194 Abs. 1 Nr. 5 i.V.m. § 196 UmwG abgeleitete Gebot der Gleichwertigkeit der Anteile zu sehen ist.[44] Gemäß § 196 UmwG besteht ein Ausgleichsanspruch, wenn die Mitgliedschaft am Rechtsträger neuer Rechtsform keinen ausreichenden Ge-

---

37 Vgl. BGH, ZIP 2005, 1318 (1319) für den Formwechsel einer AG in eine GmbH & Co. KG.

38 *Marsch-Barner*, GS Winter, 467 (481); *Meister/Klöcker* in Kallmeyer, § 202 Rn 41.

39 *Decher* in Lutter, § 194 Rn 6; *Drinhausen/Keinath* in Henssler/Strohn, § 194 UmwG Rn 5.

40 *Drinhausen/Keinath* in Henssler/Strohn, § 194 UmwG Rn 5.

41 Vgl. Reg. Begr. BT-Drs. 12/6699, S. 140; *Bärwaldt* in Semler/Stengel, § 194 Rn 12.

42 *Bärwaldt* in Semler/Stengel, § 194 Rn 24 , *Quass* in Maulbetsch/Klumpp/Rose, § 194 Rn 20.

43 *Bärwaldt* in Semler/Stengel, § 194 Rn 22; *Quass* in Maulbetsch/Klumpp/Rose, § 194 Rn 19; *Meister/Klöcker* in Kallmeyer, § 194 Rn 38.

44 Vgl. *Vollrath* in Widmann/Mayer, § 194 Rn 39.

genwert für den Anteil oder die Mitgliedschaft am formwechselnden Rechtsträger darstellt. Ferner ist in §§ 204, 23 UmwG ausdrücklich normiert, dass den Inhabern von Sonderrechten im Rechtsträger neuer Rechtsform gleichwertige Anteile zu gewähren sind. Zwar sind Vorzugsaktien nach h.M. Sonderrechte im Sinne dieser Vorschrift,[45] jedoch stellt die Gewährung von Stammaktien für Vorzugsaktien nach allgemeiner Meinung keinen Verstoß gegen das Gleichwertigkeitsgebot dar.[46] Dies wird damit begründet, dass der Anspruch nach § 23 UmwG ausweislich der Gesetzesbegründung auch durch Gewährung eines höherwertigen Rechtes erfüllt werden kann.[47] Stammaktien werden dabei im Vergleich zu Vorzugsaktien als höherwertig angesehen.[48] Bei einer saldierten Betrachtung von Vermögens- und Mitgliedschaftsrechten kompensiere das Stimmrecht das Entfallen des Vorzuges jedenfalls so lange, wie die Vorzugsaktien nicht aufgrund einer außergewöhnlich hohen Vorzugsdividende deutlich über den Stammaktien notierten.[49] § 23 UmwG normiere gerade „kein Gebot völliger Gleichartigkeit“[50], wie sich schon aus seinem Wortlaut ergebe, nach dem den Inhabern von Sonderrechten lediglich „gleichwertige“ und nicht „gleichartige“ Rechte einzuräumen sind.[51] Auf die Problematik, ob der Schutz der Vorzugsaktionäre über § 23 UmwG ausreichend ist, wird noch im Rahmen des Erfordernisses eines Sonderbeschlusses zurückzukommen sein.[52]

e) Folgen für die Arbeitnehmer

Schließlich muss der Umwandlungsbeschluss die Folgen des Formwechsels für die Arbeitnehmer und ihre Vertretungen sowie die insoweit vorgesehenen Maßnahmen darlegen (§ 194 Abs. 1 Nr. 7 UmwG). Da die Auswirkungen eines Formwechsels für die Arbeitnehmer geringer sind als bei einer Umwandlung im Wege der Verschmelzung bzw. Spaltung – insbesondere hat der Formwechsel aufgrund der Identität des Rechtsträgers keine Auswirkungen auf bestehende Arbeitsverträge[53] –, bedarf es an dieser Stelle keiner umfassenden Ausführungen. Erforderlich sind jedoch Angaben zu den eingeschränkten Auswirkungen der Unternehmensmitbestimmung in Folge

45 *Grunewald* in Lutter, § 23 Rn 10; *Marsch-Barner*, GS Winter, 467 (482); *Maulbetsch* in Maulbetsch/Klumpp/Rose, § 23 Rn 11; *Stratz* in Schmitt/Hörtnagl/Stratz, § 23 Rn 6; vgl. dazu auch unter § 7 A. IV.

46 *Habersack*, GS Winter, 177 (182); *Krieger*, FS Lutter, 497 (512); *Marsch-Barner*, GS Winter, 467 (482).

47 Vgl. Reg. Begr. BT Drs. 12/6699, S. 93.

48 *Habersack*, GS Winter, 177 (182); *Krieger*, FS Lutter, 497 (512); *Marsch-Barner*, GS Winter, 467 (482).

49 *Marsch-Barner*, GS Winter, 467 (482).

50 *Krieger*, FS Lutter, 497 (512).

51 *Habersack*, GS Winter, 177 (182).

52 Vgl. dazu unter § 7 A. IV.

53 *Decher/Hoger* in Lutter, § 194 Rn 25; *Quass* in Maulbetsch/Klumpp/Rose, § 194 Rn 26. Nach BAG, NZA 2000, 1115 (1117) findet § 613a BGB auf den Formwechsel keine Anwendung.

der geringeren Kompetenzen des Aufsichtsrates der KGaA im Vergleich zur AG.[54] Aus einer unzutreffenden Information nach § 194 Abs. 1 Nr. 7 UmwG resultiert jedoch nur dann ein Anfechtungsrecht der Anteilsinhaber, wenn durch die unzutreffende Information deren Belange berührt werden, was nur ausnahmsweise der Fall sein dürfte.[55]

2. Feststellung der Satzung des künftigen Rechtsträgers

Mit dem Umwandlungsbeschluss ist auch die Satzung des künftigen Rechtsträgers festzustellen (§§ 243 Abs. 1 S. 1, 218 Abs. 1 UmwG).[56] Hierbei sind Festsetzungen über Sondervorteile, Gründungsaufwand, Sacheinlagen und Sachübernahmen, die in der Satzung der formwechselnden AG enthalten sind, auch in die Satzung der KGaA zu übernehmen (§ 243 Abs. 1 S. 2 UmwG). Im Rahmen der Feststellung der Satzung des neuen Rechtsträgers ist dabei eine Mehrheit von drei Vierteln des bei der Beschlussfassung vertretenen Grundkapitals erforderlich (§ 240 Abs. 1 S. 1 UmwG).[57]

3. Materielle Anforderungen an die Beschlussfassung? – Inhaltskontrolle vs. Willkürverbot

Nach einhelliger Meinung unterliegt der Beschluss über den Formwechsel keiner materiellen Kontrolle auf sachliche Rechtfertigung.[58] Eine inhaltliche Überprüfung, ob die für die Umwandlung angeführten Gründe nach unternehmerischen Kriterien als sachgerecht eingestuft werden können oder gar für die Erreichung der mit dem Formwechsel verfolgten Ziele erforderlich und angemessen sind, erfolgt nicht.[59] Der Gesetzgeber hat sich im Rahmen des Gesetzgebungsverfahrens zum UmwG vielmehr ausdrücklich gegen die Übernahme der von der Rechtsprechung im Rahmen einer Kapitalerhöhung unter Ausschluss des Bezugsrechtes vorgenommene Kontrolle ausgesprochen,[60] nach der der gefasste Beschluss im Interesse der Gesellschaft liegen und zur Verfolgung des Unternehmensgegenstandes erforder-

---

54 A.A. *Decher/Hoger* in Lutter, § 194 Rn 30, nach denen ein Formwechsel einer AG in eine KGaA keine Auswirkungen für die Arbeitnehmer hat.

55 *Decher/Hoger* in Lutter, § 194 Rn 33; *Quass* in Maulbetsch/Klumpp/Rose, § 194 Rn 32 m.w.N.

56 *Bärwaldt* in Semler/Stengel, § 194 Rn 3; *Decher/Hoger* in Lutter, § 194 Rn 35; *Quass* in Maulbetsch/Klumpp/Rose, § 194 Rn 33.

57 BGH, ZIP 2005, 1328 (1323); OLG Schleswig, NZG 2003, 830 (831); *Decher/Hoger* in Lutter, § 194 Rn 35; a.A. *Bärwaldt* in Semler/Stengel, § 194 Rn 34.

58 OLG Stuttgart, AG 2008, 464 (465); OLG Düsseldorf, DB 2003, 1318 (1319); OLG Düsseldorf, NZG 2002, 191 (193); *Bärwaldt* in Semler/Stengel, § 193 Rn 17; *Decher/Hoger* in Lutter, § 193 Rn 9; *Drinhausen/Keinath* in Henssler/Strohn, § 193 UmwG Rn 11; *Petersen* in KK-UmwG, § 193 Rn 2; *Quass* in Maulbetsch/Klumpp/Rose, § 193 Rn 2; *Zimmermann* in Kallmeyer, § 193 Rn 10; a.A. *Wiedemann*, ZGR 1980, 147 (156 f.).

59 OLG Stuttgart, AG 2008, 464 (466).

60 Vgl. Reg. Begr. BT Drs. 12/6699, S. 139 und S. 86 (für die Verschmelzung).

lich sein und ein angemessenes Mittel darstellen muss.[61] Das UmwG macht den Formwechsel nicht von besonderen Motiven abhängig, sondern hat die Abwägung zwischen den Interessen der Mehrheit und den berechtigten Belangen der Minderheit selbst vorgenommen und trägt Letzteren durch diverse Schutzinstrumente, insbesondere durch das für den Formwechselbeschluss geltende qualifizierte Mehrheitserfordernis und die umfassende Aufklärung durch den Umwandlungsbericht, Rechnung.[62] Durch eine richterrechtliche Inhaltskontrolle dürfen hier nicht weitere Schranken aufgestellt und die gesetzgeberische Wertung, die für den Formwechsel einer AG in eine KGaA durch die Entbehrlichkeit eines Barabfindungsangebotes nach § 250 UmwG sogar eine besondere privilegierende Ausprägung erfahren hat, konterkariert werden.[63]

Möglich bleibt jedoch eine Überprüfung des Formwechselbeschlusses wegen eines Verstoßes gegen das aus der gesellschafterlichen Treuepflicht resultierende Verbot der missbräuchlichen Ausnutzung der Umwandlungsfreiheit.[64] Der Prüfungsmaßstab einer solchen Missbrauchskontrolle unterscheidet sich von der materiellen Beschlusskontrolle dadurch, dass er nicht eine positive Rechtfertigung des Beschlusses erfordert, sondern lediglich eine Überprüfung erfolgt, ob die Stimmrechtsausübung im Einzelfall treuwidrig ist.[65] Zwar hat der BGH in einer Entscheidung zur formwechselnden Umwandlung einer AG in eine Publikums-KG Zweifel daran geäußert,[66] ob die von ihm in der umgekehrten Konstellation der Umwandlung einer körperschaftlich strukturierten KG in eine Kapitalgesellschaft angenommenen Grundsätze gelten, nach denen die mitgliedschaftliche Treuepflicht es ausschließe,

> „*weitere, nicht durch die Umwandlung selbst oder ihre Gründe notwendig veranlasste Veränderungen der bestehenden Gesellschaftsstruktur zu beschließen*“ und gebiete „*den Charakter der Familiengesellschaft, die Grundzüge der Gesellschaftsorganisation, die Kompetenzen der Gesellschaftsorgane und die Rechtspositionen der einzelnen Gesellschafter im Rahmen des rechtlich und tatsächlich Möglichen zu erhalten oder anzupassen und notwendige Veränderungen nur nach den Grundsätzen des geringstmöglichen Eingriffs vorzunehmen*“.[67]

---

61 BGHZ 71, 40 (44 ff.) = NJW 1978, 1316 (1317) – „Kali + Salz“.

62 *Decher/Hoger* in Lutter, § 193 Rn 9, *Habersack*, GS Winter, 177 (184 f.); *Quass* in Maulbetsch/Klumpp/Rose, § 193 Rn 2.

63 *Habersack*, GS Winter, 177 (185).

64 OLG Düsseldorf, ZIP 2003, 1749; *Drinhausen/Keinath* in Henssler/Strohn, § 193 UmwG Rn 11; *Stratz* in Schmitt/Hörtnagl/Stratz, § 193 Rn 4; *Decher/Hoger* in Lutter, § 193 Rn 9 m.w.N.

65 *Senger/Vogelmann*, AG 2002, 193 (210).

66 BGH, ZIP 2005, 1318 (1320). Der BGH hat jedoch geprüft, ob einzelne, von der bisherigen Satzung abweichende Regelungen im Gesellschaftsvertrag des neuen Rechtsträgers rechtsformbedingt gerechtfertigt sind.

67 BGHZ 85, 350 (360 f.) = NJW 1983, 1056 (1058 f.) – „Freudenberg“.

Angesichts der von der Rechtsprechung für die Existenz der gesellschafterlichen Treuepflicht im Rahmen von korporationsrechtlichen Verhältnissen angeführten Begründung – die für einen Mehrheitsgesellschafter bestehende Möglichkeit, durch Einflussnahme auf die Geschäftsführung die gesellschaftsbezogenen Interessen der Mitgesellschafter zu beeinträchtigen, erfordere als Gegengewicht die gesellschaftsrechtliche Pflicht, auf diese Interessen Rücksicht zu nehmen[68] – kann an ihrer grundsätzlichen Geltung auch im Rahmen von Formwechselbeschlüssen hingegen kein Zweifel bestehen.[69] Denn auch im Rahmen von Umwandlungsmaßnahmen bestünde andernfalls die Gefahr, dass die Mehrheitsgesellschafter einseitig ihre Interessen zulasten der Minderheitsaktionäre verfolgen. Die vorstehenden Schranken der Gestaltungsfreiheit dürften hingegen nicht auf die hier zu beurteilende Umwandlung einer AG in eine KGaA zu übertragen sein, da die zitierte „Freudenberg"-Entscheidung die Frage betraf, ob und unter welchen Voraussetzungen die Gesellschafter einer KG abweichend von dem Einstimmigkeitsgrundsatz des Personengesellschaftsrechts für eine Strukturmaßnahme das Mehrheitsprinzip vorschreiben können, was bereits der Rechtslage im Aktienrecht entspricht (§ 233 Abs. 2 S. 1 UmwG).[70] Aufgrund der im UmwG zum Ausdruck kommenden gesetzgeberischen Wertung der grundsätzlichen Zulässigkeit der genannten Umwandlungsmaßnahmen verlangt die Pflicht zur Rücksichtnahme von der Gesellschaftermehrheit vielmehr nur, dass eine Umwandlung nicht in funktionswidriger Weise dazu eingesetzt werden darf, die Rechtsstellung der Minderheit zugunsten der Mehrheit in unverhältnismäßiger Weise zu beeinträchtigen.[71] Die Anwendung der Treuepflicht ist bei Umwandlungsmaßnahmen mithin auf eine Missbrauchskontrolle bzw. ein Willkürverbot beschränkt.[72] Im Übrigen ist das Aktieneigentum der Minderheitsaktionäre von Anfang an mit der Möglichkeit belastet, durch Mehrheitsentschlüsse eine Entwicklung zu nehmen, die nicht den Wünschen einzelner Aktionäre entspricht.[73] Ein Missbrauch kann daher nur durch andere Umstände als die typischen Folgen der Umwandlung der Gesellschaft begründet werden[74] und wird etwa dann anzunehmen sein, wenn mit der Umwandlung allein der Zweck verfolgt wird, einen Ausschluss der Minderheit zu ermöglichen.[75]

---

68 BGHZ 129, 136 ff. = NJW 1995, 1739 ff.; BGHZ 103, 184 (194 ff.) = NJW 1988, 1579 (1581 f.).

69 *Marsch-Barner*, GS Winter, 467 (475); ihm folgend: *Winzen*, Vorzugsaktie, S. 194. Vgl. für den Verschmelzungsbeschluss: OLG Frankfurt, ZIP 2006, 370 (373); *Gehling* in Semler/Stengel, § 13 Rn 24; *Hofmann/Krolop*, AG 2005, 866 (873 f.); *Zimmermann* in Kallmeyer, § 13 Rn 12.

70 *Habersack*, GS Winter, 177 (184).

71 BGH, ZIP 2005, 1318 (1320); *Marsch-Barner*, GS Winter, 467 (475).

72 Ebenso *Hofmann/Krolop*, AG 2005, 866 (873 f.) für den Verschmelzungsbeschluss.

73 BGHZ 82, 188 (192) = NJW 1982, 933 (934).

74 OLG Frankfurt, ZIP 2006, 370 (373); vgl. auch BGH, ZIP 2005, 1318 (1320).

75 Die überwiegende Ansicht bei der Kombination von Rechtsformwechsel und Squeeze-out einen Fall des Rechtsmissbrauchs: *Fleischer*, ZGR 2002, 757 (787); *Grune-*

a) *Grundfall: Formwechsel einer AG in eine KGaA*

Nach dem Gesagten ist die mehrheitlich beschlossene Umwandlung einer AG in eine KGaA nicht schon deshalb rechtsmissbräuchlich, weil die Kommanditaktionäre rechtsformimmanent nicht an der Bestellung des Geschäftsführungsorgans beteiligt sind und ihr Stimmrecht ggf. aufgrund der konkreten Satzungsgestaltung der KGaA möglicherweise darüber hinaus geringere Mitwirkungsbefugnisse beinhaltet als in der AG, was jedoch im Umwandlungsbericht zu erläutern ist.[76] Die Treuepflicht gebietet es ferner nicht, über Treuhandkonstruktionen oder über die Rechtsfigur der Einheitsgesellschaft in der Komplementärgesellschaft Mehrheitsverhältnisse zu schaffen, die der Beteiligung am Grundkapital entsprechen.[77]

b) *Sonderkonstellation: Verbindung des Formwechsels mit der Abschaffung von Vorzugsaktien*

Die Abschaffung von Vorzugsaktien im Rahmen der Umwandlung in eine KGaA überschreitet ebenfalls nicht die Grenzen der Treuwidrigkeit, da die Vorzugsaktionäre im Gegenzug ein Stimmrecht erhalten.[78] Auch die Stammaktionäre werden von einer solchen Vereinheitlichung der Aktiengattung nicht in rechtsmissbräuchlicher Weise benachteiligt. Zwar mag man hier einwenden, dass sich deren Stimmgewicht verringert, wenn den Vorzugsaktionären Stammaktien gewährt werden.[79] Insbesondere in Konstellationen, in denen zusätzlich die Mitwirkungsbefugnisse der Kommanditaktionäre gegenüber der gesetzlichen Ausgestaltung statutarisch eingeschränkt sind, kann es aufgrund eines „Summierungseffektes" zu einer nicht unerheblichen Einschränkung ihrer Rechtsstellung kommen. Dennoch dürfte die Grenze der Treuwidrigkeit nur im Ausnahmefall und bei Hinzutreten weiterer Umstände überschritten sein. Hierfür spricht, dass die Umwandlung von Vorzugs- in Stammaktien außerhalb eines Formwechsels nach nahezu einhelliger Ansicht keiner materiellen Beschlusskontrolle unterliegt.[80] Dies wird überzeugend damit begründet wird, dass auch die nachträgliche Einführung von Höchststimmrechten keiner sachlichen Rechtferti-

---

wald, ZIP 2002, 18 (22); *Habersack*, ZIP 2001, 1230 (1234 f.); *Krieger*, BB 2002, 53 (61 f.); a.A. *Markwardt*, BB 2004, 277 (283); *Pluskat*, NZG 2007, 725 (726 f.).

76 *Marsch-Barner*, GS Winter, 467 (480).

77 Vgl. BGH, ZIP 2005, 1318 (1320) für die formwechselnde Umwandlung einer AG in eine GmbH & Co. KG.

78 *Marsch-Barner*, GS Winter, 467 (480).

79 Beispiel: Sind Vorzugsaktien bis zur Hälfte des Grundkapitals ausgegeben, verfügt bereits ein Aktionär, der eine Beteiligung von 25 Prozent + eine Aktie am Grundkapital hält, über die einfache Stimmenmehrheit. Werden den Vorzugsaktionären nun Stammaktien im Verhältnis 1 zu 1 gewährt, reduziert sich das Stimmgewicht dieses Aktionärs auf seine tatsächliche Beteiligungsquote.

80 *Bormann* in Spindler/Stilz, § 141 Rn 21; *Senger/Vogelmann*, AG 2002, 193 (210 ff.); *Wirth/Arnold*, ZGR 2002, 859 (875 ff.); a.A. *Krieger*, FS Lutter, 497 (515 f.), nach dem die Aufhebung von Vorzügen einer sachlichen Rechtfertigung bedarf, da sie für die

gung bedarf.[81] Weiterhin wird angeführt, dass die zukünftige Dividende der Stammaktionäre aufgrund des Wegfalls der Pflicht zur Zahlung einer Vorzugsdividende bei unterstelltem identischem Ausschüttungsbetrag relativ höher ausfällt.[82] Gründe, dies im Rahmen eines Formwechsels anders zu beurteilen, sind nicht ersichtlich, zumal der Gesetzgeber im Bereich des Umwandlungsrechts Schutzmechanismen zugunsten der Minderheitsgesellschafter vorgesehen hat.[83] Ferner wird die im Zuge des Formwechsels vorgenommene Abschaffung der Vorzugsaktien in den meisten Fällen von sachlichen Gründen, wie der Vereinheitlichung der Aktionärsstruktur zur Stärkung der Unternehmensstellung in einem Aktienindex oder der Reduzierung des mit verschiedenen Aktiengattungen verbundenen Organisationsaufwandes, getragen sein, sodass die Annahme von Rechtsmissbrauch ohnehin ausscheiden wird.[84]

4. *Anfechtbarkeit des Formwechselbeschlusses gemäß § 243 Abs. 2 AktG?*

Gemäß § 243 Abs. 2 AktG kann die Anfechtung eines Hauptversammlungsbeschlusses auch darauf gestützt werden, dass ein Aktionär mit der Ausübung des Stimmrechts für sich oder einen Dritten Sondervorteile zum Schaden der Gesellschaft oder der anderen Aktionäre zu erlangen suchte und der Beschluss geeignet ist, diesem Zweck zu dienen. Dies wirft die Frage auf, ob ein die künftige Komplementärgesellschaft kontrollierender Aktionär an dem Umwandlungsbeschluss nicht mitwirken darf, weil er aufgrund der dominanten Stellung des persönlich haftenden Gesellschafters im Gefüge der KGaA hierdurch seine Machtposition im Unternehmen verfestigt. Entsprechend der Argumentation zur Treuepflicht ist das Vorliegen eines zur Anfechtung berechtigenden Sondervorteils iSv § 243 Abs. 2 AktG jedoch abzulehnen, weil ein vom Gesetz zugelassener Formwechsel nur im Ausnahmefall bei Hinzutreten weiterer Umstände einen die Anfechtung begründenden Sondervorteil darstellen kann.[85] Die starke Stellung des Komplementärs ist der KGaA vielmehr rechtsformimmanent und kann daher als notwendige Folge des Formwechsels keinen Bedenken begegnen. Hält der die künftige Komplementärgesellschaft kontrollierende Aktionär eine Mehrheitsbeteiligung am formwechselnden Rechtsträger und verfügt infolgedessen über eine starke Position, dürfte im Übrigen zumindest faktisch kein erheblicher Unterschied bestehen.[86]

Stammaktionäre vergleichbare Folgen wie eine Kapitalerhöhung mit Bezugsrechtsausschluss habe.

81 BGHZ 70, 117 ff. = NJW 1978, 540 ff. – „Mannesmann"; vgl. auch BVerfG, NJW 2001, 279 (281) – „Moto Meter", nach dem eine sachliche Rechtfertigung bestimmter die Mitgliedschaftsrechte berührender Hauptversammlungsbeschlüsse verfassungsrechtlich nicht geboten ist.

82 *Wirth/Arnold*, ZGR 2002, 859 (870).

83 *Habersack*, GS Winter, 177 (184).

84 *Marsch-Barner*, GS Winter, 467 (481).

85 Vgl. BGH, ZIP 2005, 1318 (1321).

86 *Hasselbach/Ebbinghaus*, DB 2015, 1269 (1271).

IV. Erfordernis eines Sonderbeschlusses der Vorzugsaktionäre bei der Abschaffung von Vorzugsaktien im Rahmen des Formwechsels?

Wird die Umwandlung der AG in eine KGaA mit der Abschaffung von Vorzugsaktien verbunden, ist kein Sonderbeschluss der Stammaktionäre gemäß § 179 Abs. 3 AktG erforderlich, wenn diese die einzigen stimmberechtigten Aktionäre sind. Ihre Zustimmung wird in diesem Fall bereits durch den Umwandlungsbeschluss der Hauptversammlung erteilt.[87] Problematischer ist hingegen die Frage, ob die Vorzugsaktionäre durch einen Sonderbeschluss zustimmen müssen. Denn grundsätzlich bedarf ein Beschluss, durch den der Vorzug aufgehoben oder beschränkt wird, zu seiner Wirksamkeit gemäß § 141 Abs. 1 AktG der Zustimmung der Vorzugsaktionäre. Ein Sonderbeschluss könnte jedoch entbehrlich sein, weil § 65 Abs. 2 UmwG, der über § 240 Abs. 1 HS. 2 AktG auch auf den Formwechsel Anwendung findet, nur einen Beschluss der *stimmberechtigten* Aktionäre jeder Gattung erfordert. Bevor der Frage nachgegangen werden kann, ob die Abschaffung von Vorzugsaktien im Rahmen einer Umwandlung die tatbestandlichen Voraussetzungen von § 141 Abs. 1 AktG erfüllt (dazu unter 2.), ist daher zunächst dessen Konkurrenzverhältnis zu § 65 Abs. 2 UmwG zu untersuchen (dazu unter 1.).

1. *Konkurrenzverhältnis von § 65 Abs. 2 UmwG zu § 141 Abs. 1 AktG*

a) *Meinungsstand*

Nach der überwiegenden Ansicht bedarf die Abschaffung von Vorzugsaktien im Rahmen einer Umwandlung nur dann eines Sonderbeschlusses der Vorzugsaktionäre, wenn deren Stimmrecht wegen Nichtzahlung des Vorzuges wieder aufgelebt ist (§ 140 Abs. 2 AktG).[88] Im Übrigen sei ein solcher Beschluss entbehrlich, weil § 65 Abs. 2 UmwG als *lex specialis* § 141 Abs. 1 AktG verdränge und die

---

87 Vgl. allgemein für einen satzungsändernden Beschluss: *Koch* in Hüffer/Koch, § 179 Rn 45; *Marsch-Barner*, GS Winter, 467 (468); *Seibt* in K. Schmidt/Lutter, § 179 Rn 53; *Senger/Vogelmann*, AG 2002, 193 (195); *Wirth/Arnold*, ZGR 2002, 859 (871); nach *Holzborn* in Spindler/Stilz, § 179 Rn 197 und *Stein* in MüKoAktG, § 179 Rn 195 ist lediglich die gesonderte Abstimmung, nicht jedoch die Kennzeichnung als Sonderbeschluss entbehrlich.

88 *Althoff/Narr* in NK-UmwR, § 240 Rn 12; *Arnold* in Semler/Stengel, § 240 Rn 14; *Bezzenberger* in GK-AktG, § 141 Rn 25; *Bormann* in Spindler/Stilz, § 141 Rn 9; *Brügel* in Keßler/Kühnberger, § 65 Rn 9; *Diekmann* in Semler/Stengel, § 65 Rn 24; *Grunewald* in Lutter, § 65 Rn 9; *Habersack*, GS Winter, 177 (183); *Junker* in Henssler/Strohn, § 65 UmwG Rn 7; *Koch* in Hüffer/Koch, § 141 Rn 6; *Krieger*, FS Lutter, 497 (513 ff.), *Marsch-Barner*, GS Winter, 467 (479 f.); *Petersen* in KK-UmwG, § 240 Rn 9; *Schröer* in MüKoAktG, § 141 Rn 20; *Simon* in KK-UmwG, § 65 Rn 17; *Volhard/Goldschmidt*, FS Lutter, 779 (789); *Zimmermann* in Kallmeyer, § 65 Rn 22; offen gelassen von OLG Schleswig, AG 39 (41).

Vorzugsaktionäre über § 204, 23 UmwG ausreichend geschützt seien, nach dem den Inhabern von Sonderrechten gleichwertige Rechte im neuen Rechtsträger zu gewähren sind. Demgegenüber soll nach einer Mindermeinung stets ein Sonderbeschluss der Vorzugsaktionäre erforderlich sein.[89] Dies wird damit begründet, dass § 65 Abs. 2 UmwG keine abschließende Regelung treffe, wann einer Aktiengattung eine Stimmberechtigung zukomme, sondern lediglich deklaratorisch klarstelle, dass es in den Fällen, in denen einer Aktiengattung kein Stimmrecht zustehe, auch keines Beschlusses dieser Gattung bedürfe. Die Frage, ob die Vorzugsaktionäre stimmberechtigt seien, beurteile sich mangels eigener Begriffsbestimmung des UmwG nach den aktienrechtlichen Vorschriften.

b) Würdigung

Der Wortlaut des § 65 Abs. 2 UmwG, der allein auf die stimmberechtigten Aktionäre abstellt, scheint für eine abschließende Wirkung im Verhältnis zu § 141 AktG zu sprechen. Im Wege des Umkehrschlusses könnte man annehmen, dass es keines Sonderbeschlusses der Vorzugsaktionäre bedarf, sondern diese vielmehr bewusst vom Anwendungsbereich der Norm ausgenommen sind.[90] Ferner streitet für eine Spezialität des § 65 Abs. 2 UmwG, dass bei dem neuen Rechtsträger regelmäßig keine identischen, sondern nur ähnliche Vorzugsrechte gewährt werden können und somit bei Umwandlungen häufig ein Sonderbeschluss wegen Aufhebung bzw. Beschränkung des Vorzuges gemäß § 141 Abs. 1, 2 AktG erforderlich wäre.[91] Die Beschränkung des § 65 Abs. 2 UmwG auf stimmberechtigte Aktiengattungen würde damit faktisch leerlaufen, was wenig überzeugend erscheint.[92]

Hingegen spricht die Gesetzgebungsgeschichte gegen eine verdrängende Wirkung des § 65 Abs. 2 UmwG gegenüber § 141 AktG.[93] Das Wort „stimmberechtigt" wurde erst im Laufe des Gesetzgebungsverfahrens in § 65 Abs. 2 UmwG eingefügt. Zur Begründung führte der Rechtsausschuss des Bundestages aus: „Die Ergänzung in Absatz 2 dient der Klarstellung, dass Vorzugsaktionären ohne Stimmrecht auch bei der Beschlussfassung über eine Verschmelzung kein Stimmrecht zusteht."[94] Soll durch das Wort „stimmberechtigt" jedoch nur deklaratorisch festgelegt werden, dass eine Verschmelzung nicht zwangsläufig der Zustimmung sämtlicher Aktiengattungen bedarf, spricht dies dafür, dass die Regelung keine abschließende Wirkung gegenüber § 141 AktG entfaltet und sich die Stimmberechtigung nach den allgemeinen aktien-

---

89 *Bermel* in Goutier/Knopf/Tulloch, § 65 Rn 19; *Brause*, Stimmrechtslose Vorzugsaktien, S. 115 ff.; *Frenz* in Maulbetsch/Klump/Rose, § 65 Rn 20 ff.; *Göthel* in Lutter, § 240 Rn 7; *Kiem*, ZIP 1997, 1627 (1628 f.); *Quass* in Maulbetsch/Klumpp/Rose, § 193 Rn 5; *Rieger* in Widmann/Mayer, § 65 Rn 24; *Winzen*, Vorzugsaktie, S. 199 ff.

90 *Simon* in KK-UmwG, § 65 Rn 17.

91 *Grunewald* in Lutter, § 65 Rn 8; *Simon* in KK-UmwG, § 65 Rn 17.

92 *Simon* in KK-UmwG, § 65 Rn 17.

93 *Kiem*, ZIP 1997, 1627 (1628); *Rieger* in Widmann/Mayer, § 65 Rn 24.

94 Abgedruckt bei *Ganske*, Umwandlungsrecht, S. 112.

rechtlichen Regelungen richtet.[95] Dies dürfte sich im Übrigen auch aus einer richtlinienkonformen Auslegung ergeben.[96] Denn der § 65 Abs. 2 UmwG zugrunde liegende Art. 7 Abs. 2 der Verschmelzungsrichtlinie[97] verlangt eine gesonderte Abstimmung der Aktionäre einer Aktiengattung, deren Rechte durch die Maßnahme beeinträchtigt werden, unabhängig von deren Stimmberechtigung. Schließlich entspricht ein solches Verständnis von § 65 Abs. 2 UmwG auch dem Meinungsbild zur vergleichbaren Regelung des § 182 Abs. 2 AktG, nach der der Beschluss der Hauptversammlung über eine Kapitalerhöhung gegen Einlagen ebenfalls der Zustimmung der stimmberechtigten Aktionäre jeder Gattung bedarf.[98] Es besteht insoweit Einigkeit, dass § 141 AktG von dieser Regelung nicht verdrängt wird, sondern selbstständig anwendbar bleibt.[99]

Dem kann auch nicht entgegengehalten werden, dass die Vorzugsaktionäre über §§ 204, 23 UmwG ausreichend geschützt seien.[100] Zunächst ist schon zweifelhaft, ob § 23 UmwG überhaupt auf stimmrechtslose Vorzugsaktien anwendbar ist.[101] Zwar geht die wohl überwiegende Ansicht davon aus, dass Vorzugsaktien Anteile ohne Stimmrecht im Sinne der Vorschrift darstellen.[102] Dies ist jedoch nicht unproblematisch, denn § 23 UmwG und die Vorgängernorm § 347a AktG a.F. gehen auf Art. 15 der Verschmelzungsrichtlinie zurück und sind daher in dessen Lichte auszulegen.[103] Art. 15 der Verschmelzungsrichtlinie nimmt jedoch explizit Aktien von seinem Anwendungsbereich aus, sodass auch § 23 UmwG insoweit teleologisch zu reduzieren sein könnte. Jedenfalls gewährt § 23 UmwG nur einen schuldrechtlichen Anspruch auf Einräumung eines gleichwertigen Rechts und bietet daher keinen qualitativ gleichwertigen Schutz wie ein Mitwirkungsrecht nach § 141 AktG, das den Vorzugsaktionären bei einer Abschaffung des Vorzuges außerhalb des Formwechsels unstreitig zustehen würde.[104] Schließlich kann auch der Einwand nicht überzeugen, dass die Beschränkung des § 65 Abs. 2 UmwG auf stimmberechtigte Aktien durch eine An-

---

95 *Rieger* in Widmann/Mayer, § 65 Rn 24.

96 *Winzen*, Vorzugsaktie, S. 199; vgl. auch *Rieger* in Widmann/Mayer, § 65 UmwG Rn 20.

97 Richtlinie 2011/35/EU des Europäischen Parlaments und des Rates vom 5. April 2011 über die Verschmelzung von Aktiengesellschaften.

98 *Kiem*, ZIP 1997, 1627 (1628); *Winzen*, Vorzugsaktie, S. 199.

99 Vgl. Reg. Begr. BT-Drs. 12/6721 S. 10; *Koch* in Hüffer/Koch, § 182 Rn 19 m.w.N.

100 So aber: *Diekmann* in Semler/Stengel, § 65 Rn 24; *Simon* in KK-UmwG, § 65 Rn 17; *Zimmermann* in Kallmeyer, § 65 Rn 22.

101 Vgl. dazu *Rieger* in Widmann/Mayer, § 65 Rn 19 mit Fn 2.

102 *Grunewald* in Lutter, § 23 Rn 10; *Maulbetsch* in Maulbetsch/Klumpp/Rose, § 23 Rn 11; *Stratz* in Schmitt/Hörtnagl/Stratz, § 23 Rn 6; *Vossius* in Widmann/Mayer, § 23 Rn 11; a.A. *Hüffer*, FS Lutter, 1227 (1231 f.); *Kalss* in Semler/Stengel, § 23 Rn 10 f.; *Simon* in KK-UmwG, § 23 Rn 10.

103 *Kalss* in Semler/Stengel, § 23 Rn 2 m.w.N.

104 *Rieger* in Widmann/Mayer, § 65 Rn 19; kritisch: *Frenz* in Maulbetsch/Klumpp/Rose, § 65 Rn 21.

wendung von § 141 AktG aufgrund dessen restriktiver Handhabung, auf die sogleich zurückzukommen sein wird, leer laufen würde.

2. *Abschaffung der Vorzugsaktien im Rahmen einer Umwandlung als Aufhebung des Vorzugs im Sinne von § 141 Abs. 1 AktG?*

Der Zustimmung der Vorzugsaktionäre gemäß § 141 Abs. 1 AktG bedürfen nach allgemeiner Meinung nur unmittelbare Beeinträchtigungen des Vorzuges, während wirtschaftliche Nebenfolgen einer Beschlussfassung als mittelbare Beeinträchtigung zustimmungsfrei sind.[105] Nur ein Eingriff, der nach dem Inhalt des Beschlusses auf eine Beseitigung oder Beschränkung des Vorzuges gerichtet ist, ist zustimmungspflichtig, wobei es unerheblich ist, ob die Beeinträchtigung zielgerichtet und vorsätzlich erfolgt.[106] Werden den Vorzugsaktionären der AG in der KGaA wiederum Vorzugsaktien eingeräumt, stellt der Umstand, dass das Gewicht eines gemäß § 140 Abs. 2 AktG auflebenden Stimmrechtes in der KGaA in Folge der eingeschränkten Kompetenzen des Aufsichtsrates rechtsformbedingt geringer ist, eine solche mittelbare Beeinträchtigung dar, sodass ihre Zustimmung nicht erforderlich ist.[107] Hingegen liegt nach vorzugswürdiger Ansicht ein unmittelbarer Eingriff in das Vorzugsrecht vor, wenn die Satzung des neuen Rechtsträgers ausschließlich Stammaktien vorsieht.[108] Dem ist zwar teilweise entgegengehalten worden, dass nach allgemeiner Meinung selbst der Beschluss über die Liquidation (§ 262 Abs. 1 Nr. 2 AktG) nicht der Zustimmung der Vorzugsaktionäre bedarf,[109] sodass dies erst gelten müsse, wenn den Vorzugsaktionären Stammaktien am neuen Rechtsträger gewährt werden.[110] Diese Argumentation vermag jedoch nicht zu überzeugen. Dass der Vorzug im Falle der Liquidation nicht mehr gezahlt werden darf, ist nicht Inhalt, sondern gesetzliche Folge des gefassten Beschlusses (§ 272 Abs. 2 AktG).[111] Eine vergleichbare Einschränkung der Möglichkeit zur Gewährung von Stammaktien am neuen Rechtsträger besteht gerade nicht. § 141 AktG lässt sich nicht entnehmen, dass ein Sonderbeschluss nur dann erforderlich ist, wenn die Aufhebung des Vorzuges auf einem Hauptversammlungsbeschluss beruht, der dies ausdrücklich vorsieht.[112]

---

105 Vgl. statt aller nur: OLG Schleswig, AG 2008, 39 (41); *Bormann* in Spindler/Stilz, § 141 Rn 6 ff.

106 *Bormann* in Spindler/Stilz, § 141 Rn 6; *Schröer* in MüKoAktG, § 141 Rn 4; a.A. wohl OLG Hamm, ZIP 2005, 1457 (1463).

107 OLG Schleswig, AG 2008, 39 (41 f.).

108 *Kiem*, ZIP 1997, 1627 (1630); *Rieger* in Widmann/Mayer, § 65 Rn 30; *Winzen*, Vorzugsaktie, S. 200 f.

109 *Bormann* in Spindler/Stilz, § 141 Rn 9; *Koch* in Hüffer/Koch, § 141 Rn 6; *Schröer* in MüKoAktG, § 141 Rn 7.

110 *Krieger*, FS Lutter, 497 (514); vgl. auch *Drygala* in Lutter, § 5 Rn 21, der nur eine mittelbare Beeinträchtigung annimmt.

111 *Schröer* in MüKoAktG, § 141 Rn 7.

112 *Kiem*, ZIP 1997, 1627 (1629).

Vielmehr darf der durch die Regelung bezweckte Schutz der Vorzugsaktionäre vor den Vorzug aufhebenden oder beschränkenden Maßnahmen nicht „durch die Hintertür des Formwechsels“ umgangen werden. Denn unstreitig wäre ein Sonderbeschluss der Vorzugsaktionäre erforderlich, wenn zunächst der Vorzug abgeschafft und sodann der Beschluss über den Formwechsel gefasst würde. Aus der Sicht der Vorzugsaktionäre macht es keinen Unterschied, ob der Vorzug durch einen satzungsändernden Beschluss oder im Wege der Umwandlung abgeschafft wird.[113] Dies deckt sich auch mit dem rechtstatsächlichen Befund, nach dem die Umwandlung in eine KGaA in der Praxis häufig mit dem Ziel der Vereinheitlichung der Aktiengattungen der AG verbunden wird und die „Beschneidung des Vorzugsrechtes“[114] hierfür einen zentralen Beweggrund darstellt.[115]

3. *Zwischenergebnis*

Nach vorzugswürdiger Ansicht bedarf die Abschaffung von Vorzugsaktien im Rahmen einer Umwandlung der Zustimmung der Vorzugsaktionäre gemäß § 141 Abs. 1 AktG. Das Fehlen des Sonderbeschlusses führt zur schwebenden Unwirksamkeit des Umwandlungsbeschlusses.[116] Selbst wenn man entgegen der hier vertretenen Ansicht eine Spezialität des § 65 Abs. 2 UmwG annehmen will, dürfte die Praxis zur Vermeidung von Anfechtungsrisiken gut beraten sein, vorsorglich einen Sonderbeschluss der Vorzugsaktionäre herbeizuführen.[117]

V. Der Beitritt der SE als persönlich haftende Gesellschafterin

1. *Grundsätzliches*

Abweichend vom im Rahmen des Formwechsels geltenden Grundsatz der personellen Identität kann der Komplementär auch erst im Zuge des Formwechsels beitreten (§ 240 Abs. 2 S. 2 i.V.m. § 221 UmwG).[118] Der Beitritt des persönlich haftenden Gesellschafters, der auch in der über den Formwechsel beschließenden Hauptversammlung erklärt werden kann,[119] bedarf dabei der notariellen Beurkundung

---

113 Dies räumt auch *Krieger*, FS Lutter, 497 (513) ein.

114 *Kiem*, ZIP 1997, 1627 (1629).

115 Vgl. den Umwandlungsbericht der Fresenius SE, S. 34 ff.

116 OLG Frankfurt, Beschluss v. 2.12.2010 – 5 Sch 3/10 Rn 21 – juris; *Bormann* in Spindler/Stilz, § 141 Rn 52; *Koch* in Hüffer/Koch, § 141 Rn 10; *Krafka/Kühn*, RegisterR, Rn 1384; *Schröer* in MüKoAktG, § 141 Rn 38.

117 So die Empfehlung von *Brügel* in Keßler/Kühneberger, § 65 Rn 9 und *Rieger* in Widmann/Mayer, § 65 Rn 30.

118 *Bärwaldt* in Semler/Stengel, § 197 Rn 58; *Lorz*, VGR 1998, 57 (83); *Schaumburg/Schulte*, KGaA, Rn 196.

119 *Blasche* in Kallmeyer, § 221 Rn 3; *Göthel* in Lutter, § 240 Rn 11. Aufgrund des Wortlautes von § 221 S. 1 UmwG kann die Beitrittserklärung nach h.M. frühestens gleichzeitig mit dem Umwandlungsbeschluss abgegeben werden, *Joost* in Lutter,

(§ 240 Abs. 2 S. 2 i.V.m. § 221 S. 1 UmwG). Ferner hat der beitretende Komplementär die Satzung der KGaA zu genehmigen (§ 240 Abs. 2 S. 2, § 221 S. 2 UmwG), wobei die Genehmigung ebenfalls notariell zu beurkunden[120] und daher zweckmäßigerweise mit der Beitrittserklärung zu erklären ist.[121]

2. *Einsatz einer Vorrats-SE*

Der Beitritt einer SE als Komplementärin setzt denknotwendig deren vorherige Gründung voraus. Da die verschiedenen originären Gründungsformen der SE-VO im Vergleich zur Gründung einer AG bzw. GmbH mit deutlichem Mehraufwand verbunden sind – insbesondere sind mehrere Gründungsgesellschaften mit einem Mehrstaatenbezug sowie grundsätzlich die Durchführung des Arbeitnehmerbeteiligungsverfahrens erforderlich –,[122] liegt hierbei ein Rückgriff auf eine Vorrats-SE nahe,[123] an deren Zulässigkeit heute keine Zweifel mehr bestehen.[124] Auf die Vorrats-SE finden über Art. 15 Abs. 1 SE-VO die gläubigerschützenden Vorgaben des BGH zur wirtschaftlichen Neugründung[125] Anwendung, sodass insbesondere die Aktivierung gegenüber dem Handelsregister offenzulegen ist und das Leitungsorgan bzw. die geschäftsführenden Direktoren die Versicherung nach § 37 Abs. 1 S. AktG

§ 221 Rn 3; *Schlitt* in Semler/Stengel, § 221 Rn 8; *Stratz* in Schmitt/Hörtnagl/Stratz, § 221 Rn 2; a.A. *Blasche* in Kallmeyer, § 221 Rn 3; *Vossius* in Widmann/Mayer, § 221 Rn 8.

120 *Blasche* in Kallmeyer, § 221 Rn 4; *Schlitt* in Semler/Stengel, § 221 Rn 11.

121 *Blasche* in Kallmeyer, § 221 Rn 4; nach *Joost* in Lutter, § 221 Rn 6 soll es sich bei der Beitritts- und der Genehmigungserklärung um eine rechtlich einheitliche Erklärung handeln; anders die h.M.: *Blasche* in Kallmeyer, § 221 Rn 4; *Schlitt* in Semler/Stengel, § 221 Rn 12; *Vossius* in Widmann/Mayer, § 221 Rn 14.

122 *Habersack* in Habersack/Drinhausen, Art. 2 SE-VO Rn 1.

123 *Reichert/Ott*, 10 Jahre SE, 154 (168).

124 Vgl. dazu etwa *Middendorf* in Lutter/Hommelhoff/Teichmann, Die SE in der arbeitsrechtlichen Praxis, Rn 100. Zwar kann nach Art. 12 Abs. 2 SE-VO die Eintragung einer SE erst erfolgen, wenn eine Vereinbarung über die Beteiligung der Arbeitnehmer getroffen wurde bzw. das Besondere Verhandlungsgremium die Nichtaufnahme oder den Abbruch der Verhandlungen beschlossen hat. Allerdings ist diese Vorschrift teleologisch zu reduzieren, wenn die Durchführung des Beteiligungsverfahrens in Ermangelung einer hinreichenden Zahl von Arbeitnehmern der Gründungsgesellschaften und der zu gründenden SE ausgeschlossen ist, OLG Düsseldorf, AG 2009, 629 (630); AG München, ZIP 2006, 1300; *Bayer* in Lutter/Hommelhoff/Teichmann, Art. 2 SE-VO Rn 34; *Habersack* in Habersack/Drinhausen, Art. 2 SE-VO Rn 29; *Oechsler/Mihaylova* in MüKoAktG, Art. 2 SE-VO Rn 49; *Casper* in Spindler/Stilz, Art. 2 SE-VO Rn 27 f.; *Forst*, NZG 2009, 687 (688); eingehend: *Casper/Schäfer*, ZIP 2007, 653 ff.; für die Unzulässigkeit einer Gründung einer arbeitnehmerlosen SE hingegen: *Blanke*, ZIP 2006, 789 (791 f.); in diesem Sinne wohl auch noch: AG Hamburg, ZIP 2005, 2017 und LG Hamburg, ZIP 2005, 2018.

125 Grundlegend: BGH, NJW 2003, 892 und BGH, NJW 2003, 3198; vgl. ferner BGH, NJW 2012, 1875.

abzugeben haben.[126] Nach ganz h.M. ist dabei die Eintragung der mit der wirtschaftlichen Neugründung einhergehenden Satzungsänderung nicht von der vorherigen Durchführung des Verfahrens über die Beteiligung der Arbeitnehmer abhängig.[127] Dieses Verfahren zur Beteiligung der Arbeitnehmer kann derart komplex, zeitaufwendig und kostspielig sein, dass allein die Notwendigkeit einer Durchführung ein gewichtiges Argument gegen die Wahl einer SE als Komplementärin darstellen kann.[128] Es ist daher der Frage nachzugehen, ob bzw. unter welchen Voraussetzungen das Arbeitnehmerbeteiligungsverfahren durchzuführen ist, wenn eine Vorrats-SE aktiviert wird (dazu unter a)) und sodann als Komplementärin einer KGaA beitritt (dazu unter b) und c)).

a) Notwendigkeit der Durchführung eines Arbeitnehmerbeteiligungsverfahrens bei Aktivierung einer Vorrats-SE?

Das Beteiligungsverfahren ist nach ganz h.M. durchzuführen, wenn die Gesellschaft aktiviert und die hierfür erforderliche Satzungsänderung im Handelsregister eingetragen worden ist.[129] Dogmatisch begründet wird dies überwiegend mit einer analogen Anwendung von § 18 Abs. 3 SEBG,[130] der Neuverhandlungen über die Beteiligungsrechte der Arbeitnehmer für den Fall vorschreibt, dass strukturelle Änderungen der SE geplant sind, die zur Minderung der Beteiligungsrechte der Arbeitnehmer geeignet sind. Die Aktivierung der Vorrats-Gesellschaft steht wegen

126 *Bayer* in Lutter/Hommelhoff/Teichmann, Art. 2 SE-VO Rn 32; *Forst*, NZG 2009, 687 (688 f.); *Habersack* in Habersack/Drinhausen, Art. 2 SE-VO Rn 31; *Schäfer* in MüKoAktG, Art. 16 SE-VO Rn 10; *Veil* in KK-AktG, Art. 2 SE-VO Rn 52.

127 *Bayer* in Lutter/Hommelhoff/Teichmann, Art. 2 SE-VO Rn 35; *Habersack* in Habersack/Drinhausen, Art. 2 SE-VO Rn 30; *Hohenstatt/Müller-Bonanni* in Habersack/Drinhausen, § 3 SEBG Rn 13; *Reichert/Ott*, 10 Jahre SE, 154 (168); a.A. *Forst*, NZG 2009, 687 (691).

128 *Reichert/Ott*, 10 Jahre SE, 155 (174); vgl. auch: *Ege/Grzimek/Schwarzfischer*, DB 2011, 1205 (1209).

129 Das OLG Düsseldorf, DNotZ 2009, 699 (701) führt aus, dass „das Beteiligungsverfahren nachzuholen [sei], sobald die Vorrats-SE wirtschaftlich neu gegründet, namentlich mit einem Unternehmen ausgestattet wird und infolgedessen über Arbeitnehmer verfügt."

130 OLG Düsseldorf, DNotZ 2009, 699 (701); *Bayer* in Lutter/Hommelhoff/Teichmann, Art. 2 SE-VO Rn 35; *Casper* in Spindler/Stilz, Art. 2, 3 SE-VO Rn 31; *Feuerborn* in KK-AktG, § 18 SEBG Rn 53; *Forst*, NZG 2009, 687 (690); *Henssler* in Ulmer/Habersack/Henssler, § 18 SEBG Rn 31 f.; *Schäfer* in MüKoAktG, Art. 16 SE-VO Rn 13; *Veil* in KK-AktG, Art. 2 SE-VO Rn 55. Teilweise wird auch die Anwendung der §§ 4 ff. SEBG befürwortet: *Oetker* in Lutter/Hommelhoff/Teichmann, § 1 SEBG Rn 19; *Maul* in KK-AktG, Art. 3 SE-VO Rn 29; hiergegen: *Casper/Schäfer*, ZIP 2007, 653 (658 f.). Gegen jede Form der Arbeitnehmerbeteiligung in der Vorrats-SE etwa *Feldhaus/Vanscheidt*, BB 2008, 2246 (2249).

ihres gründungsähnlichen Charakters einer strukturellen Änderung gleich.[131] Da § 5 SEBG und Art. 3 Abs. 2 SE-RL für das Besondere Verhandlungsgremium jedoch eine Mindestanzahl von zehn Mitgliedern vorsehen, soll die Durchführung des Beteiligungsverfahrens nur dann erforderlich sein, wenn die SE und ihre Gründungsgesellschaften über mindestens zehn Arbeitnehmer verfügen.[132] Diese Einschränkung wird überzeugend damit begründet, dass ohne eine entsprechende Anzahl von Arbeitnehmern keine ordnungsgemäße Konstituierung des Besonderen Verhandlungsgremiums möglich ist. Über die genauen Voraussetzungen dieses restriktiven Kriteriums besteht indes im Einzelnen Streit.

aa) Zu berücksichtigende Arbeitnehmer

Zunächst wird nicht einheitlich beantwortet, ob für die Bestimmung des Schwellenwertes lediglich unmittelbar bei der SE und deren Gründungsgesellschaften angestellte Arbeitnehmer oder auch solche von Tochtergesellschaften der SE zu berücksichtigen sind. Da häufig weder eine Management-Komplementär-SE noch die Gründungsgesellschaften einer Vorrats-SE über zehn Arbeitnehmer verfügen werden, ist von entscheidender Bedeutung, ob die Arbeitnehmer der Tochtergesellschaften der SE ebenfalls zu berücksichtigen sind (dazu unter (1)) und ob die KGaA als eine betroffene Tochtergesellschaft der SE iSv § 2 Abs. 3 SEBG anzusehen ist (dazu unter (2)).[133]

(1) Berücksichtigung der Arbeitnehmer der Tochtergesellschaften der SE?

Die überwiegende Ansicht stellt bei der Bestimmung des Schwellenwertes ausschließlich auf die Arbeitnehmer der SE und ihrer Gründungsgesellschaften ab.[134]

---

131 Nach einer anderen Ansicht soll ausgehend vom Schutzzweck des SEBG das Arbeitnehmerbeteiligungsverfahren hingegen nur dann durchzuführen sein, wenn der *konkrete Aktivierungsvorgang* die Tatbestandsvoraussetzungen des § 18 Abs. 3 SEBG erfüllt, mithin eine strukturelle Änderung der SE begründet und geeignet ist, die Beteiligungsrechte der Arbeitnehmer zu mindern, *Hohenstatt/Müller-Bonanni* in Habersack/Drinhausen, § 3 SEBG Rn 11; *Kiem* in KK-AktG, Art 12 SE-VO Rn 52; *Reichert/Ott*, 10 Jahre SE, 154 (180).

132 *Feuerborn* in KK-AktG, § 1 SEBG Rn 8; *Habersack* in Habersack/Drinhausen, Art. 2 SE-VO Rn 29; *Casper* in Spindler/Stilz, Art. 2, 3 SE-VO Rn 30; *Oechsler/Mihaylova* in MüKoAktG, Art. 2 SE-VO Rn 49a; *Schürnbrand* in Habersack/Drinhausen, Art. 12 SE-VO Rn 25; *Sigle*, FS Hommelhoff, 1123 (1124); a.A. *Forst*, NZG 2009, 687 (692); *Middendorf* in Lutter/Hommelhoff/Teichmann, Die SE in der arbeitsrechtlichen Praxis, Rn 104 wegen der Gefahr des Missbrauchs; *Lutter/Bayer/Schmidt*, Europäisches Unternehmens- und Kapitalmarktrecht, § 41 Rn 194 wollen in diesem Fall die Größe des BVG entsprechend reduzieren.

133 Eine Zurechnung der Arbeitnehmer der KGaA an die SE gemäß § 4 bzw. § 5 MitbestG (analog) kommt wegen § 47 Abs. 1 Nr. 1 SEBG und dem zugrunde liegenden Art. 13. Abs. 2 SE-RL nicht in Betracht, vgl. dazu oben unter § 2 F. II. 2. e).

134 *Habersack* in Habersack/Drinhausen, Art. 2 SE-VO Rn 30; *Casper* in Spindler/Stilz, Art. 2, 3 SE-VO Rn 29 f.; *Oechsler/Mihaylova* in MüKoAktG, Art. 2 SE-VO Rn 49a;

Teilweise wird jedoch ohne nähere Begründung vertreten, dass auch die Arbeitnehmer der betroffenen Tochtergesellschaften der SE zu berücksichtigen seien.[135] Für letztere Ansicht streitet, dass § 6 Abs. 2 SEBG den Kreis der zu Mitgliedern des besonderen Verhandlungsgremiums wählbaren Personen auch auf die Arbeitnehmer der Gründungs- und betroffenen Tochtergesellschaften[136] erstreckt.[137] Allerdings sprechen der Wortlaut und der Schutzzweck des SEBG dafür, ausschließlich auf Arbeitnehmer der SE und ihrer Gründungsgesellschaften abzustellen. Denn gemäß § 1 Abs. 1 S. 2 SEBG dient die Durchführung des Beteiligungsverfahrens der Sicherung der erworbenen Rechte der Arbeitnehmer auf Beteiligung an Unternehmensentscheidungen in der neu gegründeten SE. Ferner soll das Arbeitnehmerbeteiligungsverfahren ausweislich Erwägungsgrund (3) der zugrunde liegenden SE-Richtlinie[138] gewährleisten, „dass die Gründung einer SE nicht zur Beseitigung oder zur Einschränkung der Gepflogenheiten der Arbeitnehmerbeteiligung führt, die *in den an der Gründung einer SE beteiligten Gesellschaften* herrschen (Hervorhebung des Verfassers)."[139] Eine Sicherung von Rechten der Arbeitnehmer ist jedoch denknotwendig nur dann möglich, wenn man auf die Arbeitnehmer der SE bzw. ihrer Gründungsgesellschaften abstellt. Den Arbeitnehmern von Tochtergesellschaften fehlt ein entsprechendes Schutzbedürfnis, da ihre Beteiligungsrechte durch das SEBG und die zugrunde liegende Richtlinie nicht berührt werden.[140]

(2) Die KGaA als Tochtergesellschaft der Komplementär-SE iSv § 2 Abs. 3 SEBG?

Stellt man entgegen der hier vertretenen Ansicht zur Bestimmung des Schwellenwertes von zehn Arbeitnehmern auch auf die Arbeitnehmer der Tochtergesellschaften der SE ab, ist entscheidend, ob die KGaA als eine betroffene Tochtergesellschaft der SE iSv § 2 Abs. 3 SEBG anzusehen ist. Sollte diese Frage zu bejahen sein, wären die Arbeitnehmer der KGaA der Komplementär-SE zuzurechnen, sodass regelmäßig die Durchführung des Arbeitnehmerbeteiligungsverfahrens erforderlich wäre. Nach der Legaldefinition in § 2 Abs. 3 SEBG sind Tochtergesellschaften rechtlich selbstständige Unternehmen, auf die eine andere Gesellschaft einen beherrschenden

Sigle, FS Hommelhoff, 1123 (1126); das OLG Düsseldorf, DNotZ 2009, 699 (701) nimmt zu der Frage nicht explizit Stellung, formuliert jedoch, dass das Beteiligungsverfahren nachzuholen sei, sobald „die Vorrats-SE" über Arbeitnehmer verfüge.

135 *Hohenstatt/Müller-Bonanni* in Habersack/Drinhausen, § 3 SEBG Rn 12; wohl auch *Jacobs* in MüKoAktG, § 3 SEBG Rn 4.

136 *Hohenstatt/Müller-Bonanni* in Habersack/Drinhausen, § 6 SEBG Rn 3; *Jacobs* in MüKoAktG, § 6 SEBG Rn 2.

137 *Reichert/Ott*, 10 Jahre SE, 154 (184).

138 Richtlinie 2001/86/EG des Rates vom 8. Oktober 2001 zur Ergänzung des Statuts der Europäischen Gesellschaft hinsichtlich der Beteiligung der Arbeitnehmer.

139 *Reichert/Ott*, 10 Jahre SE, 154 (184 f.).

140 *Reichert/Ott*, 10 Jahre SE, 154 (185).

Einfluss iSv Art. 3 Abs. 2 bis 7 der Richtlinie über Europäische Betriebsräte[141] („EBR-RL“) ausüben kann. Ferner ist § 6 Abs. 2 bis 4 des Europäischen Betriebsrätegesetzes („EBRG“) anzuwenden (§ 2 Abs. 3 S. 2 SEBG). Die Fähigkeit beherrschenden Einfluss auszuüben, wird dabei gemäß Art. 3 Abs. 2 lit. a) – c) EBR-RL bzw. dem inhaltsgleichen[142] § 6 Abs. 2 S. 1 EBRG widerlegbar vermutet, wenn ein Unternehmen in Bezug auf ein anderes Unternehmen direkt oder indirekt (i) die Mehrheit des gezeichneten Kapitals dieses Unternehmens besitzt oder (ii) über die Mehrheit der mit den Anteilen am anderen Unternehmen verbundenen Stimmrechte verfügt oder (iii) mehr als die Hälfte der Mitglieder des Verwaltungs-, Leitungs- oder Aufsichtsorgans des anderen Unternehmens bestellen kann. Da die Komplementärin regelmäßig nicht über die Mehrheit des gezeichneten Kapitals oder über die Mehrheit der mit den Anteilen an der KGaA verbundenen Stimmrechte verfügt, kommt allein letzteres Beherrschungsmerkmal in Betracht. Fraglich ist mithin, ob die Komplementär-SE mehr als die Hälfte der Mitglieder des Leitungs- oder Aufsichtsorgans der KGaA bestellen kann. Die Mitglieder des Aufsichtsrates der KGaA, dem Aufsichtsorgan iSv Art. 3 Abs. 2 lit. c) EBR-RL bzw. § 6 Abs. 2 S. 1 Nr. 1 EBRG, werden jedoch nicht von der SE, sondern von den Kommanditaktionären bestellt. Das Leitungsorgan der KGaA stellt die Komplementär-SE dar. Ihre Befugnisse beruhen jedoch auf der gesellschaftsvertraglichen Zuweisung, sodass gerade keine Bestellung iSv Art. 3 Abs. 2 lit c) EBR-RL bzw. § 6 Abs. 2 S. 1 Nr. 1 EBRG vorliegt und nach dem bloßen Wortlaut keines der genannten Tatbestandsmerkmale erfüllt ist.[143]

Dies wirft die Frage auf, ob der in Art. 3 Abs. 2 EBR-RL bzw. § 6 Abs. 2 S. 1 EBRG genannte Katalog an Beherrschungsmerkmalen abschließend zu verstehen ist oder ob die Tatsache, dass die Komplementär-SE als gesetzliches Leitungsorgan die Geschicke der KGaA maßgeblich beeinflusst, einem beherrschenden Einfluss gleichzusetzen ist, auf den Art. 3 Abs. 2 EBR-RL bzw. § 6 Abs. 2 S. 1 EBRG analog anzuwenden sind. Nach einer Ansicht haben die genannten Beherrschungstatbestände nur beispielhaften Charakter und es genügt eine auf andere Weise gesellschaftsrechtlich vermittelte Einflussmöglichkeit.[144] Demgegenüber erachtet die wohl h.M. den Katalog der Beherrschungstatbestände in Art. 3 Abs. 2 EBRL-RL und § 6 Abs. 2 S. 1 EBRG zu Recht als abschließend.[145] Für letztere Ansicht spricht zunächst eine grammatikalische Auslegung der Normen, denen nicht, z.B. durch

---

141 Richtlinie 94/45/EG des Rates vom 22. September 1994 über die Einsetzung eines Europäischen Betriebsrats oder die Schaffung eines Verfahrens zur Unterrichtung und Anhörung der Arbeitnehmer in gemeinschaftsweit operierenden Unternehmen und Unternehmensgruppen.

142 *Henssler*, FS K. Schmidt, 601 (605).

143 *Reichert/Ott*, 10 Jahre SE, 154 (191).

144 *Jacobs* in MüKoAktG, § 2 SEBG Rn 10; nach *Nagel* in Nagel/Freis/Kleinsorge, § 2 SEBG Rn 7 muss die Beherrschung nicht gesellschaftsrechtlich vermittelt sein.

145 ArbG Stuttgart, Beschluss v. 29. April 2008 – 12 BV 109/07; *Henssler*, FS K. Schmidt, 601 (607 und 613); *Hohenstatt/Müller-Bonanni* in Habersack/Drinhausen, § 2 SEBG Rn 14; *Reichert/Ott*, 10 Jahre SE, 154 (192).

die Verwendung des Wortes „insbesondere", zu entnehmen ist, dass die Aufzählung nur beispielhaften Charakter hat. Ferner verweist § 2 Abs. 3 S. 1 SEBG gerade nicht auf die inhaltlich weitere Begriffsbestimmung des beherrschenden Einflusses in Art. 3 Abs. 1 EBR-RL, sondern nimmt ausschließlich auf die konkret aufgezählten Tatbestände des Art. 3 Abs. 2 EBR-RL Bezug.[146] Diese präzise Verweisung des § 2 Abs. 3 S. 1 SEBG auf einzelne Absätze des Art. 3 EBR-RL und § 6 EBRG steht nicht nur einem Rückgriff auf nicht genannte Abschnitte bzw. gar Vorschriften, sondern auch einer erweiternden Auslegung bzw. analogen Anwendung der Vorschrift entgegen, da der Begriff der Tochtergesellschaften andernfalls aufgeweicht und als Legaldefinition unbrauchbar würde.[147] Denn nach ihrem Sinn und Zweck sollen Legaldefinitionen gerade der Entstehung von Rechtsunsicherheit vorbeugen, indem sie durch eine eindeutige Begriffsbestimmung die praktische Anwendung komplexer Regelungswerke erleichtern. Mit diesem Regelungszweck ist eine extensive Auslegung der Norm über den Wortlaut hinaus bzw. eine analoge Anwendung der Vorschrift auf nicht erfasste Sachverhalte nicht zu vereinbaren. Somit sprechen die besseren Gründe dafür, die KGaA nicht als Tochtergesellschaft der Komplementär-SE iSv § 2 Abs. 3 SEBG anzusehen.

(3) Zwischenergebnis

Bezüglich der Ermittlung des für die Durchführung des Arbeitnehmerbeteiligungsverfahrens erforderlichen Schwellenwertes von zehn Arbeitnehmern ist nach vorzugswürdiger Ansicht ausschließlich auf die Komplementär-SE bzw. ihre Gründungsgesellschaften und nicht auch auf ihre Tochtergesellschaften abzustellen. Bei einer Management-SE wird diese Anzahl von Arbeitnehmern häufig nicht erreicht werden, sodass demzufolge bei Aktivierung der Vorrats-SE auch kein Arbeitnehmerbeteiligungsverfahren durchzuführen ist. Auch wenn man entgegen der hier vertretenen Ansicht die Arbeitnehmer der Tochtergesellschaften der SE ebenfalls berücksichtigen möchte, scheidet eine Zurechnung der Arbeitnehmer der KGaA aus, da diese nach vorzugswürdiger Ansicht keine Tochtergesellschaft der SE iSv § 6 Abs. 2 SEBG darstellt.

bb) Maßgeblicher Zeitpunkt für das Erreichen der Grenze von zehn Arbeitnehmern

Ferner ist umstritten, zu welchem Zeitpunkt die SE bzw. ihre Gründungsgesellschaften über zehn Arbeitnehmer verfügen müssen. Die überwiegende Ansicht verlangt, dass zum Zeitpunkt der Neugründung mindestens zehn Arbeitnehmer

146 *Hohenstatt/Müller-Bonanni* in Habersack/Drinhausen, § 2 SEBG Rn 14; *Reichert/Ott*, 10 Jahre SE, 154 (192). Vgl. auch *Henssler*, FS K. Schmidt, 601 (607).

147 Vgl. ArbG Stuttgart, Beschluss v. 29. April 2008 – 12 BV 109/07 – juris Rn 87.

bei der SE angestellt sein müssen.[148] Innerhalb dieser Ansicht soll es nach einigen Vertretern auch genügen, dass die Einstellung der entsprechenden Arbeitnehmerzahl (binnen einer Jahresfrist) *beabsichtigt* ist.[149] Die spätere Überschreitung des Schwellenwertes durch organisches Wachstum löst nach dieser Ansicht grundsätzlich keine Neuverhandlungspflicht aus, solange kein Fall einer strukturellen Änderung iSv § 18 Abs. 3 SEBG vorliegt. Demgegenüber ist nach einer vereinzelt vertretenen Ansicht das Beteiligungsverfahren in doppelt analoger Anwendung von § 18 Abs. 3 SEBG auch dann nachzuholen, wenn die SE längere Zeit nach der wirtschaftlichen Neugründung die Schwelle von zehn Arbeitnehmern überschreitet.[150] Dies wird damit begründet, dass andernfalls mit Hilfe einer Vorratsgesellschaft im Extremfall eine SE mit mehreren hundert Arbeitnehmern errichtet werden könnte, ohne dass jemals ein Beteiligungsverfahren durchgeführt worden sei. Letztgenannter – von hehren Motiven getragenen – Ansicht stehen dogmatische Bedenken entgegen. Denn es besteht Einigkeit, dass § 18 Abs. 3 SEBG restriktiv zu handhaben ist.[151] Schon aus diesem Grund mag man an einer doppelt analogen Anwendung dieser Vorschrift Zweifel hegen. Weiterhin steht einer solchen schwebenden Pflicht zur Nachholung des Beteiligungsverfahrens das Gebot der Rechtssicherheit entgegen.[152] Auch bei dem Einsatz einer Vorrats-SE muss der für die Bestimmung der Arbeitnehmerrechte maßgebliche Zeitpunkt hinreichend konkret bestimmbar sein. Hiermit ist jedoch ein möglicherweise jahrelang andauernder Schwebezustand nicht vereinbar. Schließlich erfordert auch der Schutzzweck des SEBG keine dahin gehende derartige Pflicht zur Nachholung.[153] Denn gemäß § 1 Abs. 1 S. 2 SEBG soll das SEBG die erworbenen Rechte der Arbeitnehmer auf Beteiligung an Unternehmensentscheidungen in einer SE sichern. Sind jedoch in einer SE weder zum Zeitpunkt ihrer Gründung noch dem ihrer Aktivierung Arbeitnehmer vorhanden, so gibt es auch keine schützenswerten Arbeitnehmerbelange, derentwillen ein Beteiligungsverfahren durchgeführt werden müsste.[154] Allerdings erscheint es hinsichtlich des maßgeblichen Zeitpunktes überzeugend, nicht allein formal auf den Moment der Satzungsänderung abzustellen, sondern die beabsichtigte Einstellung von zehn Arbeitnehmern genügen zu lassen, was entsprechend § 43 S. 2 SEBG zu vermuten sein

---

148 *Bayer* in Lutter/Hommelhoff/Teichmann, Art. 2 SE-VO Rn 35; *Oechsler/Mihaylova* in MüKoAktG, Art. 2 SE-VO Rn 49a; *Kiem* in KK-AktG, Art. 12 SE-VO Rn 42; *Reichert/Ott*, 10 Jahre SE, 154 (182 f.); *Feuerborn* in KK-AktG, § 1 SEBG Rn 8.

149 *Casper* in Spindler/Stilz, Art. 2, 3 SE-VO Rn 31; *Casper/Schäfer*, ZIP 2007, 653 (660); *Habersack* in Habersack/Drinhausen, Art. 2 SE-VO Rn 30.

150 *Feuerborn* in KK-AktG, § 18 SEBG Rn 54; *Forst*, RdA 2010, 55 (59).

151 Vgl. nur *Feuerborn* in KK-AktG, § 18 SEBG Rn 20; *Hohenstatt/Müller-Bonanni* in Habersack/Drinhausen, § 18 Rn 12; *Jacobs* in MüKoAktG, § 18 SEBG Rn 12.

152 *Reichert/Ott*, 10 Jahre SE, 154 (183) sprechen von einer „Nachholungspflicht in Permanenz".

153 *Reichert/Ott*, 10 Jahre SE, 154 (182 f.).

154 *Reichert/Ott*, 10 Jahre SE, 154 (183).

soll, wenn ebendies binnen Jahresfrist erfolgt.[155] Da eine Gesellschaft zum Zeitpunkt ihrer Aktivierung typischerweise noch nicht über Arbeitnehmer verfügt, ist es sachgerecht, die bloße Einstellungsabsicht genügen zu lassen. Anderenfalls wäre der Anwendungsbereich der Vorschrift denkbar gering bzw. die Notwendigkeit der Durchführung des Arbeitnehmerbeteiligungsverfahrens ließe sich einfach umgehen, indem die Einstellung der Arbeitnehmer mit Verzögerung erfolgt. Bei einem späteren Überschreiten der Grenze von zehn Arbeitnehmern ist damit nach vorzugswürdiger Ansicht nur unter den Voraussetzungen des § 18 Abs. 3 SEBG ein Arbeitnehmerbeteiligungsverfahren durchzuführen.[156] Hierdurch werden die Arbeitnehmer auch nicht unbillig benachteiligt, da etwaigen Missbräuchen über § 43 SEBG begegnet werden kann und im Falle einer strukturellen Änderung iSv § 18 Abs. 3 SEBG ein Beteiligungsverfahren durchzuführen ist.[157]

cc) Zeitpunkt der Nachholbarkeit des Beteiligungsverfahrens

Sollte nach dargestellten Grundsätzen die Durchführung eines Beteiligungsverfahrens erforderlich sein, sind hierfür in zeitlicher Sicht zwei Ereignisse denkbar: Zum einen die Offenlegung der wirtschaftlichen Neugründung gegenüber dem Handelsregister oder der nachfolgende Beitritt als Komplementärin zur KGaA. Mögen diese Zeitpunkte in der Regel zeitlich eng zusammen liegen, muss dies infolge von weiteren rechtlichen oder steuerlichen Vorbereitungsmaßnahmen nicht zwangsläufig der Fall sein.[158] Nach dem *OLG Düsseldorf* liegt eine wirtschaftliche Neugründung vor und das Beteiligungsverfahren ist nachzuholen, wenn die Vorrats-SE „mit einem Unternehmen ausgestattet" und „zum Leben erweckt" wird.[159] Dies ist jedoch bereits dann der Fall, wenn im Zuge des Erwerbs der Vorrats-SE der Unternehmensgegenstand und die Satzung angepasst und die Organe neu besetzt werden. Auch ein Vergleich mit den originären Gründungsformen der SE ergibt, dass für die Durchführung des Beteiligungsverfahrens der formelle Gründungsakt und nicht die Aufnahme der operativen Tätigkeit maßgeblich sein muss.[160] Nachfolgende Maßnahmen sind damit lediglich unter dem Gesichtspunkt des § 18 Abs. 3 SEBG zu würdigen.

155 *Casper* in Spindler/Stilz, Art. 2, 3 SE-VO Rn 30; *Casper/Schäfer*, ZIP 2007, 653 (654).

156 Der bloße Anstieg der Arbeitnehmerzahl stellt nach allgemeiner Meinung keine strukturelle Änderung iSv § 18 Abs. 3 SEBG dar, vgl. nur *Feuerborn* in KK-AktG, § 18 SEBG Rn 23; *Hohenstatt/Müller-Bonanni* in Habersack/Drinhausen, § 18 Rn 10; *Jacobs* in MüKoAktG, § 18 SEBG Rn 19; *Oetker* in Lutter/Hommelhoff/Teichmann, § 18 SEBG Rn 23.

157 *Reichert/Ott*, 10 Jahre SE, 154 (183).

158 *Reichert/Ott*, 10 Jahre SE, 154 (186).

159 OLG Düsseldorf, DNotZ 2009, 699 (701).

160 *Reichert/Ott*, 10 Jahre SE, 154 (187).

b) Beitritt als Komplementärin zur KGaA ein Fall des § 18 Abs. 3 SEBG?

Es ist somit der Frage nachzugehen, ob der Beitritt der SE als Komplementärin zu einer KGaA die (ggf. erneute) Durchführung des Arbeitnehmerbeteiligungsverfahrens nach § 18 Abs. 3 SEBG erfordern kann. Dies wäre der Fall, wenn der Beitritt eine strukturelle Änderung im Sinne dieser Vorschrift darstellt (dazu aa)) und zur Minderung der Beteiligungsrechte der Arbeitnehmer geeignet ist (dazu bb)).

aa) Strukturelle Änderung?

Über den Umfang des Begriffs der strukturellen Änderung besteht mangels gesetzlicher Definition Streit.[161] Weitgehend Einigkeit besteht jedoch dahin gehend, dass der Begriff der strukturellen Änderung aufgrund des Missbrauchsverbots nach § 43 S. 2 SEBG und des Straftatbestandes gemäß § 45 Abs. 1 Nr. 2 SEBG restriktiv zu handhaben ist.[162] Nach h.M. sind daher als strukturelle Änderungen nur korporative Akte von einigem Gewicht anzusehen, die einen gründungsähnlichen Vorgang mit außerordentlichem Gewicht darstellen.[163] Eine bloße Veränderung der Organisationsstruktur genügt nicht.[164] Als Paradigma einer strukturellen Änderung werden etwa die Verschmelzung einer mitbestimmten Gesellschaft auf eine mitbestimmungsfreie SE[165] oder der Wechsel vom dualistischen zum monistischen

---

161 *Rieble*, BB 2006, 2018 (2022) spricht von einer „dunkle[n] Vorschrift".

162 Vgl. nur *Feuerborn* in KK-AktG, § 18 SEBG Rn 20; *Hohenstatt/Müller-Bonanni* in Habersack/Drinhausen, § 18 SEBG Rn 12; *Jacobs* in MüKoAktG, § 18 SEBG Rn 12 jeweils m.w.N.: a.A. *Köklü* in van Hulle/Maul/Drinhausen, § 6 Rn 89 ff. sowie *Teichmann*, FS Hellwig, 347 (363 ff.), der darauf hinweist, dass eine Verletzung des Tatbestandes von § 18 Abs. 3 SEBG nicht unmittelbar zu einer Strafbarkeit der Beteiligten führe. Eine Strafbarkeit der Beteiligten sei lediglich dann anzunehmen, wenn (i) die SE missbraucht werde, den Arbeitnehmern Beteiligungsrechte zu entziehen oder vorzuenthalten (§ 43 S. 1 SEBG), und (ii) die Beteiligten vorsätzlich handelten. Der rechtsstaatlich gebotenen klaren Begrenzung des strafbaren Bereichs könne und müsse durch restriktive Interpretation dieser zusätzlichen Strafbarkeitsvoraussetzungen geleistet werden. Im Rahmen des § 18 Abs. 3 SEBG sei der Begriff der strukturellen Änderung teleologisch allein im Lichte der potenziellen Notwendigkeit von Neuverhandlungen auszulegen.

163 *Austmann* in Münch Hdb AG, § 86 Rn 52; *Götze/Winzer/Arnold*, ZIP 2009, 245 (252); *Hohenstatt/Müller-Bonanni* in Habersack/Drinhausen, § 18 SEBG Rn 9; *Jacobs* in MüKoAktG, § 18 SEBG Rn 12; *Krause*, BB 2005, 1221 (1228); *Rieble*, BB 2006, 2018 (2022); *Wollburg/Banerja*, ZIP 2005, 277 (279); weitergehend: *Feuerborn* in KK-AktG, § 18 SEBG Rn 25; *Oetker* in Lutter/Hommelhoff/Teichmann, § 18 SEBG Rn 21 ff., der § 37 Abs. 1 EBRG heranziehen will. Nach *Teichmann*, FS Hellwig, 347 (65 f.) bietet der Wortlaut von § 18 Abs. 3 SEBG keine Anhaltspunkte für eine Beschränkung auf gesellschaftsrechtliche Strukturmaßnahmen. Daher sollen unter den Begriff der strukturellen Änderungen auch betriebliche oder sonstige unternehmerische Strukturen fallen.

164 *Feuerborn* in KK-AktG, § 18 SEBG Rn 21; *Jacobs* in MüKoAktG, § 18 SEBG Rn 12.

165 Reg. Begr. BT-Drs. 15/3405, S. 50.

Leitungssystem (bzw. umgekehrt) angesehen.[166] Hingegen liegt bei einem Erwerb von Anteilen an Gesellschaften oder deren Veräußerung durch die SE keine strukturelle Änderung vor.[167]

Für das Vorliegen einer strukturellen Änderung mag man anführen, dass die SE nach dem Beitritt als Komplementärin zu einer KGaA nicht nur deren Geschäftsführung ausübt, sondern auch die persönliche Haftung für deren Verbindlichkeiten übernimmt, was mit nicht unerheblichen wirtschaftlichen Risiken verbunden ist. Dem könnte man entgegenhalten, dass das Haftungsrisiko der SE aufgrund der starken Stellung der Komplementärin ohnehin maßgeblich durch sie selbst bestimmt wird. Da der Beitritt als Komplementärin die satzungsrechtlichen Grundlagen der SE jedoch nicht berührt, sprechen die besseren Gründe dafür, dass er keine strukturelle Änderung in dem dargelegten Sinne darstellt.[168] Denn auf Ebene der SE ist weder eine Satzungsänderung noch eine Beschlussfassung erforderlich, wenn die Übernahme der Komplementärfunktion bereits im Rahmen der Aktivierung der Vorrats-SE in der Satzung angelegt wird.[169] Da weiterhin nach der überwiegenden Ansicht nicht einmal der vollständige Erwerb von Anteilen an einem Unternehmen eine strukturelle Änderung der SE darstellt, muss dies bei dem gebotenen restriktiven Verständnis erst recht im Fall des bloßen Beitritts als Komplementärin ohne eine Kapitalbeteiligung gelten.[170]

bb) Eignung zur Minderung der Beteiligungsrechte der Arbeitnehmer?

Doch selbst wenn man entgegen der hier vertretenen Ansicht in dem Beitritt als Komplementärin eine strukturelle Änderung iSv § 18 Abs. 3 SEBG erblicken möchte, ist nicht ersichtlich, inwiefern dieser zu einer Minderung der Beteiligungsrechte der Arbeitnehmer geeignet sein sollte. Nach der Legaldefinition in § 2 Abs. 9 S. 1 SEBG sind Beteiligungsrechte Rechte, die den Arbeitnehmern und ihren Vertretern im Bereich der Unterrichtung, Anhörung, Mitbestimmung und der sonstigen Beteiligung zustehen. Eine Minderung der Beteiligungsrechte liegt vor, wenn den Arbeitnehmern nach der strukturellen Änderung weniger Beteiligungsrechte zustehen als zuvor, wobei sowohl auf die innerhalb der SE beschäftigten Arbeitnehmer als auch

---

166 *Hohenstatt/Müller-Bonanni* in Habersack/Drinhausen, § 18 SEBG Rn 10; *Oetker* in Lutter/Hommelhoff/Teichmann, § 18 SEBG Rn 25; a.A. *Feuerborn* in KK-AktG, § 18 SEBG Rn 22.

167 *Ege/Grzimek/Schwarzfischer*, DB 2011, 1205 (1209); *Grobys*, NZA 2005, 84 (91); *Hohenstatt/Müller-Bonani* in Habersack/Drinhausen, § 18 SEBG Rn 10; *Jacobs* in MüKoAktG, § 18 SEBG Rn 17; *Nikoleyczik/Führ*, DStR 2010, 1743 (1748); a.A. *Oetker* in Lutter/Hommelhoff/Teichmann, § 18 SEBG Rn 26, der eine strukturelle Änderung annimmt, wenn das erworbene Unternehmen infolge des Beteiligungserwerbs von der SE beherrscht wird.

168 A.A. *Oetker* in Lutter/Hommelhoff/Teichmann, § 18 SEBG Rn 26 für den Fall, dass ein Mutter- Tochter-Verhältnis entsteht.

169 *Reichert/Ott*, 10 Jahre SE, 154 (195).

170 *Reichert/Ott*, 10 Jahre SE, 154 (196).

die neu hinzukommenden Arbeitnehmer abzustellen ist.[171] Betriebliche Mitbestimmungsrechte der Arbeitnehmer auf der Ebene der KGaA werden durch den Beitritt der SE als Komplementärin jedoch nicht beschnitten, da etwaige hier existierende Konzern-, Gesamt- oder Einzelbetriebsräte unverändert fortbestehen.[172] Da auch die Zusammensetzung und die Befugnisse etwaiger mitbestimmter Aufsichts- bzw. Verwaltungsorgane auf Ebene der KGaA und der Komplementär-SE durch den Beitritt unverändert bleiben, werden ferner die Rechte der Arbeitnehmer im Hinblick auf die unternehmerische Mitbestimmung nicht tangiert.

cc) Zwischenergebnis

Der Beitritt einer SE als Komplementärin zu einer KGaA hat keine Neuverhandlungspflicht über die Beteiligungsrechte der Arbeitnehmer gemäß § 18 Abs. 3 SEBG zur Folge, da er schon keine strukturelle Änderung im Sinne dieser Vorschrift darstellt und darüber hinaus auch nicht zur Minderung der Arbeitnehmerbeteiligungsrechte geeignet ist.

c) Beitritt als Komplementärin zur KGaA als Verstoß gegen das Missbrauchsverbot des § 43 SEBG?

Abschließend ist damit zu klären, ob der Beitritt einer SE als Komplementärin einer KGaA ohne Durchführung des Arbeitnehmerbeteiligungsverfahrens gegen das Missbrauchsverbot des § 43 SEBG verstößt. Gemäß § 43 S. 1 SEBG darf eine SE nicht dazu missbraucht werden, den Arbeitnehmern Beteiligungsrechte zu entziehen oder vorzuenthalten. Ein Missbrauch wird dabei vermutet, wenn ohne Durchführung eines Verfahrens nach § 18 Abs. 3 SEBG innerhalb eines Jahres nach Gründung der SE strukturelle Änderungen stattfinden, die bewirken, dass den Arbeitnehmern Beteiligungsrechte vorenthalten oder entzogen werden (§ 43 S. 2 SEBG). Für Verstöße gegen das Missbrauchsverbot enthält § 45 Abs. 1 Nr. 2 SEBG eine strafrechtliche Sanktion in Form von Geld- oder Freiheitsstrafe bis zu zwei Jahren. Ferner kann das Registergericht die Eintragung ablehnen.[173]

Nach der hier vertretenen Ansicht stellt der Beitritt als Komplementärin keine strukturelle Änderung iSv § 18 Abs. 3 SEBG dar,[174] sodass die Vermutungswirkung des § 43 S. 2 SEBG per se nicht greift. Im Übrigen ist bezüglich der Annahme des Grundtatbestandes schon aufgrund der Strafandrohung eine restriktive Handhabung angezeigt.[175] Der Missbrauchstatbestand ist daher nur dann zu bejahen, wenn

---

171 *Austmann* in Münch Hdb AG, § 85 Rn 48; *Feuerborn* in KK-AktG, § 18 SEBG Rn 30; *Hohenstatt/Müller-Bonanni* in Habersack/Drinhausen, § 18 SEBG Rn 13; *Jacobs* in MüKoAktG, § 18 SEBG Rn 14; *Wollburg/Banerja*, ZIP 2005, 277 (289).

172 *Reichert/Ott*, 10 Jahre SE, 154 (197).

173 *Jacobs* in MüKoAktG, § 43 SEBG Rn 8; *Oetker* in Lutter/Hommelhoff/Teichmann, § 43 SEBG Rn 12 m.w.N.

174 Vgl. oben unter § 7 A. V. 2. b).

175 *Feuerborn* in KK-AktG, § 43 SEBG Rn 3; *Jacobs* in MüKoAktG, § 43 SEBG Rn 1.

die Maßnahme gerade auf die Entziehung oder Vorenthaltung von Beteiligungsrechten der Arbeitnehmer abzielt. Bei Vorliegen eines sachlichen Grundes für die Maßnahme ist dagegen kein Fall des Missbrauchstatbestandes gegeben.[176] Ferner ergibt sich aus einem Vergleich mit § 18 Abs. 3 SEBG, dass eine bloße Minderung der Beteiligungsrechte nicht ausreicht, sondern ein vollständiger Entzug bzw. eine Vorenthaltung erforderlich ist.[177] Für den Einsatz einer SE als Komplementärin einer KGaA können neben dem Ausschluss der persönlichen Haftung regelmäßig zahlreiche sachliche Gründe, wie die Wahl einer internationalen Rechtsform, die eine flexible Corporate Governance ermöglicht, angeführt werden, die der Annahme des Missbrauchstatbestandes regelmäßig entgegenstehen.[178] Auch der Einsatz einer Vorrats-SE ist aufgrund ihrer rechtlichen Zulässigkeit legitim, da mit ihrer Hilfe das aufwendige Gründungsverfahren einer SE vermieden werden kann.[179] Der Beitritt einer aktivierten Vorrats-SE als Komplementärin zu einer KGaA stellt damit grundsätzlich keinen Fall von § 43 S. 1 SEBG dar.

Etwas anderes kann jedoch im Einzelfall etwa dann anzunehmen sein, wenn der Beitritt der SE als Komplementärin bewusst mit zeitlicher Verzögerung erfolgt. Wird eine Vorrats-SE unter Verzicht auf die Einstellung von Arbeitnehmern zunächst lediglich aktiviert, also eine Satzungsänderung in Bezug auf eine (künftige) Komplementärfunktion vorgenommen, ist nach dem oben Gesagten damit zu diesem Zeitpunkt kein Arbeitnehmerbeteiligungsverfahren durchzuführen. Tritt die SE dann nach Ablauf eines Jahres (vgl. § 43 S. 2 SEBG) der KGaA als Komplementärin bei und erfolgt in diesem Zuge die Einstellung von mindestens zehn Arbeitnehmern bei der SE, liegt ein Fall des Missbrauchstatbestandes nach § 43 S. 1 SEBG nahe. Zwar stellt das bloße Ansteigen der Arbeitnehmerzahl, wie bereits erwähnt, für sich keinen Fall einer strukturellen Änderung iSv § 18 Abs. 3 SEBG dar. Doch wird man einen Fall des Missbrauchstatbestandes annehmen müssen, wenn der Beitritt als Komplementärin und die damit verbundene Anstellung der Arbeitnehmer absichtlich um mehr als ein Jahr hinausgezögert wird, um kein Arbeitnehmerbeteiligungsverfahren durchführen zu müssen. In diesem Fall liegt eine vollständige Vorenthaltung von Beteiligungsrechten der Arbeitnehmer vor.

d) Ergebnis

Durch den Einsatz einer Vorrats-SE kann der Gründungsaufwand gegenüber den originären Gründungsformen der SE deutlich verringert werden. Allerdings sind auf dem Gebiet der Vorrats-SE zahlreiche Rechtsfragen bezüglich der Notwendigkeit

---

176 *Feuerborn* in KK-AktG, § 43 SEBG Rn 4; *Hohenstatt/Müller-Bonanni* in Habersack/Drinhausen, § 43 SEBG Rn 3; *Oetker* in Lutter/Hommelhoff/Teichmann, § 43 SEBG Rn 8.

177 *Jacobs* in MüKoAktG, § 43 SEBG Rn 2; *Oetker* in Lutter/Hommelhoff/Teichmann, § 43 SEBG Rn 7; *Reichert/Ott*, 10 Jahre SE 154 (198).

178 *Reichert/Ott*, 10 Jahre SE, 154 (198 f.); *Sigle*, FS Hommelhoff, 1123 (1129 f.).

179 *Reichert/Ott*, 10 Jahre SE, 154 (199).

und des Zeitpunktes der Nachholung eines Beteiligungsverfahrens der Arbeitnehmer noch nicht höchstrichterlich geklärt, sodass die Verwendung einer Vorrats-SE mit einer gewissen Rechtsunsicherheit einhergeht. Nach der hier vertretenen Ansicht ist bei Aktivierung der Vorrats-SE kein Arbeitnehmerbeteiligungsverfahren durchzuführen, wenn sie zu diesem Zeitpunkt weniger als zehn Arbeitnehmer beschäftigt bzw. keine Einstellung der entsprechenden Arbeitnehmerzahl binnen einer Jahresfrist beabsichtigt ist. Auch der Beitritt der SE als Komplementärin einer KGaA erfordert nicht die Durchführung des Arbeitnehmerbeteiligungsverfahrens nach § 18 Abs. 3 SEBG, wenn die Übernahme der Komplementärfunktion bereits im Rahmen der Aktivierung der Vorrats-SE in der Satzung verankert wird. Grundsätzlich stellt der Beitritt als Komplementärin auch keinen Fall des Missbrauchs nach § 43 SEBG dar.

VI. Aktienrechtliche Gründungsvorschriften

Gemäß § 197 Abs. 1 S. UmwG sind auf den Formwechsel die für den Rechtsträger neuer Rechtsform geltenden Gründungsvorschriften entsprechend anzuwenden, sofern sich aus dem UmwG nichts anderes ergibt. Über § 278 Abs. 3 AktG gelten damit grundsätzlich die § 23 ff. AktG,[180] die durch die §§ 280 ff. AktG ergänzt werden.[181] So muss die Satzung der KGaA außer den Festsetzungen nach § 23 Abs. 3 und 4 AktG zumindest Firma und Sitz der Komplementärgesellschaft beinhalten (vgl. § 281 Abs. 1 AktG)[182] und durch notarielle Beurkundung festgestellt werden (§ 280 Abs. 1 S. 1 AktG). Durch den als Gründer zu behandelnden Komplementär (§ 245 Abs. 2 S. 1 UmwG) ist ein den Festsetzungen des § 32 Abs. 1 AktG entsprechender Bericht über den Hergang des Formwechsels zu erstellen (§ 197 Abs. 1 S. 1 UmwG).[183] Dieser muss gemäß § 245 Abs. 1 S. 2 i.V.m. § 220 Abs. 2 UmwG Ausführungen zum bisherigen Geschäftsverlauf und zur Lage der formwechselnden Gesellschaft enthalten. Der Gründungsbericht ist vom persönlich haftenden Gesellschafter und von dem im Umwandlungsbeschluss bestellten Aufsichtsrat zu prüfen (§ 278 Abs. 3 i.V.m. § 33 Abs. 1 AktG).[184] Die Prüfung dient insbesondere der Einhaltung des gemäß § 245 Abs. 2 S. 2 UmwG i.V.m. § 220 Abs. 1 UmwG geltenden Grundsatzes der Reinvermögensdeckung,[185] nach dem die Deckung des Grundkapitals der KGaA durch das Reinvermögen der formwechselnden AG gewährleistet sein muss.[186] Schließlich

180 *Mayer*, MittBayNot 1997, 329 (332).
181 *Herfs* in Münch Hdb AG, § 77 Rn 15; *Meister/Klöcker* in Kallmeyer, § 197 Rn 48.
182 *Assmann/Sethe* in GK-AktG, § 281 Rn. 7; *Perlitt* in MüKoAktG, § 281 Rn 11.
183 Vgl. zum Inhalt des Berichts über den Formwechsel: *Göthel* in Lutter, § 245 Rn 40 ff.
184 *Herfs* in Münch Hdb AG, § 77 Rn 15.
185 *Herfs* in Münch Hdb AG, § 77 Rn 15.
186 *Blasche* in Kallmeyer, § 245 Rn 7; *Scheel* in Semler/Stengel, § 245 Rn 43. Bei einer materiellen Unterbilanz im Zeitpunkt der Anmeldung des Formwechsels besteht ein Eintragungshindernis, *Blasche* in Kallmeyer, § 245 Rn 7; *Stratz* in Schmitt/Hörtnagl/Stratz, § 245 Rn 7.

hat eine Gründungsprüfung durch einen oder mehrere unabhängige Prüfer iSv § 33 Abs. 2 AktG zu erfolgen (§ 245 Abs. 2 S. 2 i.V.m. § 220 Abs. 3 S. 1 UmwG), worüber diese ebenfalls einen Gründungsbericht zu erstellen haben (§ 34 Abs. 2 AktG). Im Rahmen der Nachgründung sind keine Besonderheiten zu beachten, da die Vorschrift des § 52 AktG nicht anwendbar ist (§ 245 Abs. 2 S. 3 AktG).

Die Höhe des Grundkapitals wird durch den Formwechsel nicht berührt.[187] Gemäß § 243 Abs. 2 UmwG besteht jedoch die Möglichkeit, im Zuge des Formwechsels eine Änderung der Höhe des Grundkapitals nach den aktienrechtlichen Vorschriften über die Kapitalerhöhung bzw. -herabsetzung durchzuführen. Weist die formwechselnde AG eine Unterbilanz auf, ist die Durchführung einer Kapitalherabsetzung erforderlich, damit kein Eintragungshindernis besteht.[188] Wegen § 247 Abs. 1 UmwG ist eine Kapitalherabsetzung auch dann erforderlich, wenn ein Gesellschafter der formwechselnden AG statt Kommanditaktien einen Komplementäranteil mit Kapitalanteil erhalten soll.[189]

VII. Anmeldung und Eintragung ins Handelsregister

Der Formwechsel ist durch den Vorstand der AG zum Handelsregister anzumelden (§ 198 Abs. 1 UmwG, § 246 Abs. 1 UmwG), wobei der Gründungs- und die Prüfungsberichte zusammen mit der Anmeldung des Formwechsels einzureichen sind (§ 278 Abs. 3 i.V.m. § 37 Abs. 4 Nr. 4 AktG). Ferner hat der Vorstand zu erklären, dass eine Klage gegen die Wirksamkeit des Umwandlungsbeschlusses nicht oder nicht fristgemäß erhoben oder eine solche Klage rechtskräftig abgewiesen oder zurückgenommen worden ist (§ 198 Abs. 3, 16 Abs. 2 S. 1 HS. 1 UmwG). Das Fehlen einer solchen Erklärung stellt ein Eintragungshindernis dar, es sei denn, die klageberechtigten Anteilsinhaber haben durch notariell beurkundete Verzichtserklärung auf die Klage gegen die Wirksamkeit des Formwechselbeschlusses verzichtet (§ 198 Abs. 3, § 16 Abs. 2 S. 2 UmwG) oder der formwechselnde Rechtsträger hat einen entsprechenden Beschluss im Freigabeverfahren nach § 16 Abs. 3 UmwG erwirkt.[190] Der durch das Registergericht bekannt zu machende Formwechsel (§ 201 UmwG) wird mit der Eintragung wirksam (§ 202 Abs. 1 Nr. 1 UmwG). Eine Vermögensübertragung im Wege der Gesamtrechtsfolge findet nicht statt, da der Rechtsträger seine Identität behält.[191] Der beitretende Komplementär wird mit der Eintragung zum Gesellschafter der KGaA und haftet ab diesem Zeitpunkt sowohl für neu entstehende als auch bereits begründete Verbindlichkeiten (§ 278 Abs. 2 AktG i.V.m. §§ 161 Abs. 2, 128, 130 HGB).[192]

---

187 *Göthel* in Lutter, § 243 Rn 39.

188 *Göthel* in Lutter, § 247 Rn 7.

189 *Herfs* in Münch Hdb AG, § 77 Rn 14; *Stratz* in Schmitt/Hörtnagl/Stratz, § 243 Rn 6; a.A. *Bogenschütz*, FS Widmann, 163 (179 f.).

190 Zum Unbedenklichkeits- bzw. Freigabeverfahren des § 16 Abs. 3 UmwG sogleich unter § 7 C.

191 *Decher/Hoger* in Lutter, § 202 Rn 7; *Leonard* in Semler/Stengel, § 202 Rn 2.

192 *Göthel* in Lutter, § 247 Rn 24.

B. Formwechsel einer SE in eine KGaA

I. SE als formwechselnder Rechtsträger?

Die Frage, ob neben der AG auch eine SE als formwechselnder Rechtsträger in Betracht kommt, ist nicht unproblematisch. Zwar können gemäß § 191 Abs. 1 Nr. 2 UmwG formwechselnde Rechtsträger Kapitalgesellschaften iSv § 3 Abs. 1 Nr. 2 UmwG sein. Neben der AG nennt § 3 Abs. 1 Nr. 2 UmwG jedoch explizit nur die GmbH und die KGaA. Im Übrigen steht der Wortlaut dieser Vorschrift („Kapitalgesellschaften") einer Anwendung auf eine SE als formwechselndem Rechtsträger nicht entgegen, sodass das UmwG offen für den Formwechsel einer SE in eine KGaA ist.[193] Allerdings könnte Art. 66 Abs. 1 S. 1 SE-VO einer Zulässigkeit entgegenstehen, nach dem „eine SE in eine dem Recht ihres Sitzstaats unterliegende Aktiengesellschaft umgewandelt werden" kann. Die KGaA stellt aufgrund des eindeutigen Wortlautes der Vorschrift und der Tatsache, dass sie nicht in der Definition der Aktiengesellschaft im Anhang I zur SE-VO genannt wird, keine Aktiengesellschaft im Sinne dieser Vorschrift dar.[194] Es ist daher der Frage nachzugehen, ob Art. 66 Abs. 1 S. 1 SE-VO abschließend zu verstehen und damit zumindest die direkte Umwandlung einer SE in eine KGaA unzulässig ist.

1. Meinungsstand

Nach einer teilweise vertretenen Ansicht kommt der Vorschrift des Art. 66 SE-VO abschließende Wirkung zu, wobei nicht einheitlich beurteilt wird, ob der abschließende Charakter hinsichtlich sämtlicher Umwandlungsmaßnahmen besteht[195] – die SE sich also weder an einem Formwechsel noch an anderen rechtsformübergreifen Verschmelzungs- und Spaltungsvorgängen nach nationalem Recht beteiligen kann – oder die Vorschrift nur den Formwechsel abschließend regelt[196] und im Übrigen eine Beteiligung der SE an Umwandlungsvorgängen nach nationalem Recht zulässig ist. Demgegenüber kommt nach der überwiegenden Ansicht Art. 66 SE-VO keinerlei Sperrwirkung zu.[197] Die nationalen Umwandlungsvorschriften seien über die Verweisungsnorm des

---

193 *Reiner*, Der Konzern 2011, 135 (137); vgl. auch *Casper* in Spindler/Stilz, Art. 3 SE-VO Rn 33.

194 Vgl. *Reiner*, Der Konzern 2011, 135 (137 mit Fn 11); a.A. *Casper* in Spindler/Stilz, Art. 66 SE-VO Rn 1, der die KGaA als eine besondere Form der Aktiengesellschaft ansieht.

195 *Kalss/Zollner*, RdW 2004, 587 (589); wohl auch: *Reiner*, Der Konzern 2011, 135 ff. (jedenfalls „vernünftige Zweifel" an der Zulässigkeit eines Formwechsels der SE in eine KGaA).

196 *Vossius*, ZIP 2005, 741 (748 f.); wohl auch: *Bärwaldt* in Semler/Stengel, § 197 Rn 55a.

197 *Casper* in Spindler/Stilz, Art. 3 SE-VO Rn 39; *Casper/Weller*, NZG 2009, 681 (685); *Drinhausen* in Habersack/Drinhausen, Art. 66 SE-VO Rn 7; *ders.* in Semler/Stengel, Einleitung C Rn 63; *Kiem* in KK-AktG, Art. 66 SE-VO Rn 10 f.; *J. Schmidt* in Lutter/Hommelhoff/Teichmann, Art. 66 SE-VO Rn 7; *Marsch-Barner*, FS Happ, 165 (173 ff.); *Oechsler/Mihaylova* in MüKoAktG, Vor Art. 1 SE-VO Rn 18; *Oplustil/Schneider*,

Art. 9 Abs. 1 lit. c) ii) SE-VO anzuwenden.[198] Teilweise wird zur Begründung auch das Gleichbehandlungsgebot des Art. 10 SE-VO angeführt.[199] Dieser h.L. hat sich das OLG Frankfurt als bislang, soweit ersichtlich, einzige obergerichtliche Rechtsprechung angeschlossen und den Formwechsel einer SE in eine KGaA für zulässig erachtet.[200]

2. *Würdigung*

Der Frage, ob Art. 66 Abs. 1 S 1 SE-VO den Formwechsel abschließend regelt, ist mit Hilfe der anerkannten methodischen Auslegungsgrundsätze nachzugehen. Für eine abschließende Wirkung scheint der Wortlaut der Norm zu sprechen, der lediglich die Umwandlung in eine „Aktiengesellschaft" und nicht etwa in eine „Kapitalgesellschaft" für zulässig erklärt.[201] Hiergegen lässt sich anführen, dass der Wortlaut jedoch keine ausdrückliche Beschränkung – z. B. durch die Verwendung des Wortes „nur" – enthält. Dem kann man wiederum entgegenhalten, dass auch andere Vorschriften der SE-VO mit abschließendem Charakter, wie z. B. Art. 2 SE-VO,[202] keine vergleichbare ausdrückliche Einschränkung enthalten.[203] Während der Wortlaut der Norm folglich nicht zur Klärung der Zweifelsfrage herangezogen werden kann, so spricht jedoch die Entstehungsgeschichte der Vorschrift gegen ein abschließendes Verständnis.[204] Denn ausweislich der Begründung zu Art. 264 des Vorschlages der EG-Kommission aus dem Jahr 1970, der Vorgängernorm von Art. 66 SE-VO, soll den Unternehmen „jede weitere formändernde Umwandlung nach nationalem Recht [...] unbenommen" bleiben.[205]

In systematischer Sicht mag man für ein abschließendes Verständnis von Art. 66 Abs. 1 S 1 SE-VO anführen, dass – sozusagen spiegelbildlich – auch die Gründung einer SE im Wege des Formwechsels nur Aktiengesellschaften offen

---

NZG 2003, 13 ff.; *Schäfer* in MüKoAktG, Art 66 SE-VO Rn 14; *Schwarz*, Art. 66 SE-VO Rn 29; *Vossius* in Widmann/Mayer, 20 Rn 404; *Wicke*, MittBayNot 2006, 196 (201).

198 *Drinhausen* in Semler/Stengel, Einleitung C Rn 63; *Schwarz*, Art. 66 SE-VO Rn 30.

199 *Kiem* in KK-AktG, Art. 66 SE-VO Rn 11; *Oechsler/Mihaylova* in MüKoAktG, Vor Art. 1 SE-VO Rn 18; *Schäfer* in MüKoAktG, Art. 66 SE-VO Rn 14; *Schröder* in Manz/Mayer/Schröder, Art. 66 SE-VO Rn 9.

200 OLG Frankfurt a. M., Beschluss v. 2.12.2010 – 5 Sch 3/10 Rn 15 f. – juris = NZG 2012, 351 (352). Die Entscheidung betraf den Formwechsel der Fresenius SE in die Fresenius SE & Co. KGaA.

201 *Oplustil/Schneider*, NZG 2003, 13 (15); zustimmend: *Casper* in Spindler/Stilz, Art. 3 SE-VO Rn 39.

202 Vgl. zum numerus clausus der Gründungsformen etwa *Oechsler/Mihaylova* in MüKoAktG, Art. 2 SE-VO Rn 1 ff.

203 *Reiner*, Der Konzern 2011, 135 (139).

204 *Schwarz*, Art. 66 SE-VO Rn 29; *Deutsches Notarinstitut*, DNotI-Report 2010, 184 (185).

205 Kommission, Begründung SE-VOV 1970, BT-Drs. VI/1109, S. 100.

steht (Art. 2 Abs. 4 SE-VO). Zwingend ist eine solche Sichtweise jedoch nicht,[206] da der Formwechsel aus einer Gesellschaft heraus nicht zwangsläufig den Regelungen über die Gründung der jeweiligen Gesellschaft folgen muss. Auch das teilweise gegen ein abschließendes Verständnis angeführte Gebot zur Gleichbehandlung des Art. 10 SE-VO führt nicht weiter, weil es lediglich vorbehaltlich der Bestimmungen der Verordnung gilt, wozu auch Art. 66 SE-VO zu zählen ist.[207] Ferner ist Adressat des Diskriminierungsverbotes der nationale Gesetzgeber und nicht der Verordnungsgeber selbst.[208] Gegen ein abschließendes Verständnis von Art. 66 Abs. 1 S 1 SE-VO spricht jedoch der in Erwägungsgrund 9 der SE-VO angesprochene Grundsatz der subsidiären Anwendung nationalen Rechts, der in Art. 9 Abs. 1 lit. c) SE-VO seine gesetzliche Normierung erfahren hat.[209] Wegen der Gleichstellung der SE mit einer Aktiengesellschaft bedurfte es einer Regelung, die den Formwechsel in eine nationale AG für zulässig erklärt. Ein weitergehender Regelungsbedarf für die Umwandlung der SE in eine nationale Körperschaft bestand hingegen nicht, da insoweit aufgrund der Verweisung auf die aktienrechtlichen Vorschriften des Mitgliedsstaates bereits die nationalen Umwandlungsvorschriften vorhanden waren.[210]

Entscheidend gegen eine abschließende Wirkung von Art. 66 Abs. 1 S 1 SE-VO spricht eine teleologische Betrachtungsweise.[211] Denn selbst bei unterstellter abschließender Wirkung wäre unmittelbar nach dem Formwechsel der SE in eine AG ein weiterer Formwechsel der AG in eine KGaA zulässig, weil insoweit allein nationale Vorschriften Anwendung finden.[212] Eine von Art. 66 Abs. 1 S 1 SE-VO ausgehende beschränkende Wirkung ließe sich also leicht umgehen und würde nur zusätzlichen Zeit- und Kostenaufwand verursachen.[213] Dies kann jedoch ersichtlich nicht gewollt sein. Schließlich sähe sich eine abschließende Regelungswirkung Bedenken wegen eines Verstoßes gegen den höherrangigen Grundsatz der Nie-

206 OLG Frankfurt a. M., Beschluss v. 2.12.2010 – 5 Sch 3/10 Rn 16 – juris; *Drinhausen* in Semler/Stengel, Einleitung C Rn 63; *Oechsler/Mihaylova* in MüKoAktG, Vor Art. 1 SE-VO Rn 18.

207 *Oplustil/Schneider*, NZG 2003, 13 (15).

208 *Reiner*, Der Konzern 2011, 135 (141).

209 *Drinhausen* in Habersack/Drinhausen, Art. 66 SE-VO Rn 7; *Oplustil/Schneider*, NZG 2003, 13 (16); zumindest kritisch: *Reiner*, Der Konzern 2011, 135 (140).

210 OLG Frankfurt a. M., Beschluss v. 2.12.2010 – 5 Sch 3/10 Rn 16 – juris.

211 *Casper* in Spindler/Stilz, Art. 3 SE-VO Rn 39; *Drinhausen* in Habersack/Drinhausen, Art 66 SE-VO Rn 7; *Oplustil/Schneider*, NZG 2003, 13 (15); zumindest kritisch: *Reiner*, Der Konzern 2011, 135 (142 f.).

212 *Drinhausen* in Habersack/Drinhausen, Art 66 SE-VO Rn 7.

213 OLG Frankfurt a. M., Beschluss v. 2.12.2010 – 5 Sch 3/10 Rn 16 – juris; *J. Schmidt* in Lutter/Hommelhoff/Teichmann, Art. 66 SE-VO Rn 7; *Oplustil/Schneider*, NZG 2003, 13 (15); *Schwarz*, Art. 66 SE-VO Rn 29.

derlassungsfreiheit ausgesetzt, die auch den rechtsformkongruenten Formwechsel schützt.[214]

Nach vorzugswürdiger Auffassung ist Art. 66 Abs. 1 S. 1 SE-VO daher nur als „Mindestnorm" zu verstehen, die sicherstellt, dass eine „Renationalisierung" einer SE in eine AG auch in den Fällen möglich ist, in denen das nationale Recht einen Formwechsel nicht vorsieht.[215] Da der Rechtsformwechsel unionsrechtlich nicht harmonisiert war, musste in der SE-VO ein entsprechender Mindeststandard normiert werden. Mit der überwiegenden Meinung ist somit davon auszugehen, dass Art. 66 Abs. 1 S 1 SE-VO nur den Formwechsel einer SE in eine nationale AG abschließend regelt und der Umwandlung in eine KGaA nicht entgegensteht.

II. Anwendbares Verfahrensrecht

Ist der Formwechsel einer SE in eine KGaA damit nach vorzugswürdiger Ansicht zulässig, stellt sich die Frage, ob hierbei in materieller Hinsicht die weiteren Vorgaben des Art. 66 SE-VO zu beachten sind. Dies wird ebenfalls nicht einheitlich beurteilt. Während eine Ansicht in diesem Fall Art. 66 SE-VO analog anwenden will, weil die Bestimmungen einen Mindeststandard zum Schutz von Aktionären, Gläubigern und Arbeitnehmern festlegen sollen,[216] richtet sich nach der Gegenansicht der Formwechsel allein nach den gemäß Art. 9 Abs. 1 lit. c) ii) SE-VO anwendbaren nationalen Vorschriften.[217] Letztere Ansicht verdient Zustimmung, da die Anwendung der formalen Anforderungen der Art. 66 Abs. 3 bis 6 SE-VO auf den Formwechsel der SE in eine KGaA einen Widerspruch zu der hier vertretenen These darstellen würde, dass Art. 66 SE-VO lediglich einen Mindeststandard sichern will und sich der Formwechsel in andere Rechtsformen als die AG allein nach den nationalen Vorschriften richtet. Entgegen der wohl überwiegenden Ansicht kann dabei auch die zweijährige Umwandlungssperre des Art. 66 Abs. 1 S. 2 SE-VO auf den Formwechsel keine Anwendung mit der Begründung finden, dass dies erforderlich sei, um eine Flucht aus der Mitbestimmung zu vermeiden.[218] Denn ein hinreichender Schutz der

---

214 *Bayer/J. Schmidt*, ZHR 173, 735 (760); *Drinhausen* in Semler/Stengel, Einleitung C Rn 63; wiederum kritisch: *Reiner*, Der Konzern 2011, 135 (141).

215 *Oplustil/Schneider*, NZG 2003, 13 (16); *J. Schmidt* in Lutter/Hommelhoff/Teichmann, Art. 66 SE-VO Rn 7; *Schäfer* in MüKoAktG, Art. 66 SE-VO Rn 14.

216 *Casper* in Spindler/Stilz, Art. 3 Rn 39; *Drinhausen* in Semler/Stengel, Einleitung C Rn 63; *ders.* in Habersack/Drinhausen, Art. 66 SE-VO Rn 12; *Marsch-Barner*, FS Happ, 165 (177); *Oplustil/Schneider*, NZG 2003, 13 (16); *Schwarz*, Art. 66 SE-VO Rn 31.

217 *Heckschen* in Widmann/Mayer, Anh. 14 Rn 521; *J. Schmidt* in Lutter/Hommelhoff/Teichmann, Art. 66 SE-VO Rn 8; *Kiem* in KK-AktG, Art. 66 SE-VO Rn 14; wohl auch *Happ/Göthel* in Lutter, § 226 Rn 1 mit Fn 3.

218 Neben den Vertretern, die Art. 66 SE-VO insgesamt analog anwenden wollen, vgl. die Nachweise in Fn 216, auch *J. Schmidt* in Lutter/Hommelhoff/Teichmann, Art. 66 SE-VO Rn 9 m.w.N.; *Oechsler/Mihaylova* in MüKoAktG, Vor Art. 1 SE-VO Rn 18; *Schäfer* in MüKoAktG, Art. 66 SE-VO Rn 14.

Arbeitnehmer ist dadurch sichergestellt, dass in diesem Fall die Vorschriften des DrittelbG und MitbG Anwendung finden.[219]

Für den Formwechsel einer SE in eine KGaA gelten damit die obigen Ausführungen über die AG als formwechselnden Rechtsträger entsprechend. Eine Besonderheit ergibt sich lediglich dahin gehend, dass gemäß Art. 60 Abs. 1 SE-VO stets ein Sonderbeschluss der Vorzugsaktionäre erforderlich ist, wenn der Formwechsel mit der Abschaffung von Vorzugsaktien verbunden wird.[220]

C. Exkurs: Das Unbedenklichkeits- bzw. Freigabeverfahren gemäß § 16 Abs. 3 UmwG

I. Klagen gegen den Umwandlungsbeschluss

Gegen den Umwandlungsbeschluss gerichtete Klagen müssen innerhalb eines Monats nach Beschlussfassung erhoben werden (§ 195 Abs. 1 UmwG). Diese materiell-rechtliche Klagefrist, die für alle Klagen – insbesondere auch Nichtigkeitsklagen – gegen den Umwandlungsbeschluss gilt,[221] dient der Herstellung von Rechtssicherheit.[222] Eine Klage gegen den Umwandlungsbeschluss kann dabei nicht darauf gestützt werden, dass die in dem Beschluss bestimmten Anteile an dem Rechtsträger neuer Rechtsform zu niedrig bemessen sind oder dass die Mitgliedschaft kein ausreichender Gegenwert für die Anteile oder die Mitgliedschaft bei dem formwechselnden Rechtsträger ist (§ 195 Abs. 2 UmwG). In diesem Fall besteht lediglich ein Anspruch des betroffenen Anteilsinhabers auf bare Zuzahlung (§ 196 S. 1 UmwG), dessen Angemessenheit im Wege des Spruchverfahrens gerichtlich überprüft werden kann (§ 196 S. 2 UmwG). Im Übrigen unterliegt der Formwechselbeschluss als unternehmerische Entscheidung nur einer eingeschränkten richterlichen Überprüfung: Nach der Rechtsprechung des BGH erfolgt lediglich eine Kontrolle im Hinblick auf die Einhaltung des Kontinuitätsgrundsatzes, eine Verletzung des aktienrechtlichen Gleichbehandlungsgrundsatzes, das Verbot der

---

219 *Kiem* in KK-AktG, Art. 66 SE-VO Rn 12 f.; *Wicke*, MittBayNot 2006, 196 (201).

220 Vgl. OLG Frankfurt a.M., Beschluss v. 2.12.2010 – 5 Sch 3/10 Rn 24 – juris. Der oben unter § 7 A. IV. dargestellte Meinungsstreit stellt sich also bei einer SE als formwechselnder Rechtsträger nicht.

221 *Bärwaldt* in Semler/Stengel, § 195 Rn 7; *Decher/Hoger* in Lutter, § 195 Rn 3; *Drinhausen/Keinath* in Henssler/Strohn, § 195 UmwG Rn 2; *Stratz* in Schmitt/Hörtnagl/Stratz, § 195 Rn 4. Nicht an die Monatsfrist gebunden sind die Erhebung einer Unterlassungsklage und einer einstweiligen Verfügung gegen die Durchführung des Formwechsels, *Bärwaldt* in Semler/Stengel, § 195 Rn 10; *Decher/Hoger* in Lutter, § 195 Rn 7; *Drinhausen/Keinath* in Henssler/Strohn, § 195 UmwG Rn 2.

222 *Decher/Hoger* in Lutter, § 195 Rn 2; *Drinhausen/Keinath* in Henssler/Strohn, § 195 UmwG Rn 2.

Verfolgung von Sondervorteilen und die Verletzung der gesellschafterlichen Treuepflicht.[223]

Da das Fehlen der Negativerklärung bezüglich Klagen gegen die Wirksamkeit des Formwechselbeschlusses gemäß §§ 198 Abs. 3, 16 Abs. 2 S. 2 UmwG eine Registersperre zur Folge hat, verfügen klagende Aktionäre über eine erhebliche Blockademacht. Um missbräuchlichen Klagen „räuberischer" (Berufs-) Aktionäre entgegenzuwirken, hat der Gesetzgeber das die Negativerklärung ersetzende sog. Unbedenklichkeits- bzw. Freigabeverfahren nach § 16 Abs. 3 UmwG geschaffen.[224] Auf Antrag des umzuwandelnden Rechtsträgers ergeht ein gerichtlicher Freigabebeschluss, wenn (i) die Klage gegen den Formwechselbeschluss unzulässig oder offensichtlich unbegründet ist,[225] (ii) der Kläger nicht einen Mindestanteilsbesitz von EUR 1000 nachweist[226] oder (iii) das Interesse des formwechselnden Rechtsträgers und seiner Anteilsinhaber das Interesse der klagenden Anteilsinhaber nach freier Überzeugung des Gerichts überwiegt und kein besonders schwerer Rechtsverstoß vorliegt (§§ 198 Abs. 3, 16 Abs. 3 S. 3 UmwG). In der Praxis gerichtlicher Freigabeverfahren kommt dabei der zuletzt genannten Variante des § 16 Abs. 3 S. 3 UmwG die zentrale Bedeutung zu.[227] Das Vollzugsinteresse des Antragstellers ergibt sich in erster Linie aus den mit der Verzögerung der Eintragung einhergehenden wirtschaftlichen Nachteilen, die dem formwechselnden Rechtsträger und seinen nicht klagenden Anteilsinhabern drohen.[228] Hierbei fällt nur das sich aus der Veränderung der Rechtsform selbst ergebende Vollzugsinteresse in den Schutzbereich des

---

223 BGH, ZIP 2005, 1318 (vgl. Leitsatz 1); ihm folgend: OLG Frankfurt, Beschluss v. 2.12.2010 – 5 Sch 3/10 Rn 47 – juris = NZG 2012, 351 (353).

224 Vgl. Bericht des Rechtsausschusses, BT-Drs. 16/13098, S. 35 liSp.

225 Bei der Auslegung des Kriteriums der offensichtlichen Unbegründetheit kommt es dabei nicht darauf an, welcher Prüfungsaufwand erforderlich ist, um die Unbegründetheit festzustellen. Maßgeblich ist das Maß an Sicherheit, mit der sich die Unbegründetheit der Klage unter den Bedingungen des Eilverfahrens prognostizieren lässt. Offensichtlich unbegründet ist eine Klage dann, wenn sich mit hoher Sicherheit die Unbegründetheit der Klage vorhersagen lässt, vgl. statt aller OLG Stuttgart, AG 2008, 464 und OLG Frankfurt, ZIP 2006, 370 (372).

226 Das Bagatellquorum des § 16 Abs. 3 S. 3 Nr. 2 UmwG wurde mit Wirkung ab dem 1.9.2009 durch das Gesetz zur Umsetzung der Aktionärsrechterichtlinie (ARUG) vom 30.7.2009 (BGBl. I S. 2479) eingefügt. Das Bestehen des erforderlichen Quorums ist binnen einer Woche nach Zustellung des Antrags durch Urkunden gegenüber dem Gericht nachzuweisen, *Decher* in Lutter, § 16 Rn 51; *Schwanna* in Semler/Stengel, § 16 Rn 31c.

227 *Decher* in Lutter, § 16 Rn 59; *Simon* in KK-UmwG, § 16 Rn 82.

228 *Heidinger* in Henssler/Strohn, § 16 UmwG Rn 19b; *Schwanna* in Semler/Stengel, § 16 Rn 33. Als rechtlich erhebliche Nachteile sind in der Rechtsprechung beispielsweise anerkannt: ausbleibende Synergie- und Rationalisierungseffekte, OLG Düsseldorf, ZIP 1999, 793 (798); LG Essen, NZG 1999, 556 (558); Verwertung von Verlustvorträgen, OLG Frankfurt, ZIP 1996, 379 (381); das mögliche Scheitern eines beabsichtigen Börsenganges, OLG Hamm, AG 2011, 624 (625).

§ 16 Abs. 3 UmwG, während mit der Beifügung von Regelungsinhalten verfolgte Interessen, die für sich genommen nicht der Freigabe zugänglich sind, außer Betracht bleiben müssen.[229] Dies folgt aus der Regelungstechnik des Gesetzgebers, der einen Katalog freigabefähiger Beschlüsse und gerade keinen generalklauselartigen Tatbestand normiert hat. Folglich sind beispielsweise die durch eine unterbleibende Vereinheitlichung von Aktiengattungen entstehenden Nachteile, wie eine schwächere Position in einem Aktienindex, nicht zu berücksichtigen, wohingegen etwa die Blockade künftiger Kapitalerhöhungen durch einen Mehrheitsaktionär, der bei der Zeichnung neuer Aktien eine Verwässerung seines Stimmrechtsanteils im formwechselnden Rechtsträger befürchtet und dessen Einfluss durch die Umwandlung in eine KGaA gesichert werden soll, zu beachten ist.[230] Unter Hinweis auf die Gesetzesbegründung[231] verneint die überwiegende Ansicht schließlich die Relevanz der Erfolgsaussichten der Klage gegen die Wirksamkeit des Umwandlungsbeschlusses im Rahmen der Abwägung zwischen Vollzugs- und Aufschubinteresse und erteilt die Freigabe auch dann, wenn diese voraussichtlich oder sogar zweifelsfrei begründet ist, sofern die Rechtsverletzung nicht ausnahmsweise besonders schwer wiegt.[232] Ein solcher vom Antragsgegner darzulegender besonders schwerer Rechtsverstoß, dessen Vorliegen im Anschluss an die Interessenabwägung auf einer zweite Stufe zu prüfen ist, liegt nur bei einer Verletzung elementarer Aktionärsrechte vor, die durch Schadensersatz nicht angemessen kompensiert werden kann, sodass die Eintragung und die damit verbundene Durchführung der Umwandlung als „unerträglich“ erscheinen.[233]

II. Anwendbarkeit bei Klage gegen den Sonderbeschluss der Vorzugsaktionäre?

1. *Problemaufriss*

Nach § 16 Abs. 2, 198 Abs. 3 UmwG stehen der Eintragung des Formwechsels nur solche Klagen entgegen, die sich gegen die Wirksamkeit des Umwandlungsbeschlusses nach § 193 UmwG richten. Die vom Vertretungsorgan des formwechselnden Rechts-

229 OLG Frankfurt, Beschluss v. 2.12.2010 – 5 Sch 3/10 Rn 31 f. – juris = NZG 2012, 351 (352) – auch zum Folgenden; a.A. *Habersack*, GS Winter, 177 (189).

230 Der Antragsteller muss darlegen, dass tatsächlich eine solche Blockade einer Kapitalerhöhung durch den Mehrheitsaktionär droht. Dafür ist der Nachweis über eine konkret geplante Kapitalmaßnahme erforderlich, was etwa durch einen entsprechenden Vorschlag des Vorstands an die Hauptversammlung geschehen kann, vgl. OLG Frankfurt, Beschluss v. 2.12.2010 – 5 Sch 3/10 Rn 32 – juris.

231 Vgl. Reg. Begr. zu § 246a AktG, BT-Drs. 15/5092, S. 29 liSp.

232 OLG Hamm, NZG 2011, 148 (150); *Decher* in Lutter, § 16 Rn 59; *Marsch-Barner* in Kallmeyer, § 16 Rn 42; *Verse*, NZG 2009, 1127 (1130); *Stratz* in Schmitt/Hörtnagl/Stratz, § 16 Rn 78; a.A. *Schwanna* in Semler/Stengel, § 16 Rn 40 m.w.N.

233 Vgl. die Beschlussempfehlung des Rechtsausschusses, BT-Drs. 16/13098, S. 42 liSp.

trägers abzugebende Negativerklärung muss daher nach einhelliger Ansicht keine Angaben zu Klagen gegen sonstige, die Umwandlung begleitende Beschlüsse enthalten.[234] Nicht erforderlich sind etwa Angaben bezüglich Klagen gegen einen Kapitalerhöhungsbeschluss[235] und gegen im Rahmen der Umwandlung vorgenommene Satzungsänderungen.[236] Da der gerichtliche Freigabebeschluss nach § 16 Abs. 3 S. 1 UmwG lediglich eine fehlende Negativerklärung ersetzt und das Korrelat zur Registersperre nach § 16 Abs. 2 S. 2 UmwG darstellt,[237] richtet sich der Freigabeantrag auch nur gegen solche Klagen, die vom Erfordernis der Negativerklärung umfasst sind.[238] Eine Klage gegen einen Sonderbeschluss stellt jedoch keine Klage gegen die Wirksamkeit des Umwandlungsbeschlusses dar, sodass bei strenger Gesetzesauslegung mit Hilfe des gerichtlichen Freigabeverfahrens das Fehlen eines Sonderbeschlusses nicht überwunden werden kann. Da das Registergericht bei Eintragung des Formwechsels das Vorliegen eines Sonderbeschlusses prüft, wird es in diesem Fall häufig das Eintragungsverfahren gemäß § 21 Abs. 1 FamFG aussetzen, sodass zwar keine formale, wohl aber eine „faktische Registersperre"[239] besteht.[240] Es ist daher im Folgenden der Frage nachzugehen, ob mit Hilfe des Freigabeverfahrens auch gegen den bei einer Abschaffung von Vorzugsaktien im Rahmen des Formwechsels – nach vorzugswürdiger Ansicht[241] auch bei der AG – erforderlichen Sonderbeschluss der Vorzugsaktionäre gerichtete Klagen überwunden werden können.

2. *Würdigung*

Gegen die Anwendbarkeit des Freigabeverfahrens im Falle einer gegen den Sonderbeschluss gerichteten Klage spricht zunächst der klare Wortlaut von § 14 Abs. 1 UmwG und § 16 Abs. 2 UmwG, der auf „Klagen gegen den Verschmelzungsbeschluss" beschränkt ist. Allein die Tatsache, dass das Fehlen eines erforderlichen Sonderbeschlusses zur schwebenden Unwirksamkeit des Umwandlungsbeschlusses führt,[242] macht die Klage gegen den Sonderbeschluss nicht zu einer Klage gegen die

---

234 *Decher* in Lutter, § 16 Rn 14; *Schwanna* in Semler/Stengel, § 16 Rn 14.

235 *Marsch-Barner* in Kallmeyer, § 16 Rn 24; *Schwanna* in Semler/Stengel, § 16 Rn 14; *Simon* in KK-UmwG, § 16 Rn 25.

236 *Decher* in Lutter, § 16 Rn 14; *Marsch-Barner* in Kallmeyer, § 14 Rn 24.

237 *Habersack*, GS Winter, 177 (186).

238 *Simon* in KK-UmwG, § 16 Rn 51.

239 Die Begrifflichkeit ist darauf zurückzuführen, dass Registerrichter im Rahmen ihrer Ermessensausübung die Eintragung von im Klagewege angegriffenen Beschlüssen häufig aussetzen, vgl. *Lutter*, ZGR 1990, 392 (409).

240 OLG Frankfurt, Beschluss v. 2.12.2010 – 5 Sch 3/10 Rn 22 – juris.

241 Vgl. zum Meinungsstreit bezüglich der Erforderlichkeit eines Sonderbeschlusses der Vorzugsaktionäre bei der AG oben unter § 7 A. IV. Bei der SE ist ein entsprechender Sonderbeschluss gemäß Art. 60 SE-VO erforderlich, vgl. dazu oben unter § 7 B. II. a.E.

242 Für die AG: *Bormann* in Spindler/Stilz, § 141 Rn 52; *Koch* in Hüffer/Koch, § 141 Rn 10; *Krafka/Kühn*, RegisterR, Rn 1384; *Schröer* in MüKoAktG, § 141 Rn 38; für

Wirksamkeit des Formwechselbeschlusses.[243] Auch die Gesetzessystematik dürfte eher gegen eine Anwendbarkeit des Freigabeverfahrens auf den Sonderbeschluss sprechen. Denn während sämtliche Klagen gegen den Umwandlungsbeschluss – und damit abweichend von der aktienrechtlichen Rechtslage (vgl. § 242 AktG) auch Nichtigkeitsklagen – innerhalb eines Monats nach Beschlussfassung zu erheben sind (§ 14 Abs. 1 UmwG),[244] ist der Sonderbeschluss nachholbar und unterliegt den allgemeinen Anfechtungs- bzw. Nichtigkeitseinwänden (§ 138 S. 2 AktG i.V.m. § 246 Abs. 1 AktG und § 249 Abs. 1 AktG).[245]

Gegen eine solche eng am Wortlaut orientierte Auslegung der Norm und für eine Anwendbarkeit des Unbedenklichkeitsverfahrens auch auf den gegen den Sonderbeschluss gerichtete Klagen spricht eine – vor Inkrafttreten des aktienrechtlichen Freigabeverfahrens gemäß § 246a AktG[246] – zu § 16 Abs. 3 UmwG ergangene Entscheidung des BGH, die das Verhältnis zwischen einem Verschmelzungsbeschluss und einem Beschluss über eine Kapitalerhöhung zur Durchführung der Verschmelzung (§§ 55, 69 UmwG) betraf. Ein Kapitalerhöhungsbeschluss war nach der für die Entscheidung maßgeblichen Rechtslage grundsätzlich für sich genommen nicht freigabefähig. Nach Auffassung des BGH stellte der Kapitalerhöhungsbeschluss jedoch lediglich einen notwendigen „Annex" zum Verschmelzungsbeschluss dar, sodass das Freigabeverfahren auf ihn entsprechend anzuwenden sei.[247] Reicht nach dem BGH bereits der wirtschaftliche Zusammenhang zwischen Verschmelzungsbeschluss und rechtlich selbstständigem Kapitalerhöhungsbeschluss für die Anwendung des Freigabeverfahrens aus, muss dies erst recht dann gelten, wenn – wie zwischen Umwandlungsbeschluss und Satzungsänderung – eine rechtliche Einheit besteht.[248] Denn die Satzung des neuen Rechtsträgers ist, wie bereits ausgeführt, zwingender

---

die SE: OLG Frankfurt, Beschluss v. 2.12.2010 – 5 Sch 3/10 Rn 21 – juris; *Bücker* in Habersack/Drinhausen, Art. 60 SE-VO Rn 2; *Eberspächer* in Spindler/Stilz, Art. 60 SE-VO Rn 1; a.A. *Fischer*, ZGR 2013, 832 (854), nach dem der Sonderbeschluss nur bis zum Schluss der jeweiligen Hauptversammlung nachgeholt werden kann und sein Fehlen danach die endgültige Unwirksamkeit des Hauptversammlungsbeschlusses zur Folge hat.

243 OLG Frankfurt, Beschluss v. 2.12.2010 – 5 Sch 3/10 Rn 21 – juris.

244 Vgl. die Nachweise in Fn 221.

245 OLG Frankfurt, Beschluss v. 2.12.2010 – 5 Sch 3/10 Rn 21 – juris.

246 § 246a AktG wurde mit Wirkung vom 1.11.2005 durch das Gesetz zur Unternehmensintegrität und Modernisierung des Anfechtungsrechtes (UMAG) v. 22.9.2005 eingefügt (BGBl. I S. 2802).

247 BGH, NZG 2007, 714 (715); zuvor bereits OLG Hamm, Der Konzern 2005, 374 (376); zustimmend: *Marsch-Barner* in Kallmeyer, § 16 Rn 55. Umstritten ist, ob dies sogar dann gilt, wenn lediglich der Kapitalerhöhungsbeschluss und nicht auch der Verschmelzungsbeschluss angegriffen wurde, bejahend: *Reichert* in Semler/Stengel, § 55 Rn 28; *Schwanna* in Semler/Stengel, § 16 Rn 22; *Winter/Vetter* in Lutter, § 55 Rn 81; a.A. *Decher* in Lutter, § 16 Rn 37; *Marsch-Barner* in Kallmeyer, § 16 Rn 38.

248 *Habersack*, GS Winter, 177 (187); *Marsch-Barner*, GS Winter, 467 (485); *ders.* in Kallmeyer, § 16 Rn 24.

Bestandteil des Umwandlungsbeschlusses (§§ 218 Abs. 1, 243 Abs. 1 S. 1 UmwG). Dieser „umwandlungsrechtlichen Einheit“ von Formwechsel und Satzung muss in verfahrensrechtlicher Sicht durch die Anwendung des Freigabeverfahrens auf den Umwandlungsbeschluss in seiner Gesamtheit Rechnung getragen werden.[249] Nur eine solche Betrachtung wird dem Gesetzeszweck des § 16 Abs. 3 UmwG gerecht, missbräuchliche Klagen von Aktionären entgegenzuwirken, da der Freigabebeschluss andernfalls leicht durch eine Klage gegen den Sonderbeschluss verhindert werden könnte.[250] Zwar mag man hiergegen einwenden, dass der Formwechselbeschluss auf diese Weise „Einfallstor“ für sämtliche – normalerweise nicht freigabefähige – Satzungsänderungen werden könnte.[251] Dem ist jedoch wiederum entgegenzuhalten, dass ein Wechsel der Rechtsform zwangsläufig mit Satzungsänderungen verbunden ist. Eine Eintragung des Formwechsels ohne die gleichzeitige Eintragung der obligatorischen Satzungsänderungen ist nicht möglich, weil auf diese Weise ein Rechtsträger geschaffen würde, dessen Satzung mangels konstitutiv wirkender Eintragung der obligatorischen Änderungen nicht den gesetzlichen Vorgaben entspräche.[252] Auch eine Trennung zwischen obligatorischen und fakultativen Satzungsänderungen dürfte aufgrund des jeweils bestehenden Sachzusammenhanges eher theoretischer Natur sein und daher vom Registergericht nicht mit hinreichender Verlässlichkeit vorgenommen werden können, zumal selbst im Falle einer eindeutig fakultativen Satzungsänderung fraglich bliebe, ob der Formwechsel ohne die konkrete Ausgestaltung der Satzung die erforderliche Mehrheit gefunden hätte.[253] Die besseren Gründe sprechen demnach dafür, § 16 Abs. 3 UmwG in erweiterter Auslegung auch auf gegen einen Sonderbeschluss gerichtete Klagen anzuwenden.[254]

D. Zusammenfassung

Sowohl eine AG als auch eine SE können durch Formwechselbeschluss, der einer Mehrheit von drei Vierteln des bei der Beschlussfassung vertretenen Grundkapitals bedarf, in eine KGaA umgewandelt werden. Art. 66 Abs. 1 S. 1 SE-VO steht der direkten Umwandlung einer SE in eine KGaA dabei nicht entgegen, da er nach vorzugswürdiger Ansicht lediglich den Formwechsel einer SE in eine nationale AG

---

249 *Habersack*, GS Winter, 177 (186).

250 Vgl. *Marsch-Barner*, GS Winter, 467 (485).

251 *Winzen*, Vorzugsaktie, S. 209.

252 *Habersack*, GS Winter, 177 (188).

253 *Habersack*, GS Winter, 177 (188); a.A. *Winzen*, Vorzugsaktie, S. 208 f.

254 A.A. OLG Frankfurt, Beschluss v. 2.12.2010 – 5 Sch 3/10 Rn 22 – juris, nach dem die faktische Registersperre als Nachteil der Verbindung von Formwechsel mit der Aufgabe der Vorzüge hinzunehmen ist; ebenso: *Winzen*, Vorzugsaktie, S. 207 ff. Pauschal gegen eine entsprechende Anwendung von § 16 Abs. 3 UmwG auch: *Stengel* in Haritz/Menner, UmwandlungssteuerR, A Rn 201 und *Weber/Kerjes*, Hauptversammlungsbeschlüsse vor Gericht, § 3 Rn 13.

abschließend regelt. Der Formwechselbeschluss bedarf keiner materiellen Kontrolle auf sachliche Rechtfertigung und weder die Umwandlung einer AG in eine KGaA noch die Verbindung des Formwechsels mit der Abschaffung von Vorzugsaktien stellen grundsätzlich einen Verstoß gegen das aus der gesellschafterlichen Treuepflicht abgeleitete Willkürverbot dar. Wird der Formwechsel zwecks Vereinheitlichung der Aktiengattungen mit der Abschaffung von Vorzugsaktien verbunden, bedarf es sowohl bei der SE (Art. 60 Abs. 1 SE-VO) als auch bei der AG eines Sonderbeschlusses der Vorzugsaktionäre, da § 141 Abs. 1 AktG nicht von § 65 Abs. 2 UmwG verdrängt wird. Auf gegen die Wirksamkeit des Sonderbeschlusses gerichtete Klagen ist das Freigabeverfahren gemäß § 16 Abs. 3 UmwG analog anwendbar.

Tritt im Zuge des Formwechsels eine aktivierte Vorrats-SE der KGaA als Komplementärin bei, ist kein Arbeitnehmerbeteiligungsverfahren durchzuführen, wenn die SE zu diesem Zeitpunkt weniger als zehn Arbeitnehmer beschäftigt bzw. keine Einstellung der entsprechenden Arbeitnehmerzahl binnen einer Jahresfrist beabsichtigt ist. Der Beitritt der SE als Komplementärin erfordert die Durchführung des Arbeitnehmerbeteiligungsverfahrens auch nicht nach § 18 Abs. 3 SEBG, wenn die Übernahme der Komplementärfunktion bereits im Rahmen der Aktivierung der Vorrats-SE in der Satzung verankert wird. Grundsätzlich stellt der Beitritt als Komplementärin auch keinen Fall des Missbrauchs nach § 43 SEBG dar.

§ 8 Die KGaA am Kapitalmarkt

Kommanditaktien können nicht nur im Freiverkehr gehandelt (§ 48 BörsG), sondern auch als Wertpapiere iSd § 32 BörsG zum Handel im regulierten Markt zugelassen werden.[1] Erfolgt eine Zulassung zum Handel im regulierten Markt, gilt die KGaA als börsennotiert iSv § 3 Abs. 2 AktG.[2] Mit der Börsenzulassung gehen zahlreiche strengere aktienrechtliche Vorgaben einher – so sind etwa bei der Einberufung der Hauptversammlung zusätzliche Angaben zu machen (§ 278 Abs. 3, § 121 Abs. 3 S. 3 AktG)[3] –, die sich jedoch von der Rechtslage bei der AG bzw. SE nicht unterscheiden, sodass an dieser Stelle insoweit auf die einschlägigen Standardwerke verwiesen werden kann.[4] Allerdings sind im Rahmen des Börsengangs einer KGaA und bei bestehender Börsennotierung einige kapitalmarkt- bzw. übernahmerechtliche Besonderheiten zu beachten. Im Folgenden soll zunächst der verbreiteten These der mangelnden Börsenakzeptanz der KGaA nachgegangen werden (dazu unter A.), bevor die wichtigsten dieser rechtsformspezifischen Eigenheiten dargestellt werden, die jüngst durch die am 3. Juli 2016 in Kraft getretene EU-Marktmissbrauchsverordnung (MMVO)[5] und das Erste Finanzmarktnovellierungsgesetz (1. FiMaNoG)[6] teilweise Änderungen erfahren haben (dazu unter B. – D.).

A. Börsenakzeptanz der KGaA

I. Meinungsstand

Verbreitet wird von Skeptikern der KGaA geltend gemacht, dass Kommanditaktien im Vergleich zu (Stamm-) Aktien einer AG bzw. SE[7] mit einem Bewertungs-

---

1 *Bachmann* in Spindler/Stilz, § 278 Rn 95; *Koch* in Hüffer/Koch, § 278 Rn 23; *Mayer-Uellner/Otte*, NZG 2015, 737 (739).

2 *Bachmann* in Spindler/Stilz, § 278 Rn 95.

3 Vgl. bzgl. der Pflicht zur Abgabe der Entsprechenserklärung nach § 161 AktG unter § 8 C. II. 4. Vgl. ferner z.B. die Pflicht zur Veröffentlichung bestimmter Angaben zur Einberufung auf der Internetseite der Gesellschaft gemäß § 124a AktG oder die Angaben über weitere Aufsichtsratsmandate bei einem Vorschlag zur Wahl von Aufsichtsratsmitgliedern gemäß § 125 Abs. 1 S. 5 AktG.

4 Vgl. etwa *Heider* in MüKoAktG, § 3 Rn 43.

5 Verordnung (EU) Nr. 596/2014 des Europäischen Parlaments und des Rates vom 16. April 2014 über Marktmissbrauch (Marktmissbrauchsverordnung) und zur Aufhebung der Richtlinie 2003/6/EG des Europäischen Parlaments und des Rates und der Richtlinien 2003/124/EG, 2003/125/EG und 2004/72/EG der Kommission.

6 Erstes Gesetz zur Novellierung von Finanzmarktvorschriften aufgrund europäischer Rechtsakte (Erstes Finanzmarktnovellierungsgesetz – 1. FiMaNoG) vom 30. Juni 2016 (BGBl. I S. 1514).

7 Die einschlägige Literatur nennt ausschließlich die AG. Die Argumentation ist jedoch entsprechend auf die SE übertragbar.

abschlag gehandelt werden.[8] Zur Begründung wird die geringere Verbreitung der KGaA, ihre mangelnde Bekanntheit, insbesondere bei ausländischen Investoren,[9] und der in Folge der Komplexität der Rechtsform erhöhte Beratungsbedarf angeführt. Denn während bei der AG bzw. SE die Satzungen börsennotierter Gesellschaften weitgehend standardisiert sind, müssen Investoren bei der KGaA aufgrund der hier bestehenden Gestaltungsmöglichkeiten die jeweilige Corporate Governance zunächst einer detaillierten juristischen Analyse unterziehen, um die Einflussmöglichkeiten der Kommanditaktien und somit die Werthaltigkeit der beabsichtigten Investition verlässlich beurteilen zu können.[10] Auch die generell schwächere Stellung der Kommanditaktionäre, insbesondere die regelmäßig fehlende Möglichkeit, die Besetzung des geschäftsführenden Organs aktiv zu beeinflussen, wird als Grund genannt.[11]

Der Bewertungsabschlag sei mit dem von Vorzugsaktien gegenüber Stammaktien vergleichbar, weil es den Kommanditaktionären aufgrund ihrer begrenzten Einflussmöglichkeiten ebenso wie Vorzugsaktionären an Übernahmemöglichkeiten fehle, was die Kursphantasie begrenze.[12] Folgt man dieser These und legt den bei Vorzugsaktien gegenüber Stammaktien üblichen Abschlag von ca. 10–20 Prozent[13] zugrunde, können die hieraus resultierenden höheren Finanzierungskosten ein gewichtiges Argument gegen die Wahl der KGaA als Rechtsform sein. Da ein Vorzugsaktionär für sein fehlendes Stimmrecht eine Vorzugsdividende erhält, während dem Stammaktionär einer KGaA für die eingeschränkten Auswirkungen seines Stimmrechts keine vergleichbare Kompensation gewährt wird, ließe sich theoretisch sogar annehmen, dass der Bewertungsabschlag bei Kommanditaktien noch deutlicher ausfallen müsste.[14]

---

8 *Hennerkes/Lorz*, DB 1997, 1388 (1394); *Kessler*, GmbH & Co. KGaA, S. 39; *Ladwig/Motte*, DStR 1997, 1539 (1541); *Hommelhoff*, ZHR Beiheft 67, S. 9 (12 f.) befürchtet die Verbreitung einer „junk share“; *Schlitt*, KGaA, S. 30; *Wieneke/Fett* in Bürgers/Fett, § 10 Rn 27 ff.; wohl auch: *Assmann/Sethe* in GK-AktG, Vor § 278 Rn 52; zurückhaltend mangels empirischer Belegung: *Hoffmann-Becking/Herfs*, FS Sigle, 273 (277); *Jäger*, NZG 1999, 101 (104); *Ladwig/Motte*, DStR 1997, 1539 (1541).

9 *Lorz*, VGR 1998, 57 (74); *Mayer*, RWS Forum 1997, 263 (274); *Schlitt*, KGaA, S. 30; *Wieneke/Fett* in Bürgers/Fett, § 10 Rn 28.

10 *Ladwig/Motte*, DStR 1996, 842 (846); *Schlitt*, KGaA, S. 30; *Wieneke/Fett* in Bürgers/Fett, § 10 Rn 27 f.

11 *Lorz*, VGR 1998, 57 (74); *Wieneke/Fett* in Bürgers/Fett, § 10 Rn 29.

12 *Wieneke/Fett* in Bürgers/Fett, § 10 Rn 29.

13 *May*, Sicherung des Familieneinflusses, S. 226; *Spindler* in K. Schmidt/Lutter, § 139 Rn 2; eingehende empirische Analyse bei: *Jung/Wachtler*, AG 2001, 513 ff.

14 *Ladwig/Motte*, DStR 1996, 842 (846); *Wieneke/Fett* in Bürgers/Fett, § 10 Rn 29a haben nunmehr die noch in der Vorauflage vertretene Auffassung aufgegeben, dass der Kursabschlag von Kommanditaktien aufgrund der Intransparenz der Rechtsform noch größer als bei Vorzugsaktien ausfalle.

II. Bewertung

1. Argument der mangelnden Bekanntheit bei ausländischen Investoren

Der Verweis auf die mangelnde Bekanntheit der KGaA bei ausländischen Investoren vermag als Begründung für einen Bewertungsabschlag nicht zu überzeugen. Internationale Investoren müssen sich meist ohnehin mit unterschiedlichen Formen der Corporate Governance beschäftigen, sodass sich der erhöhte Analyseaufwand relativiert.[15] Außerdem sind auch internationale Investoren mit rechtlichen Instrumenten vertraut, die lediglich einem eingeschränkten Aktionärskreis Stimm- bzw. Mitwirkungsrechte gewähren.[16] Da die SE im gesamten europäischen Wirtschaftsraum bekannt ist, dürfte sich durch die Einschaltung einer SE als Komplementärin die mangelnde Bekanntheit der KGaA bei ausländischen Investoren zumindest abschwächen lassen.

2. Argument der Übernahmeresistenz der KGaA

Auch das Argument, die Übernahmeresistenz der KGaA führe zwangsläufig zu einem Bewertungsabschlag, kann nur bedingt überzeugen. Während die Übernahmeresistenz für den privaten Kleinanleger irrelevant sein dürfte, vermag sie allenfalls institutionelle Anleger dazu veranlassen, von einer Investition abzusehen. Zwar wirkt sich eine mangelnde Investitionsbereitschaft von institutionellen Anlegern letztlich mittelbar doch auf die Bewertung der Aktie aus, da Kleinaktionäre nicht auf einen Verkauf an einen strategischen Investor spekulieren können und der Aktienkurs nicht durch eine bevorstehende Übernahme beflügelt werden kann. Allerdings unterscheidet sich die Situation insoweit nicht von der bei einer AG bzw. SE, bei der sich Aktien im Sinne einer qualifizierten Mehrheit nicht im Streubesitz, sondern in der Hand eines Ankeraktionärs befinden.[17] Auch in diesem Fall ist der Einfluss der Minderheitsaktionäre sehr begrenzt und Übernahmephantasien können faktisch nicht entstehen. Referenzpunkt für eine vergleichende Bewertung der Werthaltigkeit von Kommanditaktien einer KGaA, bei der sich die Komplementärgesellschaft in Familienhand befindet, muss jedoch gerade eine AG bzw. SE sein, bei der eine Unternehmerfamilie ihren Einfluss in der Hauptversammlung durch einen entsprechenden Blockbesitz von Stammaktien sichert. Schließlich spricht in diesem Fall gegen einen pauschalen Bewertungsabschlag, dass die Mitspracherechte von

15 Vgl. *Wieneke/Fett* in Bürgers/Fett, § 10 Rn 29a.

16 So haben etwa bei Facebook und Google die jeweiligen Gründer ihren Einfluss durch die Schaffung von unterschiedlichen Aktienklassen abgesichert, vgl. *Lindner*, Die machtlosen Aktionäre, FAZ online vom 17.5.2012.

17 *Otte*, AG & Co. KGaA, S. 50. Nach einer empirischen Untersuchung von *Jung/Wachtler*, AG 2001, 513 (517 f.) gibt es kaum Kursdifferenzen zwischen Stamm- und Vorzugsaktien, wenn sich weniger als 25 Prozent der Stammaktien im Streubesitz befinden.

außenstehenden Kommanditaktionären im Vergleich zu denen von Minderheitsaktionären einer AG bzw. SE häufig sogar umfangreicher sind.[18]

3. *Argument des erhöhten Beratungsaufwandes*

Stichhaltiger ist das angeführte Argument des erhöhten Beratungsaufwandes aufgrund der Komplexität der Rechtsform. Während die Satzung einer AG und SE wegen des Grundsatzes der Satzungsstrenge nur in sehr eingeschränktem Umfang den individuellen Bedürfnissen angepasst werden kann, ist bei der KGaA wegen der bestehenden Gestaltungsmöglichkeiten vor einer Investition eine Analyse der Corporate Governance erforderlich, die bei potentiellen Investoren Beratungskosten verursacht. Dieser Beratungsaufwand stellt gewissermaßen die Kehrseite der Medaille der bei der KGaA bestehenden Gestaltungsmöglichkeiten dar. Allerdings dürften in der Praxis wohl nur institutionelle Investoren eine solche rechtliche Beratung in Anspruch nehmen, die sich in größerem Umfang an einer börsennotierten KGaA beteiligen möchten. Im Verhältnis zu den Investitionskosten und sonstigen hiermit im Zusammenhang stehenden Aufwendungen, z.B. den Kosten einer Due Diligence der sonstigen Rechtsverhältnisse der Gesellschaft, dürfte der Beratungsaufwand für eine Analyse der Satzung regelmäßig nicht sonderlich ins Gewicht fallen, zumal er mit steigender Investitionssumme proportional abnimmt.

4. *Kompensationseffekt durch langfristiges unternehmerisches Engagement*

Demgegenüber signalisiert die Stellung als Komplementär in Verbindung mit einer geleisteten Sondereinlage oder einer Beteiligung am Grundkapital ein langfristiges Engagement und eine hohe Bindung der Unternehmerfamilie an das Unternehmen.[19] Dies ist auch dann anzunehmen, wenn eine Kapitalgesellschaft als Komplementärin fungiert und die Familienmitglieder nicht persönlich haften, sofern das Familienvermögen in beträchtlichem Umfang in dem Unternehmen gebunden ist.[20] Auch die fehlende Möglichkeit der Kommanditaktionäre zur Beeinflussung des Geschäftsführungsorgans relativiert sich vor dem Hintergrund dieses langfristigen Engagements einer Unternehmerfamilie. Man mag also konstatieren, dass die geringeren Einflussmöglichkeiten der Kommanditaktionäre – anders als die geringeren Einflussmöglichkeiten von Vorzugsaktionären – durch die Kontinuität in der Unternehmensführung ausgeglichen werden.[21] Denn Familienunternehmen zeichnen sich dadurch aus, dass regelmäßig nicht die kurzfristige Gewinnmaximierung, sondern die langfristige Unternehmensausrichtung im Vordergrund steht.[22]

---

18 *Niedner/Kusterer*, DB 1997, 1451 (1452 f.).
19 Vgl. *Ladwig/Motte*, DStR 1996, 842 (846); *Mayer-Uellner/Otte*, NZG 2015, 737 (742).
20 *Ladwig/Motte*, DStR 1996, 842 (846); *Mayer-Uellner/Otte*, NZG 2015, 737 (742).
21 *Philbert*, KGaA, S. 24.
22 *Adenauer*, FS Binz, 9 (10); *Haid*, FS Binz, 274 (275).

5. *Fazit: konkrete Satzungsgestaltung maßgeblich*

Nach dem Gesagten steht in bewertungsrechtlicher Sicht der Übernahmeresistenz der KGaA und dem zur Analyse der jeweiligen Corporate Governance notwendigen Beratungsaufwand ein konträrer Effekt in Form eines sich durch die Übernahme der Komplementärgesellschaft manifestierenden langfristigen Engagements einer Unternehmerfamilie gegenüber. Beteiligt sich eine die Komplementärgesellschaft kontrollierende Unternehmerfamilie dabei nicht durch Leistung einer Sondereinlage, sondern ausschließlich am Grundkapital der KGaA, ist es zur Erzielung dieses Kompensationseffektes unerlässlich, eine entsprechende Mindestbeteiligung der Familienmitglieder statutarisch zu normieren. Zur Stärkung der Kommanditaktie erscheint in diesem Fall eine Regelung empfehlenswert, nach der die Komplementärin aus der Gesellschaft ausscheidet, sofern deren Aktionäre nicht mehr zugleich in einem festgelegten Umfang am Grundkapital der KGaA, z. B. in Höhe von 10 Prozent, beteiligt sind.[23]

Wird eine derartige Bestimmung getroffen, kann der pauschale Vergleich von Aktien der KGaA mit Vorzugsaktien einer AG bzw. SE vor allem dann wenig überzeugen, wenn man sich die bei der KGaA bestehenden Gestaltungsmöglichkeiten vor Augen führt. Ein etwaiger Bewertungsabschlag wird m. E. ganz entscheidend von der konkreten Satzungsgestaltung abhängen. So ist für die Börsenakzeptanz der Kommanditaktie entscheidend, in welchem Ausmaß die Rechte der Kommanditaktionäre eingeschränkt werden.[24] Wird insoweit von sämtlichen rechtlich zulässigen Möglichkeiten Gebrauch gemacht, kann eine Kommanditaktie wie ein Genussschein zu bewerten sein.[25] Wird die Rechtsstellung der Kommanditaktionäre gegenüber der gesetzlichen Ausgestaltung gestärkt oder die Konstruktion einer Einheits-KGaA gewählt, dürfte hingegen allenfalls ein geringfügiger Bewertungsabschlag wegen der erforderlichen Analyse der Corporate Governance in Betracht kommen. Die Kautelarpraxis ist daher gut beraten, das Gesamtbild der Satzung als „Ergebnis einer Abwägung der Interessen aller Gesellschaftergruppen" auszugestalten.[26] Insbesondere die Ausgabe von Vorzugsaktien erscheint bei einer komplementärdominierten KGaA als nicht empfehlenswert.[27] Zwar kann nicht mit Sicherheit beurteilt werden, ob die in diesem Fall noch weiter beschnittenen Einwirkungsmöglichkeiten der Kommanditaktionäre, die bei einer derartigen rechtlichen Struktur gegen Null tendieren, einen zusätzlichen Bewertungsabschlag nach sich ziehen. Aber allein

---

23 Vgl. etwa § 6 Abs. 3 (a) der Satzung der Fresenius SE & Co. KGaA, nach dem die Fresenius Management SE aus der Gesellschaft ausscheidet, wenn deren Aktien nicht mehr von einer Person gehalten werden, die mittelbar oder unmittelbar mehr als 10 Prozent des Grundkapitals der KGaA hält.

24 Vgl. *Herfs*, VGR 1998, 23 (26); *Perlitt* in MüKoAktG, § 278 Rn 387; *Wieneke/Fett* in Bürgers/Fett, § 10 Rn 29a.

25 Vgl. *Binz/Sorg*, BB 1988, 2041 (2044 f.); *Perlitt* in MüKoAktG, § 278 Rn 387.

26 *Wieneke/Fett* in Bürgers/Fett, § 10 Rn 60.

27 *Schlitt*, KGaA, S. 30 f.; kritisch auch: *Habel/Strieder*, NZG 1998, 929 (931).

die Existenz von zwei verschiedenen Aktiengattungen, wirkt sich negativ auf die Liquidität der Kommanditaktie aus.[28]

Bei einer ausgewogenen Satzungsgestaltung ist heute keine generelle Skepsis des Kapitalmarktes gegenüber einer Kapitalgesellschaft & Co. KGaA festzustellen. In diesem Zusammenhang ist zunächst darauf hinzuweisen, dass die Zweifel an der Kapitalmarktakzeptanz von Kommanditaktien überwiegend aus der Zeit kurz nach Anerkennung der Kapitalgesellschaft & Co. KGaA durch den BGH stammen.[29] Für eine mittlerweile gegebene Börsenakzeptanz der KGaA spricht nicht nur die seitdem durch Rechtsprechung und Literatur erfolgte Auseinandersetzung mit der Rechtsform, durch die einige Rechtsfragen hinreichend aufgearbeitet bzw. sogar höchstrichterlich geklärt wurden. Vor allem die Tatsache, dass mit der Merck KGaA, der Henkel AG & Co. KGaA, Fresenius Medical Care AG & Co. KGaA und Fresenius SE & Co. KGaA vier im DAX etablierte Gesellschaften die Rechtsform der KGaA gewählt haben, streitet für eine Akzeptanz des Kapitalmarktes.[30] Die beiden letztgenannten Unternehmen haben dabei sogar einen Formwechsel von einer AG bzw. SE in eine KGaA vollzogen, ohne dass hierbei ein Kursverlust zu verzeichnen gewesen wäre.[31] Freilich wird die aufgrund der Komplexität und Volatilität von Kapitalmärk-

---

28 *Mayer-Uellner/Otte*, NZG 2015, 737 (742).

29 Jedenfalls dürften die Stimmen, nach denen die Konsortialabteilungen von Banken den Börsengängen in der Rechtsform der KGaA skeptisch gegenüberstehen (vgl. etwa *Lorz*, VGR 1998, 57 (74)), aufgrund der gestiegenen Anzahl börsennotierter KGaAs heute widerlegt sein, so auch schon *Hartel*, DB 1992, 2329; *Herfs*, VGR 1998, 23 (26).

30 Vgl. auch *v. Eiff/Otte*, GWR 2015, 246.

31 Im Zeitpunkt des Formwechselbeschlusses der Fresenius Medical Care AG am 30. August 2005 notierte die Aktie bei ca. EUR 24,50. Im Zeitpunkt der Eintragung des Formwechsels im Handelsregister am 10. Februar 2006 notierte die Aktie bei ca. EUR 30. Diesen Wert unterschritt die Aktie in den nächsten zwei Jahren nur einmal kurzzeitig um ca. 4 Prozent (Mai/Juni 2006: EUR 28,80). Im Übrigen pendelte der Kurs überwiegend zwischen EUR 31 und EUR 38,50 und lag damit konstant über den Werten zum Zeitpunkt des Beschlusses des Rechtsformwechsels bzw. seines Wirksamwerdens.
Die Aktie der Fresenius SE notierte zum Zeitpunkt des Beschlusses über den Formwechsel am 12. Mai 2010 bei EUR 17,40. In der folgenden Woche fiel der Kurs kurzzeitig auf EUR 16,60. Zum Zeitpunkt der Eintragung des Rechtsformwechsels im Handelsregister am 28.1.2011 notierte die Aktie bei EUR 21,16. Im Laufe des folgenden Jahres fiel die Aktie lediglich zweimal kurzzeitig marginal (ca. 1 bis 2 Prozent) unter diesen Wert und pendelte im Übrigen um ca. EUR 22, während sie ab Juli 2012 deutlich zulegte.
Allein im Zusammenhang mit dem Formwechsel der Sto AG in eine SE & Co. KGaA waren signifikante Kursschwankungen zu beobachten. Im Zeitpunkt des Formwechselbeschlusses am 12.6.2013 notierte die Aktie bei EUR 116,60. Auffällig ist, dass die Aktie in den folgenden zwei Wochen auf EUR 112,55 fiel. Im Zeitpunkt der Eintragung des Rechtsformwechsels im Handelsregister am 26. März 2014 notierte

ten ohnehin nur eingeschränkt aussagekräftige Analyse der Aktienkurse dadurch erschwert, dass beide Gesellschaften im Zuge des Formwechsel eine Umwandlung von Vorzugs- in Stammaktien im Verhältnis von 1 zu 1 vornahmen. Zwar kann die These vom Bewertungsabschlag bei Kommanditaktien aufgrund des geringen zur Verfügung stehenden Datenmaterials nicht als empirisch widerlegt angesehen werden, aber zumindest sind keine Anzeichen dafür ersichtlich, dass bei Kommanditaktien ein noch größerer Bewertungsabschlag als bei Vorzugsaktien vorzunehmen ist, wie teilweise in der Literatur angenommen wurde.[32] Es liegt vielmehr der Schluss nahe, dass nicht die Rechtsform, sondern allein der Geschäftserfolg und die Rentabilität des Unternehmens für die Bewertung einer Aktie maßgeblich sind.[33]

B. Kapitalmarktrechtliche Primärpflichten

Die Börseneinführung ist ein komplexes Verfahren, das an dieser Stelle nicht vollumfänglich dargestellt werden kann.[34] Die Einzelheiten des Zulassungsverfahrens und die Zulassungsvoraussetzungen für den regulierten Markt sind in §§ 32 ff. BörsG und in der auf der Grundlage des § 34 BörsG erlassenen Börsenzulassungsverordnung (BörsZulVO) geregelt, während sich die Einbeziehungsvoraussetzungen für den Freiverkehr aus den jeweiligen Statuten der Börsen ergeben.[35] Die Zulassung von Aktien zum regulierten Markt erfolgt auf Antrag (§ 32 Abs. 2 BörsG). Liegen die Zulassungsvoraussetzungen des § 32 Abs. 3 BörsG vor, besteht ein einklagbarer Anspruch auf Erteilung der Zulassung.[36] Dem Antrag sind dabei neben den in § 48 Abs. 2 BörsZulVO genannten Dokumenten, insbesondere der Wertpapier-

---

die Aktie bei EUR 141. Im Folgejahr erreichte sie Spitzenwerte von über EUR 150 und einen Tiefstwert von EUR 120 (November), was also immer noch über dem Wert zum Zeitpunkt des Beschlusses liegt. Bedenkt man die wirtschaftlichen Begleitumstände in dem Zeitraum nach Eintragung des Rechtsformwechsels, zeigt sich jedoch, dass der Tiefstand nicht durch den Wechsel der Rechtsform bedingt gewesen sein dürfte. Im Wesentlichen dürften hierfür zwei wirtschaftliche Faktoren verantwortlich gewesen sein. Zum einen korrigierte die Sto SE & Co. KGaA im November ihre Erwartungen für das Jahr 2014 im November wegen sinkender Nachfrage deutlich nach unten, vgl. http://www.onvista.de/news/bauzulieferer-sto-korrigiert-erwartungen-nach-unten-1894043, letzter Abruf am 31.10.2017. Außerdem ist zu beachten, dass es in der zweiten Hälfte des Jahres 2014 am gesamten deutschen Finanzmarkt zu erheblichen Verlusten kam. So stürzte der Dax im Zeitraum von Anfang Juli 2014 bis Oktober von 10.000 Punkten auf 8582 Punkte ab und überschritt erst im Januar 2015 wieder dauerhaft die Marke von 10.000 Punkten.

32 Vgl. nunmehr auch *Wieneke/Fett* in Bürgers/Fett, § 10 Rn 29a (anders die Vorauflage).

33 *Hoffmann-Becking/Herfs*, FS Sigle, S. 273 (277); *Philbert*, KGaA, S. 24; *Gaibler*, KGaA, S. 50.

34 Eingehend zum Going Public etwa: *Schanz*, Börseneinführung, §§ 12–15.

35 *Groß*, Kapitalmarktrecht, § 32 BörsG Rn 25.

36 Vgl. statt aller nur *Groß*, Kapitalmarktrecht, § 32 BörsG Rn 39.

prospekt (dazu unter I.), die Satzung und ein Auszug aus dem Handelsregister der persönlich haftenden Gesellschafterin beizufügen.[37]

I. Wertpapierprospekt

Um zum regulierten Markt zugelassen zu werden, muss der Emittent gemäß § 32 Abs. 3 Nr. 2 BörsG i.V.m. § 3 Abs. 4 WpPG einen nach den Vorschriften des Wertpapierprospektes gebilligten Wertpapierprospekt veröffentlichen. Zwar ist die Einbeziehung von Aktien in den Freiverkehr grundsätzlich prospektfrei möglich.[38] Allerdings ist sowohl bei einem öffentlichen Angebot (§ 3 Abs. 1 WpPG) als auch für eine Zulassung zu den Qualitätssegmenten des Freiverkehrs nach den jeweiligen Regelwerken der Börsen die Erstellung eines Wertpapierprospekts ebenfalls erforderlich.[39]

1. Allgemeine Anforderungen an den Wertpapierprospekt

Gemäß § 5 Abs. 1 S. 1 WpPG muss der Prospekt in leicht analysierbarer und verständlicher Form sämtliche Angaben enthalten, die im Hinblick auf den Emittenten und die öffentlich angebotenen oder zum Handel an einem organisierten Markt zugelassenen Wertpapiere notwendig sind, um dem Publikum ein zutreffendes Urteil über die Vermögenswerte und Verbindlichkeiten, die Finanzlage, die Gewinne und Verluste, die Zukunftsaussichten des Emittenten und jedes Garantiegebers sowie über die mit diesen Wertpapieren verbundenen Rechte zu ermöglichen. Der Prospekt bedarf vor der Veröffentlichung der Billigung durch die Bundesanstalt für Finanzdienstleistungsaufsicht (BaFin) (§ 13 Abs. 1 WpPG). Die Mindestangaben, die in dem Prospekt aufzunehmen sind, bestimmen sich nach der EU-ProspektVO[40] (§ 7 WpPG). Bei einer Börseneinführung im Rahmen eines IPO sind dabei insbesondere die Anhänge I (Mindestangaben für das Registrierungsformular für Aktien) und III (Mindestangaben für die Wertpapierbeschreibung für Aktien) zu beachten.[41] Die Einhaltung dieser Anforderungen ist aufgrund der Haftung des Emittenten für einen fehlerhaften Börsenzulassungsprospekt nach den §§ 21 ff. WpPG von besonderer Bedeutung.

---

37 *Wieneke/Fett* in Bürgers/Fett, § 10 Rn 65.

38 *Wieneke/Fett* in Bürgers/Fett, § 10 Rn 67.

39 Vgl. etwa für den m:access der Börse München: § 5 Abs. 3 des Regelwerks für das Marktsegment m:access an der Börse München (Stand 1.7.2016).

40 Verordnung (EG) Nr. 809/2004 der Kommission vom 29. April 2004 zur Umsetzung der Richtlinie 2003/71/EG des Europäischen Parlaments und des Rates betreffend die in Prospekten enthaltenen Angaben sowie die Aufmachung, die Aufnahme von Angaben in Form eines Verweises und die Veröffentlichung solcher Prospekte sowie die Verbreitung von Werbung.

41 *Wieneke/Fett* in Bürgers/Fett, § 10 Rn 71.

2. *Besonderheiten bei der KGaA*

a) *Angaben zu Verwaltungs-, Geschäftsführungs- und Aufsichtsorganen sowie oberem Management gemäß Anhang I, Ziffer 14.1. b) ProspektVO*

Eine ausdrückliche Regelung im Hinblick auf den Inhalt des Wertpapierprospekts einer KGaA enthält allein Anhang I, Ziffer 14.1. b) der ProspektVO. Hiernach hat der Wertpapierprospekt Name und Anschrift des Komplementärs zu enthalten sowie dessen Stellung bei der Gesellschaft unter Angabe der wichtigsten Tätigkeiten, die er außerhalb des Emittenten ausübt, sofern diese für den Emittenten von Bedeutung sind. Erschöpft sich der Unternehmensgegenstand der Komplementärgesellschaft in der Ausübung der Komplementärsfunktion der KGaA, sollte der Wertpapierprospekt mithin eine entsprechende Regelung enthalten.[42] Nach § 18 Nr. 3 BörsZulVO a.F.[43] waren ferner Angaben über die Struktur des persönlich haftenden Gesellschafters und die von der gesetzlichen Regelung abweichenden Bestimmungen der Satzung oder des Gesellschaftsvertrages erforderlich. Auch wenn dies nach der Abschaffung der Vorschrift nicht mehr explizit erforderlich ist, empfiehlt sich – nicht zuletzt aufgrund der geringeren Verbreitung der KGaA – eine Darstellung der rechtsformspezifischen Besonderheiten einer KGaA im Allgemeinen und der Besonderheiten der jeweiligen Satzungsgestaltung.[44] Dies gilt schon deshalb, weil die nach Anhang I, Ziffer 14.1. b) ProspektVO erforderlichen Angaben über die Stellung des Komplementärs in der Gesellschaft nur sinnvoll dargestellt werden können, wenn auch die Besonderheiten der KGaA erläutert werden.[45] Außerdem haben die Ausgestaltung der Corporate Governance und die Abweichungen vom gesetzlichen Normalstatut zumindest potentiell wertbildende Bedeutung, sodass eine entsprechende Darstellung schon wegen § 5 Abs. 1 S. 1 WpPG geboten sein dürfte.[46] Zwar ist hiernach keine Veröffentlichung der vollen Gesellschaftsstatute der KGaA und der Komplementärgesellschaft erforderlich,[47] jedoch hat der Wertpapierprospekt neben allgemeinen Angaben über die rechtsformspezifischen Besonderheiten der KGaA Angaben bezüglich statutarischer Abweichungen vom Normalstatut zu enthalten.[48] Einzugehen ist demnach insbesondere auf eine statutarische Erweiterung

---

42 Vgl. *Winzen*, Vorzugsaktie, S. 229.

43 § 18 BörsZulVO wurde mit Wirkung vom 1.7.2005 durch Gesetz vom 22.6.2005 (BGBl. I S. 1698) aufgehoben.

44 *Bachmann* in Spindler/Stilz, § 278 Rn 97; *Wieneke/Fett* in Bürgers/Fett, § 10 Rn 73.

45 *Bachmann* in Spindler/Stilz, § 278 Rn 97; *Schlitt/Winzen*, CFL 2012, 261 (271); *Wieneke/Fett* in Bürgers/Fett, § 10 Rn 72a.

46 *Alfes/Wieneke* in Holzborn, WpPG, Anh. I Rn 68; *Wieneke/Fett* in Bürgers/Fett, § 10 Rn 72a; *Winzen*, Vorzugsaktie, S. 229.

47 *Bachmann* in Spindler/Stilz, § 278 Rn 98; *Perlitt* in MüKoAktG, § 278 Rn 385; *Wieneke/Fett* in Bürgers/Fett, § 10 Rn 77; a.A. *Hommelhoff*, ZHR Beiheft 67, 9 (11); *Raiser/Veil*, KapGesR, § 23 Rn 46; *Sethe*, Personalistische Kapitalgesellschaft, S. 184 mit Fn 36.

48 *Perlitt* in MüKoAktG, § 278 Rn 385; *Wieneke/Fett* in Bürgers/Fett, § 10 Rn 74.

der Zustimmungsrechte des Komplementärs nach § 285 Abs. 2 AktG.[49] Wird das Zustimmungsrecht der Kommanditaktionäre zu außergewöhnlichen Geschäftsführungsmaßnahmen abbedungen oder auf ein anderes Organ übertragen, ist dies ebenfalls darzustellen.[50] Da eine Beteiligung des Komplementärs in Form einer Sondereinlage sich typischerweise auf die Höhe der an die Kommanditaktionäre auszuschüttenden Dividende auswirkt, hat der Wertpapierprospekt auch Angaben zu einer solchen Vermögensbeteiligung und etwaiger hiermit im Zusammenhang stehender Rechte, insbesondere einem Recht zur Umwandlung in Kommanditaktien, zu enthalten (vgl. Anhang III Ziffer 4.5 EU-ProspektVO).[51]

b) Hinweis auf „Risikofaktor KGaA" gemäß Anhang I Ziffer 4 der EU-ProspektVO

Gemäß Anhang I Ziffer 4 der EU-ProspektVO hat eine klare Offenlegung von Risikofaktoren, die für den Emittenten oder seine Branche spezifisch sind, in einem gesonderten Abschnitt des Wertpapierprospekts mit der Bezeichnung „Risikofaktoren" zu erfolgen. Sinn und Zweck dieser Risikofaktoren ist die angemessene Aufklärung der Anleger über potentielle nachteilige Auswirkungen ihres Investments.[52] Nach der wohl überwiegenden Ansicht ist in diesem Abschnitt auf einen „Risikofaktor KGaA" einzugehen.[53] Zwar besteht Einigkeit, dass an dieser Stelle nur wesentliche Risiken zu nennen sind, die einen spezifischen Bezug zum Geschäftsbetrieb und -umfeld des Emittenten haben und allgemeine Geschäftsrisiken nicht genannt werden dürfen.[54] Dennoch wird an dieser Stelle ein allgemeiner Hinweis auf einen möglichen Bewertungsabschlag von Kommanditaktien wegen der geringeren Verbreitung und Komplexität der Rechtsform für erforderlich gehalten.[55] Diese Sichtweise kann in Anbetracht der vom Gesetzgeber in § 250 UmwG getroffenen Wertung, nach dem es bei einem Formwechsel einer AG in eine KGaA keines Barabfindungsangebotes bedarf, da die Rechtsstellung

49 *Schlitt*, KGaA, S. 32.

50 *Schlitt*, KGaA, S. 32; *Wieneke/Fett* in Bürgers/Fett, § 10 Rn 76; *Winzen*, Vorzugsaktie, S. 229.

51 *Bachmann* in Spindler/Stilz, § 278 Rn 98; *Schlitt*, KGaA, S. 32; *Wieneke/Fett* in Bürgers/Fett, § 10 Rn 75.

52 *Fingerhut/Voß* in Just/Voß/Ritz/Zeising, WpPG, EU-ProspektVO Anhang I Rn 69; *Schlitt/Schäfer* in Assmann/Schlitt/von Kopp-Colomb, EU-ProspektVO Anhang I Rn 34.

53 *Herfs*, VGR 1998, 23 (54); *Schlitt*, KGaA, S. 32; *Schlitt/Winzen*, CFL 2012, 261 (271); zurückhaltend: *Wieneke/Fett* in Bürgers/Fett, § 10 Rn 78 („im Einzelfall ... gerechtfertigt"); a.A. *Bachmann* in Spindler/Stilz, § 278 Rn 98.

54 *Alfes/Wieneke* in Holzborn, WpPG, Anh. I Rn 17 f.; *Fingerhut/Voß* in Just/Voß/Ritz/Zeising, WpPG, EU-ProspektVO Anhang I Rn 84; *Schlitt/Schäfer* in Assmann/Schlitt/von Kopp-Colomb, EU-ProspektVO Anhang I Rn 45.

55 *Schlitt/Winzen*, CFL 2012, 261 (271); *Winzen*, Vorzugsaktie, S. 227.

der Aktionäre „im Wesentlichen unverändert" bleibt,[56] nur schwer überzeugen. Vorzugswürdig erscheint vielmehr eine differenzierende Betrachtungsweise, die entscheidend auf die den Kommanditaktionären zustehende Einwirkungsmöglichkeiten abstellt, sodass ein entsprechender Hinweis nur dann erforderlich ist, wenn die Rechte der Kommanditaktionäre gegenüber dem gesetzlichen Normalfall eingeschränkt werden. Dennoch dürfte die Praxis gut beraten sein, zwecks Vermeidung von Prospekthaftungsklagen einen entsprechenden Hinweis aufzunehmen. Aus dem gleichen Grund sollte ferner auf die Übernahmeresistenz einer komplementärdominierten KGaA hingewiesen werden[57] sowie die Gefahr von Interessenkonflikten zwischen Kommanditaktionären und Komplementärin, die sich aufgrund ihrer weitgehenden Befugnisse und ihrem Zustimmungserfordernis zu bestimmten Beschlussgegenständen der Kommanditaktionäre (vgl. § 285 Abs. 2, § 286 Abs. 1 S. 2 AktG) ergeben können.[58]

II. Keine materielle Satzungsprüfung durch die Börsenzulassungsstelle

Vereinzelt wurde in der Literatur vertreten, dass die Börsenzulassungsstellen wegen der bei der KGaA bestehenden Gestaltungsfreiheit eine materielle Satzungskontrolle vornehmen sollten.[59] Gestützt wurde diese Ansicht auf § 30 Abs. 3 Nr. 3 BörsG a. F., nach dem keine Umstände bekannt sein durften, die bei Zulassung der Wertpapiere zu einer Übervorteilung des Publikums oder einer Schädigung erheblicher allgemeiner Interessen führen. Diese Ansicht ist in der Literatur nicht zuletzt deshalb auf Ablehnung gestoßen, da gegen eine verweigerte Börsenzulassung der Verwaltungsrechtsweg eröffnet ist, sodass letztlich Verwaltungsgerichte über die Zulässigkeit von Satzungsgestaltungen bei der KGaA entscheiden müssten, was ersichtlich nicht sachgerecht ist.[60] Nach Streichung von § 30 Abs. 3 Nr. 3 BörsG a. F mit der Anpassung des Börsengesetzes zum 1.7.2005 ist auch der dogmatische Anknüpfungspunkt für diesen Ansatz entfallen.[61] Da auch die Nachfolgenorm des § 32 BörsG keine entsprechende Regelung enthält, sondern gemäß § 32 Abs. 3 Nr. 1 BörsG nur eine Prüfung zu erfolgen hat, ob die Bestimmungen der BörsZulVO eingehalten wurden, ist nach überzeugender Ansicht für eine materielle Prüfungskompetenz der Börsenzulassungsstellen kein Raum.[62]

---

56 Reg. Begr. BR-Drs. 75/94, S. 159 liSp; vgl. dazu oben unter § 7 A. II.
57 *Schlitt/Winzen*, CFL 2012, 261 (271); *Winzen*, Vorzugsaktie, S. 227.
58 *Schlitt/Winzen*, CFL 2012, 261 (270); *Winzen*, Vorzugsaktie, S. 226 f.
59 *Hommelhoff*, ZHR Beiheft 67, 9 (26 ff.); ihm folgend: *Schlitt*, KGaA, S. 31.
60 *Herfs*, VGR 1998, 23 (53).
61 *Bachmann* in Spindler/Stilz, § 278 Rn 99; *Wieneke/Fett* in Bürgers/Fett, § 10 Rn 34.
62 *Bachmann* in Spindler/Stilz, § 278 Rn 99; *Wieneke/Fett* in Bürgers/Fett, § 10 Rn 34. Die BaFin kann lediglich gemäß § 26 Abs. 8 WpPG das öffentliche Angebot untersagen, wenn sie die die inhaltliche Unrichtigkeit oder inhaltliche Unvollständigkeit des Wertpapierprospekts feststellt.

III. Pflicht zur erneuten Zulassung bei Formwechsel einer börsennotierten AG bzw. SE in eine KGaA?

Abschließend ist der Frage nachzugehen, wie sich ein Formwechsel einer AG bzw. SE in eine KGaA auf eine erteilte Börsenzulassung auswirkt bzw. konkret formuliert: ist bei einer börsennotierten AG bzw. SE nach einem Formwechsel in eine KGaA eine erneute Börsenzulassung notwendig oder bleibt die erteilte Börsenzulassung wirksam? Da insbesondere die hierfür erforderliche Erstellung eines Wertpapierprospekts einen beträchtlichen Kostenaufwand für eine Gesellschaft darstellt, ist diese Frage von nicht zu unterschätzender Bedeutung und kann u. U. sogar gegen eine erneute Beantragung der Zulassung zum Freiverkehr sprechen.[63]

Die einschlägige Kommentarliteratur schweigt überwiegend zu dieser Frage. Nach *Groß*[64] und *Schnorbus*[65] soll ein Formwechsel wegen des insoweit geltenden Grundsatzes der Identität des Rechtsträgers keine Auswirkungen auf die Börsenzulassung haben, während *Göckeler*[66] die Gegenansicht vertritt, freilich ohne eine Begründung hierfür zu liefern. Letzterer Ansicht folgt auch die Frankfurter Wertpapierbörse (FWB),[67] wobei sie zur Begründung anführt, dass sich die mit den Aktien verbundenen Rechte bei der AG und der KGaA wesentlich unterscheiden.[68]

In Ermangelung einer gesetzlichen Regelung hat die Beantwortung der Frage, ob eine erneute Börsenzulassung erforderlich ist, unter systematischen und teleologischen Gesichtspunkten zu erfolgen. Die Börsenzulassung stellt eine öffentlich-rechtliche Erlaubnis dar,[69] die als begünstigender Verwaltungsakt[70] gemäß § 43 Abs. 2 VwVfG wirksam bleibt, solange und soweit sie nicht zurückgenommen, widerrufen, anderweitig aufgehoben oder durch Zeitablauf oder auf andere Weise

63 Vgl. Umwandlungsbericht der CFC Industriebeteiligungen GmbH & Co. KGaA, S. 32, abrufbar unter http://www.uet-group.com/~/media/Files/U/UET/annual-meeting/DE/extraordinary-am-2009/cfc-umwandlungsbericht-2009-web.pdf?pdfdata=1, letzter Abruf am 31.10.2017.

64 *Groß*, Kapitalmarktrecht, § 39 BörsG Rn 4; *ders.*, Kapitalmarktrecht, § 3 WpPG Rn 11a mit Verweis auf die Praxis der Börsen Düsseldorf, München und Stuttgart, nach denen ebenfalls keine Neuzulassung erforderlich sein soll.

65 *Schnorbus* in Frankf. Komm. WpPG, § 3 Rn 61.

66 *Göckeler* in Beck'sches Hdb AG, § 28 Rn 54; wohl auch *Mülbert*, ZHR 165, 104 (105 mit Fn 5).

67 Vgl. etwa die Mitteilung der Frankfurter Wertpapierbörse vom 1. März 2016 zum Formwechsel der Ströer SE in die Ströer SE & Co. KGaA, abrufbar unter: http://www.deutsche-boerse-cash- market.com/blob/2427334/b4caab6ac8c4c33e8e19534184085229/data/Stroeer_SE_Co._KGaA_ zuvor_Stroeer_SE_Koeln.pdf, letzter Abruf am 31.10.2017.

68 Vgl. Umwandlungsbericht der CFC Industriebeteiligungen GmbH & Co. KGaA, S. 31 f.

69 *Wieneke/Fett* in Bürgers/Fett, § 10 Rn 62.

70 *Groß*, Kapitalmarktrecht, § 39 Rn 4; *ders*, ZHR 165, 141 (147); *Herfs*, VGR 1998, 23 (52).

erledigt ist. Bei einem Formwechsel kommt dabei allein die Tatbestandsvariante der Erledigung auf sonstige Weise in Betracht. Dies wird etwa angenommen, wenn ein Formwechsel in eine nicht börsenfähige Rechtsform erfolgt.[71] Im Übrigen besteht im umwandlungsrechtlichen Schrifttum Einigkeit, dass öffentlich-rechtliche Erlaubnisse und Genehmigungen wegen des identitätswahrenden Charakters des Formwechsels grundsätzlich erhalten bleiben.[72] Lediglich bei solchen Erlaubnissen, die nur Unternehmen mit bestimmter Rechtsform[73] erteilt werden können oder die personenbezogen sind, wie etwa die Eintragung in die Handwerksrolle gemäß § 7 HwO, soll eine abweichende Betrachtungsweise angezeigt sein.[74]

Die Börsenzulassung stellt weder eine solche personenbezogene Erlaubnis dar noch ist sie auf eine Rechtsform beschränkt, da sie neben der KGaA auch der SE bzw. AG erteilt werden kann. Dies und der im Rahmen des Formwechsels geltende Grundsatz der Identität des Rechtsträgers sprechen daher dafür, dass eine einer AG bzw. SE erteilte Börsenzulassung nach einem Formwechsel in eine KGaA sich nicht auf andere Weise iSv § 43 Abs. 2 VwVfG erledigt, sondern bestehen bleibt. Denn gemäß § 202 Abs. 1 Nr. 1 UmwG führt die formwechselnde Umwandlung nicht zum Erlöschen eines bestehenden und zum Entstehen eines neuen Rechtsträgers, sondern dasselbe Rechtssubjekt besteht lediglich in einer anderen „Hülle" fort.[75] Für diese Ansicht spricht auch das Meinungsbild zum Formwechsel einer AG in eine SE:[76] Unter Verweis auf Art. 37 Abs. 2 SE-VO, nach dem der Formwechsel einer Aktiengesellschaft in eine SE weder die Auflösung der Gesellschaft noch die Gründung einer neuen juristischen Person zur Folge hat, bleibt nach einhelliger Ansicht eine erteilte Börsenzulassung von einem solchen Formwechsel unberührt.[77] Zutreffender Weise verneint auch die FWB in diesem Fall das Erfordernis einer Neuzulassung.[78]

---

71 *Göckeler* in Münch Hdb AG, § 28 Rn 54; *Groß*, ZHR 165, 141 (149); *Mülbert*, ZHR 165, 104 (105).

72 *Althoff/Narr* in NK-UmwR, § 202 Rn 8; *Decher/Hoger* in Lutter, § 202 Rn 38; *Gaiser*, DB 2000, 361 (362); *Meister/Klöcker* in Kallmeyer, § 202 Rn 20; *Vossius* in Widmann/Mayer, § 202 Rn 105; vgl. auch SG Karlsruhe, Urteil vom 17. Dezember 2010 – S 1 KA 575/10 –, juris, nach dem der Formwechsel einer GmbH in eine KGaA keine Auswirkungen auf die Zulassung zur vertragsärztlichen Versorgung hat.

73 *Althoff/Narr* in NK-UmwR, § 202 Rn 8; *Leonard* in Semler/Stengel, § 202 Rn 17; *Vossius* in Widmann/Mayer, § 202 Rn 107.

74 *Althoff/Narr* in NK-UmwR, § 202 Rn 8; *Gaiser*, DB 2000, 361 (363); *Vossius* in Widmann/Mayer, § 202 Rn 107; a.A. *Decher/Hoger* in Lutter, § 202 Rn 38; *Meister/Klöcker* in Kallmeyer, § 202 Rn 20.

75 SG Karlsruhe, Urteil vom 17. Dezember 2010 – S 1 KA 575/10 Rn 27 – juris.

76 *Groß*, Kapitalmarktrecht, § 3 WpPG Rn 11a.

77 *Bücker* in Habersack/Drinhausen, Art. 37 SE-VO Rn 91; *Seibt* in Lutter/Hommelhoff, Art. 37 SE-VO Rn 87 (1. Auflage).

78 Vgl. nur die Umwandlungsberichte der E.ON AG, S. 88, der Fresenius AG, S. 103 und der MAN AG, S. 62.

Zwar ist der Einwand der FWB, dass sich die Rechtsstellung von Kommanditaktionären von der von Aktionären einer AG bzw. SE deutlich unterscheidet, regelmäßig zutreffend. Das hieraus gefolgerte Erfordernis einer erneuten Börsenzulassung steht jedoch im Widerspruch zur Regelung des § 250 UmwG, nach der es abweichend von § 207 UmwG bei einem Formwechsel einer AG in eine KGaA keines Barabfindungsangebotes bedarf.[79] Wie bereits erörtert, ist ausweislich der Gesetzesbegründung hierfür ausschlaggebend, dass die Rechtsstellung des einzelnen Aktionärs beim Formwechsel einer AG in eine KGaA „im Wesentlichen unverändert"[80] bleibt. Diese vom Gesetzgeber im Umwandlungsrecht getroffene Wertung spricht dafür, dass sich der Verwaltungsakt der Börsenzulassung durch den Formwechsel nicht erledigt. Auch eine teleologische Betrachtungsweise streitet gegen ein erneutes Zulassungserfordernis. Als zentrale Voraussetzung der Börsenzulassung dient der Wertpapierprospekt der Markteffizienz und dem Anlegerschutz.[81] Die Aktionäre sollen in die Lage versetzt werden, eine fundierte Bewertung der Anlagerisiken vornehmen und somit Anlageentscheidungen in voller Kenntnis der Sachlage zu treffen. Vollzieht eine bereits börsennotierte Gesellschaft einen Formwechsel, wird diesem Informationsbedürfnis der Aktionäre aber bereits hinreichend durch den vom formwechselnden Rechtsträger zu erstellenden Umwandlungsbericht Rechnung getragen.[82] Eine erneute Börsenzulassung ist demnach auch unter dem Gesichtspunkt des Anlegerschutzes nicht erforderlich.

Wird der Formwechsel in die KGaA mit dem Umtausch von Vorzugsaktien in Stammaktien verbunden, bedarf es hingegen bezüglich dieser Aktien einer erneuten Zulassung. Denn die bisherigen Vorzugsaktien verlieren mit der Eintragung des Formwechsels in das Handelsregister ihre Börsenzulassung. Die neuen Stammaktien können jedoch in entsprechender Anwendung der Prospektausnahme des § 4 Abs. 2 Nr. 7 WpPG prospektfrei neu zugelassen werden.[83]

C. Kapitalmarktrechtliche Sekundärpflichten

Die Einhaltung der nachfolgend dargestellten durch die MMVO aufgestellten Verbote und Publizitätspflichten dürfte in Zukunft an Bedeutung gewinnen, da die MMVO einen drakonischen Mindest-Bußgeldrahmen beinhaltet. So kann bei einem

---

79 *Groß*, Kapitalmarktrecht, § 3 WpPG Rn 11a; *Winzen*, Vorzugsaktie, S. 214 f.

80 Reg. Begr. BR-Drs. 75/94, S. 159 liSp; vgl. dazu oben unter § 7. A. II.

81 Vgl. EuGH, Urt. v. 17.9.2014 – Rs C 441/12 = NZG 2015, 75 (76) betreffend Art. 3 der Richtlinie 2003/71/EG des Europäischen Parlaments und des Rates vom 4.11.2003 betreffend den Prospekt, der beim öffentlichen Angebot von Wertpapieren oder bei deren Zulassung zum Handel zu veröffentlichen ist, und zur Änderung der Richtlinie 2001/34/EG in der durch die Richtlinie 2008/11/EG des Europäischen Parlaments und des Rates vom 11.3.2008.

82 *Schnorbus* in Frankf. Komm. WpPG, § 3 Rn 61.

83 *Groß*, Kapitalmarktrecht, § 4 WpPG Rn 19; *Winzen*, Vorzugsaktie, S. 158 f. und S. 210.

Verstoß gegen das Verbot des Insiderhandels[84] durch eine natürliche Person gegen diese eine Mindestgeldbuße von bis zu EUR 5 Millionen verhängt werden (Art. 30 Abs. 2 lit. i) (i) MMVO). Für Verstöße gegen die Pflicht zur Ad-hoc-Publizität[85] beträgt die maximale verwaltungsrechtliche finanzielle Sanktion mindestens EUR 1 Million (Art. 30 Abs. 2 lit. i) (ii) MMVO), bei Verstößen gegen die Pflicht zur Offenlegung von *Directors' Dealings*[86] mindestens 500.000 Euro (Art. 30 Abs. 2 lit. i) (iii) MMVO). Noch einschneidender sind die Strafen für juristische Personen. Hier beträgt die maximale verwaltungsrechtliche Sanktion bei Verstößen gegen das Verbot des Insiderhandels mindestens EUR 15 Millionen oder 15 Prozent des jährlichen Gesamtumsatzes (Art. 30 Abs. 2 lit. j) (i) MMVO), bei Verstößen gegen die Ad-hoc-Publizität mindestens EUR 2,5 Millionen oder 2 Prozent des jährlichen Gesamtumsatzes (Art. 30 Abs. 2 lit. j) (ii) MMVO), und bei Verstößen gegen die *Directors' Dealings*-Publizität mindestens 1 Million Euro (Art. 30 Abs. 2 lit. j) (iii) MMVO).

I. Insiderhandelsverbot

Das Insiderhandelsverbot des Art. 14 MAR, der die bisherige Regelung des § 14 WpHG ersetzt,[87] gilt sowohl für den Handel mit Aktien einer börsennotierten KGaA (Art. 2 Abs. 1 lit. a) MMVO) als auch für im Freiverkehr notierte Unternehmen (Art. 2 Abs. 1 lit. b) und c) MMVO). Untersagt ist (i) das Tätigen von Insidergeschäften bzw. der Versuch (sog. Handelsverbot), (ii) die Empfehlung von bzw. Anstiftung zu Insidergeschäften (sog. Empfehlungsverbot) und (iii) die unrechtmäßige Offenlegung von Insiderinformationen (sog. Weitergabeverbot).[88] Diese Verbote werden in Art. 8 MMVO (Insidergeschäfte) und Art. 10 MMVO (Unrechtmäßige Offenlegung von Insiderinformationen) näher konkretisiert. Gegenüber der alten Rechtslage ergibt sich dahin gehend eine Neuerung, dass nunmehr auch die Stornierung oder Änderung eines vor Erlangung der Insiderinformation erteilten Auftrags ein Insidergeschäft darstellt (Art. 8 Abs. 1 S. 2 MMVO).[89] Die Definition der Insiderinformation in Art. 7 MMVO[90] entspricht im Wesentlichen dem durch das 1. FiMaNoG aufgehobenen § 13 WpHG.[91] Im Anschluss an die

84 Dazu sogleich unter § 8 C. I.
85 Dazu sogleich unter § 8 C. II. 1.
86 Dazu sogleich unter § 8 C. II. 2.
87 § 14 WpHG wurde mit Wirkung vom 2.7.2016 das 1. FiMaNoG aufgehoben.
88 Zur Terminologie: *Seibt/Wollenschläger*, AG 2014, 593 (597).
89 Vgl. dazu *Seibt/Wollenschläger*, AG 2014, 593 (597); *v. der Linden*, DStR 2016, 1036 (1037).
90 Nach EuGH, Urteil vom 11. März 2015 – C-628/13 Rn 34 – juris = NJW 2015, 1663 (1664 f.) – „Lafonta" ist die Vorhersehbarkeit der spezifischen Richtung der wahrscheinlichen Kursänderung für die Einordnung als „präzise Information" nicht erforderlich.
91 *Seibt/Wollenschläger*, AG 2014, 593 (597).

vom EuGH in der Rechtssache *Geltl/Daimler*[92] entwickelten Grundsätze regelt nunmehr Art. 7 Abs. 3 MMVO, dass vom Begriff der Insiderinformation auch Zwischenschritte erfasst sind. Es genügt die realistische Wahrscheinlichkeit, dass das insiderrelevante Ereignis eintritt (vgl. Erwägungsgrund 16 MMVO). Art. 9 MMVO normiert einen (nicht abschließenden)[93] Katalog an Fallgruppen, bei deren Vorliegen der Tatbestand eines Insiderhandelsverbotes wegen des Fehlens einer Nutzung der Information nicht angenommen wird (sog. Legitime Handlungen).[94] Um eine behördliche Kontrolle des Insiderhandelsverbotes zu erleichtern, sind die Emittenten von Finanzinstrumenten zur Führung, Aktualisierung und ggf. zur Vorlage eines Verzeichnisses verpflichtet, in das die Personen aufzunehmen sind, die Zugang zu Insiderinformationen haben und für den Emittenten als Arbeitnehmer oder Berater tätig sind (Art. 18 Abs. 1 MMVO). Diese Insiderlisten müssen für einen Zeitraum von mindestens fünf Jahren aufbewahrt werden (Art. 18 Abs. 5 MMVO).

II. Publizitätspflichten

1. Ad-hoc-Publizität

Als Emittent von Finanzinstrumenten ist eine börsen- bzw. im Freiverkehr notierte KGaA verpflichtet, Insiderinformationen iSv Art. 7 MMVO, die sie unmittelbar betreffen, im Wege einer Ad-hoc-Mitteilung der Öffentlichkeit bekanntzugeben (Art. 17 Abs. 1 MMVO).[95] Auch Vorgänge auf Ebene der Komplementärgesellschaft, wie etwa der Wechsel von Leitungsorganmitgliedern, fallen hierunter,[96] da sie unmittelbaren Einfluss auf den allgemeinen Geschäftsverlauf der Kapitalgesellschaft & Co. KGaA haben können. Nur durch eine Erstreckung der Publizitätspflicht auf diese Umstände innerhalb der persönlich haftenden Gesellschafterin wird man der Tatsache gerecht, dass Letztere die wirtschaftliche Entwicklung der KGaA und damit auch deren Bewertung durch den Kapitalmarkt maßgeblich beeinflussen kann. Derartige Insiderinformationen müssen künftig für Zeitraum von mind. 5 Jahren auf der Website der Gesellschaft für die Öffentlichkeit zugänglich sein (Art. 17 Abs. 1 S. 3 MMVO). Entsprechend dem bisherigen § 15 Abs. 3 WpHG kann ein Emittent gemäß Art. 17 Abs. 4 MMVO eine Ad-hoc-Mitteilung aufschieben, wenn die unverzügliche Offenlegung geeignet wäre, seine berechtigten Interessen zu beeinträchtigen, keine Irreführung der Öffentlichkeit zu erwarten ist und die Vertraulichkeit der Informationen sichergestellt ist. Für die Entscheidung über die

---

92 EuGH v. 28.6.2012 – Rs. C-19/11 = AG 2012, 555 ff. = NZG 2012, 784 ff.

93 *Seibt/Wollenschläger*, AG 2014, 593 (597) m.w.N.

94 Vgl. dazu die Entscheidung des EuGH v. 23.12.2009 – Rs. C-45/08 = BB 2010, 329 ff. = NZG 2010, 107 ff. – „Spector Photo Group NV". Allerdings kann diese Vermutung widerlegt werden (Art. 9 Abs. 6 MAR).

95 *Bachmann* in Spindler/Stilz, § 278 Rn 101.

96 *Bachmann* in Spindler/Stilz, § 278 Rn 101; *Mayer-Uellner/Otte*, NZG 2015, 737 (739); *Wieneke/Fett* in Bürgers/Fett, § 10 Rn 90.

Selbstbefreiung ist innerhalb der geschäftsführenden Komplementär-SE bei dualistischem Leitungssystem das Leitungsorgan zuständig, während die Zuständigkeit bei monistischer Ausgestaltung von der Bedeutung der Entscheidung für die Gesellschaft im Einzelfall abhängt.[97] Zur Vermeidung von Zweifeln mag man hier die Entscheidung dem Verwaltungsrat vorbehalten.[98] Ist die Vertraulichkeit einer hiernach aufgeschobenen Insiderinformation nicht mehr gewährleistet, lebt die Pflicht zur Veröffentlichung wieder auf (Art. 17 Abs. 7 MMVO).[99]

2. *Directors' Dealings*

Die Pflicht zur Veröffentlichung von Eigengeschäften von Führungskräften (sog. *Directors' Dealings*) wurde durch Art. 19 MMVO gegenüber der vorherigen Regelung des § 15a WpHG ebenfalls erweitert. Sie gilt nunmehr sowohl für börsennotierte als auch für im Freiverkehr notierte Unternehmen (vgl. Art. 19 Abs. 4 MMVO). In personeller Hinsicht sind nicht nur Geschäfte mit Aufsichtsratsmitgliedern der KGaA (vgl. Art. 3 Abs. 1 Nr. 25 lit. a) MMVO),[100] sondern auch mit Leitungs- und Aufsichtsorganmitgliedern der Komplementär-SE erfasst. Dies folgt daraus, dass diese regelmäßig Zugang zu Insiderinformationen mit direktem oder indirektem Bezug zur KGaA haben und befugt sind, unternehmerische Entscheidungen über zukünftige Entwicklungen und Geschäftsperspektiven dieses Unternehmens zu treffen, und somit Personen mit Führungsaufgaben iSv Art. 3 Abs. 1 Nr. 25 lit. b) MMVO darstellen.[101] Gleiches gilt für Mitglieder eines fakultativen Organs, sofern diese aufgrund der Satzungsgestaltung entsprechende unternehmerische Entscheidungsbefugnisse besitzen.[102] Die Meldepflicht erstreckt sich auch auf Geschäfte der KGaA mit Personen, die in enger Beziehung zu den genannten Führungskräften stehen, wie z. B. deren Ehepartner (vgl. Art. 3 Abs. 1 Nr. 26 lit. a) MMVO). Die emittierende KGaA ist zur schriftlichen Belehrung der Führungskräfte und zur Führung einer

---

97 So *Verse* in Habersack/Drinhausen, § 22 SEAG Rn 53 f. für eine „normale" SE. Für die Zuständigkeit des Verwaltungsrates bei einer Komplementär-SE bezüglich § 15 Abs. 3 WpHG a. F.: *Mayer-Uellner/Otte*, NZG 2015, 737 (739).

98 So die Empfehlung von *Verse* in Habersack/Drinhausen, 1. Aufl., § 22 SEAG Rn 54.

99 Dies gilt gemäß Art. 17 Abs. 7 UA 2 MMVO auch bei Sachverhalten, bei denen ein Gerücht auf eine Insiderinformation Bezug nimmt, wenn dieses Gerücht ausreichend präzise ist, dass zu vermuten ist, dass die Vertraulichkeit dieser Information nicht mehr gewährleistet ist.

100 So auch für die alte Rechtslage: *Mayer-Uellner/Otte*, NZG 2015 737 (739).

101 *Bachmann* in Spindler/Stilz, § 278 Rn 102; *Fett/Stütz*, NZG 2017, 1121 (1129 f.); a.A. *Kumpan*, AG 2016, 446 (449), nach dem die Komplementäre von der Definition der „Führungskraft" nicht (mehr) erfasst sein sollen. Vgl. zu § 15a Abs. 2 WpHG a. F.: *Mayer-Uellner/Otte*, NZG 2015, 737 (739); *Wieneke/Fett* in Bürgers/Fett, § 10 Rn 115b; *Zimmer/Osterloh* in Schwark/Zimmer, § 15a WpHG, Rn 54.

102 Vgl. *Wieneke/Fett* in Bürgers/Fett, § 10 Rn 115b zu § 15a Abs. 2 WpHG a. F.

Liste der Personen, die in den Anwendungsbereich der Meldepflichten fallen, verpflichtet (Art. 19 Abs. 5 MMVO).

In materiell-rechtlicher Sicht wurde der Anwendungsbereich der Meldepflicht ebenfalls verschärft. Umfasst sind nicht mehr nur Geschäfte mit Anteilen und damit verbundenen Finanzinstrumenten, sondern auch Geschäfte mit Schuldtiteln (Art. 17 Abs. 1 lit a) MMVO). Auch die Verpfändung zählt zu den mitteilungspflichtigen Geschäften (Art. 19 Abs. 7 UA 1 lit. a) MMVO).[103] Der Schwellenwert für meldepflichtige Transaktionen beträgt EUR 5.000 (Art. 19 Abs. 8 MMVO). Entsprechende Geschäfte müssen unverzüglich und spätestens drei Geschäftstage – und nicht wie bisher innerhalb von fünf Werktagen (§ 15a Abs. 1 S. 1 WpHG a. F.) – nach dem Geschäftsabschluss gemeldet und vom Emittenten veröffentlicht werden (Art. 19 Abs. 1 UA 1 MMVO). Die Publizitätspflichten werden ergänzt durch ein in Art. 19 Abs. 11 MMVO neu eingeführtes Handelsverbot für Führungskräfte während eines Zeitraums von 30 Kalendertagen vor Ankündigung eines Zwischenberichts oder eines Jahresabschlussberichts (sog. *Closed Periods-Handelsverbot*).[104] Für Verstöße gegen die Publizitätspflichten des Art. 19 MMVO sieht Art. 30 Abs. 2 lit. i) (iii) MMVO eine Mindestgeldbuße von EUR 500.000 vor.

3. *Beteiligungspublizität*

Sind die Kommanditaktien zum Handel im regulierten Markt zugelassen, finden auch die Vorschriften zur Beteiligungspublizität des WpHG auf die KGaA Anwendung (vgl. § 21 Abs. 2 WpHG).[105] Wer durch Erwerb, Veräußerung oder auf sonstige Weise die in §§ 21 ff. WpHG genannten Schwellenwerte der Stimmrechte an einer börsennotierten KGaA erreicht, überschreitet oder unterschreitet, muss dies der Gesellschaft sowie der BaFin unverzüglich, spätestens innerhalb von vier Handelstagen mitteilen (§ 21 Abs. 1 S. 1 WpHG). Für die Bestimmung der Schwellenwerte der Meldepflichten ist dabei nicht die Beteiligungshöhe, sondern ausschließlich die sich aus den Aktien abstrakt zustehenden Stimmrechte maßgeblich – d. h. etwaige sich aus § 285 Abs. 1 S. 2 AktG ergebenden Stimmverbote des Komplementärs bleiben außer Betracht.[106] Gemäß § 27a Abs. 1 WpHG muss ein Kommanditaktionär, der die Schwelle von 10 Prozent der Stimmrechte aus Aktien oder eine höhere Schwelle er-

---

103 Eine Ausnahme gilt gemäß Art. 19 Abs. 7 UA 2 MMVO für die Besicherung einer spezifischen Kreditfazilität.

104 Unter den Voraussetzungen von Art. 19 Abs. 12 MMVO kann der Emittent einer Führungskraft eine Befreiung von dem Handelsverbot erteilen. Die Kompetenz für die Dispensentscheidung steht dem Aufsichtsrat der KGaA im Hinblick auf betroffene Personen des Komplementärs zu, *Seibt/Wollenschläger*, AG 2014, 593 (602).

105 *Bachmann* in Spindler/Stilz, § 278 Rn 100; *Mertens/Cahn* in KK-AktG, Vorb. § 278 Rn 32.

106 *Bachmann* in Spindler/Stilz, § 278 Rn 100; *Mertens/Cahn* in KK-AktG, Vorb. § 278 Rn 32.

reicht oder überschreitet, dem Emittenten ferner den die mit dem Erwerb der Stimmrechte verfolgten Ziele und die Herkunft der für den Erwerb verwendeten Mittel innerhalb von 20 Handelstagen nach Erreichen oder Überschreiten dieser Schwellen mitteilen. Hierdurch sollen die übrigen Aktionäre und sonstige Investoren über die strategischen Absichten der Inhaber wesentlicher Beteiligungen informiert werden.[107] Allerdings kann die Satzung des Emittenten gemäß § 27a Abs. 3 WpHG vorsehen, dass diese zusätzliche Mitteilungspflicht keine Anwendung findet. In Anbetracht des regelmäßig eingeschränkten Einflusses der Kommanditaktionäre auf die Geschäftsführung der KGaA erscheint es ratsam, von dieser sog. *Opt-Out-Möglichkeit*[108] in der Satzung Gebrauch zu machen.[109]

4. Anwendbarkeit des Deutschen Corporate Governance Kodexes

Gemäß § 161 AktG haben der Vorstand und Aufsichtsrat börsennotierter Gesellschaften jährlich zu erklären, inwiefern ihr Unternehmen den Empfehlungen des Deutschen Corporate Governance Kodex (DCGK) entspricht und aus welchen Gründen ggf. Abweichungen bestehen. Obwohl die KGaA im DCGK nicht explizit genannt wird, besteht heute wegen des Verweises in § 278 Abs. 3 AktG Einigkeit, dass auch bei der KGaA eine entsprechende Erklärung abzugeben ist.[110] Da die Vorschriften des DCGK jedoch auf die Aktiengesellschaft zugeschnitten sind, ist bei jeder Empfehlung zu prüfen, ob sie anwendbar ist oder ob sich aus dem Fehlen eines Vorstandes oder den §§ 279 ff. AktG etwas anderes ergibt.[111] Aufgrund der geringeren Verbreitung der Rechtsform veröffentlichen in der Praxis zahlreiche börsennotierte KGaAs eine Entsprechenserklärung, in der sie über die im DCGK geforderten Angaben hinaus auch weitere rechtsformspezifische Besonderheiten erläutern.[112]

---

107 *Bayer* in MüKoAktG, § 27a WpHG Rn 1.

108 *Petersen* in Spindler/Stilz, § 27a WpHG Rn 92.

109 *Mayer-Uellner/Otte*, NZG 2015, 737 (740).

110 *Bachmann* in Spindler/Stilz, § 278 Rn 103; *Fett/Stütz*, NZG 2017, 1121 (1130); *Herfs* in Münch Hdb AG, § 79 Rn 94; *Hölters* in Hölters, § 161 Rn 10; *Koch* in Hüffer/Koch, § 278 Rn 32; *Lutter* in KK-AktG, § 161 Rn 16; *Mayer-Uellner/Otte*, NZG 2015, 737 (739); *Müller* in Beck'sches Hdb AG, § 1 Rn 13; *Nicolas* in Henn/Frodermann/Jannott, § 17 Rn 41; *Schlitt/Winzen*, CFL 2012, 261 (272); nunmehr auch *Wieneke/Fett* in Bürgers/Fett, § 10 Rn 109 (anders in der Vorauflage).

111 Eine Liste der wegen der rechtsformspezifischen Besonderheiten der KGaA nicht bzw. nur modifiziert anzuwendenden Empfehlungen des DCGK findet sich bei *Wieneke/Fett* in Bürgers/Fett, § 10 Rn 111a.

112 So die Empfehlung von *Herfs* in Münch Hdb AG, § 79 Rn 94. Vgl. die Entsprechenserklärung der Sto SE & Co. KGaA, abrufbar unter: http://www.sto.de/media/documents/investor_relations/entsprechenserklaerung/TOP_3___Entsprechenserklaerung_clean_V2_09122015.pdf; Hingegen verzichtet die Fresenius SE & Co. KGaA auf die Darstellung der rechtsformspezifischen Besonderheiten

D. Übernahmerechtliche Besonderheiten

Sind die Kommanditaktien zum Handel im regulierten Markt zugelassen, findet auf die KGaA ferner das Wertpapiererwerbs- und Übernahmegesetz (WpÜG) Anwendung (§§ 1 Abs. 1 2 Abs. 3 Nr. 1 WpÜG). Da auch das WpÜG auf die Aktiengesellschaft zugeschnitten ist,[113] sind bei der Anwendung der Vorschriften auf die KGaA wiederum deren strukturellen Besonderheiten zu berücksichtigen. Probleme ergeben sich insbesondere bei der Anwendung des übernahmerechtlichen Kontrollbegriffs des § 29 Abs. 2 WpÜG auf die KGaA (dazu unter I.) und der hiermit gemäß § 35 WpÜG einhergehenden Verpflichtung zur Abgabe eines Pflichtangebotes auf Übernahme der übrigen Aktien (dazu unter II.).

I. Anwendbarkeit des Kontrollbegriffs des § 29 Abs. 2 WpÜG bei der KGaA

Nach der Legaldefinition des § 29 Abs. 2 WpÜG stellt das Halten von mindestens 30 Prozent der Stimmrechte an der Zielgesellschaft Kontrolle im Sinne des WpÜG dar. Dieser Schwellenwert beruht auf der Erwägung, dass in Anbetracht der Präsenzen in den Hauptversammlungen börsennotierter Unternehmen bei einer solchen Stimmrechtsbeteiligung häufig eine Hauptversammlungsmehrheit besteht.[114] Nach nahezu einhelliger Meinung ist die unwiderrufliche Kontrollvermutung des § 29 Abs. 2 WpÜG auch auf eine KGaA als Zielgesellschaft anwendbar.[115] Zwar ist dies vereinzelt mit der (sachlich zutreffenden) Begründung in Zweifel gezogen worden, dass der Erwerb der bloßen Stimmrechtsmehrheit bei der KGaA aufgrund der regelmäßig eingeschränkten Mitwirkungsbefugnisse der Kommanditaktionäre an der Geschäftsführung und der fehlenden Möglichkeit zur Bestellung des Geschäftsführungsorgans der Komplementärgesellschaft keine materiell-rechtliche Kontrollmöglichkeit über die Kapitalgesellschaft & Co. KGaA eröffne.[116] Einer von diesen Stimmen geforderten teleologischen Reduktion des § 29 Abs. 2 WpÜG ist

in ihrer Entsprechenserklärung, abrufbar unter: https://www.fresenius.de/media/Entsprechenserklaerung_ 12_2015_de.pdf, letzter Abruf jeweils am 15.11.2016.

113 *Bachmann* in Spindler/Stilz, § 278 Rn 105; *Wieneke/Fett* in Bürgers/Fett, § 10 Rn 136.

114 Reg. Begr. BT-Drs. 14/7034, S. 53.

115 *Bachmann* in Spindler/Stilz, § 278 Rn 107; *Fett/Stütz*, NZG 2017, 1121 (1130); *Hasselbach/Ebbinghaus*, DB 2015, 1269 (1275); *Herfs* in Münch Hdb AG, § 79 Rn 100; *Krause*, GS Winter, 351 (354 f.); *Krause/Pötzsch/Seiler* in Assmann/Pötzsch/Schneider, § 37 Rn 67; *Mertens/Cahn* in KK-AktG, Vorb. § 278 Rn 31; *Schneider* in Assmann/Pötzsch/Schneider, § 29 Rn 25; *Scholz*, NZG 2006, 445 (446 f.); *Süßmann* in Angerer/Geibel/Süßmann, § 29 Rn 25; *Wieneke/Fett* in Bürgers/Fett, § 10 Rn 149 ff.; nunmehr auch: *Steinmeyer* in Steinmeyer, § 29 WpÜG Rn 17.

116 *Cahn/Senger*, FB 2002, 277 (286); *Ekkenga/Schulz* in Ehricke/Ekkenga/Oechsler, WpÜG, § 35 Rn 20; wohl auch: *Wackerbarth* in MüKoAktG, § 29 WpÜG Rn 9; vgl. auch *Oechsler* in Ehricke/Ekkenga/Oechsler, WpÜG, § 29 Rn 10, der eine teleologische Reduktion von § 29 Abs. 2 WpÜG befürwortet, wenn ein Bieter bei einer

jedoch mit der ganz h.L. entgegenzuhalten, dass der Wortlaut der Vorschrift nicht zwischen einer AG und einer KGaA differenziert, das WpÜG aus Gründen der Rechtssicherheit auf das rein formelle Kriterium des Haltens einer Beteiligung von 30 Prozent abstellt und die materiell-rechtlichen Besonderheiten des Einzelfalls unbeachtlich sind.[117] Dass der Bieter im Regelfall der Abbedingung des Zustimmungsrechtes der Kommanditaktionäre zu außergewöhnlichen Geschäftsführungsmaßnahmen nur über eine Beteiligung an der Komplementärgesellschaft Einfluss auf die Geschäftsführung der KGaA ausüben kann, ist daher ebenso unerheblich wie die Tatsache, ob ein Bieter bei einer AG als Zielgesellschaft in Folge des Überschreitens der Stimmrechtsschwelle tatsächlich über eine Hauptversammlungsmehrheit verfügt.[118] Überzeugender erscheint es, den durch die Anwendung des formellen Kontrollbegriffs entstehenden Unbilligkeiten hinsichtlich der Verpflichtung zur Abgabe eines Übernahmeangebotes auf der Rechtsfolgenseite Rechnung zu tragen.[119]

II. Das Pflichtangebot

1. Grundsatz

Gemäß § 35 Abs. 1, Abs. 2 WpÜG ist derjenige, der unmittelbar oder mittelbar die Kontrolle über eine Zielgesellschaft erlangt hat, verpflichtet, diese Tatsache zu veröffentlichen und im Anschluss daran ein öffentliches Angebot für den Erwerb aller Aktien der Zielgesellschaft abzugeben.[120] Durch diese Pflicht zur Abgabe eines Übernahmeangebotes soll den übrigen Aktionären zur Verwirklichung des Minderheitenschutzes die Möglichkeit eingeräumt werden, ihre Aktien an den neuen Großaktionär zu veräußern.[121] Der sich nach den §§ 39, 32 WpÜG zu bestimmende Umfang des Pflichtangebotes hat sich dabei allein auf die außenstehenden Kommanditaktien zu beziehen, nicht jedoch auf eine etwaige Komplementärbeteiligung, da diese kein Wertpapier im Sinne § 2 Abs. 2 WpÜG darstellt.[122]

Ziel-AG zwar die Schwelle von 30 Prozent überschreitet, aber selbst in der Minderheit bleibt.

117 Vgl. die Nachweise in vorangehender Fn 115.

118 *Herfs* in Münch Hdb AG, § 79 Rn 100; ihm folgend: *Hasselbach/Ebbinghaus*, DB 2015, 1269 (1275).

119 Vgl. hierzu sogleich unter § 8 D. II. 2.

120 § 35 WpÜG sieht das Pflichtangebot nicht explizit vor, sondern verpflichtet den Bieter nur zur Veröffentlichung einer Angebotsunterlage, § 35 Abs. 2 S. 1 i.V.m. § 14 Abs. 2 S. 1 WpÜG. Die Angebotsunterlage stellt ein verbindliches und unwiderrufliches Erwerbsangebot dar, *Thoma*, NZG 2002, 105 (106 f.).

121 *Schlitt* in MüKoAktG, § 35 WpÜG Rn 5 f.

122 *Bachmann* in Spindler/Stilz, § 278 Rn 108; *Scholz*, NZG 2006, 445 (448). Vgl. zur Problematik, wenn dem Komplementär in der Satzung das Recht eingeräumt wurde, seine Sondereinlage in Kommanditaktien umzuwandeln: *Scholz*, NZG 2006, 445 (448 f.).

2. *Regelfall: Befreiung durch die BaFin gemäß § 37 WpÜG*

Wie bereits angesprochen, eröffnet der Erwerb der bloßen Stimmrechtsmehrheit bei der KGaA regelmäßig keine materiell-rechtliche Kontrollmöglichkeit über die Kapitalgesellschaft & Co. KGaA, solange sich nicht auch die Komplementärgesellschaft in der Hand des jeweiligen Aktionärs befindet.[123] Da der Komplementär das geborene Geschäftsführungsorgan der KGaA darstellt, kann die Hauptversammlung über die Wahl des Aufsichtsrates keinen Einfluss auf die Bestellung des Geschäftsführungsorgans nehmen.[124] Weiterhin steht dem Komplementär bei Satzungsänderungen und sonstigen Grundlagenbeschlüssen gemäß § 285 Abs. 2 AktG ein Zustimmungsrecht zu.[125] Schließlich wird regelmäßig das Zustimmungsrecht der Kommanditaktionäre zu außergewöhnlichen Geschäftsführungsmaßnahmen in der Satzung abbedungen.[126] Da die Stellung der Kommanditaktionäre mithin wesentlich schwächer ist als die Rechtsposition von Aktionären einer AG, erscheint es unbillig, dass der Erwerber von 30 Prozent der Stimmrechte an der KGaA nach § 35 WpÜG ein öffentliches Angebot für den Erwerb aller Kommanditaktien abgeben muss. So besteht dann auch Einigkeit, dass im Regelfall auf Antrag des Bieters eine Befreiung von dieser Pflicht durch die BaFin zu erfolgen hat.

a) Befreiungstatbestand

Zwar greift keiner der in § 37 Abs. 2 WpÜG i.V.m. § 9 Angebots-VO genannten Befreiungstatbestände, allerdings ergibt sich schon aus dem Wortlaut („insbesondere"), dass dieser Katalog nicht abschließend zu verstehen und auch eine Befreiung nach § 37 Abs. 1 WpÜG möglich ist.[127] Eine Befreiung von der Pflicht zur Abgabe eines Pflichtangebots soll daher bei der KGaA regelmäßig wegen der besonderen „Beteiligungsverhältnisse in der Zielgesellschaft" (§ 37 Abs. 1 Var. 4 WpÜG)[128] oder „im Hinblick auf die tatsächliche Möglichkeit zur Ausübung der Kontrolle" (§ 37 Abs. 1 Var. 5 WpÜG)[129] geboten sein.[130] Dogmatisch überzeugender erscheint

---

123 *Krause*, GS Winter, 351 (355); *Krause/Pötzsch/Seiler* in Assmann/Pötzsch/Schneider, § 37 Rn 67.

124 Vgl. dazu oben unter § 5 A. I.

125 Vgl. dazu oben unter § 5 A. II. 2.

126 Vgl. zur Zulässigkeit der ersatzlosen Abbedingung oben unter § 3 D. 2.

127 *Scholz*, NZG 2006, 445 (447); *Wieneke/Fett* in Bürgers/Fett, § 10 Rn 179.

128 *Hommelhoff/Witt* in Frankf. Komm. WpÜG, § 37 Rn 45; *Krause/Pötzsch/Seiler* in Assmann/Pötzsch/Schneider, § 37 Rn 67; *Meyer* in Angerer/Geibel/Süßmann, § 37 Rn 52; *Schlitt* in MüKoAktG, § 37 WpÜG Rn 47; *Schlitt/Winzen*, CFL 2012, 261 (268); *Versteegen* in KK-WpÜG, § 37 Rn 63.

129 *Noack/Zetzsche* in Schwark/Zimmer, § 37 WpüG Rn 15; *Schulz*, NZG 2006, 445 (447 f.); *Wieneke/Fett* in Bürgers/Fett, § 10 Rn 180; *Winzen*, Vorzugsaktie, S. 236; wohl auch *v. Bülow* in KK-WpÜG, § 29 Rn 71 und *Klepsch* in Steinmeyer, § 37 WpÜG Rn 55.

130 Im Ergebnis ebenso, aber ohne dogmatische Differenzierung: *Herfs* in Münch Hdb AG, § 79 Rn 101; *Krause*, GS Winter, 351 (355); *Mertens/Cahn* in KK-AktG, Vorb.

dabei die letztgenannte Lösung. Denn der Befreiungstatbestand wegen der „Beteiligungsverhältnisse in der Zielgesellschaft“ dürfte sich aufgrund der auf die AG zugeschnittenen Konzeption des WpÜG allein auf die Beteiligungsverhältnisse am Grundkapital und nicht auf die rechtliche Struktur der Gesellschaft beziehen.[131] Die dominante Stellung des Komplementärs bei der KGaA ist jedoch rechtsformimmanent und unabhängig von seiner Beteiligung am Grundkapital. Einem Kommanditaktionär, der mehr als 30 Prozent der Stimmrechte hält und nicht darüber hinaus auch am Komplementär beteiligt ist, fehlt es im Regelfall aufgrund seiner rechtlich eingeschränkten Befugnisse hinsichtlich der Leitung der Gesellschaft vielmehr an der Möglichkeit zur Ausübung der Kontrolle, sodass der Befreiungstatbestand des § 37 Abs. 1 Var. 5 WpÜG einschlägig ist.

b) Ermessensentscheidung

Liegen die Voraussetzungen eines Befreiungstatbestandes vor, steht die Entscheidung über die Befreiung von der Angebotspflicht gemäß § 37 Abs. 1 WpÜG im Ermessen der BaFin („kann ... befreien“). Der Bieter hat damit lediglich einen Anspruch auf fehlerfreie Ermessensentscheidung.[132] Die BaFin hat dabei das ihr eingeräumte Ermessen entsprechend dem Zweck der Ermächtigung auszuüben und die gesetzlichen Grenzen des Ermessens einzuhalten (§ 40 VwVfG). Zu den ermessensleitenden Gesichtspunkten zählt dabei einerseits der Zweck des WpÜG, das Vertrauen der Anleger in den Kapitalmarkt zu stärken und sie vor einer Entwertung ihrer Aktien in Folge des Kontrollerwerbs zu schützen und andererseits das Interesse des Bieters, den finanziellen Belastungen des Pflichtangebotes nicht ausgesetzt zu sein, wenn dies zum Schutz der Anleger nicht geboten oder unverhältnismäßig ist.[133] Da eine Befreiung ausweislich des Wortlautes von § 37 Abs. 1 WpÜG bereits dann erteilt werden kann, wenn dies unter Berücksichtigung der Interessen des Antragstellers und der Inhaber der Aktien der Zielgesellschaft „gerechtfertigt erscheint“, sind keine besonders hohen Anforderungen an ein Überwiegen der Interessen des Bieters zu stellen.[134] Insbesondere ist es nicht erforderlich, dass die Interessenabwägung so

---

§ 278 Rn 31. Nach Recherchen von *Mayer-Uellner/Otte*, NZG 2015, 737 (740 mit Fn 38 und 39) ist es seit dem Jahr 2002 lediglich zu einem Erwerbs- und einem freiwilligen Übernahmeangebot gekommen.

131 Vgl. auch *Scholz*, NZG 2006, 445 (447); *Winzen*, Vorzugsaktie, S. 236. Für eine derartige Betrachtungsweise dürfte auch die Gesetzesbegründung sprechen, die als Beispiel für eine Befreiung wegen der Beteiligungsverhältnisse in der Zielgesellschaft den Fall nennt, dass der Erwerber zwar mehr als 30 Prozent der Stimmrechte erlangt, jedoch andere Personen über einen höheren Stimmrechtsanteil verfügen, vgl. BT-Drs. 14/7034, 61 liSp.

132 *Seibt*, ZIP 2003, 1865 (1866); *Versteegen* in KK-WpÜG, § 37 Rn 78.

133 *Krause/Pötzsch/Seiler* in Assmann/Pötzsch/Schneider, § 37 Rn 81; *Versteegen* in KK-WpÜG § 37 Rn 78.

134 *Klepsch* in Steinmeyer, § 37 WpÜG Rn 59; *Krause/Pötzsch/Seiler* in Assmann/Pötzsch/Schneider, § 37 Rn 82; a.A. *Hommelhoff/Witt* in Frankf. Komm. WpÜG, § 37

eindeutig zugunsten des Bieters ausfällt, dass die Befreiung geradezu geboten ist.[135] Werden die Interessen der Aktionäre der Zielgesellschaft durch den Kontrollerwerb nicht beeinträchtigt, ist das der BaFin zustehende Ermessen auf Null reduziert und sie hat die Befreiung zu erteilen.[136]

Auch wenn die Entscheidung über die Befreiung eine Einzelfallentscheidung darstellt und unter Berücksichtigung der konkreten Satzungsgestaltung der KGaA zu erfolgen hat, wird die BaFin wegen der aufgezeigten geringen Einflussnahmemöglichkeiten eines Kommanditaktionärs auf die Leitung der Gesellschaft regelmäßig eine Befreiung erteilen müssen.[137] Denn ist der Erwerber von 30 Prozent der Kommanditaktien nicht gleichzeitig auch am Komplementär beteiligt, unterscheidet sich seine Rechtsstellung aufgrund der mangelnden Personalkompetenz des Aufsichtsrates der KGaA und dem Zustimmungsrecht des Komplementärs zu Grundlagengeschäften (§ 285 Abs. 2 AktG) nicht von der eines Aktionärs einer AG, der aufgrund einer höheren Beteiligung eines Dritten daran gehindert ist, seinen Willen in der Hauptversammlung der Zielgesellschaft durchzusetzen.[138] Das Ermessen der BaFin ist insbesondere dann auf Null reduziert, wenn – wie regelmäßig – das Zustimmungsrecht der Kommanditaktionäre zu außergewöhnlichen Geschäftsführungsmaßnahmen statutarisch abbedungen wird, da der Einfluss des Bieters auf die Geschäftsführung dann praktisch nahezu vollständig ausgeschlossen ist.[139] In diesem Fall ist der Schutzzweck des Pflichtangebotes nicht berührt, der einem Minderheitsaktionär durch den Verkauf der Anteile die Möglichkeit geben will, sich nicht an der häufig mit der Übernahme der Zielgesellschaft einhergehenden risikobehafteten Änderung der Geschäftspolitik und Unternehmensorganisation zu beteiligen.[140]

Rn 51; *Meyer* in Angerer/Geibel/Süßmann, § 37 Rn 62; *Versteegen* in KK-WpÜG, § 37 Rn 22.

135 *Krause/Pötzsch/Seiler* in Assmann/Pötzsch/Schneider, § 37 Rn 82.

136 *Krause/Pötzsch/Seiler* in Assmann/Pötzsch/Schneider, § 37 Rn 82; *Versteegen* in KK-WpÜG, § 37 Rn 81.

137 *Hommelhoff/Witt* in Frankf. Komm. WpÜG, § 37 Rn 45; *Krause/Pötzsch/Seiler* in Assmann/Pötzsch/Schneider, § 37 Rn 67; *Meyer* in Angerer/Geibel/Süßmann, § 37 Rn 52; *Schlitt* in MüKoAktG, § 37 WpÜG, Rn 47; *Schlitt/Winzen*, CFL 2012, 261 (269); *Versteegen* in KK-WpÜG, § 37 Rn 63; *Wieneke/Fett* in Bürgers/Fett, § 10 Rn 180; *Winzen*, Vorzugsaktie, S. 237; einschränkend wohl *Klepsch* in Steinmeyer, § 37 WpÜG Rn 55, der eine Einzelfallprüfung für erforderlich hält, die Erteilung einer Befreiung jedoch offensichtlich daran knüpft, dass der Bieter nicht am Komplementär beteiligt ist.

138 *Krause/Pötzsch/Seiler* in Assmann/Pötzsch/Schneider, § 37 Rn 67; *Versteegen* in KK-WpÜG, § 37 Rn 63.

139 *Herfs* in Münch Hdb AG, § 79 Rn 101; *Krause*, GS Winter, 351 (355).

140 Vgl. zum Schutzzweck des Pflichtangebotes: *Schlitt* in MüKoAktG, § 35 WpÜG Rn 5.

Etwas anderes kann jedoch dann gelten, wenn die Satzung der Hauptversammlung abweichend vom gesetzlichen Leitbild eine dominierende Stellung einräumt,[141] wie im Fall der Einheits-KGaA[142] oder – was zumindest bei Publikums-KGaAs freilich selten der Fall sein wird – durch weitgehende Mitwirkungsrechte in Fragen der Geschäftsführung. Nach einer verbreiteten Ansicht soll eine Befreiung auch dann ausscheiden, wenn der Bieter identisch mit dem Komplementär oder an diesem beteiligt bzw. als Organ für diesen tätig ist und in dieser Funktion jeweils maßgeblich auf die Geschäftsführung einwirken kann.[143] Dem ist jedoch nicht pauschal zuzustimmen. Vielmehr ist in diesem Fall eine differenzierende Betrachtungsweise in Abhängigkeit vom Zeitpunkt des Anteilserwerbs vorzunehmen.

Der Erwerb von Kommanditaktien durch die vorstehend genannten Personen hat zur Folge, dass diese nun nicht mehr nur die materielle Kontrolle über die KGaA ausüben, sondern auch die formell zu bestimmende Kontrollschwelle des WpÜG überschreiten.[144] Fallen materielle und formelle Kontrolle über die Gesellschaft mithin nicht länger auseinander, ist es aus Gründen des Anlegerschutzes nicht zwangsläufig erforderlich, den übrigen Anteilsinhabern ein Austrittsrecht zu gewähren. Denn haben die vorstehend genannten Personen ihre Rechtsposition nicht erst im unmittelbaren zeitlichen Zusammenhang mit dem Erwerb der Kommanditaktien erworben, sondern z.B. bereits seit dem Börsengang inne gehabt,[145] fehlt es an der das Pflichtangebot rechtfertigenden Gefahr, dass es in Folge des Wechsels der Anteilsinhaber zu einer Änderung der Geschäftspolitik und Unternehmensorganisation kommt, die mit Risiken für die übrigen Kommanditaktionäre verbunden sein könnte. Vielmehr ist in diesem Fall zu erwarten, dass die Geschäftsführung durch die genannten Personen in gleicher Weise fortgeführt und aufgrund des erhöhten Haftungsrisikos sogar in einer gewissenhafteren Art und Weise erfolgt. Der Fall ähnelt der bloßen Aufstockung einer Beteiligung, in denen ein Bieter seine bestehende Kontrollposition lediglich festigt.[146] Bei einem solchen „kontrollneutralen" Erwerb von Wertpapieren ist ein Pflichtangebot jedoch ebenfalls nicht erforderlich ist.[147] Folgerichtig ist auch in der vorstehend geschilderten Konstellation regelmäßig eine Befreiung gemäß § 37 Abs. 1 Var. 5 WpÜG von der Pflicht zur Abgabe eines Übernahmeangebotes geboten. Anders wird man dies wiederum dann zu beurteilen haben, wenn ein Bieter parallel zum Erwerb der Kommanditaktien oder in unmittelbaren zeitlichen Zusammenhang eine Beteiligung an der Komplemen-

141 *Krause/Pötzsch/Seiler* in Assmann/Pötzsch/Schneider, § 37 Rn 67.
142 *Wieneke/Fett* in Bürgers/Fett, § 10 Rn 180.
143 *Herfs* in Münch Hdb AG, § 80 Rn 101; *Krause/Pötzsch/Seiler* in Assmann/Pötzsch/Schneider, § 37 Rn 67; *Schlitt* in MüKoAktG, § 37 WpÜG, Rn 47; *Versteegen* in KK-WpÜG, § 37 Rn 63; vgl. auch *Hommelhoff/Witt* in Frankf. Komm. WpÜG, § 37 Rn 45 a.E.
144 *Wieneke/Fett* in Bürgers/Fett, § 10 Rn 180 a.E.
145 Diesen Zeitpunkt erachtet *Perlitt* in MüKoAktG, Vor § 278 Rn 131 für maßgeblich.
146 *Perlitt* in MüKoAktG, Vor § 278 Rn 131.
147 Vgl. *v. Bülow* in KK-WpÜG, § 29 Rn 17 f.

tärgesellschaft erwirbt oder in geschäftsführender Funktion für diese tätig wird.[148] In diesem Fall droht eine Änderung der Geschäftsführung, sodass nach Sinn und Zweck des WpÜG ein Übernahmeangebot erforderlich ist und keine Befreiung von dieser Pflicht erteilt werden kann.

E. Kein Erfordernis eines Pflichtangebotes bei Übernahme der Komplementärgesellschaft

Während bei einer komplementärdominierten KGaA durch eine Veränderung in der Beteiligungsstruktur des Grundkapitals die materiell-rechtliche Kontrolle über die Gesellschaft weitgehend unberührt bleibt, werden die Interessen der Kommanditaktionäre weitaus mehr tangiert, wenn der Komplementär ausgetauscht wird oder ein Wechsel in dessen Gesellschafterstruktur erfolgt. Der hiermit verbundene Kontrollwechsel geht in seiner Intensität regelmäßig weit über den Erwerb von Aktien an einer Aktiengesellschaft hinaus.[149] Eine analoge Anwendung der §§ 35 ff. WpÜG auf diesen Fall ist jedoch nach einhelliger Ansicht in der Literatur mangels planwidriger Regelungslücke und Vergleichbarkeit der Interessenlage abzulehnen.[150] Zum einen ist das Übernahmerecht von einer formalen Betrachtungsweise geprägt, die lediglich den Fall des Kontrollerwerbs kraft Stimmrechts umfasst.[151] Weiterhin fehlt es auch an einer Vergleichbarkeit der Interessenlage, da mit der Pflicht zur Abgabe eines Übernahmeangebotes ein erheblicher Eingriff in die Privatautonomie verbunden und die starke Stellung des Komplementärs auf die gesellschaftsrechtliche Struktur der KGaA zurückzuführen ist, über die der Kommanditaktionär im Rahmen der Primärmarktpublizität informiert worden ist.[152] Auch wenn dies in Anbetracht des Schutzzwecks des WpÜG, den Anleger durch die Möglichkeit zur Veräußerung seiner Anteile vor einer Änderung der Geschäftspolitik zu schützen, wenig konsequent erscheint, ist dies *de lege lata* hinzunehmen. Allein der Gesetzgeber kann hier Abhilfe schaffen, wenn er dies für erforderlich hält. Aus kapitalmarktrechtlicher Sicht erscheint eine solche Regelung wünschenswert, da nach der derzeitigen Rechtslage ein Dritter durch den Erwerb der Komplementärgesellschaft Kontrolle über die Kapitalgesellschaft & Co. KGaA erlangen kann, ohne ein Pflichtangebot leisten zu müssen.

Um eine Steigerung der Attraktivität der Kommanditaktie am Kapitalmarkt zu erreichen, behilft sich die Kautelarpraxis daher teilweise mit Satzungsgestaltungen,

---

148 In diesem Sinne wohl auch: *Meyer* in Angerer/Geibel/Süßmann, § 37 Rn 52 a.E.

149 *Wieneke/Fett* in Bürgers/Fett, § 10 Rn 153.

150 *Bachmann* in Spindler/Stilz, § 278 Rn 107; *Hasselbach* in KK-WpÜG, § 35 Rn 74; *Hasselbach/Ebbinghaus*, DB 2015, 1269 (1275); *Herfs* in Münch Hdb AG, § 80 Rn 102; *Krause*, GS Winter, 351 (353); *Perlitt* in MüKoAktG, Vor § 278 Rn 130; *Scholz*, NZG 2006, 445 (449); *Wieneke/Fett* in Bürgers/Fett, § 10 Rn 153.

151 *Hasselbach* in KK-WpÜG, § 35 Rn 74; *Hasselbach/Ebbinghaus*, DB 2015, 1269 (1275); *Herfs* in Münch Hdb AG, § 80 Rn 102.

152 *Wieneke/Fett* in Bürgers/Fett, § 10 Rn 153.

nach denen die Komplementärgesellschaft aus der KGaA ausscheidet, sobald sie von einem Dritten übernommen wird, der den Kommanditaktionären kein Kaufangebot nach den Regelungen des WpÜG unterbreitet.[153] Wird keine derartige statutarische Regelung getroffen, kann dies wiederum für die die Komplementärgesellschaft kontrollierende Unternehmerfamilie den Vorteil haben, dass sie bei der Veräußerung ihrer Beteiligung einen höheren Kaufpreis für diese erzielen dürfte, da sie die andernfalls an die Aktionäre zu zahlende Prämie für sich vereinnahmen bzw. auf den Kaufpreis aufschlagen kann.[154]

F. Zusammenfassung

Kommanditaktien können zur Börse zugelassen werden. Bei einer ausgewogenen Satzungsgestaltung ist keine generelle Skepsis des Kapitalmarktes gegenüber einer Kapitalgesellschaft & Co. KGaA festzustellen. Ein Bewertungsabschlag ist jedoch anzunehmen, wenn die Kommanditaktionäre statutarisch weitgehend entmachtet werden. Wird eine börsennotierte AG bzw. SE in eine KGaA umgewandelt, ist aufgrund des identitätswahrenden Charakters des Formwechsels keine Neuzulassung der Stammaktien erforderlich. Im Übrigen gelten im Rahmen der für die Zulassung zum Freiverkehr erforderlichen Erstellung des Wertpapierprospektes bei der KGaA im Vergleich zur AG bzw. SE einige Besonderheiten: So sind neben allgemeinen Angaben zu rechtsformspezifischen Besonderheiten der KGaA Ausführungen bezüglich statutarischer Abweichungen vom gesetzlichen Normalfall erforderlich.

Im Bereich der kapitalmarktrechtlichen Sekundär-Publizitätspflichten erstreckt sich die Pflicht zur Veröffentlichung von Insiderinformationen auch auf Vorgänge auf der Ebene der Komplementärgesellschaft. Die Pflicht zur Veröffentlichung von *Directors' Dealings* umfasst nicht nur Geschäfte mit Aufsichtsratsmitgliedern der KGaA, sondern auch solche mit Organmitgliedern der Komplementärgesellschaft. Sind die Kommanditaktien zum regulierten Markt zugelassen, fällt die KGaA in den Anwendungsbereich des WpÜG. Aufgrund der formalen Betrachtungsweise des WpÜG ist die unwiderrufliche Kontrollvermutung des § 29 Abs. 2 WpÜG auch auf eine KGaA anwendbar. Da bei einer komplementärdominierten KGaA der Erwerb der bloßen Stimmrechtsmehrheit jedoch keine materielle Kontrolle über eine Kapitalgesellschaft & Co. KGaA eröffnet, ist der Bieter in der Regel durch die BaFin von der Pflicht zur Abgabe eines Übernahmeangebotes aller Aktien gemäß § 37 Abs. 1 Var. 5 WpÜG zu befreien. Bei der Übernahme der Komplementärgesellschaft ist kein Pflichtangebot erforderlich, da das Übernahmerecht von einer formalen Betrachtungsweise gekennzeichnet ist, das lediglich den Fall des Kontrollerwerbs kraft Stimmrechts umfasst.

---

153 Vgl. § 6 Abs. 3 (b) der Satzung der Fresenius SE & Co. KGaA und § 6 Abs. 3 der Satzung der Fresenius Medical Care AG & Co. KGaA.

154 Vgl. *Hasselbach/Ebbinghaus*, DB 2015, 1269 (1275).

§ 9 Thesenartige Zusammenfassung der wesentlichen Ergebnisse

1. Neben der AG und SE bietet in Deutschland allein die Rechtsform der KGaA die Möglichkeit einer Eigenkapitalfinanzierung in Form eines Börsenganges. Durch die Einschaltung einer Kapitalgesellschaft als Komplementärin lässt sich die bei der gesetzestypischen KGaA bestehende Problematik der Haftung einer natürlichen Person für die Verbindlichkeiten der Gesellschaft vermeiden. Im Vergleich zur AG und SE weist eine solche Kapitalgesellschaft & Co. KGaA im Allgemeinen und eine SE & Co. KGaA im Besonderen den Nachteil auf, dass aufgrund der Komplexität der Rechtsform ein erhöhter Beratungsaufwand erforderlich ist und zahlreiche Rechtsfragen mangels höchstrichterlicher Präzedenzentscheidungen als nicht endgültig geklärt angesehen werden können.
2. Unter gewerbesteuerlichen Gesichtspunkten ist eine Kapitalgesellschaft & Co. KGaA weniger attraktiv als eine AG bzw. SE, da die Zahlungen der KGaA an die Komplementärgesellschaft, insbesondere für die Vergütung ihrer Organe, den Gewerbeertrag der KGaA gemäß § 8 Nr. 4 GewStG erhöhen. Die entsprechende Kürzung des Gewerbeertrages der Komplementärgesellschaft nach § 9 Nr. 2 lit. b) GewStG wirkt sich für diese wirtschaftlich nicht aus, wenn sie abgesehen von der für die Übernahme der Haftung entrichteten Vergütung keinen Gewinn erzielt. Die bei der gesetzestypischen KGaA durch die Leistung einer Sondereinlage erzielbaren steuerlichen Vorteile verwässern, wenn die Sondereinlage durch eine Kapitalgesellschaft erbracht wird.
3. Die unternehmerische Mitbestimmung entfaltet bei der KGaA im Vergleich zur AG aufgrund der eingeschränkten Kompetenzen des Aufsichtsrates geringere Auswirkungen. Diese mitbestimmungsrechtliche Privilegierung der KGaA gilt auch dann, wenn eine Kapitalgesellschaft als Komplementärin fungiert. Eine Zurechnung der Arbeitnehmer der KGaA an die Komplementärgesellschaft gemäß § 4 bzw. § 5 MitbestG zum Zwecke der Mitbestimmung erfolgt nicht. Für den Fall einer Komplementär-SE folgt dies aus § 47 Abs. 1 Nr. 1 SEBG, der der Einbeziehung einer SE in den Anwendungsbereich des Mitbestimmungsgesetzes entgegensteht. Aber auch im Übrigen scheidet eine Zurechnung gemäß § 4 MitbestG analog mangels planwidriger Regelungslücke und vergleichbarer Interessenlage aus: Hierfür spricht neben der gesetzgeberischen Untätigkeit seit BGHZ 134, 392 ff., dass es dogmatisch einen Unterschied macht, ob – wie im direkten Anwendungsfall von § 4 MitbestG – die Mitbestimmung begründet wird oder – wie im Falle einer etwaigen analogen Anwendung von § 4 MitbestG auf die Kapitalgesellschaft & Co. KGaA – eine bereits bestehende Mitbestimmungspflicht ausgedehnt werden soll. Erschöpft sich die Aufgabe der Komplementärgesellschaft in der Ausübung der Geschäftsführung der KGaA, scheidet auch eine Zurechnung der Arbeitnehmer der KGaA gemäß § 5 MitbestG aus. In diesem

Fall fehlt es schon an der Unternehmenseigenschaft der Komplementärgesellschaft, sodass auch kein Konzernverhältnis iSv § 18 Abs. 1 AktG vorliegt. Der Annahme eines eigenständigen mitbestimmungsrechtlichen Konzernbegriffes steht entgegen, dass der Gesetzgeber in § 5 MitbestG durch seine Verweisung auf § 18 Abs. 1 AktG ausdrücklich auf den aktienrechtlichen Konzernbegriff Bezug genommen hat. Ferner ist § 4 MitbestG *lex specialis* gegenüber § 5 MitbestG. Unter dem Blickwinkel einer angestrebten weitgehenden Vermeidung der mitbestimmungsrechtlichen Auswirkungen muss die KGaA auch den Vergleich mit der SE nicht scheuen, da die Arbeitnehmer bei der SE im Rahmen der Verhandlungen über die Ausgestaltung der Mitbestimmung wegen der im Falle des Scheiterns der Verhandlungen greifenden gesetzlichen Auffanglösung eine gute Verhandlungsposition inne haben. Durch die Verschmelzung einer ausländischen Mantelgesellschaft auf eine KGaA kann unter der Geltung des MgVG – wie bei der SE – ein als zu groß empfundener Aufsichtsrat verkleinert und das Mitbestimmungsniveau „eingefroren" werden.

4. Während bei der AG bzw. SE zur effektiven Sicherung des Familieneinflusses im Falle der Aufgabe der alleinigen Anteilseignerstellung regelmäßig eine (qualifizierte) Kapitalmehrheit erforderlich ist, kann bei der Kapitalgesellschaft & Co. KGaA eine weitgehende Trennung von Herrschaft und Kapital erreicht werden, indem sich die Unternehmerfamilie an der Komplementärgesellschaft beteiligt. In diesem Fall ist auch eine börsennotierte KGaA weitgehend übernahmeresistent.
5. Da der bei der AG bzw. SE geltende Grundsatz der Satzungsstrenge im Recht der KGaA nicht gilt, soweit gemäß § 278 Abs. 2 AktG Personengesellschaftsrecht Anwendung findet, kann die Satzung insoweit den individuellen unternehmerischen Bedürfnissen angepasst werden. Personengesellschaftsrechtliche Grenzen der Gestaltungsfreiheit ergeben sich dabei aus den Grundsätzen der Selbstorganschaft und Verbandssouveränität, der gesellschafterlichen Treuepflicht und dem Abspaltungsverbot. Nach zu begrüßender neuerer Rechtsprechung des BGH gelten keine Beschränkungen durch den Bestimmtheitsgrundsatz. Hingegen sollte der BGH wieder zur Kernbereichslehre als Schranke der Gestaltungsfreiheit zurückkehren und im Rahmen seiner materiellen Wirksamkeitsprüfung nicht allein auf einen wesentlichen konturenloseren Treuepflichtverstoß abstellen. Ein Gesellschafter kann seine Zustimmung zu einem Eingriff in den Kernbereich dabei nicht nur ad hoc im Rahmen der Beschlussfassung, sondern auch antizipiert im Gesellschaftsvertrag erklären, wenn die Vertragsklausel sich eindeutig auf den Eingriff in den Kernbereich bezieht und Art und Ausmaß des Eingriffs exakt erkennen lässt.
6. Die Komplementärin ist das Geschäftsführungs- und Vertretungsorgan der SE & Co. KGaA. Bei der SE stehen dabei mit dem dualistischen und dem monistischen Leitungssystem zwei Organisationsmodelle zur Verfügung, sodass die SE & Co. KGaA je nach Wahl des Leitungssystems entweder durch die Mitglieder des Leitungsorgans oder die geschäftsführenden Direktoren vertreten wird. Die Bestellung der Leitungsorganmitglieder bzw. der geschäftsführenden

Direktoren hat mit Rücksicht auf die Interessen der KGaA zu erfolgen. Die Mitglieder des Leitungsorgans bzw. die geschäftsführenden Direktoren können ihren Anstellungsvertrag auch mit der KGaA abschließen, da dies weder einen Verstoß gegen die aktienrechtliche Kompetenzordnung darstellt noch die Unabhängigkeit des Leitungsorgans in unzulässiger Weise einschränkt. Der Abschluss des Anstellungsvertrages bedarf in diesem Fall jedoch der Zustimmung des Aufsichtsorgans bzw. des Verwaltungsrates der Komplementärin.

7. Die Mitglieder des Leitungsorgans bzw. die geschäftsführenden Direktoren einer Komplementär-SE, deren wesentliche oder alleinige Aufgabe in der Führung der Geschäfte der KGaA besteht, haften bei Sorgfaltspflichtverletzungen gegenüber der KGaA wegen der drittschützenden Wirkung des Organverhältnisses. Sie unterliegen ferner gegenüber der KGaA einem Wettbewerbsverbot analog § 284 AktG, das nicht statutarisch abbedungen werden kann.
8. Das Aufsichtsorgan einer dualistisch organisierten Komplementär-SE bestellt nicht nur die Mitglieder des Leitungsorgans, sondern überwacht auch die Geschäftsführung der KGaA, wahrgenommen durch die Komplementär-SE und deren Leitungsorgan, wobei es sich allein am Unternehmensinteresse der KGaA zu orientieren hat. Es kann ferner Zustimmungsvorbehalte bezüglich solcher Geschäfte normieren, die das Leitungsorgan als gesetzliches Vertretungsorgan der Komplementärin mit Wirkung für die KGaA abschließt. Die Berichtspflicht des Leitungsorgans gegenüber dem Aufsichtsorgan gemäß Art. 41 Abs. 1 SE-VO umfasst demzufolge auch die Angelegenheiten der KGaA. Die Mitglieder des Aufsichtsorgans der Komplementär-SE haften gegenüber der KGaA wegen einer drittschützenden Wirkung des organschaftlichen Sonderrechtsverhältnisses, wenn sie Rechtshandlungen vornehmen, die unmittelbare Wirkung für und gegen die KGaA entfalten. Einem Wettbewerbsverbot gegenüber der KGaA unterliegen sie nicht.
9. Der Verwaltungsrat ist das zentrale Organ einer monistisch organisierten Komplementär-SE. Er leitet die geschäftsführende Komplementär-SE, bestimmt die Grundlinien ihrer Tätigkeit und überwacht deren Umsetzung. Bei sorgfaltswidrigem Verhalten haften seine Mitglieder wegen einer drittschützenden Wirkung des organschaftlichen Sonderrechtsverhältnisses gegenüber der KGaA für Rechtshandlungen, die unmittelbar für und gegen die KGaA wirken. Der haftungsrechtliche Maßstab ist dabei eine Frage des Einzelfalls und hat unter Berücksichtigung der konkreten Leitungsstrukturen und des individuellen Aufgabenbereiches des jeweiligen Verwaltungsratmitglieds zu erfolgen. Die Mitglieder des Verwaltungsrates unterliegen keinem Wettbewerbsverbot gegenüber der KGaA.
10. Zu geschäftsführenden Direktoren einer monistischen Komplementär-SE können sowohl Verwaltungsratangehörige als auch externe Personen bestellt werden. Die Stellung der geschäftsführenden Direktoren ist im Vergleich zu der von Mitgliedern des Leitungsorgans einer dualistischen SE schwach ausgestaltet: Sie können grundsätzlich jederzeit abberufen werden und sind gegenüber dem Verwaltungsrat weisungsgebunden. Die Weisungsabhängigkeit besteht dabei auch

in Angelegenheiten der KGaA. Ein weisungsfreier Geschäftsführungsbereich steht den geschäftsführenden Direktoren nicht zu.

11. Die Hauptversammlung der Komplementär-SE kann wegen der Leitungsautonomie des Leitungs- bzw. Verwaltungsorgans (Art. 39 Abs. 1 S. 1 SE-VO bzw. Art. 43 Abs. 1 S. 1 SE-VO) grundsätzlich keinen Einfluss auf die Geschäftsführung der SE & Co. KGaA nehmen. Daher unterliegt auch der Mehrheitsaktionär der Komplementär-SE grundsätzlich keinem Wettbewerbsverbot gegenüber der KGaA.
12. Die Satzung einer Publikums-Kapitalgesellschaft & Co. KGaA unterliegt einer richterlichen Inhaltskontrolle. Die ersatzlose Abbedingung des Zustimmungsrechtes der Kommanditaktionäre zu außergewöhnlichen Geschäftsführungsmaßnahmen gemäß § 278 Abs. 2 AktG i.V.m. § 164 S. 1 Hs. 2 HGB hält einer solchen Inhaltskontrolle stand.
13. Im Vergleich zu den alternativ als Komplementärgesellschaft zur Verfügung stehenden Rechtsformen der AG und GmbH bietet die SE aufgrund ihres höheren gesetzlichen Mindestnennbetrags des Grundkapitals eine höhere Finanzkraft und steht zudem für eine internationale Ausrichtung des Unternehmens. Zwar ist der laufende Organisationsaufwand bei einer SE höher als bei einer GmbH und der Zugriff auf erzielte Gewinne der Komplementärgesellschaft wegen des Grundsatzes der Kapitalerhaltung nur eingeschränkt möglich, hingegen erleichtert die SE – insbesondere bei Wahl des dualistischen Leitungssystems – die Anwerbung qualifizierter Führungskräfte. Hinsichtlich der Flexibilität der Organisationsstruktur bietet die SE gegenüber der AG den Vorteil, dass auch für dem Aufsichtsorgan gesetzlich zugewiesene Beschlussfassungen qualifizierte Mehrheitserfordernisse bis hin zur Einstimmigkeit normiert werden können. Da die Komplementär-SE regelmäßig mitbestimmungsfrei gehalten werden kann, sollte das monistische Leitungssystem bei Familienunternehmen als Alternative zum dualistischen Organisationsmodell in Betracht gezogen werden, weil es nicht nur eine enge Verzahnung von Überwachungs-, Beratungs- und Geschäftsführungsfunktion und die Möglichkeit der Etablierung eines „CEO-Modells“ bietet, sondern auch im Rahmen der Unternehmensnachfolge eine interessengerechte Lösungsmöglichkeit beinhalten kann.
14. Um eine Trennung von Geschäftsführung und Überwachung zu gewährleisten, sind bei der SE & Co. KGaA nicht nur die Komplementärgesellschaft selbst, sondern in analoger Anwendung von § 287 Abs. 3 AktG auch ihre Vertretungsorgane und bei monistischer Organisationsstruktur die Verwaltungsratsmitglieder einer Komplementär-SE von einer Mitgliedschaft im Aufsichtsrat der KGaA ausgeschlossen. Hingegen sind die Aktionäre der Komplementärin ebenso wie Aufsichtsratsmitglieder einer dualistisch organisierten Komplementär-SE nicht inhabil. Die Kompetenzen des Aufsichtsrates einer KGaA sind im Vergleich zu denen des Aufsichtsrates einer AG bzw. SE stark eingeschränkt. So fehlt ihm nicht nur die Personalkompetenz, sondern er kann ferner weder Zustimmungserfordernisse für bestimmte Geschäftsführungsmaßnahmen normieren noch eine Geschäftsordnung für die Komplementärin aufstellen. Seine Hauptaufgabe

besteht in der Überwachung der Geschäftsführung durch die Komplementärin, wobei der Überwachungsmaßstab identisch ist mit demjenigen des Aufsichtsrates einer AG. Im Rahmen ihrer Berichtspflicht haben die Vertretungsorgane der Komplementär-SE nicht nur über Angelegenheiten der KGaA, sondern auch über Vorgänge der Komplementärgesellschaft zu berichten, die die Geschäftsführungsfunktion der KGaA betreffen. Ferner führt der Aufsichtsrat die Beschlüsse der Kommanditaktionäre aus, die das Verhältnis der Kommanditaktionäre zur persönlich haftenden Gesellschafterin betreffen, und vertritt die KGaA gerichtlich und rechtsgeschäftlich gegenüber der Komplementärgesellschaft und ihren Vertretungsorganen.

15. Die Kommanditaktionäre üben ihre Rechte in der Hauptversammlung der KGaA aus. Im Rahmen der Beschlussfassung unterliegt die Komplementärgesellschaft hinsichtlich der von ihr gehaltenen Kommanditaktien gemäß § 285 Abs. 1 S. 2 AktG in den dort enumerativ genannten Fällen einem Stimmverbot, das in analoger Anwendung der Norm auch auf die Mitglieder des Leitungsorgans einer dualistischen Komplementär-SE sowie die geschäftsführenden Direktoren und die Mitglieder des Verwaltungsrates einer monistisch organisierten Komplementär-SE zu erstrecken ist. Hingegen unterliegen die Aufsichtsorganmitglieder der Komplementärin und ihre Aktionäre hinsichtlich der von ihnen gehaltenen Kommanditaktien keinem Stimmverbot nach § 285 Abs. 1 S. 2 AktG.
16. Der Komplementärin steht bei Grundlagengeschäften gemäß § 285 Abs. 2 S. 1 AktG ein Vetorecht zu. Eine statutarische Erweiterung des Zustimmungsrechtes auf die § 278 Abs. 2 AktG unterfallenden Beschlussgegenstände ist grundsätzlich möglich. Hingegen kann der Komplementärin weder bezüglich solcher Beschlussgegenstände, bei denen sie nach § 285 Abs. 1 S. 2 AktG oder nach Personengesellschaftsrecht wegen Richtens in eigener Sache einem Stimmverbot unterliegt, noch bezüglich des Gewinnverwendungsbeschlusses der Kommanditaktionäre ein Vetorecht eingeräumt werden.
17. Bei der KGaA ist die Einrichtung eines fakultativen Organs mit organschaftlichen Befugnissen zulässig. Kompetenzen, die das Aktienrecht zwingend dem Komplementär, dem Aufsichtsrat oder der Hauptversammlung zuweist, können wegen des Grundsatzes der Satzungsstrenge nicht auf einen Beirat übertragen werden. Soweit es sich um Befugnisse handelt, für die gemäß § 278 Abs. 2 AktG Personengesellschaftsrecht Anwendung findet, ist eine Übertragung von Befugnissen hingegen grundsätzlich möglich. So können einem Beirat Mitwirkungsrechte an der Geschäftsführung in Form von Zustimmungs- oder Weisungsbefugnissen eingeräumt werden. Die Grundsätze der Selbstorganschaft und Verbandssouveränität stehen der Übertragung von Geschäftsführungskompetenzen auf einen mit gesellschaftsfremden Dritten besetzen Beirat dabei nicht entgegen. Der Beirat kann auch neben dem Aufsichtsrat mit Überwachungskompetenzen ausgestattet oder mit der Wahrnehmung der Interessen der Kommanditaktionäre nach § 287 Abs. 1, Abs. 2 AktG betraut werden. Im letztgenannten Fall unterliegen die Komplementär-SE bzw. die Kommanditaktien haltenden

Vertretungs- und Leitungsorganmitglieder im Rahmen der Bestellung einem Stimmverbot nach § 285 Abs. 1 S. 2 AktG bzw. sind gemäß § 287 Abs. 3 AktG inhabil. Zur Vermeidung von Rechtsunsicherheit bietet es sich ferner an, das Zustimmungsrecht der Kommanditaktionäre zu außergewöhnlichen Geschäftsführungsmaßnahmen gemäß § 278 Abs. 2 AktG i.V.m. § 164 S. 1 Hs. 2 HGB auf einen von den Kommanditaktionären gewählten Beirat zu übertragen.

18. Sowohl eine AG als auch eine SE können im Wege des Formwechsels in eine KGaA umgewandelt werden. Wird dieser Formwechsel zwecks Vereinheitlichung der Aktiengattungen mit einer Abschaffung der Vorzugsaktien verbunden, bedarf es eines Sonderbeschlusses der Vorzugsaktionäre gemäß § 141 Abs. 1 AktG bzw. Art. 60 Abs. 1 SE-VO. Auf gegen die Wirksamkeit des Sonderbeschlusses gerichtete Klagen ist das Freigabeverfahren gemäß § 16 Abs. 3 UmwG analog anwendbar. Tritt im Rahmen der Umwandlung eine aktivierte Vorrats-SE als persönlich haftende Gesellschafterin bei, ist kein Beteiligungsverfahren über die Mitbestimmung der Arbeitnehmer durchzuführen, wenn die Komplementärin in diesem Zeitpunkt weniger als zehn Arbeitnehmer beschäftigt bzw. keine Einstellung der entsprechenden Arbeitnehmerzahl binnen einer Jahresfrist beabsichtigt ist. Wird die Übernahme der Komplementärfunktion bereits im Rahmen der Aktivierung der Vorrats-SE in der Satzung verankert, erfordert auch ein zeitlich verzögerter Beitritt der SE als Komplementärin einer KGaA nicht gemäß § 18 Abs. 3 SEBG die Durchführung des Arbeitnehmerbeteiligungsverfahrens. Grundsätzlich stellt der Beitritt als Komplementärin auch keinen Fall der missbräuchlichen Vorenthaltung von Arbeitnehmerrechten iSv § 43 SEBG dar.
19. Kommanditaktien können zur Börse zugelassen werden. Bei einer ausgewogenen Satzungsgestaltung ist keine generelle Skepsis des Kapitalmarktes gegenüber einer Kapitalgesellschaft & Co. KGaA anzunehmen. Ein etwaiger Bewertungsabschlag der Kommanditaktien ist vielmehr entscheidend davon abhängig, in welchem Ausmaß die Rechte der Kommanditaktionäre zugunsten des Komplementärs eingeschränkt werden. Wird eine börsennotierte AG bzw. SE in eine KGaA umgewandelt, ist aufgrund des identitätswahrenden Charakters des Formwechsels keine Neuzulassung der Stammaktien erforderlich. Im Übrigen gelten im Rahmen der für die Zulassung zum Freiverkehr erforderlichen Erstellung des Wertpapierprospektes bei der KGaA im Vergleich zur AG bzw. SE einige Besonderheiten, die insbesondere die Komplementärgesellschaft und ihre rechtliche Stellung innerhalb der KGaA betreffen.
20. Im Bereich der kapitalmarktrechtlichen Sekundär-Publizitätspflichten erstreckt sich die Pflicht zur Veröffentlichung von Insiderinformationen auch auf Vorgänge auf der Ebene der Komplementärgesellschaft. Die Pflicht zur Veröffentlichung von *Directors' Dealings* umfasst nicht nur Geschäfte mit Aufsichtsratsmitgliedern der KGaA, sondern auch solche mit Organmitgliedern der Komplementärgesellschaft. Sind die Kommanditaktien zum regulierten Markt zugelassen, fällt die KGaA in den Anwendungsbereich des WpÜG. Aufgrund der formalen Betrachtungsweise des WpÜG ist die unwiderrufliche Kontroll-

vermutung des § 29 Abs. 2 WpÜG auch auf eine KGaA anwendbar. Da bei einer komplementärdominierten KGaA der Erwerb der bloßen Stimmrechtsmehrheit jedoch keine materielle Kontrolle über eine Kapitalgesellschaft & Co. KGaA eröffnet, ist der Bieter in der Regel durch die BaFin von der Pflicht zur Abgabe eines Übernahmeangebotes aller Aktien gemäß § 37 Abs. 1 Var. 5 WpÜG zu befreien. Bei der Übernahme der Komplementärgesellschaft ist kein Pflichtangebot erforderlich, da das Übernahmerecht von einer formalen Betrachtungsweise gekennzeichnet ist, das lediglich den Fall des Kontrollerwerbs kraft Stimmrechts umfasst.

Literaturverzeichnis

Adenauer, Patrick: Das Familienunternehmerprinzip, in: Familienunternehmen im Fokus von Wirtschaft und Wissenschaft: Festschrift für Mark K. Binz, München 2014, S. 9 ff.

Aktiengesetz Großkommentar, hrsg. v. *Hopt, Klaus J./Wiedemann, Herbert*:

Band 1: Einleitung, §§ 1–53, 4. Aufl., Berlin 2004;

Band 2: §§ 53a–75, 4. Aufl., Berlin 2008;

Band 3: §§ 76–94, 4. Aufl., Berlin 2008;

Band 4: §§ 95–117, 4. Aufl., Berlin 2006;

Band 5: Mitbestimmungsgesetz; §§ 118–149, 4. Aufl., Berlin 2008;

Band 6: §§ 150–220, 4. Aufl., Berlin 2006;

Band 7/Teil 1: §§ 221–240, 4. Aufl., Berlin 2012;

Band 7/Teil 2: §§ 241–277, 4. Aufl., Berlin 2013;

Band 8: §§ 278–310, 4. Aufl., Berlin 2013.

Altmeppen, Holger/Roth, Günter H.: Gesetz betreffend die Gesellschaften mit beschränkter Haftung, 8. Aufl., München 2015.

Altmeppen, Holger: Kernbereichslehre, Bestimmtheitsgrundsatz und Vertragsfreiheit in der Personengesellschaft, NJW 2015, S. 2065 ff.

Altmeppen, Holger: Zum Vorstandsdoppelmandat in einer beherrschten AG & Co. KG, ZIP 2008, S. 437 ff.

Ammenwerth, Michael: Die Kommanditgesellschaft auf Aktien (KGaA) – eine Rechtsformalternative für personenbezogene Unternehmen?, Berlin u. a. 1997.

Angerer, Lutz/Geibel, Stephan/Süßmann, Rainer (Hrsg.): Wertpapiererwerbs- und Übernahmegesetz Kommentar, 3. Aufl., München 2017.

Arbeitskreis „Unternehmerische Mitbestimmung": Entwurf einer Regelung zur Mitbestimmungsvereinbarung sowie zur Größe des mitbestimmten Aufsichtsrats, ZIP 2009, S. 885 ff.

Armbrüster, Christian: Grundlagen und Reichweite von Wettbewerbsverboten im Personengesellschaftsrecht, ZIP 1997, S. 261 ff.

Armbrüster, Christian: Wettbewerbsverbote im Kapitalgesellschaftsrecht, ZIP 1997, S. 1269 ff.

Arnold, Arnd: Die GmbH & Co. KGaA, Köln 2001.

Arnold, Christian: Berücksichtigung von Leiharbeitnehmern bei der unternehmerischen Mitbestimmung, ArbRAktuell 2015, S. 556.

Assmann, Heinz-Dieter/Pötzsch, Thorsten/Schneider, Uwe H. (Hrsg.): Wertpapiererwerbs- und Übernahmegesetz (WpÜG), 2. Aufl., Köln 2013.

Assmann, Heinz-Dieter/Schlitt, Michael/von Kopp-Colomb, Wolf: Wertpapierprospektgesetz Verkaufsprospektgesetz, 2. Aufl., Köln 2010.

Assmann, Heinz-Dieter/Sethe, Rolf: Der Beirat der KGaA, in: Festschrift für Marcus Lutter, Köln 2000, S. 251 ff.

Austmann, Andreas: Integration der Zielgesellschaft nach Übernahme, ZGR 2009, S. 277 ff.

Bachmann, Gregor: Anmerkung zum Beschluss des OLG Frankfurt vom 8.9.2014, Az. 20 W 148/14 – Zum Antrag auf gerichtliche Ergänzung des Aufsichtsrats einer KGaA, EWiR 2015, S. 103 f.

Bachmann, Gregor: Der Verwaltungsrat der monistischen SE, ZGR 2008, S. 779 ff.

Bachmann, Gregor: Die Änderung personengesellschaftsrechtlicher Satzungsbestandteile bei der KGaA, in: Festschrift für Karsten Schmidt zum 70. Geburtstag, Köln 2009, S. 41 ff.

Bachmann, Gregor: Die Haftung des Geschäftsleiters für die Verschwendung von Gesellschaftsvermögen, NZG 2013, S. 1121 ff.

Ballerstedt, Kurt: Das Mitbestimmungsgesetz zwischen Gesellschafts-, Arbeits- und Unternehmensrecht, ZGR 1977, S. 133 ff.

Bauer, Jobst-Hubertus/Arnold, Christian: Vorstandsverträge im Kreuzfeuer der Kritik, DB 2006, S. 260 ff.

Baumbach, Adolf (Begr.)/Hopt, Klaus J. (Hrsg.): Handelsgesetzbuch mit GmbH & Co., Handelsklauseln, Bank- und Börsenrecht, Transportrecht (ohne Seerecht), 37. Aufl., München 2016.

Baumbach, Adolf (Begr.)/Hueck, Alfred (Hrsg.): GmbHG, Gesetz betreffend die Gesellschaften mit beschränkter Haftung, 20. Aufl., München 2013.

Baums, Theodor: Der Geschäftsleitervertrag, Köln 1987.

Baums, Theodor: Zur monistischen Verfassung der deutschen Aktiengesellschaft. Überlegungen de lege ferenda, in: Gedächtnisschrift für Michael Gruson, Berlin 2009, S. 1 ff.

Bayer, Walter/Habersack, Mathias (Hrsg.): Aktienrecht im Wandel, Band II, Tübingen 2007.

Bayer, Walter/Lieder, Jan: Die Lehre vom fehlerhaften Bestellungsverhältnis. Ein Beitrag zur Institutionenbildung im Gesellschaftsrecht aus Anlass des HVB/UniCredit-Beschlusses des II. Zivilsenats des BGH vom 27.9.2011, NZG 2012, S. 1 ff.

Bayer, Walter/Schmidt, Jessica: Grenzüberschreitende Sitzverlegung und grenzüberschreitende Restrukturierungen nach MoMiG, Cartesio und Trabrennbahn, ZHR 173 (2009), S. 735 ff.

Bayer, Walter/Scholz, Philipp/Weiß, Christian: Die Absage der Hauptversammlung durch den Vorstand im Kontext des § 122 AktG. Zugleich Besprechung von LG Frankfurt a.M. v. 12.3.2013–3-05 O 114/12, ZIP 2014, S. 1 ff.

Bayer, Wilhelm: Der Anwendungsbereich des Mitbestimmungsgesetzes, ZGR 1977, S. 173 ff.

Bayreuther, Frank: Die Kapitalgesellschaft & Co. KGaA, JuS 1999, S. 651 ff.

Beck'scher Online-Kommentar BGB, hrsg. v. *Bamberger, Heinz Georg/Roth, Herbert*, 43. Edition, Stand: 15.6.2017, München 2017.

Beck'scher Online-Kommentar GmbHG, hrsg. v. *Ziemons, Hildegard/Jäger, Carsten*, 32. Edition, Stand: 1.8.2017, München 2017.

Beck'sches Handbuch der AG, hrsg. v. *Müller, Welf/Rödder, Thomas*, 2. Aufl., München 2009.

Beck'sches Handbuch der Personengesellschaften, hrsg. v. *Prinz, Ulrich/Hoffmann, Wolf-Dieter*, 4. Aufl., München 2014.

Becker, Arnd/Oelmüller, Mark: Die SE für den Mittelstand – Theorie und Praxis der SE-Gründung, Berlin 2009.

Behme, Caspar: Die Berücksichtigung ausländischer Arbeitnehmer für die Berechnung der Schwellenwerte im Recht der Unternehmensmitbestimmung, AG 2018, S. 1 ff.

Behme, Caspar/Zickgraf, Peter: Rechtspflichten des Aufsichtsrats bei der Auswahl geeigneter Mitglieder von Vorstand und Aufsichtsrat, AG 2015, S. 841 ff.

Beiner, Torsten/Braun, Eckhart: Der Vorstandsvertrag. Bestellung und Anstellungsvertrag der Vorstandsmitglieder einer Aktiengesellschaft, 2. Aufl., Stuttgart u.a. 2014.

Berrar, Carsten/Meyer, Andreas/Müller, Cordula/Schnorbus, York/Singhof, Bernd/Wolf, Christoph (Hrsg.): Frankfurter Kommentar zum WpPG und EU-ProspektVO, 2. Aufl., Frankfurt 2017.

Bielinis, Andrius: Die Besteuerung der KGaA, Berlin u.a. 2013.

Bielinis, Andrius: Vorschläge zur Reform der KGaA-Besteuerung, DStR 2014, S. 769 ff.

Binz, Mark/Mayer, Gerd: Anteilsvinkulierung bei Familienunternehmen, NZG 2012, S. 201 ff.

Binz, Mark/Sorg, Martin: Die KGaA mit beschränkter Haftung – quo vadis?, DB 1997, S. 313 ff.

Binz, Mark/Sorg, Martin: Die GmbH & Co. KG im Gesellschafts- und Steuerrecht. Handbuch für Familienunternehmen, 11. Aufl., München 2010.

Binz, Mark/Sorg, Martin: Die GmbH & Co. Kommanditgesellschaft auf Aktien. Ausweg oder Irrweg für börsenwillige Familienunternehmen?, BB 1988, S. 2041 ff.

Birk, Dieter/Desens, Marc/Tappe, Henning: Steuerrecht, 18. Aufl., Heidelberg 2015.

Blanke, Thomas: Europäische Aktiengesellschaft ohne Arbeitnehmerbeteiligung?, ZIP 2006, S. 789 ff.

Blättchen, Wolfgang: Das Going Public für Familienunternehmen neu definiert: IPO und IBO, in: Familienunternehmen im Fokus von Wirtschaft und Wissenschaft. Festschrift für Mark K. Binz, München 2014, S. 80 ff.

Blümich: Einkommenssteuergesetz, Körperschaftssteuergesetz, Gewerbesteuergesetz Kommentar, hrsg. v. *Heuermann, Bernd/Brandis, Peter*: Losebl. (Stand: Mai 2016) München: Band 2, Band 3, Band 4.

Boettcher, Friederike: Die Kompetenzen von Verwaltungsrat und geschäftsführenden Direktoren in der monistischen SE in Deutschland, Baden-Baden 2009.

Bogenschütz, Eugen: Umwandlung einer Kapitalgesellschaft in eine KGaA, in: Umwandlungen im Zivil- und Steuerrecht: Festschrift für Siegfried Widmann zum 65. Geburtstag am 22. Mai 2000, Bonn u. a. 2000, S. 163 ff.

Brandenburg, Gero: Wenn der Senior-Chef nicht loslassen kann, Handelsblatt-Online vom. 13.2.2012, abrufbar unter: http://www.handelsblatt.com/unternehmen/mittelstand/unternehmensnachfolge-wenn-der-senior-chef-nicht-loslassen-kann/6190086.html, letzter Abruf am 15.11.2016.

Brandes, Stephan: Mitbestimmungsvermeidung mittels grenzüberschreitender Verschmelzungen, ZIP 2008, S. 2193 ff.

Brandt, Ulrich: Die Hauptversammlung der Europäischen Aktiengesellschaft (SE). Eine Untersuchung der methodischen Grundlagen und der Unterschiede zu den nationalen Aktiengesellschaften, insbesondere zur deutschen Aktiengesellschaft, Frankfurt a. M. u. a. 2004.

Brause, Christian: Stimmrechtslose Vorzugsaktien bei Umwandlungen, Köln 2002.

Bücker, Thomas: Bedeutung der monistischen SE in Deutschland und Verantwortlichkeit der Verwaltungsratsmitglieder, in: Bergmann, Alfred/Kiem, Roger/Mülbert, Peter. O. u. a. (Hrsg.): 10 Jahre SE. Erreichter Stand – verbleibende Anwendungsfragen – Perspektiven, Frankfurt a. M. 2015, S. 203 ff.

Bürgers, Tobias/Fett, Torsten (Hrsg.): Die Kommanditgesellschaft auf Aktien, Handbuch mit Mustern, 2. Aufl., München 2015.

Bürgers, Tobias/Körber, Torsten (Hrsg.): Aktiengesetz, 4. Aufl., Heidelberg u. a. 2016.

Cahn, Andreas: Das Wettbewerbsverbot des Vorstands in der AG & Co. KG, Der Konzern 2007, S. 716 ff.

Cahn, Andreas: Die Änderung von Satzungsbestimmungen nach § 281 AktG bei der Kommanditgesellschaft auf Aktien, AG 2001, S. 579 ff.

Cahn, Andreas/Senger, Michael: Das Gesetz zur Regelung von öffentlichen Angeboten zum Erwerb von Wertpapieren und von Unternehmensübernahmen, FB 2002, S. 277 ff.

Casper, Matthias/Schäfer, Carsten: Die Vorrats-SE – Zulässigkeit und wirtschaftliche Neugründung, ZIP 2007, S. 653 ff.

Casper, Matthias/Weller, Marc-Philippe: Mobilität und grenzüberschreitende Umstrukturierung der SE, NZG 2009, S. 681 ff.

Claussen, Carsten P.: Überlegungen zur Rechtsform der GmbH. Ist die KGaA eine Alternative?, GmbHR 1996, S. 73 ff.

Claussen, Carsten P.: Perspektiven für die Kommanditgesellschaft auf Aktien, in: Festschrift für Theodor Heinsius, Berlin 1991, S. 61 ff.

Deutscher Anwaltverein: Stellungnahme zum Diskussionsentwurf eines Gesetzes zur Ausführung der Verordnung (EG) Nr. 2157/2001 des Rates vom 8.10.2001 über das Statut der Europäischen Gesellschaft (SE) (SE-Ausführungsgesetz-SEAG), NZG 2004, S. 75 ff.

Deutsches Notarinstitut: Formwechsel einer Europäischen Aktiengesellschaft in eine KGaA; Analogieverbot; abschließende Regelung in SE-VO; SE UmwG § 191; SE-VO Art. 66, DNotI-Report 2010, S. 184 ff.

Diekmann, Hans: Die Drittvergütung von Mitgliedern des Vorstands einer Aktiengesellschaft, in: Festschrift für Georg Maier-Reimer, München 2010, S. 75 ff.

Dirksen, Dirk/Möhrle, Florian: Die kapitalistische Kommanditgesellschaft auf Aktien, ZIP 1998, S. 1377 ff.

Dreisow, Rudolf: Zu den Stimmverboten für die Komplementäre einer KGaA, DB 1977, S. 851 ff.

Drüen, Klaus-Dieter/van Heek, Stephanie: Die Kommanditgesellschaft auf Aktien zwischen Trennungs- und Transparenzprinzip – Eine steuersystematische Bestandsaufnahme, DStR 2012, S. 541 ff.

Druen, Klaus-Dieter/van Heek, Stephanie: Sondervergütungen an den Komplementär einer KGaA – (K)eine Frage der Transparenz?, DB 2012, S. 2184 ff.

Dürr, Boris: Anmerkung zu BGH, Urteil v. 5.12.2005 – ZR 291/03, EWiR 2006, S. 193 f.

Ebenroth, Carsten (Begr.)/Boujong, Karlheinz (Begr.)/Joost, Detlev (Hrsg.)/Strohn, Lutz (Hrsg.): Handelsgesetzbuch, 3. Aufl., München 2014. Band 1: §§ 1–342e.

Eder, Cajetan J.: Die monistisch verfasste Societas Europaea – Überlegungen zur Umsetzung eines CEO-Modells, NZG 2004, S. 544 ff.

Ege, Andreas/Grzimek, Philipp/Schwarzfischer, Benjamin: Der Zementierungseffekt bei der Mitbestimmung bei der Gründung einer SE und grenzüberschreitender Verschmelzung, DB 2011, S. 1205 ff.

Ehricke, Ulrich E./Ekkenga, Jens/Oechsler, Jürgen: Wertpapiererwerbs- und Übernahmegesetz Kommentar, München 2003.

Eidenmüller, Horst/Engert, Andreas/Hornuf, Lars: Vom Wert der Wahlfreiheit: Eine empirische Analyse der Societas Europaea als Rechtsformalternative, AG 2009, S. 845 ff.

Eilers, Stephan/Koffka, Nils Matthias/Mackensen, Marcus (Hrsg.): Private Equity. Unternehmenskauf – Finanzierung – Restrukturierung – Exitstrategien, 2. Aufl., München 2012.

Ek, Ralf/Schiemzik, Boris: Anmerkung zu BGH, Urteil v. 5.12.2005 – II ZR 291/03, BB 2006, S. 456 f.

Engel, Robert: Anlegerschutz in der „Unternehmer-AG", Hamburg 2008.

Erfurter Kommentar zum Arbeitsrecht, hrsg. v. *Müller-Glöge, Rudi/Preis, Ulrich/ Schmidt, Ingrid*, 16. Aufl., München 2016.

Erle, Bernd/Sauter, Thomas (Hrsg.): Heidelberger Kommentar zum Körperschaftsteuergesetz (KStG), 3. Aufl., Heidelberg 2010.

EU-Generaldirektion Enterprise and Industry: Final Report of the Expert Group. Overview of Family-Business-Relevanz-Issues, 2009, abrufbar unter: http://ec.europa.eu/DocsRoom/documents/10388/attachments/1/translations, letzter Abruf am 31.10.2017.

Falter, Rudolf: Die einheitliche und gesonderte Feststellung von Besteuerungsgrundlagen bei der KGaA, in: Festschrift für Sebastian Spiegelberger zum 70. Geburtstag: Vertragsgestaltung im Zivil- und Steuerrecht, Bonn 2009, S. 113 ff.

Feldhaus, Heiner/Vanscheidt, Carolin: „Strukturelle Änderungen" der Europäischen Aktiengesellschaft im Lichte von Unternehmenstransaktionen, BB 2008. S 2246 ff.

Fett, Torsten/Förl, Thomas: Die Mitwirkung der Hauptversammlung einer KGaA bei der Veräußerung wesentlicher Unternehmensteile, NZG 2004, S. 210 ff.

Fett, Torsten/Stütz, Dominique: 20 Jahre Kapitalgesellschaft & Co. KGaA, NZG 2017, S. 1121 ff.

Fischer, Lothar: Die Kommanditgesellschaft auf Aktien nach dem Mitbestimmungsgesetz, Heidelberg 1982.

Fischer, Michael: Die Besteuerung der KGaA und ihrer Gesellschafter – Eine steuerrechtliche Bestandsaufnahme unter Berücksichtigung des BGH-Beschlusses vom 24.2.1997 –, DStR 1997, S. 1519 ff.

Fischer, Sebastian: Der Sonderbeschluss der Vorzugsaktionäre in der Societas Europaea (SE), ZGR 2013, S. 832 ff.

Fischer, Robert: Anmerkung zu BGHZ 44,40 = LM, § 114 HGB Nr. 3.

Fitting, Karl/Wlotzke, Otfried/Wißmann, Hellmut/Koberski, Wolfgang/Kleinsorge, Georg/Freis, Gerhild: Mitbestimmungsrecht Kommentar, 4. Aufl., München 2011.

Fleischer, Holger (Hrsg.): Handbuch des Vorstandsrechts, München 2006.

Fleischer, Holger: Das neue Recht des Squeeze out, ZGR 2002, S. 757 ff.

Fleischer, Holger: Der Einfluss der Societas Europaea auf die Dogmatik des deutschen Gesellschaftsrechts, AcP 204 (2004), S. 502 ff.

Flume, Werner: Die Problematik der Zustimmungspflicht des Gesellschafters einer Personengesellschaft zu Gesellschafterbeschlüssen und zur Änderung des Gesellschaftsvertrags, in: Beiträge zum Handels- und Wirtschaftsrecht. Festschrift für Fritz Rittner zum 70. Geburtstag, München 1991, S. 119 ff.

Fonk, Hans-Joachim: Zur Vertragsgestaltung mit Vorstandsdoppelmandaten, NZG 2010, S. 368 ff.

Forst, Gerrit: Beteiligung der Arbeitnehmer in der Vorrats-SE, RdA 2010, S. 55 ff.

Forst, Gerrit: Die Beteiligung der Arbeitnehmer in der Vorrats-SE, NZG 2009, S. 687 ff.

Forst, Gerrit: Offene Fragen rund um die SE-Beteiligungsvereinbarung, in: Bergmann, Alfred/Kiem, Roger/Mülbert, Peter. O. u. a. (Hrsg.): 10 Jahre SE. Erreichter Stand – verbleibende Anwendungsfragen – Perspektiven, Frankfurt a. M. 2015, S. 50 ff.

Forst, Gerrit: Unterliegen die Organwalter einer Societas Europaea mit Sitz in Deutschland der Sozialversicherungspflicht?, NZS 2012, S. 801 ff.

Forst, Gerrit: Zu den Auswirkungen des Gesetzes zur Angemessenheit der Vorstandsvergütung auf die SE, ZIP 2010, S. 1786 ff.

Frankfurter Kommentar zum WpÜG, hrsg. v. *Haarmann, Wilhelm/Schüppen, Matthias*, 3. Aufl., Frankfurt a. M. 2008.

Friedrich, Richard: Anlegerschutz in der GmbH & Co. KGaA, Frankfurt a. M. u. a. 2007.

Frotscher, Gerrit/Drüen, Klaus-Dieter (Hrsg.): Kommentar zum Körperschaft-, Gewerbe- und Umwandlungssteuergesetz, Losebl. (Stand: September 2016) Freiburg, Band 2.

Gaibler, Florian: Die Kommanditgesellschaft auf Aktien (KGaA) – Ihre Vor- und Nachteile im Vergleich zu anderen Rechtsformen, sowie ihre Geeignetheit für bestimmte Unternehmenstypen, Diss. Augsburg 2014.

Gaiser, Anja Sofia: Die Umwandlung und die Auswirkungen auf personenbezogene öffentlich-rechtliche Erlaubnisse – Ein unlösbarer Konflikt zwischen Umwandlungsrecht und Gewerberecht?, DB 2000, S. 361 ff.

Ganske, Joachim (Hrsg.): Umwandlungsrecht, Textausgabe des Umwandlungsgesetzes (UmwG) vom 28. Oktober 1994 (Bundesgesetzblatt I S. 3210) und des Umwandlungssteuergesetzes (UmwStG) vom 28. Oktober 1994 (Bundesgesetzblatt I S. 3267), 2. Aufl., Düsseldorf 1995.

Geßler, Ernst: Einberufung und ungeschriebene Hauptversammlungszuständigkeiten, in: Festschrift für Walter Stimpel zum 68. Geburtstag, Berlin u. a. 1985, S. 771 ff.

Geßler, Ernst/Hefermehl, Wolfgang/Eckardt, Ulrich/Kropff, Bruno: Aktiengesetz Kommentar, München 1973/1974: Band II: §§ 76–147.

Giehl, Christoph: Mitbestimmung in der Komplementärin einer kapitalistischen KGaA – zugleich Anmerkung zum Beschluss des OLG Celle vom 9.10.2014, 9 W 116/14, MittBayNot 2016, S. 285 ff.

Glanegger, Peter/Güroff, Georg (Hrsg.): Gewerbesteuergesetz, 8. Aufl., München 2014.

Goette, Wulf: Minderheitenschutz bei gesellschaftsvertraglicher Abweichung vom Einstimmigkeitsprinzip, in: Familiengesellschaften: Festschrift für Walter Sigle zum 70. Geburtstag, Köln 2000, S. 145 ff.

Gonnella, Robert/Mikic, Sanja: Die Kapitalgesellschaft & Co. KGaA als „Einheitsgesellschaft“, AG 1998, S. 508 ff.

Gosch, Dietmar (Hrsg.): Körperschaftssteuergesetz, 3. Aufl., München 2015.

Götze, Cornelius/Nartowska, Urszula: Der Regierungsentwurf der Aktienrechtsnovelle 2014 – Anmerkungen aus der Praxis, NZG 2015, S. 298 ff.

Götze, Cornelius/Winzer, Thomas/Arnold, Christian: Unternehmerische Mitbestimmung – Gestaltungsoptionen und Vermeidungsstrategien, ZIP 2009, S. 245 ff.

Goutier, Klaus/Knopf, Rüdiger/Tulloch, Anthony (Hrsg.): Kommentar zum Umwandlungsrecht, Heidelberg 1996.

Graf, Andreas: Die Kapitalgesellschaft & Co. KG auf Aktien, Heidelberg 1993.

Grafmüller, Frank: Die Kommanditgesellschaft auf Aktien als geeignete Rechtsform für börsenwillige Familienunternehmen, Frankfurt a. M. u. a. 1994.

Grambow, Tobias: Sozialversicherungspflicht von Vorständen der AG und geschäftsführenden Direktoren der SE, AG 2010, S. 477 ff.

Grigoleit, Hans Christoph (Hrsg.): Aktiengesetz Kommentar, München 2013.

Grigoleit, Hans Christoph: Wettbewerbsverbot und Vorstandsdoppelmandat in der AG & Co. KG, ZGR 2010, S. 662 ff.

Grimm, Detlef: Sozialversicherungspflicht des GmbH-Geschäftsführers und AG-Vorstands?, DB 2012, S. 175 ff.

Grobe, Tony: Die Geschlechterquote für Aufsichtsrat und Vorstand, AG 2015, S. 289 ff.

Grobys, Marcel: SE-Betriebsrat und Mitbestimmung in der Europäischen Gesellschaft, NZA 2005, S. 84 ff.

Grohmann, Uwe/Gruschinske, Nancy: Kein Wettbewerbsverbot des Vorstands einer AG & Co. KG zugunsten der KG, GmbHR 2009, S. 846 ff.

Groß, Wolfgang: Kapitalmarktrecht, 6. Aufl., München 2016.

Groß, Wolfgang: Rechtsprobleme des Delisting, ZHR 165 (2001), S. 141 ff.

Gruber, Johannes/Weller, Marc-Philippe: Societas Europaea: Mitbestimmung ohne Aufsichtsrat? Ideen für die Leitungsverfassung der monistischen Europäischen Aktiengesellschaft in Deutschland, NZG 2003, S. 297 ff.

Grunewald, Barbara: Anmerkung zu BGH, Urteil v. 21.10.2014 – II ZR 84/13, BB 2015, S. 328 ff.

Grunewald, Barbara: Die neue Squeeze-out-Regelung, ZIP 2002, S. 18 ff.

Grunewald, Barbara: Haftung für fehlerhafte Geschäftsführung in der GmbH & Co. KG, BB 1981, S. 581 ff.

Haack, Hansjörg: Der Beirat der GmbH & Co. KG, BB 1993, S. 1607 ff.

Haase, Karsten: Die Vorteile der GmbH oder der GmbH & Co. KGaA in gesellschaftsrechtlicher Sicht, GmbHR 1997, S. 917 ff.

Habel, Michael/Strieder, Thomas: Anmerkung zu BGH, Beschluss vom 24.2.1997 – II ZB 11/96, BB 1997, S. 1375 ff.

Habel, Michael/Strieder, Thomas: Die Kommanditgesellschaft auf Aktien – ein Überblick, MittBayNot 1998, S. 65 ff.

Habel, Michael/Strieder, Thomas: Ist die Kommanditgesellschaft auf Aktien eine geeignete Rechtsform für einen Börsengang von Vereinen der Fußball-Bundesliga?, NZG 1998, S. 929 ff.

Habersack, Mathias/Drinhausen, Florian (Hrsg.): SE-Recht mit grenzüberschreitender Verschmelzung, 2. Aufl., München 2016.

Habersack, Mathias/Drinhausen, Florian (Hrsg.): SE-Recht mit grenzüberschreitender Verschmelzung, 1. Aufl., München 2013.

Habersack, Mathias/Kersten, Jens: Chancengleiche Teilhabe an Führungspositionen in der Privatwirtschaft – Gesellschaftsrechtliche Dimensionen und verfassungsrechtliche Anforderungen, BB 2014, S. 2819 ff.

Habersack, Mathias/Mülbert, Peter O./Schlitt, Michael (Hrsg.): Handbuch der Kapitalmarktinformation, 2. Aufl., München 2013.

Habersack, Mathias: 10 Jahre „deutsche“ SE – Bestandsaufnahme, Perspektiven, in: Bergmann, Alfred/Kiem, Roger,/Mülbert, Peter. O. u. a. (Hrsg.): 10 Jahre SE. Erreichter Stand – verbleibende Anwendungsfragen – Perspektiven, Frankfurt a. M. 2015, S. 9 ff.

Habersack, Mathias: Schranken der Mitbestimmungsautonomie in der SE, AG 2006, S. 345 ff.

Habersack, Mathias: Das Konzernrecht der deutschen SE, ZGR 2003, S. 724 ff.

Habersack, Mathias: Der Finanzplatz Deutschland und die Rechte der Aktionäre. Bemerkungen zur bevorstehenden Einführung des „Squeeze Out“, ZIP 2001, S. 1230 ff.

Habersack, Mathias: Der Gesellschafterausschuss der KGaA, in: Festschrift für Hans-Jürgen Hellwig, Köln 2010, S. 143 ff.

Habersack, Mathias: Grundsatzfragen der Mitbestimmung in SE und SCE sowie bei grenzüberschreitender Verschmelzung, ZHR 171 (2007), S. 613 ff.

Habersack, Mathias: Staatliche und halbstaatliche Eingriffe in die Unternehmensführung, Gutachten E zum 69. Deutschen Juristentag, München 2012.

Habersack, Mathias: Zur Reichweite des umwandlungsrechtlichen Freigabeverfahrens beim Formwechsel, dargestellt am Beispiel der Umwandlung von stimmrechtslosen Anteilen in Stimmrechte verkörpernde Anteile, in: Liber Amicorum für Martin Winter, Köln 2011, S. 177 ff.

Haid, Peter M.: Der Familienunternehmer und sein Verhältnis zur Bank, in: Familienunternehmen im Fokus von Wirtschaft und Wissenschaft. Festschrift für Mark K. Binz, München 2014, S. 274 ff.

Haider-Giangreco, Bettina/Polte, Marcel: Die SE als Rechtsform für den Mittelstand, BB 2014, S. 2947 ff.

Halasz, Christian/Kloster, Lars/Kloster, Anja: Die GmbH & Co. KGaA. Eine Rechtsformalternative zur GmbH & Co. KG, GmbHR 2002, S. 77 ff.

Hanau, Peter (Begr.)/Ulmer, Peter/Habersack, Mathias/Henssler, Martin: Mitbestimmungsrecht. Kommentierung des MitbestG, des DrittelbG, des SEBG und des MgVG, 3. Aufl., München 2013.

Hanau, Peter/Wackerbarth, Ulrich: Mitbestimmung im Teilkonzern mit abhängiger KG oder KGaA, in: Festschrift für Marcus Lutter, Köln 2000, S. 425 ff.

Hank, Rainer/Meck, Georg: Dem früheren VW-Chef droht der Ruin, FAZ-Online vom 13.12.2015, verfügbar unter: http://www.faz.net/aktuell/wirtschaft/vw-abgasskandal/nach-vw-abgas-skandal-winterkorn-droht-der-ruin-13962946.html, letzter Abruf am 31.10.2017.

Hans Böckler Stiftung (Hrsg.): SE-Datenblatt, Fakten zur Europäischen Aktiengesellschaft – Stand 1.7.2017, verfügbar unter: https://www.boeckler.de/pdf/pb_mitbestimmung_se_2017_6.pdf, letzter Abruf am 31.10.2017.

Happ, Wilhelm/Groß, Wolfgang (Hrsg.): Aktienrecht. Handbuch – Mustertexte – Kommentar, Köln 2015.

Happ, Wilhelm: Zur Wirksamkeit von Rechtshandlungen eines fehlerhaft bestellten Aufsichtsrates – Ein Plädoyer für die Erweiterung der Lehre vom fehlerhaften Organverhältnis – in: Festschrift für Uwe Hüffer zum 70. Geburtstag, München 2010, S. 293 ff.

Haritz, Detlef/Menner, Stefan (Hrsg.): Umwandlungssteuergesetz Kommentar, 4. Aufl., München 2015.

Harle, Georg: Die Auswirkungen der Unternehmensteuerreform 2008 auf die Rechtsformen, BB 2008, S. 2151 ff.

Hartel, Ulrich: Umwandlung einer GmbH & Co. KG in eine KG auf Aktien – GmbH & Co. KG auf Aktien – Idealform für börsenwillige Familienunternehmen?, DB 1992, S. 2329 ff.

Hasselbach, Kai/Ebbinghaus, Felix: Die KGaA als Unternehmensform für den deutschen Mittelstand, DB 2015, S. 1269 ff.

Hasselbach, Kai/Spengler, Myriam: Zur Vertretung bei der KGaA, EWiR 2005, S. 285 f.

Heckschen, Heribert/Bachmann, Daniel: Mehrheitsklauseln bei Personengesellschaften, NZG 2015, S. 531 ff.

Heckschen, Heribert: Die SE als Option für den Mittelstand, in: Festschrift für Harm Peter Westermann, Köln 2008, S. 999 ff.

Heermann, Peter W.: Unentziehbare Mitwirkungsrechte der Minderheitsaktionäre bei außergewöhnlichen Geschäften in der GmbH & Co KGaA. Ein Beitrag zum Anlegerschutz und zur richterlichen Inhaltskontrolle, ZGR 2000, S. 61 ff.

Heidel, Thomas/Schall, Alexander: Handelsgesetzbuch Kommentar, 2. Aufl., Baden-Baden 2015.

Heineke, Matthias: Anlegerschutz in der Kommanditgesellschaft auf Aktien. Zur Erforderlichkeit von Restriktionen in der Satzungsgestaltung börsennotierter KGaA, Münster u. a. 2002.

Hellgardt, Alexander: Das Wettbewerbsverbot des Vorstands in der AG & Co. KG, ZIP 2007, S. 2248 ff.

Henn, Günter (Begr.)/Frodermann, Jürgen/Jannott, Dirk (Hrsg.): Handbuch des Aktienrechts, 8. Aufl., Heidelberg 2009.

Hennerkes, Brun-Hagen/Binz, Mark K.: Abschied vom Bestimmtheitsgrundsatz. Zur Zulässigkeit von Mehrheitsbeschlüssen bei Personengesellschaften, BB 1983, S. 713 ff.

Hennerkes, Brun-Hagen/Kirchdörfer, Rainer (Hrsg.): Unternehmenshandbuch Familiengesellschaften. Sicherung von Unternehmen, Vermögen und Familie, 2. Aufl., Köln u. a. 1998.

Hennerkes, Brun-Hagen/Lorz, Rainer: Roma locuta causa finita: Die GmbH & Co. KGaA ist zulässig, DB 1997, S. 1388 ff.

Hennerkes, Brun-Hagen/May, Peter: Noch einmal: Die GmbH & Co. KG auf Aktien als Rechtsform für börsenwillige Familienunternehmen?, BB 1988, S. 2393 ff.

Hennerkes, Brun-Hagen/May, Peter: Überlegungen zur Rechtsformwahl im Familienunternehmen (I), DB 1988, S. 483 ff.

Hennerkes, Brun-Hagen/May, Peter: Überlegungen zur Rechtsformwahl im Familienunternehmen (II), DB 1988, S. 537 ff.

Henssler, Martin/Strohn, Lutz (Hrsg.): Gesellschaftsrecht, 3. Aufl., München 2016.

Henssler, Martin: Das Anstellungsverhältnis der Organmitglieder, RdA 1992, S. 289 ff.

Henssler, Martin: Konzernrechtliche Abhängigkeit im Mitbestimmungsrecht der Europäischen Aktiengesellschaft – Der Abhängigkeitsbegriff im Europäischen Mitbestimmungsrecht, EBRG, SEBG und nationalem AktG, in: Festschrift für Karsten Schmidt zum 70. Geburtstag, Köln 2009, S. 601 ff.

Hentzen, Matthias/Rau, Thomas: Bildung und Auflösung von Rücklagen bei GmbH und AG als Kriterien für Rechtsformwahl und Vertragskonzern, BB 2008, S. 713 ff.

Herfs, Achim: Die Kapitalgesellschaft & Co KGaA als Rechtsformoptimierung für mittelständische Unternehmen, WiB 1997, S. 688 ff.

Herfs, Achim: Die Satzung der börsennotierten GmbH & Co. KGaA – Gestaltungsfreiheit und Grenzen, in: Gesellschaftsrechtliche Vereinigung (Hrsg.): Gesellschaftsrecht in der Diskussion. Jahrestagung 1998 der Gesellschaftsrechtlichen Vereinigung (VGR), Köln 1999, S. 23 ff.

Herfs, Achim: Vereinbarungen zwischen der KGaA und ihren Komplementären. Zugleich Anmerkung zu BGH v. 29.11.2004 – II ZR 364/02, AG 2005, 239 ff., AG 2005, S. 589 ff.

Hesselmann, Malte: GmbH & Co Kommanditgesellschaft auf Aktien, GmbHR 1988, S. 472 ff.

Hesselmann, Malte: Die kapitalistische Kommanditgesellschaft auf Aktien, BB 1989, S. 2344 ff.

Hinrichs, Lars/Plitt, David: Europäische Aktiengesellschaft: Sozialversicherungspflicht der Mitglieder der Leitungsorgane?, DB 2011, S. 1692 ff.

Hirte, Heribert: Die Europäische Aktiengesellschaft – ein Überblick nach In-Kraft-Treten der deutschen Ausführungsgesetzgebung (Teil II), DStR 2005, S. 700 ff.

Hoffmann-Becking, Michael/Herfs, Achim: Struktur und Satzung der Familien-KGaA, in: Familiengesellschaften: Festschrift für Walter Sigle zum 70. Geburtstag, Köln 2000, S. 273 ff.

Hoffmann-Becking, Michael: Das Wettbewerbsverbot des Geschäftsleiters der Kapitalgesellschaft & Co., ZHR 175 (2011), S. 597 ff.

Hoffmann-Becking, Michael: Gesetz zur „kleinen AG" – unwesentliche Randkorrekturen oder grundlegende Reform?, ZIP 1995, S. 1 ff.

Hoffmann-Becking, Michael: Organe: Strukturen und Verantwortlichkeiten, insbesondere im monistischen System, ZGR 2004, S. 355 ff.

Hoffmann-Becking, Michael: Vorstandsvorsitzender oder CEO?, NZG 2003, S. 745 ff.

Hofmann, Christian/Krolop, Kaspar: Rückverschmelzung nach Börsengang – Der Fall T-Online, AG 2005, S. 866 ff.

Hohaus, Benedikt/Weber, Christoph: Gesellschaftsrechtliche Probleme bei der Gewährung von Transaktionsboni durch einen Aktionär, DStR 2008, S. 104.

Hohenstatt, Klaus-Stefan/Seibt, Christoph/Wagner, Tobias: Einbeziehung von Vorstandsmitgliedern in ergebnisabhängige Vergütungssysteme von Konzernobergesellschaften, ZIP 2008, S. 2289 ff.

Hölters, Wolfgang (Hrsg.): Aktiengesetz Kommentar, 2. Aufl., München 2014.

Hölters, Wolfgang/Buchta, Jens: Die „kleine" AG – geeignet für Mittelstand und Konzerne?, DStR 2003, S. 79 ff.

Holzborn, Timo (Hrsg.): Wertpapierprospektgesetz mit EU-Prospektverordnung und weiterführenden Vorschriften Kommentar, 2. Aufl., Berlin 2014.

Hommelhoff, Peter: Anlegerschutz in der GmbH & Co. KGaA, in: Ulmer, Peter (Hrsg.): Die GmbH & Co KGaA nach dem Beschluss BGHZ 134, 392. Die Tragweite des Beschlusses und seine Bedeutung für die Kautelarpraxis. Beiheft 67 der Zeitschrift für das gesamte Handelsrecht und Wirtschaftsrecht, Heidelberg 1998, S. 9 ff.

Hommelhoff, Peter: Satzungsmäßige Eignungsvoraussetzungen für Vorstandsmitglieder einer Aktiengesellschaft, BB 1977, S. 322 ff.

Hommelhoff, Peter: Unternehmensführung in der mitbestimmten GmbH, ZGR 1978, S. 119 ff.

Hopt, Klaus J.: Zur Abberufung des GmbH-Geschäftsführers bei der GmbH & Co., insbesondere der Publikumskommanditgesellschaft, ZGR 1979, S. 1 ff.

Horn, Norbert: Die Europa-AG im Kontext des deutschen und europäischen Gesellschaftsrechts, DB 2005, S. 147 ff.

Hüffer, Uwe (Begr.)/Koch, Jens: Aktiengesetz, 12. Aufl., München 2016.

Hüffer, Uwe: 100 Bände BGHZ – Personengesellschaftsrecht, ZHR 151 (1987), S. 398 ff.

Hüffer, Uwe: Der Schutz besonderer Rechte in der Verschmelzung, in: Festschrift für Marcus Lutter, Köln 2000, S. 1227 ff.

Ihrig, Hans-Christoph: Die geschäftsführenden Direktoren in der monistischen SE: Stellung, Aufgaben und Haftung, ZGR 2008, S. 809 ff.

Ihrig, Hans-Christoph: Organschaftliche Haftung und Haftungsdurchsetzung unter Berücksichtigung der monistisch verfassten SE, in: Bachmann, Gregor/Casper, Matthias/Schäfer, Carsten/Veil, Rüdiger: Steuerungsfunktionen des Haftungsrechts im Gesellschafts- und Kapitalmarktrecht, Baden-Baden 2007, S. 17 ff.

Ihrig, Hans-Christoph/Schlitt, Michael: Die KGaA nach dem Beschluss des BGH vom 24.2.1997 – organisationsrechtliche Folgerungen, in: Ulmer, Peter (Hrsg.): Die GmbH & Co KGaA nach dem Beschluss BGHZ 134, 392. Die Tragweite des Beschlusses und seine Bedeutung für die Kautelarpraxis. Beiheft 67 der Zeitschrift für das gesamte Handelsrecht und Wirtschaftsrecht, Heidelberg 1998, S. 33 ff.

Immenga, Ulrich: Die Minderheitsrechte der Kommanditisten, ZGR 1974, S. 385 ff.

Immenga, Ulrich: Zuständigkeiten des mitbestimmten Aufsichtsrats, ZGR 1977, S. 249 ff.

Jacobs, Otto H./Brewi, Karl/Schubert, Rainer: Steueroptimale Rechtsform mittelständischer Unternehmen, München 1978.

Jäger, Axel: Rechtsprechungsbericht: Die Entwicklung der Judikatur zur AG in den Jahren 1999–2000, NZG 2001, S. 97 ff.

Jäger, Axel: Thema Börse (4): Wahl der richtigen Rechtsform, NZG 1999, S. 101 ff.

Jannott, Dirk/Frodermann, Jürgen (Hrsg.): Handbuch der Europäischen Aktiengesellschaft, 2. Aufl., Heidelberg 2014.

Jaques, Henning: Börsenzugang und Führungskontinuität durch die kapitalistische KGaA. Zugleich ein Beitrag zur Frage der gesellschaftsrechtlichen Treuepflichten in der KGaA und der Anwendbarkeit der Grundsätze über die Publikums-KG, NZG 2000, S. 401 ff.

Jooß, Alexander: Die Drittanstellung des Vorstandsmitglieds einer Aktiengesellschaft, Stuttgart u. a. 2010.

Jooß, Alexander: Die Drittanstellung des Vorstandsmitglieds einer AG, NZG 2011, S. 1130 ff.

Joost, Detlev: Mitbestimmung in der kapitalistischen Kommanditgesellschaft auf Aktien, ZGR 1998, S. 334 ff.

Jung, Axel/Wachtler, Frank: Die Kursdifferenz zwischen Stamm- und Vorzugsaktien, AG 2001, S. 513 ff.

Jünger, Paul: Zur Stellung des persönlich haftenden Gesellschafters einer KGaA im Steuerrecht, DB 1988, S. 1969 ff.

Just, Clemens/Voß, Thorsten,/Ritz, Corinna/Zeising, Michael (Hrsg.): Wertpapierprospektgesetz (WpPG) und EU-Prospektverordnung, München 2009.

Kalb, Sebastian/Fröhlich, Martin: Die Drittvergütung von Vorständen, NZG 2014, S. 167 ff.

Kallmeyer, Harald (Hrsg.): Umwandlungsgesetz Kommentar, Verschmelzung, Spaltung und Formwechsel bei Handelsgesellschaften, 6. Aufl., Köln 2017.

Kallmeyer, Harald: Das monistische System in der SE mit Sitz in Deutschland, ZIP 2003, S. 1531 ff.

Kallmeyer, Harald: Das neue Umwandlungsgesetz, Verschmelzung, Spaltung und Formwechsel von Handelsgesellschaften, ZIP 1994, S. 1746 ff.

Kallmeyer, Harald: Die Kommanditgesellschaft auf Aktien – eine interessante Rechtsformalternative für den Mittelstand?, DStR 1994, S. 977 ff.

Kallmeyer, Harald: Rechte und Pflichten des Aufsichtsrats in der Kommanditgesellschaft auf Aktien, ZGR 1983, S. 57 ff.

Kalss, Susanne/Zollner, Johannes: Der Weg aus der SE, RdW 2004, S. 587 ff.

Kämmerer, Jörn Axel/Veil, Rüdiger: Paritätische Arbeitnehmermitbestimmung in der monistischen Societas Europaea – ein verfassungsrechtlicher Irrweg?, ZIP 2005, S. 369 ff.

Kessler, Alexander: Anmerkung zu OLG Celle, Beschluss vom 9.10.2014 – 9 W 116/14, Mitbestimmungsrechtliche Privilegierung der GmbH & Co. KGaA, GWR 2014, S. 527.

Kessler, Alexander: Die Entwicklung des Binnenrechts der KGaA seit BGHZ 134, 392 = NJW 1997, 1923, NZG 2005, S. 145 ff.

Kessler, Alexander: Die rechtlichen Möglichkeiten der Kommanditaktionäre einer GmbH & Co. KGaA zur Einwirkung auf die Geschäftsführung, Köln u. a. 2003. Zitiert: Kessler, GmbH & Co. KGaA, S.

Keßler, Jürgen/Kühnberger, Manfred (Hrsg.): Umwandlungsrecht, Kompakt-Kommentar, Stuttgart 2009.

Kiefer, Sascha: Anlegerschutz durch Gesellschaftsrechts in der börsennotierten GmbH & Co. KGaA, Osnabrück 2001. Zitiert: Kiefer, Anlegerschutz, S.

Kiem, Roger: Die Stellung der Vorzugsaktionäre bei Umwandlungsmaßnahmen, ZIP 1997, S. 1627 ff.

Klöhn, Lars: Minderheitenschutz im Personengesellschaftsrecht. Rechtsökonomische Grundlagen und Perspektiven, AcP 216 (2016), S. 281 ff.

Knapp, Christoph: Die Hauptversammlung der Europäischen Aktiengesellschaft (SE), DStR 2012, S. 2392 ff.

Knur, Alexander: Die Eignung der Kommanditgesellschaft auf Aktien für Familienunternehmen, in: Festschrift für Werner Flume zum 70. Geburtstag, Band II, Köln 1978, S. 173 ff.

Koch, Stefan: Mitwirkungsrechte der Kommanditaktionäre bei der GmbH & Co. KGaA: Grenzen satzungsmäßiger Einschränkung, DB 2002, S. 1701 ff.

Koeberle-Schmid, Alexander/Groß, Joachim/Lehmann-Tolkmitt, Arno: Der Beirat als Garant guter Governance im Familienunternehmen, BB 2011, S. 899 ff.

Koeberle-Schmid, Alexander/Schween, Karsten/May, Peter: Governance Kodex für Familienunternehmen in der Praxis – Ergebnisse einer Studie über Familienverfassungen, BB 2011, S. 2499 ff.

Koller, Ingo/Kindler, Peter/Roth, Wulf-Henning/Morck, Winfried: Handelsgesetzbuch Kommentar, 8. Aufl., München 2015.

Köhler, Helmut: Fehlerhafte Vorstandsverträge, NZG 2008, S. 161 ff.

Kölling, Lars: Gestaltungsspielräume und Anlegerschutz in der kapitalistischen KGaA, Frankfurt a.M. u.a. 2005.

Kölner Kommentar zum Aktiengesetz, hrsg. v. *Zöllner, Wolfgang/Noack, Ulrich*:

Band 1: §§ 1–75 AktG, 3. Aufl., Köln 2012;

Band 1: §§ 1–147 AktG, 1. Aufl., Köln 1973;

Band 2/2: §§ 95–117 AktG, 3. Aufl., Köln 2013;

Band 3/2: §§ 142–178 AktG, 3. Aufl., Köln 2015;

Band 5: §§ 179–240 AktG mit Nachtrag zum Gesetz vom 2. August 1994, 2. Aufl., Köln 1995;

Band 5/1: §§ 250–252 AktG, 3. Aufl., Köln 2014;

Band 5/2: §§ 278–290 AktG, 3. Aufl., Köln 2015;

Band 8/1: Art. 1–42 SE-VO, 3. Aufl., Köln 2012;

Band 8/2 – Art. 43–70 SE-VO, §§ 1–47 SEBG, Schlussanhänge, 3. Aufl., Köln 2010.

Kölner Kommentar zum Umwandlungsgesetz, hrsg. v. *Dauner-Lieb, Barbara/Simon, Stefan*, Köln 2009.

Kölner Kommentar zum WpÜG, hrsg.v. *von Bülow, Christoph/Hirte, Heribert*, 2. Aufl., Köln 2010.

König, Wolfgang: Zur Willensbildung im Stimmenpool, ZGR 2005, S. 417 ff.

Konzen, Horst: Geschäftsführung, Weisungsrecht und Verantwortlichkeit in der GmbH und GmbH & Co. KG, NJW 1989, S. 2977 ff.

Kort, Michael: Beziehungen des Vorstandsmitglieds der AG zu Dritten: Drittanstellung, Interim Management, Personalleasing und Vergütung durch Dritte. Kommentar zu BGH v. 28.4.2015 – II ZR 63/14, AG 2015, 535, AG 2015, S. 531 ff.

Kort, Michael: Beziehungen des Vorstandsmitglieds der AG zu Dritten: Drittanstellung, Interim Management, Personalleasing und Vergütung durch Dritte, AG 2015, S. 531 ff.

Köstler, Roland: Die Mitbestimmung in der SE, ZGR 2003, S. 800 ff.

Krafka, Alexander/Kühn, Ulrich: Registerrecht, 9. Aufl., München 2013.

Krause, Nils/Janko, Markus: Grenzüberschreitende Verschmelzungen und Arbeitnehmermitbestimmung, BB 2007, S. 2194 ff.

Krause, Rainer: Zum beherrschenden Einfluss des Komplementärs in der KGaA, in: Liber amicorum für Martin Winter, Köln 2011, S. 351 ff.

Krause, Rainer: Die Mitbestimmung der Arbeitnehmer in der Europäischen Gesellschaft (SE), BB 2005, S. 1221 ff.

Krieger, Gerd: Interim Manager im Vorstand der AG, in: Festschrift für Michael Hoffmann-Becking zum 70. Geburtstag, München 2013, S. 711 ff.

Krieger, Gerd: Squeeze-Out nach neuem Recht – Überblick und Zweifelsfragen, BB 2002, S. 53 ff.

Krieger, Gerd: Vorzugsaktie und Umstrukturierung, in: Festschrift für Marcus Lutter, Köln 2000, S. 497 ff.

Kropff, Bruno (Begr.)/Thölke, Ulrich: Aktiengesetz, Textausgabe des Aktiengesetzes vom 6.9.1965 (Bundesgesetzbl. I S. 1089) und des Einführungstextes zum Aktiengesetz vom 6.9.1965 (Bundesgesetzbl. I S. 1185), Berlin 2005.

Kübler, Friedrich: Aufsichtsratsmandate in konkurrierenden Unternehmen, in: Festschrift für Carsten Peter Claussen zum 70. Geburtstag, Köln u. a. 1997, S. 239 ff.

Kumpan, Christoph: Die neuen Regelungen zu Directors' Dealings in der Marktmissbrauchsverordnung, AG 2016, S. 446 ff.

Kusterer, Stefan: Überlegungen zur Besteuerung des persönlich haftenden Gesellschafters einer Kommanditgesellschaft auf Aktien, DStR 2008, S. 484 ff.

Ladwig, Peter/Motte, Frank: Die Kommanditgesellschaft auf Aktien – Eine Alternative für börsenwillige mittelständische Unternehmen? (Teil I), DStR 1996, S. 800 ff.

Ladwig, Peter/Motte, Frank: Die Kommanditgesellschaft auf Aktien – Eine Alternative für börsenwillige mittelständische Unternehmen? (Teil II), DStR 1996, S. 842 ff.

Ladwig, Peter/Motte, Frank: Die GmbH & Co. KGaA nach der Zulassung durch den BGH – die neue Rechtsform für den Mittelstand?, DStR 1997, S. 1539 ff.

Lange, Knut Werner: Corporate Governance in Familienunternehmen, BB 2005, S. 2585 ff.

Lange, Knut Werner: Kodex und Familienverfassung als Mittel der Corporate Governance in Familienunternehmen, in: Familienunternehmen in Recht, Wirtschaft, Politik und Gesellschaft. Festschrift für Brun-Hagen Hennerkes zum 70. Geburtstag, München 2009, S. 135 ff.

Larenz, Karl/Canaris, Claus Wilhelm: Methodenlehre der Rechtswissenschaft, 3. Aufl., Berlin u. a. 1995.

Lenski, Edgar/Steinberg, Wilhelm (Hrsg.): Kommentar zum Gewerbesteuergesetz, Losebl. (Stand: Juli 2016) Köln, Band II.

Leuering, Dieter: Die Vertretung der Aktiengesellschaft durch Aufsichtsrat und Hauptversammlung, in: Recht und Risiko. Festschrift für Helmut Kollhosser zum 70. Geburtstag, Band II, Karlsruhe 2004, S. 361 ff.

Lieder, Jan/Hoffmann, Thomas: Die bunte Welt der KGaA. Eine Bestandsaufnahme der KGaA-Landschaft zum Stichtag 11.7.2016, AG 2016, S. 704 ff.

Lindner, Roland: Die machtlosen Aktionäre, FAZ online vom 17.5.2012, verfügbar unter: http://www.faz.net/aktuell/wirtschaft/netzwirtschaft/der-facebook-boersengang/facebook-die-machtlosen-aktionaere-11754639.html, letzter Abruf am 31.10.2017.

Löffler, Joachim: Der Kernbereich der Mitgliedschaft als Schranke für Mehrheitsbeschlüsse bei Personengesellschaften, NJW 1989, S. 2656 ff.

Lorz, Rainer: Die GmbH & Co. KGaA und ihr Weg an die Börse, in: Gesellschaftsrechtliche Vereinigung (Hrsg.): Gesellschaftsrecht in der Diskussion. Jahrestagung 1998 der Gesellschaftsrechtlichen Vereinigung (VGR), Köln 1999, S. 57 ff.

Lüdicke, Jochen/Sistermann, Christian (Hrsg.): Unternehmenssteuerrecht, Gründung, Finanzierung, Umstrukturierung, Übertragung, Liquidation, München 2008.

Lunk, Stefan/Hinrichs, Lars: Die Mitbestimmung der Arbeitnehmer bei grenzüberschreitenden Verschmelzungen nach dem MgVG, NZA 2007, S. 773 ff.

Lutter, Marcus (Begr.)/Bayer, Walter/Vetter, Jochen (Hrsg.): Umwandlungsgesetz, Kommentar mit systematischer Darstellung des Umwandlungssteuerrechts und Kommentierung des SpruchG, 5. Aufl., Köln 2014:

Band I – §§ 1–122 k;

Band II – §§ 123–325.

Lutter, Marcus/Bayer, Walter/Schmidt, Jessica: Europäisches Unternehmens- und Kapitalmarktrecht. Grundlagen, Stand und Entwicklung nebst Texten und Materialien, 5. Aufl., Berlin u. a. 2012.

Lutter, Marcus/Hommelhoff, Peter/Teichmann, Christoph: SE-Kommentar, 2. Aufl., Köln 2015.

Lutter, Marcus/Kollmorgen, Alexander/Feldhaus, Heiner: Die Europäische Aktiengesellschaft – Satzungsgestaltung bei der „mittelständischen SE", BB 2005, S. 2473 ff.

Lutter, Marcus/Kollmorgen, Alexander/Feldhaus, Heiner: Muster-Geschäftsordnung für den Verwaltungsrat einer SE, BB 2007, S. 509 ff.

Lutter, Marcus/Krieger, Gerd/Verse, Dirk A.: Rechte und Pflichten des Aufsichtsrats, 6. Aufl., Köln 2014.

Lutter, Marcus: Zur Reform von Umwandlung und Fusion. Das Konzept und seine Verwirklichung im Diskussionsentwurf, ZGR 1990, S. 392 ff.

Lutter, Marcus: Der Anwendungsbereich des Mitbestimmungsgesetzes, ZGR 1977, S. 195 ff.

Lutter, Marcus: Anwendbarkeit der Altersbestimmungen des AGG auf Organpersonen, BB 2007, S. 725 ff.

Mahlow, Christian: Die Kommanditgesellschaft auf Aktien und das Vorliegen einer verdeckten Gewinnausschüttung, DB 2003, S. 1540 ff.

Maier, Otto Julius: Gedanken zum Familienunternehmen, in: Familiengesellschaften: Festschrift für Walter Sigle zum 70. Geburtstag, Köln 2000, S. 51 ff.

Marburger, Peter: Abschied vom Bestimmtheitsgrundsatz im Recht der Personengesellschaften?, NJW 1984, S. 2252 ff.

Markwardt, Karsten: Squeeze-out – Anfechtungsrisiken in Missbrauchsfällen, BB 2004, S. 277 ff.

Marsch-Barner, Reinhard: Abschaffung von stimmrechtslosen Vorzugsaktien nach den Regeln des AktG oder des UmwG, in: Liber amicorum für Martin Winter, Köln 2011, S. 467 ff.

Marsch-Barner, Reinhard: Die Rechtsstellung der Europäischen Gesellschaft (SE) im Umwandlungsrecht, in: Liber amicorum Wilhelm Happ, Köln u.a 2006, S. 165 ff.

Marsch-Barner, Reinhard: Doppelte Überwachung der Geschäftsführung in der AG & Co. KGaA, in: Festschrift für Michael Hoffmann-Becking zum 70. Geburtstag, München 2013, S. 777 ff.

Marsch-Barner, Reinhard: Zur Anfechtung der Wahl von Aufsichtsratsmitgliedern, in: Festschrift für Karsten Schmidt zum 70. Geburtstag, Köln 2009, S. 1109 ff.

Marsch-Barner, Reinhard: Zur monistischen Führungsstruktur einer deutschen Europäischen Gesellschaft (SE), in: Kapitalmarkt – Recht und Praxis: Gedächtnisschrift für Ulrich Bosch, Recklinghausen 2006, S. 99 ff.

Martens, Klaus Peter: Zum Verhältnis von Mitbestimmungs- und Gesellschaftsrecht, ZHR 148 (1984), S. 183 ff.

Martens, Klaus Peter: Mitbestimmung, Konzernbildung und Gesellschaftereinfluss, ZHR 138 (1974), S. 179 ff.

Martens, Klaus Peter: Allgemeine Grundsätze zur Anwendbarkeit des Mitbestimmungsgesetzes, AG 1976, S. 113 ff.

Martens, Klaus Peter: Bestimmtheitsgrundsatz und Mehrheitskompetenzen im Recht der Personengesellschaften, DB 1973, S. 413 ff.

Martens, Klaus Peter: Der Beirat in der Kommanditgesellschaft auf Aktien, AG 1982, S. 113 ff.

Mauch, Kathrin: Das monistische Leitungssystem in der Europäischen Aktiengesellschaft, Baden-Baden 2008.

Maulbetsch, Hans-Christoph/Klumpp, Axel/Rose, Klaus-Dieter (Hrsg.): Umwandlungsgesetz, Heidelberg 2009.

May, Peter: Die Sicherung des Familieneinflusses auf die Führung der börsengehandelten Aktiengesellschaft. Zugleich ein Beitrag zur Gestaltungsfreiheit im Gesellschaftsrecht, Köln 1992.

Mayer, Dieter: Der Komplementär in der GmbH & Co. KGaA, in: Hommelhoff, Peter/ Röhricht, Volker (Hrsg.): Gesellschaftsrecht 1997. RWS Forum 10, S. 263 ff.

Mayer, Dieter: Der Komplementär in der GmbH & Co. KGaA, MittBayNot 1997, S. 329 ff.

Mayer-Uellner, Richard: From Public to Private: Öffentliche Übernahmen durch Private Equity-Investoren, AG 2013, S. 828 ff.

Mayer-Uellner, Richard/Otte, Daniel: Die SE & Co. KGaA als Rechtsform kapitalmarktfinanzierter Familienunternehmen, NZG 2015, S. 737 ff.

Mecke, Thomas: Vertragsändernde Mehrheitsbeschlüsse in der OHG und KG, BB 1988, S. 2258 ff.

Mense, Christian: Besonderheiten bei der Vorbereitung und Durchführung der Hauptversammlung einer börsennotierten Kommanditgesellschaft auf Aktien, GWR 2014, S. 320 ff.

Menzel, Arno H.: Die Entgelte der Personengesellschaft und der Kommanditgesellschaft auf Aktien (KGaA) an ihre unmittelbar haftenden Gesellschafter, DStR 1972, S. 594 ff.

Merkt, Hanno: Die monistische Unternehmensverfassung für die Europäische Aktiengesellschaft aus deutscher Sicht, ZGR 2003, S. 650 ff.

Mertens, Hans-Joachim: Die Handelsgesellschaft KGaA als Gegenstand gesellschaftsrechtlicher Diskussion und die Wissenschaft vom Gesellschaftsrecht, in: Festschrift für Wolfgang Ritter zum 70. Geburtstag, Köln 1997, S. 731 ff.

Mertens, Hans-Joachim: Zur Existenzberechtigung der Kommanditgesellschaft auf Aktien, in: Wirtschaftsfragen der Gegenwart. Festschrift für Carl Hans Barz, Berlin u. a. 1974; S. 253 ff.

Mertens, Hans-Joachim: Zur Reichweite der Inkompatibilitätsregelung des § 287 Abs. 3 AktG, in: Festschrift für Peter Ulmer zum 70. Geburtstag am 2. Januar 2003, Berlin 2003, S. 419 ff.

Mertens, Hans-Joachim: Zuständigkeiten des mitbestimmten Aufsichtsrats, ZGR 1977, S. 270 ff.

Michalski, Lutz (Hrsg.): Kommentar zum Gesetz betreffend die Gesellschaften mit beschränkter Haftung (GmbH-Gesetz), München 2010.

Michalski, Lutz (Hrsg.): Bestimmtheitsgrundsatz und Mehrheitsprinzip, WiB 1997, S. 1 ff.

Middendorf, Stefan/Fahrig, Stephan: Die Sozialversicherungspflicht der Leitungsorgane einer Europäischen Aktiengesellschaft (SE), BB 2011, S. 54 ff.

Mülbert, Peter O.: Rechtsprobleme des Delisting, ZHR 165 (2001), S. 104 ff.

Müller-Bonanni, Thomas/Melot de Beauregard, Paul: Mitbestimmung in der Societas Europaea, GmbHR 2005, S. 195 ff.

Müller-Bonanni, Thomas/Müntefering, Michael: Arbeitnehmerbeteiligung bei SE-Gründung und grenzüberschreitender Verschmelzung, BB 2009, S. 1699 ff.

Muller-Bonanni, Thomas/Muntefering, Michael: Grenzüberschreitende Verschmelzung ohne Arbeitnehmerbeteiligung? Praxisfragen zum Anwendungsbereich und Beteiligungsverfahren des MgVG, NJW 2009, S. 2347 ff.

Münchener Anwaltshandbuch Aktienrecht hrsg. v. *Schüppen, Matthias/Schaub, Bernhard,* 2. Aufl., München 2010.

Münchener Handbuch des Gesellschaftsrechts, hrsg. v. *Gummert, Hans/Weipert, Lutz,* Band 2: Kommanditgesellschaft, GmbH & Co. KG, Publikums-KG, Stille Gesellschaft, 4. Aufl., München 2014.

Münchener Handbuch des Gesellschaftsrechts, hrsg. v. *Hoffmann-Becking, Michael,* Band 4: Aktiengesellschaft, 4. Aufl., München 2015.

Münchener Kommentar zum Aktiengesetz, hrsg. v. *Goette, Wulf/Habersack, Mathias*:

Band 1: §§ 1–75, 4. Aufl., München 2016;

Band 2: §§ 76–117, MitbestG, DrittelbG, 4. Aufl., München 2014;

Band 3: §§ 118–178, 3. Aufl., München 2013;

Band 4: §§ 179–277, 4. Aufl., München 2016;

Band 5: §§ 278–328, SpruchG, 4. Aufl., München 2015;

Band 6: §§ 329–410, WpÜG, 4. Aufl., München 2017;

Band 7: Europäisches Aktienrecht, SE-VO, SEBG, Europäische Niederlassungsfreiheit, 4. Aufl., München 2017.

Münchener Kommentar zum BGB, hrsg. v. *Säcker, Franz Jürgen/Rixecker, Roland/Oetker, Hartmut/Limperg, Bettina:*

Band 1: Allgemeiner Teil §§ 1–240, ProstG, AGG 7. Auflage, München 2015;

Band 2: Schuldrecht Allgemeiner Teil, 7. Aufl., München 2016;

Band 5, Schuldrecht Besonderer Teil III, 6. Aufl., München 2013.

Münchener Kommentar zum Handelsgesetzbuch, hrsg. v. *Schmidt, Karsten*:

Band 2: §§ 105–160, 4. Aufl., München 2016;

Band 3: §§ 161–237; Konzernrecht der Personengesellschaften, 3. Aufl., München 2012.

Naber, Sebastian/Beckmann, Jan Friedrich: Anm. zu BGH, Urteil v. 28.4.2015 – II ZR 63/14, BB 2015, S. 2367.

Nagel, Bernhard/Freis, Gerhild/Kleinsorge, Georg: Die Beteiligung der Arbeitnehmer in der Europäischen Gesellschaft – SE, Einführung zum SE-Ausführungsgesetz – SEAG, Kommentar zum SE-Beteiligungsgesetz, München 2005.

Nagel, Bernhard: Das Gesetz über die Mitbestimmung der Arbeitnehmer bei grenzüberschreitenden Verschmelzungen (MgVG), NZG 2007, S. 57 ff.

Neye, Hans-Werner/Teichmann, Christoph: Der Entwurf für das Ausführungsgesetz zur Europäischen Aktiengesellschaft, AG 2003, S. 169 ff.

Niedner, Jochen/Kusterer, Stefan: Die atypisch ausgestaltete Familien-KGaA aus der Sicht des Kommanditaktionärs, DB 1997, S. 1451 ff.

Nikoleyczik, Tobias/Führ, Thorsten: Mitbestimmungsgestaltung im grenzüberschreitenden Konzern. Unter besonderer Berücksichtigung der SE und grenzüberschreitender Verschmelzungen, DStR 2010, S. 1743 ff.

NomosKommentar Aktienrecht und Kapitalmarktrecht, hrsg. v. *Heidel, Thomas*, 4. Aufl., Baden-Baden 2014.

NomosKommentar Europäische Aktiengesellschaft SE, hrsg. v. *Manz, Gerhard/ Mayer, Barbara/Schröder, Albert*, Baden-Baden 2010.

NomosKommentar Umwandlungsrecht, hrsg. v. *Böttcher, Lars/Habighorst, Oliver/ Schulte, Christian*, Baden-Baden 2015.

o.A., Besprechung des GKV-Spitzenverbandes, der Deutschen Rentenversicherung Bund und der Bundesagentur für Arbeit über Fragen des gemeinsamen Beitragseinzugs am 13./14.10.2009, abrufbar unter: https://www.tk.de/centaurus/servlet/contentblob/200756/Datei/1855/Besprechung-Oktober-2009.pdf, letzter Abruf am 31.10.2017.

Oberfinanzdirektion Münster: Ertragsteuerliche Behandlung von Geschäftsführervergütungen bei einer Kommanditgesellschaft auf Aktien (KGaA). Kurzinformation vom 14. Januar 2005 (Nr. 03/2005), DStZ 2005, S. 204.

Oetker, Hartmut (Hrsg.): Kommentar zum Handelsgesetzbuch (HGB), 4. Aufl., München 2015.

Oetker, Hartmut: Das Recht der Unternehmensmitbestimmung im Spiegel der neueren Rechtsprechung, ZGR 2000, S. 19 ff.

Oetker, Hartmut: Die Mitbestimmung der Arbeitnehmer in der Europäischen Gesellschaft, in: Lutter, Marcus/Hommelhoff, Peter (Hrsg.): Die Europäische Gesellschaft, Prinzipien, Gestaltungsmöglichkeiten und Grundfragen aus der Praxis, Köln 2005, S. 277 ff.

Oplustil, Krzysztof/Schneider, Maximilian: Zur Stellung der Europäischen Aktiengesellschaft im Umwandlungsrecht, NZG 2003, S. 13 ff.

Otte, Daniel: Die AG & Co. KGaA: Eine Rechtsformstudie, Baden-Baden 2011.

Overlack, Arndt: Der Komplementär in der GmbH & Co. KGaA, in: Hommelhoff, Peter/Röhricht, Volker (Hrsg.): Gesellschaftsrecht 1997. RWS Forum 10, S. 237 ff.

Patt, Joachim/Rasche, Ralf: Besteuerung der Pensionszusage an den persönlich haftenden Gesellschafter einer KGaA nach den Grundsätzen der Mitunternehmerschaft?, DB 1993, S. 2400 ff.

Pellens, Bernhard/Hillebrandt, Franca: Vorzugsaktien vor dem Hintergrund der Corporate Governance-Diskussion, AG 2001, S. 57 ff.

Petersen, Sven/Schulze De la Cruz, Julian: Das Stimmverbot bei der Entlastung von Vorstandsdoppelmandatsträgern, NZG 2012, S. 453 ff.

Philbert, Stephan: Die Kommanditgesellschaft auf Aktien zwischen Personengesellschaftsrecht und Aktienrecht, Berlin 2005.

Plückelmann, Katja: Vorstand kann eine auf Aktionärsverlangen einberufene Hauptversammlung nicht eigenmächtig absagen. Anmerkung zur Entscheidung des Landgerichts Frankfurt vom 12.3.2013, 3–05 O 114/12, GWR 2013, S. 185.

Pluskat, Sorika: Nicht missbräuchliche Gestaltungen zur Erlangung der Beteiligungshöhe beim Squeeze-out, NZG 2007, S. 725 ff.

Priester, Hans-Joachim: Aufsichtsrat per Öffnungsklausel, NZG 2016, S. 774 ff.

Priester, Hans-Joachim: Die Kommanditgesellschaft auf Aktien ohne natürlichen Komplementär, ZHR 160 (1996), S. 250 ff.

Priester, Hans-Joachim: Eine Lanze für die Kernbereichslehre, NZG 2015, S. 529 ff.

Priester, Hans-Joachim: Geltung einer allgemeinen Mehrheitsklausel in einem Personengesellschaftsvertrag auch für Grundlagen- und ungewöhnliche Geschäfte, EWiR 2015, S. 71 f.

Priester, Hans-Joachim: Jahresabschlussfeststellung bei Personengesellschaften. Grundlagengeschäft? – Mehrheitsregeln – Thesaurierung im Konzern, DStR 2007, S. 28 ff.

Rahlmeyer, Niklas/von Eiff, Christoph: Zu den Anforderungen an den Umwandlungsbericht des Vorstands (hier: Formwechsel einer AG in KGaA), EWiR 2014, S. 317 f.

Raiser, Thomas/Veil, Rüdiger/Jacobs, Matthias: Mitbestimmungsgesetz und Drittelbeteiligungsgesetz, 6. Aufl., Berlin 2015.

Raiser, Thomas/Veil, Rüdiger: Recht der Kapitalgesellschaften, 6. Aufl., München 2015.

Rehbinder, Eckard: Mitbestimmungsurteil des Bundesverfassungsgerichts aus unternehmensrechtlicher Sicht, ZGR 1979, S. 471 ff.

Reichert, Jochem (Hrsg.): GmbH & Co. KG, 7. Aufl., München 2015.

Reichert, Jochem: Der Beirat als Element der Organisationsverfassung einer Familiengesellschaft, in: Festschrift für Georg Maier-Reimer, München 2010, S. 543 ff.

Reichert, Jochem: Internationale Familienkonzerne – Die gesellschaftsrechtliche Perspektive, in: Röthel, Anne/Schmidt, Karsten (Hrsg.): Internationale Familienunternehmen, Hamburg 2016, S. 1 ff.

Reichert, Jochem: Wettbewerb der Gesellschaftsformen – SE oder KGaA zur Organisation großer Familiengesellschaften, ZIP 2014, S. 1957 ff.

Reichert, Jochem/Brandes, Stephan: Mitbestimmung der Arbeitnehmer in der SE: Gestaltungsfreiheit und Bestandsschutz, ZGR 2003, S. 767 ff.

Reichert, Jochem/Ott, Nicolas: Die SE als Komplementärin, in: Bergmann, Alfred/Kiem, Roger,/Mülbert, Peter. O. u. a. (Hrsg.): 10 Jahre SE. Erreichter Stand – verbleibende Anwendungsfragen – Perspektiven, Frankfurt a. M. 2015, S. 154 ff.

Reichert, Jochem/Schlitt, Michael: Konkurrenzverbot für Aufsichtsratsmitglieder, AG 1995, S. 241 ff.

Reiner, Günter: Formwechsel einer SE in eine KGaA und „vernünftige" Zweifel an der Auslegung des Art. 66 SE-VO, Der Konzern 2011, S. 135 ff.

Reuter, Alexander: Die aktienrechtliche Zulässigkeit von Konzernanstellungsverträgen, AG 2011, S. 274 ff.

Reuter, Dieter/Körnig, Jürgen: Mitbestimmung und gesellschaftsrechtliche Gestaltungsfreiheit, ZHR 140 (1976), S. 494 ff.

Reuter, Dieter: Der Einfluss der Mitbestimmung auf das Gesellschaftsrecht und Arbeitsrecht, AcP 179 (1979), S. 509 ff.

Reuter, Dieter: Zur Lehre Karsten Schmidt vom Innenrecht der Personengesellschaft und der GmbH, in: Festschrift für Karsten Schmidt zum 70. Geburtstag, Köln 2009, S. 1357 ff.

Rieble, Volker: Schutz vor paritätischer Unternehmensmitbestimmung, BB 2006, S. 2018 ff.

Risse, Jörg/Höfling, Tobias: Leitplankentheorie statt Bestimmtheitsgrundsatz und Kernbereichslehre, NZG 2017, S. 1131 ff.

Rittig, Franziska: Der gekreuzte Bezugsrechtsausschluss in der Höchstbetragskapitalerhöhung, NZG 2012, S. 1292 ff.

Rockstroth, Maria: Verwaltungsrat und geschäftsführende Direktoren in der monistisch strukturierten Societas Europaea, BB 2012, S. 1620 ff.

Rohrer, Oswald/Orth, Tilmann: Anwendung des Halbeinkünfteverfahrens auf Ebene einer KGaA, BB 2007, S. 1594 ff.

Röhricht, Volker/Graf von Westphalen, Friedrich/Haas, Ulrich (Hrsg.): Handelsgesetzbuch, Kommentar zu Handelsstand, Handelsgesellschaften, Handelsgeschäften und besonderen Handelsverträgen (ohne Bilanz-, Transport- und Seerecht), 4. Aufl., Köln 2014.

Rose, Edgar/Köstler, Roland: Mitbestimmung in der Europäischen Aktiengesellschaft (SE), 2. Aufl. Frankfurt a. M. 2014.

Rose, Gerd: Betriebswirtschaftliche Überlegungen zur Unternehmensrechtsformwahl, in: Beiträge zum Zivil-, Steuer- und Unternehmensrecht. Festschrift für Heinz Meilicke, Berlin u. a. 1985, S. 111 ff.

Rothärmel, Thomas: Die Familien-AG – die zehn wichtigsten Gestaltungsinstrumente, BB 2012, S. 716 ff.

Rupietta, Dirk: Die Vertretung der Aktiengesellschaft gegenüber dem Vorstand, NZG 2007, S. 801 ff.

Säcker, Franz Jürgen/Stenzel, Sonja: Das zivilrechtliche Schicksal von gegen § 87 Abs. 1 AktG verstoßenden Vergütungsvereinbarungen, JZ 2006, S. 1151 ff.

Säcker, Franz Jürgen: Die Anpassung der Satzung der Aktiengesellschaft an das Mitbestimmungsgesetz, DB 1977, S. 1791 ff.

Saenger, Ingo/Aderhold, Lutz/Lenkaitis, Karlheinz/Speckmann, Gerhard (Hrsg.): Handels- und Gesellschaftsrecht, 2. Aufl., Baden-Baden 2011.

Schäfer, Carsten: Der Bestimmtheitsgrundsatz ist (wirklich) Rechtsgeschichte, NZG 2014, S. 1401 ff.

Schäfer, Carsten: Gibt es noch einen Schutz des Kernbereichs der Mitgliedschaft?, ZIP 2015, S. 1313 ff.

Schäfer, Carsten: Vom Einstimmigkeitsprinzip zum treupflichtgetragenen Mehrheitsentscheid im Personengesellschaftsrecht, ZGR 2013, S. 237 ff.

Schanz, Kay-Michael: Börseneinführung: Handbuch für den Börsengang und die börsennotierte Gesellschaft, 4. Aufl., München 2012.

Schaumburg, Harald: Die KGaA als Rechtsform für den Mittelstand, DStZ 1998, S. 525 ff.

Schaumburg, Harald/Schulte, Christoph: Die KGaA, Recht und Steuern in der Praxis, Köln 2000.

Scheifele, Bernd: Zur Praxis des gekreuzten Bezugsrechtsausschlusses, BB 1990, S. 497 ff.

Scherer, Stephan: Familienunternehmen: Zivil- und steuerrechtliche Besonderheiten bei der Gestaltung des Gesellschaftsvertrages, BB 2010, S. 323 ff.

Schiffer, Jack: Mehrheitsentscheidungen in der Personengesellschaft – Ende der Kernbereichslehre?, BB 2015, S. 584 ff.

Schilling, Wolf Ulrich: Die GmbH & Co. KGaA zwischen Unternehmergeist und Aktionärs- bzw. Anlegerschutz, BB 1998, S. 1905 ff.

Schlitt, Michael: Die Satzung der Kommanditgesellschaft auf Aktien, München 1999.

Schlitt, Michael/Winzen, Jan: Die Kommanditgesellschaft auf Aktien (KGaA) – eine attraktive Rechtsform für börsennotierte Unternehmen?, CFL 2012, S. 261 ff.

Schmidt, Jessica: „Deutsche" vs. „britische" Societas Europaea (SE), Jena 2006.

Schmidt, Karsten/Lutter, Marcus (Hrsg.): Aktiengesetz Kommentar, 3. Aufl., Köln 2015:

Band I: §§ 1–149;

Band II: §§ 150–410, SpruchG.

Schmidt, Karsten: „Schutzgemeinschaftsvertrag II": ein gesellschaftsrechtliches Lehrstück über Stimmrechtskonsortien, ZIP 2009, S. 737 ff.

Schmidt, Karsten: Aktionärs- und Gesellschafterzuständigkeiten bei der Freigabe vinkulierter Aktien und Geschäftsanteile – Kompetenzprobleme um § 68 AktG und § 15 Abs. 5 GmbHG –, in: Festschrift für Karl Beusch zum 68. Geburtstag am 31. Oktober 1993, Berlin u. a. 1993, S. 759 ff.

Schmidt, Karsten: Deregulierung des Aktienrechts durch Denaturierung der Kommanditgesellschaft auf Aktien?, Zum (aufhaltsamen) Aufstieg der „Kapitalgesellschaft & Co. KGaA", ZHR 160 (1996), S. 265 ff.

Schmidt, Karsten: Gesellschaftsrecht, 4. Aufl., Köln u. a. 2002.

Schmidt, Karsten: Mehrheitsbeschlüsse in Personengesellschaften – Stand und Fortbildung des Innenrechts der Personengesellschaften nach dem „Otto"-Urteil des Bundesgerichtshofs, ZGR 2008, S. 1 ff.

Schmidt, Karsten: Zehn Jahre GmbH & Co. KGaA – Zurechnungs- und Durchgriffsprobleme nach BGHZ 134, 392, in: Festschrift für Hans-Joachim Priester zum 70. Geburtstag, Köln 2007, S. 691 ff.

Schmitt, Joachim/Hörtnagl, Robert/Stratz, Rolf-Christian (Hrsg.): Umwandlungsgesetz, Umwandlungssteuergesetz, 7. Aufl., München 2016.

Schneider, Uwe H.: Die Inhaltskontrolle von Gesellschaftsverträgen, ZGR 1978, S. 1 ff.

Schnorbus, York: Gestaltungsfragen fakultativer Aufsichtsorgane der KGaA, in: Liber Amicorum für Martin Winter, Köln 2011, S. 627 ff.

Scholz, Ingo: Das Übernahme- und Pflichtangebot bei der KGaA, NZG 2006, S. 445 ff.

Schönborn, Ansgar: Die monistische Societas Europaea in Deutschland im Vergleich zum englischen Recht, Baden-Baden 2007. zitiert: Schönborn, Monistische SE, S.

Schrick, Alexandra: Überlegungen zur Gründung einer kapitalistischen KGaA aus dem Blickwinkel der Unternehmerfamilie, NZG 2000, S. 409 ff.

Schrötter, Hans Jörg: Vinkulierte Namensaktien als Bremse der Unternehmenskonzentration, DB 1977, S. 2265 ff.

Schuhknecht, Christopher K.: Vertretung durch den Aufsichtsrat bei wirtschaftlicher Identität, Anmerkung zu OLG Saarbrücken, Urteil vom 22.1.2014 – 2 U 69/13, GWR 2014, S. 150.

Schultheis, Thomas: Anmerkung zu LG Hannover, Beschluss vom 7.5.2014 – 23 O 30/13, Keine analoge Anwendung von § 4 MitbestG auf die GmbH & Co. KGaA, GWR 2015, S. 80.

Schulz, Stephan/Ruf, Christian: Zweifelsfragen der neuen Regelungen über die Geschlechterquote im Aufsichtsrat und die Zielgrößen für die Frauenbeteiligung, BB 2015, S. 1155 ff.

Schürmann, Walter/Groh, Elmar: KGaA und GmbH & Co KGaA. Neue Aspekte einer interessanten Gesellschaftsform, BB 1995, S. 684 ff.

Schürmann, Walter/Körfgen, Kurt: Familienunternehmen auf dem Weg zur Börse, 3. Auflage, München 1997.

Schürnbrand, Jan: Noch einmal: das fehlerhaft bestellte Aufsichtsratsmitglied, NZG 2013, S. 481 ff.

Schürnbrand, Jan: Zur fehlerhaften Bestellung von Aufsichtsratsmitgliedern und fehlerhaften Abberufung von Vorstandsmitgliedern, NZG 2008, S. 609 ff.

Schwark, Eberhard/Zimmer, Daniel (Hrsg.): Kapitalmarktrechts-Kommentar, Börsengesetz mit Börsenzulassungsverordnung, Wertpapierprospektgesetz, Verkaufsprospektgesetz mit Vermögensanlagen-Verkaufsprospektverordnung, Wertpapierhandelsgesetz, Wertpapiererwerbs- und Übernahmegesetz, 4. Aufl., München 2010.

Schwarz, Günter Christian: SE-VO, Verordnung (EG) Nr. 2157/2001 des Rates über das Statut der Europäischen Gesellschaft (SE) – (SE-VO), München 2006.

Seibt, Christoph/Wollenschläger, Bernward: Revision des Marktmissbrauchsrechts durch Marktmissbrauchsverordnung und Richtlinie über strafrechtliche Sanktionen für Marktmanipulation, AG 2014, S. 593 ff.

Seibt, Christoph: Rechtsschutz im Übernahmerecht, ZIP 2003, S. 1865 ff.

Seibt, Christoph: Privatautonome Mitbestimmungsvereinbarungen – Rechtliche Grundlagen und Praxishinweise, AG 2005, S. 413 ff.

Seibt, Christoph: Unternehmensmitbestimmung in Teilkonzernspitzen und Zwischenholding- Gesellschaften (§ 5 MitbestG), ZIP 2008, S. 1301 ff.

Seidel, Thorsten/Wolf, Maximilian: Minderheitenschutz in der Gesellschaft – Bedeutung der Kernbereichslehre in der neuen BGH-Rechtsprechung, BB 2015, S. 2563 ff.

Selter, Wolfgang: Absage der Hauptversammlung nach Einberufung auf Grund Aktionärsverlangens, NZG 2013, S. 1133.

Semler, Johannes/Stengel, Arndt (Hrsg.): Kommentar zum Umwandlungsgesetz mit Spruchverfahrensgesetz, 4. Aufl., München 2017.

Senger, Michael/Vogelmann, Axel: Die Umwandlung von Vorzugsaktien in Stammaktien, AG 2002, S. 193 ff.

Sethe, Rolf: Aufsichtsratsreform mit Lücken. Die Einbeziehung der Kommanditgesellschaft auf Aktien in die gegenwärtige Reformdiskussion, AG 1996, S. 289 ff.

Sethe, Rolf: Bewegung im Recht der Kommanditgesellschaft auf Aktien?, ZIP 1996, S. 2053 ff.

Sethe, Rolf: Die Besonderheiten der Rechnungslegung bei der KGaA, DB 1988, S. 1044 ff.

Sethe, Rolf: Die personalistische Kapitalgesellschaft mit Börsenzugang. Die reformierte KGaA als Mittel zur Verbesserung der Eigenkapitalausstattung deutscher Unternehmen, Köln 1996. Zitiert: Sethe, Personalistische Kapitalgesellschaft, S.

Seyfarth, Georg: Vorstandsrecht, Köln 2016.

Sigle, Axel: Für Familiengesellschaften auf dem Prüfstand: Die börsennotierte Aktiengesellschaft, in: Familiengesellschaften: Festschrift für Walter Sigle zum 70. Geburtstag, Köln 2000, S. 301 ff.

Sigle, Walter: Anmerkungen zum Bestimmtheitsgrundsatz und zur Kernbereichslehre im Recht der Personengesellschaften auf der Grundlage der OTTO Entscheidung des BGH, in: Festschrift für Uwe Hüffer zum 70. Geburtstag, München 2010, S. 973 ff.

Sigle, Walter: Beiräte, NZG 1998, S. 619 ff.

Sigle, Walter: Zur Mitbestimmung bei der Kapitalgesellschaft &. Co. KG – Altes und Neues, in: Festschrift für Martin Peltzer, Köln 2001, S. 539 ff.

Sigle, Walter: Zur Mitbestimmung bei der SE & Co. KG, in: Festschrift für Peter Hommelhoff, Köln 2012, S. 1123 ff.

Spalcke, Karl: Die Kommanditgesellschaft auf Aktien. Organisationsidee und Interessenlage, Diss. Köln 1961.

Spindler, Gerald/Stilz, Eberhard (Hrsg.): Kommentar zum Aktiengesetz:

Band 1: 1–149, 3. Aufl., München 2015;

Band 2: §§ 150–410, IntGesR, SpruchG, SE-VO, 3. Auflage, München 2015.

Spindler, Gerald: Prämien und Leistungen an Vorstandsmitglieder bei Unternehmenstransaktionen, in: Festschrift für Klaus. J. Hopt zum 70. Geburtstag, Unternehmen, Markt und Verantwortung, Band 1, Berlin u. a. 2010, S. 1407 ff.

Spitzbart, Britta: Die Europäische Aktiengesellschaft (Societas Europaea – SE) – Aufbau der SE und Gründung, RNotZ 2006, S. 369 ff.

Staub Handelsgesetzbuch, begr. v. *Staub, Hermann*, hrsg. v. *Canaris, Claus-Wilhelm/Habersack, Mathias/Schäfer, Carsten*:

Band 3: §§ 105–160, 5. Aufl., Berlin u. a. 2009;

Band 4: §§ 161–236, 5. Aufl., Berlin u. a. 2015.

Steindorff, Ernst: Kommanditgesellschaft auf Aktien und Mitbestimmung, in: Beiträge zum Zivil- und Wirtschaftsrecht, Festschrift für Kurt Ballerstedt zum 70. Geburtstag, Berlin 1975, S. 127 ff.

Steinmeyer, Roland (Hrsg.): Wertpapiererwerbs- und Übernahmegesetz Kommentar, 3. Aufl., Berlin 2013.

Stiftung Familienunternehmen (Hrsg.): Die Volkswirtschaftliche Bedeutung von Familienunternehmen, München 2014, verfügbar unter: http://www.familienunternehmen.de/media/public/pdf/publikationen-studien/studien/Studie_Stiftung_Familienunternehmen_ Volkswirtschaftliche-Bedeutung_Berichtsband.pdf, letzter Abruf am 31.10.2017.

Stimpel, Walter: Anlegerschutz durch Gesellschaftsrecht in der Publikumskommanditgesellschaft, in: Festschrift für Robert Fischer, Berlin u. a. 1979, S. 771 ff.

Stöber, Michael: Die Gründung einer Holding-SE, AG 2013, S. 110 ff.

Stüber, Katharina: Die Frauenquote ist da – Das Gesetz zur gleichberechtigten Teilhabe und die Folgen für die Praxis, DStR 2015, S. 947 ff.

Sudhoff, Heinrich (Hrsg.): Familienunternehmen, 2. Aufl., München 2005.

Teichmann, Christoph/Rüb, Carolin: Der Regierungsentwurf zur Geschlechterquote in Aufsichtsrat und Vorstand, BB 2015, S. 259 ff.

Teichmann, Christoph: Bestandsschutz für die Mitbestimmung bei Umwandlung in eine SE, ZIP 2014, S. 1049 ff.

Teichmann, Christoph: Die monistische Verfassung der Europäischen Gesellschaft, in: Lutter, Marcus/Hommelhoff, Peter (Hrsg.): Die Europäische Gesellschaft, Prinzipien, Gestaltungsmöglichkeiten und Grundfragen aus der Praxis, Köln 2005, S. 195 ff.

Teichmann, Christoph: Gestaltungsfreiheit im monistischen Leitungssystem der Europäischen Aktiengesellschaft, BB 2004, S. 53 ff.

Teichmann, Christoph: Neuverhandlung einer SE-Beteiligungsvereinbarung bei „strukturellen Änderungen“, in: Festschrift für Hans-Jürgen Hellwig, Köln 2010, S. 347 ff.

Teubner, Gunther: Der Beirat zwischen Verbandssouveränität und Mitbestimmung – Zu den Schranken der Beiratsverfassung in der GmbH –, ZGR 1986, S. 565 ff.

Thamm, Robert: Die Organisationsautonomie der monistischen Societas Europaea bezüglich ihrer geschäftsführenden Direktoren, NZG 2008, S. 132 ff.

Theiselmann, Rüdiger: Gesellschaftsrechtliche Aspekte des Abschlusses von Drittanstellungsverträgen mit Interimsmanagern, ZIP 2015, S. 1712 ff.

Theisen, Manuel R./Wenz, Martin (Hrsg.): Die Europäische Aktiengesellschaft, 2. Auflage, Stuttgart 2005.

Theissen, Manuel R.: Die Besteuerung der KGaA, DB 1989, S. 2191 ff.

Theobald, Wolfgang: Drittanstellung von Vorstandsmitgliedern in der Aktiengesellschaft, in: Festschrift für Thomas Raiser, Berlin 2005, S. 421 ff.

Thoma, Georg F.: Das Wertpapiererwerbs- und Übernahmegesetz im Überblick, NZG 2002, S. 105 ff.

Thümmel, Roderich: Die Europäische Aktiengesellschaft (SE), ein Leitfaden für die Unternehmens- und Beratungspraxis, Frankfurt a. M. 2005.

Thümmel, Roderich: Möglichkeiten und Grenzen der Kompetenzverlagerung auf Beiräte in der Personengesellschaft und in der GmbH, DB 1995, S. 2461 ff.

Traugott, Rainer/Grün, Regina: Finanzielle Anreize für Vorstände börsennotierter Aktiengesellschaften bei Private-Equity-Transaktionen, AG 2007, S. 761 ff.

Uffmann, Katharina: Interim Management, Tübingen 2015.

Ullrich, Thomas: Unternehmensmitbestimmung in der kapitalistischen Kommanditgesellschaft auf Aktien, Frankfurt a. M. u. a. 2002.

Ulmer, Peter: Mehrheitsbeschlüsse in Personengesellschaften: definitiver Abschied vom Bestimmtheitsgrundsatz, ZIP 2015, S. 657 ff.

van Hulle, Karel/Maul, Silja/Drinhausen, Florian: Handbuch zur Europäischen Gesellschaft (SE), München 2007.

Velte, Patrick: Corporate Governance in der monistischen Societas Europaea, WM 2010, S. 1635 ff.

Verse, Dirk A.: Das Weisungsrecht des Verwaltungsrats der monistischen SE, in: Festschrift für Michael Hoffmann-Becking zum 70. Geburtstag, München 2013, S. 1277 ff.

Verse, Dirk A.: Das Beschlussmängelrecht nach dem ARUG, NZG 2009, S. 1127 ff.

Vetter, Eberhard: Aktienrechtliche Organhaftung und Satzungsautonomie, Überlegungen de lege ferenda, NZG 2014, S. 921 ff.

Vetter, Eberhard: Anfechtung der Wahl der Aufsichtsratsmitglieder, Bestandsschutzinteresse der AG und die Verantwortung der Verwaltung, ZIP 2012, S. 701 ff.

Vetter, Eberhard: Die Vertretung der AG gegenüber den Mitgliedern des Vorstands im rechtsgeschäftlichen Verkehr – Anmerkungen zur Anwendung von § 112 AktG, in: Festschrift für Günter H. Roth zum 70. Geburtstag, München 2011, S. 855 ff.

Vetter, Eberhard: Drittanstellung von Vorstandsmitgliedern und aktienrechtliche Kompetenzordnung in: Festschrift für Michael Hoffmann-Becking zum 70. Geburtstag, München 2013, S. 1297 ff.

Vetter, Eberhard: Drittanstellung von Vorstandsmitgliedern, aktienrechtliche Kompetenzverteilung und Exkulpation des Vorstands bei rechtlicher Beratung, NZG 2015, S. 889.

Villeda, Gisella Victoria: Stimmrechtsausschluss nach § 136 AktG und § 47 GmbHG für Drittgesellschaften, ihre Organmitglieder und Gesellschafter, AG 2013, S. 57 ff.

Volhard, Rüdiger/Goldschmidt, Christof-Ulrich: Nötige und unnötige Sonderbeschlüsse der Inhaber stimmrechtsloser Vorzugsaktien, in: Festschrift für Marcus Lutter, Köln 2000, S. 779 ff.

von Bullion, Constanze: Große Defizite bei der Frauenquote, Süddeutsche Zeitung vom 22. Dezember 2015, S. 1.

von der Linden, Klaus: Das neue Marktmissbrauchsrecht im Überblick, DStR 2016, S. 1036 ff.

von Eiff, Christoph/Otte, Daniel: Die Kapitalgesellschaft & Co. KGaA – eine attraktive Gestaltungsmöglichkeit, GWR 2015, S. 246 ff.

von Eiff, Christoph/König, Mirko: Zur Absage der auf Verlangen einer Minderheit einberufenen Hauptversammlung. Anmerkung zu LG Frankfurt, Urteil vom 12.3.2013, Az. 3–05 O 114/12, EWiR 2013, S. 601 f.

von Schenck, Kersten (Hrsg.): Der Aufsichtsrat, München 2015.

von Staudinger, Julius (Begr.): Kommentar zum Bürgerlichen Gesetzbuch mit Einführungsgesetz und Nebengesetzen:

Buch 1: Allgemeiner Teil: §§ 21-79 (Allgemeiner Teil 2), Berlin 2005.

Voormann, Volker: Der Beirat im Gesellschaftsrecht, 2. Aufl., Köln u. a. 1990.

Vossius, Oliver: Gründung und Umwandlung der deutschen Europäischen Gesellschaft (SE), ZIP 2005, S. 741 ff.

Wälzholz, Eckhard: Besonderheiten der Satzungsgestaltung bei der Familien-AG (Teil I), DStR 2004, S. 779 ff.

Wälzholz, Eckhard: Besonderheiten der Satzungsgestaltung bei der Familien-AG (Teil II), DStR 2004, S. 819 ff.

Wälzholz, Eckhard: Der Beirat im mittelständischen Unternehmen – Chancen, Grenzen und Probleme, DStR 2003, S. 511 ff.

Warburg, Max M./Kruse, Jens: Ist der Kapitalmarkt noch eine Alternative für Familienunternehmen?, in: Familienunternehmen im Fokus von Wirtschaft und Wissenschaft. Festschrift für Mark K. Binz, München 2014, S. 791 ff.

Weber, Robert/Kerjes, Julia: Hauptversammlungsbeschlüsse vor Gericht, Die aktienrechtliche Anfechtungs- und Nichtigkeitsklage, Freigabeverfahren und Spruchverfahren, München 2010.

Weber, Christian: Die GmbH & Co. KGaA als Rechtsform eines Proficlubs der Fußball-Bundesliga, GmbHR 2013, S. 631 ff.

Weber, Christoph: Totgesagte leben nicht immer länger – das (endgültige) Ende des personengesellschaftsrechtlichen Bestimmtheitsgrundsatzes, JA 2015, S. 147 ff.

Weber, Robert: Absage einer auf ein Aktionärsverlangen einberufenen Hauptversammlung und Abhaltung einer Hauptversammlung durch die Aktionäre, NZG 2013, S. 890 ff.

Weber, Rüdiger: Zum Anwendungsbereich der Kernbereichslehre nach der Aufgabe des Bestimmtheitsgrundsatzes durch den BGH, ZfPW 2015, S. 123 ff.

Weinkamm, Benedikt: Die Drittanstellung von Vorstandsmitgliedern, Berlin 2016.

Weiss, Susanne/Wöhlert, Helge-Torsten: Societas Europaea – Der Siegeszug des deutschen Mitbestimmungsrechts in Europa?, NZG 2006, S. 121 ff.

Weller, Marc-Philippe: Wettbewerbsverbote und ihre Drittwirkung in der Kapitalgesellschaft & Co. KG, ZHR 175 (2011), S. 110 ff.

Werner, Rüdiger: Aktuelle Probleme der Vertretung der Aktiengesellschaft durch den Aufsichtsrat nach § 112 BGB, Der Konzern 2008, S. 639 ff.

Werner, Rüdiger: Anmerkung zu OLG Hamburg, Urteil v. 29.6.2007 – 11 U 141/06, GmbHR 2007, S. 988 f.

Werner, Rüdiger: Zum Anwendungsbereich der Kernbereichslehre nach der Aufgabe des Bestimmtheitsgrundsatzes durch den BGH, StBW 2015, S. 1010 ff.

Werner, Winfried: Vertretung der Aktiengesellschaft gegenüber Vorstandsmitgliedern – Ein Beitrag zur Auslegung des § 112 AktG –, ZGR 1989, S. 369 ff.

Wertenbruch, Johannes: Abschied von Bestimmtheitsgrundsatz und Kernbereichslehre im Beschlussanfechtungssystem der Personengesellschaft, DB 2014, S. 2875 ff.

Wertenbruch, Johannes: Beschlussfassung und Pflichtverletzungen im Stimmrechtskonsortium, NZG 2009, S. 645 ff.

Westermann, Harm Peter: Vertragsfreiheit und Typengesetzlichkeit im Recht der Personengesellschaften, Berlin u. a. 1970.

Wichert, Joachim: Die Finanzen der Kommanditgesellschaft auf Aktien, Frankfurt a. M. u. a. 1999.

Wichert, Joachim: Die GmbH & Co. KGaA nach dem Beschluß BGHZ 134, 392. Besprechung des Beihefts 67/1998 zur ZHR, AG 2000, S. 268 ff.

Wichert, Joachim: Satzungsänderungen in der Kommanditgesellschaft auf Aktien, AG 1999, S. 362 ff.

Wicke, Hartmut: Die Europäische Aktiengesellschaft – Grundstruktur, Gründungsformen und Funktionsweise –, MittBayNot 2006, S. 196 ff.

Widmann, Siegfried/Mayer, Dieter (Hrsg.): Umwandlungsgesetz, Umwandlungsrecht – Umwandlungsgesetz – Umwandlungssteuergesetz – Kommentar, Losebl. (Stand: Juli 2016) Bonn:

Band 2: Einführung UmwG, §§ 1–50 UmwG;

Band 3: §§ 51–178 UmwG;

Band 4: §§ 179–325 UmwG; Einführung UmwStG; §§ 1–3 UmwStG.

Wiedemann, Andreas/Frohnmayer, Thomas: Die Europäische Aktiengesellschaft (SE) als Rechtsform für deutsche Familienunternehmen – eine Fallstudie, FuS 2014, S. 10 ff.

Wiedemann, Andreas/Kögel, Rainer: Beirat und Aufsichtsrat im Familienunternehmen, München 2008.

Wiedemann, Andreas/Wanzl, Laura: Die monistische Leitungsstruktur der Europäischen Aktiengesellschaft – ein Corporate Governance Modell für deutsche Familienunternehmen?, FuS 2011, S. 51 ff.

Wiedemann, Herbert: Anmerkung zu BGH, Urteil v. 13.3.1978 – II ZR 63/77, JZ 1978, S. 612 f.

Wiedemann, Herbert: Gesellschaftsrecht, Ein Lehrbuch des Unternehmens- und Verbandsrechts, Band II, Recht der Personengesellschaften, München 2004.

Wiedemann, Herbert: Kapitalerhöhung in der Publikums-KG. Besprechung der Entscheidung BGHZ 66, 82, ZGR 1977, S. 690 ff.

Wiedemann, Herbert: Rechtsethische Maßstäbe im Unternehmens- und Gesellschaftsrecht, ZGR 1980, S. 147 ff.

Wiedemann, Herbert: Verbandssouveränität und Außeneinfluss. Gedanken zur Einrichtung eines Beirats in einer Personengesellschaft, in: Gesellschaftsrecht und Unternehmensrecht: Festschrift für Wolfgang Schilling zum 65. Geburtstag, Berlin u. a. 1973, S. 105 ff.

Wienbracke, Mike: Deutsches Mitbestimmungsgesetz arbeitnehmerfreizügigkeitskonform, NZA 2017, S. 1036 ff.

Wiesner, Georg: Die Enthaftung ausgeschiedener persönlich haftender Gesellschafter einer KGaA, ZHR 148 (1984), S. 56 ff.

Wilcke, Hans-Jürgen: Wie sichert man die Existenz seines Unternehmens? Ratgeber zur Steuerung und Überwachung aller Unternehmensbereiche, Stuttgart 1987. Zitiert: Wilcke, Existenzsicherung, S.

Windthorst, Kay: Stellungnahme zum Gesetzentwurf der Bundesregierung für die gleichberechtigte Teilhabe von Frauen und Männern an Führungspositionen in der Privatwirtschaft und im öffentlichen Dienst vom 20.1.2015 (BT-Dr. 18/3784), abrufbar unter: https://www.bundestag.de/blob/360968/d726ae7c04ac5c091e2467e7b9419fdf/windthorst-data.pdf, letzter Abruf am 31.10.2017.

Winter, Michael/Marx, Eric/De Decker, Nadine: Mitbestimmungsrechtliche Aspekte der SE & Co. KG, NZA 2016, S. 334 ff.

Winzen, Jan: Vorzugsaktie und KGaA. Instrumente zur Kontrollerhaltung bei der Eigenkapitalfinanzierung. Unter besonderer Berücksichtigung der Vereinheitlichung von Aktiengattungen, Frankfurt 2014.

Wirth, Gerhard/Arnold, Michael: Umwandlung von Vorzugsaktien in Stammaktien, ZGR 2002, S. 859 ff.

Wirth, Gerhard: Vinkulierte Namensaktien – Ermessen des Vorstandes bei der Zustimmung zur Übertragung, DB 1992, S. 617 ff.

Wissenschaftlicher Beirat Steuern der Ernst & Young GmbH: Rechtsunsicherheit bei der Besteuerung der KGaA und ihrer persönlich haftenden Gesellschafter – Zur Notwendigkeit steuergesetzlicher Änderungen –, DB 2014, S. 147 ff.

Wollburg, Ralph/Banerja, Nirmal Robert: Die Reichweite der Mitbestimmung in der Europäischen Gesellschaft, ZIP 2005, S. 277 ff.

Wollburg, Ralph: Zur Ausdehnung der Inkompatibilitätsregelung des § 287 Abs. 3 AktG in der Kapitalgesellschaft & Co. KGaA, in: Festschrift für Michael Hoffmann-Becking zum 70. Geburtstag, München 2013, S. 1425 ff.

Würdinger, Markus: Ausnahmevorschriften sind analogiefähig!, JuS 2008, S. 949 ff.

Zacharopoulou, Panagiota: Kommanditgesellschaft auf Aktien und Mitbestimmungsgesetz, München 2000.

Zöllner, Wolfgang/Noack, Ulrich: One share – one vote?. Stimmrecht und Kapitalbeteiligung bei der Aktiengesellschaft, AG 1991, S. 117 ff.

Zöllner, Wolfgang: Inhaltsfreiheit bei Gesellschaftsverträgen, in: Festschrift 100 Jahre GmbH-Gesetz, Köln 1992, S. 85 ff.

Die in der vorliegenden Arbeit verwendeten Abkürzungen richten sich nach: *Kirchner, Hildebert (Begr.)*, Abkürzungsverzeichnis der Rechtssprache, 8. Auflage, Berlin 2015.

Schriftenreihe zum deutschen und europäischen Gesellschafts- und Wirtschaftsrecht

Herausgegeben von Christoph Teichmann und Florian Bien Begründet von Günter Christian Schwarz †

Band 1 Matthias Scheifele: Die Gründung der Europäischen Aktiengesellschaft (SE). 2004.

Band 2 Julia Zwiener: Die Auswirkungen der Verordnung Nr. 1/2003 auf das europäische und deutsche Kartellverfahren. 2005.

Band 3 Cornelius Koke: Die Finanzverfassung der Europäischen Aktiengesellschaft (SE) mit Sitz in Deutschland. 2005.

Band 4 Martin Weger: Haftungsgrundlagen bei kompetenzwidriger Geschäftsführung im Personen- und Kapitalgesellschaftsrecht. Ein Beitrag zur Transformation des bürgerlich-rechtlichen Rechtsinstituts der Geschäftsführung ohne Auftrag in das Gesellschaftsrecht. 2005.

Band 5 Axel Zang: Sitz und Verlegung des Sitzes einer Europäischen Aktiengesellschaft mit Sitz in Deutschland. 2005.

Band 6 Björn Holland: Das amerikanische „board of directors" und die Führungsorganisation einer monistischen SE in Deutschland. Amerikanische Erfahrungen in Fragen der Corporate Governance als Beitrag zur Ausgestaltung der Unternehmensführung und Unternehmenskontrolle in einer Deutschen SE. 2006.

Band 7 Nils K. Roitsch: Auflösung, Liquidation und Insolvenz der Europäischen Aktiengesellschaft (SE) mit Sitz in Deutschland. Art. 63–65 SE-VO. 2006.

Band 8 Timo Wanner: Die GmbH in der Krise. Geschäftsführerverantwortlichkeit im Vorfeld der Insolvenz. 2015.

Band 9 Wolf-Amelung Böhm: Die Sicherung der Abfindung beim Ausscheiden aus der GmbH. Haftung der Mitgesellschafter beim Eingreifen der Kapitalerhaltungsschranke. 2016.

Band 10 Christina Eschenfelder: Rechtsnachfolge in die Kommanditistenhaftung. Zur Rechtsnachfolge in die unbeschränkte Kommanditistenhaftung aufgrund rechtsgeschäftlicher Übertragung von Kommanditanteilen. 2016.

Band 11 Christoph Teichmann / Martin Kraushaar (Hrsg.): Mitbestimmungsvielfalt in Deutschland und Europa. 2018.

Band 12 Julian Wacker: Persönliche Schadensersatzhaftung von Vorstandsmitgliedern einer Aktiengesellschaft für Kartellverstöße. Ein Beitrag zur kartellzivilrechtlichen Organhaftung. 2017.

Band 13 Tobias Alexander Begemann: Die SE & Co. KGaA als Rechtsform für Familienunternehmen. 2018.

www.peterlang.com

www.ingramcontent.com/pod-product-compliance
Ingram Content Group UK Ltd.
Pitfield, Milton Keynes, MK11 3LW, UK
UKHW021829290926
8980IPUK00004B/342